Friedrich A. Kittler
Aufschreibesysteme
1800 · 1900

Friedrich A. Kittler

Aufschreibesysteme
1800 · 1900

Wilhelm Fink Verlag

Das Bild auf Seite 448 und das auf dem Titelblatt stammen dankenswerterweise von der Deutschen Olivetti GmbH, das Bild auf dem Rückumschlag von der Deutschen Immobilienfonds AG.

Die Deutsche Bibliothek – CIP-Einheitsaufnahme

Kittler, Friedrich A.:
Aufschreibesysteme 1800 · 1900 / Friedrich A. Kittler. –
3., vollst. überarb. Aufl. – München: Fink, 1995
   ISBN 3-7705-2881-6

Dritte, vollständig überarbeitete Neuauflage 1995

Alle Rechte, auch die des auszugsweisen Nachdrucks, der fotomechanischen Wiedergabe und der Übersetzung, vorbehalten. Dies betrifft auch die Vervielfältigung und Übertragung einzelner Textabschnitte, Zeichnungen oder Bilder durch alle Verfahren wie Speicherung und Übertragung auf Papier, Transparente, Filme, Bänder, Platten und andere Medien, soweit es nicht §§ 53 und 54 URG ausdrücklich gestatten.

ISBN 3-7705-2881-6
© 1985 Wilhelm Fink Verlag, München

Inhalt

Zur Textgestalt   8

I 1800

Die Gelehrtentragödie. Vorspiel auf dem Theater   11
Bücherumgang in Goethes *Faust* – Bibelübersetzung als Hermeneutik – Dichtung und Philosophie – Bildungsstaat statt Bibel – Dichtung, Teufelspakt und Staatsdienst

Der Muttermund   35

Lesenlernen um 1800   37
Fibeln für Mütter – Philanthropische Alphabetisierung – Stephanis Lautiermethode – Deutsch als Hochsprache – Herders Sprachanthropologie und der Seufzer Ach – Elemente von Sprache und Musik um 1800 – Fibeln als Sprachbeginn – Erinnerbarkeit der mütterlichen Alphabetisierung

Mütterlichkeit und Beamtenschaft   68
Pestalozzis Pädagogik für Mütter – Mütterlichkeit von Staats wegen – Verbeamtung der Lehrerschaft – Die zwei Geschlechter der höheren Schule – Friedrich Schlegel über Philosophie und Frauen

Sprachkanäle   89

Die Un-Möglichkeit von Übersetzungen   89
Bedeutung als allgemeines Äquivalent – Novalis: Wissenschaft und Dichtung als Übersetzungen – Der Leser Anton Reiser

Der goldne Topf   98
Mündliche Initiation als Sprachbeginn – Väterliche Schreibunterrichtsreform – Natur als Urschrift der Romantik – Beamtenmythos und Bibliotheksphantastik – Erotik der Alphabetisierung – Unbewußte Dichter und wahnsinnige Beamte – Doppelleben der Dichter-Beamten von 1800

Autoren, Leser, Autoren   138
Schreibrausch und fixe Idee – Dichtung als Ersatz sinnlicher Medien – Systemintegration historisch vergangener Texte – Errichtung der Funktion Autorschaft

Der Trinkspruch 159
Eine Funktion Leserin ... 159
Schriftstellerinnen-Anonymat um 1800 – Bettina Brentano und der Urautor Goethe – Goethes Tasso als Dichter der Weiblichkeit – Poetische Liebeserklärungen – Hoffmanns hysterische Leserin – Autorenvermehrung und Lektüreregelung – Weibliche Lesesucht – Poetische Lesebücher

... und das Reich Gottes 188
Niethammers Goethelesebuch – Deutsche Dichtung im höheren Schulwesen – Philosophie und Universitätsreform – Dichter und Denker in Konkurrenz – Phänomenologie des poetischen Geistes – Hegel über Sprechen, Lesen, Schreiben – Dichter, Denker, Frauen

II 1900

Nietzsche. Incipit tragoedia 223
Nietzsches Bilanz der Klassik – Die Urszene intransitiven Schreibens – Wortemacher um 1900 – Drei Medien: Sprache, Musik und Film – Nietzsches Signifikantenlogik – Blindheit und Schreibmaschine – Der Diktator Nietzsche und seine Sekretärinnen – Eine Philosophie für Frauenohren

Das große Lalulā 259

Psychophysik 259
Das Gedächtnisexperiment von Ebbinghaus – Elemente von Sprache und Musik um 1900 – Morgensterns Zufallslyrik – Kulturtechniken und Aphasieforschung – Literatur von Aphasikern – Hören und Reimen im Experiment – Leseforschung am Tachistoskop – Écriture automatique im Experiment Gertrude Steins

Technische Medien 288
Ursprünge der Grammophonie – Grammophondichtung und Spurensicherung – Gedankenflucht im Phonographenexperiment – Gedankenflucht bei Benn und Ziehen – Benns *Reise:* von den Wörtern zum Kino – Technische Medien und Unterhaltungsliteratur – E-Literatur als autarkes Medium – Psychophysik der Buchstaben – Morgensterns Typographiegedichte – Stefan-George-Schrift

Rebus 335

Unübersetzbarkeit und Medientransposition 335
Georges geheimer Worttresor – Analyse und Montage einzelner Medien

Die Psychoanalyse und ihre Rückseiten 344
Freuds Traumdeutungstechnik – Psychoanalyse versus Film – Freuds psychophysische Voraussetzungen – Buchstaben auf der Couch – Freud als Phonograph und Schriftsteller – Psychoanalyse literarischer Texte – Psychoanalyse psychotischer Texte – Schreber, Freud, Flechsig – Das „Aufschreibesystem" über Schreber – Das Ende von Bildung und die Lust am Unsinn

Ein Simulakrum von Wahnsinn 385
Literatur und Psychiatrie – Schriftsteller und Psychoanalytiker in Konkurrenz – Vertextung von Gehirnbahnen – Schädelphonographie in Rilkes *Urgeräusch* – *Malte Laurids Brigge* – Schreibende Analphabeten – Echtzeitanalyse und Unvorstellbarkeit – Freier Aufsatz in der Kunsterziehungsbewegung – Zufallsschreiber anstelle von Geistesbeamten – Zufallsspeicher für Zufallsleser – Schriftsteller-Anonymat – Systemintegration historisch vergangener Schreiberinnen

Damenopfer 441

L'Ève future – Psychoanalyse und Frauen – Frauen und Schreibmaschine – Stokers *Dracula:* ein Vampyrroman der Schreibmaschine – Schreibmaschinistinnen in E- und U-Literatur – Kafkas Liebe: technische Medien – The State of the Art

Literatur 469

Personenregister 507

Nachwort 519

Nachwort zur dritten Auflage 523

Zur Textgestalt

Titel und Untertitel zitierter Schriften sind kursiviert. Alle Sperrungen in Zitaten sind Bestandteil des zitierten Textes.

Meine Auslassungen und Einfügungen stehen in eckigen Klammern, meine Auslassungen von Klammerpassagen in runden Klammern. Im fortlaufenden Text sind fremdsprachliche Zitate aus Gründen der Lesbarkeit verdeutscht.

Zeichen ohne Sinn stehen in Rechtecken.

Aus Gründen, die hinlänglich beschrieben sind, hat das Literaturverzeichnis nur zwei Register, ein symbolisches und ein reales. Erstens – von Ach, Narziß, bis Zwirner, Eberhard – das Alphabet, zweitens – von 1529 bis 1994 – die Zahlen.

Die erste angegebene Jahreszahl nennt bei Büchern und Artikeln, soweit möglich oder tunlich, die Ersterscheinung (gegebenenfalls in der Originalsprache). Die zweite Jahreszahl nennt durchgängig das Erscheinungsdatum der benutzten Auflage oder Sammlung oder Übersetzung. Bei anders vorliegenden Texten gibt die erste Zahl das Schreibdatum und die Sigle den Textstatus an.

A	Akte
B	Brief
F	Fragment
G	Gespräch
M	Manuskript
R	Rede
T	Tagebuch
V	Vorlesung

In den Anmerkungen geben lateinische Ziffern den Band an, arabische die Stelle oder Spalte. Im Literaturverzeichnis bezeichnen Zahlen hinter Zeitschriftentiteln, wo nicht anders vermerkt, den Jahrgang.

I
1800

$$e^{ix} = \cos x + i \sin x$$
Euler

Die Gelehrtentragödie. Vorspiel auf dem Theater

Die Deutsche Dichtung hebt an mit einem Seufzer.

> Habe nun, ach! Philosophie,
> Juristerei und Medizin,
> Und leider auch Theologie
> Durchaus studiert, mit heißem Bemühn.

Hervorbringt den Seufzer kein namenloses ich – es kommt im Satz nicht vor –, erst recht also kein namhafter Autor. Was den Tonfall altdeutscher Knittelverse durchkreuzt, ist eine reine Seele. Verse des anderen Klassikers bestätigen es: Der Seufzer *ach* ist das Zeichen jener einmaligen Wesenheit, die, wenn sie irgendeinen anderen Signifikanten oder, da es Signifikanten nur im Plural gibt, Signifikanten überhaupt in den Mund nähme, gleich wieder zu ihrem einen Seufzer zurückkehren müßte; denn schon wäre sie nicht mehr Seele, sondern (der Titel ist unzweideutig) *Sprache*.

> Warum kann der lebendige Geist dem Geist nicht erscheinen?
> S p r i c h t die Seele, so spricht, ach! schon die S e e l e
> nicht mehr.

Wo immer gesprochen wird, beginnt das andere der Seele: akademische Titel und pädagogische Betrügereien.

> Da steh' ich nun, ich armer Tor!
> Und bin so klug als wie zuvor;
> Heiße Magister, heiße Doktor gar,
> Und ziehe schon an die zehen Jahr
> Herauf, herab und quer und krumm
> Meine Schüler an der Nase herum.

Hervorruft den Seufzer also der universitäre Diskurs aller vier Fakultäten und in jener historischen Formation, die auf den Namen res publica litteraria hörte. Die Gelehrtenrepublik ist systematische Verhinderung des Glücksfalls, daß der lebendige Geist dem Geist erscheinen kann. Sie schreibt allen ihren Mitgliedern, diesen „Doktoren, Magistern, Schreibern und Pfaffen" (oder eben Medizinern, Philosophen, Juristen und Theologen) einzig vor, in einem „Bücherhauf, den Würme nagen" und „Staub bedeckt", ein Leben oder Lesen lang „nach Worten zu kramen". Also sitzt auch der Magister oder gar Doktor Faust im „engen gotischen Zimmer" einer Bibliothek ohne Neuerscheinungen. Er liest, exzerpiert und kommentiert, um dann im Kolleg seinen Schülern zu diktieren, was alte Bücher ihm diktiert haben. Nichts anderes heißt in Europa, seit Erfindung von Universitäten und damit von Handschriftkopistenbüros, akademische Vorlesung. Gutenbergs bewegliche Lettern haben daran wenig geändert. Die Gelehrtenrepublik ist und bleibt endlose Zirkulation, ein Aufschreibesystem ohne Produzenten und

Konsumenten, das Wörter einfach umwälzt. Fausts Bibliotheksbesichtigung nennt keinen, der Schreiber, Schöpfer, Autor eines Buches wäre; keinen auch, der eins der Bücher verstehen, verdauen, verarbeiten würde. Mit einem Wort: die alte Gelehrtenrepublik betrügt Den Menschen um Den Menschen.

Also beginnt die Deutsche Dichtung mit dem faustischen Experiment, an alle möglichen Leerstellen eines obsoleten Aufschreibesystems versuchsweise Den Menschen einzusetzen. „Faust, unruhig auf seinem Sessel am Pulte", testet nacheinander drei Spielarten, die Datenmengen seiner Bibliothek anders zu adressieren.

Bücher-umgang in Goethes Faust

Der erste Test der Serie führt in den anonymen Bücherkram das Erzeugnis eines namhaften Autors ein.

> Und dies geheimnisvolle Buch
> Von Nostradamus' eigner Hand,
> Ist es dir nicht Geleit genug?
> Erkennest dann der Sterne Lauf,
> Und wenn Natur dich unterweist,
> Dann geht die Seelenkraft dir auf,
> Wie spricht ein Geist zum andern Geist.
> Umsonst, daß trocknes Sinnen hier
> Die heil'gen Zeichen dir erklärt:
> Ihr schwebt, ihr Geister neben mir;
> Antwortet mir, wenn ihr mich hört!

Aus dem Wust an Büchern das eine herausgreifen, das von einem Autor und zudem dessen Autograph ist, heißt die endlose Zirkulation der Wörter stoppen. Unter den Kopien von Kopien, wie sie Gelehrtenbibliotheken füllen, erscheint im Unnachahmlichen seiner Handschrift der Autor Nostradamus, der nicht von ungefähr auch Zauberer ist. Seine imaginäre Präsenz macht das gelehrte Sinnen über Zeichen ja so überflüssig wie eine Stimme die Schrift. Alles läuft, als wäre sein Buch gar kein Buch mehr. Wenn beschriebene oder bezeichnete Zeichen den Leser hören können sollen, taucht eine virtuelle Mündlichkeit auf. Was im Distichon das Unmögliche selber heißt, wird Ereignis: Ein Geist kann einem anderen erscheinen (wie Schiller schreibt) oder sprechen (wie Faust sagt). Und sofern die Unmöglichkeit dasjenige ist, was nicht aufhört, sich nicht zu schreiben[1], dann ist jene Nostradamusanrufung, bei der etwas aufhört, sich nicht zu schreiben, um statt dessen Geist oder Seele zu heißen, genau die Kontingenz, die seitdem deutsche Klassik heißt.

Wenn der Autor Nostradamus nur nicht geschrieben hätte. „War es ein Gott, der diese Zeichen schrieb?" ist Fausts erste und beglückte Frage, wie er unter den magischen Ideogrammen das

---

[1] Vgl. LACAN, 1975: 55.

Makrokosmoszeichen erblickt. Aber jener vermutete Gott – überlebensgroßes Bild von Autorschaft – erscheint nur für einen Augenblick, im Gewahrwerden seines Schreibaugenblicks. Nachdem das Geschriebene erst einmal gesehen und d. h. gewußt ist, tauchen Autoren in der Zeichenbedeutung wieder unter wie Gott in seiner Schöpfung. Die Zeichen lenken den Leser, dem sie „die reine wirkende Natur" bezeichnen, vom Produzenten weg aufs Produkt. Folgerichtig stellt das Makrokosmosideogramm vor, „wie alles sich zum Ganzen webt", wie also der bezeichnete Kosmos die Textur des ihn bezeichnenden Zeichens hat. In diesem „Kontinuum der Repräsentationen und des Seins", diesem „durch die Präsenz der Repräsentationen offenbarten Sein"[2] ist kein Mangel und keine Lücke, nur der göttliche Aktcharakter des Schreibens und Schaffens fällt aus. So ist der Zeichendeuter Faust wieder um genau das gebracht, was sein Test in die Konfiguration frühneuzeitlichen Wissens einführen wollte: Den Menschen hinter und über allem Bücherkram. Mit der Wiederkehr des Urseufzers bricht ein gescheiterter Test ab.

    Welch Schauspiel! aber ach! ein Schauspiel nur!

Der zweite Test wählt folgerecht den umgekehrten Weg: Als Mensch in den Bücherkram wird statt eines produktiven Autors der konsumtive Leser eingeführt. Zunächst einmal bleibt Faust nicht mehr dabei stehen, Zeichen bloß zu erblicken und anzusehen. Die erste undurchführbare Regieanweisung der europäischen Theatergeschichte besagt vielmehr, daß „er das Buch faßt und das Zeichen des Geistes geheimnisvoll ausspricht". Geheimnisvoll in der Tat. Denn Aussprechen, dieses Ereignis, ist möglich bei Büchern aus Buchstaben, aber nicht bei einer Sammlung magischer Ideogramme, zumal wenn die Ideogramme unaussprechliche Figuren und ebenso unaussprechliche hebräische Buchstaben kombinieren. Zauberzeichen sind zum Nachzeichnen unterm Mitternachtsmond und überhaupt nicht zum Aussprechen da. Aber genau darin besteht das faustische Experiment, aus dem Zeichenschatz frühneuzeitlicher Signifikanten den Mundvorrat eines Lesers zu machen.

    Deshalb wird der bezeichnete Erdgeist zu einer Stimme, die von ihr selber wie von Faust als Stimmen redet.

    Du flehst eratmend, mich zu schaun,
    Meine Stimme zu hören, mein Antlitz zu sehn. (...)
    Wo bist du, Faust, des Stimme mir erklang?

Der zum lauten Leser und mithin zum Atem geworden ist, erfährt auch schriftliche Zeichen nur mehr als den Hauch eines Mundes. Wo die Gelehrtenrepublik bloß vorgegebene Äußerlichkeiten kann-

---

[2] FOUCAULT, 1966/197 b: 258.

te, taucht eine virtuelle und supplementäre Sinnlichkeit auf. Folgerecht setzt Faust das Zeichen eines Zeichens nicht mehr (wie beim Makrokosmos) in die Repräsentation eines abwesenden Autors, sondern in seine aktuelle Wirkung auf ihn, den Leser.

> Wie anders wirkt dies Zeichen auf mich ein!
> Du, Geist der Erde, bist mir näher;
> Schon fühl' ich meine Kräfte höher,
> Schon glüh' ich wie von neuem Wein. (...)
> Ich fühl's, du schwebst um mich, erflehter Geist.

Die Rede ist nicht mehr von der göttlichen Kraft des Autors, Zeichen zu erschaffen, sondern von der magischen Kraft der Zeichen, beim Leser sinnliche und rauschhafte Kräfte freizusetzen, wenn die Zeichen nur in der Flüssigkeit ihres Bezeichneten – einer Stimme – aufgegangen sind. Die Kette dieser Kräfte endet und gipfelt in einem Konsum: Der Leser Faust, dessen Mund mündlich gewordene Zeichen trinken kann wie neuen Wein, ersetzt den produktiven Autor Nostradamus. So geht sein Wunsch in Erfüllung, nicht mehr bloß Schauspiele zu erfahren, sondern lesend an ,,Brüsten'' oder ,,Quellen allen Lebens'' zu saugen – elementare und frühkindliche Form der Konsumtion.

Aber nicht ungestraft wird Die Mutter bei ihren Metaphern angerufen. Fausts Zeichentrinken ist so sehr Rausch und Produktion, daß es seine Kräfte übersteigt. Statt Herr des beschworenen Zeichens zu bleiben, verschwindet der Leser im Gewebe oder Textum des Bezeichneten. Ein Geist wie der Erdgeist, der ,,am sausenden Webstuhl der Zeit'', also buchstäblich am Text der Geschichte webt, bringt Faust auf sein Nichts zurück.

•

Bibelübersetzung als Hermeneutik Es sind diese zwei gescheiterten Einsetzungsversuche, die den Spielraum des dritten einschränken und damit einräumen. Im dritten Test geht es weder ums Produzieren eines fremden Autors, das dann doch hinter repräsentativen Zeichen verschwindet, noch auch ums Konsumieren eines Zeichentrunkenen, das dann doch im unerschöpflichen Text ertrinkt. Vor allem verzichtet Faust darauf, mit seiner alphabetischen Mündlichkeit weiter archaische Ideogramme zu verflüssigen. Er schlägt erstmals ein Buch aus ganz gewöhnlichen griechischen Lettern auf, das immer schon zum Lesen dagewesen ist. Das Buch hat auch namhafte Autoren, aber Faust nennt sie nicht. Das Buch hat ferner einen Leser, Faust selber; aber eben dieser Leser bleibt vergessen und übersprungen, weil er nur als Mensch überhaupt ins Spiel kommt. Der dritte Test setzt an die Stellen des produktiven Autors und des konsumtiven Lesers eine einzige Instanz, die schon darum Inthronisation Des Menschen ist. Eine neuerliche Wiederkehr des Urseufzers führt endlich zu Erfolgen.

> Aber ach! schon fühl' ich, bei dem besten Willen,
> Befriedigung nicht mehr aus dem Busen quillen.
> Aber warum muß der Strom so bald versiegen,
> Und wir wieder im Durste liegen?
> Davon hab' ich so viel Erfahrung.
> Doch dieser Mangel läßt sich ersetzen,
> Wir lernen das Überirdische schätzen,
> Wir sehnen uns nach Offenbarung,
> Die nirgends würd'ger und schöner brennt
> Als in dem Neuen Testament.
> Mich drängt's, den Grundtext aufzuschlagen,
> Mit redlichem Gefühl einmal
> Das heilige Original
> In mein geliebtes Deutsch zu übertragen.

Die machbare Arbeit ist Fortsetzung und Übersetzung einer unstillbaren Sehnsucht. Faust schlägt die Bibel auf, um einen Mangel zu beheben, der immer schon „ach! nach des Lebens Quelle hin" trieb, um einen Durst zu löschen, der nach zwei gescheiterten Tests selbst den braunen giftigen Saft einer Phiole begehrenswert machte. Nur ist er inzwischen bescheidener geworden. Stillung soll jenem Mangel nicht mehr aus der einzigartigen Quelle strömen, sondern aus einem Text, der sie wortwörtlich ersetzt. An die Stellen der absoluten und fatalen Konsumtion des Erdgeistes, der Inbegriff des Lebens ist, oder der Phiole, die Inbegriff aller holden Schlummersäfte heißt, tritt der Konsum eines Surrogats. Das Surrogat hat in der Sprachform zwar die Würde eines Originals, seines Gegensatzes; aber es bleibt Surrogat, weil auch der Grundtext ein Text wie alle anderen im Bücherkram ist. Für einmal scheint Faust die Grenzen und Einschränkungen des universitären Diskurses nicht zu übertreten; er übersetzt „des Lebens Quelle" gut humanistisch ins bibliophile ad fontes und nimmt ein Buch als Stimme der Natur. Aber genau diese Beschränkung stellt sicher, daß der dritte Test Erfolg hat. Die Deutsche Dichtung beginnt nicht mit magischer Erprobung unalphabetischer Zeichen; sie gibt auch nicht die Stoffe und Texte selber auf, die im großen Archiv Gelehrtenrepublik gespeichert wurden, sondern nur die in jener Republik vorgeschriebene Textumgangsform. Faust übersetzt, wie zahllose Gelehrte vor und neben ihm, aus dem Altertum überkommene Papiere. Daß er nicht Latein schreibt, spricht noch nicht gegen „eine zünftige Gelehrtennatur seiner historischen Welt"[3]. Was den

---
[3] So RICKERT, 1932: 156.

Exmagister zum Anachronismus und damit zum Gründerhelden eines künftigen, des transzendentalen Wissens macht, ist etwas anderes. Übersetzen gerät zur Hermeneutik.

> Geschrieben steht: „Im Anfang war das W o r t !''
> Hier stock' ich schon! Wer hilft mir weiter fort?
> Ich kann das W o r t so hoch unmöglich schätzen,
> Ich muß es anders übersetzen,
> Wenn ich vom Geiste recht erleuchtet bin.
> Geschrieben steht: Im Anfang war der S i n n.
> Bedenke wohl die erste Zeile,
> Daß deine Feder sich nicht übereile!
> Ist es der S i n n, der alles wirkt und schafft?
> Es sollte stehn: Im Anfang war die K r a f t !
> Doch auch indem ich dieses niederschreibe,
> Schon warnt mich was, daß ich dabei nicht bleibe.
> Mir hilft der Geist! auf einmal seh' ich Rat
> Und schreibe getrost: Im Anfang war die T a t.

Mit dem Wort, daß er das Wort unmöglich schätzen kann oder gar (wie der heimliche Lauscher dieses Selbstgesprächs paraphrasieren wird) „verachtet'', schert Faust aus der Gelehrtenrepublik aus. Von Humanismus und Reformation erlassene Bücherumgangsregeln werden obsolet. Der Humanismus verfuhr als philologische Tätigkeit, und Philologie heißt Liebe zum Wort. Luthers Glaube und Bibelübersetzung gehorchten der Regel sola scriptura, und das besagte für die Schüler damit entstehender Katechismusschulen sehr praktisch, daß sie heilige Texte auswendig lernen und „von wort zu wort verzelen''[4] können mußten. Sei etwa dieser Grundtext der Dekalog – dann programmierte der *Kleine Katechismus* (im Unterschied zum späteren *Zergliederten*) ein Auswendiglernen nicht bloß jenes Gesetzes, sondern auch, obwohl sie doch mit der Frage „was ist das?'' Gesetz und Leute gerade vermitteln sollten, von Luthers Erklärungen.[5] Unumstößliche Wortlaute als Reduplikation eines unumstößlichen Wortlauts – das war Bibelfestigkeit.

„Man hat einen Menschen gefunden, der den ganzen Tag nichts redete als die Worte: die Bibel ist im Kopfe, der Kopf ist in der Bibel.''[6] Genauer können Worte die frühneuzeitliche Ordnung der Worte gar nicht sagen. Nur gehört im Jahr 1778, dem Jahr ihres Aufgeschriebenwerdens, ihr Sprachrohr schon ins Irrenhaus. Zweihundert Jahre inskribierter Bibelfestigkeit klingen mit einemmal,

---

[4] LUTHER, 1529/1912 f.: IV 3.
[5] Vgl. die pragmalinguistische Analyse bei GESSINGER, 1980: 38–43, deren abwertende Kategorien allerdings davon zeugen, wie heutige Sprachtheorien immer noch Faust fortschreiben und andere Ordnungen des Diskurses nur als Terror beschreiben können.
[6] TIEDEMANN, 1777 f.: III 359.

nämlich in den Ohren neuer Menschenwissenschaften, pathologisch. So entsteht aller Anlaß, den Wortlaut auszutauschen gegen Einsichten darüber, was geschrieben stehn sollte, wenn es nach dem Übersetzer ginge. Fausts Verdeutschung eines heiligen Originals allein mit redlichem Gefühl ist ein epistemologischer Schnitt. „Wenn man, wie wenig es auch sei, an der Verbindung rührt, die der Mensch mit dem Signifikanten unterhält – hier die Umwandlung der exegetischen Verfahrensweisen –, ändert man den Lauf der Geschichte, modifiziert man die Vertäuung seines Seins."[7]

Der Anfang des Evangeliums nach Johannes ist ein einzigartiges Gewebe oder Textum von Wörtern, das völlig autonym das Wort den Anfang nennt. Der Anfang mit dem Wort *Wort*, dieser Anfang in seiner unsäglichen Reduplikation, den alle Diskurse, da selber aus Wörtern gemacht, nicht einholen können, hat bis ins Europa der Frühneuzeit die Form des Kommentars gezeitigt.

Die Sprache des sechzehnten Jahrhunderts – nicht als Episode in der Geschichte der Sprache, sondern als eine globale kulturelle Erfahrung verstanden –, wird wahrscheinlich in diesem Spiel festgehalten, in diesem Zwischenraum zwischen dem ersten Text und dem Unendlichen der Interpretation. Man spricht auf dem Untergrund einer Schrift, die eins mit der Welt ist. Man spricht unendlich über sie, und jedes ihrer Zeichen wird seinerseits zur Schrift für neue Diskurse. Jeder Diskurs aber wendet sich an jene erste Schrift, deren Wiederkehr er gleichzeitig verspricht und aufschiebt.[8]

Eine lehrbare Form solchen Kommentierens, in praktischem und schulischem Bezug auf kanonische Texte oder heilige Bücher, ist die Rhetorik als Umwälztechnik zwischen zwei Wörtern gewesen.

Das eine Wort stumm, unenträtselbar, ganz sich selbst gegenwärtig und absolut; das andere geschwätzig, das dieses erste Wort nur nachsprechen mußte nach Formen, Spielregeln, Kreuzungen, deren Raum so groß war wie die Entfernung vom ersten und unhörbaren Text; die Rhetorik wiederholt für endliche Geschöpfe, für sterbliche Menschen das Wort des Unendlichen, das nie vergehen sollte.[9]

Im neuen Raum der Gelehrtentragödie schmückt solch emsige Demut nur noch den Famulus Wagner, diesen Bücherwurm mit seinem „kritischen Bestreben", seiner gelehrten Quellensuche und seinem Traum von rhetorischer „Überredung". Faust dagegen verbannt Rhetorik und Rhetoriker mit der selber rhetorischen Frage:

---

[7] LACAN, 1966/1973 ff.: II 53.
[8] FOUCAULT, 1966/1971 b: 73 f.
[9] FOUCAULT, 1963/1974 a: 102.

> Das Pergament, ist das der heil'ge Bronnen,
> Woraus ein Trunk den Durst auf ewig stillt?
> Erquickung hast du nicht gewonnen,
> Wenn sie dir nicht aus eigner Seele quillt.

Es geht also darum, Durst und Begehren nicht offenzulassen wie Philologen oder Rhetoren, sondern so restlos zu stillen, daß sie erlöschen. Der Tod des Begehrens aber heißt Seele. Deshalb besteht die neue Erquickung, aufs Evangelium angewandt, im Übersetzen aus eigener Seele und redlichem Gefühl. Sicher, auch Gefühl und Seele sind nur Übersetzungen, eine substantivierende Paraphrase des Seufzers *ach* als des einzigen Signifikanten, der keiner ist. Aber sie machen einen anderen Anfang möglich und funktionieren alle Rhetorik um. Der von Pergamenten und Lettern auf ihnen nichts mehr wissen will, hört ja mit dem Lesen und Auslegen, den rhetorischen Variationen und Mutationen nicht einfach auf. Auch der einsame Gelehrte verfährt auf dem Papier, das er vollschreibt, wie die Lehrer und Schüler alteuropäischer Universitäten und Lateinschulen, wenn sie klassische oder heilige Texte imitierten und d. h. paraphrasierten. Auch auf Fausts Schreibpapier wird das Wort „Wort" nacheinander durch die Wörter „Sinn", „Kraft", „Tat" umschrieben und ersetzt. Aber in den Reden, die jenes Schreiben kommentieren, verliert die Umschrift jede rhetorische Rechtfertigung. Die Paraphrasen heißen nicht mehr aus einem Schatz der Tropen und Figuren geschöpft; sie erhalten die umgekehrte Funktion zugesprochen, die wahre und eigentliche Bedeutung eines Wortes zu bedeuten. Und dieses Wort ist ausgerechnet das Wort „Wort". Es geht nicht um ein Wort oder Signifikat unter anderen; es geht darum, das Wort überhaupt als Signifikanten dem Primat von Signifikaten zu unterstellen. Aus rhetorischen Variationen macht Faust eine semantische Queste nach dem transzendentalen Signifikat.[10]

Das Transzendentalsignifikat, wie sprachentrückt es auch tut, entsteht technisch oder grammatologisch aus einer Sequenz iterierter Durchstreichungen. „Indem" Faust ein Wort „niederschreibt", macht ein seltsames Etwas ihn und seine Feder schon einhalten. Dieses andere, obwohl „Geist" genannt, ist nicht so übersinnlich, keine Augen zu haben. Ein Blick liest mit, was eine Hand zu Papier bringt, und stellt damit sicher, daß die „Feder sich nicht übereile". Es kennzeichnet ja manuelles Schreiben unter Normalbedingungen – Sonnen- oder Lampenlicht einerseits, Augenlicht andererseits –, daß man seiner Hand im Jetztpunkt des Schreibens zusehen und notfalls Korrekturen auftragen kann. Mit den klaren Worten des Schreibmaschineningenieurs Beyerlen:

---

[10] Zum Begriff vgl. DERRIDA, 1967b/1974b: 455–457.

Das Auge muss beim Handschreiben fortwährend die Schriftstelle beobachten, und zwar gerade nur diese. Es muss die Entstehung jedes Schriftzeichens überwachen, muss abmessen, einweisen, kurz die Hand bei der Ausführung jedes Zuges lenken und leiten.[11] Das Auge von Theaterbesuchern dagegen kann Gelehrtentragödienhelden nicht über die Schulter schauen. Bleibt nur eine hypothetische Rekonstruktion. Das von Faust beschriebene Blatt Papier wird ungefähr so ausgesehen haben:

> Im Anfang war Tat.
> die ~~Kraft~~
> ~~der Sinn~~
> ~~das Wort~~.

Es sind diese Durchstreichungen, die hermeneutisches Übersetzen von rhetorischem Umschreiben unterscheiden. Mit dem Widerruf des ersten und absoluten Wortes schwindet auch der Spielraum der vielen variierenden und geschwätzigen Wörter, die unter rhetorischen Bedingungen einander an ein und derselben syntaktischen Stelle vertreten konnten. Die Logik der Signifikanten ist eine Logik der Ersetzungen, die Logik der Signifikate eine Phantastik, bei der ein unersetzliches Signifikat alle ersetzbaren Signifikanten ersetzt. Wären nicht drei von ihnen durchgestrichen, die Wörter auf Fausts Papier würden ein Paradigma von Signifikanten im Sinn Saussures bilden. Sie tun es nicht, denn der Übersetzer in seiner Freiheit nimmt ihren Zusammenstand (und das heißt ja System) gar nicht wahr. Faust stockt, aber nicht, weil niemand die exklusiven Elemente eines Paradigmas zugleich aussprechen kann. Er stockt, weil er die eine Bedeutung jenseits aller Differentialität sucht und deshalb schon gestrichene Wörter nicht mehr sieht.

Sähe er sie, dann käme leicht zutage, daß alle seine Anläufe der vergebliche Versuch eines Deutschen sind, die Polysemie des griechischen Wortes für „Wort" auszuschöpfen. Faust, mit anderen Worten, zieht keins seiner Griechischwörterbücher zu Rat.[12] Oder es käme gar zutage, daß nicht er, Faust mit dem redlichem Gefühl, die Ersetzungen vornimmt, sondern daß im vorhinein schon jene lange Überlieferung das Wort behält, die λόγος nacheinander in scholastischen sensus, leibnizische Kraft und transzendentalphilosophische Tathandlung als ebensoviele Epochen einer

---

[11] Zit. HERBERTZ, 1909: 559.
[12] Das tut in Fausts Tagen Herder, der denn auch nur noch die Unsäglichkeit johanneischer Polysemie aufschreiben kann. „W o r t! aber das Deutsche Wort sagt nicht, was der Urbegrif sagt'', nämlich „B e g r i f f und A u s d r u c k, U r b e g r i f f und e r s t e W ü r k u n g, V o r s t e l l u n g und A b d r u c k, G e d a n k e und W o r t." (HERDER, M 1774/1877–1913: VII 320).

Seinsgeschichte übertragen hat. „Aber diese abendländische Reihe einander substituierender Zentren", bei der das Zentrum „nacheinander und in geregelter Abfolge verschiedene Formen und Namen erhält"[13], also endlos fortgeschrieben und dementiert wird, ist dem Übersetzer schon darum gleichgültig, weil er selber ein neues und unwiderrufliches Zentrum zu stiften antritt. Faust bezeichnet in der „Geschichte des Zeichens" den Augenblick ohne „Paradigmabewußtsein"[14].
Mit seinem Syntagmabewußtsein steht es nicht besser. Vor lauter Semantikliebe bleiben die Wortfolgen des Grundtextes unverändert oder außer Betracht. Faust ist weit davon entfernt, seine Signifikatensuche am johanneischen Kontext auszurichten. Er zieht, mit anderen Worten, auch keinen Parallelstellenkommentar aus seinem Bücherkram zu Rat. Die Feder stockt schon bei der ersten Zeile; auf die folgenden oder gar den Text im ganzen fällt kein Blick, der das Rätselwort von seinen Konkordanzen her erhellen würde. Es reicht das Heulen und Bellen eines Hundes, damit Faust an jenem Tag (und überhaupt) nicht weiterliest.
Zeichen stehen formal in drei Bezügen. Werden die zwei äußeren Bezüge des Zeichens – auf seine aktuellen Nachbarn im Vorher und Nachher der Rede und auf seine virtuellen Substitute im Schatz der Sprache – beide ausgeblendet, dann bleibt nur noch der innere oder imaginäre Bezug zwischen Signifikant und Signifikat. Er ist es, den man „gewöhnlich" und vorab seit Goethes Kunsttheorie „ein Symbol nennt"[15]. Für die Dauer eines Jahrhunderts suspendiert der faustische Handstreich die Zurechnung des Zeichens zu den Mengen, deren Element es ist. Dieser Ausfall hat sehr pragmatische Gründe. Denn der Bezug aufs Signifikat ist der einzige, der nicht dem Diskurs des Anderen gehorcht. Kontextuelle Rekurrenzen beachten hieße das Übersetzen einem überlegenen und nachahmenswerten Autor oder Werk unterstellen. Paradigmatische Kolumnen beachten, wie Fausts Schreibfeder sie folgenlos auftürmt, hieße das Übersetzen statt redlichen Gefühlen den Regeln einer Sprache unterstellen.

---

[13] DERRIDA, 1967a/1972a: 423.
[14] Zur Terminologie vgl. BARTHES, 1963/1969: 38, zur Interpretation vgl. WILKINSON, 1971: 119–123, wo unter Anrufung ausgerechnet Saussures dem Übersetzer Faust ein Paradigmabewußtsein unterstellt wird: Seine diversen Verdeutschungen seien Wahlen „zwischen Alternativen, die seit Beginn der Bibelauslegung zur Verfügung standen"; sie gäben mithin „einen Eindruck von den Gefahren, Häresien und Gewalttätigkeiten, die zu den traditionellen Begleiterscheinungen der Exegesen des Wortes logos gehörten". Das ist hermeneutisch richtig, diskursanalytisch aber unhaltbar, weil Fausts eigene Gewalttätigkeit den Rückbezug auf Traditionen ja gerade unterläßt.
[15] BARTHES, 1963/1969: 36.

Aber Faust ist allein. Er schreibt ohne zugezogene Bücher und in keinem Diskursnetz. Niemand hat bei ihm eine Bibelübersetzung bestellt, niemand bekommt sie gewidmet oder zugesprochen – nicht das nächste Kolleg und nicht der nächste Verleger. Es sind aber die Kontrollmechanismen eines Gelehrtenwesens und nur sie, die zur Beachtung aller Formalbezüge des Zeichens anhalten. In Wörterbüchern hausen die Paradigmen, in Grammatiken die Syntagmen. Der Philologiestudent Nietzsche hat es beschrieben, wie seine Zunft dem Exmagister auf die Finger sehen oder klopfen müßte.

Wenn sich solche Naturen einmal zur Philologie herablassen, so sind wir in unserem Rechte etwas die Augenbrauen in die Höhe zu ziehn und aufmerksam den seltsamen Arbeitern auf die Finger zu sehn. Wie sie es nämlich in philologischen Dingen zu machen pflegen das hat im Spiegel seines Faust uns Goethe gesagt. Wir erinnern uns der haarsträubenden Methode, mit der Faust den Anfang des Jo(h)an(n)esprologs behandelt und gestehn die Wagner würdige Empfindung ein, daß uns zum Philologen wenigstens Faust vollkommen verdorben ist.[16]

Fausts Tat ist eine freie Übersetzung. Nicht nur semantisch, weil sie das Wort *Wort* nicht im Wortlaut wiedergibt, sondern zuerst und vor allem pragmatisch: weil sie auf keine externe Diskurskontrolle hört. Das eine folgt unmittelbar aus dem anderen. Eine haarsträubende Diskurspraxis füllt nur aus, was die vielen Verneinungen des Eingangsmonologs schon als Hohlform umrissen und vorgezeichnet haben.

Mich plagen keine Skrupel noch Zweifel,
Fürchte mich weder vor Hölle noch Teufel –
Dafür ist mir auch alle Freud' entrissen,
Bilde mir nicht ein, was Rechts zu wissen,
Bilde mir nicht ein, ich könnte was lehren,
Die Menschen zu bessern und zu bekehren.

Die Absage ans unmögliche Lehren hat ein freies Schreiben möglich gemacht, das über philologische oder gar theologische Skrupel hinaus ist. Freies Schreiben hat keine bestimmte Funktion bei bestimmten Adressaten und zieht darum auch keine Schüler an der Nase herum. Es findet keinen Platz im Aufschreibesystem, aus dem Faust herkommt, weil es selber ein neues Aufschreibesystem beginnt. Am Nullpunkt angelangt, verwirft Faust mit dem überlieferten Wissen Wissen überhaupt, ohne schon (wie seine vielen Nachfolger) freies Schreiben zu jener neuen Wissenschaft auszurufen, die mehr als alle anderen die Einbildung hegen wird, Men-

---

[16] NIETZSCHE, F 1867–68/1933–42: III 367.

schen bessern und bekehren, ja überhaupt erst zu Menschen machen zu können.

*

Dichtung und Philosophie

Wissen und Nichtwissen, neue Lehre und freie Tat – in der Nullstunde transzendentalen Wissens liegt das alles noch beieinander. ,,Die Auslegung, die Faust versucht, der Gegensatz von Wort und Sinn, von Tat und Kraft, ist – trotz der Beziehung auf Fichte – weder philosophisch klar noch rein poetisch, also eine jener Stellen, wo das Philosophische und das Poetische sich nicht zur vollen Einheit zusammenschließen wollen."[17] Eben diese Unschlüssigkeit kennzeichnet den neuen Anfang. Im freien Übersetzen konspirieren poetischer und philosophischer Diskurs auf eine Weise, die fortan deutsche Klassik heißt. Schiller liest drei Jahre lang Kant, um selber ein Jahrhundert lang von Kant her gelesen zu werden. Hegel liest und interpretiert Dichtung so lange, bis seine Kunstphilosophie selber ,,mit der poetischen Phantasie in Verwandtschaft"[18] tritt. Eine Oszillation zwischen Dichten und Denken, die schon darum nicht Zusammenschluß zur vollen Einheit wird, weil die zwei Diskurse nicht noch einmal aufschreiben können, wo sie einander kreuzen.

Es ist die flüchtige Tat des Schreibens selber. ,,Im Anfang war die T a t" zu schreiben macht wahrhaft den Schluß. Die Übersetzung kommt erstens zum Ende, weil sie endlich den Anfang selber gefunden hat. Die Übersetzung kommt zweitens zum Schluß, daß das gesuchte Transzendentalsignifikat von λόγος im Suchen selber liegt. Fausts Durchstreichungen und Ersetzungen erhalten einen Namen, der zugleich als eigentliche Bedeutung des Durchgestrichenen, im Griechischen wie im Deutschen, firmiert. Und das mit gutem Grund. Der Übersetzer, der das Wort so sehr verachtet, macht immerhin nichts anderes als Wörter. Keine Taten außer Schreiben sieht das stille Studierzimmer, in dem der Pudel nicht mehr und noch nicht wieder bellt. Mithin endet das freie Übersetzen genauso autonym, wie das Evangelium begonnen hat. Dort das Wort, aus dem alle Wörter herkommen, auch die des Evangelisten – hier die Tat, die alles Schreiben ist, auch das des Übersetzers. Ein Schreiber aber, der um den Satz *ich schreibe* herumschreibt, erfüllt den modernen Begriff von Autorschaft. Freies Übersetzen hat Faust auf seinen ersten Test zurückgebracht. Den Autor Nostradamus, dessen Handschrift für Augenblicke seine Gegenwart beim Leser verbürgte, löst der Autor Faust ab, dessen

---

[17] BIELSCHOWSKY, 1907: II 635.
[18] HEGEL, 1835/1927–40: XIV 242, vgl. dazu TURK, 1979a: 132.

Handschreiben die Tat seiner eigenen Selbstgegenwart ist. Andere λόγος-Übersetzungen könnten zu ihrer Rechtfertigung eine Schnittmenge gemeinsamer Konnotationen zwischen Grundtext und Übertragung aufzählen; die Wiedergabe durch „Tat'' ist selber die Tat, den Wortlaut abzuschreiben (oder in den Wind zu schlagen), statt ihn weiter abzuschreiben (oder zu überliefern). Eine Tat, in der Tat weder philosophisch noch poetisch. Was Poesie vor der faustischen Revolution besagte, hatte viel mit Schrift und nichts mit dem seltsam flüchtigen Akt des Schreibens zu tun. Die Ordnung der Repräsentationen schloß Repräsentabilität des Produktionsaktes aus. Und was Philosophie im klassischen Zeitalter besagte, wenn die Auslegung heiliger Schriften anstand, ist zwar im Ergebnis eins mit Fausts Geste, aber nicht mit ihr selber. Spinozas *Tractatus Logico-Politicus,* dem Schreiber der Gelehrtentragödie bekanntlich vor Augen, rechtfertigte seinen gewaltsamen Bibelumgang mit einer Vorwegnahme von Fausts Wortverachtung, aber er ging nicht so weit, inkriminierte Schriftworte selber neu und frei zu übersetzen.

Ich behaupte nur, daß der Sinn – denn bloß in Hinsicht auf diesen kann eine Rede göttlich heißen – unverfälscht auf uns gekommen ist, auch wenn man unterstellt, daß die Worte, mit denen er zuerst ausgedrückt war, öfters verändert worden sind. Das tut (...) der Göttlichkeit der Schrift keinen Abbruch, denn die Schrift wäre gerade so göttlich, auch wenn sie mit anderen Worten oder in einer anderen Sprache geschrieben wäre. Daß wir also das göttliche Gesetz in diesem Sinne unverfälscht erhalten haben, kann niemand in Zweifel ziehen.[19]

Den ganzen Unterschied zwischen Deutscher Dichtung und klassischer Philosophie machen die Philosophenworte selber. Sie sind und bleiben Kommentar, nicht mehr des Textes, aber seiner Pragmatik und Semantik. Deshalb wagen sie zwar den skandalösen Verdacht, andere könnten den Bibeltext verändert oder verfälscht haben; aber ihre eigene und systematische Fälschung verschweigen sie. Faust umgekehrt sagt nicht, ob oder daß er fälscht; wenn er es tut, dann tut er es. Deshalb ersetzt der Philosoph „Rede'' und „Wort'' semantisch durch „Sinn'', der Dichter pragmatisch durch „Tat''. Daß es Eingriff und Fälschung ist, die Apostelworte „ich meine aber auch, daß der Geist Gottes in mir ist'' zu verstehen, als „verstehe dabei, wie der Zusammenhang zeigt, Paulus unter ‚Geist Gottes' den eignen Geist''[20], hat Spinoza wohlweislich verschwiegen. Es ist erst die Dichtung, die ein Jahrhundert später den Schleier lüftet und öffentlich Gottes Geist in eigenen übersetzt.

---

[19] SPINOZA, 1670/1976: 203.
[20] SPINOZA, 1670/1976: 190.

So weit gingen im klassischen Zeitalter die Repräsentationen oder (auf deutsch) Betrug und Maskerade. Ausdrücklich zu versichern, niemand könne die Göttlichkeit der Schrift in Zweifel ziehen, wo doch die Schrift von Spinozas *Tractatus* nichts anderes tat, hieß, wohl aus Sicherheitsgründen, Leser und Schüler hintergehen. Fausts Absage an seinen Magisterstand, der ja auch nur Schüler an der Nase herumführte, kündigt dieser Strategie und jeder Schreibkunst, die in und gegen Verfolgung entspringt.[21] Dichterisch freies Schreiben schert aus dem Diskurs des Anderen aus. An der genauen Stelle, wo der Name HErr „Schall und Rauch'' wird, entsteht Fausts Autorschaft. Und wie immer, wenn jemand versucht, keine anderen zu betrügen, bleibt nur Selbstbetrug.

Faust beansprucht den Anfang für eine Tat diesseits aller Repräsentationen, für eine Tat, die vorab die seine ist.[22] Und doch schreibt er nicht völlig frei. Auf der Suche nach dem Signifikat von λόγος, einem Etwas, das λόγος bedeutet, ohne doch die Wortbedeutung zu sein, das also wie „das Symbol die Sache ist, ohne die Sache zu sein, und doch die Sache''[23], auf dieser Suche folgt Faust einem Leitfaden. Wörter nämlich, die schlechthin nicht mehr λόγος bedeuten könnten, in welchem Sprachspiel und welcher Berufssprache auch immer, scheiden aus. Die Deutsche Dichtung in ihrem Stiftungsakt ist nicht so frei, an der Stelle von Ἐν ἀρχῇ ἦν ὁ λόγος etwa zu schreiben:

> Im Anfang war Blabla

Die Unterlassung hat Gründe. Kein Diskurs, und wäre er freieste Übersetzung, kommt ohne Kontrollinstanzen aus. Es gibt die Kultur nicht, wo das Würfelspiel der Reden nicht gesteuert und beschnitten, nicht kontrolliert und organisiert würde.[24] Im Fall des Exmagisters fallen zwar alle Kontrollen, die ständisch oder zünftig Alteuropas Universitäten umstanden. Aber auch im einsamen Studierzimmer bleibt Faust nicht allein. Da ist zum einen der Pudel, dessen Bellen den Übersetzungsanlauf auslöst und wieder beendet. Daß Faust ihm (übrigens vergebens) „Laß das Heulen!'' befiehlt, um ruhig weiter nach dem Wort anstelle des Wortes suchen zu können, verrät schon eine erste Kontrollinstanz, die einigermaßen universal scheint: Sie befiehlt Menschen, menschliche Sprache, tierisches Heulen und unmenschliches Blabla voneinan-

---

[21] Vgl. L. STRAUSS, 1952: 179–186.
[22] Vgl. RICKERT, 1932: 158.
[23] GOETHE, 1820/1887–1919: I 49, 1 142.
[24] Vgl. FOUCAULT, 1972/1974: 7.

der zu scheiden. Und da ist am anderen Ende „der Geist", dessen Rat den Übersetzungsanlauf vollendbar macht. Daß Faust seine unerhörten Verdeutschungen zweimal als Inputs „des Geistes" rechtfertigt, weist auf eine zweite Kontrollinstanz, die ihrerseits recht genau datiert ist.

Ein anonymer Geist, der mit dem johanneischen λόγος wenig zu tun hat und eher Spinozas kühner Paulus-Konjektur entstammt, schränkt die Freiheit ein. Faust übersetzt dem Geist und nicht dem Buchstaben nach, aber er übersetzt. Eine interne Verpflichtung hat die ständische auf universitäre Adreß- und Kontrollstellen abgelöst. Am Faktum Diskursregelung ändert das nichts. Der Geist tut dasselbe wie die guten und bösen Geister der Gelehrtenrepublik: er kann „erleuchten" und „warnen"; er bremst das schiere Schreibtempo. Seine „Bedenken" tragen ebenfalls dazu bei, daß die Deutsche Dichtung nicht mit Blabla oder Heulen anhebt.

Auch das einsame Studierzimmer ist also ein Szenario und darum schon immer der Bühne bestimmt. „Das ‚Subjekt' der Schrift existiert nicht, versteht man darunter irgendeine souveräne Einsamkeit des Schriftstellers."[25] Im Dramolett spielen außer dem rätselhaften Pudel ein Sprecher und ein Schreiber zusammen. Deutsche Dichtung ist, lange vor dem Männerpaar Goethe–Eckermann, schon in zwei ebenso unvereinbare wie komplementäre Rollen zerfallen. „Der Geist" schreibt nicht, aber redet. Der Übersetzer schreibt, aber wenn er Geschriebenes bedenkt, handelt statt seiner „der Geist". Bisweilen wird sehr unklar, wer von den zweien spricht: ob etwa im Befehl eines „ich" an seine Feder als an „deine Feder" Faust das Wort hat oder ob es „der Geist" ist, der da duzt.[26]

Unausgesprochen, wie in Dialogen so oft, bleibt nur der Name „des Geistes". Statt dessen geschieht einfach etwas auf der Bühne. Aus dem Pudel kommt, von ärgerlichen Bibelworten aufgestört, ein Geist hervor. Die Maske fällt – es war Mephisto, der die ganze Schreibszene über sekundierte. Mehr Geister als einen kann es im selben Zimmer ja auch nicht geben. Man hat nur nicht gelesen: die Logosszene beschreibt die Geburt Deutscher Dichtung aus dem Geiste der Hölle.

•

---

[25] DERRIDA, 1967a/1972a: 344.
[26] Dies Ick-bün-allhier des Geistes ist hegelianischen Faustdeutern sogleich aufgegangen: Faust „schlägt nun anstatt des Zeichens des Makrokosmos und des Mikrokosmos das heilige Original auf, das als zur Erscheinung der göttlichen Wahrheit gehörig nicht blos von ihm als Wort und Buchstaben betrachtet wird, sondern indem er das Wort unmöglich so hoch schätzen kann, dasselbe mit Hülfe des Geistes zum lebendigen Geiste selber erhebt" (HINRICHS, 1825: 97).

Bildungsstaat statt Bibel

Fausts erste Frage an den Geist nach dessen Demaskierung: „Wie nennst du dich?" Das ist schwer zu beantworten für oder an einen, der „weit entfernt von allem Schein, nur in der Wesen Tiefe trachtet" und mithin schiere Wortverachtung ist. Mephisto kann mit diesen guten Gründen seinen Namen weiter verheimlichen. Aber es gibt doch Indizien. Ein Geist, der ganz wie zeitgenössische Gymnasialdirektoren unruhig und unwillig wird, wenn einer Lesen und Übersetzen immer noch an der Bibel übt; ein Geist, der alle Lüste dieser Erde anzubieten hat und zum Tausch nur die Seele will; ein Geist auch, der in *Der Tragödie zweitem Teil* höchstselbst das Papiergeld erfindet – das kann nur jener „neue Götze" sein[27], den Nietzsche dann endlich beim Namen rief. Die Reden *Über die Zukunft unserer Bildungs-Anstalten* beschreiben mit dem Scharfblick des Outlaw eine der faustischen Schreibprozedur Zug um Zug entsprechende Hör- und Sprechprozedur, an deren Ende der Götze seine Maske lüftet.

> Der Student hört. Wenn er spricht, wenn er sieht, wenn er gesellig ist, wenn er Künste treibt, kurz wenn er lebt, ist er selbständig das heisst unabhängig von der Bildungsanstalt. Sehr häufig schreibt der Student zugleich, während er hört. Dies sind die Momente, in denen er an der Nabelschnur der Universität hängt. Er kann sich wählen, was er hören will, er braucht nicht zu glauben, was er hört, er kann das Ohr schliessen, wenn er nicht hören mag. Dies ist die „akroamatische" Lehrmethode.
> Der Lehrer aber spricht zu diesen hörenden Studenten. Was er sonst denkt und thut, ist durch eine ungeheure Kluft von der Wahrnehmung des Studenten abgeschieden. Häufig liest der Professor, während er spricht. Im Allgemeinen will er möglichst viele solche Hörer haben, in der Noth begnügt er sich mit Wenigen, fast nie mit Einem. Ein redender Mund und sehr viele Ohren, mit halbsoviel schreibenden Händen – das ist der äusserliche akademische Apparat, das ist die in Thätigkeit gesetzte Bildungsmaschine der Universität. Im Übrigen ist der Besitzer dieses Mundes von den Besitzern der vielen Ohren getrennt und unabhängig: und diese doppelte Unabhängigkeit preist man mit Hochgefühl als „akademische Freiheit". Übrigens kann der Eine – um diese Freiheit noch zu erhöhen – ungefähr reden, was er will, der Andre ungefähr hören, was er will: nur dass hinter beiden Gruppen in bescheidener Entfernung der Staat mit einer gewissen gespannten Aufsehermiene steht, um von Zeit zu Zeit daran zu erinnern, dass er Zweck, Ziel und Inbegriff der sonderbaren Sprech- und Hörprozedur sei.[28]

Ersichtlich ist Fausts freies Übersetzen ein Sonderfall staatlich eingeräumter akademischer Freiheit. Die zwei Genehmigungen, daß

---

[27] NIETZSCHE, 1883–85/1967 ff.: VI 1, 57–60.
[28] NIETZSCHE, R 1872/1967 ff.: III 2, 231 f. Zur konkreten Form solcher Aufsicht – im Staatsexamen nämlich – vgl. PRAHL, 1978: 248 f.

der Student ungefähr hört, was er will, und der Professor ungefähr redet, was er will, fallen zusammen, um die faustische Schreibszene aufzubauen. Wie die Studenten nicht zu glauben brauchen, was sie hören, so kann Faust der Osterglockenbotschaft ohne Glauben zuhören und den Johannesprolog übersetzen, ohne das Wort Das Wort und Den Sohn zu nennen.[29] Wie die Professoren ungefähr reden, was sie wollen, so liest Faust nicht, was geschrieben steht, sondern was geschrieben stehn sollte. Wie die Studenten zugleich mitschreiben, während sie hören, so folgt das Übersetzen dem Diktat eines Geistes, der seinerseits nicht schreibt, sondern spricht. Und wie schließlich die Professoren lesen, während sie sprechen, so unterliegt dem faustisch neuen Anfang denn doch ein gelesener Text. Demnach kehrt in der dichterischen Freiheit, die Fausts Tat ist, die akademische Freiheit neuer Staatsuniversitäten wieder, die ihre Voraussetzung ist. Faust, dessen erste Worte schon dem alten Universitätssystem kündigen, weiß es nur noch nicht und kann es noch nicht wissen, wie gut ihm eine Dozentur im neuen anstünde. Sicher plant er keine „Hochschulreform"[30], aber er löst eine aus. Seit 1800 machen freie Übersetzer, zumal des *Faust* und zumal auf Philosophielehrstühlen, Karriere. Die Universitäten des 19. Jahrhunderts kennzeichnet es eben (nach Worten ihres besten Kenners), daß sich zwar in den Vorlesungsverzeichnissen noch „der alte Ausdruck *tradere* erhalten hat, aber auch der jüngste Privatdozent, ja der vielleicht am meisten, würde eine Beleidigung darin sehen, wenn man ihn beim Wort nähme"[31].

Akademische Freiheit und dichterische Freiheit (nicht zu verwechseln mit poetischer Lizenz) werden beide vom Staat garantiert. Anstatt des Wortes die Tat zu setzen ist allemal eine politische Tat. 1794 gewährt im aufgeklärten Preußen ein und derselbe Code, das *Allgemeine Landrecht,* Büchern ein Verlagsrecht, das die Tat ihrer Autoren unentfremdbar macht, und den Bildungsanstalten ein neues Statut, das sie „von den am Hergebrachten hängenden Organen der kirchlichen Verwaltung löst"[32]. „Schulen und Universitäten", dekretiert der Staat, „sind Veranstaltungen des Staates"[33].

---

[29] „It should be remembered that the ‚Word' in John represents Christ, and so Faust's disparagement of the ‚Word' also implies an indictment of the Saviour whom it symbolises in the Bible. It is not a mere word, but a specific reference to Christ that Faust is here attempting to excise from the Bible." (DURRANI, 1977: 61)
[30] BAUMGART, 1978: 58. Vgl. auch MCCLELLAND, 1980: 79.
[31] PAULSEN, 1902: 77.
[32] PAULSEN, 1919-21: II 93.
[33] ALLGEMEINES LANDRECHT FÜR DIE KÖNIGLICH PREUSSISCHEN STAATEN, II 12, § 1, 1794/1970: 584. Vgl. auch II 13, § 3, 1794/1970: 589.

Die zwei Rechtsakte in ihrer „Allianz stiften jene Allianz zwischen Staat und Gebildeten", die nicht nur zur „Veränderung der Herrschafts- und Regierungsform führte"[34], sondern auch ein Jahrhundert lang deutsche Dichtung getragen hat. Deshalb ist der Geist in Fausts Studierzimmer beileibe kein Einzelgänger. Allenthalben besuchen staatlich bestallte und von *Landrecht*-Paragraphen auch gedeckte Reformer die Studierstuben und Bildungsanstalten der Gelehrtenrepublik, um aufzuschreiben, was alles an ihnen einer Reform von Grund auf bedarf. Der Gymnasialdirektor Oberkonsistorialrat Gedike prangert es als „Widersinn" an,

> daß noch immer in einer Menge Trivialschulen sogar die B i b e l theils ganz, theils stükweis (...) zum förmlichen Lesebuch erniedrigt wird. (...) Noch ganz kürzlich hörte ich in einer sehr zahlreichen Schule fünf- und sechsjährige Kinder aus dem Jesaias (c. 16) lesen: „Dies ist die Last über Moab. Des Nachts kömmt Verstörung über Kir in Moab, sie ist dahin. Sie gehen hinauf gen Baith und Dibon zun Altären, daß sie weinen und heulen über Nebo und Medba in Moab. Hesbon und Eleale schreien, daß mans zu Jahza höret. Mein Herz schreiet zu Moab; ihre flüchtigen fliehen von der dreijährigen Kuh bis gen Zoar. Denn sie gehen gen Luhith hinan und weinen, und auf dem Wege zu Horanaim zu erhebet sich ein Jammergeschrei." Der Lehrer war ganz unbefangen dabei, und es war ihm in der Einfalt seines Herzens wol noch nie eingefallen, sich selbst zu fragen: Verstehst du auch, was du liesest? (...) Man sollte glauben, man legte es recht absichtlich darauf an, den Kindern die Bibel, die man zum gemeinen Lesebuche herabwürdigt, geringschätzig und gleichgültig zu machen. Und doch, wer es im gerechten Eifer für die Ehre der Bibel wagte, dem unvernünftigen Schullehrer die Bibel, die er entweihet, aus den Händen zu reißen, oder ihm wenigstens riethe, seine Kinder nur das lesen zu lassen, was sie verstehen können oder was er selbst versteht, der liefe wenigstens Gefahr, von ihm als ein Bibelstürmer verschrieen und verketzert zu werden.[35]

Und solche Schulvisitatoren machen um 1800 Schule. Türks Kontrollreise durch ein gerade noch existentes Reich trifft auf Schulmeister, die den „erklärten oder wohl gar zergliederten Catechismus" stundenlang hersagen lassen und, weil „sie selbst nicht verstehen", ganz „unbekümmert" darum bleiben, „ob die Schüler verstehen oder nicht"[36]. Jean Paul nennt es einen „der größten pädagogischen Irrwege", daß „Religionsbücher zu Lesemaschinen" gemacht werden[37]. Das *Magazin für Erfahrungsseelenkunde* schließlich verletzt für einmal seine gewohnte Diskretion, um na-

---

[34] JEISMANN, 1974: 23.
[35] GEDIKE, 1787/1789-95: I 438-440.
[36] v. TÜRK, 1806: 264.
[37] J. P. RICHTER, 1797/1959-67: IV 649.

mentlich einen lebenden Lehrer anzuprangern, dessen „Litteralmethode" (wie das Wort schon sagt) bei Christenlehre erstlich aufs „Merken" der „Benennung" abhebt, sodann Benennung und andere Merkwürdigkeiten als abgekürzte Anfangsbuchstaben an die Tafel schreiben und die Abkürzungen auswendig lernen läßt. Dem Erfahrungsseelenkundler bleibt nur die bange Frage, „in wie fern eine solche entsetzlich einseitige Bearbeitung einer so untergeordneten Seelenkraft, als daß Gedächtniß ist, den menschlichen Verstand verrücken könne"[38].

Es ist also ein und derselbe Geist, der beim Bibellesen knurrt wie der Pudel und freie Übersetzungen eingibt wie „der Geist". Ar, Moab, Baith, Dibon, Nebo, Medba, Hesbon, Eleale, Zoar, Luhith, Horonaim – genauso lauten die Wörter, die auch Faust unmöglich hochschätzen kann und deren Auswendiglernen[39] abgelöst wird von der Tat, Tat für Wort zu schreiben. Das Aufschreibesystem von 1800 widerruft an allen Fronten Luthers Befehl, die Bibel „von wort zu wort zu verzelen". Ihn ersetzt der neue Befehl, nur das lesen zu lassen, was Schüler und Lehrer „verstehen". Er ist klar genug formuliert und, wie das Nur sagt, eine Selektion und Diskurskontrolle wie alle anderen – auch wenn Hermeneutik ihren Sieg gerade der Maskerade verdankt, als Gegenteil jeder Kontrolle aufzutreten.

Aber darauf sind die Leute von Anfang an nicht hereingefallen. Wie Fausts These, seine Übersetzung ins geliebte Deutsch sei zugleich Offenbarung des heiligen Originals, war auch der Reformervorsatz, die Bibel nur zu ihrer Heiligung durch Fibeln zu ersetzen, durchsichtige Strategie. „Man stellte die Frage so: Ist es nicht Entweihung der Religionsbücher, wenn man die Kinder in denselben lesen lehrt? Worauf ein allgemeines Ja ertönte. Eigentlich aber war die Frage so gemeint: Ist es nicht Zeit, die alten Bildungsmittel einzuschränken oder zu beseitigen?"[40] Und wie das Verstehen gemeint war, so wurde es auch verstanden. 1776 erregte ein neues *Abc-, Buchstabir- und Lesebuch* für Nassau-Weilberg, das ohne Dekalog, Glaubensartikel und Vaterunser auskam, bewaffneten Widerstand der Leute. „Der in seiner Residenz nicht mehr sichere Fürst suchte bei Kurpfalz Hilfe. 8000 Mann kurpfälzische Truppen rückten ein und mußten die Volksauftritte be-

---

[38] ANONYMUS, 1783: 2, 94 f. Katharina Rutschky trägt also Eulen ins Athen der Reformpädagogen, wenn sie Hähns altmodische Litteralmethode als „Zerstörung der Welt durch Unterricht" verzeichnet. So RUTSCHKY, 1977: 563–567.
[39] Vgl. GOETHE, 1811–14/1904 f.: XXII 149.
[40] BÜNGER, 1898: 231.

schwichtigen"[41]. Ein Kulturkampf also, hundert Jahre avant la lettre.[42] Die Abschaffung der alten Bildungsmittel, und sei es in veritablen ABC-Kriegen, ist die Geburtsstunde der neuen. Anstelle des Wortes tritt die Tat und anstelle der Bibel die Dichtung: von der Fibel bis zum Nationalbuch oder von Rochows *Kinderfreund* bis zum *Faust I*, vom Seufzer *ach*, den „das dichtende Kind aushaucht in kunstlosen Gesang", bis zum „größten wieder mehrere Systeme in sich enthaltenden Systeme der Kunst"[43] oder von Bettina Brentanos Liebesbriefen bis zum *Faust II*.

*

Dichtung, Teufelspakt und Staatsdienst

Dichtung ist zugleich Mittel und Ziel des Verstehens, wie die vom Staat bestallten Reformer es fordern, das Korrelat also (und nicht der Gegenstand) der neuen Geisteswissenschaft Hermeneutik. Ihre Auszeichnung hat sie darin, alle am Verstehen beteiligten Nachrichtenkanäle zusammenzuschalten. Erstens fungiert die Dichtung selber als Verstehen, d. h. als Überführung von Wörtern in reine Bedeutungen; zweitens erlaubt sie Verstehen, d. h. eine Lektüre, die nicht mit den Wortungeheuern von Jesaias 16 zu kämpfen hat. Sie kann andere und anderes verstehen u n d von anderen und anders verstanden werden. Das Aufschreibesystem von 1800 ist hinreichend beschrieben, wenn diese dreistellige Relation mit Namen belegt wird.

Zuvor bleibt nur festzuhalten, daß über der ganzen Relation eine Macht thront. Das Diskursnetz Verstehen hat geknüpft werden müssen. Verstehen und Verstandenwerden gibt es erst, seitdem ein Diskurskontrolleur neuen Typs „bescheidene Entfernung" eingeübt hat, um nur „von Zeit zu Zeit daran zu erinnern, daß er", der Staat, „Zweck, Ziel und Inbegriff der sonderbaren Sprech- und Hörprozedur sei". Über dem Freiraum Hermeneutik steht wie über jedem Sprachspiel ein mot d'ordre.[44] Und dieser Befehl ist der einzigartige Knoten, der selber nicht verstanden wird und werden kann. Der Staat bleibt jeder Hermeneutik verschlossen. Seit Lokke setzen alle Unternehmen, Kultur auf Verständigung oder Kommunikation zu begründen, den Staat (abzüglich jeder Außenpolitik und Kriegstechnik) stillschweigend voraus. Verstehen, weil es seinem Universalitätsanspruch zum Trotz eine Sprechhandlung un-

---

[41] SCHMACK, 1960: 55.
[42] So schon die Diagnose des streitbaren Katholiken v. HAMMERSTEIN, 1893: 230–236.
[43] F. SCHLEGEL, 1798/1958 ff.: II 182.
[44] Vgl. DELEUZE/GUATTARI, 1980: 95 f.

ter anderen ist, kann die Sprechhandlung, die es selber eingesetzt hat, also nicht mehr hintergehen. Texte, die dem hermeneutischen Netz zuzählen, lassen die Macht über ihnen nur maskiert auftreten. Den Übersetzer Faust überwacht ein Teufel im Pudelgewand. Gelüftet wird die Maske nur von Texten, die nicht zum Lesen und Verstehen da sind. Im Drama bleibt Fausts akademische Freiheit so rätselhaft wie in ihren zahllosen Auslegungen; niemand kann sagen, ob freies Schreiben Adressaten hat und welche.[45] Die nackte Notwendigkeit als Ursprung von Verstehenswünschen dagegen nennt der *Code Napoléon*, jenes erste Gesetzbuch, das Richter, wenn sie Hermeneutik verweigern, selber unter Strafe stellt.

> Le juge qui refusera de juger sous prétexte du silence, de l'obscurité ou de l'insuffisance de la loi, pourra être poursuivi comme coupable de déni de justice.[46]

Machtsprüche und nur sie sind es, die die Suche nach einem transzendentalen Signifikat auch in Fällen, wo es laut Richter kein empirisches Signifikat oder laut Faust bloß ein Wort gibt, notwendig, nämlich lebensnotwendig machen. Ein neues Gesetz befiehlt Hermeneutik und damit Leser/Schreiber, die es bei all seiner Sinnlosigkeit anwenden und anwendend mit einem Nebel von Bedeutung umgeben. Der Richter muß anwenden, weil er sonst selber außerhalb des Gesetzes fiele. Der Dichter muß anwenden, weil ihn sonst – denn zuletzt ist Fausts Übersetzen in Gegenwart jenes Pudels eine apotropäische Tat – der Teufel holen würde. Der Nebel von Bedeutung im Fall des Richters ist der Schein, es gäbe einen Referenten, einen strafbaren Körper, der unter den Geltungs- und Machtbereich des unverständlichen Gesetzes gleichwohl fällt. Der Nebel im Fall der Dichtung ist der Schein, Texte seien hermeneutisch verstehbar und nicht programmiert-programmierend.

Dafür gibt es ein Zeugnis in der Gelehrtentragödie. Nur ihr Held kann meinen, Texte und Zeichen seien alle dem Verstehen zubestimmt und zugesprochen (wie er das dem Bücherkram als Unmöglichkeit vorwirft, den Zeichen des Nostradamus und dem Wort des Johannes unterstellt und schließlich im eigenen Übersetzen praktiziert). Dieses Meinen – und damit endet die Gelehrtentragödie – begegnet seiner trockenen Wahrheit. Der Teufel ist nichts anderes als die Macht, Faust auf einen Text zu stoßen, der nicht verstehen und nicht verstanden werden kann, sondern selber Macht ist. Mephisto verlangt von Faust eine Unterschrift.

Unterschriften, wie Gesetzbücher auch, programmieren Leute, ohne den Umweg Verstehen einzuschlagen. Die Paktszene ist also

---
[45] Vgl. etwa DURRANI, 1977: 60.
[46] CODE NAPOLÉON, § 4, 1807: 2. Vgl. dazu SEEBOHM, 1972: 13 f.

das genaue Gegenstück zum freien Übersetzen. Dort die dichterische oder akademische Freiheit des Umschreibens, hier der bürokratische Akt eines Unterschreibens, der fortan zwischen Teufel und Exmagister „kein bloß auf Leistung und Gegenleistung gestelltes Vertragsverhältnis, sondern ein Dienst- und Gewaltverhältnis eigener Art und zugleich ein Vertrauensverhältnis" stiftet. „Es ist, wenn auch nicht unauflösbar, doch seinem Wesen nach prinzipiell und in der Regel auch tatsächlich lebenslänglich."[47] Die Rede – man hat es erraten – geht vom Beamtenverhältnis.

Am 11. Juli 1775, bei seiner Ernennung zum Geheimen Rat des Herzogtums Sachsen-Weimar-Eisenach, wurden dem Schreiber der Gelehrtentragödie Obligationen „vorgelesen und vorgehalten", die bis zum „Absterben" einzuhalten waren.[48] So soll auch Fausts „gesprochnes Wort auf ewig mit" seinen „Tagen schalten". Bei seinen Reformansätzen machte der junge Herzog Karl August „Vorschläge für eine Vereinfachung der Formeln und Floskeln bei Erlassen – es wurden beispielsweise selbst bei den allereinfachsten Anordnungen seine sämtlichen Titel und Würden angeführt"[49]. Doch dieser Papierfeldzug scheiterte am Widerstand vorab seines Ministers Goethe, der gutachtlich befand:

> Eine Canzley hat mit keinen Materialien zu thun und wer nur Formen zu beobachten und zu bearbeiten hat, dem ist ein wenig Pedantismus nothwendig. Ja sollte das Von Gottes Gnaden nur als Übung der Canzlisten in Fracktur und Canzleyschrifft beybehalten werden, so hätte es eine Absicht.[50]

Dasselbe Wort „Pedant" bezeichnet in der Tragödie den Teufel, der, als seien mündliche Worte nicht gegeben, von Faust „um Lebens oder Sterbens willen ein paar Zeilen" fordert. Auf dieser verkehrten Welt, wo Geheime Räte bürokratischer als ihr Herzog sind, figuriert also Mephisto den Beamten und Faust den Dichter. Und diese Dopplung ihrerseits verdoppelt nur das Doppelleben, mit dem Deutsche Dichtung anhebt. „Im Gegensatz zu seinem dichterischen Stil zeichnen sich Goethes Akten durch ihren verschnörkelten und verknöcherten Amtsstil aus. Mit Recht konnte er da sagen: ,Zwei Seelen wohnen, ach, in meiner Brust' – der Beamte und der Dichter."[51]

Handelsobjekt im Teufelspakt ist die Seele. Ein Federstrich vermacht sie auf Lebzeiten und darüber hinaus dem Teufel. So ge-

---

[47] HINTZE, 1911: 11. Vom Unterschied zwischen lebenslänglich und unauflöslich handelt bekanntlich das Faust-Finale.
[48] Zit. BRADISH, 1937: 200.
[49] BRADISH, 1937: 18 f.
[50] GOETHE, A November 1785/1950-72: I 420. Vgl. CURTIUS, 1951: 113.
[51] BRADISH, 1937: 18, Anm. 5.

nau gilt, daß die Seele, statt bloß „die reaktivierten Reste einer Ideologie" zu bilden, „das aktuelle Korrelat einer bestimmten Machttechnologie ist", wie sie Mitteleuropa um 1800 erfaßt.

Man hat an die Stelle der Seele, der Illusion der Theologen, nicht einen wirklichen Menschen, einen Gegenstand des Wissens, der philosophischen Reflexion oder technischen Intervention gesetzt. Der Mensch, von dem man uns spricht und zu dessen Befreiung man einlädt, ist bereits in sich das Resultat einer Unterwerfung, die viel tiefer ist als er. Eine „Seele" wohnt in ihm und schafft ihm eine Existenz, die selber ein Stück der Herrschaft ist, welche die Macht über den Körper ausübt. Die Seele: Effekt und Instrument einer politischen Anatomie. Die Seele: Gefängnis des Körpers.[52]

Was Wunder, daß Faust vor der geforderten Unterschrift erschrickt wie vor einem Gespenst. Die Fazilität verstehenden Schreibens weicht einer symbolischen Bindung, die Dichtung der Macht. An Unterschriften gibt es nichts zu deuten und zu deuteln. Die „Tat", die im freien Übersetzen stattfand und herauskam, konnte das nackte Faktum Schreiben umspielen oder umschreiben; die „Tat war" und blieb „im Anfang" oder Präteritum. Die Tat Signieren dagegen kennt nur das schiere Jetzt und das Futurum exactum seiner Fatalität. Faust in seinem strebenden Bemühen ergreift einen Stand, der zwar der erhabenste von allen, in seiner unkündbaren Fatalität aber auch der beschwerlichste ist.

E r h a b e n und e h r w ü r d i g ist er, denn das einzige Ziel seines öffentlichen und Privatstrebens ist die in eine Bürgergemeinheit vereinigte Menschheit, die sittliche und Vernunftwürde derselben; b e s c h w e r l i c h ist er, denn der gelehrte Lehrer trägt die Verbindlichkeit, bloß für den Staat zu leben, jeden Moment seines Daseyns dem Zwecke desselben zu widmen, sich ihm mit allem, was er sein höheres oder niederes Eigenthum nennt, hinzugeben, sein ganzes Fühlen, Denken und Handeln, sein physisches, moralisches und vernünftiges Seyn, alle seine Kräfte, Triebe und Anlagen nicht als sein, sondern als Eigenthum des Staates, zu betrachten, so daß kein Augenblick seiner Wirksamkeit denkbar ist, der nicht diesem angehöre.[53]

„So überschwenglich ausgedehnt" im „materialen und formalen Gehalt" ist „der Pakt"[54], den Erziehungsbeamte und Staat um 1800 miteinander schließen. Faust, weil ihn das von der Bibel verheißene Drüben wenig kümmert, unterschreibt auf dieser Erde und für diese Erde, um ihr und seinem Kontrahenten „das Streben seiner ganzen Kraft zu versprechen". Transzendentales Wissen setzt einen neuen Anfang, der einsame Studierzimmer sprengt.

---

[52] FOUCAULT, 1975/1976b: 42.
[53] PENZENKUFFER, 1805: 92.
[54] PENZENKUFFER, 1805: 96.

Faust, der schreibende, verschwindet, um zum unaufhörlichen Mythos deutscher Erziehungsbeamter und Dichtungswissenschaften zu werden; Faust, der dem Teufel verschriebene, betritt die Bühne. Fortan ist in *Der Tragödie erstem Teil* von Schreiben und Lesen keine Rede mehr. „Fausts in der Dichtung belegte Schreibkünste sind nicht weit her": sie „erschöpfen sich in den fünf Worten Bibelübersetzung" und „der Unterzeichnung des Paktes"[55]. Der vom beschränkten Gelehrten zum Universalmenschen geworden ist, schlägt nach einem kurzen Abstecher in den Keller akademischer Freiheit einen Weg ein, den seine Deuter Weg zur Natur nennen. Es ist aber schlichter ein Weg zum Sprechen und Hören. Nach der letzten und nie wieder erwähnten Schreibszene, dem Teufelspakt, kommen nur noch Stimmen zu Wort. Die Macht bleibt bescheiden im Hintergrund, um Platz zu machen für das Unmögliche selber: eine Natur des Diskurses. Im höheren Bildungswesen diskurrierten Magister mit ihrem Famulus, als Doktoren verkleidete Teufel mit ihrem Schüler, also Männer und nur Männer. Wer diese Kunst des Betrugs leid ist, muß schon hinter Schreiben und Lesen zurückgehen. Garantierte Natur gibt es nur bei Instanzen, die vom universitären Diskurs grundsätzlich ausgeschlossen sind. Im Schritt zurück entdeckt der Exmagister Faust jene Andere, die im Aufschreibesystem von 1800 Dichtung hervorruft.

---

[55] BAUMGART, 1977: 94.

Der Muttermund

Die Natur im Aufschreibesystem von 1800 ist ~~Die~~ Frau.[1] Ihre Funktion geht darin auf, Menschen und d. h. Männer zum Sprechen zu bringen. Unter dieser nicht zufällig freudschen Prämisse machen zwei Sätze einen genauen Sinn, die in der Goethezeit unterm Namen Goethe liefen und ein Jahrhundert später Freud zur Erfindung der Psychoanalyse brachten. Satzsubjekt ist beidemale die Natur.

> Sie säumet, daß man sie verlange; sie eilet, daß man sie nicht satt werde.
> Sie hat keine Sprache noch Rede; aber sie schafft Zungen und Herzen, durch die sie fühlt und spricht.[2]

Das ist die Definition einer unendlichen Geliebten. Unendlich, weil die Natur mit aller List sicherstellt, daß das Verlangen nach ihr nicht ausgeht. Unendlich auch, weil dieses Begehren allein in Sprache und Rede ihrer Liebhaber statthat, während sie selber stumm und rätselvoll bleibt. Die Natur vollbringt also eine buchstäbliche PRODUKTION VON DISKURSEN. Ihr entspringt, da nur Zungen und Herzen, keine Schreibhände und Leseraugen auftauchen, eine erste Mündlichkeit. Mit alledem wird die Natur unabhängig von Gottes Wort. Statt zu seufzen, bis sie im Namen des Vaters ruht, schafft sie selber menschliche Sprachorgane, die stellvertretend ihren Selbstgenuß betreiben. Sprachursprung, vormals eine Schöpfung aus Nichts, wird zu mütterlichem Gebären. Und da jene Mutter ihren Menschenkindern und Dolmetschern zugleich die Züge einer Geliebten zeigt, erfüllt sie alle psychoanalytischen Kriterien Der Frau.

> Wenn die Libido nur maskulin ist, dann kann die liebe Frau nur von daher, wo sie ganz ist, d. h. von daher, von wo sie der Mann sieht, nur von daher kann die liebe Frau ein Unbewußtes haben.
> Und wozu dient ihr das? Das dient ihr, wie jeder weiß, dazu, das sprechende Wesen (hier auf den Mann beschränkt) sprechen zu machen, d. h. – ich weiß nicht, ob Sie es in der psychoanalytischen Theorie recht bemerkt haben – nur als Mutter zu existieren.[3]

Der Diskurs, den die Mutter im Aufschreibesystem von 1800 nicht hält, sondern macht, heißt Dichtung. Mutter Natur schweigt, auf

---

[1] Der großgeschriebene und gestrichene Artikel indiziert in der Schreibweise Lacans, daß die Frau als Eine nicht existiert, weil umgekehrt Frauen, so es sie gibt, im Plural stehen und damit der phallischen Funktion (Universalität) nicht einschreibbar sind. Vgl. LACAN, 1975: passim, und in bezug auf klassisch-romantische Dichtung SCHREIBER, 1981: 276–283.
[2] TOBLER, 1782, in Goethe, 1904 f.: XXXIX 5.
[3] LACAN, 1975: 90.

daß andere von ihr und für sie sprechen. Es gibt sie als Singularetantum hinter den vielen Reden. Das Verhältnis zwischen Gretchen und Faust, der wie alle Wandrer Goethes an seiner Geliebten eine Mutter und Naturmadonna findet[4], beweist es. Wo der Dr. Faust der *Historia* aus gutem satanologischen Grund Abenteuer mit vielen Frauen haben durfte und mußte[5], erscheint in der Tragödie die Eine, deren „Verführung der große Gelehrte ohne die Beihülfe des leibhaften Teufels nicht zu Stande gebracht hätte"[6]. Und wirklich: immer schon durchsuchte Faust Zeichen und Bücher nach Lebensquellen; aber erst jenseits der Bibliotheken und ihres Männerbundes geht sein Verlangen in Erfüllung: Gretchen figuriert, für ihren Liebhaber nicht minder als fürs nachgeborene Schwesterchen, die milchspendende Mutter. Und diesem Milchstrom antwortet dankend der männliche Diskurs. Gretchens „kurz angebundene" Reden geben Stoff unendlicher Auslegung. Auf ihre altmodische Katechisierungsfrage folgt die längste und berühmteste Glaubens- und Liebeserklärung deutscher Zunge. So mächtig ist das Mandat Der Frau, Männer sprechen zu machen. Eine Rede kommt auf, die wie der neue katechismusfeindliche Schulunterricht[7] aller theologischen Verbindlichkeit ausweicht und die erfragte Religion lieber als poetisch-erotisches Innenleben der Fragerin selbst versteht. Faust „begegnet der Anfrage Margaretes, wie er es mit der Religion habe, mit ihrer Liebe zu ihm"[8]. Er ist mithin nach der Unterschrift als letztem und schrecklichem Schreibakt zum Hermeneuten der Frauenseele geworden. Wie um Schleiermachers Ausweitung der Hermeneutik auf Mündlichkeiten zu belegen[9], schwenkt die überlieferte Schriftexegese zur Exegese Der Frau. Den Geist, der Faust das Transzendentalsignifikat von λόγος eingab, löst der „mütterliche Geist" ab, der Gretchens Natur „täglich unterweist".

Die unterweisende Mutter ist eine Erfindung von 1800. Und zwar buchstäblich. „Was hat auch dieses Zeitalter alles erfunden!" ruft in gespielter Bewunderung der kühle und konservative Brandes, um dann im einzelnen das neue „Verhältniß zwischen Eltern und Kindern" und vorab ihr „Du und Du" als von „Müttern angestifteten großen Schaden" zu denunzieren.[10] Der lang-

---

[4] Vgl. KAISER, 1980: 106.
[5] Vgl. GEISSLER, 1927: 35–37 (Monogamie ist leider nicht des Teufels).
[6] NIETZSCHE, 1878–80/1967 ff.: IV 3, 244.
[7] Vgl. KITTLER, 1980a: 155–159.
[8] HINRICHS, 1825: 152 f.
[9] Vgl. HAMACHER, 1979: 116–124.
[10] BRANDES, 1809: 108 und 83. Zur Neuerung Duzen, die Brandes „nicht vor dem Jahre 1780" datiert (BRANDES, 1809: 36), vgl. auch WOLKE, 1805: 89, sowie GOETHE, 1811–14/1904 f.: XXII 269.

wierige Prozeß, die Bevölkerungen Mitteleuropas in moderne Kernfamilien umzumodeln, ist nur in einer ersten Phase – in Deutschland bis zur Lessingzeit – über etablierte Hausväter gelaufen. Väterlicher Unterweisung entsprangen und unterstanden die Töchter, denen Lessingdramen schon in den Titeln gewidmet waren. In einer zweiten Phase, die die Goethezeit ausfüllt, ,,verliert der Herr der Schöpfung seinen Posten''[11]: An Vaters Statt treten Mütter – juristisch in jenem Preisausschreiben der Berliner Akademie, das 1785 eine Aufwertung der mütterlichen Gewalt fordert[12], poetisch in der Umschrift, die *Wilhelm Meisters theatralische Sendung* zu *Wilhelm Meisters Lehrjahren* macht.[13] Damit einher geht ein Wandel in der Materialität der kulturalisierenden Reden. Das Wort des Vaters erreichte Jünglinge und Jungfrauen als artikulierte Lehre; der Geist, der Gretchen mütterlich und täglich unterweist, hat als Konstrukt ihres Liebhabers mit Gretchens realer Mutter wenig zu tun. Er spricht nicht, er ,,säuselt'' nur. Die mütterliche Zuwendung ist eine Sprache in statu nascendi, als Grenzwert ein reiner Hauch, von dem her artikulierte Rede der anderen anhebt. So genau gilt, aber auch nur auf ihrem historischen Feld, die psychoanalytische Definition.

Lesenlernen um 1800

Ihre Positivität hat die mütterliche Unterweisung als Input elementarer Kulturtechniken. Um 1800 tritt mit einemmal eine Büchersorte auf, die den Müttern zunächst die physische und psychische Erziehung der Kinder und alsbald auch deren Alphabetisierung anbefiehlt. Ihre Liste ist lang: Friedrich Wilhelm Wedag, *Handbuch über die frühere sittliche Erziehung zunächst zum Gebrauch für Mütter in Briefen abgefaßt* (1795); Samuel Hahnemann, *Handbuch für Mütter, oder Grundsätze der ersten Erziehung der Kinder (nach den Prinzipien des J. J. Rousseau)* (1796); Christoph Wilhelm Hufeland, *Guter Rat an Mütter über die wichtigsten Punkte der physischen Erziehung in den ersten Jahren* (1799); Johann Heinrich Pestalozzi, *Wie Gertrud ihre Kinder lehrt, ein Versuch, den Müttern Anleitung zu geben, ihre Kinder selbst zu unterrichten* (1801) sowie *Buch der Mütter oder Anweisung für Mütter ihre Kinder bemerken und reden zu lehren* (1803); Christan Friedrich Wolke, *Anweisung für Mütter und Kinderlehrer zur Mittheilung der allerersten Sprachkenntnisse und Begriffe von der Geburt des Kin-*

---

[11] BRANDES, 1809: 108.
[12] Vgl. DONZELOT, 1977/1980: 34.
[13] Vgl. KITTLER, 1978: 22–25.

Fibeln für Mütter

des an bis zur Zeit des Lesenlernens (1805); Heinrich Stephani, *Fibel für Kinder von edler Erziehung, nebst einer Beschreibung meiner Methode für Mütter, welche sich die Freude verschaffen wollen, ihre Kinder selbst in kurzer Zeit lesen zu lehren* (1807). Diese Titel sind selbstredend. Sie versichern die Identität der anbefohlenen Unterweisung; sie unterstreichen, daß erst mit der Zuschreibung elementarer Kulturisationstechniken an Mütter deren Selbst gefunden ist. Und in der Tat: Pädagogiken und Fibeln an diese neue Adresse schließen einen Instanzenweg kurz. All die Dinge, die Leute in Europa zu lernen haben – Benehmen und Wissen, Lesen und Schreiben –, sind vor 1800 in unterschiedlichen Gruppen und Ständen weitergegeben worden; es gab keine von Natur her legitimierte Zentralstelle für Kulturisation. Zumal der Schatz gelehrten Wissens brauchte zu den Kindern einen langen Weg und viele, jeweils repräsentative Instanzen. Noch der erste Versuch, eine Elementarunterrichtsmethode auf Mütter zu begründen, lief und scheiterte über diesen Instanzenweg: Vorderösterreichische Priester predigten Felbigers Unterrichtsreform vor Klosterfrauen, um sie dazu zu erziehen, ihrerseits Mütter zu Lehrerinnen und besseren Müttern zu erziehen.[14]

Das Gleichungssystem Frau = Natur = Mutter dagegen erlaubt es, Kulturisation mit einem unvermittelten Anfang anzufangen. Eine Kultur auf seiner Grundlage hat eine andere Sprache von Sprache, eine andere Schrift von Schrift. Sie hat, kurz gesagt, Dichtung. Denn nur unter der Bedingung, Phonetik und Alphabet auf kurzgeschlossenem Instanzenweg aus einer Naturquelle zu empfangen, kann bei den Empfängern ein Sprechen aufkommen, das seinerseits Ideal von Natur heißt. Es wird also darum gehen, die Einsetzung von Müttern an den Diskursursprung als Produktionsbedingung der klassisch-romantischen Dichtung und Die Mutter als jene erste Andere zu analysieren, die von poetischer Hermeneutik verstanden wird. Dabei bleibt die Analyse auf einer elementaren Ebene: bei der Materialität von Sprache. ,,Bei solchen Erfindungen wie die eines ganz neuen Abcbuches für ganze Länder, die es lesen, sind auch Kleinigkeiten, welche um deren Geburt umher waren gleichsam als Mütter und Wehmütter, in hohem Grade wichtig."[15] Weil minimale Änderungen am Spiel von Lettern und Papier den Lauf der sogenannten Welt verändert haben, ist psychologische Versenkung überflüssig. Es geht nicht um biographische Mütter mit ihren Komödien und Tragödien, sondern um Mütter und Wehmütter eines ganz neuen Abc-Buches; nicht um die Transformation der Träume oder Begierden, sondern nur um die einer

---

[14] J. A. HUBER, 1774: 28.
[15] J. P. RICHTER, 1811/1959–67: VI 426.

Aufschreibetechnik, die Schreiben schlechthin bestimmt. Denn ,,am Anfang'' steht nicht die Tat, sondern ,,das Abc-Buch''[16]. Die Fibeln von 1800 sind Müttern zu Händen und zu Liebe geschrieben, um an Buchstaben genau die Handgreiflichkeit zu ermöglichen, die an ganzen Wörtern ein Faust vornimmt. Das Auswendiglernen hat dem Verstehen zu weichen. Damit geraten die Mütter auf strategisch entscheidenden Posten. Das im Satz eingebettete Wort erlaubt unschwer Paraphrasen, die dem Geist und nicht dem Buchstaben nach übersetzen. Der schlichte Buchstabe aber, dem im vorderasiatisch-europäischen Raum Lesen und Schreiben seit Jahrtausenden aufruhen, ist der Fels, an dem alle Hermeneutik zu scheitern droht. Buchstaben haben keine Bedeutung. Buchstaben sind nicht wie Laute über die Stimme dem Körper und der Natur anverwandt. Welche Folgerungen sie aus dieser basalen Fehlanzeige ziehen, kennzeichnet und unterscheidet Aufschreibesysteme. Im Zeitalter der Repräsentation wie im Zeitalter des Signifikanten ist die Fehlanzeige fundierend. Die alte Fibelweisheit, wonach ,,dergleichen Bilder / welche an beyden Stücken / nemlich am Laut und der Figur / den Buchstaben gleich seyn / in der Natur nicht wol zu finden''[17], koinzidiert mit dem psychoanalytischen Grundsatz ,,Buchstaben kommen ja in freier Natur nicht vor''[18].

Der gesamte Elementarunterricht von 1800 dagegen wagt den Karl Philipp Moritz nachgerühmten und unmöglichen Beweis, ,,daß die Buchstaben nicht willkürlich, sondern in der menschlichen Natur gegründet sind und alle gewissen Regionen des innern Sinnes angehören''[19]. In einer ersten Etappe, vor der Jahrhundertwende, läuft diese Naturalisierung des Alphabets über supplementäre Sinnlichkeiten. In der zweiten und entscheidenden verschwindet alle Willkür in einem inneren Sinn namens Mutterstimme.

Das Motto der ersten Etappe liefern die Eingangsverse von Splittegarbs *Neuem Bilder ABC*.

Philanthropische Alphabetisierung

> HOLDES KIND! von welcher Wonne
> Wird dein junges Herz gerührt,
> Wenn bey sanfter Frühlingssonne
> Vater }
> Mutter } dich ins Freye führt,
> Ha! da winket deinen Blicken
> Bald ein Blümchen, bald ein Stein,
> Bald erfüllt ein Vögelein
> Dich mit innigem Entzücken;

---

[16] HOBRECKER, 1924: 7.
[17] BUNO, 1650, zit. HELMERS, 1970: 40.
[18] FREUD, 1899/1956–68: II/III 284.
[19] GOETHE, 1816–17/1904–05: XXVII 184.

> Bald ein Lämmchen auf der Weide ...
> Just so, unter lauter Freude,
> Ohne Schwierigkeit und Schmerz,
> Dich in unsre Bücherwelt,
> Die so manchen Schatz enthält,
> Angenehm hineinzuführen,
> Und dein weiches, zartes Herz
> Früh mit Tugenden zu zieren:
> Dieses Glück sey meinem Leben
> Oft durch dieses Buch gegeben![20]

Im weitgespannten Vergleich verschmelzen Frühlingserde und Bücherwelt, Natur und Kultur. Aus dem Gewaltakt Alphabetisierung macht der Spaziergang an Elternhand eine Lust. Nur steht noch nicht fest, von wem die kleinen Fauste, die da in Büchern Quellen des Lebens und der Natur entdecken sollen, dieses Übersetzen lernen können; sonst müßte Splittegarb die Pragmatik seiner Fibel nicht typographisch offenlassen. Die als Kolumne geschriebenen Namen Vater und Mutter verpflichten unbestimmte Eltern auf eine Leistung, die Splittegarbs Fibel selber methodisch noch nicht vollbringt.

An dieser Leerstelle setzen die Philanthropen an. Auf einem Gebiet, wo nach Millenien der Alphabetisierung nichts mehr „zu e n t d e c k e n und zu e r f i n d e n" scheint, ist es ihre Erfindung, die Methode den Kindern selber abzulauschen und damit „Sachwalter der jetzigen und aller künftigen Kindergenerationen" zu werden.[21] Weil aber das derart unterstellte Kind in naturalen Lüsten aufgeht, verspricht Campes *Neue Methode, Kindern auf eine leichte und angenehme Art lesen zu lehren* (1778) das Alphabet als „Naschwerk".[22] Und weil jene Lüste so natural wie möglich zu denken sind, propagiert Basedows *Elementarwerk* ein „Buchstabenspiel": Der noch nicht zweijährige Franz darf zuerst Buchstaben, dann Silben und endlich so lustversprechende Wörter wie „Sup-pe – Ku-chen – Ro-si-nen – Erd-bee-ren" erraten.[23] Am Ende seiner Dessauer Zeit verfällt Basedow zum Schrecken von Mitarbeitern und Lesewelt[24] folgerecht auf die unmetaphorische Wahrheit, wie sie in Resten noch heute Christbäume und Suppen ziert: Er läßt zum Behufe seines Unterrichts eßbare Buchstaben backen. Die philanthropische Alphabetisierung zielt also auf eine kulinarische Oralität, deren unausgesprochenes Rätsellösungswort Mutter heißt.

---

[20] SPLITTEGARB, 1787: 5 f.
[21] OLIVIER, 1803: 15 und 24.
[22] CAMPE, 1807/1975: 73.
[23] BASEDOW, 1785/1909: I 17–19.
[24] Vgl. OLIVIER, 1803: 58, Anm., und NIETHAMMER, 1808: 239. Die alteuropäische Vorgeschichte eßbarer Buchstaben siehe bei DORNSEIFF, 1922: 17 f.

Enzyklopädisten und Künstler haben das Lösungswort als erste gefunden. Nirgends soll ,,der Unterricht, besonders in der Privaterziehung, mehr S p i e l seyn'' als bei Lesen und Schreiben, schreibt Niemeyer – woraus schon folgt, ,,daß M ü t t e r vielleicht die besten Lehrerinnen wären''[25]. Und das *Elementarwerk* zeigt – nicht durch Basedows Text, der die Buchstabierspielregie älteren Kindern und Vorstehern anvertraut, aber durch Chodowieckis Tafel *XXVI b* – ein Kernfamilienideal: Die älteren Söhne zeichnen und studieren den Sonnenlauf, der Vater weilt im ,,stillen Nachdenken und Bewußtsein seiner selbst''[26], das aber wie eine Abwesenheit und ein Verdauungsschlaf aussieht, während die Mutter ihrem Kleinkind das Lesen beibringt.

Die zweite Reformphase macht dieses Ideal zur Institution und Methode. Spracherwerb gerät unter den Primat der Mutter. Schleiermacher (um zunächst die statistische Allgemeinheit des Phänomens zu belegen) lehnt alle schulischen Leselehrmethoden ab, weil das ,,Lesen in den gebildeten Ständen vor dem Eintritt in die öffentlichen Schulen beginnt'' und ,,als häusliches Lesen'' ,,doch

Stephanis Lautiermethode

[25] NIEMEYER, 1796/1970: 242.
[26] BASEDOW, 1785/1909: III 27.

gewöhnlich unter der Direction der Mütter steht"[27]. Pestalozzi, um den Kinderdiskurs ganz auf die elementare und mündliche Zuwendung von Müttern zu gründen, die übergangslos von Naturlauten zu Sprache führen[28], verflucht die Schule mit ihren Grammatiken und ABC-Büchern[29] und scheitert folgerichtig an der Ersatzbeschaffung.[30] Die Speerspitze des Fortschritts übernimmt vielmehr Heinrich Stephani, der Verzuckerung und Verfluchung beide unterlassen kann, weil er Buchstaben auf ihrem eigensten Feld liquidiert. Dem königlich baierischen Kirchen- und Schulrat gelingt eine wirkliche Fibel, die aber nur Spiel, Mütterlichkeit und Oralität ins Werk setzt. Sie kann sogar angeben, weshalb sie neu ist, weshalb also Mütter „sich bis jetzt nicht mit diesem Geschäfte befassen mochten", sondern es so unzuständigen Instanzen wie Vätern und Schulen überließen.[31] Der Grund ist einfach: solange das Lesen eine Funktion der Schrift gewesen ist, schloß es Frauen aus. Stephani aber revolutioniert die materielle Basis der Buchstaben, indem er die reine Lautiermethode, an deren Einführung Franz Xaver Hoffmann 1780 noch gescheitert ist[32], auf ihren Namen tauft[33] und Begriff bringt. Stephani an die Mütter:

> Eigentlich giebt es ausser der Laut-Methode nur noch zwei andere mögliche Unterrichtsarten: die S y l l a b i r- und die B u c h s t a b i r m e t h o d e. Alle übrigen sind nur Spielarten derselben, deren Abweichendes oft nur in fremden Hülfszuthaten bestehen (sic). Die S y l l a b i r m e t h o d e zeigt und spricht den Kindern die Sylben der Wörter vor, und läßt sie von ihnen nachsprechen. Durch lange Uebung werden denn doch natürlich den Kindern die Sylben und Wörter n a c h d e m g a n z e n U m r i s s e ihrer Gestalt, so wie nach ihrer Aussprache bekannt. Aber Sie begreifen auch, wie mühsam dieses Geschäft sey, und daß die Kinder, wenn sie nicht glücklicher Weise sich selbst den Laut der Buchstaben abgemerkt haben, immer in Verlegenheit kommen werden, wenn ihnen Sylben und Wörter von noch unbekannter Zusammensetzung vorkommen. –
> Die B u c h s t a b i r m e t h o d e geht von dem Irrthume aus, daß der Nahme der Buchstaben zugleich ihr Laut sey, und daß man folglich der Aussprache jeder Sylbe das Buchstabiren (das Hernennen der Buchstabennahmen) vorhergehen lassen müsse. Um die Zweckwidrigkeit dieser Methode völlig zu begreifen, nehmen Sie Beispielsweise das Wort s c h o n, und lassen es in Gedanken von einem Kinde buchstabiren: Eß Zeh Hah o Enn. Glauben Sie denn nun, daß es wissen werde, wie die L a u t e dieser drei Buchstaben zu-

---

[27] SCHLEIERMACHER, V 1826/1876: 239.
[28] Die Einzelheiten bei KITTLER, 1991: 109–112.
[29] Vgl. PESTALOZZI, 1808/1927-76: XVI 290.
[30] Vgl. KEHR, 1879: 385–389.
[31] STEPHANI, 1807b: 3.
[32] Vgl. KEHR, 1879: 390 f.
[33] Vgl. MEUMANN, 1911–14: III 450.

sammen ausgesprochen werden, nachdem es jene N a h m e n hergesagt hat? Nicht Nahmen verbinden wir, wenn wir ein Wort aussprechen (aus der G e s i c h t s s p r a c h e in die G e h ö r s p r a c h e übersetzen), sondern Laute. Und diese bleiben dem Kinde nach jener Methode völlig unbekannt. Im Gegentheile lehren Sie ein Kind, die L a u t e dieser drei Buchstaben, anfangs einzeln, und dann zusammen auszusprechen: so hat es dieß Wort vollkommen genau lesen gelernt.[34]

Die Revolution des europäischen Alphabets ist seine Oralisierung. Unscheinbare Fibeln wirken mit am epistemologischen Schwenk von allgemeiner Grammatik zu Sprachwissenschaft.

> Zum erstenmal wird mit Rask, Grimm und Bopp die Sprache (...) als eine Gesamtheit von phonetischen Elementen behandelt. (...) Eine ganze Mystik entsteht dadurch, die des Verbs, des reinen poetischen Glanzes, der ohne Spur vorübergeht und hinter sich nur eine einen Moment lang aufgehaltene Vibration hinterläßt. In seiner vorübergehenden und tiefen Klanghaftigkeit wird das Sprechen souverän. Und seine geheimen, durch den Atem der Propheten belebten Kräfte stellen sich fundamental (...) der Esoterik der Schrift gegenüber, die die zusammengeschrumpfte Permanenz eines Geheimnisses im Zentrum sichtbarer Labyrinthe voraussetzt. Die Sprache ist nicht mehr so sehr jenes mehr oder weniger entfernte, ähnliche und arbiträre Zeichen, für das die Logik von PortRoyal als unmittelbares und evidentes Modell das Portrait eines Menschen oder eine geographische Karte vorschlug. Sie hat eine vibrierende Natur angenommen, die sie vom sichtbaren Zeichen löst, um sie der Musiknote anzunähern.[35]

Stephanis Begriff von „aussprechen" bezeichnet den Schwenk, der nach Foucaults Analyse das transzendentale Wissen begründet hat, sehr genau: Lernbar heißt das Alphabet nur „aus der Gesichtssprache in die Gehörsprache übersetzt". Die Syllabiermethode hat dies nachgerade faustische Übersetzen den Kindern überlassen, die Buchstabiermethode hat es ihnen unmöglich gemacht. Die eine ist Auswendiglernen des Bandes zwischen optischen und akustischen Silbenbildern gewesen, die andere Auswendiglernen von bloßen Wörtern, den Buchstabennamen, die Stephanis Aufschreibetechnik *Eß Zeh Hah o Enn* ihrer Lächerlichkeit preisgibt – bis in diesen Spott hinein eine Sachwalterin der zeitgenössischen Kinder.[36] Spontanes Lesenkönnen blieb beidemale aus. Deshalb setzt die neue Methode aller Auswendigkeit und Äußerlichkeit eine innere Stimme entgegen, die aus Buchstaben (wie zum Beweis des epistemologischen Schnitts) „nichts anderes als Noten" macht. Stephani wiederum an Mütter:

---

[34] STEPHANI, 1807b: 16–18.
[35] FOUCAULT, 1966/1971b: 384 f, vgl. auch LIEDE, 1963: II 223 f.
[36] Wie Autobiographen von 1800 über ihre Buchstabiermethodenlehrer redeten, steht bei HARDACH-PINKE/HARDACH, 1978: 115 und 152.

Um Ihnen eine richtige Ansicht von (meiner Methode) abzugewinnen, muß ich Sie vor allem bitten, von nun an u n s e r n M u n d mit seinen verschiedenen Bestandtheilen f ü r e i n I n s t r u m e n t a n z u s e h e n, a u f w e l c h e m w i r i m S t a n d e s i n d, g e w i ß e s i n n r e i c h e T ö n e a b z u s p i e l e n, welche man zusammen Sprache nennt. So wie auf jedem andern Instrumente, so kann man auch auf diesem ohne Noten und nach Noten spielen. Das erstere thun wir, wenn wir sprechen, das letztere wenn wir lesen. (A n m.: Schreiben wäre unter diesem Gesichtspuncte betrachtet eine Art von Komposition für das Mundinstrument.) Das Lesen besteht folglich in der Kunst, nach vorliegenden Noten auf unserm Sprachinstrumente zu spielen. Was die Buchstaben nach dieser Ansicht vorstellen, werden Sie nun leicht errathen. Sie sind wirklich nichts anderes als die hierzu erfundenen Noten.[37]

Die Lautiermethode gipfelt darin, einen neuen Körper zu beschreiben oder vorzuschreiben. Dieser Körper hat Augen und Ohren nur, um ein großer Mund zu sein. Der Mund überführt alle Buchstaben, die zu Augen und Ohren gedrungen sind, in tönende Laute. Das ist im Bezug aufs Ohr ein alter Gedanke, im Bezug auf Augen und Buchstaben aber eine Revolution. Denn mit ihren Namen verlieren die Buchstaben auch ihren Status. Keine Überlieferung hat Schreiben als Komposition für das Mundinstrument definiert, weil Lettern (auch wenn sie seit Aristoteles Zeichen ausgesprochener Laute heißen) erst einmal selber graphische Artikulation sind und bleiben. Dafür sorgt ein nachgerade physiologischer Grund: die Schwierigkeit beim isolierten Aussprechen vieler Konsonanten, die ja vom bloßen Mitlauten ihren Namen haben. Auch Ferdinand Olivier, der Basedowgehilfe, dem die Erfindung der reinen Lautiermethode immer wieder einmal nachgesagt wird, opfert diesem Mißstand ihre Reinheit. Er läßt zum Ärger Stephanis ,,in seiner gleichzeitig mit der Meinigen bekannt gemachten Methode den Buchstaben ein scharfes e nachfolgen und sie sche, me, be n e n n e n.''[38] Diese Krücke, *schwa* geheißen und seit dem *Berlinischen neueingerichteten Schulbuch* (1760) bis zu Basedow und Campe[39] in Gebrauch, blieb dem Konsonantismus und der Schriftlichkeit des ersten, des hebräischen Alphabets treu schon im Namen. Daß Stephani sie wegwirft, stellt die Reinheit des Lautierens allererst her. Den Vokalen gesteht er nur eine Unschwierigkeit zu, die nicht etwa ihre isolierte Aussprechbarkeit, sondern der Zufall ist, daß sie ,,ihre Laute selbst zu ihren Namen bekommen haben''. Darum beginnen übende Mundinstrumente zwar mit *a ä e i o ö u ü* als einer ,,na-

---

[37] STEPHANI, 1807b: 12 f. Zur Gleichung Buchstaben = Noten vgl. auch OLIVIER, 1803: 95, und die konzertierte Aktion zwischen Deutsch- und Gesangslehrer einer Leipziger Schule (v. TÜRK, 1806: 174 ff.).
[38] STEPHANI, 1807b: 18, Anm.
[39] Vgl. BASEDOW, 1785/1909: I 21, und BÜNGER, 1898: 83 und 239.

türlichen Tonleiter, die von dem tiefsten bis zum höchsten Tone aufsteigt''[40]; fortgeschrittene aber produzieren genauso virtuos einzelne und isolierte Konsonanten. Das verlangt nur eine intime Selbsterfahrung der Mundhöhle bis in alle Spalten und Abgründe hinein, eine sinnliche Phonetik, die sämtliche Laute auseinander entwickelt. Zum Beispiel das Kontinuum zwischen *m, n* und *l*:

> Wissen Sie wohl, meine Damen, daß Sie auch die Mundhöhle ohne Hülfe der Lippen, nur durch vestes Andrücken des vordern Theils der Zunge an den Gaumen schließen können, um denselben Stimm-Urlaut zu nöthigen, gleichfalls den Nasengang zu nehmen? Dadurch erhalten Sie, wenn Sie es versuchen werden, einen von dem vorigen schon wieder verschiedenen Stimmlaut, der in unserm Sprachnotensysteme mit n bezeichnet wird. Versuchen Sie dasselbe abermahls, jedoch mit der kleinen Abweichung, daß Sie auf den beiden Seiten der an den Gaumen gedrückten Zunge dem Urstimmlaute einen kleinen Durchgang lassen. Der Laut, welchen Sie jetzt vernehmen, ist der Laut des Buchstabens l.[41]

Unversehens ist aus einer Fibel für Kinder eine (nicht zufällig gleichzeitige) Czerny-*Schule der Geläufigkeit* für musikalische Damen und Mütter ohne Pianoforte geworden. Wo ehedem Analphabeten lesen lernten, lernen erst einmal Mütter den eigenen Mund kennen. Das phonetische Selbstexperiment Lautieren stellt den Muttermund mit seinen Gängen, Höhlen, Abgründen allererst her. Und die Kleinen, statt Büchern oder philanthropischen Buchstabierspielen zu gehorchen, sind nur noch Auge und Ohr für die Instrumentaldarbietungen dieses Mundes. Wenn sie später im Leben wieder einmal sprechen, was die Eine ihnen in frühster Kindheit vorgesagt hat, ist es ihnen ,,noch oft, als schauten (sie) nach ihren Lippen und sprächen ihr nach''[42].

Der Muttermund erlöst also die Kinder vom Buch. Eine Stimme ersetzt ihnen Buchstaben durch Laute, ganz wie Faust den Zuschauern seiner Gelehrtentragödie Wörter durch Bedeutungen ersetzt. Aus dem phonetischen Experiment geht eine Psychologie oder Psychagogik hervor, die Schriften restlos konsumierbar macht. Nur noch der mütterliche Zeigefinger wahrt einen Bezug auf die optische Buchstabenform. Wenn dagegen die Kinder später im Leben Bücher zur Hand nehmen, werden sie keine Buchstaben sehen, sondern mit unstillbarer Sehnsucht[43] eine Stimme zwischen den Zeilen hören.

---

[40] STEPHANI, 1807b: 24–26. Vgl. auch v. TÜRK, 1806: 188, über den Leipziger Phonetikunterricht Johann Friedrich Adolph Krugs.
[41] STEPHANI, 1807b: 33 f.
[42] C. BRENTANO, 1818/1963–68: II 613.
[43] STEPHANI, 1807b: 10, rühmt seiner Methode nach, ,,das Lesen zu einer der angenehmsten Unterhaltungen gemacht zu haben. Sie, ädle Mütter, wer-

Und diese Stimme tut Unerhörtes. Sie sagt kein Wort, geschweige denn einen Satz. Diskurse, die andere geschrieben haben, lesend auszusprechen ist das Lernziel der Kinder, nicht jedoch ihrer Mütter. So genau trifft einmal mehr Lacans Definition Der Frau oder (wenn Historiker das lieber lesen) Toblers Definition der Natur. Sie spricht nicht, sie macht sprechen. Was die Mütter lernen, ist etwas anderes. Sie nehmen erstens den Kindern die optische Letternerkennung (pattern recognition) ab, spielen ihnen also das Spiel vor, es gäbe eine Alphabetisierung ohne Schrift. Unter der verschwiegenen Voraussetzung, daß die Mütter selber das Koordinieren von Auge und Mund noch nach altertümlicher Methode gelernt haben, sind sie imstande, ihre Münder nach ,,Noten'' zu bewegen und kein *u* für ein *x* zu nehmen. (Im Rücken der Lautiermethode steht doch der Diskurs des Anderen, den sie verwirft.) Zweitens lernen die Mütter unter der Vorgabe, lesen zu lehren, selber zu artikulieren. Stephanis Methode für Mütter ist deren ,,Selbstausbildung als Lehrerinnen'' und gehört damit zum großen Programm einer Erziehung der Erzieher, wie es seit Lessing und Kant läuft.[44] Selbstausbildung hat das alte bloß imitative Lernen abzulösen und den mütterlichen Lehrerinnen in methodischer Mundhöhlenergründung eine reine Aussprache zu verschaffen. Alle Lese- und Schreiblehrbücher Stephanis erklären dem Kopieren empirischer und d. h. selber kopierender Vorbilder einen Krieg. Weil bei ,,den bisherigen Methoden die Kinder immer nur die Aussprache ihrer Lehrer nachahmten, die ja doch immer einiges von der provinziellen an sich trägt''[45], sind Muttermünder gehalten, so lange zu üben, bis *ü* nicht mehr wie *i* und *g* nicht mehr wie *ch* klingt. So wird auch der Diskurs der anderen, die *i* für *ü* nahmen, abgeschafft: Wörter wie ,,Vergnügen'' verlieren alle sächsische Färbung.[46] Das Vergnügen oder die Lust der Mutter ist also zugleich methodische Produktion u n d methodische Reinigung der Laute. Ein vollendeter Muttermund am Ziel seiner Selbstausbildung arbeitet nicht mehr empirisch-dialektal, sondern als Sprachrohr eines ,,Urstimmlauts'', der alle anderen generiert. Dem transzendentalen Signifikat bei Faust entspricht die transzendentale Stimme bei Stephani. Sie lehrt zum erstenmal in der Geschichte,

> die Wörter so auszusprechen, wie die Sprache will, daß sie allgemein ausgesprochen werden sollen. Sie ist daher zugleich das Nationalmittel, alle verschiedene Mundarten nach und nach zu ver-

---

den daher oft in den Fall kommen, die Lection mit ihren Kleinen früher abbrechen zu müssen, als es diesen angenehm seyn wird.''
[44] STEPHANI, 1807b: 25, vgl. dazu KITTLER, 1991: 26–33.
[45] STEPHANI, 1807b: 7.
[46] STEPHANI, 1807b: 26 und 32.

drängen, und eine ganz reine Aussprache an deren Stelle allenthalben zu verbreiten."[47] Damit aber garantiert die Lautiermethode, daß alle dem Aufschreibesystem von 1800 eingeschriebenen Diskurse homogen sind. Erst durch „Verdrängung" bzw. „Verbannung" sämtlicher „Provincialismen" und „fehlerhafter Dialecte" erringt das Deutsche die Würde einer Hochsprache.

Die m e n s c h l i c h e S p r a c h e kann durch langes Anhören – bewußtlose Nachahmung und durch Gewöhnung an gewisse Gedankenzeichen entstanden seyn – dieses ist die Sprache, welche das Kind den Erwachsenen mit allen Mängeln und Unvollkommenheiten, die jenen eigenthümlich sind, nachspricht und ablernt; es ist dieses der Weg, auf dem bei weitem die meisten Menschen sprechen lernen. Die menschliche Sprache kann aber auch 2) als eine, im Einzelnen wie im Ganzen, möglichst k u n s t m ä ß i g gebildete, nach gewissen Regeln genau bestimmte, den Gedanken völlig angemessene Zeichenfülle, betrachtet werden. D i e s e Art menschlicher Sprache ist das Product einer sorgfältigen Bildung der Sprachwerkzeuge und des Verstandes. Bei den Deutschen ist es die reine, h o c h d e u t s c h e M u n d a r t.[48]

Die im transzendentalen Wissen tragende Unterscheidung von Kopie und Bildung, Nachahmung des bloß Nachgeahmten und methodisch gereinigter Produktion schlägt auch beim Reden zu. Wie auf anderen Wissensfeldern erscheint eine Norm, die die vielen regionalen Bräuche in Pathologien umschreibt[49] und unterm Titel Hochsprache eine Parousie reiner Signifikate oder „Gedanken" fordert. Die Norm ist beredt und machtvoll genug, ihre Herrschaft eine Macht zu nennen. Stephani will eine Sprache, „wie die Sprache sie will"; Novalis im Monolog nennt Sprechenwollen ein Müssen, das nur dem Wirken „der Sprache" folgt und seine eigene Dichterwürde ausmacht.[50] Die Norm ist also auch universal genug, vom Lallen des Kindes bis zum Dichten des Dichters zu gelten. Schon weil sie selber „kunstmäßig" verfährt, wird die Sprachnorm zum Element der Deutschen Dichtung.

•

Diese Bereitung eines allgemeinen, gereinigten und homogenen Mediums ist neu. Bis in die Tage Bodmers und Breitingers hinein, die ihre Manuskripte nach Leipzig zur Sprachdurchsicht sandten, war der hochsprachliche Standard des Deutschen empirisch und

Deutsch als Hochsprache

---

[47] STEPHANI, 1807b: 7, vgl. dazu Stephanis Lob bei GLEIM, 1810: II 68.
[48] v. TÜRK, 1806: 176, vgl. dazu PETRAT, 1979: 76 f.
[49] Vgl. GESSINGER, 1980: 93–101.
[50] HARDENBERG, 1846/1960–88: II 672 f.

nicht transzendental: die Meißner Mundart fungierte als eine unter anderen, die nur Brauch und Ansehen ausgezeichnet hatten. Der Muttermund dagegen stellt sicher, daß Hoch- oder Literatursprache zur Absenz selber von Mundart wird. Noch der junge Goethe hatte dem „pedantischen Regime" des Sächsischen nur seine geliebte Heimatmundart entgegengesetzt.[51] Mit der planvollen Normierung der Münder um 1800 beginnt ein Feldzug gegen Dialekte überhaupt. 1779 setzt die Akademie der Wissenschaften zu St. Petersburg Mechanikern und Orgelfabrikanten Preise auf die Erfindung eines Automaten aus, der die fünf Vokale rein aussprechen können soll. Einer der daraufhin entwickelten Maschinen rühmt Rivarol, nicht zufällig Verfasser eines *Discours sur l'universalité de la langue française*, es nach, die Maschine werde alle gaskonischen und Schweizer Sprachlehrer des Französischen zittern und arbeitslos machen, weil exakte Reproduzierbarkeit die Vokale fortan jeder mundartlichen oder historischen Denaturierung entrücken wird.[52] Denaturierend heißt also der überlieferte Spracherwerb selber, sofern er bloßes Überliefern war. Tradition produziert Kopien von Kopien von Kopien usw. ins Unendliche, bis noch der Begriff von Original verlorengeht. Eine transzendentale Mutterstimme dagegen ist unentfremdbare Identität ihrer Munderfahrung, so wie der Automat störungsfreie Gleichheit seines Mechanismus ist.

Unter den technischen Bedingungen von 1800, wo die Automaten mechanisch, nicht elektrisch oder elektronisch sind, übernimmt es die Mutterstimme, Rivarols erträumte Reinheit und Universalität von Hochsprachen herzustellen. Weil die Lautiermethode die Regel selber von Überlieferung abschafft, ist sie nicht bloß Sprechsystem, sondern ein veritables Aufschreibesystem. Sie verbürgt auf pädagogischem (nicht technischem) Weg die Iterierbarkeit, also eine strukturelle Schriftlichkeit der Lautung. Olivier, in seiner Tätigkeit am Dessauer Philanthropinum selber einer von Rivarols geschmähten Schweizer Französischlehrern, verspricht seiner halbherzigen Lautiermethode für Väter und Mütter den „unausbleiblichen Erfolg, daß endlich mit der Zeit alle Dialecte einer jeden Sprache sich in die, zum Grunde derselben angenommene, beste und reinste Mundart, fast nothwendig vereinigen müssen"[53]. Durch „Theorie und Analyse der Sprachtöne" nämlich werden

> die Töne der Sprache aus dem unbestimmten und schwankenden Zustande, in welchem sie ein ganz sonderbares, fast unbegreifliches Vorurtheil sie in gewisser Hinsicht erhielt, hervorgezogen, um sie,

---

[51] GOETHE, 1811-14/1904-05: XXIII 44. Zum Ganzen vgl. BLACKALL, 1959.
[52] Vgl. CHAPUIS/GÉLIS, 1928: II 202-206.
[53] OLIVIER, 1803: 99.

unter einer neuen Beziehung, fast in eben der Art zu fixiren, wie sie schon einmal in ihrer anschaulichen Darstellung durch die Schrifterfindung es wurden.[54]

Im Klartext ist lautierender Leseunterricht also ein Aufschreibe- und kein bloßes Sprechsystem. Nur darum kann er ja durch Aussprachefixierung auf eine hypothetisch „angenommene'' Norm Kindern schon vor jedem Rechtschreibunterricht Orthographie beibringen.[55] Die Lautiermethode, revolutionär wie nur noch die Erfindung von Schrift und d. h. Hochkultur überhaupt, hätte den Preis der Petersburger Akademie verdient. Was nicht geschaltet werden kann, muß Pädagogik werden.

Schon deshalb beginnt die methodische Reinigung deutscher Münder mit Herder. Im Kontext seiner Weimarer Gymnasialreform hält der Oberkonsistorialrat eine Rede *Von der Ausbildung der Schüler in Rede und Sprache*, die ein Jahrhundert lang immer wieder als Stiftungsurkunde des Faches Deutsch angerufen wurde[56] und das Feindbild der neuen Spracherziehung auch wahrhaft aufgebaut hat.

> Wenn wir auf die Welt treten, können wir zwar schreien und weinen, aber nicht sprechen und reden; wir äußern nur thierische Laute. Manche Menschen und Völker verfolgen diese thierischen Laute durchs ganze Leben. – Man stelle sich in eine Entfernung, in der man zwar den Schall der Stimme und die Accente, aber den Sinn der Worte nicht vernimmt: so hört man bei einigen Menschen den Truthan, die Gans, die Ente, bei manchen Rednern den Pfau, die Rohrdommel und bei affectirenden Schönlingen den natürlichen Canarienvogel; nur nicht eben eine Menschliche Stimme. Unser Thüringen hat viel Gutes, aber keinen angenehmen Laut der Sprache, welches man dann am meisten inne wird, wenn man, wie oft der Fall ist, zwar Töne, ineinandergezogne Töne höret, aber den Sinn der Rede nicht verstehet. – Jünglinge, die diesen unangenehmen Dialect bloßer Thierlaute an sich haben, sie mögen aus Städten oder vom Lande her seyn, müssen sich alle Mühe geben, im Gymnasium eine Menschliche, natürliche, Charakter- und Seelenvolle Sprache zu bekommen und von ihrer bäurischen oder schreienden Gassenmundart sich zu entwöhnen. Sie müssen das Bellen und Belfern, das Gackeln und Krächzen, das Verschlucken und Ineinander Schleppen der Worte und Sylben abdanken und statt der Thierischen die Menschensprache reden. Glücklich ist das Kind, der Jüngling, dem von seinen ersten Jahren an verständliche, menschliche, liebliche Töne ins Ohr kamen und seine Zunge, den Ton seiner Sprache unvermerkt bildeten. Glücklich ist das Kind, dem seine Wärterinn, seine Mutter, seine ältern Geschwister, seine Anverwandte und Freunde, endlich seine frühesten Lehrer auch im

---

[54] OLIVIER, 1803: 101 und 95.
[55] Vgl. OLIVIER, 1803: 91.
[56] Vgl. H. J. FRANK, 1973: 309.

Gehalt und der Rede gleichsam Vernunft, Anstand, Grazie zusprachen.[57] Die Dichotomie von Norm und Devianz herrscht so streng, daß Dialekte aus dem Begriffsumfang des Menschen und auf seiten der Tiere fallen. Aber dennoch weiß der Gymnasialreformer gegen Vertierung kein Mittel außer seiner eigenen Schulrede und glücklichen Kindheitszufällen. So schafft die Schulreform schon eine Leerstelle, die die reine Lautiermethode wird ausfüllen können. Aus Herders glücklichem Zufall macht Stephani systematische Semiotechnik. All die unterschiedlichen Wärterinnen, Geschwister, Freunde, Lehrer ersetzt die eine unersetzliche Mutter. Sie „entwöhnt" von allem Tierischen, weil sie gar nicht mehr spricht oder zuspricht, sondern Vokale und Konsonanten übt. So wenig ist ein Konzept wie Kommunikation geeignet, die Produktionsbedingungen von Literatur zu fassen, die eben auch präsignifikante Sprechmaschinen einschließen. Es geht im Aufschreibesystem von 1800 um den Unterschied selber, den Sprache, um Hochsprache und damit Element der Dichtung zu werden, den Tierlauten gegenüber aufreißt. „Die Sprache" wird im selben Augenblick der Geschichte zum mythischen Wesen, wie ihre anthropologische Fundierung[58] die alteuropäischen Sprachlehrtechniken dem Sündenbock Tier aufbürdet und in die Wüste schickt.

Denn was Herder als spezifische Differenz des ζῷον λόγον ἔχον feiert, diese Sprache ohne Bellen und Belfern, Gackern und Krächzen, ist einfach die neue Alphabetisierung. Herrmanns *Neue Fibel* mahnt in einem der raren Sätze, die sie dem Kind nicht selbst in den Mund legt, daß es kein Tier sein soll.[59] Stephanis Fibel macht diesen Unterschied in kleinsten methodischen Schritten. Aus einem gereinigten Muttermund lernt das Kind über Vokale hinaus auch geräuschvolle Konsonantenverbindungen wie *bl, br, pf, pr, fl, dr*, obwohl sie „die größte Schwierigkeit beim Lesen" machen, „mit Leichtigkeit auf seinem Mundinstrumente abspielen".[60] So gemahnt das *chz* von *Krächzen*, das *lf* von *Belfern* nicht mehr an Tiere. Die besiegte Schwierigkeit ist immerhin so groß, daß eine Fibel, die Stephanis in Bayern schon staatlich approbierte Methode auch nach Baden trägt, den heroischsten Lipogrammen des Schrifttums zur Seite tritt. Sie enthält ihrer Frömmigkeit zum Trotz „im ganzen Büchlein nicht nur lauter e i n s y l b i g e, sondern mit

---

[57] HERDER, 1796/1877-1913: XXX 217 f. Ganz ähnlich (oder womöglich noch strenger, weil sie auch seinen eigenen Tonfall betreffen) sind Diagnose und Therapieplan des Leipziger Dialekts bei v. TÜRK, 1806: 56 f.
[58] Vgl. FOUCAULT, 1966/1971b: 362-365.
[59] HERRMANN, 1804: 116.
[60] STEPHANI, 1807b: 51 f.

einem **e i n z i g e n** Konsonant anfangende Wörtchen'', also zum Beispiel das Vielkonsonantenwörtchen ,,Jesus Christus'' nur in der ,,Nacherinnerung'' für Lehrer.[61] Sehr anders haben zur Reformationszeit die ersten deutschsprachigen Fibeln Konsonanten und Konsonantenverbindungen eingeführt. Grüßbeutels *stymmenbüchlein* präsentierte *ss* im Bild einer zischenden Schlange, *pf* im Bild einer von Hunden angebellten fauchenden Katze.[62] Peter Jordans *leyenschul* gab die Ausspracheregeln ,,das l wie der Ochs lüllet. das m wie die küe brummet. das r wie die hund murren. Das s wie die jungen taubenn pfeysen und kirren.''[63] Valentin Ickelsamer schließlich, auf dessen *Teütsch Grammatica* solche Tierstimmenkataloge zurückgehen, erhoffte von ihnen genau das, was Stephani der Mutter zudenkt: die Ersetzung der überlieferten Buchstabennamen durch die von den Buchstaben bezeichneten Laute. Das macht ihn aber so wenig zum Vorläufer der reinen Lautiermethode[64], wie zwischen Tieren und Mutter ein Abgrund klafft. Das Sprachkonzept des 16. Jahrhunderts verwies Kinder anschaulich auf die vielen Sprachen der Kreatur, auf Materialität und Opazität der Zeichen.[65] Bei Stephani werden Mütter im phonetischen Experiment der Musikalität ihres Mundes inne.

Der Hund, der 1799 den Übersetzer Faust ablenkt, störte also vormals Lektüren so wenig, wie er eines ihrer Vorbilder abgab. Irgendeinen Laut konnte man seinem Bellen schon ablernen.[66] Und die Gymnasiasten, die 1796 den Oberkonsistorialrat Herder mit sächsischen Tierlauten schrecken, waren keine mythischen Wolfskinder der neuen Sprach-Anthropologie, sondern einfach Papageien ihrer Fibeln oder Haustiere ihrer Lehrer. Aus einer Fibel vom epochemachenden Typ des *stymmenbüchleins* soll noch der Preußenkönig Friedrich das Lesen gelernt haben.[67] Herders Glaube, daß ,,unser Geist insgeheim alle Mundarten der Muttersprache anpasset''[68], gilt also erst vom Geist seiner Schulreform und des mütterlichen Lautierens. Es hat Zeiten gegeben, wo Sprache ganz im Gegenteil den Mundarten[69] und Mundarten den Kreaturen der Erde

---

[61] ANONYMUS, 1811: o. S.
[62] GRÜSSBEUTEL, 1534/1882: A^v IV und B II.
[63] JORDAN, 1533/1882: A^v IV.
[64] So KEHR, 1879: 364–368, und nach ihm alle Abc-Historiker.
[65] Vgl. FOUCAULT, 1966/1971: 66.
[66] ,,Der Anfänger also betrachtet irgendein Tier, und indem er seine Stimme nachahmt, spricht er von selbst den Buchstaben aus'' – so noch COMENIUS, 1659, zit. E. SCHWARTZ, 1964: 61.
[67] Vgl. BÜNGER, 1898: 29.
[68] HERDER, 1767/1877–1913: I 401.
[69] Vgl. GIESECKE, 1979: 61.

Herders Sprachanthropologie und der Seufzer Ach

angepaßt waren. Im Aufschreibesystem von 1800 aber tritt an die Stelle der vielen Tiere – Hunde, Katzen, Ochsen, Kühe, Tauben, Schlangen – Die Frau.

Das gilt buchstäblich. Die Stiftungsurkunde der Sprach-Anthropologie, Herders *Abhandlung vom Ursprung der Sprache*, läßt die menschliche Sprache der Menschen, jenes eingeforderte Andere zum konnaturalen Säuglingschreien oder zur gymnasialen Gassenmundart, aus dem Benennen eines Tieres hervorgehen. Zielscheibe dieses Akts ist ein ,,Lamm'', ,,weiß, sanft, wollich'' und (wie solche Attribute schon andeuten) besser Schäfin geheißen. Denn um den Menschen, dieses nach Herders Entdeckung instinktunsichere Mängelwesen, in die Lage und Freiheit des Namengebens zu versetzen, heißt es notwendig, daß nicht nur kein blutleckender Löweninstinkt, sondern auch kein ,,brünstiger Schaafmann''-Instinkt ihn übers Lamm ,,herwirft''[70]. Was einem Neutrum und Kind gegenüber ja pervers wäre.

Wenn ,,das Lamm'' anstelle Der Frau steht, ist die Ausgesetztheit des Mängelwesens Mensch jenseits instinktgezogener Grenzen einfach die Aussetzung des Begehrens beim Mann. Ein Begehren setzt aus und die Möglichkeit des Sprechens ein. Der erste vergebene Name trägt diese Differenz aus. Er ist Differenz an ihm selber – die Differenz zwischen dem natursprachlichen Blöken von Lamm oder Schäfin und seiner ,,onomatopoetischen''[71] Wiederholung.

> Das Schaaf kommt wieder. Weiß, sanft, wollich – sie (die Seele) sieht, tastet, besinnt sich, sucht Merkmal – es blöckt, und nun erkennet sie's wieder! ,,He! Du bist das Blöckende!''[72]

Mag sein, daß eine solche Wiederholung, die zugleich verschiebt und unterscheidet, da ja Natur- zu Menschensprache verschoben und ein Mensch-Tier-Unterschied aufgemacht wird, mit Derridas Différance zu lesen ist.[73] Aber auch dabei fällt aus, daß Wiederholung und Verschiebung ihrerseits eine bloße Verschiebung des Geschlechterunterschieds sind. Das zeigt nicht erst die ausdrückliche Distanzierung von Schafmann und Mensch. Bereits Herders Eingangsthese, daß ,,der Mensch schon als Thier Sprache hat''[74], entwirft in aller Drastik eine Sprache aus Weinen und Schreien, aus ermattendem Hauchen und halbem Seufzen, die jeder Alphabetisierung oder Niederschrift spottet. Nur wer diese Sprache spricht, läßt Herder offen. Es auszusprechen ist Mephistos Amt.

---

[70] HERDER, 1772/1877–1913: V 35 f.
[71] LOHMANN, 1965: 66.
[72] HERDER, 1772/1877–1913: V 36.
[73] So GROB, 1976: 5–29.
[74] HERDER, 1772/1877–1913: V 5.

Dem hellhörigeren Teufel sind „das matte Ach!" und „das feurige O!", all diese von Herder mit dem Vorbehalt ihrer Unaufschreibbarkeit aufgeschriebenen Naturlaute[75], bekanntlich Symptome der „Weiber" und „aus e i n e m Punkte zu kurieren". Aber genau die Kur unterbleibt. Stephanis Kind trennt eine Inzestschranke von der Mutter und ihren Naturlauten. Herders Menschen trennt ein Instinktmangel von der Schäfin und eine Jahrtausend-Schranke von der Natursprache, die nicht umsonst „ursprünglich wilde Mutter" aller Diskurse heißt.[76] Der unüberschreitbare Abstand macht sie sprechen, das eine wie den anderen. Mephistos Rat bleibt unbefolgt, damit aus Lauten Sprache wird. Mutter und Frau sind eben Instanzen der Diskursproduktion. Als Produkt seines Anderen ist kein artikulierter und aufschreibbarer Diskurs ein reiner Anfang. Herder macht keineswegs den „absolut absurden" Fehler, die Vorausgesetztheit einer Art von Sprache für erste Namensbildungen zu leugnen.[77] Das hypothetische „Bäh" der Schäfin i s t diese Voraussetzung. Es geht in ihren Menschennamen ganz so ein wie die Naturlaute der „Empfindungen" und „Leidenschaften" (bei aller Entstellung) in die „Wurzeln" der ältesten Sprachen.[78] So liegt vor jedem Diskurs immer noch, dunkel und unartikuliert, ein anderer, ein Diskurs, der zu den artikulierten und artikulierenden Signifikanten wie ihr Signifikat steht. Unterm Titel S p r a c h e durchmißt das Aufschreibesystem von 1800 den Raum dieser Differenz.

Warum kann der lebendige Geist dem Geist nicht erscheinen?
S p r i c h t die Seele, so spricht, a c h ! schon die Seele nicht mehr.

Wenn „die Sprache" innerhalb des Systems zur Definition ansteht, kommt sie mit Notwendigkeit auf das, was (noch) nicht Sprache und gleichwohl ihr einziges Signifikat ist. Herders Schrift verneint seine Schreibbarkeit, Schillers Distichon seine Sprechbarkeit. Und doch spricht/schreibt sich „die Seele". Nach der Zäsur des Pentameters, dort also, wo alle Akzente zu Stauung und Sammlung kommen, ist ein reiner Naturlaut zu hören/lesen. So sehr drängt „die Seele" nach Sprache, daß selbst Verse, in denen die Unerfüllbarkeit ihres Wunsches Sprache wird, dem Wunsch

---

[75] Vgl. HERDER, 1772/1877–1913: V 8.
[76] HERDER, 1772/1877–1913: V 9. Für die völlig analoge Sprachanthropologie Rousseaus vgl. STAROBINSKI, 1967: 283. „Rousseau nous invite à regarder en deçà du règne humain de la parole. Certes, il nous propose un ‚discours', mais pour faire apparaître une v o i x antérieure à tout discours. (...) Par définition, la voix de la Nature doit parler avant toute parole."
[77] So LOHMANN, 1965: 67.
[78] HERDER, 1772/1877–1913: V 10.

willfahren und einen autonymen Signifikanten der Seele aufschreiben. Dieses *ach!* ist ein Wort und kein Wort; es spricht die und widerspricht der Sprache; es macht ihren Anfang, den aber alles Sprechen verrät. Das Aufschreibesystem von 1800 steht auf der Basis eines Signifikanten, der sein Grenzwert bleibt, weil alle artikulierten Signifikanten ihn als ihr Signifikat bedeuten. Die *Lebensläufe nach aufsteigender Linie* instituieren den Signifikanten im Abgrund, der ihn von allen anderen trennt.

S e u f z e r, h a l b e r d r ü c k t e A c h s nennt nicht t o d t e W o r t e, ihr Wortkrämer! denn die gelten mir mehr als eure Klagelieder und Condolenzen. Wenn es auf Achs kommt, löst der Geist den verstummten Leib ab, drängt sich vor, vertritt ihn und läßt sich allein hören. Es giebt unaussprechliche Achs![79]

Hippel setzt also im Namen des Unaussprechlichen eine ausdrückliche Diskurskontrolle ein. Verboten ist es fortan, den einzigen Signifikanten, der frei von Materialität und Körper heißt – als ob nicht gerade in Seufzern der Körper den verstummten Geist ablöste –, einen unter anderen zu nennen. Diese Sprachregelung hat durchschlagende Effekte.

„‚‚Ach''', schreibt Holtei ins Poesiealbum einer jungen Napoleonidin, „‚‚Ach' ist unser erstes Wort."[80] Dem Tauschwert des Goldes, das wie der Diskurs auch endlose Zirkulationen auslöst, ruft Gretchen „Ach, wir Armen!" entgegen.

Nachdem offenbar ist, welchen Verwechslungen die scheinbar eindeutigen und doch so mißbräuchlichen Eigennamen der Sprache den Liebeswunsch aussetzen, macht Alkmene mit ihrem einfachen *Ach* der Tragikomödie ein Ende – aber nur, um in der ungeschriebenen Tragödie ihrer weiteren Ehe zu verstummen.[81]

Und wo *Der Sandmann* einen Studenten in Paranoia treibt und selbst dessen Braut keinen Trost mehr weiß als „tiefsinnige philosophische Briefe"[82], fällt alle Liebe jäh und entschieden auf eine andere, die ihm weniger oder mehr als Theorie gibt.

Er saß neben Olimpia, ihre Hand in der seinigen und sprach hochentflammt und begeistert von seiner Liebe in Worten, die keiner verstand, weder er, noch Olimpia. Doch diese vielleicht; denn sie sah ihm unverrückt ins Auge und seufzte einmal übers andere: „Ach – Ach – Ach!" – worauf denn Nathanael also sprach: „O du herrliche, himmlische Frau: – du Strahl aus dem verheißenen Jenseits der Liebe – du tiefes Gemüt, in dem sich mein ganzes Sein

---

[79] HIPPEL, 1778–81/1828–35: III 1.
[80] HOLTEI, M 1828, zitiert in BRAUN, 1908/1923: I 153.
[81] Vgl. die Interpretation von MILCH, 1957: 156–159.
[82] HOFFMANN, 1816/1976: 341.

spiegelt" und noch mehr dergleichen, aber Olimpia seufzte bloß immer wieder: „Ach, Ach!"[83]

Nathanaels Abkehr von Clara, seiner allzu alphabetisierten Braut, folgt der neuen Sprachregelung aufs Wort. Denn nur eine Geliebte, die im *Ach*-Sagen aufgeht, erfüllt den Wunsch, daß die Sprache (mathematisch gesagt) nicht von größerer Mächtigkeit als die Seele sei, sondern wirklich und ausschließlich „des Menschen Inneres schildert"[84]. Olimpia ist die Seele, die, statt zu sprechen, ihren Liebhaber sprechen, und zwar genau das sprechen macht. Das verheißene Jenseits von Sprache, auch Liebe genannt, sorgt dafür, daß Nathanael redet und redet, bis alle anderen Frauen aus „dem Gedächtnis entschwinden"[85] und nur noch Die Frau übrigbleibt. Ihr einzigartiger Signifikant leistet eine völlige Individualisierung der Rede; er leistet das Unmögliche, ein Eines nicht nur zu bezeichnen, sondern zu bedeuten. Und man braucht, um das Unmögliche ebenso wahr wie reproduzierbar zu machen, bloß einen jener Automaten zu bauen, die nach den Petersburger Plänen auf Seufzer-Vokalisen hin konstruiert sind. Nathanaels geliebte Olimpia ist demgemäß eine mechanische Puppe nach Spalanzanis Bauplan und Die Frau ein maschineller Effekt des Diskurses. Ihr Name (Gretchen, Alkmene, Olimpia) tut nichts zur Sache.

Das Maschinenprogramm sieht einfach vor, Diskurse so weit zu zerlegen, bis kleinste Elemente übrigbleiben, die „sowohl als natürliches wie als willkürliches Zeichen", als „Empfindungslaut und Sprachlaut" fungieren können.[86] Herders blökendes Schaf tut das zum erstenmal, Schillers Distichon tut es bewundernswert ökonomisch. Denn nach der Einsicht von Joseph Heselhaus ist die tragende Opposition der Verse, der Wider-Spruch zwischen Titel und tonangebendem Signifikanten, zugleich und diesseits jeder Autormeinung eine materiale Implikation. In Graphie und/oder Phonie des Titelworts „Sprache" steckt die Lautverbindung „ach".

*

Die Zerlegung *Spr/ach/e* stellt die basale Maschinenoperation im Aufschreibesystem von 1800 dar. Sie definiert es, gerade weil sie nirgends als maschinelle Zerlegung auftritt, aber von Frauen und Texten immer wieder umschrieben oder reproduziert wird. Jede

Elemente
von
Sprache
und Musik
um 1800

---

[83] HOFFMANN, 1816/1976: 354 f.
[84] WOLKE, 1805: 150. Dergleichen Definitionen scheinen Deutschen wohl so selbstverständlich, daß sie als deutsche Metaphysik der Sprache verspottet werden konnten. So PARAIN, 1942/1969: 151–154.
[85] HOFFMANN, 1816/1976: 357.
[86] BOSSE, 1979b: 82.

Kultur hat andere Techniken und Maßstäbe, die ihre Handgreiflichkeiten am Faktum Sprache steuern. Die Schwelle, bis zu der Analysen möglich und brauchbar heißen, unterscheidet Aufschreibesysteme voneinander. Um 1800 liegt die Schwelle beim Minimalelement signifikativer Laute und Lautverbindungen. Das besagt zweierlei. Erstens bleiben die Zerlegungen, die gegenüber dem unaufhörlichen Murmeln und Blinken ringsum möglich sind, nicht beim Wort stehen, dem ja alle Verachtung Fausts, Herders, Hippels, Nathanaels gilt. Zweitens gehen sie aber auch nicht über die Schwelle hinaus, jenseits derer das große Reich des Unsinns beginnt. Um 1800 gilt die „Liebe zum Wort" oder „Philologie"[87] weder dem Wort noch jenen asignifikativen Elementen, die da Phoneme oder Buchstaben heißen. Sie gilt einzig dem Geist oder Signifikat der Sprache, durch dessen Wirkungen „jedes W o r t eine Gestalt, jede Wendung eine Gruppierung, jede Wahl des Wortes eine Nüance des Gemähldes ausdrückt" und (das ist entscheidend) „auch die Sylbe significant wird"[88]. Unüberbietbar genau nennt diese Definition mit der signifikanten Silbe Ziel und Grenze aller Sprachzerlegungen: ein Minimalelement, das Lauten und Bedeuten, Natur und Geist vereint. Es ist zugleich Grund und Gipfel der Sprache. Grund, sofern die wissenschaftliche Analyse „für jeden Vocal und Consonanten, wie für deren abstractere Elemente (Lippengebehrde, Gaumen- und Zungengebehrde), und dann für ihre Zusammensetzung die eigenthümliche Bedeutung sucht"[89]. Höhepunkt, sofern am Ende einer Sequenz iterierter Zerlegungen Minimalsignifikat gleich Dichtung wird.

> Das schönste Gedicht besteht nur aus Versen; die Verse aus Wörtern; das Wort aus Silben; die Silben aus einzelnen Lauten.[90]

Alles trennt das Minimalsignifikat von den Sprachelementen, die im Aufschreibesystem von 1900 generiert werden. Nur jener Anhistorismus, mit dem Literaturgeschichten der Moderne geschlagen sind, kann A. W. Schlegels Gedichtdefinition mit der „Wort-an-sich-Dichtung" Golls oder dem Wort Hofmannsthals zusammenbringen, „daß das Material der Poesie die Worte sind"[91]. Dem widerspricht zunächst schon der Phonetismus der Silben und Laute. Sie haben nichts von der Buchstäblichkeit und Geschriebenheit des literarischen Worts, sondern bleiben „reiner poetischer Glanz, der ohne Spur vorübergeht und hinter sich nur eine einen Moment lang auf-

---

[87] NIETHAMMER, 1808/1968: 221 f.
[88] NIETHAMMER, 1808/1968: 221 f.
[89] HEGEL, 1830/1927-40: X 347, vgl. dazu BERNHARDI, 1801-03: II 260 ff.
[90] A. W. SCHLEGEL, 1795/1962-67: I 141.
[91] So TH. MEYER, 1971: 161, Anm. 161.

gehaltene Vibration hinterläßt"[92]. Die Philosophie von 1800 behauptet es, die Sprachwissenschaft tritt der empirischen Beweis an. Hegel nennt den Ton eben darum „die erfüllte Aeußerung der sich kund gebenden Innerlichkeit", weil er „Daseyn in der Z e i t" ist und d. h. „ein Verschwinden des Daseyns, indem es ist"[93]. Bernhardis grandios monomane Sprachlehre beweist den einzigen Gedanken, daß die ganze Natur in Minimalsignifikaten tönt, der Mensch dieses Tönen nachahmt und schließlich in seiner Vollendung als Dichter durch Ausmerzung aller Schriftlichkeitsreste ins anfängliche Tönen zurückbiegt.[94] Mit einer unvergeßlichen Formel Herders: was Sprache um 1800 ist, „verräth ein Wehendes"[95].
Der Gleichsetzung von Minimalsignifikat und Schriftzeichen sind zweitens ausdrückliche Verbote vor. Wer es wagen würde, den Seufzer *ach* einen Signifikanten unter anderen zu nennen, fiele selbst unter Hippels verpönte Wortkrämer. Und Herder nennt die ursprachlichen Bedeutungen „in ihrem lebendigen Zusammenhange, im ganzen Bilde der würkenden Natur, begleitet von so vielen andern Erscheinungen, rührend und gnugsam; aber von allen getrennet, herausgerißen, ihres Lebens beraubet, freilich nichts als Ziffern". Nach einer verbotenen, nämlich mathematischen Zerlegung bliebe von der „Stimme der Natur" nur noch „gemahlter, verwillkührter Buchstabe"[96].

Wort und Buchstabe sind mithin um 1800 die zwei untersagten Grenzen, die keine Sprachanalyse berühren darf. Den verbleibenden Zerlegungsraum füllt sehr genau das Konzept Wurzel aus, wie eine neue historische Sprachwissenschaft es instituiert. Wurzeln unterschreiten ganze Wörter auf eine urgeschichtliche Signifikanz hin, die alle indoeuropäischen Sprachen in schöner Kernfamilienliebe zu Töchtern Einer Mutter macht. Beim Anblick „mehrerer Handschriften in der Samscretsprache" sagt ein Romanheld Loebens: „Die Sprachen sind mir immer vorgekommen wie verirrte heilige Kinder, die in der ganzen Welt herum aufen und ihre Mutter suchen."[97] Das schließt selbstredend aus, die einmal gefundene Mutter noch weiter zu analysieren. Gerade in ihrer Unzerlegbarkeit verheißen Sanskritwurzeln den Ursprung aller Bedeutung. Daraus wird Jakob Grimm den kühnen Schluß ziehen, über Wortwurzeln hinaus auch Morphemen wie der Ablautreihe *a / i / u* eine minimale, aber vorhandene Bedeutung zu unterstellen.[98]

---
[92] Foucault, 1966/1971b: 349.
[93] Hegel, 1830/1927–40: X 346.
[94] Bernhardi, 1801–03: I 61–71.
[95] Herder, 1772/1877–1913: V 14.
[96] Herder, 1772/1877–1913: V 8 f.
[97] v. Loeben, 1808: 62.
[98] Vgl. dazu ausführlich Wyss, 1979: 156–160.

Den Zerlegungsregeln eines Aufschreibesystems entsprechen jeweils die Verbindungsregeln. Problemlos und spiegelbildlich kommt die Sprachwissenschaft von 1800 wieder zu Worten.

> Man gehe in die Geschichte der Entstehung aller Sprachen zurück, so wird man finden, daß aus einfachen, unartikulirten Tönen, sich nach und nach artikulirte und mehr und mehr zusammengesetzte Worte bildeten – dieser Weg ist der Weg der Natur.[99]

Eine historisch-systematische Feststellung, die Sprach- und Leseunterricht nur noch ins Praktische zu wenden brauchen. Olivier über seine Lautiermethode:

> Das gedachte Mittel, dessen meine Lehrart, so wie die alte des Buchstabirens, sich zur Vorbereitung des Lesenlernens bedient, (...) ist nichts anders als die ganz natürliche Auflösung eines jeden Wortes der Sprache, in seine wirklichen deutlich-hörbaren Bestandtheile, in seine völlig reinen, einfachsten Laute oder Elemente. Diese Analyse zu fassen, ist nun, wie man begreift, bloß und lediglich reine Sache des Gehörs, und der Weg dazu liegt schon natürlich gleichsam wie im Voraus gebahnt durch die Sprachfertigkeit des Kindes da. Mithin ist das einzige, was demselben bey dieser Vorbereitungsübung noch zu thun bleibt, daß es den Kunstgriff lerne, wie aus jeder dieser, entweder ganz oder fast vollkommen reinen Auflösungen wieder das Ganze, das heißt das aufgelöste Wort, zusammenzusetzen, und so in seine bekannte Gestalt wieder herzustellen sey. Nun ist aber dieser Kunstgriff gleichsam fast mechanisch, und daher äußerst leicht.[100]

Weil die Analyse nur der natürlichsten Natur gehorcht, wird die Wiederzusammensetzung so leicht wie festgelegt. Das Postulat Minimalsignifikanz beschränkt auch die Kopplungsmöglichkeiten auf drastische Weise: es schließt alle Montagen aus. (Mit Montage seien erstens die drei Arten mathematischer Kombinatorik, also Permutation, Kombination und Variation, und zweitens die Spielmöglichkeiten bezeichnet, die z. B. Kreuzworträtsel zwischen Kolumnen und Serien von Lettern auftun.) Daß Montageprodukte ebensowenig notwendig Sinn machen, wie die entsprechende Zerlegungstechnik immer auf Signifikate führt, ist das einfache Geheimnis jeder Characteristica universalis und von gelehrtenrepublikanischen Satiren auch ausgesprochen worden.

> Die elenden Scribenten schreiben Bücher. Ein Buch ist eigentlich nichts, als eine Menge von Buchstaben beschriebener Blätter. Wenn unter diesen Buchstaben eine Uebereinstimmung ist, so ist das Buch, welches sie ausmachen, ein ordentliches Buch. Unter den Buchstaben ist eine Uebereinstimmung, wenn sie nur so zusammen

---

[99] V. TÜRK, 1806: 181.
[100] OLIVIER, 1803: 84 f., Anm.

gesetzt sind, daß verständliche Worte herauskommen. Diese Worte können in allen Sprachen wieder unzähligemal versetzet werden; ohne Nachtheil der so nöthigen Uebereinstimmung des Mannigfaltigen; und es stehet also in eines jeden Belieben, wie er die Worte der Sprache, in welcher er schreibt, unter einander mengen will.[101]

Zerlegung und Zusammensetzung im Zeitalter der Repräsentation haben also einer Kombinatorik gehorcht, die auf allen Ebenen der Sprache zugleich spielte und als Swifts Lagado-Akademie auch verewigt ist. Im Aufschreibesystem von 1800 gilt dagegen das Gebot, die Möglichkeit sinnloser Buchstaben- und Wortversetzungen gar nicht erst zu ignorieren. Deshalb entspricht der Implikation als neuer Zerlegungsregel die Augmentation als Verbindungstechnik. Wie *ach* in *Sprache* enthalten ist, so geht *Sprache*, theoretisch wie buchstäblich, aus *ach* hervor. Die Augmentation führt von Sinn zu Sinn; sie spielt dort und nur dort, wo aus Minimalsignifikaten Bedeutungen erwachsen, also nach dem organischen Vorbild, das aus einem nicht zufällig Wurzel getauften Element zunächst Stämme und schließlich ganze Wörter macht.

Montage und Augmentation als historisch verschiedene Sprachhandgreiflichkeiten stehen zueinander wie Fuge und Sonate, kontrapunktischer Satz und thematisch-motivische Arbeit. Die Fuge kannte keine kontinuierlichen Dehnungen und Beschleunigungen ihrer Themen, nur ganzzahlige Amplifikationen und Verkleinerungen von Notendauern. Ihre Satztechnik berücksichtigte zweitens zugleich die Kolumne und die Serie, zu denen ein jedes Tonereignis zählt. Und drittens waren die Regeln zur Bildung von Krebs, Umkehrung, Spiegelkrebs Schulfälle mathematischer Kombinatorik. – Dagegen bestehen die Themen klassisch-romantischer Sonaten ihrerseits aus Motiven, die zugleich kleinstumfängliche Musikmaterialität und elementare Signifikanz sind. Im Eingangsmotiv der *c Moll-Symphonie* macht Beethoven, dessen Skizzenbücher eine wahre Besessenheit von kleinsten Motiven demonstrieren, unübertroffen klar, wie aus einem Minimum an Notenwerten ein Optimum an Bedeutung zu holen ist. Und schließlich verfährt die thematisch-motivische Arbeit in Variationen und Durchführungen nach der Verbindungsregel kontinuierlicher Augmentation. Aus Minimalsignifikanzen erwachsen menschheitsverbrüdernde Symphonien.

*

An den Fibeln von 1800 ist abzulesen, wie die Umstellung von einer Verbindungstechnik zur anderen läuft. Planvoll beseitigen sie

Fibeln als Sprachbeginn

---

[101] Liscov, 1736/1806: III 103 f.

uralte Kombinationsspiele, die die Reformationsfibeln nach Deutschland importiert hatten. Bei Grüßbeutel erschienen zum erstenmal die Kombinationen[102], bei Ickelsamer zum erstenmal die Kreuzungen von Kolumne und Serie[103], Montagetechniken also, die gar nicht oder nur nebenher zum Output auch sinnvoller Wörter führten.

```
ba  ab
be  eb
bi  ib
bo  ob
bu  ub
```

Gegen solchen Unsinn, wie Montage ihn auswirft, setzt um 1800 ein Kinderkreuzzug ein. Einige frühe Reformfibeln halten zwar noch am babylonischen *ba be bi* fest[104], aber es wird „fast Ehrensache für die Fibelverfasser", „nur Sinnwörter aufzunehmen"[105]. Grundsätzlichen Widerspruch gegen Montage meldet schon Niemeyer an. „Zum Syllabiren wähle man nicht das Gedankenlose *ab, eb, ib, etz, quau, quay,* usw. sondern einsylbige Wörter, mit denen sich ein Begriff verbinden läßt: *Bad, Brett, Hof, Teig, Zahn, Mehl, Hut, Dorf* usw."[106] Es geht also um Beseitigung des Gedankenlosen, das im Materiellen und Kombinatorischen aller Schrift stets möglich und drohend ist. Gesucht sind „Begriffe" oder eben Signifikate, die schon bei kleinstzahligen Lautverbindungen winken. Nicht anders als der pädagogische Beispielwortsalat vom Typ *Bad, Brett, Hof* fungieren denn auch (bei aller germanistischen Heiligkeit) Fausts Wörter *Sinn, Kraft, Tat,* die ja durchweg einsilbig und kürzer als das Wort sind, das sie übersetzen sollen.

Die genetisch-methodische, also wahrhaft augmentative Zusammenfügung solcher Minimalsignifikanzen in die Pädagogik eingeführt zu haben ist das Verdienst Ernst Tillichs. Bei Niemeyer und Faust fallen die Einsilbenbedeutungen vom Himmel, als „Totaleindrücke"[107], bei Tillich entstehen sie in gleitendem Übergang aus Einzellauten. Ohne Einleitung beginnt[108] das *Erste Lesebuch für Kinder* mit der Sequenz

---

[102] GRÜSSBEUTEL, 1534/1882: A II'.
[103] ICKELSAMER, 1534/1882: C IV'.
[104] So HERDER, 1787/1877–1913: XXX 297; SPLITTEGARB, 1787: 15; ANONYMUS, 1778: 4.
[105] BÜNGER, 1898: 27, vgl. dazu J. P. RICHTER, 1811/1959–67: IV 430 und 550.
[106] NIEMEYER, 1796/1970: 243, vgl. auch BASEDOW, 1785/1909: I 17–19.
[107] NIEMEYER, 1796/1970: 243.
[108] TILLICH, 1809: 1.

> a A Aah h
> ab ba ap pa ma am Ad dc at ta
> An na ak ka ag ga af fa va wa
> as sa aß ßa asch scha Ach cha

Den Anfang der Wissenschaft macht also, wie in Hegels *Logik*, ein unbestimmtes Unmittelbares ohne alle weitere Bestimmung: der Urlaut, rein, ungetrübt, ungefärbt. Und wie das Sein nichts Angeschautes, sondern das reine, leere Anschauen selbst ist[109], so ist *a* kein Element einer gegebenen Sprache, sondern das Aussprechen selber. Am Anfang, mit anderen Worten, steht der Laut und nicht der Buchstabe *a*; vom uralten Anfangssymbol Alpha aus würde kein Weg zum *Aah* führen, den ja nur eine Stimme durch Färben, Trüben, Dehnen des Unbestimmten bahnen kann – leuchtendes Beispiel einer Augmentation. Derartige Dehnungen, und zwar nach Maßgabe der Silben-,,Bedeutung'' (!), hat schon Moritz als *Deutsche Prosodie* beschrieben und damit Goethe in den Stand versetzt, seine *Iphigenie* zu versifizieren.[110] Folgen bei Tillich ein paar der altmodischen Variationen, aber nur, um die Stimme vom reinen Laut *a* zur Minimalsignifikanz: zum Natursprachereignis *Ach* zu geleiten. Und damit ist der ganze Weg, den Tillichs Riesenopus einschlägt, schon ein erstesmal durchlaufen. Acht Seiten später nämlich erfährt das durch Augmentation von *a* erzeugte *Ach* seinerseits die Augmentation

> ach n ach r ach pr ach spr ach

Aus Natursprache wird also ein Kulturspracheneignis, ohne daß die Kinder auch nur den mindesten Schritt gemerkt hätten. In strahlender Autoreferenz hat Tillichs *Erstes Lesebuch* aus dem Minimalsignifikat *ach* einen Namen des Sprechens selber hervorgezaubert. ,,Sprach'' die Seele, so sprach, ,,ach'', noch fast die Seele. Die materiale Implikation als Geheimnis von Schillers Distichon ist, weil es von rückwärts nachgebaut wird, technisch bewiesen. Und es zeugt nur von der Stringenz pädagogischer Aufschreibetechniken, daß Tillich nach Hunderten von Seiten, die aus Lauten Silben, aus Silben Wörter, aus Wörtern Sätze, aus Sätzen Erzählungen entstehen lassen, in der Erstauflage (1803) mit einer Erzählung endet, die schlicht *Das Wachstum* heißt.[111] Mit einer Erzäh-

---

[109] Vgl. HEGEL, 1812–13/1968 ff.: XI 44. ,,Vielleicht'', bemerkte schon Novalis, ,,gleicht das höchste Buch einem Abcbuch.'' (HARDENBERG, F 1798/1960–88: II 610)
[110] Vgl. ZWIRNER, 1941: 33.
[111] Vgl. BÜNGER, 1898: 316, über diese unzugängliche Ausgabe.

lung also, die denselben Konstruktionsregeln „wie das schönste Gedicht" beim älteren Schlegel gehorcht und überdies der Augmentation, jener allmählichen Verfertigung des Diskurses aus dem Muttermund, ihren Eigennamen gibt. Zeit und Zeitrechnung der Biologie ziehen in die Pädagogik ein. Sie kalkulieren und normieren nicht nur die Abfolge der Schulklassen, sondern schon die kleinsten Arbeits- und Lernschritte eines Kindes, dem seinerseits Norm und Normalität unterstellt werden.[112] Kein experimentelles Messen am Kind, wie um 1900, sondern die vom Pädagogenwissen supponierte Biologik seines Sprachwachstums steuert das Fibelschreiben. Was Tillich so kommentarlos wie konsequent tut, findet seine Kommentierung bei Pestalozzi.

> Ich setzte unermüdet Sylbenreihen zusammen, ich beschrieb ganze Bücher mit ihren Reihenfolgen und mit Reihenfolgen von Zahlen, und suchte auf alle Weise die Anfänge des Buchstabirens und Rechnens zu der höchsten Einfachheit und in Formen zu bringen, die das Kind mit der höchsten psychologischen Kunst vom ersten Schritte nur allmählig zum zweyten, aber dann ohne Lücken, und auf das Fundament des ganz begriffenen zweyten, schnell und sicher zum dritten und vierten hinaufbringen müssen.[113]

Aber diese Planung zumal des ersten Schritts, der ja den gleitenden Übergang von Natur zu Kultur machen muß, bewahrt Pestalozzi nicht vor Rückfällen. Buchstabenverbindungen wie „eph, ephra, ephraim / buc, buce, bucephal / ul, ult, ultra, ultram, ultramontanisch"[114] sind zwar kleinste Lernschritte, aber sie durchlaufen nicht (wie Tillichs *a / aah*) das Kontinuum der Stimme, sondern nur die diskreten Quanten der Buchstaben. Von Augmentationen fällt Pestalozzi auf ganzzahlige rhetorische Amplifikation zurück.

Gegen den Fehler, mit so artifiziellen Lautverbindungen wie *ultramontanisch* (oder *artifiziell*) zu beginnen, streitet das *Buchstaben- und Lesebuch* Herders. Unmerkliche Grammatikübungen an Minimalsignifikaten wie „ich bin / du bist" ersetzen Fibeln, wo „die schwersten Worte *geheiliget, Benedicite* u. dgl. gleich auf den ersten Seiten vorkommen", also „die Kinder nichts von dem verstehen was sie buchstabiren und lesen"[115]. Das könnte auch gegen Pestalozzis *ephraim* oder „die schweren biblischen Namen, als: Nebukadnezar, Abednego usw." geschrieben sein, bei denen der lesenlernende Anton Reiser „auch keinen Schatten einer Vor-

---

[112] Vgl. FOUCAULT, 1975/1976b: 201-208.
[113] PESTALOZZI, 1801/1927-76: XIII 194 f.
[114] PESTALOZZI, 1807/1927-76: XIII 27.
[115] HERDER, 1787/1877-1913: XXX 293.

stellung haben konnte''[116]. Sie alle konstituieren ja nicht nur ein Vokabular altmodischer und ellenlanger Wörter, sondern vorab einen bestimmten Diskurs: den theologischen. Die „Loslösung des Schulregiments vom Kirchenregiment''[117] ist einfach: Schon die neuen Fibeln verbannen mit seinen Schlüsselwörtern das Christentum. Nicht daß Götter oder Göttinnen aussterben würden; das gibt es gar nicht. Herders unmerkliche Grammatikübung *ich bin / du bist* spricht nicht nichts vor, sondern nur ein anderes Sagen als der Befehl *Benedicite*. Sie übt eine elementare Sprechsituation ein. Wo vordem Viele den Einen Gott anriefen, spricht fortan Ein Kind zum ersten Du, mit dem seit 1780 eben nicht Väter, sondern Mütter angerufen sein wollen. Die Minimalsignifikate der neuen Fibeln sind zugleich Autonyme der Ersterziehung. Eine Benediktion der Kernfamilie löst den Lobpreis Gottes ab. „La stabilité de la religion vient de ce que le sens est toujours religieux.''[118]

Sinn zu machen ist ja Definition und List der Minimalsignifikate. Ein Psychologieprofessor, der an seinem neugeborenen Sohn die systematische Beobachtung von Kleinkindern inaugurierte und mithin nicht Vater, sondern Vater der Kinderpsychologie wurde[119], hört ihn am 14. März 1782 das erstemal „absichtlich artikulieren und Töne nachsprechen''. Woraufhin jene, die Tiedemann nicht seine Frau, sondern gut szientifisch oder infantil „Mutter'' nennt, dem Baby „die Silbe *ma* vorspricht''. Mit dem Erfolg, daß das Kleinkind am 27. November „einige Worte rein ausspricht und auch deren Bedeutung genau weiß: Papa nämlich und Mama''[120].

So streng herrscht die Logik der Minimalsignifikate. Der Vater, statt wie Nathan seinem Kind Lehren und d. h. artikulierte Reden mitzugeben, tritt zurück, um über es nur mehr artikulierte Aufsätze zu schreiben. Das Aussprechen der Silbe, die schierer zögernder Anfang von Artikulation und Signifikanz ist, überläßt er einer „Mutter'', die einmal mehr nicht spricht, sondern sprechen macht. Erst im nachsprechenden Kindermund wird aus der Silbe ein Name, der in schöner Autonymie eben die anruft, von der alles Sprechenlernen ausgegangen ist. Herders Mensch überführt das *bäh* der Schäfin durch onomatopoetische Wiederholung, Tiedemanns Sohn das *ma* seiner Mutter durch reduplizierende Wiederholung in Sprache –: Schulfälle von Augmentation. So entstehen eine „reine Aussprache'' und eine „Bedeutung'', die noch viel reiner, näm-

---

[116] Moritz, 1785-90/1959: 15.
[117] Paulsen, 1919-21: II 116.
[118] Lacan, B 5. 1. 1980.
[119] Vgl. Fritzsch, 1906: 497 (Tiedemann im historischen Kontext).
[120] Tiedemann, 1787/1897: 23 und 27.

lich ohne Referenz ist. Der kleine Tiedemann gebraucht sein „‚Mama' nicht, die Person zu rufen, sondern fast bloß zufällig, ohne etwas dadurch sagen zu wollen'‚'[121], und beweist damit, daß es keinen empirischen Ort gibt, an dem Die Mutter anrufbar wäre. Im Aufschreibesystem von 1800 fungiert *ma* oder *Mama* als ausgezeichnetes Minimalsignifikat. Es ist das früheste, das besprochen, archiviert, rückgekoppelt wird. *Mama* indiziert nicht, wie ein Jahrhundert später, die Existenz einer Kindersprache, die diesseits aller Nationalsprachen zur allgemeinen Linguistik beitragen könnte.[122] Es wird ganz im Gegenteil von Eltern vorgesagt, um aus den Kindermündern nur mehr wiederzukehren: als Unterschrift zur neuen Erziehung. Stattfindet also eine wahre Programmierung, die eben darum auch sprechende Automaten übernehmen können. Der Baron von Kempelen rühmt seinem Automaten von 1778 nach, neben ein paar anderen Wörtern *Mama* und *Papa* zu sagen. Bei der patentierten Puppe, die Maelzel 1823 in Paris ausstellt, bilden diese zwei Wörter den ganzen Wortschatz.[123]

Aus den Kuriosa und Provisorien zeitgenössischer Technik macht die Pädagogik (schon weil sie über die Phonetik hinaus auch die Pragmalinguistik von Minimalsignifikaten steuern kann) einen funktionierenden Regelkreis. Stephanis *Fibel*, die ja laut Untertitel Müttern die Freude verschafft, ihre Kinder selbst in kurzer Zeit lesen zu lehren, beginnt[124] nach einer kurzen Vorstellung der im Muttermund zu übenden Einzellaute mit einer Silbenliste.

> ju jo jö jä je jü ji jau
> mu mo ma mö mä me mu mi
> mei mai mau mäu Ma-Ma

In der Folge werden dieselben Vokale mit den Konsonanten *h b p d t k f* verbunden, woraus dann ebenso rasch und unauffällig wie das Urwort *Ma-ma* die Wörter *Bu-be* und *Pa-pa* entspringen.[125] Nach drei Durchläufen von Lauten und Lautverbindungen hat das Lautieren also zu Signifikation und Benediktion der Kernfamilie geführt (und zwar nicht zufällig aus der Bubenperspektive). Die heilige Dreizahl ist bei Namen gerufen. Am Anfang aber steht und bleibt *Ma-ma*, das Minimalsignifikat, das wie beim kleinen Tiedemann durch Augmentation von *ma* eine ganze sogenannte Welt der Bedeutungen macht.

---

[121] TIEDEMANN, 1787/1897: 27.
[122] So STERN, 1914: 88 f.
[123] Vgl. CHAPUIS/GÉLIS, 1928: II 208–212.
[124] STEPHANI, 1807a: 4 f.
[125] STEPHANI, 1807a: 4 f.

Kulturisation um 1800 ist ein kurzgeschlossener Diskurskreis. Beim Sprechen- wie beim Lesenlehren bringen Mütter ihrem Kind oder vorab Sohn den Übergang von Naturlauten und Mundetüden zur Anrufung ihres eigenen Namens bei.

Erinnerbarkeit der mütterlichen Alphabetisierung

Sobald des Kindes Erkennvermögen etwas entwickelt ist, etwa im zweiten Jahre, hört es bei jeder Gabe, die es empfängt, die Mutter sprechen: Kind N – nimt, Mutter gibt; später, oder sobald es die Sprache einigermaßen versteht: das Kind N. hat Hunger – will essen – würde Noth leiden, wenn es noch einige Stunden ohne Speise hinbringen müßte, wenn Niemand da wäre, der seinen Hunger stillen könnte, wenn Niemand es liebte und dienwillig ihm hülfe. Sei unbesorgt, mein Kind! ich, deine Mutter, bin da.[126]

Genau diese beredsame Verdopplung des Mutter-Kind-Bezugs, die ihn historisch überhaupt erst möglich macht, läßt Stephani noch einmal in Kupfer stechen.

Auch das Titelkupfer läßt sich zu diesem Zwecke anwenden. Ihre Kinder sollen in Ihnen nicht bloß die Mutter, sondern auch die B i l d n e r i n lieben und verehren lernen. Zeigen S e ihnen das Bild vor, wenn sie das Lesen bei Ihnen erlernt haben, um sie im Gespräche darauf zu führen, wie lieb d i e s e K i n d e r ihre Mutter hatten, weil sie die Mühe über sich nahm, ihnen das _esen zu lehren; und wie gern d i e s e M u t t e r ihre Kinder unterrichtete, weil diese es fühlten, daß sie ihr dieses Unterrichtes wegen doppelte Liebe schuldig waren.[127]

Halte die Mutter doppelt in Ehren, die
   dich liebet und bildet zugleich

---

[126] WOLKE, 1805: 65. Zur sofortigen pädagogischen Exploitation der eben erst entdeckten Mangelwesensituation vgl. auch BASEDOW, 1785/1909: I 202.
[127] STEPHANI, 1807b: 65 f.

Ein Bild führt die Mutter als Bildnerin vor oder ein. Bildung, dieses Schlüsselwort von 1800, entsteht durch Faltung einer empirischen Lernsituation auf eine ideale und programmierende. Im Zusammenfall beider Situationen, wie Reformpädagogik ihn garantiert, wird die Kernfamilienmitte „doppelt" so erotisch. Die Kupferstiche selber, die bei Stephani wie bei Chodowiecki einer Mutter-mit-Kind eine Mutter-mit-Kind beim Bildungswerk zeigen, bewirken diese Verdopplung: sie sind analphabetische, d. h. zugleich arkadisch-anfängliche und elyseisch-vollendete Darstellung der neuen Alphabetisierung. Auf dem Bild und nur auf ihm kann das Kind wirklich „ohne Schwierigkeit und Schmerz in unsre Bücherwelt" initiiert werden, wie Splittegarbs *Neues Bilder ABC* das um den Preis reiner Paradoxie versprochen hat. Denn um den geschriebenen Trost überhaupt zu empfangen, muß es Kulturisation ja schon erlitten haben; er kommt also immer zu spät. Nicht so die Kupferstiche und ihre mütterliche Besprechung. Sie vollziehen noch einmal, was die Lautiermethode vorhat: den gleitenden Übergang von *ma* zu *Mama*, Natur zu Kultur, Laut zu Sprache. Bilder und Mündlichkeiten betten Schrift in jene „Liebe" ein, die eine Urbildnerin erweist u n d verdient. Stephanis Rat an die Mütter programmiert eine unendliche Verstärkung ihres Bildes. Eine Alphabetisierung, deren ganze Mühe die Mutter „über sich nimmt", hört auf, Einschnitt oder Schmerz zu sein, der eben als die unverwindliche Gewalt, den Leuten eine Gedächtnis- und Speichertechnik einzufleischen, ihren Gedächtnissen immer schon entfallen ist. Das Aufschreibesystem von 1800 macht gerade umgekehrt Erinnerungen möglich, die bis zur mütterlich liebevollen Alphabetisierung zurückreichen.

Rousseau, dieser Muttermörder bei Geburt, wurde fünf- oder sechsjährig vom untröstlichen Witwer an die ausdrückliche Stelle der Verlorenen gesetzt: Er mußte ihm nächtens die Romane vorlesen, die ehedem unter Händen und Blicken der Mutter gewesen waren. Erst als dieser erotisch so besetzte Bücherschatz verbraucht war, gingen die Zwei dazu über, bei Tag und in der gelehrtenrepublikanischen Bibliothek des Vaters zu lesen. Eine Gewalt und ein Zufall also haben ein Kind und ein Lesenkönnen an den Platz seiner Mutter versetzt. Deshalb weiß der Bekenntnisschreiber schlechterdings nicht mehr, wie er ums Jahr 1717 herum „lesen lernte". Er „erinnert sich nur" seiner „ersten Lektüren und ihres Effekts", der selbstredend eine solitäre Erotisierung war.[128]

Um 1800 wird aus Zufall Programm und aus Gewalt Liebe. Wohl den ersten Beleg für sanftes mütterliches Lesenlehren bieten die

---

[128] ROUSSEAU, 1782–89/1959 ff.: I 8 f.

Memoiren Karl Heinrich von Langs. Aber was noch Lang „sehr langweilig und albern" nennt[129], tritt bald als folgenreiche und verbreitete Lust auf. Nicht mehr von Vätern wie Rousseau oder Wieland, von ihren Müttern lernen Schleiermacher, Jahn, Tieck, Raumer, die Brüder Grimm das Lesen.[130] Über Büchner heißt es sogar, seine romantische Mutter habe ihm außer Schreiben, Lesen, Rechnen auch noch die Lyrik Schillers, Körners und Matthisons beigebracht. Erst solche Mutterliebe im doppelten Wortsinn stiftet eine Erinnerbarkeit der frühkindlichen Alphabetisierung, wie sie Rousseau noch abgeht. Mit dem Lesen lehrt die Mutter ja zugleich, daß diese ihre Liebesgabe unvergeßlich ist – diverse Autobiographien des 19. Jahrhunderts sind der Erfolg und Beleg.[131] Die Erinnerbarkeit kann noch potenziert werden. 1809 erscheint das erste Zeugnis jener Fibel-Nostalgie, die über Hobreckers Vermittlung selbst Benjamin angesteckt hat.[132] Ein Jurist und Beamter, den die Seufzer der von Paragraphen, aber nicht von seinen Gefühlen Verurteilten allnächtlich um den Schlaf bringen, findet Trost einzig darin, seine erste Fibel heraufzubeschwören und ihre Buchstaben ein ganzes Buch lang phantastisch zu kommentieren.

> Ja! du warst es, liebes A-B-C-Buch! das mich in dieser höllischen Crise aus der Marterkammer der bösen Genien, in die reitzenden Gefilde der Jugend versetzte und meine Seelenleiden durch einen Labetrunk aus dem Nectarkelch der Erinnerung heilte! Ich wandelte durch die paradießische Aue meines Frühlings und Sehnsucht umfieng mich, wie der Gedanke an eine verlorne Geliebte.[133]

Der beschwingte Kommentar vergißt nur eines: Wie Lustspiel und Trauerspiel nach Aristoteles, so bestehen auch geliebtes ABC-Buch und verpönte Paragraphen aus denselben Buchstaben. Mag die Wahrheit sie martern und foltern wie nur noch ihre Opfer: beamtete Richter haben das Lesen ja nur gelernt, um Paragraphen entziffern und anwenden zu können. Die Funktionen von Gedächtnis und Speicherung, auf denen das Gesetz beruht, dominieren über das Phantasma einer „Erinnerung", die ihrem Namen zum Trotz die Wahrheit vergessen machen soll. Weshalb sie denn den paradiesischen Glanz einer immer schon „verlornen" Kinder-Geliebten annimmt.

Bei Tieck ist die Mutter-Geliebte, die alphabetische Phantasie und die Erinnerung daran lehrt, auch wirklich die wirkliche Mutter. Er erzählt seinem ersten Biographen, wie er „auf dem Schoose

---

[129] V. LANG, 1842/1957: 10, vgl. dazu SCHENDA, 1970: 50.
[130] Vgl. G. STEPHAN, 1891: 67.
[131] Vgl. MELCHERS, 1929: 28 f.
[132] Vgl. BENJAMIN, 1924/1972-89: III 12-22.
[133] HEMPEL, 1809: IX.

der Mutter die Buchstaben kennenlernte, um so schneller, als die Phantasie zu Hülfe kam. Sie schienen zu leben, sie wurden zu lustigen Gestalten aller Art.'' Wer so ,,kaum vierjährig'' lesen[134] und zugleich die Lust daran lebenslang zu erinnern gelernt hat, ist zum romantischen Dichter lustiger Gestalten nachgerade vorherbestimmt. Er kann Kunstmärchen schreiben, deren Heldin sich erinnert, wie sie als Kind einem tyrannischen Stiefvater entlief, um von einer weisen Mutter und in der Waldeinsamkeit das Lesen als ,,Quelle von unendlichem Vergnügen'' zu lernen.[135] Das Schreiben über die Erlernung von Lesen und Schreiben ist eine große Rückkopplungsschleife. Es kehrt zurück an den Ort, von dem alle Kulturisation ausgegangen ist, um ihn jedem Vergessen zu entziehen. Als Natur u n d Ideal orientiert Die Mutter das gesamte Aufschreibesystem von 1800. Die verschiedenen Diskurse, deren geregeltes Zusammenspiel das System ausmacht, sind nur im Pragmatischen unterschieden. Jeder von ihnen bewerkstelligt die Rückkehr zum Ursprung auf anderen Wegen oder Umwegen.

Mütterlichkeit und Beamtenschaft

Der schlichte und widerstandlose Kurzschluß kennzeichnet den pädagogischen Diskurs. Erziehungsschriften und Fibeln, die ausdrücklich für Mütter geschrieben sind, löschen dieser Adresse zuliebe ihre eigene Schriftlichkeit aus. Bücher verschwinden im Muttermund, dessen Selbsterfahrung sie instituiert haben. Ein Modell dieses Verschwindens gibt schon Stephanis *Fibel*. Die Lautiermethode oder Prätention, das Lesenlernen vom Diskurs des Anderen abzukoppeln, ersetzt die Schriftlichkeit von Buch und Buchstaben durch eine Stimme, die nicht abliest und nicht nachahmt, sondern ganz spontan die reinen Laute einer Hoch- oder Muttersprache erzeugt. Nur wie Mütter, ohne schon vor ihrer Stephanilektüre das Lesen gelernt zu haben, die Aussprache gewisser schwarzer Schnörkel auf weißem Papier kennen sollen, bleibt unerfindlich. Sie könnten nicht einmal die ihnen auf den Leib geschriebene *Fibel* entziffern. Ein Buch vergißt Der Mutter zuliebe sein Buchsein.

<small>Pestalozzis Pädagogik für Mütter</small>

Explizit wird dieser Kurzschluß beim Autor Pestalozzi mit seinem Jubelschrei ,,das Buch ist noch nicht da, und ich sehe schon sein

---

[134] KÖPKE, 1855: I 14.
[135] TIECK, 1797/1828-54: IV 154. Der vorweggenommene Kommentar zu diesem typischen Handlungsablauf von Tieck-Märchen sind die Worte: ,,Manche Leute hängen wohl darum so an der Natur, weil sie als verzogne Kinder, sich vor dem Vater fürchten und zu der Mutter ihre Zuflucht nehmen.'' (HARDENBERG, F 1789-99/1960-88: III 360).

Wiederverschwinden durch seine Wirkung!"[136] Die Vorrede zum *Buch der Mütter* versichert einer jeden Mutter, es wolle alle pädagogische Inhalte „in hoher Vollendung in deine Seele und in die Seele deines Kindes legen", um sodann über sie zu schreiben:

> Ich weiß es, sie sind nur F o r m e n, aber als Formen sind sie die H ü l l e einer Kraft, die Geist und Leben in dich selbst und in dein Kind hineinbringen wird. Mutter! der Geist und die Kraft der Vollendung liegt in ihnen, und den sollen sie für dein Kind zu d e i n e m Geiste und zu d e i n e r Kraft machen. Das sollen sie und das können sie, oder sie taugen nichts, sie taugen dann unbedingt gar nichts. Es ist wahr und ich sage es laut: Freunde und Feinde der Methode! Prüfet sie an diesem Merkmale, und nehmet sie an, oder verwerfet sie, je nachdem sie sich in dieser Rücksicht probhältig erzeigt oder nicht. – Ich sage es zuerst, ich sage es laut: Die Methode taugt nichts, als, insofern es in ihrem Wesen liegt, daß sie jede verständige Mutter, die sich s o r g f ä l t i g und g e n u g s a m in ihren Formen geübt hat, mit psychologischer Sicherheit dahin erhebt, die Bücher meiner Methode als ihr überflüssig auf die Seite zu legen, und unabhängend von derselben in ihrem Geiste den Zwecken derselben entgegenzuschreiten.[137]

Seltsamere Prüfsteine für Tauglichkeit oder Untauglichkeit wissenschaftlicher Methode gibt es kaum. Pestalozzi liefert eine bloße Form, Materialität gewinnt oder verliert sie erst im Gebrauch, den Mütter von ihr machen.[138] Das Buch eines Mannes taugt nur unter der Bedingung, als Buch zu verschwinden. Es hat eine neue, mit psychologischer Sicherheit vorgehende Pädagogik verkündet, die alle Pädagogik aus einer mütterlichen Erziehungsnaturgabe herleitet, und wird am Ende mit derselben Sicherheit von der mütterlichen Erziehungsnaturgabe als überflüssig zur Seite gelegt werden können.

Die Mutter oder Quelle von Diskursen ist also zugleich der Abgrund, wo Geschriebenes untergeht, um reiner Geist und reine Stimme zu werden. Nicht nur der Lyrismus literarischer Wiegenlieder seit *Wandrers Nachtlied* wird von Mutter Natur hervorgerufen u n d wieder verschlungen[139]; auch veritable Wissenschaften sind gegen Erlöschen nicht resistenter. Dem pädagogischen Diskurs steht die Abschaffung der Bücher auf Stirn und Titel geschrieben. Er macht Fausts Wendung vom Bücherkram zu Lebensquellen buchstäblich wahr: Die phylogenetische Quelle aller Diskurse saugt die zu Büchern erstarrten wieder ein. Was Wunder, daß das *Buch der Mütter* nie vollendet wurde.

---

[136] PESTALOZZI, 1801/1927-76: XIII 326.
[137] PESTALOZZI, 1803/1927-76: XV 350.
[138] Über das Begriffspaar εἶδος/ὕλη als Repräsentation u n d Verschleierung der Geschlechterdifferenz vgl. LACAN, 1975: 76.
[139] Vgl. KITTLER, 1991: 103–118 (*Über allen Gipfeln* als Wiegenlied).

Statt dessen gehen deutsche Staaten an die Quelle. Pestalozzis Musterschule im Schweizer Ifferten wird Reiseziel oder Forschungsgegenstand. Sachsen entsendet hohe Erziehungsbeamte[140], das fortgeschrittenere Preußen, „um die neue verbesserte Methode des Volksunterrichts aber auch von allen Seiten zu prüfen und jede Erfahrung zu benutzen, welche der heutige Zustand der Erziehungswissenschaft gebietet'', schickt lieber junge Leute mit dem erklärten Programm, „bei ihrer Zurückkunft wieder vorzüglich brauchbare Subjecte'' (im Wortsinn, nämlich Beamte) zu „haben''[141]. An der Stelle eines verschwindenden und nie erschienenen Buches erscheint mithin der Staat. So genau trifft die Diagnose, die Nietzsche den Bildungsanstalten seines Jahrhunderts gestellt hat.

> Wirklich diktiert die Mutter, die böse oder falsche, diejenige, die der Lehrer als Staatsbeamter zu simulieren nicht umhin kann. Sie verbindet als Gängelband in Nabelform mit dem väterlichen Bauch des Staates. Alle Bewegungen werden induziert vom Körper des Vaters her, der die Alma Mater figuriert.[142]

Die Alma Mater oder Mutter, Pestalozzis mit allen Künsten des Erhabenen apostrophierte Adresse, erlangt Positivität in einem bürokratischen und damit schriftlichen Apparat, der ihre Karikatur und Fortschreibung zugleich ist. Als staatliche Vollendung von Rochows frühen Privatinitiativen entstehen deutsche Volksschulsysteme. Der pädagogische Diskurs verschwindet also nur darum im Muttermund, um in der Verwaltung vervielfacht wiederzukehren. Das aber entspricht der Adreßstruktur eines Buches, das neben dem Singularetantum „Mutter!'' schon die multiplikative Anrede „Freunde und Feinde der Methode!'' hat, um beamtete Fachmänner zu seiner „Prüfung'' einzuladen. Die Reformer Preußens – vom Stein, Fichte, Humboldt[143] – brauchen die Einladung nur beim Wort zu nehmen und Pestalozzis verbesserte Volksschulmethode tatsächlich, wie gewünscht, von allen Seiten zu prüfen. Sie wird für gut befunden und ein zweitesmal konsumiert: als Volksschulsystem eines Staates, der imstande sein muß, seine sämtlichen Bürger zu Befreiungskriegswaffen zu rufen. Nachdem Die Mutter getrunken hat, sind Beamte an der Reihe.

Das heißt beileibe nicht, der Staat würde den Kurzschluß zwischen Diskursproduzentin und pädagogischem Diskurs unterbrechen. Unmöglich könnte er das Ersterziehungsrecht einer Instanz stehlen, die von Natur und d. h. von ihr selber dazu berufen ist.

---

[140] Vgl. G. A. KITTLER, 1928: 314.
[141] HUMBOLDT, 1809/1903-36: X 213, vgl. auch W. T. KRUG, 1810: 128-130.
[142] DERRIDA, 1980a: 94 (als Kurzfassung von Nietzsches Rede).
[143] Zu Einzelheiten vgl. PAULSEN, 1919-21: II 279-282.

Was Faust Lebensquellen nannte, wird institutionalisiert. Die Mutter „muß Erzieherin seyn", weil „von ihr das Kind die ersten Begriffe mit der Muttermilch einsaugt"[144]. Nach solchen Maximen handelt um 1800 der Staat. Im Jahr seiner Thronbesteigung, das auch das Gründungsjahr der Ehrenlegion ist, bestellt Napoleon Madame Campan, die völlig verarmte Privatsekretärin einer guillotinierten Königin, zur Audienz. Ihr Auftrag: in Écouen eine staatliche Erziehungsanstalt für Töchter, Schwestern und Nichten gefallener Ehrenlegionsoffiziere zu gründen und zu leiten. Madame Campan aber, die nur Intrigen eines Hofs und keinen Reformstaat kennt, begreift nicht sofort, welche staatliche Bestimmung höheren Töchtern zugedacht ist. Worauf der Herr über Ehrenlegionen und Kanonenfutter überhaupt erklärt: Mütter solle sie ihm erziehen ...[145] Ein Herrenwort, das die deutschen Verwaltungen auf ihre umwegige und effizientere Art sogleich verwirklichen. Dem Staat staatswissenschaftlicher Diskurse wird es „jetzt", d. h. im Aufschreibesystem von 1800, zur heiligsten

Mütterlichkeit von Staats wegen

> Pflicht, alles aufzubieten, um aus den Töchtern unsres Zeitalters wiederum bessere Mütter zu erziehen, damit er dereinst die früheste Erziehung und Bildung der künftigen Staats-Bürger und Bürgerinnen, wiederum besseren Händen anvertrauen könne, als viele von denen sind, denen sie jetzt, nicht anvertrauet, sondern Preis gegeben werden. Darum, ich wiederhole es nochmals, erscheint mir die Sorge für die weibliche Erziehung a s eine der heiligsten Pflichten des Staates und aller derer, denen er die Vorsorge für die Volks-Erziehung übergeben hat, und ich klage alle Minister des Schul-Departements, Consistorial-Präsidenten und Räthe, Schul-Inspectoren und was für einen Titel sie sonst haben mögen, welche die Sorge für eine zweckmäßige Erziehung und Bildung des weiblichen Geschlechts vernachlässigen, des Verbrechens der beleidigten Menschheit an.[146]

Die Produktion von Diskursproduktionsinstanzen wird Pflicht. Aus der biologischen Reproduktion, jener schlichten Wiederkehr des Gleichen, macht der Bildungsstaat kulturelle Produktion. Statt daß Menschen (mit Aristoteles) einfach Menschen zeugen, entstehen mehr und mehr Mütter, die mehr und mehr Mütter sind.

Das ist historisch eine neue „Bestimmung des Weibes". Ein Buch von 1802, das schon im Titel diese Bestimmung in „höhere Geistesbildung" setzt, macht den Schwerk ausdrücklich. Sei-

---

[144] HOLST, 1802: 175.
[145] Vgl. WYCHGRAM, 1901: 262 und 291, sowie als Decodierung jenes Befehls die Pink Floyd-Verse „Mother, will they put me in the firin' line? Mother, isn't it just a waste of time?"
[146] v. TÜRK, 1806: 156 f., vgl. dazu BLOCHMANN, 1966: 56 f.

ne Verfasserin, als Tochter von Justis ins Arcanum einer neuen systematischen Staatswissenschaft eingeweiht, denkt nicht im Traum daran, die Frauen mit höherer Bildung als einer Macht auszustatten, die eine vormalige Ohnmacht oder Unterworfenheit wettmachen würde. Im Gegenteil, für die Potenzphantasien alteuropäischer Patriarchen und Hausväter hat Amalie Holst nur Spott übrig. „Je mehr ein Ehemann mit der Herrschaft prahlt, desto weniger besitzt er sie."[147] Lapidarer noch begründet eine andere Frau die Notwendigkeit staatlicher Töchterschulen und Lehrerinnenseminare: „Die Frauen regieren die Welt, mögen die Männer dies hören wollen, oder nicht."[148] Höhere Geistesbildung ist nach alledem nicht Kompensation einer Ohnmacht, sondern Mutation einer Macht.

> Wir wollen aber nicht länger auf die Art regieren, wir sind erwacht aus dem Schlummer, die unsichtbaren Fäden, womit wir bisher hinter den Coulissen das Maschinenwerk des großen Schauspiels der Welt geleitet haben, werfen wir hinweg, weil es unter unserer Würde als Mensch ist, uns ferner zu verstellen, um durch List und Stärke zu unserm Zwecke zu gelangen.[149]

Das alte Marionettentheater ist denkbar geeignet, Geschlechterkriegssiege nach strategisch-politischen Regeln ins Bild zu setzen. Aber eben sie werden im Namen einer „wichtigeren" Herrschaftsform verschmäht. Wenn alteuropäische Pädagogiken einen Einfluß von Frauen auf die Kultur statuierten, betraf er stets und ausschließlich die umgebende Männerwelt.[150] Er hatte also weder politisch noch erotisch jene schon einprogrammierte Expansionskraft, die um 1800, durch Austausch der Männer- gegen die Kinderwelt, erfunden wird.[151] Amalie Holst will den Frauen höhere Geistesbildung verschaffen, sodann „die erste Erziehung beider Geschlechter" zuspielen und damit drittens einen „Einfluß" sichern, „den wir unendlich wichtiger betrachten müssen als denjenigen, den sie in Staatsrevolutionen haben, da wir ihn als Grundlage des künftigen Charakters der Individuen, und so auch als Wirkung auf das Ganze betrachten müssen"[152].

Eine Frau, die ausdrücklich keine Revolutionärin sein will, überbietet eben damit Revolutionen. Die neue Geschlechtsbestimmung

---

[147] HOLST, 1802: 167.
[148] GLEIM, 1810: II 150, vgl. auch HIPPEL, 1801/1828–35: VII 14 f.
[149] HOLST, 1802: 58 f. So klar widersprechen Betroffene dem Soziologenverdacht, die Geschlechterrollendefinitionen von 1800 hätten „zweifellos der ideologischen Absicherung von patriarchalischer Herrschaft" gedient (HAUSEN, 1976: 375).
[150] Vgl. WYCHGRAM, 1901: 225 (über Vives).
[151] Vgl. FOUCAULT, 1976a/1977: 150 f.
[152] HOLST, 1802: 55.

Mütterlichkeit schenkt mit einer psychologischen Macht die ganze. „Weltweib" versus „Mutter"[153], Ränke versus Bildung, Luxus versus Erziehung –: die Recodierung der Frauen macht aus ihnen Die Wahrheit. Nur der Wahrheit ist es ja eigen, Agglomerate gewaltlos in Ganzheiten zu verwandeln, die Menschen „im edelsten Sinne des Wortes zu Menschen zu bilden"[154] und ihren Sieg gerade in trugloser Nacktheit zu erringen. Mutter und Wahrheit werden synonym. Wer durch Kinderersterziehung die Bedingungen der Möglichkeit von Menschsein setzt, hat eine wahrhaft transzendentale Macht – über alle empirischen und politischen Bedingungen hinaus.

Darum kann der Staat eine solche Instanz niemals beherrschen, sondern nur gewähren lassen. Er entsagt auf bestimmten Feldern seinen juristischen, bürokratischen, politischen Machtmitteln, um statt dessen eine Funktion Mütterlichkeit zu nstituieren. So etwa die Berliner Luisenstiftung, eine 1811 eröffnete Erziehungsanstalt für Mädchen gebildeter Stände, die zugleich auch Erzieherinnen erzieht und nicht umsonst nach jener toten Preußenkönigin heißt, der Novalis die Familiarisierung politischer Macht nachgerühmt[155] und Amalie Holst ihr Buch gewidmet hat. Laut Plan ist die Luisenstiftung gar keine Schule, sondern „eine große Familie": „Der Vorsteher wird V a t e r, die Vorsteherin und Aufseherinnen werden M ü t t e r genannt."[156] Solche „Jungfrauen-Häuser" aber, wo „alles gänzlich durchaus nach den Familienverhältnissen geformt" ist, weil sie Mütter nach dem Bild Der Mutter produzieren, „sollte jeder Staat, jeder Ort haben"[157].

Zwischen bildenden Müttern, zu Müttern ausgebildeten Jungfrauen und schließlich Kindern fließt ein unaufhörlich wachsender Strom von Diskursen, der reine Wahrheit ist. Er kreuzt die politischen Ströme und hat eben an dieser Sonderung seine Macht. Pestalozzis pädagogische Doppeladresse – einmal und vorab an Mütter, zum anderen und ferner an Methodiker oder Staatsbeamte – führt die Sonderung sehr genau vor. Mit der einen und womöglich ironischen Ausnahme des hohen Verwaltungsbeamten Hippel, der *Bürgerliche Verbesserung der Weiber* ausgerechnet von ihrer

---

[153] PESTALOZZI, M 1804/1927-76: XVI 347-354.
[154] HOLST, 1802: 175.
[155] Vgl. HARDENBERG, 1798b/1960-88.: II 491-494.
[156] §§ 3 und 30, zit. BLOCHMANN, 1966: 114. Vgl. auch SCHWARZ, 1792: 262 f., sowie v. TÜRK, 1806: 139 (daß die Lehrerin und „Dichterin Carolina Rudolphi" allen ihren Heidelberger Schülerinnen „eine zärtliche Mutter" ist).
[157] VOSS, 1799-1800: I 429 f.

Verbeamtung erhofft[158], sind Reformer und Reformerinnen darin einig, daß „eine solche völlige Umwälzung in den bürgerlichen Verhältnissen" nur „Verwirrung hervorrufen möchte"[159]. „Das Weib" bleibt „fortwährend von der Theilnahme an dem unmittelbaren Dienste für den Staat entfernt", weil „seine, ihm von der Natur ausschließlich vorgeschriebene, Bestimmung mit den Functionen eines Amtes im Staate häufig in Collision gerathen dürfte"[160]. Mag Hippel also (wie heute gesagt wird) die Wahrheit gesagt haben. Jedenfalls war er nicht im Wahren des epochalen Diskurses.

Die Ausschließung der Frauen von der Staatsmacht und deren bürokratischen Diskursen ist nicht nichts. Sie läßt ihre Bestimmung nicht im unklaren und ihre Leistung nicht unverwertet. Gerade der Ausschluß von Ämtern beruft die Frauen zu dem Amt, als Mütter Diskurse überhaupt hervorzurufen und in Natur zu verzaubern. Da sie „nur durch ihren Mann mit Staat, Kirche, Publikum usw. zusammenhängen", leben Frauen „im eigentlichen Naturzustande"[161]. Einzig die Trennung zwischen Staat und Beamten einerseits, Familie und Müttern andererseits verbürgt, daß keine Empirie die Funktion Mutterschaft korrumpiert. Diese Empirie aber hieße Frauenstudium. Würden nach Hippels Wunsch „künftig weibliche Aerzte, Juristen, Prediger usw." produziert, dann müßten „namentlich die Kinder völlig verwildern, völlig verderben."[162] Die Exklusion ist also keine Exkommunikation; sie stiftet zwischen der neuen Bestimmung des Weibes und einem neuen staatstragenden Beamtentum Verhältnisse produktiver Ergänzung. An Der Mutter hat der Staat sein Anderes, ohne das er nicht wäre – Beweis dafür die leidenschaftlichen Appelle an Minister, Konsistorialräte und Schulinspektoren (Chefs und Mitglieder der Erziehungsbeamtenschaft also), die Funktion Mutter über alle Politik zu setzen.

Die klassische Geschlechterphilosophie macht diese Komplementarität ausdrücklich. Der Pädagoge der *Wahlverwandtschaften,* wie er „das ganze Erziehungsgeschäft mit wenig Worten aussprechen will", formuliert: „Man erziehe die Knaben zu Dienern und die Mädchen zu Müttern, so wird es überall wohl stehn"[163]. Der

---

[158] HIPPEL, 1793/1977: 129: „Wahrlich, um sich wieder zu orientieren, sollte man die Weiber zum Staatsdienste vozieren – wozu sie unstreitig einen göttlichen Ruf haben, an dem es den meisten Taugenichten von hohen Staatsbeamten ermangelt."
[159] HOLST, 1802: 5 f., Anm.
[160] VOSS, 1799–1800: I 419.
[161] HARDENBERG, F 1799–1800/1960–88: III 568.
[162] GLEIM, 1810: I 104 f.
[163] GOETHE, 1809/1904 f.: XXI 205. Für den Nachweis, daß laut Goethe jene männlichen Diener Staatsdiener sind, vgl. KITTLER, 1991: 122.

Philosoph braucht diese praktische Maxime nur noch theoretisch zu fundieren. Heydenreich über *Mann und Weib* legt dar, daß die Natur, weil „im Staat allein die Menschheit zur größten möglichen Aufklärung des Geistes erhoben werden konnte", ein Geschlecht erfunden hat, das „den Staat zu stiften, zu ordnen, zu regieren, zu verwalten" hat und folgerecht im pädagogischen Beamten oder „Lehrer der Menschheit" gipfelt.[164] Aber weil Menschen im Unterschied zu Tieren nur dann biologisch reproduktiv sein können, wenn sie zugleich kulturell produktiv und perfektibel sind, sieht der Naturplan noch ein anderes Geschlecht als Männer vor. Ihm bleibt die Beamtenlaufbahn aus heiligsten Gründen verschlossen: Die Frauen „allein, möchte ich sagen, sind als Mütter hülfloser Kinder, Zweck an sich im Staate, ohne je, wie die Männer, sich zu Mitteln für den Staat hergeben zu müssen". Und weil drittens mit den gattungsspezifischen „Fortschritten der Civilisirung und Cultur" „die Verwaltung" des Staats immer komplizierter wird[165], ist das Amt der Männer historisch eine endlos wachsende Verbeamtung, durchlitten zu dem einzigen Zweck, Die Mutter oder den einzigen Zweck an sich, den es auf Erden gibt, möglich zu machen.

Das Amt oder Beamtentum der Männer tritt um 1800 in eine neue Phase. Die deutschen Territorialfürsten der Frühneuzeit hatten, teils über Delegation an die Landeskirchen, bestimmte gelehrte Stände und deren Ausbildungssysteme informell schon an ihr Land gebunden: zunächst die Juristen und Theologen und um 1700 auch die Mediziner. Mit der Ersetzung des Fürsten durch den neuen Götzen, der Fürstendiener also durch Staatsbeamte[166] wird aus der ständischen Ordnung eine universale: „Jeder Staatsbürger ist Staatsbeamter", wie ein Dichter-und-Staatsbeamter es so konzis formuliert.[167] Daran hat jede Rückführung moderner Beamtenausbildungssysteme auf Mittelalter oder Frühneuzeit[168] eine Grenze. Erst seit 1800 werden universale Beamte erzeugt, denen Menschheit und Menschlichkeit selber unterstehen.

Verbeamtung der Lehrerschaft

---

[164] HEYDENREICH, 1798: 99.
[165] HEYDENREICH, 1798: 99 und 98.
[166] Vgl. HATTENHAUER, 1980: 174 (über Beamtenrecht und Staatsidol).
[167] HARDENBERG, 1798b/1960-88: II 489. Vgl. auch Novalis' Antwortschreiben an den Kurfürsten von Sachsen nach seiner Ernennung zum Salinendirektionsassessor: „Ich erkenne diese Höchste Gnade nicht nur mit unterthänigstem Danke, sondern verspreche auch darneben, sothaner Instruction in allen Puncten und Clauseln unverbrüchlich nachzuleben, mich auch sonst allenthalben, wie es einem treuen Diener gegen seinen Landes-Fürsten und Herrn eignet und gebührt, gehorsamst zu verhalten." (HARDENBERG, B 27. 8. 1800/1960-88: IV 340)
[168] Vgl. v. WESTPHALEN, 1979: 9.

Vom Stein beklagt, daß altpreußischen Fürstendienern jede Wissenschaft abgegangen und „Teilnahme an der Litteratur so gut wie verboten" gewesen ist.[169] Woraufhin Humboldt die Beamtenrekrutierung auf ein allgemeines Prüfungswesen und das Prüfungswesen auf revolutionäre Maßstäbe umstellt.

> Nichts ist so wichtig bei einem höheren Staatsbeamten, als welchen Begriff er eigentlich nach allen Richtungen hin von der Menschheit hat, worin er ihre Würde und ihr Ideal im Ganzen setzt, mit welchem Grade intellectueller Klarheit er es sich denkt, mit welcher er es empfindet; welche Ausdehnung er dem Begriff der Bildung giebt.[170]

Geist, Mensch, Bildung – absurde Maßstäbe für Territorialstaatsjuristen oder Landeskirchenprediger. Sondern literarisch-philosophisch gebildete und tätige Beamte, die auch den „inneren Zustand der Menschen immer mehr zu verbessern haben", sind nach Heydenreichs schönem Wort Lehrer der Menschheit oder nach Stephanis Wortschöpfung „Erziehungsbeamte"[171]. Der neue Status deutscher Staatsdiener um 1800 beruht demgemäß auf dem Anspruch, daß „neben die bisherige Sphäre des Rechts, des Rechtswesens, und die Sphäre des Gesundheitswesens, der Medizin, nunmehr gleichberechtigt die Sphäre des modernen Erziehungswesens zu treten" habe.[172] Ab sofort haben also nicht mehr bloß Doktoren, Schreiber und Pfaffen ihren Staatszweck, sondern auch Magister philosophischer Fakultäten. 1787 erhält Friedrich August Wolf regierungsamtlichen Auftrag, „ein philologisches Seminar als Ausbildungsstätte für Lehrer an gelehrten Schulen" zu schaffen, das schon „mehr als 20 Jahre vor der Institutionalisierung eines eigenen Lehrerstandes" von der Kirche abgekoppelte Schulmänner herstellt.[173] 1794 erklärt das *Allgemeine Landrecht* Professoren und Gymnasiallehrer zu königlichen Beamten.[174] Und wenn 1817, am Ende dieser Gründerzeit, das preußische Kultusministerium den Staat selber und offiziell zur „Erziehungsanstalt im Großen" ernennt[175], ist der Kreis geschlossen. Ein Staat, der über seine Rechte und Strafen hinaus die moderne Möglichkeit universaler Disziplinierung ergreift, schließt notwendig einen Pakt mit der universalsten und „unentbehrlichsten Klasse von Staatsbeamten" die da Lehrerschaft heißt. Am Ende einer *Vertheidigung*

---

[169] Zit. DILTHEY/HEUBAUM, 1899: 246.
[170] HUMBOLDT, A 8. 7. 1809, in DILTHEY/HEUBAUM, 1899: 253. Zur Forderung nach genereller Beamtenprüfung vgl. HATTENHAUER, 1980: 177.
[171] STEPHANI, 1797: 80 und 74.
[172] ROESSLER, 1961: 266.
[173] JEISMANN, 1974: 100.
[174] ALLGEMEINES LANDRECHT, II 12, §§ 66 und 73, 1794/1970: 587.
[175] SÜVERN, 1817, zit. HEINEMANN, 1974: 344.

der in dem obersten Staatszwecke begründeten Rechte und Ansprüche der gelehrten Schullehrer apostrophieren diese Lehrer ihren Staat mit Worten, die Klartext und Paktformel sind.

> Lerne einmal einsehen, daß du ohne uns gar keine moralische Würde hast und zu erringen nie fähig seyn wirst, so wie unser Beruf ohne dich als ein völlig Gehaltleeres Ding erscheint.[176]

„Im sich entfaltenden Rechtsstaat des beginnenden 19. Jahrhunderts" rückt „durch die Vorstellung von der Einheit der Staats- und Bildungsidee" der „schreibkundige Stand zur staatstragenden Schicht" auf.[177] Erziehungsbeamte regeln fortan die komplexen Funktionen von Lesen und Schreiben, die auch für alle anderen Verwaltungs- und Staatsdiener unabdingbar sind. „Regirt kann bei uns nicht werden ohne Lesen und Schreiben."[178] Die Identität zwischen Menschsein und Alphabetisiertsein[179] wird schlichte Notwendigkeit in einer Zeit „verallgemeinerter Durchsetzung bürokratischer Prinzipien im Instanzenzug der Behörden und im Berufsbeamtentum"[180].

Aber das System hätte eine zentrale Leerstelle, wenn nicht auch noch für die Produktion derjenigen Beamten gesorgt wäre, die andere Menschen zu Beamten oder andere Beamten zu Menschen machen. Es braucht eine Instanz, die die Erziehungsbeamten selber erzieht und den Verwaltern von Lesen und Schreiben Lesen und Schreiben beibringt. Diese elementare Voraussetzung der Disziplinarmacht bleibt so notwendig wie unbeschrieben, weil sie die Mitte des Systems ausmacht. Staatsrecht und Verwaltungswissenschaft stellen nur den Nexus zwischen Staat und Beamtentum her, Pädagogiken nur den zwischen Mutter und Kind.[181] Einzig zwischen den Zeilen der Dichtung schießen beide Fäden zusammen. Wenn ein Staatsdiener namens Homburg, der vor lauter Selbständigkeit Kurfürstenbefehle übertreten hat, deshalb zum Tod

---

[176] PENZENKUFFER, 1805: 91 f. und 271. Vgl. auch W. T. KRUG, 1810: 97. Jene historische Unterscheidung von Machtsystemen, die Foucault auf den Titel „Überwachen und Strafen" bringt, ist bei Penzenkuffer (sozusagen im Unterscheidungsaugenblick selber) schon getroffen: In der Vorzeit, als der Staat nur auf Justizbeamte gestützt war, blieb er Despotie; freier Staat wird er erst um 1800 als moralischer und d. h. von Erziehungsbeamten getragener.

[177] v. WESTPHALEN, 1979: 118.

[178] SCHLEIERMACHER, V 1826/1876: 238.

[179] Vgl. etwa NIETHAMMER, 1808/1968: 197 f. Einer der ersten Sätze, die eine Fibel kindlichen Schreibfingern diktiert, heißt „Ich nenne mich selbst einen Menschen." (HERRMANN, 1804: 70)

[180] HAUSEN, 1976: 385.

[181] Immerhin nennt ein Pädagoge den Mutter-Kind-Nexus „nirgends sichtbarer als in den Ständen, von welchen die Staatsgeschäfte betrieben werden" (SCHWARZ, 1792: 4).

verurteilt wird, verabschiedet er seine Geliebte mit dem Befehl, in den Bergen am Main einen Knaben, blondgelockt wie er selber, zu suchen, an ihre Brust zu drücken und das eine Wort „Mutter!" stammeln zu lehren.[182] Beamtenrekrutierung. So weisen die verschiedenen Diskurse wie zerstückelte Glieder eines Phantasmas auf ihren leeren Kreuzungspunkt: den Nexus zwischen Mutterschaft und Erziehungsbeamtentum. Er ist ungeschrieben und unumgänglich, wie alle Bestimmungen des Weibes beweisen. Die Mutter und nur sie verwaltet frühkindliche Alphabetisierung. Die Mutter und nur sie erzieht Menschen, die einzig und gänzlich Menschen sind. Die Mutter ist Ursprung des pädagogischen Diskurses, der in ihr wieder verschwindet, um erziehungsbeamtet aufzuerstehen.

Die Sozialgeschichte hat das Faktum, daß Frauen um 1800 mit einemmal nicht länger als Untergebene eines Hausvaters, sondern in polarer und komplementärer Beziehung zum anderen Geschlecht bestimmt werden, schon weil es im beamteten Bildungsbürgertum aufkam, aus der zunehmenden Bürokratisierung als deren Folge abgeleitet. Die makrosozialen Prozesse heißen Ursachen, die sexuellen Wirkungen[183], wie es der Vorstellung vom Primat großer Geschichte nur gemäß ist. Dagegen konnte Donzelot zeigen, daß diese gesamte Transformation „nicht ohne aktive Teilnahme von Frauen" als dem „Hauptstützpunkt" und Partner von Ärzte- und Lehrerschaft stattgehabt hat.[184] Die Dinge waren also zugleich einfacher und komplexer: mitgekoppelte Schaltkreise und keine Monokausalitäten. Um universale Beamte zu generieren, wird Die Mutter generiert, die die universalen Beamten generiert, die ihrerseits usw. usw. Der Bildungsstaat ist jedenfalls nicht vom Himmel gefallen und „der Schaffer aus Nichts ein Unding"[185].

Die zwei Geschlechter der höheren Schule

Daß auch die polare Zuordnung der Geschlechter wie Verdeckung eines fortbestehenden Patriarchats aussehen kann, hat andere Gründe. Die Frau existiert nicht. Mit anderen Worten: der Bildungsstaat als Tanz zahlloser Beamter um die Alma Mater schließt Frauen, so es sie im Plural gibt, notwendig aus. Bei der Reorganisation des höheren Schulwesens, das um 1800 ausdrücklich auf Staatsbeamtenrekrutierung verpflichtet wird[186], erreichen mehrere miteinander gekoppelte Verfügungen diesen Ausschluß. Die Alma Mater Universität verliert erstens eines ihrer korporativen Rech-

---

[182] KLEIST, 1821/1962: I 677.
[183] So die Analyse von HAUSEN, 1976: 283–287.
[184] DONZELOT, 1977/1980: 12.
[185] HOLST, 1802: 106.
[186] Vgl. OPPERMANN, 1969: 106.

te: den Studentenzugang informell und okkasionell (durch Aufnahmegespräche etwa) zu regeln. An die Stelle solcher Mündlichkeiten tritt ein schriftliches und verwaltetes Abitur, das Preußen 1788 in der erklärten Absicht einführt, Gymnasialabgang und Universitätszugang in einem Akt, einer Akte zu reglementieren. Wenn vom Jahr 1834 an die Immatrikulation ohne Maturität untersagt ist, geht nur in Erfüllung, was das neugeschaffene Oberschulkollegium und vorab Gedike schon 1787 verlangt haben.[187] Mit der Abiturientenprüfung kann (wie ein berühmter Entscheidungsgehilfe formuliert) „der Staat diejenigen welche ihm zu höheren Werkzeugen dienen sollen schon von diesem Zeitpunkt an mehr ins Auge fassen und sich von ihren Eigenschaften unterrichten"[188]. Das individuelle Allgemeine entsteht im Rekrutierungsblick. Lateinschulen, an die der Staat seinen Blick delegiert, dürfen moderne Gymnasien werden, die anderen verlieren den Anschluß an die Universität.

Zweitens und im selben Sinn wird der Universitätsabgang der neuen Erziehungsbeamten geregelt. Für künftige Gymnasiallehrer ersetzt ein preußisches Edikt von 1810 die zahllosen, teils kirchlichen, teils akademischen Qualifikationsnachweise Alteuropas[189] durch das examen pro facultate docendi, unsere wohlbekannte Lehramtsprüfung. Eine „Berechtigungskette"[190], deren Schaltstelle die Höhere Knabenschule ist, schafft also fortan eine formelle und unumgängliche Verknüpfung zwischen Universitäten und Beamtenstaat. „Die ‚Verknüpfung' des ‚Staatsamtes' und des ‚Individuums', dieses objektive Band zwischen dem Wissen der bürgerlichen Gesellschaft und dem Wissen des Staates, das E x a m e n ist nichts anderes als die b ü r o k r a t i s c h e T a u f e d e s W i s s e n s."[191]

An den Mädchenschulen jedoch, weil sie zur Stiftung von Müttern gestiftet werden, entspricht dem Einbruch des Staats in Knabenschulen und Universitäten das genaue Gegenteil. Einer Mädchenschullehrerin heißt staatliche „Oeffentlichkeit" „nun einmal dem Weibe weder heilsam noch erwünscht '[192]. Dieser Wunsch schließt das Knüpfen von Berechtigungsketten aus. Die Luisenstiftung etwa veranstaltet, „um auch beim Unterrichte mehr die Form des Familienlebens als der Schule zu berücksichtigen",

---

[187] Vgl. JEISMANN, 1974: 112.
[188] SCHLEIERMACHER, A 14. 12. 1810, in SCHWARTZ, 1•10: 195.
[189] MATTHIAS, 1907: 218, zählt auf: Theologieprüfung, Empfehlungsschreiben, Probelektion, Magister- oder Doktorgrad, Seminarteilnahmezeugnis, Antrittsprüfung.
[190] v. WESTPHALEN, 1979: 122.
[191] K. MARX, M 1843/1967-73: I 253 (Marx zitiert natürlich Hegel).
[192] GLEIM, 1810: I 105, vgl. dazu BÄUMER, 1901: 22.

„schlechterdings niemals öffentliche Prüfungen"[193]. Welch fatale Folgen Unkenntnis dieses Gesetzes in altmodischen Mädchenpensionaten hat, wird Thema der erhabensten Dichtung. In Goethes *Wahlverwandtschaften* scheitert die wortlose Innerlichkeit Ottilie an einer öffentlichen Prüfung, nur um im Leben und Sterben zu beweisen, daß sie die andere Prüfung, ob nämlich Häuslichkeit und Idealmutterschaft die Bestimmung des Weibes seien, glänzend besteht. Auch das ist eine, aber eine sehr unbürokratische Taufe oder Rekrutierung: Schon im Pensionat lernt Ottilie „nicht als Schülerin, sondern als künftige Lehrerin"[194] und erfüllt damit ein Jahr avant la lettre Betty Gleims Forderung nach Pensionatserzieherinnen, die wesentlich Mütter wären.[195] Bei derselben öffentlichen Prüfung, die Ottilie verpatzt, brilliert dagegen ihre Antipodin, nur um in bitterer Konsequenz dem Schein der großen Welt zu verfallen. Genauso hat es, ohne jene Luciane kommentieren zu wollen, Goethes Pädagogenfreund Niethammer aus dem Weibsein deduziert.

> Wie soll unsern Töchtern doch die Stille des häuslichen Kreises erträglich bleiben, wenn wir selbst sie von der frühsten Jugend an in allen öffentlichen Zerstreuungen herumtreiben? Aber nicht bloß dadurch allein verbilden wir sie für die Häuslichkeit; wir schaden dieser Tugend nicht viel weniger dadurch, daß wir sogar den Unterricht unsrer Töchter so öffentlich machen, daß sie nichts lernen und nichts hervorbringen sollen, was nicht zur Schau gestellt werde! Wie soll dem so verwöhnten Mädchen doch noch die stille häusliche Thätigkeit gefallen, die dem Publicum unbekannt bleibt?[196]

Luciane, die im Gegensatz zu Ottilie keine Idealmutter ist und statt diskursproduzierendem Schweigen das Sprechen selber beherrscht, verschwindet spurlos aus dem Roman.[197] Ganz so werden Frauen, so sie im Plural existieren, vom Aufschreibesystem 1800 ausgeschlossen. Ein Abitur, eine Immatrikulation, ein Staatsexamen der Innerlichkeit wären undenkbar. Das ist der von Bildungsreformern und meist auch Bildungshistorikern unterschlagene Nebeneffekt der Berechtigungskette, die Höhere Knabenschulen, Universitäten und Staatsapparate zwingend verknüpft. Im staatstragend gewordenen höheren Bildungswesen sind Frauen dasjenige, was nicht aufhört, sich nicht zu schreiben – Lacans Definition von Unmöglichkeit.

---

[193] Zit. BLOCHMANN, 1966: 116.
[194] GOETHE, 1809/1904 f.: XXI 31.
[195] GLEIM, 1810: I 106 f.
[196] NIETHAMMER, 1808/1968: 245, vgl. dazu KITTLER, 1991: 125.
[197] Vgl. dazu SCHREIBER, 1981: 293 f.

Die unmögliche Luciane ist nicht dumm und nicht ohne theoretische Neugier. Allen auftauchenden Männern entlockt sie ihr Fachwissen. Vor der Errichtung einer Funktion Mütterlichkeit wäre ihre Existenz eine mögliche gewesen. Sicher gab es seit langem Paragraphen, die Frauen von öffentlichen Ämtern ausschlossen[198], aber keine, die ihnen schon darum die Öffentlichkeit der Gelehrtenrepublik versperrt hätten. Deshalb konnte Dorothea Christina Leporin noch 1742 ihre eben gemachte Karriere mit ruhmreichen Exempeln, väterlicher Vorrede und einem schlagenden Argument rechtfertigen.

Will aber ein Frauenzimmer promoviren, so wird wenigstens keine Juristen- noch medicinische noch philosophsche Facultät, wenn anders die Candidatin die erforderte Gelehrsamkeit besitzet, und in denen Examinibus bestehet, den Gradum derselben versagen, maßen dieser Handlung keine Constitution entgegen stehet.[199]

Deshalb auch konnten im 18. Jahrhundert Lebensläufe durchgespielt werden, die wie wortwörtliche Inszenierungen von Lessing-Dramen anmuten. Ein Vater so geistig wie Nathan vermittelte seiner Tochter durch Hausunterricht ein derartiges Wissen, daß die Tochter in der Häuslichkeit eines anderen Professors ihr examen pro immatriculatione ablegen und nach ein paar Jahren, auf Wunsch ausgerechnet ihres Vaters in bräutlichem Gewand, vor der akademischen Öffentlichkeit zum Magister und Doktor einer philosophischen Fakultät promovieren konnte. So geschehen im Jahr 1787 mit dem Resultat des zweiten Doktorhutes deutscher Frauengeschichte.[200]

Aber die Abenteuer gelehrter Frauenzimmer werden dysfunktional, wenn das höhere Schulwesen an den Staat gekoppelt und zum Instrument der Geschlechterunterscheidung wird. Frauen sind nicht mehr Töchter und d. h. Bräute ihrer (im Glücksfall aufklärenden oder professoralen) Väter; sie werden Mütter werdende Töchter ihrer Mütter. In Stephanis neuerfundener Staatserziehungswissenschaft, auf die so schöne Fächer wie Gemeinschaftskunde und politische Bildung zurückgehen[201], herrscht strikte Trennung zwischen dem akademischen Diskurs als einem System der Selbstreproduktion von Staatsbeamten und der Frauenbildung als einer Selbstregelungsschleife der Ersterziehung.[202]

---

[198] Vgl. LEPORIN, 1742/1975: 130 f., und dazu v. HANSTEIN, 1899-1900: I 167.
[199] LEPORIN, 1742/1975: 142. Daß Gottsched nicht anders dachte, zeigt WYCHGRAM, 1901: 244 f. Vgl. auch BOEHM, 1958: 301-323.
[200] Vgl. v. HANSTEIN, 1899-1900: II 348-353. Wer den gedichteten Inzest zwischen Odoardo und Emilia Galotti für wildgewordene Interpretation hält, meditiere einmal das bräutliche Gewand im Realen.
[201] Vgl. BUSSHOFF, 1968: 15-21.
[202] Vgl. STEPHANI, 1797: 77-81. Ähnlich W. T. KRUG, 1810: 76.

F. Schlegel über Philosophie und Frauen

Daß die strikte Trennung zugleich engste Korrelation ist, lassen die bürokratischen und humanwissenschaftlichen Programmschriften ungesagt. In einem System der polaren Geschlechterdifferenz gibt es keinen Ort, wo ihre zwei Seiten zugleich aufgeschrieben werden könnten. Sie bleiben getrennt durch den Abgrund, der Schrift und Stimme trennt. Beamte schreiben (nicht irgend etwas, sondern die Bestimmung des Menschen); die Mutter schreibt nicht, sondern macht sprechen. Zu Papier kommt diese Doppelbestimmung des Menschen, weil sie sein Universale ist, nur um den Preis einer Universalisierung, also in der Philosophie. Sie formuliert das Diskursnetz der zwei Geschlechter, aber indem sie die Mutter zur Frau überhaupt und den Beamten zum Menschen überhaupt ernennt. Das führt zu dem notwendigen Widerspruch, die Männer zweimal aufzuschreiben und die Bestimmung des Menschengeschlechts an zwei Adressen zu schreiben. Seine Abhandlung *Über die Philosophie* richtet Friedrich Schlegel zugleich an seine Geliebte und die Öffentlichkeit.

> Dir wäre ein Gespräch vielleicht lieber. Aber ich bin nun einmal ganz und gar ein Autor. Die Schrift hat für mich ich weiß nicht welchen geheimen Zauber vielleicht durch die Dämmerung von Ewigkeit, welche sie umschwebt. Ja ich gestehe Dir, ich wundre mich, welche geheime Kraft in diesen toten Zügen verborgen liegt; wie die einfachsten Ausdrücke, die nichts weiter als wahr und genau scheinen, so bedeutend sein können, daß sie wie aus hellen Augen blicken, oder so sprechend wie kunstlose Akzente aus der tiefsten Seele. Man glaubt zu hören, was man nur lieset, und doch kann ein Vorleser bei diesen eigentlich schönen Stellen nichts tun, als sich bestreben, sie nicht zu verderben. Die stillen Züge scheinen mir eine schicklichere Hülle für die tiefsten, unmittelbarsten Äußerungen des Geistes als das Geräusch der Lippen. Fast möchte ich in der etwas mystischen Sprache unsers H. sagen: Leben sei Schreiben; die einzige Bestimmung des Menschen sei, die Gedanken der Gottheit mit dem Griffel des bildenden Geistes in die Tafeln der Natur zu graben. Doch was Dich betrifft, so denke ich, daß Du Deinem Anteile an dieser Bestimmung des menschlichen Geschlechts vollkommen Genüge leisten wirst, wenn Du so viel wie bisher singst, äußerlich und innerlich, im gewöhnlichen wie im symbolischen Sinne, weniger schweigst, und dann und wann auch in göttlichen Schriften mit Andacht liesest, nicht bloß andere für Dich lesen und Dir erzählen läßt. Besonders aber mußt Du die Worte heiliger halten als bisher. Sonst stünde es schlimm um mich. Denn freilich kann ich Dir nichts geben, und muß mir ausdrücklich bedingen, daß Du nicht mehr von mir erwartest als W o r t e, Ausdrücke für das was Du längst fühltest und wußtest, nur nicht so klar und geordnet.[203]

---

[203] F. Schlegel, 1799/1958 ff.: VIII 42.

Schlegels Brief, 1799 geschrieben, ruft ein neues Jahrhundert aus. Daß der Mensch das Tier sei, das Sprache oder Vernunft habe – all diese seit Griechen und Römern weitergesagten Bestimmungen der Menschengattung ersetzt der schriftliche Satz, er sei der Schreiber. Nur als Autor ist der Mensch nicht auch, was er nicht ist, sondern ganz und gar sein Wesen. Überbordende Identität, die im selben Maß unwiderleglich wird, wie sie se ber aufgeschrieben vorliegt. Und dennoch keine Gottgleichheit. Der Schreiber hat nämlich ein Amt, dessen Vorgegebenheit oder Vorgesetztheit ihn vom Ich = Ich unterscheidet, und mit dem Amt einen Vorgesetzten. ,,Der Beamtenstand ist von jeher ein Annex der herrschenden Gewalten kriegerischer oder priesterlicher Art; er ist ihr verlängerter Arm, ihr Werkzeug, ihre Gehilfen- oder Dienerschaft.'' Auch in Deutschland, das ,,wie China in Asien und wie Ägypten im Altertum'' ,,das klassische Land des Beamtentums in der europäischen Welt ist''[204]. Der Gymnasialdirektor Hegel beschreibt philosophische Logik als ,,die Darstellung Gottes, wie er in seinem ewigen Wesen, vor der Erschaffung der Natur und eines endlichen Geistes ist''[205], der Schriftsteller Schlegel philosophisches Schreiben als das Amt, die Gedanken der Gottheit mit dem Griffel des bildenden Geistes in die Tafeln der Natur zu graben. Durch Zusammenfall der Staats- und Bildungsidee wird der schreibkundige Stand zum staatstragenden. Also geht der universitäre Diskurs vom Diskurs eines Herrn aus, also gehorcht die Lehre vom Sein (des Begriffs oder des Menschen), wie ,,Bestimmung'' schon sagt, dem Imperativ eines Signifikanten. Philosophie war nie anders.[206]

Aber genau an der Stelle, wo ihr despotischer Signifikant auftritt, macht die Philosophie im Aufschreibesystem von 1800, das eine Signifikatenlogik ist, eine ganz neue Volte. Dieselbe Natur, die der Philosophengriffel als Schreibfläche für göttliche Gedanken benutzt, heißt zugleich und ganz im Gegenteil Quelle allen Schreibens. Nicht Gott diktiert der Feder, sondern aus hellen Au-

---

[204] HINTZE, 1911: 7 und 39.
[205] HEGEL, 1812–13/1968 ff.: XI 21.
[206] Vgl. LACAN, 1975: 33. ,,L'ontologie est ce qui a mis en valeur dans le langage l'usage de la copule, l'isolant comme signifiant. (...) Pour l'exorciser, il suffirait peut-être d'avancer que, quand on dit de quoi que ce soit que c'est ce que c'est, rien n'oblige d'aucune façon à isoler le verbe ê t r e. Ça se prononce c ' e s t c e q u e c ' e s t, et ça pourrait aussi bien s'écrire s e s k e c é. On ne verrait à cet usage de la copule que du feu. On n'y verrait que du feu si un discours, qui est le discours du maître, m ' ê t r e, ne mettait l'accent sur le verbe être. (...) Toute dimension de l'être se produit dans le courant du discours du maître, de celui qui, proférant le signifiant, en attend ce qui est un de ses effets de lien à ne pas négliger, qui tient à ceci que le signifiant commande. Le signifiant est d'abord impératif.''

gen und tiefer Seele eine stille unmittelbare Natur. Sie hat schriftliche Übersetzungen nötig, nicht weil sie tabula rasa wäre, sondern weil ihr Sprechen transzendental bleibt. Was das Geräusch der Lippen, jenes mundartliche oder tierische, jedenfalls aber empirische Spiel von Stimmen und Mündern nicht kann, leisten die stillen oder gar toten Züge der Schrift: Sie reproduzieren kunstlose Akzente aus der tiefsten Seele so sprechend, wie sie sind. Das Minimalsignifikat am murmelnden Sprachquell bleibt nur es selbst, wenn es nicht laut wird; dem dient der Schreibgriffel.

Eine Metaphysik des leisen Lesens, deren schlichte und unumgängliche Voraussetzung die Alphabetisierung Mitteleuropas ist. Eifersüchtig verfolgt der Philosoph die lauten Vorleser, die Dorothea Veits Ohren vergnügen; methodisch verfolgt er das Projekt, jene anderen auszurotten, die schon darum laut lesen, weil ihnen jeder Buchstabe eine kleine Entzifferungsaufgabe stellt. Für Hegel liegt alles daran, daß die Lektüre am Ende einer Geläufigkeitsschule still wird; nur so nämlich kehrt sie auf den „Boden der Innerlichkeit" oder Diskursproduktionsinstanz zurück.

> Die erlangte Gewohnheit tilgt auch später die Eigenthümlichkeit der Buchstabenschrift, im Interesse des Sehens als ein Umweg durch die Hörbarkeit zu den Vorstellungen zu erscheinen, und macht sie für uns zur Hieroglyphenschrift, so daß wir beim Gebrauche derselben die Vermittlung der Töne nicht im Bewußtseyn vor uns zu haben bedürfen; Leute dagegen, die eine geringe Gewohnheit des Lesens haben, sprechen das Gelesene laut vor, um es in seinem Tönen zu verstehen.[207]

Schlegel tut also gut daran, eine Geliebte, die gern vorlesen und erzählen läßt, zum Selberlesen anzuhalten. Nur stille Lektüre macht Innerlichkeit zur Gewohnheit. Nur stille Lektüre verhindert, daß Sprache dem Diskurs des Anderen gehorcht, wie es geschähe, wenn wie in Alteuropa „die menschliche Sprache durch bewußtlose Nachahmung und durch Gewöhnung an gewisse Gedankenzeichen" „mit allen Mängeln und Unvollkommenheiten" einfach von Generation zu Generation wandern würde.[208] Bei Spracherwerb durch Lesenlernen ist das alles anders. In den Innerlichkeiten entsteht die von keinem Mund je gesprochene Sprache der klassisch-romantischen Texte. Für einen, der „nun einmal ganz und gar ein Autor" sein will, Grund genug, seiner Geliebten diese neue Diskurstechnik mit jedem Briefwort zu verzuckern.

Statt faktisch ergehende Reden zu hören, „glaubt man zu hören, was man nur lieset". Ebenso rein wie transzendental steigt

---

[207] Hegel, 1830/1927-40: X 351. Vgl. auch Reil, 1803: 416, und Hoffbauer, 1802-07: II 99 f., Anm.
[208] v. Türk, 1806: 176.

zwischen den Zeilen eine Stimme auf. Und wenn die geschriebenen Zeilen auch noch so „bedeutend" sind, „daß sie wie aus hellen Augen blicken", kommt zur akustischen Halluzination eine optische. Der Leser liest also gar nicht mehr; in seiner Beglückung begegnet er einem phantasmagorischen Natur-Körper. Unschwer zu erraten, wem er gehört. Die einzige Alphabetisierungstechnik, bei der „man" Gelesenes zu hören glaubt, ist die Lautiermethode aus dem Muttermund.

Das Philosophenamt Schreiben gehorcht also einem Herrn und einer Herrin zugleich. Der Text in seiner Komplexität gibt die denkbar komplexen Gedanken Gottes weiter an die Natur. In seinem elementaren Status aber, geschrieben und nicht etwa gesprochen zu sein, ist er gerade umgekehrt Ausdruck der Natur, Fixierung ihrer kunstlosen Akzente und Minimalsignifikate, einzige Reproduktion, die die Natur nicht an Sprache verrät. Und wenn die Minimalsignifikate laut Olivier ihrerseits schon eine Fixierung sind, ein Aufschreibe- und kein Sprechsystem der transzendentalen Stimme, dann folgt ihre Übergängigkeit in philosophische Schriften von allein.

Ein Herrensignifikant über ihr, ein Natursignifikat unter ihr – die Philosophie im Aufschreibesystem von 1800 ist gelöste Geschlechterdifferenz. Sie vermittelt die zwei sonst nirgendwo in ihrer Vernetzung aufgeschriebenen Instanzen Staat und Mutter. Wenn Erziehungsbeamte die komplexen Funktionen des Schreibens und Mütter die elementare Funktion der Alphabetisierung verwalten, ist ein von beiden Instanzen getragener Schreiber wahrer Mensch - einfach weil er „den Charakter des Geschlechts, welches doch nur eine angeborne, natürliche Profession ist, keineswegs noch mehr übertreibt, sondern vielmehr durch starke Gegengewichte zu mildern sucht", bis seine „Menschlichkeit" „in der Mitte" zwischen Männlichem und Weiblichem „einheimisch" wird.[209] Damit aber hat der Briefschreiber bewiesen, was zu beweisen war: daß Schreiber wie er die Bestimmung des Menschseins schlechthin erfüllen. Er könnte seinen Brief unterschreiben und an Dorothea Veit abschicken.

Nur ist die Bestimmung des menschlichen Geschlechts nicht schon die Bestimmung der zwei Geschlechter, die die so genannte Menschheit ausmachen. Der Brief muß fortfahren, weil alle um 1800 proklamierten Menschenrechte – Olympe de Gouges hat es gleich erkannt – Männerrechte sind. Vorerst hat Schlegels Griffel den phallischen Griffel lediglich zweimal aufgeschrieben: im Register einmal d e s Geschlechts und das anderemal e i n e s Ge-

---

[209] F. SCHLEGEL, 1799/1958 ff.: VIII 45.

schlechts. Bleibt also noch eine Bestimmung jenes anderen Geschlechts, dem auch die Adressatin zuzählt. Aber das macht der Feder keine Not. ,,Es bedarf gar nicht so vieler Umstände, um zu finden, daß die weibliche Organisation ganz auf den einen schönen Zweck der Mütterlichkeit gerichtet ist."[210] Deshalb tun Frauen ihrem ,,Anteile" an der ,,Bestimmung des menschlichen Geschlechts vollkommen Genüge", wenn sie schriftlose Stimme bleiben, empirisch äußerliche oder transzendental innerliche. Die Geschlechterdifferenz fällt also mathematisch genau zusammen mit der Dichotomie von Schrift und Autorschaft einerseits, Stimme und Mütterlichkeit andererseits. Sie gibt der Frau als Muttermund alles Recht, Stimme zu sein, und nur das Recht nicht, Stimme zu haben. Schlegel findet es ausgeschlossen, ,,der Natur Sitz und Stimme im gesetzgebenden Rat der Vernunft zu erlauben"[211], Brandes findet ,,die Ausschließung der Weiber aus den Berathschlagungen der Corporationen im Staate" ,,höchst weislich"[212]. Das heißt nicht, der philosophische Diskurs würde den verwaltungswissenschaftlichen bloß ideologisch verbrämen. Die zwei bis in die Wortwahl hin gleichen Ausschlüsse sind nicht identisch, sondern deckungsgleich wie in der Geometrie. Stimmen reinen Gesangs, die nicht zu Rede und Schrift kommen, bleiben ausgeschlossen erstens aus der Staatsbeamtenschaft und zweitens vom universitären Diskurs, den zwei über die Berechtigungskette verschalteten Subsystemen also. Im ,,gesetzgebenden Rat der Vernunft" bezeichnet sich eine Universität, deren philosophische Fakultät um 1800 vom letzten zum ersten Rang unter den Fakultäten aufsteigt, einfach weil neben und vor staatlichen Predigern, Richtern, Ärzten fortan universale Erziehungsbeamte auszubilden sind. Und daß die Philosophie ausgerechnet die Tochter eines Aufklärungsphilosophen ausschließt, bezeichnet auch den ganzen Gegensatz zwischen Dorothea, geb. Mendelssohn, und den promovierten Frauenzimmern der Gelehrtenrepublik.

Der philosophische Diskurs in seinem Auftrag, das Ganze aufzuschreiben, tut ein übriges über den verwaltungswissenschaftlichen hinaus. Er formuliert eine Beziehung zwischen den Geschlechtern. Nicht in der erst Nietzsche möglichen Positivität als Machtverhältnis von Staat und Alma Mater, aber als Bedingungsverhältnis von Schriftsteller-Bürokratie und Frauen. Es ist ein zweifaches Verhältnis zwischen Produktion und Distribution u n d zwischen Distribution und Konsumtion.

---

[210] F. SCHLEGEL, 1799/1958 ff.: VIII 46.
[211] F. SCHLEGEL, 1799/1958 ff.: VIII 45.
[212] BRANDES, 1802: I 53.

In ihrem Amt, Die Mutter zu figurieren, machen Frauen den Autor schreiben. Die Mutter spricht nicht und schreibt nicht; ihr entsteigen aus tiefster Seele jene kunstlosen Akzente, die der Autor dann schreibend errettet. Alle ,,W o r t e'', die Schlegels Brief macht, sind nach seinem Geständnis an die Geliebte und Mutter zweier Kinder ,,Ausdrücke für das was Du längst fühltest und wußtest''. So bestünde denn Anlaß, den Brief *Über die Philosophie* ganz wie das *Buch der Mütter* zu beschließen: mit der Erklärung, daß alle auf dem Schreibpapier distribuierten Wörter vom Muttermund wieder konsumiert werden. Aber der philosophische Diskurs ist kein pädagogischer; daß er eine Menschenbestimmung zur Autorschaft statuiert, macht auch eine andere Rezeption notwendig. Nur sofern sie Die Mutter figurieren, stehen Frauen am Diskursursprung; sofern es sie im Plural gibt, werden sie auf Lektüre verpflichtet. Obwohl alles Geschriebene nur Augmentation des mütterlichen Gefühls ist, soll Dorothea ,,die Worte heiliger halten als bisher. Sonst stünde es schlimm um mich.''

Schlegels Brief trägt zwei Geschlechter je zweimal ins Aufschreibesystem von 1800 ein. Während die Männer Mensch überhaupt u n d Mann sind, spielen die Frauen eine Rolle absoluter Voraussetzung u n d eine Hilfsfunktion beim Etablieren diskursiver Positivitäten. Am Schluß des Briefes heißt es:

> Ich habe mich selbst überrascht, und werde nun gewahr, daß D u es eigentlich bist, die m i c h in die Philosophie einweiht. Ich wollte nur Dir die Philosophie mitteilen, der ernstliche Wunsch belohnte sich selbst, und die Freundschaft lehrte mich den Weg finden, sie mit dem Leben und der Menschheit zu verbinden. Ich habe sie dadurch gewissermaßen mir selbst mitgeteilt, sie wird nun nicht mehr isoliert in meinem Geiste sein, sondern ihre Begeisterung durch mein ganzes Wesen nach allen Seiten verbreiten. Und was man durch diese innere Geselligkeit auch äußerlich mitteilen lernt, das wird durch jede noch so allgemeine Mitteilung uns selbst noch tiefer eigen. Zum Danke dafür werde ich, wenn Du nichts dagegen hast, auch diesen Brief gleich drucken lassen.[213]

Zur Überraschung des Autors sind seine Worte gar nicht die seinen gewesen, sondern soufflierte Rede, produziert von Der Frau oder Natur. ,,Ich sprach nicht von ihr. Nein, was wahr ist und was falsch ist, alles hat sie gesprochen'', wußte schon das *Fragment über die Natur*.[214] Und doch ist Dorothea Veits vorgängige Stimme nur zur Ausbeutung gut. Viel zu leidenschaftlich hat der soufflierte Diskurs seine Schriftlichkeit – das Heiligtum der Worte und die Erektion des Griffels – unterstrichen, um sie wieder durchzustreichen. Nicht

---

[213] F. SCHLEGEL, 1799/1958 ff.: VIII 61.
[214] TOBLER, 1782, in GOETHE, 1904 f.: XXXIX 6.

nur in Schlegels Philosophie, auch in seiner Schreibpraxis ist Schriftlichkeit der Unterschied, der die zwei Geschlechter auseinanderhält. Als Text eines Mannes bleibt *Über die Philosophie* durch eine „Dämmerung von Ewigkeit umschwebt", also unverschlingbar durch Muttermünder. Darum ersteht neben der Adressatin und Leserin ein zweiter Leser: der vormalige oder scheinbare Autor selbst, der die ihm soufflierte Philosophie d u r c h Aufschreiben unbewußt sich selber mitgeteilt hat. Um dessen „gewahr" zu werden, muß Schlegel den Brief vor Versand nur noch einmal überlesen. Seine „innere Geselligkeit" ist eine Dopplung von Autor- und Leserschaft, also erste Zirkulation des Ursprungs. Sie hat den Effekt technischer Verstärkung und darum immer schon Leserschaften im Visier. Bei aller Intimität zwischen Schreiber und Adressatin – der Brief geht in den Druck. So erreicht er zuletzt doch noch jene Ewigkeit, die seit Ewigkeiten Adresse von Schriften ist. Friedrich Schlegel über seine komplizierte Erotik:

> Ich weiß nicht, ob ich das Universum von ganzer Seele anbeten könnte, wenn ich nie ein Weib geliebt hätte. Aber freilich, das U n i v e r- s u m ist und bleibt meine Losung.[215]

Philosophie, die Liebe zu Weisheit oder Sophie, wird möglich nur durch Liebe zu Frauen, so sie im Plural existieren. Aber nachdem die Liebe Schrift geworden ist, kehrt sie zurück zur Welt mit ihrer Ewigkeit, Allgemeinheit, Universalität und – Universität. Auf dem Weg gedruckter Liebesbriefe bereitet der Autor Schlegel eine Philosophiedozentenlaufbahn vor.

Schrift und Druck, sofern sie nicht bloß benutzt, sondern unterstrichen und einberechnet werden, unterscheiden solche Diskurse vom pädagogischen. An die Stelle der Gegenkopplung, die den Output der Pädagogik wieder in ihren Ursprung verschlingt, treten Mitkopplungen zwischen Autoren und Lesern und damit eine programmierte Zirkulation, die andere als Die Mutter angeht. Diese anderen können sein: der Autor, sofern er erst im Wiederlesen seiner Texte Bildung erwirbt; andere Frauen, sofern sie Mütter haben und werden; andere Männer, sofern es ihre Bestimmung ist, durch selbständiges Lesen Schreiber zu werden. Schlegels Brief *Über die Philosophie* entwirft nur den Schaltplan solcher Zirkulation. Ihre Durchführung ist Dichteramt.

---

[215] F. SCHLEGEL, 1799/1958 ff.: VIII 48.

Sprachkanäle

Das Schreiben der Dichter im Aufschreibesystem von 1800 ist DISTRIBUTION VON DISKURSEN. Es stellt Reden einer maximalen Anzahl von Adressen zu. Schlegels *Fragment einer Charakteristik der deutschen Klassiker* rühmt dem Klassiker Forster nach, daß ,,gesellige Mitteilung'' ,,ein unter den mannichfachsten Gestalten oft wiederkehrender Lieblingsbegriff seines Geistes'' war. Darum rückt der Schriftsteller dem Kaufmann nahe. Wie dieser den ,,Austausch sinnlicher Güter vorzüglich veranlaßt'', so jener ,,den Verkehr auch der geistigen Waren und Erzeugnisse''[1]. Zugleich mit der beschränkten Ökonomie gelehrtenrepublikanischer Textzirkulation endet auch der ,,leidige'' Aberglaube, ,,die Wissenschaften seien nur für gewisse Stände vorhanden; und wären nicht als die Magazine des ganzen Menschengeschlechts zu betrachten''[2]. Forster und Schlegel sehen demgemäß in der ,,Verwebung und Verbindung der verschiedenartigsten Kenntnisse'', in ihrer ,,allgemeineren Verbreitung'' ,,den eigentümlichsten Vorzug unsers Zeitalters''[3]. Schreiben erhält buchstäblich universale und buchstäblich textuelle Funktionen: es webt einen Diskurs, der die Menschheit im ganzen erfaßt oder erzeugt. ,,Die schönen Künste sind das Band, das die Menschen zusammenhält.''[4]

Die Un-Möglichkeit von Übersetzungen

,,Geistige Oekonomen''[5] aber können die Autoren nur unter der elementaren Voraussetzung werden, daß den von ihnen verwobenen Diskursen auch ein allgemeines Äquivalent entspricht. Sonst könnte der Tauschhandel gar nicht stattfinden. Dieses allgemeine Äquivalent stellt die reformierte Alphabetisierung bereit. Es ist das Signifikat als den Buchstaben oder Signifikanten zunächst entnommenes und sodann übergeordnetes Element. ,,Wie der Austausch von Waren durch Geld als dem allgemeinen Äquivalent geregelt wird, so der Austausch von Wissen durch Begriffe.''[6]

---

[1] F. SCHLEGEL, 1797/1958 ff.: I 99, vgl. auch HARDENBERG, 1798a/1960-88: II 661-663.
[2] STEPHANI, 1797: 54.
[3] F. SCHLEGEL, 1797/1958 ff.: I 99.
[4] BERGK, 1799: 170.
[5] F. SCHLEGEL, F 1798/1958 ff.: XVIII 203.
[6] SCHLAFFER, 1981: 135.

Bedeutung als allgemeines Äquivalent

Einen Diskurs auf Signifikate bringen heißt aber: ihn übersetzbar machen. „Übersetzungen" sind jene diskursive „Handelsmesse, wo uns der Entfernteste seine Ware herbeybringt"[7]. Wer als Dichter seinen Tragödienhelden bibelübersetzend an die Schwelle des neuen Dichtertums führt, muß die Möglichkeit solchen Tuns ausdrücklich sicherstellen. Für Goethe verbürgt ein Primat von Gehalten über Signifikanteneffekte die Übersetzbarkeit aller Diskurse, auch der heiligsten und der formvollsten.

Ich ehre den Rhythmus wie den Reim, wodurch Poesie erst zur Poesie wird, aber das eigentlich tief und gründlich Wirksame, das wahrhaft Ausbildende und Fördernde ist dasjenige, was vom Dichter übrig bleibt, wenn er in Prosa übersetzt wird. Dann bleibt der reine vollkommene Gehalt. (...) Ich will noch, zu Gunsten meines Vorschlags, an Luthers Bibelübersetzung erinnern: denn daß dieser treffliche Mann ein in dem verschiedensten Stile verfaßtes Werk und dessen dichterischen, geschichtlichen, gebietenden, lehrenden Ton uns in der Muttersprache wie aus e i n e m Gusse überlieferte, hat die Religion mehr gefördert, als wenn er die Eigentümlichkeiten des Originals im einzelnen hätte nachbilden wollen.[8]

Die Existenz von Unübersetzlichem, wie es in den Signifikanten einer jeden Sprache haust, wird nicht geleugnet, aber subtrahiert. Das allgemeine Äquivalent entsteht durch Ausfällen eines „Übrigbleibenden": des „reinen vollkommenen Gehaltes" oder Signifikats. Seine Effekte sind darum notwendig glättend: Wie in Wilhelm Meisters Mignon-Übersetzung wird „Unzusammenhängendes verbunden"[9]. Vorbildliche Übersetzungen gar wie die lutherische verschmelzen unterschiedlichste Diskurse (poetische, historische, pädagogische), wie Goethe sie dem Buch der (vielen) Bücher zuspricht, zu einem einen und kohärenten Stil.

Im Aufschreibesystem von 1800 ist das allgemeine Äquivalent ein Basiskonstrukt, das Modifikationen erlaubt. Herders Theorie der Nationaldichtung muß (wie auch im Fall des johanneischen λόγος) unübersetzbare Idiotismen statuieren; aber seine Praxis deutscht gerade umgekehrt die fremdsprachlichsten Volkslieder ein. Komplementär dazu betont Hegel in seiner neuhumanistischen Gymnasialpraxis, also aus durchsichtigen Gründen, die Unübersetzbarkeit des Griechischen[10]; seine Ästhetik aber, weil sie die erste überhaupt von Inhalten oder eben Signifikaten ist, muß prinzipiell ohne Griechischzitate auskommen können und das „Dicht-

---

[7] GOETHE, B 7. 9. 1821/1887–1919: IV 35, 75.
[8] GOETHE, 1811–14/1904 f.: XXIV 56 f.
[9] GOETHE, 1795–96/1904 f.: XVII 166.
[10] HEGEL, R 29. 9. 1809, in THAULOW, 1853: III 191 f. Übersetzte Werke der Alten „schmecken nur wie Rheinwein, der verduftet ist" – ein schöner Beleg für Lektüre als oralen Konsum.

werk ohne wesentliche Verkümmerung seines Werthes in andere Sprachen" übersetzbar nennen."[11] Methodische Option für Unübersetzbarkeiten kennzeichnet im Aufschreibesystem von 1800 einzig die neue Sprachwissenschaft. Bernhardi erklärt Poesie für unübersetzbar, „da der Reim die Identität" – die Identität nämlich von Signifikaten – „darstellen soll"[12]. Vor allem aber „besitzt die grammatische Komposition Regelmäßigkeiten, die für die Bedeutung des Diskurses nicht transparent sind. Da nun die Bedeutung fast vollständig von einer Sprache in die andere übergehen kann, sind es diese Regelmäßigkeiten, die die Individualität einer Sprache zu definieren gestatten."[13] So steht die Sprachwissenschaft von 1800 an dem einen Extrem einer Signifikatenlogik, deren anderes die Dichtung ist. In ihrem Streben zum wahrhaft Ausbildenden und Fördernden macht Poesie das allgemeine Äquivalent und damit den Sinn, der ja immer religiös ist, bei Luther wie bei Faust, zu ihrer Sache. „Am Ende ist alle Poesie Übersetzung."[14]

Selbstredend bleibt es ein Babelmythos, wenn das neue Schreiben die „Wiedervereinigung aller wesentlich zusammenhangenden, wenngleich jetzt zerstückelten und getrennten Wissenschaften" leisten soll.[15] Nirgendwann vor Erfindung des allgemeinen Äquivalents hat es diskursive Ureinheit geben können. Auch der Buchdruck allein verbürgte noch keine „Einheitlichkeit in Ton und Einstellung zum Thema und dem Leser gegenüber, die sich durch ein ganzes Werk ziehen."[16] Die Deutsche Dichtung ist nicht Wiedervereinigung, sondern allererst Einführung diskursiver Einheiten. Syntaktisch unifiziert der „e i n e Guß" oder Stil, semantisch der Primat des Signifikats, pragmatisch die Adresse an die seit 1800 Übersetzungen gehen: Menschheit, Lesewelt, „allgemeiner Weltverkehr"[17].

Novalis beginnt 1798 ein *Allgemeines Brouillon*, dessen Titeladjektiv schon von der Unifizierung und Universalisierung zeugt. Und das Titelsubstantiv gibt auch schon an, wie aus verschiedensten szientifischen Diskursen ein einer zu machen ist – durch Mischen und Schütteln. Das *Brouillon* verfährt nach der Regel, einzelne Daten der erfaßten Wissenschaften (von Poetologie bis Physik) durch systematische Analogisierung ineinander zu übersetzen. Umstandsloser freilich erreicht solche Poetisierung der Wissen-

Wissenschaft und Dichtung als Übersetzungen bei Novalis

---

[11] Hegel, 1835/1927–40: XIV 227.
[12] Bernhardi, 1801–03: II 398 und 422.
[13] Foucault, 1966/1971b: 345.
[14] Hardenberg, B 30. 11. 1797/1960–88: IV 237.
[15] F. Schlegel, 1797/1958 ff.: I 99.
[16] So McLuhan, 1964/1968: 194.
[17] Goethe, 1828/1904 f.: XXXVIII 142.

schaften[18] der Poet. Im Künstlerroman *Heinrich von Ofterdingen* entsteht allgemeine Übersetzbarkeit nicht verfahrenstechnisch, sondern einfach durch ein Dichterohr. Treu dem Novalissatz, daß „Übersetzen so gut dichten, als eigne Wercke zu stande bringen ist"[19], geht der Held auf eine Bildungsromanreise, bei der beinahe nichts geschieht und beinahe alle Wissensformen und Berufe zu Wort kommen. Reines Hören auf ökonomische, historische, archäologische, religiöse, poetische, mythologische Diskurse ist notwendig und hinreichend, um einen urbildlichen Dichter zu erzeugen, der am Romanende alles Gehörte in eigenen Worten und Werken wird wiedergeben können. Ofterdingen macht den Satz, daß poetisches Übersetzen um 1800 die Schwelle zur Kunst überschritten hat[20], systematisch wahr.

Es gibt einen einzigen Diskurs, der unübersetzbar bleibt – aus dem einfachen Grund, weil er nicht ergeht. Kaufleute, Dichter, Mönche, Ritter, Bergleute – alle erzählen sie dem Romanhelden die Signifikate ihres Tuns, nur das Mädchen nicht, das ihn liebt. Statt dessen spricht über es der Vater des Mädchens.

„Man betrachte nur die Liebe. Nirgends wird wohl die Nothwendigkeit der Poesie zum Bestand der Menschheit so klar, als in ihr. Die Liebe ist stumm, nur die Poesie kann für sie sprechen. Oder die Liebe ist selbst nichts, als die höchste Naturpoesie."[21]

Am erotischen Diskurs hat die universale Übersetzbarkeit ihre konstitutive Ausnahme. Als höchste Natur p o e s i e verbürgt die Liebe zwar jede Übersetzbarkeit; als höchste N a t u r poesie aber kommt sie nicht zum artikulierten Wort. Die Liebe braucht also, um zu sein, Fürsprecher oder Mundstücke oder Dolmetscher. Weil Mathilde, die im *Ofterdingen* die stumme Liebe allegorisiert, nicht einmal diese Stummheit aussprechen kann, ergreift ihr Vater für sie das Wort. Und weil die Liebe Männer sprechen macht, wird Heinrich, der im Roman die Poesie allegorisiert, im Übersetzen von Mathildes stummer Liebe zum Dichter. Dieses Verhältnis zwischen Liebe und Dichtung, wie es den ganzen Roman bestimmt, wiederholt aber sehr genau eine Verhältnisbestimmung Herders.

Die Natur, die ganze Welt der Leidenschaft und Handlung, die im Dichter lag, und die er durch die Sprache aus sich zu bringen strebet – diese würket. Die Sprache ist nur Kanal, der wahre Dichter

---

[18] Vgl. dazu HEGENER, 1975.
[19] HARDENBERG, B 30. 11. 1797/1960–88: IV 237.
[20] F. SCHLEGEL, 1800a/1958 ff.: II 303.
[21] HARDENBERG, 1802a/1960–88: I 287. Von Loebens *Guido*, eine mäßige *Ofterdingen*-Imitation, macht aus solcher Metaphysik Klartext: „Die Prinzessin schien oft vergessen zu haben, daß sie sprachlos war; denn ihrem Vater entgieng keins ihrer Worte." (1808: 13)

nur Dollmetscher, oder noch eigentlicher der Ueberbringer der Natur in die Seele und in das Herz seiner Brüder."[22] Natur, Liebe, Frau – im Aufschreibesystem von 1800 sind sie synonym. Sie produzieren einen Urdiskurs, den dann Dichter aus seiner Stummheit heraus- und übersetzen. Und es ist nachgerade technisch exakt, daß Sprache in dieser Funktion „nur Kanal" sein kann. Hätte sie eigene Dichte und Materialität, Totzeiten und Übertragungsverluste, wäre die allumfassende Übersetzbarkeit dahin. So skandalös Herders Satz im Raum der poésie pure klingen würde, so selbstredend ist er im Aufschreibesystem von 1800, das nach Heideggers Einsicht gar „nicht von der Sprache als der Sprache bestimmt wird", sondern „durch die Sprache hindurch auf anderes führt"[23]. Eben daß Diskurse keine eigene Würde haben, nobilitiert jene Seele/Liebe/Frau/Natur, die, wenn sie spricht, schon nicht mehr selber spricht. Die Diskursproduktionsinstanz durchkreuzt Übersetzungen und Diskurszirkulationen auf eine Weise, die gelehrtenrepublikanische und poetische Distribution historisch wie technisch scheidet. Ohne Erfindung eines stummen und entzogenen Ursprungs bliebe das universale Übersetzen auf der Oberfläche der Repräsentationen. Nur wenn auch und gerade Unübersetzbares zur Aufgabe poetischer Übersetzer wird, hört das Zirkulieren ohne Autoren und Konsumenten auf. Ofterdingen trägt die ergangenen Reden der Wissensformen und Berufe nicht einfach weiter; er koppelt sie an einen Ursprung und ein Ziel des Diskurses: Liebe und Poesie. Dichtung um 1800 ist also eine doppelte und gleichzeitige Bewegung: sie hat erstens heterogene Reden, die noch gespeichert werden, in das „geliebte Deutsch" Faustens oder die „Muttersprache" Luthers zu übersetzen und zweitens den uranfänglichen Diskurs, der nie ergeht, oder a u s der Muttersprache zu übersetzen.

Die Liebe der Muttersprache bildet, im subjektiven Genitiv, das Objekt, im objektiven Genitiv das Subjekt der poetischen Übersetzung.

Die Übersetzung in die Muttersprache ist eine lehrbare Sache, die die neuen neuhumanistischen Gymnasien jedem künftigen Beamten vermitteln können.[24] Die Übersetzung aus der Muttersprache ist und bleibt eine Paradoxie, an deren Bewältigung Dichter und Nichtdichter unterscheidbar werden. Das Aufschreibesystem, das die Regel der Unausbildbarkeit zum Dichter einführt[25], sieht zugleich eine exzeptionelle Selbsterprobung für Dichternachwuchs

---

[22] HERDER, 1778/1877–1913: VIII 339, vgl. auch BERGK, 1799: 109.
[23] HEIDEGGER, 1959: 248 f.
[24] Vgl. GIESEBRECHT, 1856: 118 f.
[25] Vgl. BOSSE, 1979a: 117–125.

vor. Die Testfrage dabei lautet, ob es dem Prüfling auf dem Weg seiner Alphabetisierung gelingt, ,,Ueberbringer der Natur in die Seele und in das Herz seiner Brüder'' zu werden. Austragungsort dieses Tests sind durchgängig die Bildungsromane.

Der Leser Anton Reiser

Sieben Kinderjahre verbringt Anton Reiser ,,immer traurig und einsam''. ,,Im achten Jahre'' erst erbarmt sich sein Vater – noch sind unterweisende Mütter nicht erfunden – und kauft dem Sohn zwei Bücher: eine *Anweisung zum Buchstabieren* und eine *Abhandlung gegen das Buchstabieren*. Reisers Wahl fällt auf das erste; im Gegenbuch wären ihm womöglich Vorformen der Lautiermethode begegnet. So aber bleibt es beim verdrießlichen Buchstabieren ellenlanger Bibelnamen (,,Abukadnezar, Abednego usw.''), bis der Kleine eine Entdeckung macht.

> Allein, sobald er merkte, daß wirklich vernünftige Ideen durch die zusammengesetzten Buchstaben ausgedrückt waren, so wurde seine Begierde, lesen zu lernen, von Tag zu Tag stärker. Mit innigem Vergnügen erinnert er sich noch itzt an die lebhafte Freude, die er damals genoß, als er zuerst einige Zeilen, bei denen er sich etwas denken konnte, durch vieles Buchstabieren mit Mühe herausbrachte.[26]

Reisers Entdeckung führt auf Signifikate oder Ideen, das allgemeine Äquivalent von Wörtern. Im Buchstabensalat der Bibelnamen, die ja reine Signifikanten ohne Übersetzung sind, locken sie wie Basedows *Ro-si-nen* oder *Erd-bee-ren*. Das hat mehrfache Folgen. Erstens versüßen die Signifikate Mühe und Gewalt der Alphabetisierung, so daß Reiser, Kunstfigur eines Erforschers von *Erinnerungen aus den frühesten Jahren der Kindheit*[27], sein Lesenlernen im Unterschied zu Rousseau mühelos erinnert. Sie erregen zweitens eine solche Begierde zu lesen, daß Reiser alsbald tagelang von Luft und Signifikaten leben kann, ohne einen Bissen zu essen – die Lektüre, ,,ein Opium'' auch in dieser Hinsicht, überspielt den Hunger.[28] Und drittens stellen die Signifikate die Übersetzbarkeit von Schrift und Mündlichkeit sicher.

---

[26] MORITZ, 1785–90/1959: 15.
[27] Vgl. MORITZ, 1783/1805: I 65–70.
[28] MORITZ, 1785–90/1959: 176. Ganz entsprechend präsentiert die pädagogische ,,Fiktion'' zu Beginn einer Aufsatzschreibanleitung einen Tagelöhner und Waisenknaben Karl, der ,,kaum sein Brod hat''. Folglich besteht ,,seine liebste Beschäftigung darin, daß er jedes Papier, worauf Etwas geschrieben, oder gedruckt war, aufhob, und in den Abendstunden las. Endlich kam er auf den Gedanken, sich so viel von der größten Nothdurft abzubrechen, daß er sich weißes Papier kaufen konnte. Ein altes Dintenfaß von seinem Vater, und einige alte Federn, die er fand, machten seinen größten Reich-

Nun konnte er aber nicht begreifen, wie es möglich sei, daß andre Leute so geschwind lesen konnten, wie sie sprachen; er verzweifelte damals gänzlich an der Möglichkeit, es je so weit zu bringen. Um desto größer war nun seine Verwunderung und Freude, da er auch dies nach einigen Wochen konnte. Auch schien ihn dieses bei seinen Eltern, noch mehr aber bei seinen Anverwandten in einige Achtung zu setzen.[29]

Wenn der neugebackene Leser, vom Versprechen der Signifikate verlockt, die dem Diskurskanal Schrift eigene Zeitverzögerung unterläuft, wird Lesen zum Äquivalent von Sprechen. In einer Zeit, wo halblautes Stammeln beim Buchstabenenträtseln noch gang und gäbe war, bringt das Achtung ein. Reiser – und dieses Übersetzen in die Muttersprache ist die erste Vorbedingung eines Dichters – kann Schriftlichkeiten konsumieren, als spräche er sie; was ihm in späteren Jahren bei theologischen, dramatischen, erzählenden Texten ausgiebige Praxis wird. Aber der wahre Test auf den Dichterberuf kommt erst noch. Es heißt unterm Titel „Leiden der Poesie":

> Wenn ihn der Reiz der Dichtkunst unwillkürlich anwandelte, so entstand zuerst eine wehmütige Empfindung in seiner Seele, er dachte sich ein Etwas, worin er sich selbst verlor, wogegen alles, was er je gehört, gelesen oder gedacht hatte, sich verlor, und dessen Dasein, wenn es nur würklich von ihm dargestellt wäre, ein bisher noch ungefühltes, unnennbares Vergnügen verursachen würde. (...) in den Momenten dieses seligen Vorgefühls konnte die Zunge nur stammelnde einzelne Laute hervorbringen. Etwa wie in einigen Klopstockschen Oden, zwischen denen die Lücken des Ausdrucks mit Punkten ausgefüllt sind.
> Diese einzelnen Laute aber bezeichneten denn immer das Allgemeine von groß, erhaben, Wonnetränen und dergleichen. – Dies dauerte dann so lange, bis die Empfindung in sich selbst wieder zurücksank, ohne auch nur ein paar vernünftige Zeilen zum Anfange von etwas Bestimmten ausgeboren zu haben.[30]

Das ist die Totgeburt der Dichtung aus dem Geist des Lesens. Jene wehmütige Empfindung, die nicht zu Zeilen werden will, entsteht aus Tilgung aller Signifikanten, die den Leser durchquert und, weil er bis zur Sprechgeläufigkeit gekommen ist, nur Allgemeines hinterlassen haben. Denken und Gedachtes sind die Effekte einer Sprachentkörperung, sonst hieße das gedachte Etwas nicht eines, das alle ergangenen Diskurse, mündliche und schriftliche, überbietet. Es überbietet sie jedoch gerade im Glück seiner

---
tum aus, und wurden von ihm benutzt, seine ersten Gedanken über sich selbst zu Papiere zu bringen." (DOLZ, 1811: 95 f.) Klassisch-romantische Kulturisation in nuce.

[29] MORITZ, 1785–90/1959: 15 f.
[30] MORITZ, 1785–90/1959: 415.

Unnennbarkeit. Reisers Wörterfeindschaft, Wiederkehr seiner kindlichen Buchstabenverachtung, geht so weit, daß er „Worte" „eine bretterne Wand" vor oder „eine undurchdringliche Decke" über dem reinen Denken nennt und sich „manchmal stundenlang quält, zu versuchen, ob es möglich sei, ohne Worte zu denken"[31]. Experimentalbedingungen, unter denen beim Versuch zu dichten gar keine Wörter erscheinen können, sondern nur stammelnde Einzellaute. Dichten ist der Test auf die Möglichkeit, das möglicherweise mögliche Denken in reinen Signifikaten gleichwohl zu verlauten. Darum beginnt es, wie Lautieren auch, mit lauter Minimalsignifikaten – Interjektionen und Seufzern, die eine seit Klopstock entwickelte neue Zeichensetzung in „Ausdrucks"-Funktion statt in „ausschließlich distinktiver Funktion"[32] auch anschreibbar macht.

Aber die reine Leserseele, die dichten möchte, bleibt leer wie Olimpias Ach. Im Quidproquo von Individuellstem und Allgemeinstem geht alle Besonderheit verloren, und Reiser muß zum Schluß kommen:

> Es ist wohl ein untrügliches Zeichen, daß einer keinen Beruf zum Dichter habe, den bloß eine Empfindung im allgemeinen zum Dichten veranlaßt, und bei dem nicht die schon bestimmte Szene, die er dichten will, noch eher als diese Empfindung oder wenigstens zugleich mit der Empfindung da ist.[33]

Die Übersetzung des Unübersetzbaren scheitert also, weil sie reine Empfindungen aufschreiben können müßte. Am Ende des Bildungsromans steht der Held, der inzwischen eine Universität bezogen hat, vorm Ruin seiner poetischen und theatralischen Pläne. An die Stelle von Anton Reisers ausgebliebener Poesie treten in einer doppelten Verschiebung: das pädagogische Beamtentum und die Autorschaft von Karl Philipp Moritz. Moritz, statt mit Übersetzungen aus dem Muttermund Dichter zu werden, wirkt an zentralen Schaltstellen – Militärwaisenhaus, Gymnasien zum Grauen Kloster, Köllnisches Gymnasium – für die Reform des höheren Unterrichts in Preußen: Die Interpretation deutscher Dichter statt rhetorischer Eloquenzschulung[34] und die psychologische Ergründung der Schülerseelen statt gewalttätiger Katechisierung stehen auf seinem Reformprogramm, das der Bildungsroman von Anton Reiser, wie dessen Vorreden unterstreichen, nur noch einmal wiederholt, belegt und einer ganzen Lesewelt kundmacht. So bewirkt

---

[31] MORITZ, 1785-90/1959: 222.
[32] STENZEL, 1966: 36.
[33] MORITZ, 1785-90/1959: 416.
[34] Zu den Einzelheiten vgl. HERRLITZ, 1964: 81.

der Erziehungsbeamte als Metamorphose des gescheiterten Dichters seinerseits eine Metamorphose des Umgangs mit Dichtern. All das erzählt freilich nicht mehr der Roman selber. Weil „das Ende solcher Lehrjahre darin besteht, daß sich das Subjekt die Hörner abläuft'' und in die „Vernünftigkeit'' des Wirklichen oder den Staat schickt[35], können Bildungsromane immer nur bis zur Schwelle jenes Beamtentums führen. Sie schweigen über die Institutionen, die ihr eigenes Schreiben als vernünftige (etwa psychologische) Analyse jugendlicher Irrungen möglich gemacht haben. Der Held entsagt seinem poetischen oder theatralischen Traum; der Romanschreiber als Staatsbeamter (ob nun Moritz oder Goethe oder zuletzt Keller geheißen) folgt ihm nur bis zum restlosen Verlust der Hörner. Was danach käme, der öffentliche Dienst als Tanz um den Götzen, der die Alma Mater figuriert, bleibt „blinder Fleck''[36].

Hier schafft die Instituierung der Funktion Mutterschaft um 1800 einen möglichen Wandel. Die romantischen Bildungsromane lassen ihre Künstlerhelden nicht notwendig scheitern. Anton Reiser hat sehr allein entdecken müssen, daß Poesie, wenn sie glücken würde, Übersetzung aus dem Muttermund wäre. Seine Mutter aber, eine früh resignierte Ehefrau, hat ihn nicht geliebt und nicht alphabetisiert; nur einmal und passiv greift sie in Reisers Lesebildungsgang ein und läßt es durchgehen, daß er statt der vom Vater propagierten Pietistentraktate die vom Vater verbotenen Romane liest. Denn an ihnen hat sie (ganz wie die Mutter Rousseaus) „ehemals ein ebenso entzückendes Vergnügen gefunden''[37].

Anders die neuen Mütter, die das Dichtertum ihrer Söhne, einfach weil sie selber es phantasieren und wünschen, auch schon „bilden''.

> Johannes Kreisler erzählte einmal in meiner Gegenwart (...) wie einst der Wahnsinn der Mutter den Sohn zum Dichter in der frömmsten Manier gebildet habe. – Die Frau bildete sich ein, sie sei die Jungfrau Maria und ihr Sohn der verkannte Christus, der auf Erden wandle, Kaffee trinke und Billard spiele, aber bald werde die Zeit kommen, wo er seine Gemeine sammeln und sie geradeswegs in den Himmel führen werde. Des Sohnes rege Fantasie fand in der Mutter Wahnsinn die Andeutung seines höheren Berufs.[38]

Das ist (bei allem Spott auf Zacharias Werner) auch ein Autobiogramm Hoffmanns, der selber ohne Vater und bei einer nach-

---

[35] HEGEL, 1835/1927-40: XIII 216.
[36] KAISER, 1981: 31, vgl. auch 24.
[37] MORITZ, 1785-90/1959: 30 f.
[38] HOFFMANN, 1814b/1976: 139. Vgl. auch die Parallelstelle in HOFFMANN, 1819-21/1963: 856-858.

gerade psychotischen Mutter aufwuchs. Größenwahnsinnige Mutterliebe macht ein Doppelleben zwischen Prosa und Poesie, Erde und Himmelfahrt, Dresden und Atlantis möglich. Deshalb findet der Justizbeamte Hoffmann einen poetischen Diskurs, der das ganze Feld zwischen Muttermund und Erziehungsbeamtentum, unübersetzbarem Anfang und universaler Zirkulation der Reden durchmessen kann. Wo die Bildungsromane scheiternder Künstler verstummt sind, hat *Ein Märchen aus der neuen Zeit*, wie Hoffmanns *Goldner Topf* im Untertitel heißt, noch Worte. Damit wird auch der unmögliche Dichterberuf Wirklichkeit und die Übersetzung des Unsäglichen Ereignis.

Der goldne Topf

Held des modernen Märchens ist ein Student namens Anselmus, dessen Fakultät ungenannt bleibt. Immerhin belegen sein „magistermäßiger Stil"[39] und seine Freunde – ein Registrator, ein Konrektor und Altphilologe, bald auch ein Königl. geh. Archivarius –, daß ihm Laufbahnen in der Erziehungs- oder Verwaltungsbürokratie vorschweben. Auch „besitzt er die besten Schulstudia, die denn doch die Grundlage von allem sind"[40]. Anselmus zählt also mehr noch als Faust, der ja neben seinem philosophischen Magister einen medizinischen Doktor gemacht hat, zur neuen philosophischen Fakultät. Trotzdem oder deshalb kreisen seine Phantasien alle um den Dichterberuf. Die stadtbekannte Fähigkeit, „sehr sauber zu schreiben", ist jedenfalls beiden Berufen nützlich: dem Dichteramt wie dem von Konrektor Paulmann in Aussicht gestellten „Schreiberdienste"[41].

Mündliche Initiation als Sprachbeginn

Am Himmelfahrtstag, der „immer ein besonderes Familienfest für ihn gewesen" ist, erfährt Anselmus unter einem blühenden Holunderbusch – an einem der Plätze also, wo vor der christlichen Kolonialisierung Muttergottheiten hausten – seine Initiation.

> Da fing es an zu flüstern und zu lispeln, und es war, als ertönten die Blüten wie aufgehangene Kristallglöckchen. Anselmus horchte und horchte. Da wurde, er wußte selbst nicht wie, das Gelispel und Geflüster und Geklingel zu leisen halbverwehten Worten: „Zwischen durch – zwischen ein – zwischen Zweigen, zwischen schwellenden Blüten, schwingen, schlängeln, schlingen wir uns – Schwesterlein – Schwesterlein, schwinge dich im Schimmer – schnell, schnell herauf – herab – Abendsonne schießt Strahlen, zischelt der Abendwind – raschelt der Tau – Blüten singen – rühren wir Züng-

---

[39] HOFFMANN, 1814a/1976: 180.
[40] HOFFMANN, 1814a/1976: 203.
[41] HOFFMANN, 1814a/1976: 190 und 182.

lein, singen wir mit Blüten und Zweigen – Sterne bald glänzen – müssen herab – zwischen durch, zwischen ein schlängeln, schlingen, schwingen wir uns Schwesterlein."[42] Mit Gelispel, Geflüster, Geklingel fängt Naturpoesie an. Empfindungslaute, die Anton Reiser in Dichterträumen vorschwebten, ohne daß er sie aufschreiben und sein Erzähler sie notieren konnte – in aller Klarheit stehen sie vor Held, Erzähler und Lesern. Sogar jene expressive Zeichensetzung, der Reiser das Unsägliche zwischen den einzelnen und unverbundenen Lauten anvertrauen möchte, hat Aufgeschriebenheit erlangt. Die Initiation des Anselmus ist eine halluzinatorische Audition des Muttermundes.

Was die namenlosen Schwestern singen – Wagner in seiner Hoffmann-Bewunderung wird es als den Anfang selber auskomponieren[43] –, mutet an wie eine der Alphabetisierungsetüden Stephanis oder Tillichs. Drei Frauen rühren Zünglein mit dem Resultat, daß unterm Holunder eine Etüde der Konsonantenverbindungen *scht, sch* und *zw,* bei Wagners drei Rheintöchtern eine Etüde in *w* zustande kommt.[44] Tillich zaubert aus der Endsilbe *gen* die Sequenz[45]

klin gen sprin gen rin gen drin gen schwin gen schlin gen

Hoffmann kehrt einfach Wortanfang und -ende derselben Verben um. So erwachsen durch Augmentation von Minimalsignifikaten erste Bedeutungen an der Grenze von Laut und Wort. Sie tanzen ihren Reigen, ihre Reime und Assonanzen, die ja nach Bernhardis romantischer *Sprachlehre* wundersamerweise die Identität des Signifikats darstellen. Das Lernziel aller Fibeln wird Ereignis. Aber trotzdem oder deshalb bleibt es dem alphabetisierten Horcher ein Rätsel. Anselmus hat keine Ahnung, wie aus Lauten bedeutsame Worte werden können und worauf ihrer aller Bedeutung referiert. Wen das „wir" und die „Schwestern" bezeichnen, verrät Naturpoesie nicht mehr.

Erst wenn es „über seinem Haupte wie ein Dreiklang ertönt" – und auch diesen Dreiklang wird Wagner über die 137 Takte des *Rheingold*-Vorspiels hin dehnen und verstärken, um alle halluzinatorischen Effekte romantischer Poesie ins technologisch Reale zu

---

[42] HOFFMANN, 1814a/1976: 182 f.
[43] Vgl. WAGNER, M 1870–80/1976: 24 und 545.
[44] Den sprachwissenschaftlichen Beweis, daß das „Wagalaweia" der drei Rheintöchter, die ihrerseits nur Hoffmanns in der Elbe beheimatete Schlangen überbieten, tatsächlich nach Regeln Grimmscher Wurzelsignifikanz konstruiert ist, hat Wagner selbst erbracht. Vgl. WAGNER, 1872/1907: IX 300, und dazu R. M. MEYER, 1901: 92.
[45] TILLICH, 1809: 27.

transponieren –, erst in diesem „Augenblick" kommt es zu Anschauung und Referenz: Anselmus „erblickt drei in grünem Gold erglänzende Schlänglein, die sich um die Zweige gewickelt hatten". Die Konsonantenverbindung *schl* ist also für singende *Schl*angen genauso autonym wie *ma* für sprechenmachende *Ma*mas. Und wie die Reformationsfibeln bei den Buchstaben *s* und *sch* das Tiervorbild Schlange beschworen haben, während das neue Lautieren alle Aussprachekomplikationen einem gereinigten Muttermund zumutet, so oszillieren die Schlänglein anfangs zwischen Naturgeräuschen und Töchtern einer matrilinearen Familie. Anselmus schwankt, ob nur „der Abendwind" für einmal „mit ordentlich verständlichen Worten flüstert" oder ob ihm die Wunschmädchen eines Familienfests begegnen.

Daß der erklingende Dreiklang die Schwestern sichtbar, aus akustischer Halluzination also Anschauung macht, bringt die erste Klärung. Mit dem Dreiklang tritt im namenlosen, undifferenzierten Reigen der Schwestern eine Eine hervor. Aus Frauen im Plural wird – der epochemachende Traum von der Blauen Blume hat es vorprogrammiert – Die Frau. Zwei „herrliche dunkelblaue Augen blickten (Anselmus) an mit unaussprechlicher Sehnsucht, so daß ein nie gekanntes Gefühl der höchsten Seligkeit und des tiefsten Schmerzes seine Brust zersprengen wollte"[46].

Spätestens dieser halluzinatorisch erblickte Blick macht das Rätsel unterm Holunder zur Reprise von Schlegels Brief *Über die Philosophie*. Einmal mehr geschehen Dinge „so bedeutend, daß sie wie aus hellen Augen blicken, oder so sprechend wie kunstlose Akzente aus der tiefsten Seele". Stimme und Blick – ein Ausdruck und ein Tor der Seele – werden offenbar. Womöglich bleiben die Schlangenstimmen eben darum bei „leisen halbverwehten Worten", um jene Seele, die ja nur stille Schriftzüge und keine denkbaren Vorleserkünste speichern können, nicht der Rede zu prostituieren.

Stimme und Blick, akustische und optische Präsenz –: aus dem uranfänglichen Spiel zwischen Lauten und Reden erwächst die Figur einer Idealgeliebten. Anton Reisers poetische Verzweiflung rührte daher, daß „das Allgemeine" der Empfindung nie von der Anschauung einer „schon bestimmten Szene, die er dichten will", begleitet oder gar vorweggenommen wurde. Dem Anselmus in seiner Holunderekstase schenken dunkelblaue Augen eine Anschauung, die in allen Zügen bestimmt und darum für seine weitere Laufbahn bestimmt ist. Er kann Liebhaber jenes Blicks und d. h. Dichter werden.

---

[46] HOFFMANN, 1814a/1976: 183.

Wer das Lesen an ellenlangen Bibelnamen gelernt hat, weiß keine Brücke zwischen Zeichen und Empfindungen. Wen der Muttermund von vornherein mit Sinnwörtern alphabetisiert, der ist immer schon in einer bestimmten Szene, die ihn und Die Frau umfängt. Er muß nur noch lernen, wie die Stimme, die aus Natur geworden ist, auch noch Buch werden kann, ohne daß Anschauung dabei in Buchstaben unterginge. Anselmus, unterm Holunder nur Ohr und Auge, hat einen Dichterweg vor sich, der ihn schließlich zum Lesen und Schreiben seines eigenen Initiationsaugenblicks befähigt. Agent dieses pädagogisch gleitenden Übergangs ist ein Vater. Von beamteten Freunden hört Anselmus, daß ein geheimnisvoller Königlich geheimer Archivarius namens Lindhorst seine Schreiberdienste begehrt. Von Lindhorst selber hört er noch vor Antritt der Sekretärsstelle, daß ,,die drei goldgrünen Schlangen'' Lindhorsts drei Töchter gewesen sind und seine Liebe näherhin den ,,blauen Augen der jüngsten, Serpentina genannt'', zugefallen ist.[47] So macht ein Vaterwort aus der undifferenzierten Halluzination namenloser Stimmen, aus der schon eine Figur geworden ist, zu guter Letzt einen Namen und d. h. ein Liebesobjekt. ,,On n'est jamais amoureux que d'un nom'', sagte Lacan.

Der Diskurs des Vaters ist Interpretation. Interpretation und nicht Aufklärung. Weit entfernt, die Stimmen unterm Holunder auf den wehenden Wind zu reduzieren, so wie vordem Väterworte die Erlkönigstöchter in bloßes Blätterrauschen übersetzten[48], augmentiert Lindhorst die von den Stimmen gelieferten Minimalsignifikate zu einem positiven und genealogischen Diskurs. Im nachhinein erhellt, daß die verwehten Worte, leuchtenden Blicke, verschlungenen Schlangenleiber alle nur die Namensbedeutung von *Serpentina* inkarniert haben. Aus einem (wie das feine Ohr Dresdner Bürger gleich erkennt) ,,sehr unchristlichen Namen''[49] sind Minimalsignifikate unterm Holunder geworden. Neuhumanisten sagen *Serpentina*, Augen *Schlänglein* und Ohren nur noch *schl*. Das ist Übersetzung in Muttersprache oder Muttermund. In Zukunft bleibt dem Anselmus, um den poetischen Übersetzungszyklus ganz zu durchlaufen, also nur noch, auch aus der Muttersprache zu übersetzen. Und wenn um 1800 Unnatur allemal dem Buchstaben zuzuschreiben ist, heißt Dichterwerden, Schriften wieder als Stimmen zu vernehmen.

Denn zunächst hat das Vaterwort die Holunderstimmen ja in Schrift überführt. Nicht umsonst ist Lindhorst Archivar. Genealogien gibt es nur als Texte, weil die Signifikantenkette Filiation

---

[47] HOFFMANN, 1814a/1976: 200.
[48] Für Goethe vgl. ZONS, 1980: 127, für Hoffmann J. SCHMIDT, 1981: 168 f.
[49] HOFFMANN, 1814a/1976: 203.

den Tod der signifizierten Personen voraussetzt. Lindhorst kann seine Töchter zwar mündlich Töchter nennen, aber das umfassende Verwandtschaftsnetz, in dem auch der Archivar selber archiviert ist, hat notwendig den Status von Schrift. In Lindhorsts Bibliothek steht eine Pergamentrolle und in ihr die mythische Genealogie seiner Familie vom Weltanfang an. Sie abzuschreiben ist das dem Sekretär Anselmus von vornherein zugedachte Amt.

•

Väterliche Schreibunterrichtsreform

Der mündlichen Initiation durch die Töchter folgt die schriftliche durch den Vater. Anselmus vor Amtsantritt muß erst einmal Proben seiner bisherigen Kalligraphie vorzeigen. Aber selbst „Handschriften in der elegantesten englischen Schreibmanier" bzw. „in englischer Kursivschrift"[50] finden vor Lindhorsts Augen keine Gnade. Wie ein guter Erziehungsbeamter verurteilt er Anselmus dazu, seine bisherige Handschrift selber zu be- und zu verurteilen.

aabbccddeeffgghhbijkkllmmnnoppqqrrßsttuvvwxyzz.

Anselmus wurde wie vom Blitz getroffen, als ihm seine Handschrift so höchst miserabel vorkam. Da war keine Ründe in den Zügen, kein Druck richtig, kein Verhältnis der großen und kleinen Buchstaben, ja! schülermäßig schnöde Hahnenfüße verdarben die sonst ziemlich geratene Zeile. „Und dann", fuhr der Archivarius Lindhorst fort, „ist Ihre Tusche auch nicht haltbar." Er tunkte den Finger in ein mit Wasser gefülltes Glas, und indem er nur leicht auf die Buchstaben tupfte, war alles spurlos verschwunden.[51]

Diese Totalkritik, die aus den Augen des Archivars in die seines Sekretärs springt, treibt dem angehenden Dichter oder „Kind"[52] erst einmal das alte Buchstabenwesen aus. Sie steht damit exakt an der Stelle, wo andere romantische Märchen einem finsteren Schreiber den Prozeß machen. Im Klingsohrmärchen des *Ofterdingen* löscht ein magisches Wasser alle Papiere „des Schreibers", der als Schrift-und-Verstand einem singenden Kind (der

---

[50] HOFFMANN, 1814a/1976: 215. Daß die englische Kursiv Pädagogenstandard war, zeigt ein Bericht aus Dessauer Elementarschulen: „Ich sah hier die bei der letzten öffentlichen Prüfung vorgelegten Probeschriften der Knaben; sie sprechen für den Schreibmeister: einige darunter gaben der schönsten englischen Kursiv wenig oder gar nichts nach." (v. TÜRK, 1806: 19). – Beigefügte Schriftprobe (von 1743) findet sich in DEGERING, 1929: 98.
[51] HOFFMANN, 1814a/1976: 215.
[52] HOFFMANN, 1814a/1976: 230.

Poesie) zu weichen hat.[53] Ganz entsprechend lehrt das fremde Kind, das einem Hoffmannmärchen den Titel gibt, mit seiner Poesie irdischen Kindern dem Buchstabenwesen eines Schreibmeisters zu entkommen.[54] Nur hat *Der goldne Topf*, dieses ausdrücklich moderne Märchen, neben magischer Vernichtung einer Schrift auch ihre technisch exakte Kritik. Begriffe wie ,,Ründe'', ,,Druck'' oder Letternproportion stammen nicht aus dem Märchen. Damit aber wirkt Lindhorst an einer Schreibunterrichtsreform mit, wie Stephani sie nach den Vorarbeiten von Heinrich Müller und Pöhlmann vollendet.[55] Dichtung und Schule von 1800 sind solidarisch.

Ein Jahr nach Hoffmanns Märchen erscheint von Stephani eine *Ausführliche Beschreibung der genetischen Schreibmethode für Volksschulen*. Sie entbindet (wie lautierendes Lesen auch) eine alte Kulturtechnik von jedweder Nachahmung, um sie in psychologisch motivierte Selbsttätigkeit zu verwandeln.

> So wie in allen Fächern, so waren (die Lehrer) auch in diesem bisher nur an die m e c h a n i s c h e Unterrichtsweise gewöhnt, und hatten nicht einmahl eine leise Ahndung davon, daß der Schreibunterricht gleichfalls als ein S t o f f z u r s e l b s t t h ä t i g e n E n t w i c k l u n g d e r G e i s t e s k r a f t b e h a n d e l t w e r d e n m ü s s e. (...) Der bisherige Mechanismus beim Schreibunterrichte aber besteht darin, daß die Schüler angehalten werden, die ihnen vorgeschriebenen Züge so lange nachzubilden, bis dadurch eine m e c h a n i s c h e Fertigkeit entsteht, s o l c h e r i c h t i g z u k o p i r e n. Die meisten Schüler, ob sie schon hierauf gewöhnlich gegen sechs Jahre verwenden, bringen es höchstens nur so weit, die Musterschrift richtig nachzubilden, so lange sie solche vor Augen haben. Nur wenige machen sich dieselbe so zu eigen, daß sie auch ohne vorliegende Musterschrift eine gute Handschrift schreiben lernen.[56]

Das ist, an die Adresse der alten Schule, einmal mehr der Vorwurf, empirische Muster und keine allgemeine Norm ,,National-Schrift''[57] aufgestellt zu haben. Wie Laute und Lautverbindungen sollen fortan auch Buchstaben und Buchstabenverbindungen (mit Stephanis Untertitel) ,,genetisch'' aus dem reinen Ich erwachsen. Das geht bei einem längst festgelegten Zeichenschatz nicht von allein. Zuerst einmal muß die Methode alle überlieferten Buchstaben in Grundgestalten zerlegen. Bei Stephani sind das: senkrechter Strich, Halbkreis nach rechts und nach links, Halboval nach links – geometrische Urphänomene also, unter denen Lindhorsts erwünschte ,,Ründe'' dominiert. Bei Stephanis Erlanger Vorgänger

---

[53] HARDENBERG, 1802a/1960–88: I 295, vgl. KITTLER, 1991: 168–174.
[54] Vgl. HOFFMANN, 1817a/1963: 472–510.
[55] Vgl. das Resumé bei HEY, 1879: 26–30.
[56] STEPHANI, 1815: 3 f.
[57] STEPHANI, 1815: 8, vgl. dazu SCHMACK, 1960: 105.

Pöhmann! ist die Zahl der Grundgestalten, um dem „Schreibeschüler nicht nur das, was er thun soll, sondern auch die Art und Weise, wie er es thun soll, zum deutlichsten Bewußtseyn zu bringen"[58], noch wesentlich höher und der Zeitaufwand ihrer Konstruktion demgemäß lebensfüllend.

Zweitens wird (wenn die Schulzeit noch reicht) das Wiedervereinen der analytisch gewonnenen Elemente geübt – aber nicht in bloßer Montage oder Kombinatorik, sondern nach einer Ästhetik, die ihre „Verbindung zu einem wirklichen Ganzen" garantiert. „Nichts" nämlich ist „widerlicher für den höhern Sinn des Auges, als wenn vor demselben getrennt dasteht, was doch innigst verbunden seyn sollte"[59]. Eine Ausnahme von dieser Innigkeit machen nur Ziffern – aus dem guten Grund, „damit sie nicht so leicht in eine andere Ziffer verwandelt werden können, was im bürgerlichen Leben viel Betrug veranlassen könnte"[60]. Woraus umgekehrt folgt, daß Buchstaben, obwohl auch sie voneinander unterscheidbar sein müssen, nicht durch graphematische Differentialität, sondern wie die Laute der Lautiermethode auch durch ihre Familienverwandtschaft und Übergängigkeit bestimmt sind. Mütter führen sprechend vor, wie ein Sprachton durch minimale Mundveränderungen in den nächsten übergeht; Lehrer führen dasselbe an Buchstaben und Schreibhandgriffen vor. Wo also kein ökonomischer Betrug droht, darf eine organisch kohärente Handschrift: ein bürgerliches Individuum aufkommen.

An seine Herstellung geht es im dritten Lernschritt, der die aus Elementen konstruierten Buchstaben ihrerseits in Elemente von Wörtern überführt. Wieder regiert die individuelle oder eben untrennbare Verbindung mit dem Ziel einer „leicht dahin fließenden" Handschrift und dem Feindbild eines Schreibers, „der oft absetzt"[61]. Das haben die Kinder („K.") ihrem Lehrer („L.") so zentnerweise nachzusagen, bis auch der letzte und dümmste individualisiert ist.

L. (der das Wort Centner recht schön und accurat an die Tafel A geschrieben hat). Wie heißt denn das Wort, das ich jetzt angeschrieben habe? K. Centner.
L. Ist denn das erste e von dem vorhergehenden C getrennt oder nicht? K. Es ist nicht von ihm getrennt.
L. Also hängt es mit ihm zusammen. Welcher Buchstabe dieses Wortes ist denn von den übrigen getrennt? K. Gar keiner.
L. Was muß man deßhalb von allen Buchstaben dieses Wortes behaupten? K. Daß sie alle an einander hängen.

---
[58] Pöhlmann, 1803: XIV.
[59] Stephani, 1815: 27 f.
[60] Stephani, 1815: 74.
[61] Stephani, 1815: 44.

L. So wie dieses Wort hier geschrieben steht, ist es ganz fehlerfrey. Gesetzt nun, ihr schreibt dieses Wort nach, und setzt jeden Buchstaben von seinem Nachbarn abgesondert hin, wäre das wohl recht? K. Nein.
L. Woher wißt ihr das? K. Wenn es recht wäre, so würden Sie es so geschrieben haben.
L. Allerdings.[62]

Alles zielt also, seitdem Roßbergs *Systematische Anweisung zum Schön- und Geschwindschreiben* (1796–1811) mit den alten absetzenden Frakturhandschriften aufgeräumt hat[63], auf eine Ästhetik der „schönen und accuraten" Verbindung. Wer Blockschrift schriebe, wäre kein In-dividuum. Weshalb dieses unteilbare Wesen an den Schreibmaschinentypen und Akzidenzschriften von 1900 auch zugrunde gehen wird. Die großen metaphysischen Einheiten, die die Goethezeit erfindet – Bildungsweg, Autobiographie, Weltgeschichte –, sind kontinuierlich-organischer Fluß, einfach weil ein kontinuierlicher Schreibfluß sie von Kindesbeinen an trägt – nach Gerhard Rühms ironischem Schreibmaschinenbeweis[64] eine handschriftliche Kursive. So viel liegt um 1800 an der durchgän-

mein leben

gigen Verbundenheit von Schrift und/oder Individuum, daß Stephani, weil Großbuchstaben den idealen Schriftfluß ähnlich behindern wie Konsonantenverbindungen den Stimmfluß, eigene Lektionen vorsehen muß, die die „leichte und gefällige Verbindung jedes Buchstabens mit jedem anderen" auch zwischen Klein- und Großbuchstaben einüben.[65]

Viertens endlich, nachdem das augmentative Kontinuum zwischen Elementen und Verbindungen der Schrift durchlaufen ist, folgen Übungen, beim Federschreiben die ästhetische Proportion zwischen dicken und dünnen Zügen, Schatten und Licht, Druck und Druckminderung einzuhalten. Noch einmal unterstreichen sie, daß Schrift ein Fließen und Vereinen sein soll: Der Federdruck kommt den Buchstabenelementen, die Druckminderung den Bindebögen zu. Im Zusammenspiel von „Zeichnen", d. h. Verbindungsübungen, und „Mahlen", d. h. Federübungen[66], erwächst am Ende

---

[62] PÖHLMANN, 1803: 121. Vgl. auch BASEDOW, 1785/1909: II 69. Der Leserlichkeit „ist zuwider", „wenn man die Buchstaben desselben Wortes nicht zusammenzieht."
[63] Über diesen „Reformator" aus Döbeln vgl. HEY, 1879: 35 und 95.
[64] Die konkrete Zweiwortpoesie bei RÜHM, 1970: 278.
[65] STEPHANI, 1815: 43 und 72–75.
[66] STEPHANI, 1815: 41.

die schlechthin selbständige und individuelle Handschrift. Sie ist individuell nicht durch irgendwelche Eigenheiten, die graphologischen Seelenkennern oder polizeilichen Handschriftexperten das Identifizieren erlauben würden, sondern durch ihre organische Kontinuität, die die biographisch-organische Kontinuität des gebildeten Individuums buchstäblich, nämlich buchstabenmäßig materialisiert. „Wenn also zuerst die bestimmte Natur und angebohrne Eigenthümlichkeit des Individuums zusammen mit dem, was sie durch die Bildung geworden, als das I n n e r e, als das Wesen des Handelns und Schicksals genommen wird, so hat es seine E r s c h e i n u n g und Aeußerlichkeit z u e r s t an seinem Munde, Hand, Stimme, Handschrifft."[67]

Handschriftlichkeit wie aus einem Guß anerziehen heißt Individuen produzieren. Als elementare Schreibsysteme sind die Normschriften Pöhlmanns oder Stephanis grundlegend für das Aufschreibesystem von 1800. Anselmus, bevor er dem System in strahlendem Dichtertum beitreten kann, muß erst einmal durch eine Schreibschule gehen, die seine bisherige Handschrift am Ideal normiert. Dem Mangel an Buchstaben-„Ründe", den Lindhorst seinem Sekretär vorhält, entgehen bei Stephani schon die Buchstabenelemente – einfach weil „die eckige Form das Auge beleidigen" würde.[68] Die „Hahnenfüße", die die „sonst ziemlich geratene Zeile verderben", unterbrechen jedes Schriftflußkontinuum. Auch hat Anselmus weder „das Verhältnis der großen und kleinen Buchstaben" noch das von „Druck" und Druckminderung, also weder „Zeichnen" noch „Mahlen" vervollkommnet. Seine Handschrift ist nach alledem kein selbständiger Ausdruck des Individuums, sondern eben „schülerhaft" mißratene Kopie. So wenig gelten „beste Schulstudia" vor Reformpädagogen wie Lindhorst.

Aus der vernichtenden Kritik folgt unmittelbar das neue Lernziel. Anselmus, statt weiter trügerische Muster zu imitieren, muß lernen, Buchstaben überhaupt hervorzubringen, wie das einzig eine genetische Schreibmethode bewirken kann. Gesteuert wird dieses „Lernen des Lernens"[69] vom Idealvater Lindhorst, der erst damit ganz zum Schreibunterrichtsreformer wird. Denn im Unterschied zu den neuen und Müttern auf den Leib geschriebenen Leselehrmethoden bleibt der Schreibunterricht schon in den diesbezüglichen Buchtiteln eine Domäne der Väter und Lehrer. Kein Reformer übertritt die von Schlegel aufgeschriebene Vorschrift, daß Schrei-

---

[67] HEGEL, 1807/1968 ff.: IX 175.
[68] STEPHANI, 1815: 26.
[69] GLEIM, 1810: II 57. Der Ausdruck, auf den heutige Pädagogen so stolz sind, ist also nicht ihre Erfindung.

ben als Bestimmung des Menschengeschlechts gleichwohl nur einem der zwei Geschlechter zusteht, während das andere seine Mündlichkeit, vom inneren Singen bis hin zum Lesen und Lesenlehren, auszubilden hat. ,,Von Weibern muß man reden, von Männern schreiben lernen."[70] Deshalb stehen auch in der Dichtung seit *Wilhelm Meisters Lehrjahren* den sprechenmachenden Müttern schreibenmachende Väter zur Seite.[71] Lindhorst ist eine Inkarnation dieses Idealvaters. Alteuropäische Lehrer schrieben selber, wenn sie schreiben lehrten; aber damit schrieben sie ihren Schülern nur das Kopieren ihrer selber schon unvollkommenen Kopien vor. Lindhorst dagegen schreibt nicht, er macht einen anderen schreiben – ganz wie Die Mutter sprechen macht.[72] Die Ausbildung einer kontinuierlichen Idealhandschrift bleibt dem Initianden selber überlassen. Nach erfolgreich absolvierten Vorübungen an arabischen Lettern folgt der entscheidende Test. Lindhorst legt seinem Sekretär zur Abschrift eine Pergamentrolle vor, deren Zeichen alle überlieferten Buchstabenformen unterlaufen und den mythischen Anfang von Schrift überhaupt figurieren. So drastisch wird der Schüler vor die Frage gestellt, ob er Buchstaben ,,genetisch'' aus ihrem Ursprung hervorbringen kann.

> Anselmus wunderte sich nicht wenig über die seltsam verschlungenen Zeichen, und bei dem Anblick der vielen Pünktchen, Striche und Züge und Schnörkel, die bald Pflanzen, bald Moose, bald Tiergestalten darzustellen schienen, wollte ihm beinahe der Mut sinken, alles so genau nachmalen zu können.[73]

Die Urschrift, mythischer Anfang von Schrift überhaupt, ist daran kenntlich, daß sie (noch) keine Schrift ist. Niemand könnte sie schreiben oder lesen, diese ,,Schrift ohne Alphabet, in der Zeichen, Signifikanten und Signifikate identisch sind''[74]. Natur ist Verschlungenheit selber. Und doch nennt Lindhorst die Pflanzen- und Tier-Hieroglyphen, die er seinem verzweifelnden Sekretär vor-

Natur als Urschrift der Romantik

---

[70] HIPPEL, 1793/1977: 166.
[71] Vgl. KITTLER, 1978: 99–115.
[72] Eine andere schreiben machen, und zwar um ,,sie auf einen freieren Zug der Handschrift zu leiten'' – das versucht an der Ottilie der *Wahlverwandtschaften* auch Charlotte (GOETHE, 1809/1904 f.: XXI 51). Daß ihr Versuch scheitert, ist die regelbestätigende Ausnahme der klassischen Schreibvorschrift: Frauen, insbesondere ideale Mütter wie Ottilie, sind zum Sprechenmachen und nicht zum Schreiben da; Frauen, insbesondere empirische Mütter wie Charlotte, haben keinen Schreibunterricht zu geben. Also landet Ottilie mit ihrer ,,steifen'' Handschrift beim Kopieren der Handschrift eines Mannes, der als Eduard selber höchst unvollkommen ist.
[73] HOFFMANN, 1814a/1976: 226.
[74] MONTANDON, 1979: 12.

legt, zugleich das Werk von „Bhogovotgitas Meistern"'[75], also einen Sanskrittext. Sein Pergament hat mithin denselben Status wie im *Faust* die Nostradamushandschrift, die ja auch fremdsprachlicher Text u n d Naturoffenbarung heißt. Zwischen kultureller Fremde und fremder Natur kommt es zu einer Oszillation, die alle um 1800 poetisch beschriebenen Schriften auszeichnet. Novalis identifiziert große „Chiffernschrift'' der Natur und „echte Sanskrit"'[76]. Von Loeben läßt aus „Blumenblättern'' „Pergamentblätter voll Schrift und Malerei'' werden, die alsdann Frauenhände „in ein Buch zusammenbinden"'[77]. Das Aufschreibesystem von 1800 nimmt die alte Rhetorenmetonymie Blatt/Blatt wörtlich.

Weil sie zwischen Natur und Kultur oszilliert, ist die Urschrift sehr schwer „nachzumalen'' (wie Anselmus klagt) u n d denn doch zu malen (wie Stephani lehrt). Sie schafft ja den Zwang ab, die europäischen Buchstabenformen als Positivitäten hinzunehmen; alle Urschriftzeichen sind den komplizierten, aber vertrauten Wesen der Natur anverwandt. So verwirklicht die poetisch beschriebene Schrift aber nur, was auch im Schulunterricht „weit vortheilhafter'' wäre. Der Reformer Gedike fordert,

> Unterricht und Uebungen im Zeichnen vor den kalligraphischen Uebungen vorausgehn zu lassen. Das Zeichnen hat für das Kind unendlich mehr Reiz als das Schreiben. Die Nachzeichnung irgend eines leichten Umrisses von irgend einem dem Kinde bekannten Objekt, z. B. nur von einer Blume, gewährt ihm unstreitig mehr Vergnügen, als die Nachzeichnung der für das Kind sehr uninteressanten Figur eines Buchstabens.[78]

Die Urschrift als Genesis von Schrift aus Natur erfüllt, wie es perfekter nicht geht, das Programm genetischer Schreiblehrmethoden. Unmögliches, daß nämlich Buchstaben in freier Natur vorkommen, wird Ereignis. So hat die Urschrift im Schreibfeld exakt denselben Platz wie die Mutterstimme als Naturanfang im Feld von Lesen und Sprechen. Aber weil die Stimme das Reale von Sprache ist, das über Mundhöhle und Atemsäule an den Körper anknüpft, hat das Aufschreibesystem von 1800 im Mündlichen leichteres Spiel. Das Konstrukt Urschrift, dem nichts Reales vorangeht, muß, um überhaupt möglich zu werden, am Muttermund parasitieren. Eine Parallelstelle zu den Pflanzen und Moosen im *Goldnen Topf* beweist das.

> Ich schlüpfte hinaus zu meinem lieben Stein, an dessen Moosen und Kräutern, die die seltsamsten Figuren bildeten, ich mich nicht satt

---

[75] HOFFMANN, 1814a/1976: 225.
[76] HARDENBERG, 1802b/1960-88: I 79.
[77] v. LOEBEN, 1808: 338, vgl. auch 237.
[78] GEDIKE, 1791/1789-95: II 148 f.

sehen konnte. Oft glaubte ich die Zeichen zu verstehen, und es war mir, als sähe ich allerlei abenteuerliche Geschichten, wie sie die Mutter mir erzählt hatte, darauf abgebildet.[79] Dieser Passus aus *Johannes Kreislers Lehrbrief* gibt in der Tat methodische Anweisung zur Konstruktion der Urschrift. Damit Zeichen verstehbar und nicht bloß lesbar heißen können, ist ihnen erstens die Bildqualität von Naturwesen und dieser Bildlichkeit zweitens die Mutterstimme unterlegt. Wie beim Lautieren werden optische Zeichen vom imaginären Nachhall des Muttermundes derart umwoben, daß statt der Signifikanten deren Signifikate zu „sehen" sind. Als wäre der Text ein Film.

Genauso parasitiert auch der Kopist Anselmus am imaginären Dasein Der Frau. Immer wieder erscheint ihm zwischen oder hinter den von Lindhorst vorgelegten Zeilen die geliebte Serpentina. So werden schon seine ersten arabischen Übungsaufgaben lösbar.

> Er konnte selbst die Schnelle und Leichtigkeit nicht begreifen, womit er die krausen Züge der fremden Schrift nachzumalen vermochte. – Aber es war, als flüstre aus dem innersten Gemüte eine Stimme in vernehmlichen Worten: „Ach, könntest du denn das vollbringen, wenn du s i e nicht in Sinn und Gedanken trügest, wenn du nicht an s i e, an ihre Liebe glaubtest?" – Da wehte es wie in leisen, leisen, lispelnden Kristallklängen durch das Zimmer: „Ich bin dir nahe – nahe – nahe! ich helfe dir – sei mutig – sei standhaft, lieber Anselmus! – ich mühe mich mit dir, damit du mein werdest!" Und sowie er voll innern Entzückens die Töne vernahm, wurden ihm immer verständlicher die unbekannten Zeichen – ja es war, als stünden schon wie in blasser Schrift die Zeichen auf dem Pergament, und er dürfe sie nur mit geübter Hand schwarz überziehen. So arbeitete er fort von lieblichen tröstenden Klängen, wie vom süßen zarten Hauch umflossen.[80]

Lesbar und verständlich macht die reinen Signifikanten, kraus, fremd und unverständlich, also ein obsessionell kursiviertes *Sie:* Die Frau. Antwortend entspringt sie einer Stimme aus dem innersten Gemüt, die ihrerseits dem *Ach* der Liebessehnsucht entspringt, das hier und überall im Märchen die Auditionen unterm Holunder zurückruft.[81] Deshalb geht umgekehrt auch die imaginäre Präsenz Der Frau in einer Stimme auf. Serpentina, wie um Herders Wort vom Wehenden als Anfang aller Diskurse zu beweisen, ist Rede vor jeder Artikulation, Lispeln, Singen, Atmen, Hauchen; eine Inspiration im Wortsinn trägt über die Mechanik des Abschreibens hinweg. Ja, diese Inspiration erklärt sogar ihr eigenes Wirken. Denn nicht Anselmus, sondern eine Stimme aus dem innersten

---

[79] HOFFMANN, 1815/1976: 323. Vgl. dazu JAFFÉ, 1978: 153–155.
[80] HOFFMANN, 1814a/1976: 216.
[81] HOFFMANN, 1814a/1976: 198 f. und 211 f.

Gemüte spricht es aus, wie Mündlichkeit schriftliche Arbeiten lieblich und möglich macht.

Splittegarbs *Neues Kinder ABC* hat versprochen, Kinder just so, wie liebende Eltern ihnen die Bildqualitäten der Natur erschließen, nämlich ,,ohne Schwierigkeit und Schmerz in unsere Bücherwelt hineinzuführen''. Die Frauenstimme im *Goldnen Topf* gibt und erfüllt dieses Versprechen. Und zwar aus dem einfachen Grund, weil sie vom selben Ort herkommt. Die Fibel, die selber vor Kindern das Wort ergreift, um ihnen Bücher überhaupt wie Natur zu machen, hat ein Reformpädagoge verfaßt. Die geliebte Stimme, die Anselmus abschreiben hilft, hat ein Vater und Beamter instituiert. Alle Tröstungen, die Anselmus dem innersten Gemüt entsteigen fühlt, stammen aus dessen ganzem Gegenteil: Daß es Serpentina gibt, daß sie Serpentina heißt, daß sie ihm erscheinen wird, wenn er ,,sich bei der Arbeit recht brav hält'', ja daß all das geschieht, weil sie ihn ,,liebt''[82] – der Student könnte es noch nicht einmal ahnen, wenn Serpentinas Vater ihm nicht davon gesprochen hätte. Vor und über der imaginären Stimm-Gegenwart steht der Diskurs eines Anderen, der keine Bürgschaft mehr hat als sein Ergehen selber.[83] Das innerste Gemüt, wie immer, spricht diesen Diskurs einfach nach.

Lindhorst ist also der Regisseur der ganzen Schreibszene und Serpentina nur Botschaftsangestellte eines Staats oder Staatsbeamten, der seit 1800 in bescheidener Entfernung bleibt. Deshalb hat Lindhorst Kopieren durch Selbsttätigkeit ersetzt und durch erotische Verheißungen dafür gesorgt, daß Anselmus die ,,Schnelle und Leichtigkeit'' seiner eigenen federführenden Hand gar ,,nicht begreifen kann'' – Attribute wie wörtliche Abschriften von Oliviers Versprechen, den Lese- und Schreibunterricht ,,mit bewundernswürdiger, für unsre bisherige Erfahrung fast ganz unglaublicher Schnelligkeit und Leichtigkeit, und was wohl gewiß noch das aller unschätzbarste und wichtigste dabey ist, mit dem seltensten Vergnügen, ja mit fast unbegreiflicher Begierde'' zu besetzen.[84] Und wenn es Anselmus zu wiederholten Malen ist, als stünden die Zeichen schon mit blasser Schrift auf seinem Pergament und müßten nur noch mit Tinte eingeschwärzt werden[85], ist Lindhorst auch eine phantastische Realisierung des *Elementarwerk*-Vorschlags gelungen, ,,dem Schreibschüler gleich ganze Wörter mit einem Bleistift vorzuschreiben, welche er mit Tinte nur nachzieht''[86].

---

[82] HOFFMANN, 1814a/1976: 201 und 217.
[83] Vgl. LACAN, 1966/1973 ff.: II 188 f.
[84] OLIVIER, 1803: 78.
[85] Vgl. HOFFMANN, 1814a/1976: 216 und 224.
[86] BASEDOW, 1785/1909: II 68.

Eine solche Übergängigkeit macht Basedows Titel wahr und Schreiben zum Elementarwerk. Erstens vermischt das blaß Vorgeschriebene die Binäropposition zwischen Weiß und Schwarz, Papier-Hintergrund und Buchstaben-Figur, die immer Stoß oder Choc eines Ereignisses ist. Sogar die Bücher von 1800 gehorchen sehr planvoll der (vom altmodischen Kant als Mode beklagten) Regel, ,,nicht mit schwarzer, sondern g r a u e r Tinte, (weil es sanfter und lieblicher auf schönem weißen Papier absteche) zu drucken''[87]. Zweitens erübrigt die Übergängigkeit jeden Blick ,,in das Original''. Anselmus kopiert, wie es sein bezahltes Amt ist, und kopiert doch nicht. Kein unverrückbares Muster steht über seinem Schreiben, das eben darum Stephanis oder Lindhorsts ,,höhere Absicht'' verwirklicht, Schülern ,,sich selbst eine gute Handschrift bilden zu lehren''[88]. Solche Freisetzung räumt den Spielraum ein, wo Diskurs des Lehrers und Stimme des innersten Gemüts verwechselbar werden. Das Unbewußte, dessen Dichter Hoffmann sein soll, ist ein pädagogischer Nebeneffekt. Wenn Väter und Lehrer ihren ,,Posten als Herren der Schöpfung'' räumen[89], entsteigt dem Abgrund des Inneren mit Notwendigkeit die staatlich instituierte Mutter. Übergangslos gleitet die Stimme aus dem Gemüt des Helden in jene Stimme, die ihn vormals unterm Holunder angehaucht hat. Mitten in Lindhorsts Bibliothek, mitten im Kopieren arabischer Schriftzüge ,,weht es in leisen, leisen, lispelnden Kristallklängen durch das Zimmer''. Aus der kultischen Verschmelzung von Lehrer und Schüler, dem offenbaren Geheimnis des Beamtensystems, entspringt eine Muttergottheit.

•

---

[87] KANT, 1824: 63. Vgl. auch Hufelands Kommentar zur Stelle: ,,Ich stimme in diese Klage des verehrten Verfassers (mit Ausnahme des grauen Papiers, woran es unsere Verleger so schon nicht fehlen lassen) ganz mit ein, und bin überzeugt, daß der größte Theil der jetzt so auffallend häufiger werdenden Augenschwächen schon an und für sich in dem weit *häufigern Lesen* – besonders dem *geschwind* lesen, was jetzt wegen der weit häufigern Zeitungen, Journale, und Flugschriften weit gewöhnlicher ist, und die Augen unglaublich angreift – zu suchen sey, und dadurch auch unbeschreiblich vermehrt wird, daß man beym Druck die Rücksicht auf die Augen immer mehr vernachlässigt, da sie vielmehr, weil nun einmal das Lesen zum allgemeinen Bedürfniß geworden ist, vermehrt werden sollte. Auch ich glaube, daß dabey die den Augen nachtheiligsten Fehler dadurch begangen werden, wenn man auf *nicht weißes Papier, mit grauer Schwärze, mit zu kleinen, oder mit zu zarten, zu wenig Körper habenden, Lettern* druckt; und ich mache es daher jedem Autor, Verleger und Drucker zur heiligen Pflicht, das Augenwohl ihrer Leser künftig besser zu bedenken. Besonders ist die blasse Farbe der Buchstaben äusserst nachtheilig, und es ist unverzeihlich, daß es Drucker so häufig aus elender Gewinnsucht oder Bequemlichkeit darinnen fehlen lassen.'' (HUFELAND, 1824: 64)
[88] STEPHANI, 1815: 36.
[89] BRANDES, 1809: 108.

Beamten-mythos und Bibliotheksphantastik

Die dritte Vigilie des *Goldnen Topfs* beginnt mit einer mythischen Genealogie. Wie in anderen Kunstmärchen um 1800 sprengt die Erzählung eine elementare Koreferenzregel und spricht schon bei Ersterwähnung ihrer Figuren von „dem Geist" und „der Mutter" statt von einem und einer.[90] Sie attackiert also wie ein absolutes Zitat, das erst im nachhinein als direkte Rede des Archivars kenntlich gemacht wird. Im nachhinein kommt zutage, daß Lindhorst mit dem kosmogonischen Mythos seinen Dresdner Beamtenkollegen nur die eigene Genealogie erzählt hat.

Sie ist Genealogie in dem genauen Doppelsinn, Familiengeschichte und Historik zu sein – so wie Nietzsches Genealogie des Gelehrten beide Seiten verbinden wird.[91] Und weil die Verwandtschaftsbegriffe ohne singularisierende Referenz gebraucht sind, haben Familiengeschichte und Historik des Beamten Lindhorst eine einfache Struktur. In jeder Generation der Kosmogonie begatten sich ein männliches Feuerwesen und ein weibliches Erdwesen, das im Feuer der Vermählung vergeht wie Semele, aber nur, um aus verbranntem Schoß eine Jungfrau zu entlassen, die „wieder" die Mutter ist.[92] Und sofern Lindhorst selber zu den feurigen Geisterfürsten zählt, hat auch seine Vermählung „mit der grünen Schlange" „drei Töchter" erzeugt, „die den Menschen in der Gestalt der Mutter erscheinen"[93]. Unromantischer könnte der romantische Mythos die Genealogie des Beamten gar nicht formulieren. Gut verwaltungswissenschaftlich ist die Bestimmung des Weibes eine endlose Reproduktion der einen Mutter und die Bestimmung der Männer deren endlose Wieder(er)findung. Schon deshalb wird Anselmus, wenn ihm Serpentina erscheint, zum Vertreter der dritten namhaft gemachten Männergeneration werden, die auf die „Ur-ur-ur-ur-Großmutter" trifft.[94]

Serpentina aber ist als Wiedergeburt „der grünen Schlange" selber eine Schlange im Diminutiv. Und alles liegt daran, diese Miniaturisierung sicherzustellen. Anselmus und eine ihn liebende Beamtentochter namens Veronika wissen Lieder davon zu singen, was geschieht, wenn Schlänglein zur wirklichen Schlange anschwellen. Es gibt nämlich neben Lindhorst, dem guten Geisterfürsten und „weisen Mann" auch eine alte und „weise Frau"[95], die der Veronika als ihre ehemalige, nun aber aller Schwarzen Magie kundige Amme und dem Anselmus, wie er zum Lindhorst-

---

[90] Für Novalis vgl. KITTLER, 1991: 171 f.
[91] Vgl. NIETZSCHE, 1882–87/1967 ff.: V 2, 265–268.
[92] HOFFMANN, 1814a/1976: 193.
[93] HOFFMANN, 1814a/1976: 229.
[94] HOFFMANN, 1814a/1976: 194.
[95] HOFFMANN, 1814a/1976: 210.

schen Sekretärdienst antreten will, als dämonische Schlange einer Klingelschnur erscheint.

Den Studenten Anselmus ergriff ein Grausen, das im krampfhaften Fieberfrost durch alle Glieder bebte. Die Klingelschnur senkte sich herab und wurde zur weißen durchsichtigen Riesenschlange, die umwand und drückte ihn, fester und fester ihr Gewinde schnürend, zusammen, daß die mürben zermalmten Glieder knackend zerbrökkelten und sein Blut aus den Adern spritzte, eindringend in den durchsichtigen Leib der Schlange und ihn rotfärbend. – „Töte mich, töte mich!"' wollte er schreien in entsetzlicher Angst, aber sein Geschrei war nur ein dumpfes Röcheln. – Die Schlange erhob ihr Haupt und legte die lange spitze Zunge von glühendem Erz auf die Brust des Jünglings, da zerriß ein schneidender Schmerz jähling die Pulsader des Lebens und es vergingen ihm die Gedanken.[96]

Serpentina, klarer wäre es nicht zu sagen, ist der Diminutiv einer Riesenschlange, die wahnsinnig ist oder macht. Das Schlänglein, jungfräuliche Wiedergeburt Der Mutter, steht als Deckbild und Apotropaion vor dem Alp eines Weibes, das nicht Die, sondern eine Mutter oder überhaupt keine Mutter, sondern eine der Geburtshelferinnen Alteuropas ist. Wie im *Sandmann*, wo ihre Schreckensgeschichten Phantasmen vom zerstückelten Körper auslösen[97], bestürzt eine Amme das kohärente Individuum, bis es nur noch sterben will.

Die ganze Genealogie des Salamander- oder Beamtengeschlechts, unmittelbar nach der Ohnmacht erzählt, dient also dem einzigen Zweck, jenes Weib im Orkus der Vorgeschichte zu versenken. Es phallisch zu nennen wäre noch ein Euphemismus. Als Ammen brechen, realer und bedrohlicher, im Plural existierende Frauen in einen Diskurs ein, der nur die eine Mutter statuiert. Mit der systematischen Verdrängung von Geburtshelferinnen, Kindermägden, weisen Frauen durch Beamte einerseits, bürgerliche gebildete Mütter andererseits hat die europäische Kinderstubenreform ja begonnen.[98] Daß Lindhorsts Mythos die Grüne Schlange zur Urmutter von Geisterfürsten und Geistesbeamten umfunktioniert, i s t diese Verdrängung. Und nur die Amme selber wahrt das Gedächtnis daran, daß Lindhorst, der Beamte, und sie, das Kräuterweib, ein dunkles und unsägliches Paar bilden.[99] „Er ist der weise Mann, aber ich bin die weise Frau."'

Die alte Rauerin wird exkommuniziert, einfach weil ihr Spuk den Fortschritt der Alphabetisierung hemmt. Lindhorsts Feindin heißt

---

[96] HOFFMANN, 1814a/1976: 191.
[97] Vgl. HOFFMANN, 1816/1976: 332 f., und dazu KITTLER, 1977a: 140–159.
[98] Vgl. EHRENREICH/ENGLISH, 1976: 9–27, und DONZELOT: 1977/1980: 32–35.
[99] Dunkel und unsäglich, weil das Paar Lindhorst–Rauerin bzw. Salamander–Schlange inzestuös ist. Aber der Inzest als Regel (nicht Ausnahme) romantischer Familienstruktur ist oft genug beschrieben.

sie, sofern es beim letzten Treffen mit Anselmus ihre Lust ist, aus Folianten die Blätter zu reißen.[100] Und beim ersten Treffen mit Veronika, der in Anselmus verliebten Konrektorstochter, eilt ihr der Ruf voraus, Schreiben und Lesen überflüssig machen zu können. Für eine Freundin Veronikas nämlich, die von ihrem im Feld stehenden Verlobten kein Lebenszeichen empfängt, da ,,eine starke, aber durchaus nicht gefährliche Verwundung des rechten Arms, und zwar durch den Säbelhieb eines feindlichen Husaren, ihn zu schreiben verhindert'', hat die Rauerin eben dies samt allen Soldatentreueschwüren aus einem Zauberspiegel gelesen.[101] Dazu gehört nicht viel; man muß nur Signifikanten als Signifikanten nehmen (der Offizier heißt Viktor). Aber in einem Aufschreibesystem, dessen Techniker eben die ersten optischen Telegraphenleitungen zwischen Hauptstädten und dazugehörigen Schlachtfeldern legen[102] und dessen Erziehungsbeamte dem einen Signifikat über allen Signifikanten huldigen, ist das nicht opportun. Wenn Frauenwissen gelähmte Rittmeisterarme, die nicht mehr schreiben können, ersetzen und umgekehrt Erziehungsbeamtenarme, die zum Schreibunterricht antreten, lähmen kann, droht die ganze alphabetische Verbesserung Mitteleuropas in Verzug zu geraten. Also muß im modernen Märchen der weise Mann mit seiner Mutter/Tochter[103] über die weise Frau triumphieren. Serpentina, Lindhorsts Botin bei Anselmus, ist das kleine Schlänglein, das Schreiben just da möglich und notwendig macht, wo eine Riesenschlange es überflüssig machen will.

Nachdem Anselmus alle arabischen Schriftproben bestanden hat, geht es (wie in Bildungsromanen üblich) an sein Gesellenstück: das Kopieren der Bhogovotgita oder Urschrift. Vor dieser Aufgabe befällt ihn, einsam in Lindhorsts Bibliothek und ,,seltsam verschlungenen Zeichen'', zunächst eine rittmeisterliche Lähmung. Aber Anselmus faßt Mut und beginnt, ,,die fremden Zeichen der Pergamentrolle zu studieren'', wie unakademisch auch immer.

> Die wunderbare Musik des Gartens tönte zu ihm herüber und umgab ihn mit süßen lieblichen Klängen. (...) Zuweilen war es auch, als rauschten die smaragdenen Blätter der Palmbäume, und als strahlten dann die holden Kristallklänge, welche Anselmus an jenem verhängnisvollen Himmelfahrtstage unter dem Holunderbusch hörte, durch das Zimmer. Der Student Anselmus, wunderbar gestärkt durch dies Tönen und Leuchten, richtete immer fester Sinn und Gedanken auf die Überschrift der Pergamentrolle, und bald

---

[100] Vgl. HOFFMANN, 1814a/1976: 210 und 243.
[101] HOFFMANN, 1814a/1976: 207.
[102] Vgl. ASCHOFF, 1966: 415 f., und GEISTBECK, 1887: 2 f.
[103] Vgl. JAFFÉ, 1978: 322 f.

fühlte er wie aus dem Innersten heraus, daß die Zeichen nichts anderes bedeuten könnten, als die Worte: Von der Vermählung des Salamanders mit der grünen Schlange. – Da ertönte ein starker Dreiklang heller Kristallglocken. – ,,Anselmus, lieber Anselmus'', wehte es ihm zu aus den Blättern, und o Wunder! an dem Stamm des Palmbaums schlängelte sich die grüne Schlange herab. – ,,Serpentina! holde Serpentina!'' rief Anselmus wie im Wahnsinn des höchsten Entzückens.[104]

Das ist, in Hoffmanns bewundernswertem Klartext, die von Interpreten überlesene Stiftungsurkunde einer neuen Phantastik. ,,Un ,fantastique' de bibliothèque'' hat Foucault sie genannt.

Das 19. Jahrhundert entdeckt eine Region der Einbildungskraft, deren Kraft frühere Jahrhunderte nicht einmal geahnt haben. Diese Phantasmen haben ihren Sitz nicht mehr in der Nacht, dem Schlaf der Vernunft, der ungewissen Leere, die sich vor der Sehnsucht auftut, sondern im Wachzustand, in der unermüdlichen Aufmerksamkeit, im gelehrten Fleiß, im wachsamen Ausspähen. Das Chimärische entsteht jetzt auf der schwarzen und weißen Oberfläche der gedruckten Schriftzeichen, aus dem geschlossenen staubigen Band, der, geöffnet, einen Schwarm vergessener Wörter entläßt; es entfaltet sich säuberlich in der lautlosen Bibliothek mit ihren Buchkolonnen, aufgereihten Titeln und Regalen, die es nach außen ringsum abschließt, sich nach innen aber den unmöglichsten Welten öffnet. Das Imaginäre haust zwischen dem Buch und der Lampe.[105]

Die neue Phantastik ist zunächst und zuerst endloser Übergang zwischen Naturen und Büchern und Naturen. Bevor die Feerie des einsamen Lesers anhebt, hat Lindhorst eins der Palmblätter seiner Bibliothek ,,erfaßt, und Anselmus wurde gewahr, daß das Blatt eigentlich in einer Pergamentrolle bestand, die der Archivarius aufwickelte und vor ihm auf den Tisch breitete''[106]. Wie in Loebens *Guido* durchläuft der erste Übergang das Wortspiel Blatt/Blatt also in Richtung von Natur zu Kultur, von Palmen zu Bibliotheken. ,,Der üppigen Vegetation des Südens gegenüber erzeugt der Norden eine unermeßliche Bücherwelt. Dort gefällt sich die Natur, hier der Geist in einem ewig wechselnden Spiel der wunderbarsten Schöpfungen''[107], wie eine der ersten deutschen Literaturgeschichten erkennt. Aber damit Bücherwürmer und Literaturhistoriker den Wandel unter Palmen nicht doch ihrem Norden vorziehen, ist der zweite Übergang gerade umgekehrt: Hinreichende Versenkung ins beschriebene Blatt führt zurück zur Palme und ihrer Hamadryade.

---

[104] HOFFMANN, 1814a/1976: 226 f.
[105] FOUCAULT, 1967/1974a: 160.
[106] HOFFMANN, 1814a/1976: 226.
[107] MENZEL, 1828: I 17.

Aus smaragdgrünen Blättern wird Serpentina, ,,die grüne Schlange''. So streng gilt das Gesetz, daß Töchter der Großen Mutter ,,den Menschen'' stets in Muttergestalt erscheinen.

Zweitens ist die neue Phantastik an eine neue Textsorte gekoppelt. Ganz wie Buchblätter zu Palmblättern werden, so steht Lindhorsts ,,blauer Bibliotheksaal''[108], dieser singuläre Ort, wo Anselmus die Salamandergeschichte überhaupt einsehen und abschreiben darf, für eine Büchersorte, die wie keine andere auf leichte Konsumierbarkeit zielte. *Bibliothèque bleue* hieß die wohl folgenreichste Sammlung märchenhafter und populärer Literatur im 18. Jahrhundert.[109] Lindhorsts ,,blauer Bibliotheksaal'' verschlüsselt also, nach dem Nachweis von Günter Oesterle, die Titel aller deutschen Nachahmungen der *Bibliothèque bleue* einfach in der Metonymie einer Bibliothek, die lauter Feenbibliotheken enthält.[110]

Deshalb fällt die neue Bibliotheksphantastik drittens mit einer Lesetechnik zusammen. Wer sein Augenfeld auf den Raum zwischen Buch und Lampe einschränkt, gehorcht keiner Natur, sondern einer Typographie. Bertuch als Herausgeber einer *Blauen Bibliothek*, deren massenhafte Herstellung und Verbreitung sein eigens gegründetes Landesindustriecomptoir besorgte, focht auch typographisch darum, die Lesbarkeit deutscher Bücher durch ,,Wegräumen'' ihres ,,wichtigsten Hindernisses'' – der ,,eckigten schnörckelreichen Mönchsschrift'' namens Fraktur – zu maximieren.[111]

Weiter noch ging ein Berliner Verleger, kurz bevor ihn der Druckauftrag von *Wilhelm Meisters Lehrjahren* erreichte. Ungers Typographiereform setzte das Chimärische deutscher Bücher eine ganze Klassik-Romantik lang[112] in die Neuerung, nicht mehr schwarzweiß, sondern grauweiß zu drucken. Kants Klage über das Verschwinden schwarzer Lettern verwechselte also bloß Mode und Methode. Denn die neuen Frakturtypen, die Unger zusammen mit seinem Berliner Setzer in Stahl (statt in Blei) schnitt, sollten ohne jede ,,Ecke''[113] zu drucken und ohne jede Anstrengung zu lesen sein. ,,Um mich (davon) zu überzeugen, setzte ich Wörter von meinen Lettern zusammen, und legte sie Kindern vor, die im Lesen noch nicht sehr geübt waren. Lasen sie bei dem ersten An-

---

[108] HOFFMANN, 1814a/1976: 214.
[109] Vgl. CHARTIER, 1987: 247–70.
[110] Vgl. OESTERLE, 1991: 102 f.
[111] BERTUCH, 1793/1971: 32.
[112] Vgl. v. SICHOWSKI/TIEDEMANN, 1971: 252: Ungers ‚Probe' von 1794, ,,die als Unger-Fraktur ihren Weg machte, überlebte allerdings die Romantik nicht.''
[113] UNGER, 1793/1971: 26.

blick ohne Anstoß, so hielt ich meine Buchstaben für annehmlich, so wie ich sie im entgegengesetzten Falle verwarf."[114]

Kein Wunder, daß bei diesem Test vor Kinderaugen, wie auch Anselmus sie hätte aufschlagen können, nur Lettern überlebten, die Stephanis oder Gedikes Handschriftregeln noch zu Typographie erhoben. Der grauweiße Effekt reformierter Bücherseiten rührte schlichtweg daher, daß Unger, um auch in deutsche Lettern „das Helle und Zarte der Lateinischen Schrift hineinzubringen"[115], ihnen soviel Körper als nur möglich nahm. Die große Devise „mehr Licht" stammte von ihm[116].

> womit ich dieses kleine Buch druckte, das ich nun dem Publikum übergebe. Ich legte dabei die gewöhnliche deutsche Schrift zum Grunde, that alle entbehrlichen Züge davon, gab sämmtlichen Buchstaben mehr Verhältniß und Licht, und so entstanden diese Lettern. Da diese dem Auge weit weniger fremd seyn müssen, als meine ersteren Versuche, so glau=

Zeichen eines Zeichens – in seiner Opposition zum Papierhintergrund – war also nur mehr ein Bruchteil all jener Druckerschwärze, die seit Gutenberg Lettern bis in ihr Inneres und Buchseiten bis zum Rand ausgefüllt hatte. So erlöste erst eine buchstäbliche Entmaterialisierung Leseraugen davon, die Materialität von Buchstaben auch nur wahrnehmen zu müssen. Ab sofort konnten beliebige Augen, nicht nur die begnadeten Fausts, Zeichen mühelos trinken. Denn *Wilhelm Meisters Lehrjahre* kamen in Ungers Reformtypographie auf den Buchmarkt.

Die Bibliotheksphantastik, von der romantische Erzählungen handeln, wiederholt also bloß die Buchtechnik, in der sie gesetzt sind. Jene Literaturwissenschaft, die immer wieder über zwei Wirklichkeiten bei Hoffmann (bürgerliche und serapiontische, empirische und phantastische) schreibt, hat das nur überlesen, wohl weil sie selber dieser Technologie noch hörig ist. Nie aber würde ein Frauenbild schön wie Serpentina in Blättern und Zeilen eines Textes

---

[114] UNGER, 1793/1971: 26.
[115] UNGER, 1793/1971: 28.
[116] UNGER, 1793/1971: 29.

erscheinen, wenn der betroffene Student nicht neue Lesetechniken gelernt und neue Studiengänge gewählt hätte. Doch mit der Gründung philologischer Seminare, die um 1800 allmählich verdrängen, was in einem sehr wörtlichen Sinn ehedem Vorlesung hieß[117], zieht die akademische Freiheit auch ins Lesen ein. Als Gegengabe für ihre Bereitschaft, staatsbeamtete Lehrer auszubilden, gewährt der Staat seinen Universitäten die libertas philosophandi.[118] Für Friedrich August Wolf, der als Student die Freiheit aufbringt, sich 1777 im unerhörten Fach Philologie zu immatrikulieren, und demgemäß als Professor das erste philologische Seminar gründen darf,

> kommt es vor allem darauf an, daß die Schüler nicht bloß Wörter, sondern das Ganze lesen. Eine Einleitung, auch wohl eine Inhaltsübersicht möge dazu anleiten. Wenn die Absolvierung eines Ganzen im Original nicht möglich sei, gebe man den Studenten eine Übersetzung in die Hand. (...) Von dem Studium der Grammatik hielt er (...) nicht allzu viel. Als der Geograph Klöden verspätet Griechisch lernen wollte und Wolf nach der besten Grammatik fragte, antwortete er: „das wisse er nicht, er kümmere sich wenig um die Grammatik und ich tue am besten, mich auch nicht darum zu kümmern. (...) Deklinieren und konjugieren müsse man freilich lernen, das sei aber auch gar nicht schwer und könne selbst derjenige lernen, der noch gar kein Griechisch getrieben habe, weil man deutsche Wörter dazu nehmen könne. Er habe z. B. öfter das Wort *machen* genommen und ihm die Form μαχειν gegeben; da komme denn μαχω, μαχεις, μαχει gewissermaßen von selbst zum Vorschein und alle Formen ließen sich daran abwandeln.[119]

Die schöne Autonymie, ausgerechnet mit *machen* ein eigenes Pidgin-Griechisch aufzumachen, lädt zur Nachahmung ein. Heiterer ist die allgemeine Übersetzbarkeit der Sprachen um 1800 kaum zu illustrieren. Wenn Professoren mit Übersetzungen so freigebig sind, braucht Anselmus die Urmuttersprache Sanskrit gar nicht zu erlernen. Anselmus kann unbewaffnet – ohne Grammatiken, Wörterbücher und Schriftzeicheninventare – ans Werk gehen, wenn er nur die Wesentlichkeit von Privatlektüre einsieht und darum Sinn und Gedanken fest auf die obskure Pergamentrolle vor ihm heftet. Er ist also ein gesteigerter Faust, der ja immerhin noch Griechisch konnte. Aus dem redlichen Gefühl, das einen gelehrten Wissensstand überformte, wird im etablierten Aufschreibesystem das „Fühlen wie aus dem Innersten heraus'': ein Fühlen von strahlender Autarkie und Ignoranz.

---

[117] Vgl. PAULSEN, 1902: 79.
[118] Vgl. WEIMAR, 1989: 187.
[119] PAULSEN, 1919–21: II 222 f.

Auf dem Blatt, das der Student in Sinn und Gedanken faßt, erscheint sogleich sein eigenes Echo: Sinn und Gedanken des Textes. Die akademische Freiheit findet wieder, was sie hineingelesen hat. Anselmus steht, Gott helfe ihm, in der festen Burg seines Inneren und vor einer freien Übersetzung, die Gefühle ihm traumwandelnd geliefert haben. Sinn und Gedanke des Textes ist seine Übertragung in ein reines Signifikat: einen deutschsprachigen Buchtitel. Während die alte Rauerin Signifikanten noch in Zauberspiegeln oder Kaffeesatzmustern entdeckt, findet der Schüler Lindhorsts ,,Bedeutungen'' als Bedeutungen. Der Schüler Lindhorsts, ganz buchstäblich. Als der Königl. geh. Archivarius und Salamander im Kaffeehaus seinen Beamtenkollegen die Genealogie von Beamtenschaft überhaupt erzählte, mußten alle schallend lachen, der Nachwuchsbeamte Anselmus aber ,,auf eine ihm selbst unbegreifliche Weise erbeben''[120]. Denn er und nur er hat die Wahrheit in ihrer Struktur von Fiktion[121] gehört. Lindhorsts genealogische Erzählung erstarb in jenem Gelächter, bevor sie ihre Verheißung bewähren konnte, nach Vater und Mutter den Platz auch desjenigen im Verwandtschaftssystem anzugeben, den die Ethnologen Ego schreiben. Nun ist aber der Text *Von der Vermählung des Salamanders mit der grünen Schlange* die fugenlose Fortsetzung jener Genealogie und der Salamander im Titel Lindhorst selber. Anselmus mit seinem innersten Gefühl reproduziert einmal mehr den Diskurs des Anderen, Lindhorsts ungesprochene Fortsetzung. Und das ist kein Wunder. Wenn es die neue Freiheit akademischer Beamter ausmacht, ungefähr zu reden, was sie wollen, so entstehen notwendig auch Lieblingsstudenten, die durch freies Übersetzen in beliebigen Texten genau das wiederhören, was ihre Lehrer haben sagen wollen. Daß in jenen Texten nämlich der Lehrer selbst als Held und Sohn einer Alma Mater vorkommt.

Vermählungen mit der grünen Schlange haben das Eigene, wieder grüne Schlangen in die Welt zu setzen. Auch diese dritte Generation findet der Übersetzer Anselmus wieder. Nur diesmal nicht in, sondern zwischen den Zeilen des Textes. Kaum daß der Sanskrittext in die Muttersprache übersetzt ist, erscheint ja die Frucht der von ihm verkündeten Heiligen Hochzeit: Serpentina in Person. ,,Seltsam verschlungene'' und dem Wortlaut nach unleserliche Zeichen entlassen ihre Inkarnation. Die augmentative Wortbrücke von *schl* über *schling* zu *Schlange* aber hat schon die Holunderszene geschlagen. Mithin ist und bezeichnet Serpentina, wenn sie sich am Stamm des Palmbaums herabschlängelt, einfach das

Erotik der Alphabetisierung

---
[120] HOFFMANN, 1814a/1976: 194 f.
[121] Vgl. LACAN, 1966/1973 ff.: I 10.

Schlängeln einer schön gerundeten und zusammenhängenden Idealhandschrift von 1800. Sie geistert durch die Zeilen wie das erotische und d. h. sprechen machende Phantom der Bibliothek. Deshalb hätte jeder Stephanischüler es vorhersagen können, was sie mit dem Lindhorstschüler treibt.

    Sie setzte sich neben dem Anselmus auf denselben Stuhl, ihn mit dem Arm umschlingend und an sich drückend, so daß er den Hauch, der von ihren Lippen strömte, die elektrische Wärme ihres Körpers fühlte. ,,Lieber Anselmus!'' fing Serpentina an, ,,nun bist du bald ganz mein'' (...). Dem Anselmus war es, als sei er von der holden lieblichen Gestalt so ganz und gar umschlungen und umwunden, daß er sich nur mit ihr regen und bewegen könne, und als sei es nur der Schlag ihres Pulses, der durch seine Fibern und Nerven zitterte; er horchte auf jedes ihrer Worte, das bis in sein Innerstes hinein erklang, und wie ein leuchtender Strahl die Wonne des Himmels in ihm entzündete. Er hatte den Arm um ihren schlanker als schlanken Leib gelegt, aber der schillernde glänzende Stoff ihres Gewandes war so glatt, so schlüpfrig, daß es ihm schien, als könne sie, sich ihm schnell entwindend, unaufhaltsam entschlüpfen, und er erbebte bei dem Gedanken. ,,Ach, verlaß mich nicht, holde Serpentina'', rief er unwillkürlich aus, ,,nur du bist mein Leben'' – ,,Nicht eher heute'', sagte Serpentina, ,,als bis ich alles erzählt habe, was du in deiner Liebe zu mir begreifen kannst. – Wisse also, Geliebter, daß mein Vater aus dem wunderbaren Geschlecht ...''[122]

Undsoweiter undsoweiter über Seiten hinweg, bis Lindhorsts genealogische Erzählung beim Jetztpunkt, die kleine schlüpfrige Genealogin also bei ihr selber anlangt. Schlüpfrig ist ja immer und nur eine erotische Rede, die ihre eigene Sprechsituation anspricht.

    Chodowieckis *Elementarwerk*-Kupferstich zeigt Mutter und Kind aneinandergeschmiegt und lesenlernend am Tisch. Auf Stephanis *Fibel*-Kupferstich ist dasselbe zu sehen, mit Kommentar noch obendrein. So hautnah spricht auch Serpentina zu Anselmus über Serpentina und Anselmus. Mitkopplung sorgt dafür, daß die Erotik nicht aufhört, erotischer zu werden. Auch Anselmus muß fühlen, daß er seiner Lesehilfe Serpentina ihrer ,,Mühe'' und ihres ,,Unterrichts wegen doppelte Liebe'' schuldet.[123] Ihre Rede ist ja nicht nur Erzählung von Vergangenem, sondern zugleich ein Appell, der die dem Salamandergeschlecht von bösen Dämonen und weisen Frauen drohenden Gefahren schildert und folgerecht in die Bitte ,,Halte treu – treu – treu an mir!'' mündet. Was Anselmus nur mehr mit einem Schwur ewiger Liebe beantworten kann.[124]

---

[122] HOFFMANN, 1814a/1976: 227 f.
[123] STEPHANI, 1807b: 68, zur ,,Mühe'' vgl. HOFFMANN, 1814a/1976: 216.
[124] HOFFMANN, 1814a/1976: 231.

Die ewige Liebe heißt Hermeneutik. Anselmus zählt zu jenen wundervollen Wesen, die, was nicht deutbar, dennoch deuten, und, was nie geschrieben wurde, lesen. Zur Welt gekommen sind sie Anfang des 19. Jahrhunderts.[125] Da ist eine Bibliothek, in ihr ein unleserliches Pergament, in ihm eine Schrift wie Schlangenlinien; da ist vor der Schrift ein einsamer Student, der sie in einer Schrift wie Schlangenlinien kopieren soll. Der Student aber kopiert nicht, er versteht. Nach Nietzsches zynischem Wort besteht hermeneutisches Lesen ja im Löschen einzelner Wortlaute.[126] Statt die Augen auf einen Text zu heften, hängt Anselmus mit Ohr und Sinn an einem Mund, der ihn mundgerecht macht. Nur die Überschrift *Von der Vermählung des Salamanders mit der grünen Schlange* hat er auf ziemlich seltsamen Wegen dem Pergament entnommen; den ganzen Text danach ersetzt oder reproduziert Serpentinas Stimme. Sie liefert dem Studenten, wie Wolf es vorschlägt, erstens eine mündliche Einleitung und wohl auch Inhaltsübersicht des Pergaments. Sie erlaubt zweitens, wiederum nach Wolf, durch fugenlose Fortsetzung einer Genealogie, die ihr Vater Fragment ließ, ein Ganzes zu absolvieren. Kurzum, Serpentina lehrt lesen in dem präzisen Sinn, den Lesen im Aufschreibesystem von 1800 hat. Sie ist der Muttermund.

Die durch Stephanis Methode gegangenen Mütter bringen ihren Kindern überhaupt keine Grapheme im Sehfeld bei, sondern ideale Laute im Hörfeld. Ihre Stimme ersetzt und reproduziert die Buchstaben wie Natur die Künstlichkeit. Ihre Phonetik macht aus Reformationsfibel-Tierbildern eine methodisch gereinigte Hochlautung und im Fall Serpentina aus Figuren, die ,,bald Pflanzen, bald Moose, bald Tiergestalten darzustellen schienen'', eine mündliche Liebesgeschichte. Es ist diese Medienverschiebung, die hermeneutisches Lesen ermöglicht. Statt Rätselbuchstaben entziffern zu müssen, lauscht Anselmus einem Sinn zwischen den Zeilen; statt Zeichen zu sehen, halluziniert er die Erscheinung einer Geliebten, die ihrerseits in Gestalt der Mutter erscheint.

Die Kopplung von Alphabetisierung und erotischer Oralität hat Folgen. Lichtenberg notiert: ,,Es wird gewiß von unsrer Jugend jetzt viel zu viel gelesen, und man sollte gegen das Lesen schreiben, wie gegen Selbstbefleckung.''[127] Und in der Tat: eine Selbstleserschaft, die dem so drakonischen wie willkürlichen Gesetz des Buchstabens enthoben ist, und eine Sexualität, die den Gesetzen von Allianz und Inzesttabu nicht mehr untersteht, fallen zusam-

---

[125] Vgl. dazu Bolz, 1979: 79 f.
[126] Vgl. Nietzsche, 1886/1967 ff.: VI 2, 115 f.
[127] Lichtenberg, F 1793/1968–74: I 814.

men.¹²⁸ Der große Kinderkreuzzug gegen Onanie, wie Tissots *Onanisme ou traité sur les maladies produites par la masturbation* ihn 1760 einleitet, sieht bekanntlich unter den Hauptursachen des Lasters „die allzufrühe gesellschaftliche und literarische Ausbildung der Kinder''. So Oest und Campe im großen pädagogischen *Revisionswerk* mit der Nutzanwendung:

> Man wähle mit äußerster Sorgfalt die wenigen Bücher, welche Kindern in die Hände gegeben werden dürfen, und verbanne nicht bloß diejenigen, welche schlüpfrige und verführerische Stellen enthalten, sondern auch diejenigen, welche die Phantasie der Kinder anregen (...). Alle Poesien und prosaische Schriften, deren Gegenstand Liebe ist, wie auch alle, welche die Phantasie der Kinder stark erregen können, sollen aus den Kinderstuben und Lehrzimmern für immer verbannt sein.¹²⁹

Aber auch wenn Serpentina von minder feurigen Liebesvereinigungen erzählen würde, als Salamander sie pflegen, wäre Anselmus vor dem einsamen Laster noch nicht bewahrt. Sie selbst bleibt schillernd-schlüpfrig wie ihr Gewand. Ein phantastisches Bibliothekswesen, das aus verschlungenen Zeilen hervorgeht, um alle Leser-Phantasie zu inkarnieren, das denselben Stuhl wie der Kopist einnimmt, um ihm ein Verständnis von Salamandererotik einzuflüstern – ein solches Wesen hört nicht auf zu verführen. Welche Inhalte auch gelesen werden, Leseunterricht aus dem Muttermund ist von vornherein erotisch.

Die pädagogischen Therapien des Kinderlasters kranken an ihrer eigenen Logik. Ein Aufschreibesystem, das Diskurse dem Signifikat unterwirft, bringt ihre Pragmatik in Vergessenheit. Nicht der Gegenstand Liebe, wie das *Revisionswerk* ihn auf den Kinderbuchindex setzt, sondern die Unterrichtssituation Liebe führt zur frühen, allzufrühen literarischen Ausbildung der Kinder um 1800. Die Kopplung von Selbstleserschaft und Selbstbefriedigung wird unauftrennbar – einmal weil der Kinderkreuzzug gegen beide ins „Labyrinth der Paradoxie'' gerät, mit Waffen anzutreten, die selber gelesen werden müssen¹³⁰, und allgemeiner, weil eine Kultur, die Kulturisation mit kulinarischer oder mütterlicher Oralität versüßt, jene Übertretungen provoziert, gegen die sie so viele Wörter erfindet.¹³¹ Sexualhistoriker heute neigen zur Annahme, die um 1800 rituelle Behauptung von der unerhörten Zunahme masturbatorischer Praktiken sei nur Zwecklüge gesteigerter Repression gewesen. Womöglich waren die Dinge realer: der Effekt einer

---

[128] Vgl. dazu D. RICHTER, 1980: 219.
[129] OEST/CAMPE, 1787, zit. RUTSCHKY, 1977: 314.
[130] SCHNEIDER, 1980: 116.
[131] Vgl. dazu FOUCAULT, 1976a/1977: 42.

Kinderstube, die vor Ammen, Mägden, Nachbarschaften abgeschottet und in Mutterliebe und Bildung eingeschlossen wurde. In seiner von Lindhorst beschworenen Vorzeit war die Erotik des Salamandergeschlechts schlicht genital. Feurige Vermählungen zeugten neue Generationen. Die Erotik zwischen Anselmus und Serpentina geht darin auf, daß er auf ihre Worte horcht, ihren Hauch spürt, mit dem Schlag ihres Herzens verschmilzt und der Geliebten am Ende in einer Sprache huldigt, die zugleich „Blick", „Wort" und „Gesang" ist.[132] Aus oralen und könästhetischen Lüsten wird durch gegenseitiges Aufschaukeln also eine einzige Verstärkung der Leselernsituation: Empfinden und Preisen der Einen, die Männer sprechen macht.

Oszillatoren schwingen unter der Amplitudenbedingung, daß das Ausgangssignal mindestens Einsverstärkung hat, und unter der Phasenbedingung, daß es ohne Verzögerung oder Totzeit auf den Eingang zurückkommt. Jean Paul setzt den „Vorzug" von Fixleins Leben in die Möglichkeit, es einer noch lebenden Mutter erzählen zu können. „Die Freude fließet in ein fremdes Herz und strömet daraus verdoppelt (...) zurück. Es gibt eine größere Nähe der Herzen, so wie des Schalles, als die des E c h o s: die höchste Nähe schmilzt Ton und Echo in die R e s o n a n z zusammen."[133]

Resonante Systeme kappen ihren Bezug auf andere. Zwischen Mutter und Kind kommt eine Erotik „höchster Nähe" auf, die nicht mehr aus vorangegangenen Geschlechtern gespeist und nicht mehr auf kommende ausgerichtet ist. Anselmus, statt wie sein geistiger Vater Kinder zu zeugen, bleibt Kind. Andere als orale und könästhetische Lüste würden die Funktion Mütterlichkeit nur um ihre bildenden Effekte bringen. Um Sprache zu erfinden, darf Herders Mensch die Natur nicht bespringen.

•

Die Kindersexualität wird also funktionalisiert. Dieselben Erzieher, die das allzu frühe und viele Lesen beklagen, propagieren es wie niemand sonst – und das nicht etwa in zwei verschiedenen Theorieetappen[134], sondern als systematisches double bind. Denn der Weg über hermeneutisches Lesen ist die eleganteste Methode zur Rekrutierung poetischer Schreiber. Die Erscheinung einer Traumgeliebten – erster Akt einer Masturbationsphantasie – führt unmittelbar – und das ist der zweite Akt – zu einer neuen Fingerfertigkeit.

Unbewußte Dichter und wahnsinnige Beamte

---

[132] HOFFMANN, 1814a/1976: 254.
[133] J. P. RICHTER, 1795/1959–67: IV 74 f.
[134] So die These von SCHENDA, 1970.

Ein Kuß brannte auf seinem Munde, er erwachte wie aus einem tiefen Traume, Serpentina war verschwunden, es schlug sechs Uhr, da fiel es ihm schwer aufs Herz, daß er nicht das mindeste kopiert habe; er blickte voll Besorgnis, was der Archivarius wohl sagen werde, auf das Blatt, und o Wunder! die Kopie des geheimnisvollen Manuskripts war glücklich beendigt, und er glaubte, schärfer die Züge betrachtend, Serpentinas Erzählung von ihrem Vater, dem Liebling des Geisterfürsten Phosphorus im Wunderlande Atlantis, abgeschrieben zu haben. Jetzt trat der Archivarius Lindhorst (...) herein; er sah das von dem Anselmus beschriebene Pergament, nahm eine große Prise und sagte lächelnd: „Das dacht ich wohl! – Nun! hier ist der Speziestaler, Hr. Anselmus."'[135]

Die Finger haben also geschrieben, und der Kopf hat es nur nicht gemerkt. Mit seinem Taler unterstreicht Lindhorst, daß die Abschrift so schön fließt, wie es Serpentinas Wesen und staatliche Schreibvorschrift ist. Die ganze hocherotische Szene war zugleich Beamtenprüfung, Pflichterfüllung und Einkommensquelle – aber mit dem entscheidenden Vorzug, nicht danach auszusehen. Solche „Wunder" macht die neue und von betroffenen Lehrer-Vätern lächelnd übersehene Kindersexualität möglich. Im Hören einer erotisierenden Stimme sind Lesen und Schreiben eingelassen oder versteckt gewesen, und zwar nach der Regel, die technisch komplizierteste Sache von den dreien, das Schreiben mit „seinen Gerätschaften, seiner Muskelgymnastik und seinen manuellen Kunstgriffen"'[136] ins leichtere Lesen und das Lesen seinerseits in reines Hören zu verzaubern. Zwischen Serpentinas vorsprachlichem Hauchen und faktischem Schreiben ist ein Kontinuum zustande gekommen. Augmentationstechnik und Sprach-Anthropologie sind am Ziel.

Einmal mehr realisiert Hoffmanns Märchen schlichte Schulprogramme. Die Sprachunterrichtspraktiken seiner Zeit zielen eine Verquickung von Hören, Lesen, Schreiben an, die alsbald Schreiblesemethode getauft wird. Durch reines Aussprechen hat Olivier (seinem Titel zufolge) zugleich *Die Kunst lesen und rechtschreiben zu lernen auf ihr einzig wahres, höchst einfaches und untrügliches Grundprincip zurückgeführt.* Schon ihre kühne Definition als „einfache Zeichen der Töne"'[137] bzw. „Noten für das Mundinstrument"'[138] codiert Buchstaben ja auf Mündlichkeit hin. Aber psychologisch effektiver Elementarunterricht macht die Kopplung verschiedener Diskursmedien auch ausdrücklich. Niemeyer, um „in jedem Unterrichte so viele Zwecke, als man kann, zu verbinden",

---

[135] HOFFMANN, 1814/1976: 231.
[136] FURET/OZOUF, 1977: I 90.
[137] NIEMEYER, 1796/1970: 242.
[138] STEPHANI, 1807b: 13.

gibt Kindern „so wenig etwas zu schreiben als zu lesen, was sie nicht verstehen"[139]. Trapp will „das Schreibenlernen gleich von Anfang an mit dem Lesenlernen verbinden"[140]. Grasers *Leselehrmethoden* von 1819 werden also keineswegs „das erste Buch" sein, das „von der Einheit von Lesen und Schreiben ausgeht"[141], nur das erste auf der wahrhaft grandiosen Theoriebasis, die Buchstabenformen seien urschriftliche Bilder der jeweiligen Mundstellungen.

Wenn Schreiben aus Lesen und Lesen aus Hören hervorgeht, ist alles Schreiben Übersetzung. Und wenn Anselmus unbewußt zu Papier bringt, was ihn bewußt nur als Urlaut traf, hat er eine Übersetzung aus dem Muttermund zustande gebracht. Die unmögliche Aufgabe, an der Dichter kenntlich werden und Reiser noch scheitert, durch Schreiblesemethode wird sie gelöst. Nochmalige hermeneutische Versenkung, die diesmal aber eigene Abschriften und nicht das Urbuch liest, findet Serpentinas mündliche Rede „glücklich" aufgeschrieben auf dem Tisch. Von einer Fremdsprache oder -schrift, von „sonderbaren Zeichen, die keiner bekannten Sprache angehören"[142], ist nicht mehr die Rede – die Bhogovotgita, man höre und staune, liegt in der Muttersprache vor. Soweit bringt es ein Aufschreibesystem, das indoeuropäische Sprachen auf ihre Mutter Sanskrit und Holunderbuschmädchen auf Die Mutter zurückführt.

Das Aufgeschriebensein des Muttermundes im Aufschreibesystem von 1800 heißt Dichtung. Nicht nur in ihren Inhalten, sondern als Schreibakt selber. Die Märchenschlußsätze werden das von Anselmus aufgeschriebene Leben „im Wunderlande Atlantis" ausdrücklich dem „Leben in der Poesie" gleichsetzen.[143] Aber schon daß er diesen Inhalt zu Papier bringen konnte, und zwar nicht in bloßer Kopie eines Fremdsprachtextes, sondern als deutsche und mit Hoffmanns Text absolut identische Erzählung, beweist sein Dichtertum. Unter der Inspiration einer hauchenden Bibliotheksliebe und in unbewußter Fingerfertigkeit aufschreiben, was Sinn und Gedanke divinieren, ist nur Dichtern möglich. „Ein Kunstwerk ganz verstehn, heißt, es gewissermaßen erschaffen."[144]

Das Erschaffen in und aus dem Muttermund übersetzter Texte ist zugleich Selbsterschaffung eines Autors. Am Schopf seiner

---

[139] NIEMEYER, 1796/1970: 247, vgl. auch BASEDOW, 1785/1909: I 61.
[140] TRAPP, 1780: 361.
[141] So ENGELSING, 1973: 126. Vgl. dagegen KEHR, 1879: 403-409.
[142] HOFFMANN, 1814a/1976: 189.
[143] HOFFMANN, 1814a/1976: 255.
[144] TIECK, 1823/1828-54: XVII 70, vgl. dazu M. FRANK, 1977: 351.

Hermeneutik gelangt Anselmus aus dem Sumpf des Kopistenamtes. Stephani nennt seine „verbesserte" und in Bayerns Lehrpläne „aufgenommene Schreibmethode" die Überwindung des in der „rohen Volksmenge" grassierenden „Wahns", durch Kopierenlernen habe man „zugleich die Fähigkeit erlangt, seine G e d a n k e n r i c h t i g n i e d e r z u s c h r e i b e n, was der höhern Schreibekunst allein zugehört"[145]. Anselmus ist mithin die lebendige Antwort auf Stephanis rhetorische Frage, ob „wir etwa in allen Volksschulen bloß darum so fleißig Schreibübungen anstellen, damit wir unsern vielen schreibseligen Behörden hier und da einen guten Kopisten liefern können?"[146]

Einen Studenten von „magistermäßigem Stil", dem sein Konrektorfreund bestenfalls bürokratische „Schreiberdienste" in Aussicht stellen konnte, obwohl „ein geheimer Sekretär, oder wohl gar ein Hofrat in ihm steckt"[147], hat Lindhorsts Pädagogik vor papiernen Niederungen bewahrt. Nach der Initiationsprobe, die er nicht anders als sein Dichter „mit dem ausgezeichnetsten Fleisse" und „musterhaftem Betragen" absolviert[148], darf Anselmus, sehr anders als sein Dichter, die schreibseligen Behörden einer höheren Schreibseligkeit zuliebe aufgeben. Beamter und Dichter sind also die zwei entgegengesetzten und komplementären Seiten eines Selben. Sie trennt nur ein kleiner und entscheidender Unterschied.

Anselmus hat immer wieder einmal, nicht nur vor Bhogovotgitas und Serpentinas, Absenzen, die andere um seinen Verstand fürchten lassen. Nur weil er für „seelenkrank" gilt, empfehlen seine Erziehungsbeamtenfreunde die „Beschäftigung bei dem Archivarius" als „dienliches Mittel" zur „Zerstreuung"[149]. Geplant ist also, treu nach Willis, Hoffbauer und Reil, eine psychische Kur, wie die Psychiatrie von 1800 sie vorab auf Zerstreuung gründet.[150] Die subalternen Beamten können nicht ahnen, daß Lindhorst und Anselmus das bloße „Nachmalen der Manuskripte" – Heilung des Wahnsinns durch mechanische Arbeit[151] – einer höhern Schreibekunst opfern werden. Buchstabenmechanik ist gerade umgekehrt ihr eigenes Los. Der schon zum Registrator beförderte Heerbrand

---

[145] STEPHANI, 1815: 12 und 6.
[146] STEPHANI, 1815: 4.
[147] HOFFMANN, 1814a/1976: 203.
[148] So ein akademisches Abschlußzeugnis, wie es neuerdings von Staats wegen vorgeschrieben war, über den angehenden Justizbeamten Ernst Theodor Wilhelm Hoffmann (18. 7. 1795, in HOFFMANN, 1967–69: I 64). Vgl. dazu HEINEMANN, 1974: 68.
[149] HOFFMANN, 1814a/1976: 195.
[150] Vgl. HOFFBAUER, 1802–07: I 168 f., und REIL, 1803: 173–178.
[151] Vgl. MAASS, 1797: 269, und dazu FOUCAULT, 1961/1969a: 507.

nimmt Anselmus vor Wahnsinn und Narrheit mit närrischen Worten in Schutz.

„Teuerste Mademoiselle, werter Konrektor! (...) sollte man denn nicht auch wachend in einen gewissen träumerischen Zustand versinken können? So ist mir in der Tat selbst einmal nachmittags beim Kaffee in einem solchen Hinbrüten, dem eigentlichen Moment körperlicher und geistiger Verdauung, die Lage eines verlornen Aktenstücks wie durch Inspiration eingefallen, und nur noch gestern tanzte auf gleiche Weise eine herrliche große lateinische Frakturschrift vor meinen hellen Augen umher."[152]

Eine Apologie poetischer Absenzen, die aber nur den Beamten als Affen des Dichters ausweist. Was Heerbrand Inspiration nennt, ist dem Kaffee und keiner Serpentina verdankt, also Rationalität und keine Inspiration.[153] Ob er die Ordnung von Archiven wiederherstellt und damit seinem Registratorstand alle Ehre macht, ob er Lettern in typographischer Präzision halluziniert – stets hat Heerbrand mit toten Buchstaben zu tun, die keine Typographiereform entmaterialisiert und keine Stimme belebt. Delirien wie seins mögen in der Gelehrtenrepublik gang und gäbe gewesen sein; in einem Aufschreibesystem, dessen Mitte Dichtung heißt, sind sie selber der Wahnsinn, den sie bestreiten sollen. Wenn der hohe hannoveranische Polizeibeamte Klockenbring 1793 im Genesungsinstitut Georgenthal landet, tritt neben Tobsucht eine verblüffende Gabe zutage, auswendig und äußerlich gelernte Poesiefetzen zu Gedichten zu kombinieren – als würde Klockenbring, „unerachtet er" im Irrenhaus „kein einziges Buch besitzt"[154], Schriften wie Heerbrand vor Augen sehen.

Foucault hat das Bibliotheksphantastische, diese Erfindung des 19. Jahrhunderts, für die *Tentation de Saint-Antoine* als Tanz schwarzer Lettern auf weißem Papier beschrieben. Aber in solcher Technizität kann es erst am Jahrhundertende auftreten. Um 1800 ist der Schatten technischer Medien noch nicht auf die Dichtung

---

[152] HOFFMANN, 1814a/1976: 188. Ein früher Rezensent des *Goldnen Topfes*, der 1817 den Hofrat Heerbrand nebst dessen Gemahlin Veronika in Dresden besucht, führt denn auch mit ihm ausgiebige Gespräche über „die Erfindung der edlen Schreibkunst", „einen gewissen Duktum in der Frakturschrift" sowie die „Streitfrage, ob die alten Griechen Streusandbüchsen und Löschblätter gekannt hätten oder nicht?" (ANONYMUS, 1817, in HOFFMANN, 1967: III 62). Die technologische Basis des Aufschreibesystems 1800 verwalten also Staatsbeamte, während der Dichter Anselmus 1817 schon längst mit seiner Serpentina nach Atlantis verschwunden ist. Aus dieser transzendentalen und d. h. schriftrückten Position heraus aber eröffnet er die Möglichkeit, daß Lektüren oder Rezensionen des *Goldnen Topfs* mit Besuchen bei den erzählten Figuren überhaupt zusammenfallen können.
[153] Über die Funktion von Kaffee vgl. SCHIVELBUSCH, 1980: 50–52.
[154] HAHNEMANN, 1796b/1829: II 244.

gefallen, jener Schatten, der sie begrenzen und definieren wird. Es gibt nur, innerhalb des einen Mediums Schrift, die Opposition zwischen Heerbrands ,,ekkiger und spitzer'' Fraktur und der ,,schönen sanften Rundung'' einer Antiqua[155], die wie Anselmus' englische Kursivschrift durch Schreibunterricht optimiert worden ist. Beamte müssen weiterhin, und sei es nach Goethe auch ,,nur als Übung der Canzlisten in Fracktur und Canzleyschrifft'', die leere Floskel *Von Gottes Gnaden* schreiben. Menschen und Dichtern aber wird alles untersagt, was zum Tanz schwarzer Lettern auf weißem Papier einladen könnte: barocke Typographiegedichte so gut wie Klippschulauswendigkeiten. ,,Worte ohne Gedanken lernen ist der menschlichen Seele ein schädliches Opium, das zwar zuerst einen süßen Traum, einen Tanz von Sylben und Bildern gewährt (...), bald aber spürt man, wie bei dem körperlichen Opium die bösen Folgen dieser Wortträume.''[156] Wo der kaffeetrunkene Beamte Heerbrand eine tanzende Fraktur, der wahnsinnige Beamte Klockenbring Silben und Bilder abwesender Bücher halluziniert, hört der Dichter Anselmus einzig und allein eine Stimme, deren Fluß seine Antiqua ründet, individualisiert und – das ist seine Auszeichnung – unbewußt macht. Dichtung um 1800 heißt nicht wie Literatur um 1900, den ,,nie wirklich ausgesprochenen Satz *ich schreibe*''[157] an den Grund allen Schreibens setzen. Dichtung heißt vielmehr: um diesen Satz herumschreiben, ihm aus Erinnerung ans frühste Schreibenlernen eine Mündlichkeit zuschreiben. ,,Das mütterliche Diktat fixiert – oral – zur Schreibszene und zum Schriftzeichen, was die psychologische Struktur der Kindheit, die Art der Existenz der Erinnerten am Individuum ist.'' Aus dieser imaginären, aber um so inständiger beschworenen Mündlichkeit rührt das nicht textuelle, sondern ,,gleichsam textuelle Wesen des Bourgeois''[158] und seiner Dichtung.

Nicht daß die Dichtung im Muttermund wieder verschwinden würde. Einem derart hohen Gegenkopplungsfaktor, wie der pädagogische Diskurs ihn hat, ist beim poetischen die Beschreibung des Schreibens vor. Aber das Schreiben wird auch nicht auf seine sinnlose und materiale Spitze gestellt, wo es nur mehr Kritzeln wäre. Dafür geht es viel zu leicht und rasch und fingerfertig von der Hand. Dank seiner höhern Schreibekunst kann der Dichter Anselmus – anders als mehrere gebildete, aber nicht der Bücherwelt gewonnene Personen aus Hoffbauers Bekanntenkreis, ,,die Briefe oder auch in Büchern, ohne eine Lippe sichtbar zu bewe-

---

[155] So GEDIKE, 1791/1789-95: II 150 f., über die zwei Schriftarten.
[156] HERDER, 1800/1877-1913: XXX 267.
[157] FOUCAULT, 1964/1974a: 128.
[158] R. CAMPE, 1980: 154 und 142.

gen, lesen können, die aber immer wenn sie etwas zu Papier bringen wollen, es sich, und wären es auch nur sechs Zeilen, so zu sagen, diktiren müssen"[159] – mühelos, vollständig und unbewußt aufschreiben, was ein Muttermund diktiert.

Nur die Karikatur des Beamten – und daß es sie überhaupt gibt, bezeugt ihre immer drohende und äffende Nähe – wird arbeitend und träumend von Schrifttypen überfallen; poetische Gerechtigkeit zahlt es den Beamten heim, daß ihre Schriftsätze die Leute heimsuchen. Das Ideal des Dichters dagegen erreicht dieselben Leute und über denselben Kanal, ohne sie mit Schrifttypen zu behelligen. Mit dem reinen stimmlichen Signifikat, vor dem alle Signifikanten zu Übersetzungen herabsinken, spricht der Dichter ihre Seelen an, ganz wie ihn selber die imaginäre Geliebte angesprochen hat. Dichtung im Aufschreibesystem von 1800 hat die fundamentale und notwendige Funktion, Anschlußleitungen zwischen System und Bevölkerung zu legen.

Die Absetzung des poetischen Schreibens vom bürokratischen in Hoffmanns Text stellt diese phatische Funktion ausdrücklich sicher. Ein Gegentest auf inspiriertes Schreiben zeigt es: Wenn Dichter ihr Amt wie Beamte handhaben, brechen Seelen-Kontakte sogleich ab. Nach der unbewußten Muttermundniederschrift wird Anselmus von seinen Beamtenfreunden zu einem Punschabend geladen, an dessen trunkenem Ende Student, Konrektor und Registrator die mythischen Salamandergeheimnisse vor Veronikas Ohren herausschreien. Und das, obwohl oder weil dem Studenten

> klar wird, daß er nur beständig an Veronika gedacht, ja daß die Gestalt, welche ihm gestern in dem blauen Zimmer erschienen, auch eben Veronika gewesen, und daß die fantastische Sage von der Vermählung des Salamanders mit der grünen Schlange ja nur von ihm geschrieben, keineswegs aber erzählt worden sei.[160]

Eine Szene also wie zum negativen Beweis von Schlegels Philosophie. Anselmus vergißt für einmal, daß Schrift kunstlose Akzente aus der tiefsten Seele so sprechend zu reproduzieren hat, wie sie sind. Er reduziert statt dessen Die Frau auf eine Frau, Serpentina auf Veronika – mit der unausbleiblichen Folge, auch das Schreiben auf bloßes Schreiben zu reduzieren. Solche Durchstreichung der geheimen, aber konstitutiven Mündlichkeit von Dichtung verführt ihn, laut und lauthals auszusprechen, was Serpentina „erzählend" soufflierte. Auf derlei Geräusch der Lippen aber steht die Strafe aller Strafen. Am Katermorgen, beim weiteren Urschrift-Kopieren,

---

[159] HOFFBAUER, 1802–07: II 100, Anm.
[160] HOFFMANN, 1814a/1976: 234.

schien das Pergament nur ein bunt geäderter Marmor oder ein mit Moosen durchsprenkelter Stein. – Er wollte dessen unerachtet das Mögliche versuchen und tunkte getrost die Feder ein, aber die Tinte wollte durchaus nicht fließen, er spritzte die Feder ungeduldig aus, und – o Himmel! ein großer Klecks fiel auf das ausgebreitete Original. (...) Die goldnen Stämme der Palmbäume wurden zu Riesenschlangen, die ihre gräßlichen Häupter in schneidendem Metallklange zusammenstießen und mit den geschuppten Leibern den Anselmus umwanden. ,,Wahnsinniger! erleide nun die Strafe dafür, was du im frechen Frevel tatest!''[161]

Wer als Kopist keine Stimme hört und folglich weder hermeneutisch lesen noch schöne Serpentinen schreiben kann, dem begegnet statt des Schlängleins einmal mehr die Riesenschlange. Sie sühnt einen Wahnsinn und Frevel, der nur braves Abschreiben ist und nur die unleugbare Materialität der Zeichen kundtut. (Man muß schon gut erzogen sein, um Handschriften überhaupt nicht als Tintenkleckse zu sehen.) Ein Bürokratismus, der geheime Mündlichkeiten vergißt, führt unmittelbar zu jenem Klecks, der den schönen und vom Stimmfluß Serpentinas getragenen Schriftfluß zunichte macht.

1787 entwirft Lichtenberg den Plan eines ,,Familien-Archivs'', in dem alle kindlichen Schreibversuche als ebensoviele ,,Signaturen der Fortschritte des Geistes hinterlegt bleiben'' sollen. Dank solcher Elternliebe wird ein Aufschreibesystem auch für materialste Effekte des Schreibens entstehen.

> Wenn ich einen Sohn hätte, so müßte er gar kein Papier unter Händen bekommen, als eingebundenes, zerrisse er es, oder besudelte er es, so würde ich mit väterlicher Linte dabei schreiben: dieses hat mein Sohn anno x den xten besudelt.[162]

Diese Neugier, von Lichtenberg ausgerechnet im *Sudelbuch* archiviert, plagt ersichtlich auch den Vater Lindhorst, der schon im vorhinein (als solle die Übertretung provoziert werden) schreckliche Folgen für den Fall angedroht hat, daß sein Kopist das Original mit Tintenflecken besudelt. Tintenflecke, notwendiger Ausfluß eines Lesens, das Idealfrauen materialisiert, verknüpfen buchstäblich, was Lichtenberg bloß analogisch verknüpft: das Lesen und die ,,Selbstbefleckung''. Denn daß Anselmus an jenem Punschabend und auch noch am Morgen danach Serpentina auf Veronika reduziert, geht zurück auf einen Traum, der ihm Veronikas Gegenwart unerhört eindringlich suggerierte. Also ist sein Tintenfleck so obszön wie bei Seelen- oder Serpentina-Geheimnissen, die nur geschrieben werden dürfen, das Geräusch der Lippen.

---

[161] HOFFMANN, 1814a/1976: 238 f.
[162] LICHTENBERG, F 1787/1968–74: I 655.

Dem Ideal einer schön gerundeten, kontinuierlichen und daher individuellen Handschrift gegenüber setzt der Fleck die Metapher einer Pollution. Er verzeichnet die Spur eines Begehrens, das, statt über die vielen Kanäle, Leitungen, Umwege von Sprache und Bücherwelt zu laufen, sie wie ein Kurzschluß durchschlägt. Wenn in den *Wahlverwandtschaften* Charlotte der Einladung ihres Mannes an den Hauptmann eine zustimmende Nachschrift anfügt, „verunstaltet sie", die doch sonst „mit gewandter Feder gefällig und verbindlich schreibt", „das Papier mit einem Tintenfleck, der sie ärgerlich macht und nur größer wird, indem sie ihn wegwischen will"[163]. Aus diesem immer größeren Fleck wird nachmals, zu seinem mütterlichen Teil, der kleine Otto werden.

Der Hauptmann aber ist ein Beamter und Veronika eine von Hoffmanns durchtriebenen Beamtentöchtern[164], die nur darauf sinnt, daß Anselmus Herr Hofrat und sie Frau Hofrätin werden. So verkoppelt sind die blanke Faktizität von Erotik und die blanke Materialität von Schrift um 1800. Nach dem Gesetz, daß alles, was nicht ans Tageslicht der Symbolisierung gedrungen ist, im Realen und d. h. Unmöglichen erscheint, gibt es sie nur in Delirien und Halluzinationen.[165] Nichts geringeres als Wahnsinn besagt ja ein Tintenklecks. Und die alkoholisierte Punschgesellschaft endet im unendlich paradoxen Gebrüll des Konrektors Paulmann:

„Bin ich in einem Tollhause? bin ich selbst toll? – was schwatze ich denn für wahnwitziges Zeug? – ja ich bin auch toll – auch toll!"[166]

Rettungslose Verstrickung des Wahnsinns in seine Reden: mit jedem Wort, das er spricht, unterstreicht er sich; mit jedem Wort, das er spricht, streicht er die eigenen Worte durch. So äfft die delirierende Mündlichkeit eines trunkenen Beamten die poetische Mündlichkeit Serpentinas, gleichwie die delirierende Schriftlichkeit eines trunkenen Beamten die selbstvergessene Schriftlichkeit des Dichters Anselmus äfft. Die zwei elementaren und nie aufgeschriebenen Sätze *ich schreibe* und *ich deliriere*, die Literatur um 1900 tragen werden[167], im Aufschreibesystem von 1800 sind sie das unmögliche Reale, der Schatten von Dichtung. Der Satz *ich schreibe* erscheint, aber im Tagtraum Heerbrands, der Satz *ich deliriere* erscheint, aber im Punschrausch Paulmanns. Beide erscheinen also, um das poetische Schreiben, das von Stimme zu Stimme

---

[163] GOETHE, 1809/1904 f.: XXI 21.
[164] Das zeigt, so genau wie heiter, FÜHMANN, 1979: 78–80.
[165] Vgl. LACAN, 1966/1973 ff.: III 208.
[166] HOFFMANN, 1814a/1976: 236.
[167] Vgl. FOUCAULT, 1964/1974a: 128.

führt, solange es sein Wesen wahrt, und bürokratischer Wahnsinn heißt, sobald es wortwörtlich wird, in dieses Wesen zu setzen.

*

<small>Doppelleben der Dichter-Beamten um 1800</small>

Das moderne Märchen ist folgerecht genug, die heikle Beziehung zwischen Doppelleben und Beamtenstand an seinem Herrn und Meister selbst zu entwickeln. Lindhorst, zugleich Königl. geh. Archivarius und Dichterfürst von Atlantis, steht für Unvereinbarkeit u n d Vereinbarkeit beider Funktionen. Mögen jene subalternen Beamten dem Dichter-Studenten gegenüber die bloße Unvereinbarkeit vertreten, der höchste und pädagogischste Beamte im Text weiß es besser. Er führt ein Doppelleben. Und das Doppelleben selber macht keine Not, nur seine Publikation. Unvereinbarkeit von Dichtertum und Beamtenstand entsteht erst, wenn Dichter ein Diskursverbot übertreten und beider Vereinbarkeit ausplaudern. Von nichts anderem handelt die Korrespondenz zwischen dem Schreiber und dem Herrn des modernen Märchens. In der letzten Vigilie tritt Hoffmann unter eigenem Namen auf und erzählt, daß er vor lauter Beamtenpflichten und Beamtenprosa den *Goldnen Topf* noch nicht vollenden konnte. Aus seiner Not erlöst ihn ein von Lindhorst im besten Beamtendeutsch abgefaßtes Schreiben.

> „Ew. Wohlgeboren haben, wie mir bekannt worden, die seltsamen Schicksale meines guten Schwiegersohnes, des vormaligen Studenten, jetzigen Dichters Anselmus, in eilf Vigilien beschrieben, und quälen sich jetzt sehr ab, in der zwölften und letzten Vigilie einiges von seinem glücklichen Leben in Atlantis zu sagen, wohin er mit meiner Tochter auf das hübsche Rittergut, welches ich dort besitze, gezogen. Unerachtet ich nun nicht eben gern sehe, daß Sie mein eigentliches Wesen der Lesewelt kund getan, da es mich vielleicht in meinem Dienst als Geh. Archivarius tausend Unannehmlichkeiten aussetzen, ja wohl gar im Collegio die zu ventilierende Frage veranlassen wird: inwiefern wohl ein Salamander sich rechtlich und mit verbindenden Folgen als Staatsdiener eidlich verpflichten könne (...), unerachtet alles dessen, sage ich, will ich Ew. Wohlgeboren doch in der Vollendung des Werks behülflich sein."[168]

Mit dieser Hilfestellung für einen Dichterbeamten verrät der Dichterbeamte Lindhorst ihrer aller Geheimnis. Es heißt (mit den Titelworten einer zeitgenössischen Schrift) *Der Staatsbeamte als Schriftsteller oder der Schriftsteller als Staatsbeamte. Actenmäßig dargethan.* Grävells Schrift stellt genau die Fragen, die auch Lindhorst und Kollegen intrigieren:

> Wie weit werden die Befugnisse des Schriftstellers durch die Pflichten des Staatsbeamten eingeschränkt? Wie weit geht überhaupt nur

---

[168] HOFFMANN, 1814a/1976: 251.

die Einheit der Person beider? Wem steht die Entscheidung darüber zu, ob etwas in der einen oder der andern Qualität geschehen sey?[169] Lindhorsts Antwort liegt auf der Hand. Sein Schreiben selber tut in Briefformeln wie ,,vormaliger Student, jetziger Dichter'' die Einheit der Person beider aktenmäßig dar. Beamte können Dichter sein und Dichter Beamte. Heikel wird es erst, wenn das Doppelleben nicht bloß in aktenmäßigen, aber vertraulichen Briefen erscheint, sondern vor einer ganzen poetischen Lesewelt, die selbstredend vor allem Beamtenkollegen umfaßt. Und es ist nicht der wie üblich ungeheime Titel eines Geh. Archivarius, sondern der schlechthin öffentliche des Dichters, dessen Veröffentlichung Lindhorst scheut. Staaten fordern eben von ihren Dienern eine Verbindlichkeit, die Poetisierung und Fiktionalisierung untersagt. Einmal mehr stößt das faustisch freie Sprechen namens Dichtung auf einen Pakt, der Diskurse staatstragend macht und im Beamteneid selber diskursives Ereignis wird. ,,Die Berathschlagungen des Collegii'' und alle übrigen Staatsaffären geheim zu halten fordert – so die Anstellungsurkunde Hoffmanns zum Regierungsrat – ,,seine in dieser Eigenschaft zu leistende Eydespflicht''[170]. Deshalb und nur deshalb erscheinen dem subalternen Beamten Heerbrand Buchstaben als Buchstaben, deshalb und nur deshalb entsetzt es den subalternen Konrektor Paulmann, aus dem eigenen Mund verrückte Reden über die eigene Verrücktheit hören zu müssen.

Und doch sind Beamteneid und Dichtertum nur in einer der zwei Diskursformationen, in Lindhorsts Collegio, unvereinbar. In der anderen gilt das genaue Gegenteil. ,,Was ein Staatsbeamter als Schriftsteller thut, das thut er nicht als Beamter, sondern vermöge der allgemeinen bürgerlichen Freiheit und des gemeinen bürgerlichen Rechts.''[171] Hoffmann und Hardenberg, Goethe und Schiller – sie alle kennen Möglichkeit und Geheimnis eines Doppellebens. Und wenn vereinzelte Dichter wie Hölderlin oder Kleist, weil sie es ignorieren, am Übergang vom Hauslehrer zum Erziehungsbeamten, vom Einzelkämpfer zum Königsadjutanten scheitern, heißt das Ende Tübinger Turm oder Wannseeufer.

In der Dichtung sind Dichtung und Bürokratie vereinbar, weil schon ihre Beschreibung dieser Vereinbarkeit weitere Dichterbeamte rekrutiert. Nur deshalb verzeiht es Lindhorst dem Märchenschreiber, sein Doppelleben veröffentlicht zu haben.

,,Ich will Ew. Wohlgeboren doch in der Vollendung des Werks behülflich sein, da darin viel Gutes von mir und meiner lieben verhei-

---

[169] GRÄVELL, 1820: 5.
[170] A 21.2.1802, in HOFFMANN, 1967-69: III 109.
[171] GRÄVELL, 1820: 37.

rateten Tochter (ich wollte, ich wäre die beiden übrigen auch schon los) enthalten."172

„Freilich etwas rauh", wünscht dieser Stoßseufzer nichts geringeres als die Wiederbringung des Goldenen Zeitalters. Denn „nicht eher", als bis allen drei Töchtern Gatten gefunden sind, darf der Poet in Lindhorst „seine irdische Bürde" Beamtentum abwerfen und die Atlantisherrschaft wieder antreten. Die Werbung von Schwiegersöhnen mit „kindlichem poetischen Gemüt"173 aber kann nur poetisch geschehen. Das liest der Briefempfänger Hoffmann zwischen Lindhorsts Zeilen.

> Er bot ja selbst hülfreiche Hand, mein Werk zu vollenden, und daraus konnte ich mit Recht schließen, wie er im Grunde genommen damit einverstanden sei, daß seine wunderliche Existenz in der Geisterwelt durch den Druck bekannt werde. Es kann sein, dachte ich, daß er selbst die Hoffnung daraus schöpft, desto eher seine beiden noch übrigen Töchter an den Mann zu bringen, denn vielleicht fällt doch ein Funke in dieses oder jenes Jünglings Brust, der die Sehnsucht nach der grünen Schlange entzündet, welche er dann in dem Holunderbusch am Himmelfahrtstage sucht und findet.174

Die Initiationsfunktion, beim Märchenhelden von Lindhorst wahrgenommen, springt also bei künftigen Lesern auf den Märchenschreiber über. Seine Dichtung ist Publizistik und er im technischsten Wortsinn ein Multiplikator, der Wünsche seines Herrn und Meisters Lindhorst weitergibt. *Goldner Topf* und Goldenes Zeitalter werden möglich, weil Lindhorsts Billet der Dichtung, bislang scheiterndem Ausdruck einer Innerlichkeit, eine Funktion in Diskursnetzen gibt. Sie wird Werbung um Werber. Also muß sie in die Äußerlichkeit des „Drucks" fallen. Wie Lindhorst zugleich Dichterfürst und staatlich vereidigter Schriftenarchivar, so ist sein Botschafter Hoffmann zugleich Träumer und Medientechniker. Der eine formuliert seinen Wunsch im schönsten Beamtendeutsch, der andere hat ihn in poetische Rosinen übersetzt weiterzugeben. Das ist der Grund, warum Dichtung ihr Geschriebensein nicht wie Pädagogik auslöscht, sondern umschreibt. Wenn sie nicht zum Druck käme, wären die zum poetischen Erlösungswerk notwendigen Schwiegersöhne nicht zu rekrutieren. Wenn sie umgekehrt den schieren Text hervorkehrte, bliebe die Salamandergeschichte Lesern so unzugänglich wie sonst nur noch Registrator Heerbrands verlorene Akten. Aber weil Lindhorst Hoffmann dazu bringt, sein bürokratisches Archiv durch ein poetisches zu ersetzen, löst sich

---

[172] HOFFMANN, 1814a/1976: 251.
[173] HOFFMANN, 1814a/1976: 230.
[174] HOFFMANN, 1814a/1976: 252.

alle Speichertechnik in Psychologie auf. Die Leser können die umschriebene Schriftlichkeit von Dichtung zu Herzen nehmen und wieder in Mündlichkeit oder Kindersexualität einer Phantomgeliebten rückübersetzen. Auf solche Rückübersetzung sind poetische Texte von 1800 berechnet. Die Geschichte der Dichterfürsten und Dichter, wie sie aus den Federn von Märchenheld und Märchenschreiber vorliegt, braucht auf die zwei noch ledigen Schwestern Serpentinas nicht als auf Singularitäten zu referieren. Im Gegenteil, weil sie „den Menschen" oder Männern alle „in der Gestalt der Mutter erscheinen", genügt es vollkommen, das eine Signifikat Serpentina errichtet zu haben. Seine Referentialisierung kann Lesern überlassen bleiben, deren Sehnsucht nach der grünen Schlange oder Mutter ihren Erfolg schon garantiert. „Man geht darauf aus, so ein Mädchen zu finden, wie es in den beliebtesten gelesenen Romanen vorkömmt, – und wer findet am Ende nicht, was er sucht?"[175]
Es ist eine ganz besondere Freude, dafür den empirischen Beweis antreten zu können. Hoffmanns Leser werden jene zwei ledigen Lindhorsttöchter mit Notwendigkeit finden, weil beide Serpentina gleichen, die ihrerseits Der Mutter oder Schlange gleicht. Nun ist aber die Schlange, wiederum wie Serpentina, ein Element zeitgenössischer Idealhandschriften und mithin der Abbildung fähig.

> Wenn die Schlangen kriechen, so bewegen sie sich nie gerade, sondern in lauter Krümmungen fort, so daß, wenn sie in etwas feinem Sande kröchen, eine solche (fig. 19) zurückbleiben würde. Daher nennt man eine Linie, die sich abwechselnd so hin und her krümmt, eine S c h l a n g e n l i n i e. Wer gut schreiben lernen will, muß eine solche Linie vollkommen richtig zeichnen können.[176]

Hiermit kann also erstmalig ein Bild Serpentinas veröffentlicht werden. Man betrachte Pöhlmanns *Figur 19* als Idealgestalt, an der Hoffmanns Leser ohne Schwierigkeit ihre Lindhorsttochter finden.

So elegant läuft in einer Signifikatenlogik der wirkungspoetische Effekt Multiplikation. Das Wort der Dichtung braucht keine Referenz zu haben, nur einen Sinn. Es braucht keine Verbindlichkeit zu

---

[175] BRANDES, 1802: II 440.
[176] PÖHLMANN, 1803: 38.

haben, wie Beamteneid oder Teufelspakt sie erzwingen, nur eine Schriftlichkeit, die beim Lesen oder Schreiben wieder in Bild und Geflüster grüner Schlangen rückübersetzbar wird. Wort für Wort folgen *Märchen aus der neuen Zeit* der Dichtungsdefinition Herders. Der Dichter ist Überbringer der Natur oder Mutter in Seele und Herz seiner Brüder. Die Adressaten sind lesende Männer, die Brüder mit eben dem Recht heißen, das ihrer aller Liebe zur Alma Mater gibt. Sprache und Schrift sind bloße Kanäle, durch die Kindersexualität zu Kindersexualität fließt. Und vor oder hinter der ganzen Kanalisierung steht ein geheimer Beamter, der von ihr seine Erlösung erhofft.

Was ein Staatsbeamter als Schriftsteller tut, das tut er eben nicht als Beamter, sondern vermöge der allgemeinen bürgerlichen Freiheit. Am Märchenende macht Lindhorst aus seinem Doppelleben einfach eine Arbeitsteilung zwischen sich und Hoffmann. Er selber zwar muß ins Beamtencollegium gehen und dort die Ventilierung seiner poetischen Unvereidbarkeit erdulden, aber niemand kann ihm verwehren, einen weiteren Privatsekretär nach Anselmus einzustellen. Lindhorsts Billet lädt Hoffmann in den blauen Bibliothekssaal, den Ort oder Sammelband also, wo er geistige Söhne ins Dichten initiiert. Die Geschichte, an der Anselmus schrieb, bis ihn der fatale Tintenklecks unterbrach, an der der Erzähler schrieb, bis ihn die Not seines Alltags unterbrach, diese eine und doppelte Geschichte wird vollendbar. Das innerliche Wissen namens Dichtung empfängt in Lindhorsts Archiv seine bürokratische Taufe (wie Marx das Staatsexamen nennen wird). Und erst diese Taufe macht es zur diskursiven Positivität.

Hoffmann schreibt und schreibt, bloß weil ihm Lindhorst das Zentralsymbol des Märchens: einen goldnen Topf voller Arrak[177] hingestellt hat. Trinkend gerät er in eine Halluzinose, die alles unter Prosabedingungen Unvorstellbare als sinnliche Gewißheit schenkt. Es erscheinen ihm wie in einer Laterna magica, die allen fünf Sinnen Bilder werfen würde[178], Anselmus und Serpentina am Märchenende, vereint im Dichterland. Die Halluzination beginnt

---

[177] Warum Arrak (und nicht mehr Holunder)? Um einem möglichen Buch über den Rausch und die Rede vorzugreifen: Hoffmanns autobiographische Erklärung, Arrak sei „das Lieblingsgetränk" seines „Freundes, des Kapellmeisters Johannes Kreisler" (HOFFMANN, 1814a/1976: 252), bleibt tautologisch. Es ist vielmehr davon auszugehen, daß Arrak, zumindest in Ceylon, Südarabien und Persien, aus gegorenem Palmsaft gewonnen wird. Nun ist aber Lindhorsts Bibliothek von Palmbäumen umstanden und sein genealogisches Manuskript aus Palmblättern gemacht. Mithin gilt streng symmetrisch: dieselben Pflanzen, deren Verwandlung in Serpentina den Liebesrausch des Märchenhelden erzeugt, erzeugen durch ihre Destillation den Alkoholrausch des Märchenschreibers.

[178] Über die Laterna magica als zentrale Lektüremetapher Hoffmanns vgl. KITTLER, 1994: 219–237.

mit taktilen und olfaktorischen Daten, die eben gerade die Ansprechschwelle überschreiten[179], und gipfelt in optischen und akustischen Bekundungen von Liebe, die ebensogut „Blicke" wie „Gesang" sein können.[180] Der Alkoholrausch des Märchenschreibers leistet dasselbe wie der Liebesrausch des Märchenhelden: beide machen sie ein Schreiben möglich, das vor lauter Halluzinationen gar nicht bewußt wird. So kommt auch Hoffmann schließlich hinter Lindhorsts Doppelleben-Geheimnis. Nachträglich kann er feststellen, eine Bibliotheksphantastik mehr erlebt zu haben.

> Die Vision, in der ich nun den Anselmus leibhaftig auf seinem Rittergute in Atlantis gesehen, verdankte ich wohl den Künsten des Salamanders, und herrlich war es, daß ich sie, als alles wie im Nebel erloschen, auf dem Papier, das auf dem violetten Tische lag, recht sauber und augenscheinlich von mir selbst aufgeschrieben fand.[181]

Doppellebenslust: im Kurzschluß von Halluzinieren und Aufschreiben, Rausch und Pflicht wird der Märchenschreiber zur Wiederkehr seines Gleichen, des Märchenhelden. So ist er zugleich der Widerpart der subalternen Beamten, die unter Alkohol bloß delirieren, daß sie delirieren, und im Tagtraum bloß Fraktur tanzen sehen. Poetische Tagträume dagegen sind eine multimedial halluzinierte Liebesszene und poetische Alkoholdelirien, statt das Wort zu verwirken, die säuberliche, aber unbewußte Vertextung solcher Szenen.

Ein Schreibglück, das allerdings auch nur subalterne Beamte verkennen. Die reformpädagogischen nämlich preisen es am eigenen Beispiel an – als *Methode, jungen Leuten zu der Fertigkeit zu verhelfen, ihre Gedanken schriftlich auszudrücken.*

> Ich weiß nicht, ob es allen Schriftstellern so geht, mir aber, wenn ich schreibe, ist das Bild der Sache immer gegenwärtig, und selbst bey den abstraktesten Gegenständen, schwebt mir wie ein Phantom vor den Augen, ich sehe meinen Gegenstand, welcher er auch seyn mag; und da schreibe ich, ohne an Regeln, ohne an Worte zu denken. Die Worte folgen von selbst, kaum bin ich mir derselben bewußt. Wenn das ist, so schreibt der Schriftsteller das dahin gehörige und nichts anderes.[182]

---

[179] Vgl. ELLING, 1973: 27.
[180] HOFFMANN, 1814a/1976: 253 f. Ein Irrenarzt hat es sich nicht nehmen lassen, die Genauigkeit dieses Krankheitsbildes zu unterstreichen. Kennzeichnend für Gewohnheitstrinker-Delirien sei in der Tat „nicht das Überwiegen der Halluzinationen auf dem einen oder anderen Sinnesgebiete, sondern das k o m b i n i e r t e Auftreten derselben auf verschiedenen Sinnesgebieten" (KLINKE, 1902: 233).
[181] HOFFMANN, 1814a/1976: 254.
[182] VILLAUME, 1786: 62. Vgl. dazu auch den neuen Stil-Begriff bei Karl Philipp Moritz.

Auf genau diese Art fällt auch Hoffmann die Fertigkeit zu, das vor Augen schwebende Phantom Serpentina zu verschriften. Seine écriture automatique[183] ist ohne Regeln und Wortbewußtsein und braucht deshalb historische Legitimation. Weil der Märchenschreiber nicht gleich versteht, daß jene Dopplung von Rauschglück und Beamtenpflicht, Vision und Aufgeschriebenheit die Dichtung i s t, tritt noch einmal Lindhorst auf. Hoffmanns Seufzer, im Bibliotheksphantastischen nur kurz und in Atlantis gar nicht gewesen zu sein, hat keinen Grund und der höchste Beamte das letzte Wort.

„Still, still, Verehrter! klagen Sie nicht so! – Waren Sie nicht soeben selbst in Atlantis, und haben Sie denn nicht auch dort wenigstens einen artigen Meierhof als poetisches Besitztum Ihres innern Sinns? – Ist denn überhaupt des Anselmus Seligkeit etwas anders als das Leben in der Poesie, der sich der heilige Einklang aller Wesen als tiefstes Geheimnis der Natur offenbaret?''[184]

So gründlich getröstet, kann der Erzähler unter Lindhorsts Zuspruch „Ende des Märchens'' schreiben. Sein Text ist zum Werk geworden und er zum Autor.

Autoren, Leser, Autoren

Die Historiker unterscheiden zwei Typen von Schriftkultur: eine der Schreiber, wo Schreibfähigkeit Privileg und damit Herrschaftsfunktion ist, und eine der Gebildeten, wo Schreiben und Lesen miteinander gekoppelt und damit universalisierbar werden.[185] Das europäische Mittelalter kannte den Extremfall von Schreibern, die als reine Kopisten oder Kalligraphen nicht lesen können mußten, was sie auf manuellem Weg vervielfältigten: den Diskurs des Herrn. Es kannte umgekehrt den Extremfall von Lesern, die, auch und gerade weil sie Dichter hießen, ihre eigenen Kommentare oder Fortsetzungen von Texten als partielle Analphabeten nicht selber aufschreiben konnten; sie mußten sie einem Schreiber ‚dichten' und d. h. diktieren.

Das Aufschreibesystem von 1800 ist das gerade Gegenteil: eine Kultur, die Lesen und Schreiben automatisiert und koppelt. Wenn der alte Goethe, statt selber zu schreiben, lieber Eckermann diktiert, dann nur, weil beide Männer schreiben und lesen können.[186] Wenn Novalis sein *Ofterdingen*-Manuskript, bevor es in Ungers Reformtype erscheint, noch einem Abschreiber übergibt, dann nur,

---

[183] So, über das Ende des *Goldnen Topfs*, APEL, 1978: 206.
[184] HOFFMANN, 1814a/1976: 255.
[185] FURET/OZOUF, 1977: I 90.
[186] Vgl. RONELL, 1986: 117-123.

weil „eignes Arbeiten in der That mehr bildet als widerholtes Lesen"[187]. Zweck der Kopplung zwischen Lesen und Schreiben ist also die allgemeine Bildung, Voraussetzung eine Alphabetisierung, die Lesen und Schreiben durch beider Rückbindung an ein einzigartiges Hören verschaltet.

Das Bildungssystem führt nicht einfach Prozesse weiter, die Buchdruckerkunst und Reformation angefangen haben. Im Gegenteil, die Einsicht, daß „Europa seines Volksunterrichts wegen in den Irrthum oder vielmehr in den Wahnsinn sinken mußte", seitdem seine Augen „auf das vergötterte Heiligthum der neuen Erkenntniß, auf die Buchstaben und Bücher eingeschränkt" wurden[188], macht eine Zäsur im Alphabetisierungsprozeß. Erst unter der Bedingung, ein reines und nicht entfremdetes Hören zu simulieren, werden Lesen und Schreiben um 1800 Allgemeingut.

Wie um die Konfrontation der zwei Kulturtypen auszutragen, gerät Anselmus in eine Zwangslage kalligraphischen Kopierenmüssens unlesbarer Zeichen, die Verstehen und Hören ganz auszuschließen scheinen. Aber wenn Serpentinas Stimme ihn erreicht, ist nicht nur jener Anachronismus vermieden, sondern der Leser auch schon zum Dichter promoviert. Und weil es Dichtungen, anders als Weisheit oder Erleuchtung, Götterlehren oder Verordnungen, nicht ohne Leser gibt, generiert der Leser-Dichter Anselmus immer mehr Leser-Dichter, zunächst seinen Schreiber und über dessen Relaisstation viele weitere poetische Jünglinge. So werden Lesen und Schreiben universal.

Der kontinuierliche Übergang von Autoren zu Lesern zu Autoren wiederholt auf literarischem Feld Carnots allgemeine Mobilmachung. Nicht allein technische Innovationen wie die Erfindung der Endlospapier-Produktion, nicht allein soziale Wandlungen wie der viel bemühte Aufstieg des Bürgertums, sondern Mutationen der Diskurspraxis selber haben zur ungeheuren Proliferation des Buchwesens um 1800 geführt. Daß ausgerechnet die Belletristik an die statistische Spitze der Verlagsproduktion rückte, bliebe im Rückgang auf technische oder soziale Kausalitäten ein Zufall. Dieses Aufrücken ist aber ein einzigartiges Ereignis, dessen Geschichte die belletristischen Texte selber geschrieben haben. Die Deutsche Dichtung ist so verfaßt, daß sie – über inhaltliche Einzelheiten und philosophische Meinungsverschiedenheiten hinaus – ihre Leserschaft zur Proliferation von Dichtung programmiert.

Deshalb besteht kein Anlaß, die Begriffsintention von Wörtern wie Dichtung, Autorschaft, Werk aus den Systemen idealistischer

---

[187] HARDENBERG, B 5. 1. 1800/1960-88: IV 328.
[188] PESTALOZZI, 1801/1927-76: XIII 306 f.

Ästhetik herauszuschälen. Schlichte Erzählungen bestimmen sie eleganter. Das Ende des Märchens vom *Goldnen Topf* ist Klartext. Dichtung als „Besitztum des innern Sinns" entsteht in erotischen und alkoholischen Räuschen; Autorschaft im Wiederlesen dessen, was das Delirium unbewußt zu Papier brachte; Werke schließlich sind Medien zur halluzinatorischen Substitution von Sinnesfeldern. Drei Schlüsselkonzepte des Aufschreibesystems von 1800 mithin als ebensoviele Glücksversprechen.

<small>Schreibrausch und fixe Idee</small>

Auf seiner Innenseite – der betroffenen Lesewelt zugekehrt – bildet das Medium Schrift eine Psychologie aus. Ihr verdankt die Schrift, jene kalte und uralte Technik, ihre plötzliche Universalisierung. Was technisch nur Signifikate ohne Referenz wären, sind psychologisch endogene Stimmen oder Bilder, die Lust u n d Autoren machen. Im Liebesrausch des Anselmus wie im Arrakrausch seines Dichters erstrahlt Serpentina, die Lindhorsts Billet sehr referentiell „meine liebe verheiratete Tochter" nennt, als audiovisuelle Halluzination. Es gibt sie nur als inneren Besitz von Sinnen, die der Welt gestorben sind. „Bedingung der Vermählung" mit und laut Serpentina ist eine psychologische: das „kindliche poetische Gemüt". Nüchtern und erwachsen glaubt also niemand daran, daß in Bücherblättern eine geliebte Stimme haust. Um das Transzendentalsignifikat in seinem empirischen Nichtsein zu produzieren, sind Rausch oder Wahn notwendige Bedingungen.

Die Regel der Serapions-Brüderschaft, die Hoffmanns Erzählungen als Sammelbände hervorbringt, besagt einfach, einem Punschtopf zu- und dabei jenem Pseudo-Serapion nachzusprechen, der Bambergs Türme vor seinen Augen „ganz deutlich" als „die Türme von Alexandria" erkennt und beim Erzählen seines Wahns auch psychologisch bestens geschulte Hörer „mit magischer Gewalt wie im Traum" zum Halluzinieren seiner Wörter bringt.[189] In den *Biographien der Wahnsinnigen* braucht einem liebesverzweifelten Reformökonomen nur die tote Mutter zu erscheinen, um „das immer laufende Rad unsrer Einbildungskraft. welches gleich einer Laterna magika die Bilder der Vergangenheit und Zukunft vor unserer Seele vorüber dreht", „stocken" und „dastehen" zu machen „als ein Bild, welches nicht mehr weicht, stets den Geist beschäftigt und ihn zum Wahnsinne treibt"[190]. Im *Runenberg* tritt dem Helden aus Nacht und Ruinen eine Frau entgegen, die ihm zum ewigen „Andenken" eine Tafel von „wunderlicher unverständlicher Figur"[191] schenkt und mit dieser Urschrift Christians wahnsinniges Begehren ein für allemal fixiert.

---

[189] HOFFMANN, 1819–21/1963: 26. Zu Pseudo-Serapions Argumenten vgl. dringend HOFFBAUER, 1802–07: II 65.
[190] SPIESS, 1795–96/1966: 56.
[191] TIECK, 1802/1828–54: IV 224, vgl. dazu LINDEMANN, 1971: 269 f.

Damit ist die Dichtung auf der Höhe der Zeit. Um 1800, bei ihrer medizinisch-psychologischen Erschließung des Wahnsinns, entdecken die neuen Menschenwissenschaften unter den zahllosen Erscheinungen der Unvernunft eine ausgezeichnete, die das Wesen selber von Unvernunft offenbart. Es ist die idée fixe. „Da es zur Natur des Wahnsinns gehöret, auf einerley Ideen und Begriffen zu haften, und zwar zuweilen mit Ausschließung fast aller andern"[192], rückt die idée fixe ins Zentrum der nosologischen Einteilungen, der ätiologischen Elaborationen und der psychischen Kuren, die ja vorab Zerstreuung anzielen. Sie rückt aber vor allem auf den Rang, die einzige Unvernunft von poetischer Würde zu sein. „Jede f i x e I d e e, die jedes Genie und jeden Enthusiasten wenigstens periodisch regiert, scheidet den Menschen erhaben von Tisch und Bett der Erde."[193] Weshalb bei Jean Paul ein kleiner, aber schreibender Erziehungsbeamter, der fixe Ideen en miniature kultiviert, notwendig Fixlein heißt.

Wo das Zeitalter Lange-Eichbaums tausend Querwege zwischen Genie und Wahnsinn nachweisen wird, kennt das Aufschreibesystem von 1800 einen einzigen und ausgezeichneten. Nicht Tassos Tobsucht oder Paranoia, sondern seine erotische Fixierung aufs Bild Der Frau macht ihn zum möglichen Sujet einer Goethetragödie. Nicht Blödsinn oder Gedankenflucht, sondern die „fixe Idee"[194], im Vollbesitz von Logik und Transzendentalphilosophie gleichwohl als Märtyrer Serapion aufzutreten, macht den Einsiedler von Bamberg zum ἥρως ἐπώνυμος eines Dichtervereins. Denn nur fixe Ideen realisieren in psychologischer Empirie, was in romantischen Kunstmärchen ein Zauberspiegel verheißt: „alles in seiner wahren Gestalt zurückzuwerfen, jedes Blendwerk zu vernichten, und ewig das ursprüngliche Bild festzuhalten"[195]. Registraturen wie Heerbrands oder Archive wie Lindhorsts werden historisch unnötig, wenn Seelen unmittelbar Ideen speichern können. Weshalb das ewig festgehaltene Ursprungsbild bei Spieß, Tieck, Hoffmann, Jean Paul und Novalis selbstredend Die Mutter ist.

Den biographischen Beweis dafür liefert oder erleidet (mit der Frankreich kennzeichnenden Totzeit) Hector Berlioz. Die *Symphonie fantastique*, laut beiliegendem Programm „Épisode de la Vie d'un Artiste", schmuggelt in die Sinfonik erstmals ein paradoxes, aller thematisch-motivischen Arbeit entrücktes Motiv ein. Seine Funktion: eine „idée fixe" zu fixieren, die programmusikalisch für die im Opiumrausch erscheinende Künstlergeliebte steht. Aber

---

[192] ARNOLD, 1782/1784–88: II 210, vgl. dazu die Übersicht bei LEIBBRAND/WETTLEY, 1961: 349 f.
[193] J. P. RICHTER, 1795/1959–67: IV 11.
[194] HOFFMANN, 1819–21/1963: 22.
[195] HARDENBERG, 1802a/1960–88: I 312.

kaum daß Berlioz jene englische Geliebte ein paar Jahre später heiratet, wird aus ihr, in aller Leibesfülle, die Matrone ... Nachdem im ersten Akt poetischer Hervorbringung eine Halluzination fixe Ideen produziert hat, geht im zweiten eine Schreibfeder ans Fixieren. Denn wenn die fixe Idee poetisch und wie im Fall Anselmus auf ursprachliches Hauchen bezogen ist, führen mechanische Zerstreuungstherapien, wie Konrektor Paulmann und Registrator Heerbrand sie planen, zu nichts. Solchen Wahnsinn heilt nur der Speer, der ihn schlug. Nach der Ausnüchterung finden Held und Schreiber des *Goldnen Topfs* ihre fixen Ideen von eigener Dichterhand aufgeschrieben.

Untersuchungen über den Menschen berichten von einem ,,jungen Menschen, der sich auf die Poesie legte, und bey Tage oft einen Vers nicht zu Stande bringen konnte'', bis ihm endlich der Somnambulismus beisprang. Er ,,stand des Nachts auf, und schrieb ihn nieder, las das Geschriebene wieder über, und gab sich mit lautem Lachen Beyfall''[196]. Das *Leben Fibels* berichtet umgekehrt von frühen Übungen, bei denen Fibel ,,lange fortschreibt, ohne aufs Papier zu sehen, nicht um Geschicklichkeit zu zeigen, sondern um eine zu haben, falls er einmal im Finstern zu arbeiten hätte''. Der Fall tritt ein in jener Nacht, da ein Traum-Hahn Fibel das *H* als ersten Buchstaben seiner Fibel eingibt.[197] So wenig individuell sind die berühmten nächtlichen Ergüsse des jungen Goethe. Poetisches Schreiben um 1800 heißt allemal, ,,sich gehen zu lassen''; denn ,,zum Abschreiben, zum Ausmerzen, zum Feilen, da, wo gefeilt seyn muß, findet sich demnächst der Augenblick''[198]. Erst nach der Rückkehr aus Rausch oder Traum, beim Wiederlesen des unbewußten Handwerks, tritt ein Ich samt seinem Narzißmus hinzu. Der junge Mensch applaudiert, Fibel ist am Ziel aller Wünsche, Hoffmann bewundert seine ,,saubere'' und ,,augenscheinliche'' Niederschrift des *Goldnen Topfs*, Goethe hat für Gedichte, die ,,unvermutet hervorbrachen'' und ,,im Finstern durchs Gefühl zu fixieren'' waren, ,,eine besondere Ehrfurcht''[199]. So erzeugt das narzißtische Glück beim Wiederlesen unbewußter poetischer Freiheiten die ,,Funktion Autor''[200]. Autorschaft im Aufschreibesystem von 1800 ist keine dem Schreibakt simultane Funktion, sondern ein nachträglicher Effekt von Relektüre.

Um auch dafür empirische Beweise zu erbringen, braucht man auf Dichter – wie das 1913 ein frühes Literaten-Drehbuch vor-

---

[196] TIEDEMANN, 1777-78: III 267.
[197] J. P. RICHTER, 1811/1959-67: IV 417 und 426 ff.
[198] BRANDES, 1802: III 20.
[199] GOETHE, 1811-14/1904 f.: XXV 10. Vgl. dazu SCHNEIDER, 1992: 81-86.
[200] FOUCAULT, 1969b/1974a: 7-31.

schlägt – nur die Filmkamera zu richten. Alsogleich erscheint einer, der „nervös im Zimmer herumrennt. Er schreibt einen Vers auf ein komisch gefaltetes Blatt. Er stellt sich vor den Spiegel und deklamiert den Vers und bewundert sich. Er legt sich sehr befriedigt auf den Diwan."[201]

Selbstvergessenes Schreiben, Spiegelstadium, Autorschaft – die drei technologischen Schritte zum Dichteramt. Aber um sie überhaupt zu registrieren, braucht es ein Medium jenseits von Büchern, ein Medium, das im Aufschreibesystem von 1800 fehlt. Was die Filmkamera ein Jahrhundert später allen Lachern und Lacherinnen prostituieren wird, glänzt als medientechnische Höchstleistung. Mitteleuropa tritt – nicht im statistischen Sinn, wie er die Sozialhistoriker okkupiert, aber in einem programmatischen Sinn, der die Zukunft gemacht hat – in den Stand der allgemeinen Alphabetisierung. Das Schreiben braucht die Tugenden des Wachens und Aufmerkens, die ganze Askese einer Gelehrtenkaste nicht mehr. Es kann zu einer Fertigkeit der Finger werden, die noch in Traum oder Rausch oder Finsternis weiterlaufen. Ohne Störungen und Kanalrauschen, ohne Totzeit und Übertragungsverluste transportiert das Medium Schrift reine Signifikate: fixe Ideen. Die fleischgewordene Alphabetisierung macht eine écriture automatique möglich, die keine ist. Denn erst ab 1896, nach dem Verbot von Relektüre, wird besinnungsloses Schreiben reine Signifikanten auswerfen. Um 1800 dagegen steht ein ebenso punktueller wie fragloser Schreibakt zwischen zwei universalen Polen, die ihn neutralisieren: vor ihm das Signifikat, das er übersetzen muß, nach ihm eine Autorschaft, die das Werk selbsttätiger Finger als ihr Eigentum genießen darf.

•

Vor allen anderen Diskursen im Aufschreibesystem von 1800 macht die Dichtung den erreichten technischen Standard zur Regel. Das registriert in seiner Realiensucht Jean Paul, wenn er das Schrifttum der Zeit samt allen renommierten Autornamen auf einen Ur-Autor Fibel zurückführt, den zwar „in der deutschen Nation kein Mensch namentlich kennt", aber jeder gelesen hat, da ja Fibels Ur-Fibel „Millionen Leser nicht bloß gefunden, sondern vorher dazu gemacht" hat.[202] Das registrieren sehr umgekehrt auch die philosophischen Ästhetiken. Beim Begriffsbestimmen der Dichtung können und dürfen sie vergessen, wie grundsätzlich

Dichtung als Ersatz sinnlicher Medien

---

[201] BERMANN, in PINTHUS, 1913/1963: 29.
[202] J. P. RICHTER, 1811/1959–67: VI 369.

geschrieben und gedruckt sie ihnen vorliegt. Fibels vergessenes und eben darum ständig nachgeahmtes Werk[203] hat poetisches Schreiben so leicht gemacht, daß die Philosophen es Sprechen nennen können. Zweitens können und dürfen sie vergessen, daß auch Sprechen eine Körpertechnik ist. Der Muttermund hat es so leicht gemacht, daß es Vorstellen einer Vorstellung, Halluzinieren einer fixen Idee heißen kann.
August Wilhelm Schlegels *Vorlesungen über schöne Litteratur und Kunst* auf die Frage, ,,was Poesie sei?'':

> Die übrigen Künste haben doch nach ihren beschränkten Medien oder Mitteln der Darstellung eine bestimmte Sphäre, die sich einigermaßen ausmessen läßt. Das Medium der Poesie aber ist eben dasselbe, wodurch der menschliche Geist überhaupt zur Besinnung gelangt, und seine Vorstellungen zu willkürlicher Verknüpfung und Äußerung in die Gewalt bekommt: die Sprache. Daher ist sie auch nicht an Gegenstände gebunden, sondern sie schafft sich die ihrigen selbst; sie ist die umfassendste aller Künste, und gleichsam der in ihnen überall gegenwärtige Universalgeist. Dasjenige in den Darstellungen der übrigen Künste, was uns über die gewöhnliche Wirklichkeit in eine Welt der Phantasie erhebt, nennt man das Poetische in ihnen.[204]

In schönem Unisono Hegels *Ästhetik* zum Thema Poesie:

> Indem sie weder für die sinnliche Anschauung arbeitet, wie die bildenden Künste, noch für die bloß ideelle Empfindung, wie die Musik, sondern ihre im Innern gestalteten Bedeutungen des Geistes nur für die geistige Vorstellung und Anschauung selber machen will, so behält für sie das M a t e r i a l, durch welches sie sich kund gibt, nur noch den Werth eines wenn auch künstlerisch behandelten M i t t e l s für die Aeußerung des Geistes an den Geist, und gilt nicht als ein sinnliches Daseyn, in welchem der geistige Gehalt eine ihm entsprechende Realität zu finden im Stande sey. Dieß Mittel kann unter den bisher betrachteten nur der T o n, als das dem Geiste noch relativ gemäßeste sinnliche Material seyn.[205]

Dichtung genießt in den Ästhetiksystemen eine Sonderstellung. Andere Künste definiert jeweils ihr sinnliches Medium (Stein, Farbe, Baustoff, Klang); das Medium der Dichtung dagegen – Sprache oder Ton, Sprache als Ton, selbstredend keine Buchstaben – verschwindet unter ihrem Gehalt, damit wie im Fall Nostradamus/Faust der Geist direkt dem Geist erscheinen kann. Im Aufschreibesystem von 1800 wäre Georges Wort ,,kein ding sei wo das wort gebricht'' unmöglich oder sakrilegisch. Erstens sind faktische

---

[203] Vgl. J. P. Richter, 1811/1959–67: VI 435 f.
[204] A. W. Schlegel, V 1801–04/1962–67: II 225.
[205] Hegel, 1835/1927–40: XIII 260, vgl. auch Hardenberg, 1802a/1960–88: I 209 f.

Sprachen ineinander übersetzbar, und zweitens ist Sprache überhaupt bloßer Kanal. Deshalb kann die Dichtung zwischen „Bedeutungen des Geistes" (Signifikaten) und Welt (Inbegriff aller Referenz) einen Kurzschluß schalten, der das allgemeine Äquivalent und die universale Übersetzbarkeit von Sinnesmedien dar- und sicherstellt. „Was nun die G e s t a l t u n g s w e i s e der Poesie angeht, so zeigt sie sich (...) als die totale Kunst dadurch, daß sie, was in der Malerei und Musik nur relativ der Fall ist, in ihrem Felde die Darstellungsweise der übrigen Künste wiederholt."[206] Das kann die Poesie selbstredend nicht materialiter tun, aber darauf kommt es auch nicht an. Gerade die Übersetzung anderer Künste in ein unsinnliches und universales Medium macht Dichtung aus. Dieses Medium führt den Namen Phantasie oder Einbildungskraft. Einbildungskraft ist also (nicht anders als Schreiben in Schlegels Definition des Menschen und Mannes) zugleich generisches Definiens aller verschiedenen Künste u n d spezifisches einer höchsten Kunst. Der Poesie und nur ihr wird „die Phantasie selber", „diese allgemeine Grundlage aller besonderen Kunstformen und einzelnen Künste", das „eigentliche Material"[207]. Eine definitorische Verdopplung, die sicherstellt, daß Dichtung vom Wort oder Buchstaben oder Schriftzeichen her gar nicht gedacht werden kann. Nur als Kunst der immateriellen Einbildungskraft bringt sie es fertig, das Gewimmel der Ereignisse und die Schönheiten der Erde in Bildungsgut zu verzaubern. „Die Einbildungskraft ist der wunderbare Sinn, der uns alle Sinne e r s e t z e n kann."[208]

Man hat es seltsam gefunden, daß Goethes *Propyläen*-Preisausschreiben Malern aus der Dichtung genommene Themen stellten. Aber es ist nur die Umkehrung seiner Praxis, Bilder wieder ins allgemeine Äquivalent zu übersetzen. In *Wilhelm Meisters Wanderjahren* beherrscht diese Praxis nicht nur Sankt Joseph den Zweiten, sondern den ganzen Kunstunterricht der Pädagogischen Provinz. Einer ihrer Meister fordert Schüler vor einer Statue dazu auf, „uns in Gegenwart dieses stationären Werks mit trefflichen Worten die Einbildungskraft dergestalt zu erregen, daß alles, was wir hier fixiert sehen, wieder flüssig werde, ohne seinen Charakter zu verlieren"[209]. So offen kommt zu Wort, daß poetische Worte die Liquidation sinnlicher Medien sind. Nicht genug, daß auf ihrem eigenen Feld der fließende Ton statt des Buchstabens herrscht; sie liquidieren und d. h. verflüssigen Steine und Farben, Klänge

---

[206] HEGEL, 1835/1927-40: XIII 260.
[207] HEGEL, 1835/1927-40: XIV 231.
[208] HARDENBERG, F 1798/1960-88: II 650.
[209] GOETHE, 1821-29/1904 f.: XX 15, vgl. dazu SCHLAFFER, 1980: 144 f.

und Baustoffe, Materialitäten und Körpertechniken jeder Art, bis „Einbildungskraft alle Sinne ersetzen kann".
Im *Laokoon* lautete eine Vorschrift an den Dichter, „seinen Gegenstand so sinnlich zu machen, daß wir uns dieses Gegenstands deutlicher bewußt werden als seiner Worte"[210]. Das setzte schon als Formulierung von Gradunterschieden eine Rezeption voraus, der Wörter noch nicht schlechthin flüssig wurden. Erst die vollendete Alphabetisierung macht aus Lessings Wirkungspoetik einen pädagogisch garantierten Automatismus. Jean Paul muß einmal Leser daran erinnern, daß sie seine (eben ergehende) Leseranrede, ohne es zu merken, in Druckbuchstaben lesen. Eine der phantastischsten Episoden im *Goldnen Topf* läuft als optische Vision des angesprochenen Lesers ab.[211] Und im *Sandmann* soll das „innere Bild", wie es vom „wunderlichen Geschlechte der Autoren" halluzinierend hervorgebracht wird, das Publikum „mit allen glühenden Farben und Schatten und Lichtern" erreichen.[212] Wirkungspoetische Programme, die allesamt ein Lesenkönnen reiner Signifikate voraussetzen. Die philosophische Einbildungskraft, wie sie um 1800 zum nichtmedialen Medium von Dichtung aufrückt, ist archäologisch sehr einfach ein Fibeleffekt.

Dafür gibt es Beweise, textuelle und empirische. Den Textbeweis liefert der Schutzheilige von Hoffmanns Dichterverein. Hunderte von Seiten nach Erzählung seiner phantastisch fixen Ideen kommt Serapions einfaches Geheimnis zur Sprache. Er hat – allen folgenden Dichtern zum Vorbild – „selbst Geschichtliches so aus seinem Innern herauserzählt, wie er alles selbst mit eignen Augen lebendig erschaut und nicht wie er es gelesen"[213]. Die Verwandlung Bambergs in Alexandria ist also eine Bibliotheksphantastik und der Wahnsinn fixer Ideen ein Lektüreeffekt gewesen.

Den empirischen Beweis liefern die Leseabenteuer Karl Friedrich von Klödens, der nicht erst im Griechischunterricht bei F. A. Wolf die Zäsur zweier Aufschreibesysteme durchleben durfte. Klöden kommt 1793, mit sieben Jahren, in eine Armenschule. Aber das „‚a, b, ab, b, a, ba' langweilt unendlich"[214], auswendig zu lernende Bibelverse erzeugen kein „Verstehen" und d. h. bezeichnenderweise „keine Vorstellung, kein Bild". Erst wenn Klödens Mutter, „die sehr gern liest", daran geht, ihm anstelle von Buchsta-

---

[210] LESSING, 1766/1968: V 112.
[211] Vgl. HOFFMANN, 1814a/1976: 220-222.
[212] HOFFMANN, 1816/1976: 243, vgl. dazu KITTLER, 1977a: 162-164.
[213] HOFFMANN, 1819-21/1963: 531.
[214] V. KLÖDEN, 1874: 46.

ben „den Sinn zu erklären"[215], „kommt nach und nach Verstand in die Leserei"[216]. Die perfekte Lesetechnik aber, die an der Poesie auch das Poetische, den Ersatz aller Sinnenfreuden entdeckt, lernt Klöden wie nachmals Anselmus erst im Delirium. Seine Mutter bringt dem fieberkranken Kind Campes verschulten *Robinson* ans Bett und provoziert so ein Lesen „mit wahrem Heißhunger", das „jede Scene plastisch vorstellt" und „jede Scene bis ins kleinste hätte malen können"[217].

Verstehen – vorstellen – Bilder halluzinieren: massiver könnte Hermeneutik ihre phantasmagorische Medialität nicht hervorkehren. Nachdem die Alphabetisierung (mit Pestalozzi) Anschauungsunterricht und (mit Stephani) Muttermündlichkeit geworden ist, supplementiert sie alle anderen Medien. Jene selbsternannten Drogenexperten wußten es, die mit einer „am Vorabend der Französischen Revolution fast epidemisch auftauchenden Metapher" die nicht minder epidemische Poesielektüre ein Opium nannten.[218] Lesen wird ein „Bedürfnis", das nach der Einsicht einer zeitgenössischen Fibel sich selber voraussetzt und steigert.[219] Das aber ist die klinische Definition von Sucht. Weshalb denn Anton Reiser sein Lesen als ein „Bedürfnis" beschreibt, „wie es den Morgenländern das Opium sein mag, wodurch sie ihre Sinne in eine angenehme Betäubung bringen"[220].

„Sublimation" und „Verinnerlichung", die heute gängigen Erklärungen der neuen Sucht, greifen zu kurz.[221] Das larmoyante Mitleid mit Bürgern, die ihren sogenannten Trieben entfremdet worden wären, bleibt Psychologie und damit Verschleierung positiver technischer Effekte. Alles andere als Sublimation hat stattgehabt. Im Aufschreibesystem von 1800 wird das Buch der Dichtung zum ersten Medium im modernen Sinn. Nach McLuhans Gesetz, daß der Inhalt eines Mediums stets ein anderes Medium ist, supplementiert Dichtung auf reproduzierbare und multiplikatorische Weise sinnliche Daten. Atlantis, das Geheimnis des *Goldnen Topfs*, ist einfach die Aufgeschriebenheit einer Augen- und Ohrenlust.

Diese Aufgeschriebenheit aber muß sein. Seit 1794 gibt es zwar einen optischen Telegraphen, der die eben erst ausgerufene allgemeine Alphabetisierung wieder unterläuft, den neuen Generalstäben also Übertragungstechnologien bietet, die keine Bevölke-

---

[215] v. KLÖDEN, 1874: 79 und 72.
[216] v. KLÖDEN, 1874: 89.
[217] v. KLÖDEN, 1874: 104.
[218] K. M. MICHEL, 1977: 20.
[219] HERRMANN, 1804: 107.
[220] MORITZ, 1785–90/1959: 176, vgl. dazu WUTHENOW, 1980: 90.
[221] Das zeigt K. M. MICHEL, 1977: 20.

rung mehr mitlesen kann.[222] Aber es gibt um 1800 schlechterdings keine Maschinen, um Folgen von Geräuschen oder Gesichten in ihrer Singularität und Serialität festzuhalten. Die musikalischen Partituren speichern Daten zwar seriell, aber nicht in ihrer Singularität. (Weshalb das 19. Jahrhundert den Dirigenten als Surrogat der unmöglichen Klangreproduzierbarkeit erfinden wird.) Die Ausgabe singulärer Daten in Plastik und Malerei geschieht parallel. Mechanische Apparaturen zur Klangspeicherung wie jene Vokalautomaten Kempelens oder Spalanzanis bleiben Kuriosa oder Provisorien; mechanische Apparaturen zur Reproduktion serieller Bilder desgleichen: Man kennt nur die Blendwerke einer beweglichen Laterna magica und jene Kinderbilderbücher, wo überschnelles Durchblättern der Seiten Bewegungsabläufe suggeriert.[223]

Mechanische Automaten und Spielzeuge, das ist alles. Das Aufschreibesystem von 1800 arbeitet ohne Phonographen, Grammophone und Kinematographen. Zur seriellen Speicherung/Reproduktion serieller Daten hat es nur Bücher, reproduzierbar schon seit Gutenberg, aber verstehbar und phantasierbar gemacht erst durch die fleischgewordene Alphabetisierung. Die Bücher, vordem nur reproduzierbare Buchstabenmengen, reproduzieren fortan selber. Aus dem gelehrtenrepublikanischen Kram in Fausts Studierzimmer ist eine psychedelische Droge für alle geworden.

Und solange das Speichermedium Buch ohne Konkurrenz bleibt, glauben die Leute seinem unmöglichen Versprechen. Erst Wagners *Kunstwerk der Zukunft,* diese monomane Vorwegnahme von Kino und Grammophon, wird das Saldo der „einsamen Dichtkunst" aufmachen können und müssen: Sie „regte an, ohne die Anregung zu befriedigen; sie reizte zum Leben, ohne selbst zum Leben zu gelangen; sie gab den Katalog einer Bildergallerie, aber nicht die Bilder selbst"[224].

Automatisiertes Lesen ist eben die Kunst, den Graben zwischen Bildern und Galeriekatalogen zu überspringen. Beim Anblick der Tafel voll kristallener Urschrift-Zeichen beginnt der Runenbergbesucher Christian eine Entzifferung, die alte Zeichen halluzinatorisch inszeniert. Als komme die vom Wahnsinn zur fixen Idee gebannte „Laterna magika unserer Einbildungskraft"[225] wieder in Fahrt, ziehen die Zeichen „in seinem Innern" „einen Abgrund von Gestalten und Wohllaut, von Sehnsucht und Wollust"[226], also eine

---

[222] Vgl. GRABBE, 1831/1960-73: II 373.
[223] Vgl. dazu systematisch ARNHEIM, M 1933/1977: 27 f.
[224] WAGNER, 1850/1907: III 105 f.
[225] SPIESS, 1795-96/1966: 56.
[226] TIECK, 1802/1828-54: VI 224.

multimediale Show auf. So technisch (und nicht theologisch[227]) sind idée fixe und Poesie, parallele Eingabe und serielle Ausgabe verschaltet.

*

Der neue Status von Lettern und Büchern produziert nicht nur die Bücher einer neuen Dichtung. Er hat rückwirkende Kraft und verändert auch Texte, die ehedem zu Gutenberggalaxis und Gelehrtenrepublik zählten. Über Phantomtexte wie Lindhorsts Bhogovotgita hinaus regeln *Die Serapions-Brüder*, nach Peter von Matt eine „veritable Ars legendi"[228], den historischen Wandel historischer Bücher. Einer der Brüder hat Wagenseils Nürnberger *Chronik* von 1697 ausgegraben, aber nicht zum Zweck „einer antiquarischen kritischen Abhandlung"[229]. Ein altes Sternbild der Gutenberggalaxis, das seinerseits vorgutenbergische, nämlich handschriftliche Wartburgsängerkriegssagen reproduziert hat, wird hermeneutisch umgeschaffen, bis es Sinnlichkeit selber reproduzieren kann. Der einsame Leser Cyprian, „ganz befangen von dem Zauberbilde vergangener Zeit", schlägt das Buch zu und sinnt ihm nach. Empirische Geräusche und Gesichte verschwimmen, „eine innere Stimme" beginnt zu sprechen. Der Leser gerät in einen Tagtraum, der alle von der *Chronik* genannten Minnesänger in einer amönen Landschaft zeigt und nur nicht bei Namen rufen kann, bevor Wagenseil selber auftritt und die Figuren seines Buchs identifiziert. Und zwar „erscheint Wagenseil genau so, wie er vorn in der Chronik auf einem prächtigen barocken Kupfer abgebildet ist"[230]. Eleganter könnte die Alphabetisiertheit Gutenbergiana gar nicht in Phantasmagorien übersetzen. Der Schreiber eines alten Buchs wird zur inneren Stimme, das Frontispiz zum inneren Bild, das Personeninventar zur Szene, die Kälte des Mediums Chronik also zum Zeitfluß von Geräuschen und Gesichten –: Tonfilm avant la lettre.

Soviel Sinnlichkeit (in beiden Wortsinnen) speichert die Dichtung einer Zeit, da das Medium Buch zum erstenmal universal – für alle Sinnesdaten und Leute – und zum letztenmal noch ohne Konkurrenz anderer Ton- oder Bildträger ist. Erst der Einbruch technischer

Systemintegration historisch vergangener Texte

---

[227] Zur theologischen Deutung vgl. M. FRANK, 1978: 267. Den technischen Gegenbeweis führen die psychischen Kuren zeitgenössischer Psychiatrie. Zur Heilung von fixen Ideen läßt Reil, nachgerade theatralisch, „eine ununterbrochene Folge von Objekten, wie die Bilder einer magischen Lampe, vor den Sinnorganen" der Irren „vorübergehn" (REIL, 1803: 199).
[228] v. MATT, 1971: 169.
[229] HOFFMANN, 1817b/1963: 274.
[230] v. MATT, 1971: 171.

Speicher, wie er das Aufschreibesystem von 1900 prägt, wird die halluzinatorischen Sinnlichkeiten der Unterhaltungsindustrie preisgeben und ernste Literatur auf jene Askese verpflichten, die nur mehr weißes Papier und schwarze Lettern kennt. Daß dagegen um 1800 gerade hohe Texte in audiovisueller Sinnlichkeit schwelgen, haben nur Filmhistoriker erkannt.[231] Eine Lust, die den unerhörten Belletristikboom erst möglich machte, bleibt Interpreten dunkel, die von ihr noch zehren. Denn das halluzinatorische Inszenieren, weil es Stimmen und Gesichte zwischen die gelesenen Zeilen trägt, ist die Übertragungstechnik, die aus Lesern neue Autoren macht. Im selben historischen Augenblick, da Napoleons optischer Telegraph allen Sergeanten der Großen Armee, so sie Befehle (wie Richter den *Code Civil*) nur selbständig interpretieren können, ihren Marschallsstab verheißt, zieht das alte Speichermedium Buch mit technischen Übertragungsmedien gleich.

Poetische Texte sind eben darin auf dem technologischen Epochenstand, daß sie wie keine sonst die alphabetisierten Körper „ansprechen"[232] und ausnutzen. Sie operieren auf der Ansprechschwelle selber, wo Diskursmächte als Unschuld von Leibern und Naturen paradieren. Darum und nur darum wachsen immer mehr Autoren nach. „Es gibt so viele Schriftsteller, weil Lesen und Schreiben jetzt" – 1801 – „nur dem Grade nach verschieden sind"[233]. Denn erstens, „wenn man recht ließt" – man lese: das Lesen recht beigebracht bekam –, „so entfaltet sich in unserm Innern eine wirckliche, sichtbare Welt nach den Worten"[234]. Und wenn innere Welten zweitens den Möglichkeitsgrund einer Autorschaft legen, ist es hinreichend und notwendig, Texte wie Filme abzuspulen, um Leser zu Schreibern zu machen. Den Beleg liefert einer der kanonischen Künstlerromane von 1800.

Auf seiner Bildungsreise nach Augsburg kommt der angehende Dichter Heinrich von Ofterdingen in die Höhle eines Einsiedlers, der wie Lindhorst Bücher archiviert. Er merkt Heinrichs Lust am Blättern und hält ihn in der Bibliothek zurück, während die Mitreisenden andere Höhlen besichtigen gehen. Sogleich versinkt das listig segregierte Kind in ein Anschauen, das „sich nicht satt sehen kann".

> Es waren alte Historien und Gedichte. Heinrich blätterte in den großen schöngemahlten Schriften; die kurzen Zeilen der Verse, die Überschriften, einzelne Stellen, und die saubern Bilder, die hie und

---

[231] Vgl. EISNER, 1975: 105 f., und als literaturwissenschaftliche Ausnahmen BLOOM, 1971: 36–52, sowie MCCONNELL, 1971.
[232] HEGEL, B 13. 11. 1797/1961: I 55.
[233] F. SCHLEGEL, 1801/1958 ff.: II 399.
[234] HARDENBERG, F 1798/1960–88: III 377.

da, wie verkörperte Worte, zum Vorschein kamen, um die Einbildungskraft des Lesers zu unterstützen, reizten mächtig seine Neugierde.[235]

Das historische Remake greift weiter noch zurück als bei Cyprian: auf vorgutenbergische Handschriften. Aber die mittelalterlichen Verse sind abgesetzt, wie erst in den Neudrucken des 18. Jahrhunderts durchgängig üblich; die alten Miniaturen wirken halluzinogen: Sie „eröffnen" der „Phantasie, ohne die doch niemand lesen sollte", „einen frischen, unendlichen Spielraum"[236]. Ofterdingen liest also nicht zur Zeit seines Sängerkriegs, sondern im Aufschreibesystem von 1800. Entsprechend geht sein Abenteuer weiter.

> Endlich fiel ihm ein Buch in die Hände, das in einer fremden Sprache geschrieben war, die ihm einige Ähnlichkeit mit der Lateinischen und Italienischen zu haben schien. Er hätte sehnlichst gewünscht, die Sprache zu kennen, denn das Buch gefiel ihm vorzüglich ohne daß er eine Sylbe davon verstand. Es hatte keinen Titel, doch fand er noch beym Suchen einige Bilder. Sie dünkten ihm ganz wunderbar bekannt, und wie er recht zusah entdeckte er seine eigene Gestalt ziemlich kenntlich unter den Figuren. Er erschrak und glaubte zu träumen, aber beym wiederhohlten Ansehn konnte er nicht mehr an der vollkommenen Ähnlichkeit zweifeln. Er traute kaum seinen Sinnen, als er bald auf einem Bilde die Höhle, den Einsiedler und den Alten neben sich entdeckte. Allmählich fand er auf den andern Bildern die Morgenländerinn, seine Eltern, den Landgrafen und die Landgräfinn von Thüringen, seinen Freund den Hofkaplan, und manche Andere seiner Bekannten, doch waren ihre Kleidungen verändert und schienen aus einer andern Zeit zu seyn. Eine große Menge Figuren wußte er nicht zu nennen, doch däuchten sie ihm bekannt. Er sah sein Ebenbild in verschiedenen Lagen. Gegen das Ende hin kam er sich größer und edler vor. Die Guitarre ruhte in seinen Armen, und die Landgräfinn reichte ihm einen Kranz. Er sah sich am kayserlichen Hofe, zu Schiffe, in trauter Umarmung mit einem schlanken lieblichen Mädchen, in einem Kampfe mit wildaussehenden Männern, und in freundlichen Gesprächen mit Sarazenen und Mohren. Ein Mann von ernstem Ansehn kam häufig in seiner Gesellschaft vor. Er fühlte tiefe Ehrfurcht vor dieser hohen Gestalt, und war froh sich Arm in Arm mit ihm zu sehn. Die letzten Bilder waren dunkel und unverständlich; doch überraschten ihn einige Gestalten seines Traumes mit dem innigsten Entzücken; der Schluß des Buches schien zu fehlen. Heinrich war sehr bekümmert, und wünschte nichts sehnlicher, als das Buch lesen zu können, und vollständig zu besitzen. Er betrachtete die Bilder zu wiederhohlten Malen und war bestürzt, wie er die Gesellschaft zurückkommen hörte. Eine wunderliche Schaam befiel ihn.

---

[235] HARDENBERG, 1802a/1960–88: I 264.
[236] EICHENDORFF, 1815/1957 f.: II 55.

Er getraute sich nicht, seine Entdeckung merken zu lassen, machte das Buch zu, und fragte den Einsiedler nur obenhin nach dem Titel und der Sprache desselben, wo er denn erfuhr, daß es in provenzalischer Sprache geschrieben sey. Es ist lange, daß ich es gelesen habe, sagte der Einsiedler. Ich kann mich nicht mehr genau des Inhalts entsinnen. Soviel ich weiß, ist es ein Roman von den wunderbaren Schicksalen eines Dichters, worinn die Dichtkunst in ihren mannichfachen Verhältnissen dargestellt und gepriesen wird. Der Schluß fehlt in dieser Handschrift, die ich aus Jerusalem mitgebracht habe.[237]

Der Text, einmal mehr handschriftlich, fremdsprachlich und unlesbar, kommt der Einbildungskraft wie ein Stummfilm. Abläuft eine große optische Halluzination, deren Regel kontinuierliche Augmentation (das „Größerwerden gegen Ende'') und deren Halluzinatorik spätestens dann offenbar ist, wenn sie mit einem schon geträumten Traum Heinrichs zusammenfällt. Einbildungskraft ist eben der wunderbare Sinn, der uns alle Sinne ersetzen kann. Der Traum und die Rede, die Vision und das Buch – wie im *Goldnen Topf* werden sie eins. Nur tauchen im Unterschied zu Atlantis keine akustischen Daten auf; selbst Gespräche werden wundersamerweise gesehen und nicht gehört. Die Sequenz bleibt Stummfilm, weil nur ein Einsiedler als geistiger Vater den Büchergang steuert; erst am Romanende hätte eine „Erzählung der Mutter''[238] den Dichterweg Ofterdingens auch noch einmal auditiv redupliziert.

Heinrich hat Grund, seinen Sinnen kaum zu trauen. Was er sieht, kreuzt wie das unsichtbar sehende Auge alle Sichtbarkeiten. Signifikat des Buches ist (bei einigen Verschiebungen der „Kleidungs''-Signifikanten) sein Betrachter selbst. Unverkennbar erscheint die eigene thüringische Vergangenheit, verschwommen die ausstehende Zukunft, unglaublich der Jetztpunkt des Blätterns. Ein Leben läuft ab wie im Zeitraffer: als Sequenz von Minimalsignifikaten in Minimalintervallen.[239] Minimalsignifikate deshalb, weil die Bilder ohne Redundanz sind. Sie zeigen Heinrichs eigene Gestalt ziemlich kenntlich, weiter reicht ihre Exaktheit nicht. Also nicht bis zu einer Portraittreue, die auch überzählige und bedeutungslose Details erfassen und damit über die im eigenen Körperbild gespeicherten Signifikate hinausgehen würde. Ofterdingen begegnet keinem Steckbrief oder Fahndungsphoto. Um der Einbildungskraft einen frischen, unendlichen Spielraum zu öffnen, müssen die Ähnlichkeiten zwischen Bild und Bildbetrachter in Grenzen bleiben.

---

[237] HARDENBERG, 1802a/1960–88: I 264 f.
[238] HARDENBERG, 1802a/1960–88: I 345.
[239] Schon in *Wilhelm Meisters Lehrjahren*, bei Meisters Turm-Initiation, hat das Rekrutierungsszenario Zeitrafferzüge (vgl. KITTLER, 1978: 89). Allerdings geht den vier Bildern aus Meisters Biographie die Übergängigkeit ab, die das Halluzinatorische am *Ofterdingen* ausmacht.

Es ist das offenbare, ja offenbarte Geheimnis eines Aufschreibesystems, dem alles am Individuum liegt, jenes Individuum gar nicht aufzuschreiben. „Es gibt keine Individuen. Alle Individuen sind auch g e n e r a", dekretiert Goethe.[240] Demgemäß lassen die Bildungs- und Künstlerromane von 1800 die Körperbilder ihrer Helden im Generellen. Wie Meister oder Ofterdingen aussehen, weiß niemand. Und dennoch oder deshalb tauchen immer wieder Doppelgänger auf, im Grafenschloß der *Lehrjahre* wie im Einsiedlerbuch des *Ofterdingen*. Zuletzt teilen Held und Doppelgänger nur jenen „einzigen Zug", der bei Goethe etwa ein seidner Schlafrock und bei Freud hinreichende und notwendige Bedingung psychischer Identifikation ist.[241]

Die Taktik des einzigen Zugs liegt zutage. Was bei Novalis die Miniaturen leisten, erreicht Stephanis *Fibel* durch Kupferstiche. Der blätternde Heinrich „entdeckt auf einem Bild die Höhle, den Einsiedler und den Alten neben sich"; auf dem Fibelfrontispiz entdekken Mutter und Kind beim Lesenlernen Mutter und Kind beim Lesenlernen. Beidemale wird der Jetztpunkt des Buchumgangs vom Buch verdoppelt und rückgemeldet. Beidemale ist die Identifikation alles andere als Zufall. Im Idealbild, obwohl oder weil es gar keine Portraitzüge tragen kann und darf, soll die ferngesteuerte Phantasie einklinken. Daß ein lesenlernendes Kind überhaupt die Ehre erfahren hat, von einem Aufschreibesystem erfaßt zu werden, ist jener einzige Zug, der viele andere Lesekinder zur Selbsteinsetzung verführt.

Es sind Situationen und keine Indizien (wie voreinst die odysseische Narbe oder seit 1880 die anthropometrischen Befunde), die Identifikation zum möglichen und narzißtischen Glück machen. Die bildlich verdoppelte Lesesituation ist wie keine andere geeignet, Autorennachwuchs zu züchten. Also enthält auch die Werkpoetik von 1800 eine Wirkungstheorie, aber eine, deren Regel Minimalisierung der Ansprechschwelle lautet. Technisch gesprochen: der Ausgangswiderstand der Werke, durch „sinnliche Verkörperung" der Wörter schon reduziert, wird durch die doppelgängerischen Sinnensurrogate nahe an Null gebracht.

Auf einen minimalen Ausgangswiderstand kann und muß das nachgeschaltete System maximale Rückwirkung haben. In der Einsiedlerhöhle macht ein Feedback zwischen Buch und Konsumenten aus dem Buch ein anderes und aus dem Konsumenten einen Produzenten. Anfangs nämlich hat die Handschrift, so wie sie vorliegt, keinen Schluß und (wie im Mittelalter häufig) auch Titel und Autornamen nicht. Einen Titel bekommt sie erst, indem

---
[240] GOETHE, G 1806, in RIEMER, 1841/1921: 261.
[241] FREUD, 1921/1946–68: XIII 117.

Heinrich nach ihm fragt; einen Autor erst, indem Heinrich sein Ebenbild entdeckt. Beide Modifikationen gehören zusammen, weil die zwei Buchränder Titel und Autorname[242] dieselbe Funktion haben. Erstens bezeichnet der Romantitel *Von den wunderbaren Schicksalen eines Dichters* keinen beliebigen Helden, sondern eben einen Dichter oder Autor. Und zweitens dienen Titel wie Autorname im Aufschreibesystem von 1800 zur strikten Unifizierung von Papierstößen.

Beides beweist ein Roman, der den Fragment gebliebenen *Ofterdingen* fortschreibt und vollendet, ganz wie *Ofterdingen* selber *Wilhelm Meisters Lehrjahre* fortgeschrieben und erledigt hat. Nach Abfertigung des sachsen-weimarischen Dichterbeamten Goethe[243] durch den kursächsischen Dichterbeamten Hardenberg kann ja nur noch ein Dichtersohn desjenigen Beamten, dem Hardenberg seinen Salinenassessortitel ausdrücklich verdankt hat[244], die progressive Universalpoesie tautologisch vollenden. In Loebens *Guido* sagt ein alter Weiser, nachdem er dem Dichter und Titelhelden eben das Märchen von einem Dichterhelden erzählt hat:

> Mähren bethören, und man kann sie oft zehnmal vernehmen, eh' es einem tagt. Dann ist's aber auch plözlich hell, und man weiß nun, daß sie einen eigentlich zum Besten gehabt haben, und daß wir selbst eine Figur bei den seltsam verworrenen Erscheinungen haben vorstellen müssen. Im Grunde hängen alle dergleichen Erzählungen unter einander wie einzelne Kapitel eines Buchs zusammen, von dem uns noch der Titel fehlt.[245]

Der Titel bezieht also (wie in den Fällen Bhogovotgita und *Ofterdingen* auch) Rezipienten selber ins Buch ein. Erst er garantiert, daß alle gespeicherten Diskurse eine Einheit bilden – und zwar als Dreieinigkeit von Held, Rezipient und Dichter. Das heißt dann in einer schönen Verleugnung das Dementi des Scheins, der Märchenhörer Guido sei an der Nase herumgeführt worden.

Mit der Autorschaft steht es nicht anders. Den ganzen Roman über ist sein Dichterheld auf der Jagd nach einer mysteriösen Urschrift, die wie üblich auf Pflanzenblättern steht und ihm von seinen geistigen Vätern so versprochen wie vorenthalten wird. Am strahlenden Romanende aber empfängt Guido zugleich das Buch und die Einsicht, die beim angehenden Dichter Ofterdingen und im

---

[242] Vgl. dazu DERRIDA, 1980b: 33-36.
[243] Vgl. HARDENBERG, B 23. 2. 1800/1960-88: IV 323.
[244] Vgl. HARDENBERG, B Januar 1800/1960-88: IV 315. „Ew. E(xzellenz) haben die Gnade gehabt sich meines unterthänigsten Gesuchs um meine Anstellung beym Local Salinendirectorio wärmstens anzunehmen und ich verdanke die höchste Gewährung desselben dieser gnädigsten Unterstützung mit der lebhaftesten Rührung."
[245] v. LOEBEN, 1808: 38 f.

unvollendeten Roman *Ofterdingen* Ahnung bleiben mußte. Daß eine Fibel nämlich allemal den Autor Fibel hat.

Sie beschäftigten sich, unzählige Stellen und Gemälde des Buches aufzusuchen; der König (Guido) konnte sich jezt nicht mehr besinnen, daß er einmal geglaubt, das Buch rühre nicht von ihm her. Er war der Dichter dieses unermeßlichen Werks, seine Thaten, seine Liebe der Inhalt des großen Gedichts, und auf den Bildern fanden sich lauter Gegenstände, die in sein Leben auf's einfachste verwebt gewesen waren. Der Besiz dieses Gedichts machte ihn über alles glüklich.[246]

Paroxysmus von Autorschaft: der zum Autor aufrückende Leser vergißt, daß es Tage gab, da er seine Autorschaft vergessen hatte. Im Vergessen dieses Vergessens hat die Falle Buch zugeschnappt und die Sprach-Anthropologie, die Wörter auf Menschen zurückführt, einen Adepten mehr. Wie um die Etymologie von *Text* zu beweisen, ,,verweben'' Wörter und Illustrationen ins Medium Dichtung.

Daß dieser Schluß aufs Romanende fällt und solange noch aussteht, wie Titel und Autorname fehlen, ist die höchste List der Sprach-Anthropologie. Andernfalls bestünde zwischen Text und Leserbiographie bloß das alte Verhältnis Präfiguration – daß die Bibel etwas modellhaft und vorwegnehmend darstellt, was lebenslange Nachfolge auszufüllen hat.[247] Im Aufschreibesystem von 1800 geht es gerade umgekehrt darum, Nichtdargestelltes an Rändern und Leerstellen auszufüllen. Ofterdingens Leseabenteuer steht dafür. Daß der hintere Buchrand – sein Ende – fehlt, stellt sicher, daß ,,Leben'' gut transzendentalphilosophisch ,,kein uns gegebener, sondern ein von uns gemachter Roman'' ist.[248] Daß die vorderen Ränder – Titel und Autorname – fehlen, zeichnet dem Menschen, der Roman und Sprache macht, genau umrissene Aufgaben vor. Der Dichter, der Heinrich an sich schon ist, hat den Titel *Von den wunderbaren Schicksalen eines Dichters* für sich zu bewahrheiten; der Autor, der er als Buchbetrachter noch nicht ist, hat aus der Wiedererkennung im Buchhelden hervorzugehen.

Ein todkranker Novalis braucht also nur mehr seine romantischen Freunde mit letzten Wünschen oder Mandaten einzuschalten. Er will ,,das Buch ganz in der Gestalt des W (i l h e l m) M (e i s t e r) gedruckt sehen'' und d. h. dem Verleger Unger gegenüber ,,solchen Druck und Format zur ausdrücklichen Bedingung'' machen.[249]

Errichtung der Funktion Autorschaft

---

[246] V. LOEBEN, 1808: 338 f.
[247] Über ,,figuram implere'' vgl. AUERBACH, 1939/1967: 66; in Anwendung auf *Ofterdingen* vgl. HEFTRICH, 1969: 82.
[248] HARDENBERG, F 1798/1960-88.: II 563.
[249] A. W. SCHLEGEL, B 30. 6. 1801, in HARDENBERG, 1960-88: V 137.

Sobald *Heinrich von Ofterdingen*, wie es 1802 geschehen ist, ,,in Ungerschen Lettern''[250] vorliegt, gleiten also selbst die Augen von Kindern oder Analphabeten über Buchstaben, die auf mühelosen Konsum berechnet sind. Jeder kann Autor werden, weil er in jedem Buch sich selbst wiederfindet. ,,Wilhelm Meisters Lehrjahre – haben wir jetzt allein – Wir sollten soviel Lehrjahre, in demselben Geist'' oder Druck ,,geschrieben, besitzen, als nur möglich wären – die sämmtlichen Lehrjahre aller Menschen, die je gelebt hätten –''[251].

Nicht umsonst spricht der Einsiedler, obwohl er sein Buch schon wieder vergessen zu haben vorgibt, zu Heinrich so ,,sonderbar bedeutende Abschiedsworte''. Alles an ihm ist List und Verleugnung, alles an ihm provoziert Alphabetisierung als ,,sehnlichsten'' Kinderwunsch. Heinrich scheidet im Gefühl, daß der Alte ,,von seiner Entdeckung'' (Romanheld zu sein) ,,zu wissen und darauf anzuspielen schien''[252]. Wie Lindhorst also hat der geistige Vater das Geheimnis bewahrt und es dem Initianden überlassen, seine eigene Autorschaft auch in eigener Reflexion zu entdecken. In endloser Autonymie darf nur der Betrachter-Held-Autor des Buches zur identitätstrunkenen[253] Titulierung schreiten.

Heinrich von Ofterdingen
Heinrich von Ofterdingen

Habent sua fata libelli. ,,Es gab eine Zeit, in der die Texte, die wir heute ,literarisch' nennen (Berichte, Erzählungen, Epen, Tragödien, Komödien) aufgenommen, verbreitet und gewertet wurden, ohne daß sich die Autorfrage stellte; ihre Anonymität machte keine Schwierigkeit, ihr echtes oder vermutetes Alter war für sie Garantie genug.''[254] So schlicht und mittelalterlich liegt der Roman ohne Titel noch Autornamen anfangs beim Einsiedler. Aber es

---

[250] A. W. SCHLEGEL, B 10.7.1801, in HARDENBERG, 1960–88: V 140.
[251] HARDENBERG, 1798a/1960–88: II 664.
[252] HARDENBERG, 1802a/1960–88: I 265.
[253] Vgl. HAYM, 1870: 378. ,,In mythologischer Einkleidung, in metaphysischer Verallgemeinerung enthält das Gedicht die Gemüthsgeschichte, die poetisirte Lebensgeschichte des Dichters selbst. (...) Das will uns als eine allegorische Ueberschwänglichkeit erscheinen: – aber der Poet, der Held der Apotheose, ist Hardenberg selbst!''
[254] FOUCAULT, 1969b/1974a: 18 f.

kommt ein angehender Dichter, schlägt auf, und schon rückt die Handschrift ins Aufschreibesystem von 1800 ein. „Zwischen Ende des 18. und Anfang des 19. Jahrhunderts" werden Gesetze erlassen „über Autorenrechte, über die Beziehungen zwischen Autor und Verleger, über Wiedergaberechte, usw."[255]. Diese juristische Zäsur hat rückwirkende Kraft wie die medientechnische. Nicht nur zeitgenössische Bücher, die poetische Würde beanspruchen, brauchen fortan Namen auf den Titelblättern; auch längst vorliegende werden nachträglich umgeschaffen. An der wiederentdeckten *Jenaer Liederhandschrift* „reizte es Gottsched vor allem, die Person des Verfassers festzustellen, doch griff er meistens fehl". Und als Bodmer das *Nibelungenlied* herausgab, „ging sein ganzes Bemühen dahin, den Verfasser zu entdecken. Er klammerte sich dabei an den Namen Chuonrat in der *Klage*. Bis an sein Lebensende glaubte Bodmer an einen einzigen Dichter des Nibelungenliedes"[256].

Die Einführung eines einen und namhaften Autors in Bücher, die er zu Dichtungen macht, ist also eine handgreifliche Handgreiflichkeit. Kritiker wie Gottsched und Bodmer, Buchbetrachter wie Offerdingen und Guido, Traumleser wie Anselmus oder Cyprian – sie alle produzieren unterm Schein bloßer Wiedergabe poetische Produzenten. Darum fällt dieser Produzent, wo immer die Fiktion in ihrer Überlegenheit über literarhistorische Empirie es erlaubt, mit dem Leser zusammen. Der verzauberte Wagenseil-Leser Cyprian „verrät" es seinem „vielgeliebten Leser": Der Tagträumer, dessen Bibliotheksphantastik er beschreibt, ist „eben derjenige, der im Begriff steht, dich unter die Meister zu führen"[257] – Cyprian selber als Autor jener Serapionserzählung. Friedrich Schlegels progressive Universalpoesie gibt also eine Realdefinition der Dichtung um 1800. Semantisch übersetzt sie die verschiedensten Diskurse in den einen Muttermund, pragmatisch versetzt sie ihre Leser unter die Meister oder Autoren.

Im Überspringen des Lesens, das unter einer halluzinatorischen Medialität verschwindet, feiert die Universalpoesie ihren Endsieg. Die Funktion Autor, dieses Phantom universaler Alphabetisierung, hat Gipfel und Beweis an einer wahrhaft gespenstischen Kunst. Wenn ein Phantom, dessen Bibliothek „sämtliche Werke" eines bekannten Komponisten enthält, diese Werke klavierspielend ablesen kann, obwohl das Buch zum unbeschreiblichen Staunen des Zeugen und Zuhörers nur leere und „mit keiner Note beschriebene Blätter" enthält, dann und nur dann ist dieser Leser der Autor.

---

[255] FOUCAULT, 1969b/1974a: 18. Für Deutschland vgl. BOSSE, 1981a.
[256] LEMPICKI, 1968: 261 f. und 290.
[257] HOFFMANN, 1817b/1963: 278.

Hoffmann als Erzähler hört es aus dem gespenstischen Mund. Der tote Gluck, „indem er hastig mehrere Blätter des Buchs umschlug, sagte mit dumpfer Stimme: ‚Alles dies, mein Herr, habe ich geschrieben, als ich aus dem Reich der Träume kam'"[258].

---

[258] HOFFMANN, 1809/1976: 22 f.

Der Trinkspruch

Eine Funktion Leserin ...

,,Mein Herr'' –: unter Männern und d. h. Autoren ist es kein Geheimnis, daß aus dem Reich der Träume nur leere Blätter mitgebracht werden. Wer im Konsumieren immer gleich produziert, kennt gar keine Bücher. ,,Aus einem Toten, einem Objekte'', ,,einem mit dem geschriebenen Worte zum Dinge gewordenen Gedanken'' wird ,,im Lesen'' sofort wieder ,,Subjektivität''[1]. Um überhaupt in handgreiflichen Büchern vorzuliegen, ist Dichtung um 1800 auf andere als männliche Körper angewiesen. Diese anderen stehen zum kursivierten Ich von Autorschaft und Transzendentalphilosophie als viele Nicht-Iche. Es sind Frauen, sofern sie im Plural existieren.

Noch einmal *Über die Philosophie*, noch einmal *An Dorothea*. ,,I c h lebe wenigstens als Autor in der Welt'', schreibt jener Autor seiner Geliebten.[2] Woraus mit Notwendigkeit das Postulat einer komplementären Funktion Leserin folgt. Dorothea Veit soll weniger schweigen und in göttlichen Schriften mit Andacht lesen, statt bloß andere lesen und erzählen zu lassen. Besonders aber muß sie die Worte heiliger halten als bisher. Sonst stünde es schlimm um ,,i c h''.

Leserinnen also erretten den Autor davor, gar nichts geschrieben zu haben. Ihre kultische Verehrung und erst sie verschafft Drucksachen Positivität. Es stünde schlimm um Schreiber, wenn Frauen weiterhin im großen Reich von Murmeln und Hörensagen, von Klatsch und Nachrede blieben, wo kein Gutenberg bestimmte Reden allen anderen gegenüber geheiligt hat.[3] Es stünde noch schlimmer, wenn die progressive Universalpoesie auch unter Frauen nur progressive und d. h. fortschreibende Leserinnen anträfe. Eine von zwei Seiten, vom Sprechen und vom Schreiben her eingegrenzte Lektüre ist die hinreichende und notwendige Funktion des anderen Geschlechts. Von seinem Lesen als einer geistigen Beschäftigung mit dichtenden Männern, einer reinen KONSUMTION VON DISKURSEN also hängt – und das steht geschrieben –

---

[1] Hegel, M 1799–1800/1978: 466.
[2] F. Schlegel, 1799/1958 ff.: VIII 48.
[3] Schon Basedow, ,,um dem eitlen Geschwätz'' der Frauen zu steuern, entwirft ,,ein ganzes Programm, wie es bei den Besuchen und geselligen Vereinigungen der Frauen zugehen sollte'': dichterlesend nämlich (Wychgram, 1901: 240 f.).

„das Ansehen" selber der „Litteratur in Deutschland" ab.⁴ Das andere Geschlecht ist notwendig, gerade weil es nur „Geschmack" und nicht „die schöpferische Kraft des Genies" hat: „Von dem schönen Geschlecht verbreitet sich der Geschmack auf das ernsthafte männliche, und auf die ganze Gesellschaft, und die Welt gewinnt dadurch."⁵ Um Frauen in diese neue Funktion einzuweisen, greift das System auf seine Elementarfunktion zurück. Was Frauen lesen macht, ist eine Mütter erziehende Mutter.

So wenig ich aber der Natur Sitz und Stimme im gesetzgebenden Rate der Vernunft erlauben kann, so denke ich doch, daß es keine Wahrheit geben kann, die sie nicht in ihren schönen Hieroglyphen angedeutet hätte, und ich glaube allerdings, es ist die Natur selbst, welche die Frauen mit Häuslichkeit umgibt, und zur Religion führt.⁶

Die Frau, sofern sie als Eine insistiert, bleibt am ursprünglichen Grund aller Diskursproduktion und damit ausgeschlossen von den Distributionskanälen, wie Beamte oder Autoren sie verwalten. Sie bleibt dieser entzogene Grund, um Frauen, sofern sie im Plural existieren, zur Häuslichkeit eines Lesens anzuhalten, das als Andacht vor göttlichen Schriften in der Tat Religion ist. So einfach geht die Verteilung der Geschlechter aufs Aufschreibesystem von 1800. Weil Die Mutter Autoren als Einheitsgründe poetischer Werke produziert, können Frauen nicht selber zu jener Einheit gelangen. Sie sind und bleiben eine Vielheit von Leserinnen um das Zentralgestirn Autor herum.

<small>Schriftstellerinnenanonymat um 1800</small>

Vielheit aber ist das Reich der Zufälle. Nichts hindert Frauen, das eine- oder anderemal zur Feder zu greifen. Nichts hindert indessen nicht, daß „jede" solche „Ausnahme – eine Ausnahme" bleibt.⁷ Statistik und Stochastik können einer Regel keinen Abbruch tun, die auf Natur selber beruht.

Florentin. Ein Roman herausgegeben von Friedrich Schlegel heißt die Geschichte eines angehenden Künstlers, die aber nicht der angehende Künstler Schlegel, sondern dessen vom Schreiben ausgeschlossene Lebensgefährtin verfaßt. Allerdings nur, um „ihm Ruhe zu schaffen und selbst in Demuth als Handwerkerin Brod zu schaffen, bis e r es kann"⁸. Dem dient schon das Titelblatt: In einer Zeit, da Männer so identitätstrunkene Titelblätter wie Fibels *Fibel* oder Ofterdingens *Ofterdingen* zum Druck geben, verschwindet die Schreiberin Dorothea Veit zum höheren Ruhm eines Män-

---

⁴ BRANDES, 1802: II 466.
⁵ SCHWARZ, 1792, vgl. dazu BLOCHMANN, 1966: 66.
⁶ F. SCHLEGEL, 1799/1958 ff.: VIII 45. Vgl. BRANDES, 1802: II 281.
⁷ TH. HUBER, in L. F. HUBER, 1806–19: III III.
⁸ D. SCHLEGEL, B 14. 2. 1800/1881: I 31.

nernamens, und heiße er auch nur Herausgeber.[9] Sie „hat nie den Ehrgeiz besessen, als Schriftstellerin zu gelten, und ist nie mit ihrem Namen hervorgetreten. Ihre literarische Tätigkeit war nicht Selbstzweck, sondern stand ganz im Dienste des Mannes, den sie blind geliebt hat"'[10].

Hubers gesammelte Erzählungen, fortgesetzt von Therese Huber, geb. Heyne heißt ein vierbändiges Werk, das schon im Titel den Mann und Autor von seiner Frau und Fortsetzerin trennt. Auf der einen Seite ein schlicht-edler Nachname, wie er im Autorensystem zur Individualisierung hinreichend ist, auf der anderen Seite Vorname und zwei Nachnamen, wie sie im bürgerlichen Namenssystem zur Frauenindividualisierung notwendig sind. Da die im Autor verbürgte Sammlung des Werks, dort ein apologetisches Vorwort von Therese Huber, geb. Heyne.

> Ein sehr lebhaftes, scharfgezeichnetes Bild weiblicher Liebenswürdigkeit und weiblichen Berufs, hatten mir von jeher Schriftstellerei als e n t n a t u r e n d und e n t s t e l l e n d für mein Geschlecht ansehen lassen. Jede Ausnahme war in meinen Augen – eine Ausnahme! und nachdem ich vier und zwanzig Jahre lang eine Ausnahme zu machen gestrebt habe, bin ich davon mehr überzeugt, als je. Huber entdeckte die Fähigkeit in mir, die Erfahrungen und Beobachtungen meines Lebens, in willkührliche Handlungen gestaltet, darzustellen, und fromme Gründe forderten mich auf, dieses Talent zu üben. Zehn Jahre lang ahneten selbst unsre vertrautesten Freunde nicht meinen Antheil an meines Gatten Geistes-Erzeugnissen, und während dieser zehn Jahre wußte ich es selbst gar nicht klar, daß manches schmeichelhafte Lob, was ehrenwerthe Urtheile erfreuter Leser über die von Huber herausgegebnen Erzählungen äußerten, zum Theil mir angehöre. Ich war zu innig mit ihm verbunden, war zu sehr in meinen häuslichen Beruf vertieft, um etwas mein eigen zu nennen.[11]

Streng wacht die Natur darüber, daß Frauen ihre Häuslichkeit nicht durch Autorschaft entstellen. Wenn es den Autor definirt, Diskurse schlechthin sein eigen zu nennen, so definirt es umgekehrt Frauen, ihm „rüstige Hausmütter"'[12] zu sein, die so wenig ihr ei-

---

[9] Immerhin ist es Schlegels *Florentin*-Durchsicht zu danken, daß der Roman Hoch- oder Dichtungssprache wurde und kaum mehr jene Dativ-Akkusativ-Verwechslungen enthält, die im Frauendiskurs um 1800 agrammatische Regel gewesen sein sollen. Vgl. dazu DEIBEL, 1905: 65.
[10] DEIBEL, 1905: 1, vgl. zum Ganzen SCHLAFFER, 1977: 287 f.
[11] TH. HUBER, in L. F. HUBER, 1806–19: III III f.
[12] TH. HUBER, in L. F. HUBER, 1806–19: III V. Vgl. auch RIEMER, 1841/1921: 164–166, über Goethes Ehe: Christiane hatte „durch Abnahme widerlicher Sorgen ihm die völlige Widmung an Kunst, Wissenschaft und Amt zu erleichtern. – Nur ein solches weibliches Wesen bedurfte er zu freier und möglichst ungehinderter Entwicklung seiner selbst, und keine, auf Rang und Titel Anspruch machende, in gelehrten Zirkeln, wohl gar selbst als Schriftstellerin glänzen wollende Dame hätte sie fördern oder nur sein häusliches Behagen und eheliches Glück machen können."

gen nennen, wie sie einen Gatten zu ,,Geistes-Erzeugnissen" inspirieren. In dieser verschwiegenen und anonymen Funktion bleiben schreibende Frauen ein unschuldiger Zufall. ,,Das Mädchen, welches ein Gedicht machen kann", strebt keineswegs Autorenstatus an; es ,,darf sich darauf nicht mehr einbilden, als auf eine zubereitete Speise"[13]. Frauen greifen zur Feder nur unter der Fiktion, die Zeiten seien noch mittelalterlich-namenlos.

> Nie war mein Name gedruckt worden, und ich scheute mich davor, denn dieses Stillschweigen war das Letzte, was mir aus meinem rein weiblichen Schriftsteller-Verhältniß von Hubers Lebzeiten her blieb. Eine Anzeige im Morgenblatt von meinen Briefen über Holland nennte meinen Namen – so viel mir bekannt ist – zum ersten Mal. Ganz unberufen, weder der Autor noch das Publikum gewannen dabei, und das vom Verleger auf den Titel der holländischen Briefe gesetzte Th. H. gab dem Anzeiger kein Recht dazu. Später hielt es der wackre Gerhard Fleischer in Leipzig für zweckmäßiger, meinen Namen ausgeschrieben unter eine Kleinigkeit in seiner Minerva zu setzen, und nun ward mein Incognito eine Mummerei, die eben so gegen mein weibliches Gefühl streitet, wie die Autorschaft selbst.[14]

Wenn Autorschaft als Auszeichnung des Menschengeschlechts gleichwohl nur eins der zwei Geschlechter auszeichnet, bleiben schreibende Frauen um 1800 grundsätzlich anonym oder pseudonym.[15] In ihnen haust eine Mutter, die der Widerpart aller Öffentlichkeit ist. Und nur von Männern angezettelte Zufallsketten können das Inkognito weiblicher Bescheidenheit lüften.

•

Bettina Brentano und der Urautor Goethe

Aber selbstredend hindert im Reich der Zufälle auch nichts, daß Frauen die ihnen gemäße Bescheidenheitstopik vergessen. ,,Ich mein als, ich könnt die ganze Welt auf die Welt bringen mit meinem Mund", schreibt Bettina Brentano an ihre (unter dem Männer-Pseudonym Tian dichtende) Freundin Günderode.[16] Das sind die wilden Schwingungen einer Mündlichkeit, die das Verhältnis von Welt und Binnenweltlichem auf den Kopf stellt und damit scheinbar Autorenansprüche anmeldet. Aber weil Bettina Brentano ihre Wörter keinem Eigentumsgrundsatz und keiner Unifizierungsregel unterstellt, bleibt ihr Übermut der Autorschaft gleich fern wie Hubersche Bescheidenheitstopik.

---

[13] SCHWARZ, 1792: 179.
[14] TH. HUBER, in L. F. HUBER, 1806–19: III IV f.
[15] Vgl. dazu STRECKER, 1969: 9 f., und HAHN, 1991, als systematische Diskursanalyse schreibender Frauen um 1800 und um 1900.
[16] B. BRENTANO, 1840/1959–63: I 300.

Ich bin so froh, daß ich unbedeutend bin, da brauch ich keine gescheiten Gedanken mehr aufzugabeln, wenn ich Dir schreib, ich brauch nur zu erzählen, sonst meint ich, ich dürfte nicht schreiben ohne ein bißchen Moral oder sonst was Kluges, womit man den Briefinhalt ein bißchen beschwert, jetzt denk ich nicht mehr dran, einen Gedanken zurecht zu meißeln oder zusammen zu leimen, das müssen jetzt andre tun, wenn ich's schreiben soll, ich selbst denk nicht mehr.[17] Versteh ich mich? – Ich weiß selbst nicht. – Die Augen sind mir vor Schlaf zugefallen, so plötzlich über dem Besinnen, ich muß morgen früh den Brief dem Boten mitgeben, überdies brennt mein Licht so düster, es wird bald ausgehen, gute Nacht, Brief! Der Mond scheint so hell in meine Stube, daß sie ganz klingend aussieht – die Berge gegenüber sind so prächtig, sie dampfen Nebel in den Mond. Alleweil will das Licht den Abschied nehmen, ich will aber sehen, ob ich nicht im Mondschein schreiben kann.[18]

Aus Übermut entsteht eine weibliche écriture automatique, die alle Dichterfreiheiten parodiert. Auch Bettina Brentano benutzt das Medium Privatbrief, das seit Gellert vor allem Frauen offensteht[19], solange die Briefe Handschrift bleiben und nicht zugleich – wie Schlegels Liebesbrief *Über die Philosophie* – in Druck gehen. Auch Bettina Brentano schreibt unbewußt und im Dunkeln. Aber statt durch Relektüre ihrer Handschrift zu Bewußtsein und Autorschaft zu kommen, liest sie Mondscheindelirien nicht wieder. Ihre Briefe „muß" sie „dahinflattern lassen wie Töne, die der Wind mitnimmt"[20]. Was die Parodie wegläßt, ist also jene Rückkopplung zwischen Schreiben und Lesen, die Poetik und Schreiblesemethode einfordern, um wilde Schwingungen in gestaltete Werke zu übersetzen.

Zum Schreiblesemethodiker wird daraufhin der dichtende Bruder. Einer leidenschaftlichen Briefschreiberin schreibt Clemens Brentano vor, nicht bloß „abgebrochene Gedanken" zu notieren, die erst im Empfänger zur Einheit finden, sondern aus „Kunstinteresse" „zugleich an sich selber zu schreiben", weil nur Relektüre zu „vollem und bündigem Ausdruck" führt.[21] Vor allem aber

---

[17] B. BRENTANO, 1840/1959–63: I 279.
[18] B. BRENTANO, 1840/1959–63: I 254.
[19] Vgl. SIEGERT, 1993: 35–44.
[20] B. BRENTANO, 1840/1959–63: I 479, vgl. dazu KITTLER, 1991: 220–225.
[21] C. BRENTANO, in B. BRENTANO, 1844/1959–63: I 19. Als Kommentar vgl. SIEGERT, 1993: 76. „In Goethes Postreich durchlaufen Briefe zugleich eine Transmissionsstrecke und eine Rückkopplungsstrecke. Damit ist das Problem der korrekten Adressierung, dem die ars dictaminis umfangreiche Titulare und ausführliche Abhandlungen über die salutatio gewidmet hatte, aus der Welt geschafft. Wenn die Romantik auf die Frage ‚Wohin gehen wir denn?' antwortet ‚Immer nach Hause', so antwortet sie auf die Frage ‚Wohin schreiben wir denn?' ‚Immer an Goethe'. In einem Postsystem, das Den Autor postiert, gelangen alle Briefe unfehlbar an eine universale Adresse: an Den inneren Menschen."

rät er seiner Schwester, weil sie Frau ist, die umgekehrte Rückkopplung: ein intensives Lesen, bei dem Bettina, wann immer „es möglich" ist, ihre „Empfindungen während oder nach der Lektüre niederschreiben und" ihm „schicken" soll.[22] Kunstgerechtes Schreiben hat an Frauen demnach nur den Zweck, ihre Funktion Leserin wahrnehmen zu können.

> Es würde mich freuen wenn Du etwas Geschichte läsest und außerdem meistens Göthe und immer Göthe, und vor allem den 7 Band der neuen Schriften, seine Gedichte sind ein recht Antitodum (sic) der Empfindsamkeit. (...) Überhaubt ist es mir sehr verdrüßlich, daß Du mir nichts von Deiner innern Bildung schreibst, mich nicht fragst, was Du lesen sollst u. d. g., waß will und soll Deine ängstliche Liebe zu mir, wenn sie nur ewig wiederholt, waß nun einmahl da ist, nehmlich daß wir uns gern haben und dies ist recht wie es bei Geschwistern sein soll; aber besser wäre es, wenn Du Dein Vertrauen zu mir so benuzztest, daß Du mir Einfluß auf Deine Bildung gönntest, daß Du mich über alle Lektüre um Rath fragtest.[21]

Seitdem Steig das Original dieses Briefs gefunden hat und niemand seinen Nachdruck in *Clemens* Brentanos *Frühlingskranz* mehr eine von Bettinas schönen Fälschungen nennen kann, ist auch nicht mehr zu ignorieren, wozu Deutschland Klassiker hat. Der Name Goethe (wie in anderen Kulturen der Name-des-Vaters) bündelt alle Diskurskontrollen, die das Aufschreibesystem von 1800 braucht. Wenn Bettina ihrem Bruder nur Gehör geben wollte, wäre systemgerechte Verteilung der zwei Geschlechter schon erreicht. Männer rücken im Wiederlesen des eigenen Schreibens zur Funktion Autorschaft auf, Frauen im Beschreiben des eigenen Lesens zur komplementären Funktion Leserin. Auf der einen Seite paradiert der Urautor Goethe, im Sammeln eigener *Schriften* die Norm von Dichtung setzend. Auf die andere Seite treten Frauen, die, statt nur ewig eine verliebte écriture automatique zu wiederholen, meistens Göthe und immer Göthe lesen, bis sie im Lesefruchtsammeln das Ansehen Deutscher Dichtung sicherstellen. Dort die Buchproduktion, die unleserliche Urschriften oder unhörbare Mutterstimmen traumdeuten darf, hier eine Pflicht intensiver Wiederholungslektüre, die kein Faust oder Anselmus oder Cyprian je beherzigen würde.

Offen bleibt nur, ob reiner Diskurskonsum, wie versprochen, schon das Gegengift zur weiblichen Hysterie verabreicht.[23] Weil

---

[22] C. BRENTANO, in STEIG, 1892: 264 f.
[23] Brentano hat nicht angestanden, die behauptete „Empfindsamkeit" seiner Schwester auch mit „Verstopfungen im Unterleib" (wie bei „Besessenen" und „Hexen in den vorigen Jahrhunderten") zu identifizieren (C. BRENTANO, in STEIG, 1892: 264).

gerade Brentanos Pflichtautor ein „Dichter der Weiblichkeit" ist[24], kann weibliche Goethelektüre nicht ohne Folgen bleiben. Heldinnen und Leserinnen der Dichtung rücken sehr nahe. Wenn Brentano seiner Schwester den *Wilhelm Meister* schenkt, beginnt das berühmteste Leseabenteuer verliebter Empfindsamkeit. Bettina Brentano nimmt das Buch wie einen Geliebten ins Bett mit und findet an der Kindgeliebten seines Helden ihr eigenes Ebenbild.[25] Ja, die angeblich so kraftlose Empfindsamkeit ist kühn genug, über das geschenkte Buch hinaus zu dessen Autor vorzustoßen. Sie nimmt den brüderlichen Rat, ihre Empfindungen während oder nach der Lektüre niederzuschreiben, wörtlich oder allzuwörtlich und schickt sie als Briefe nach Weimar. Goethes *Briefwechsel mit einem Kinde* ist die Folge.

Einem Autor schreiben, daß er erstens selber die Frauen liebt, die seine Romanhelden lieben[26], und daß zweitens die Unterzeichnete diesen Frauen gleicht –: solches Schreiben des eigenen Lesens treibt die Funktion Leserin ins Extrem. Alle Transzendentalsignifikate der Dichtung erhalten plötzlich eine Referenz: aus Der Frau wird eine Frau, aus dem Helden der Autor, aus dem Autor ein Mann. Bei strikter Anwendung kann die neue Hermeneutik nur Eskalationen von Liebe auslösen. Johann Adam Bergks eben erschienene *Kunst, Bücher zu lesen, nebst Bemerkungen über Schriften und Schriftsteller* hat vorgeschrieben, als „Erstes" müsse man „beim Lesen das Feuer der Einbildungskraft anfachen, um den Vorstellungen Lebendigkeit einzuhauchen". Das tut Bettina Brentano, wenn sie Vorstellungen wie Held und Heldin referentialisiert. Zweitens hat Bergk, seinem Untertitel nur gemäß, unverblümt gefordert, daß „wir aber nicht nur die Schriften lieben, sondern unsere Liebe auch auf die Person ihrer Verfasser übertragen"[27]. Das tut Bettina Brentano, wenn sie ihre hermeneutischen Einsetzungsakte alle zu jener Liebeserklärung erklärt, die sie sind, und auf der Spur ihrer endlosen Briefe selber die Postkutsche nach Weimar nimmt. „Diejenigen Schriftsteller, deren Werke einen großen Eindruck auf sie machen", „persönlich zu sehen", heißt unter Bedingungen von Autorschaft ja „an Weibern n a t ü r l i c h"[28]. Bei Goethe ist ihrer aller „Leben" oder

---

[24] L. F. HUBER, 1802, zit. KLUCKHOHN, 1922: 276, Anm. 4.
[25] B. BRENTANO, 1835/1959–63: II 370. Wenigstens bei dieser Mignon-Identifikation hat ihr der Autor einmal recht gegeben. Vgl. GOETHE, G 23. 7. 1827/1965–72: III 2, 224.
[26] So B. BRENTANO, 1839/1959–63: II 222, über die Ottilie der *Wahlverwandtschaften*.
[27] BERGK, 1799: 61 und 64.
[28] BRANDES, 1802: II 468.

Briefschreiben, wie Rahel Varnhagen so bündig formuliert, „an seine Adresse gelangt."''[29] Die Funktion Autor wird wie jede Gottheit von einem Realen getragen. Es ist die Lust der Frauen.

Ce qui se tentait à la fin du siècle dernier, au temps de Freud, ce qu'ils cherchaient, toutes sortes de braves gens dans l'entourage de Charcot et des autres, c'était de ramener la mystique à des affaires de foutre. Si vous y regardez de près, ce n'est pas ça du tout. Cette jouissance qu'on éprouve et dont on ne sait rien, n'est-ce pas ce qui nous met sur la voie de l'ex-sistence? Et pourquoi ne pas interpréter une face de l'Autre, la face Dieu, comme supportée par la jouissance féminine?[30]

Aber auch diese Lust, die empfunden und nicht gewußt wird – Leserinnen haben sie gewußt. Dorothea Schlegel über den 14. November 1799, den Tag ihrer ersten Goethebegegnung: „Diesen Gott so sichtbar und in Menschengestalt neben mir, mit mir unmittelbar beschäftigt zu wissen, es war für mich ein grosser, ein ewig dauernder Moment!"[31] Rahel Varnhagen über den 20. August 1815, den Tag ihrer zweiten: „Kniee und Glieder zitterten mir mehr als eine halbe Stunde. Und laut, und wie rasend, dankte ich Gott in seine Abendsonne laut hinein. (...) Meine lieben Augen s a h e n ihn: ich l i e b e sie!"[32]

Der Autor wird Gott, weil die Lust der Frauen ihn trägt. Die Frauenkörper werden empfunden, weil sie den Gott empfinden und nach der Logik von Minimalsignifikaten „jenes Wort, jede Silbe, jedes Ach" seines Mundes „deuten" können.[33] Leserinnen und Autor umfängt ein hermeneutisch-erotischer Zirkel, der Lektüre und Liebe gleichermaßen regelt. „Man" und d. h. frau „kann nicht lieben, ohne Goethe zu lieben"[34]. Dem dienen alle die Gleichsetzungen von Held und Autor, von gedichteten und lesenden Frauen. Weil die Gleichsetzungen jedoch schon den gelesenen Dichtungen eingeschrieben sind, begegnet dem Autor, wenn Frauenlesen und -lieben in ihm zusammenfallen, seine Wahrheit.

•

Goethes Tasso als Dichter der Weiblichkeit

Es ist sehr billig, daß die Frauen dir
Aufs freundlichste begegnen: es verherrlicht
Dein Lied auf manche Weise ihr Geschlecht,

---

[29] R. VARNHAGEN, B 9. 2. 1822, zitiert bei HAHN, 1991: 62.
[30] LACAN, 1975: 71.
[31] D. SCHLEGEL, B 18. 11. 1799/1881: I 23. Vgl. dazu HAHN, 1991: 55.
[32] R. VARNHAGEN, B 20. 8. 1815/1874-75: IV 266 f., vgl. dazu BÜRGER, 1977: 94-97.
[33] R. VARNHAGEN, zit. KEY, 1907: 142.
[34] R. VARNHAGEN, B 30. 10. 1808/1874-75: I 88.

sagt die Prinzessin im *Tasso* ihrem Dichter, der mithin ganz wie sein Autor „Dichter der Weiblichkeit" ist. Und jene Sprecherin weiß wie niemand sonst, was Freundschaft und Verherrlichung besagen. In einer Jugend ohne Gesundheit, ohne Geliebten, ohne Mann, als ihre einzige und von den Ärzten schließlich auch noch verbotene Lust Gesang war, hat die Prinzessin „Schmerz und Sehnsucht und jeden Wunsch mit leisen Tönen eingewiegt". Einmal mehr also wäre die Diagnose hysterischer Empfindsamkeit am Platz, wie sie Bettina Brentano von einem Bruder angetan wird. Nur ist eben auch bei der Prinzessin „Krankheit des Gemüts" der beste Boden, um aus dem Erscheinen eines Dichters das eines Gottes zu machen. Es ergeht ihr beim ersten Anblick Tassos nicht anders als Dorothea, Bettina, Rahel e tutte quante beim ersten Anblick Goethes.

> Ihn mußt' ich ehren, darum liebt' ich ihn;
> Ihn mußt' ich lieben, weil mit ihm mein Leben
> Zum Leben ward, wie ich es nie gekannt.

Wer als Dichter das Geschlecht der Frauen verherrlicht, macht Frauen eben „jede Stimmung durch (sein) liebendes Verstehen individueller und reizender"[35]. Er erst gibt ihnen ein individuelles Leben, das Liebe zum Autor-Individuum ist. Nur ob auch umgekehrt Dichten und Lieben des Autors eine individuelle Frau meinen, muß offenbleiben. Das Aufschreibesystem von 1800 schreibt ja Einzelheiten nicht auf, weder Eigennamen noch unverkennbare Bilder. Frauen, so sie im Plural existieren, kommen i n Dichtung eben darum nicht vor, weil sie f ü r Dichtung die Funktion Leserin haben. Geschrieben steht an ihrer Statt einzig und allein Die Frau – laut Tasso ein „Urbild jeder Tugend, jeder Schöne" oder (in Platons „Griechisch") die ἰδέα τοῦ ἀγαθοῦ, als welche dem *Tasso*-Dichter ja grundsätzlich in Frauengestalt erschien.

> Merkwürdige Reflexion Goethes über sich selbst: daß er das Ideelle unter einer weiblichen Form oder unter der Form des Weibes konzipiert. Wie ein Mann sei, das wisse er ja nicht.[36]

Die Frau, die geschrieben steht, ist zugleich Bild und Name, ohne aber Bild und Namen zu haben. Leonore Sanvitale, eine von Tassos Leserinnen, erkennt, daß er „mit mannigfalt'gem Geist ein einzig Bild in allen seinen Reimen verherrlicht" und, „was er liebt, aus allen Sphären auf einen Namen niederträgt". Ein Trick, den Tasso bei Goethe und Goethe beim alten Zeuxis abgeschaut hat. So nimmt etwa der *Werther*-Dichter sich „die Erlaubnis, an der

---

[35] B. BRENTANO, 1835/1959–63: II 354 (über Goethe).
[36] GOETHE, G 24. 11. 1809, in RIEMER, 1841/1921: 313 f. Vgl. dazu SCHREIBER, 1981: 283.

Gestalt und den Eigenschaften mehrerer hübscher Kinder (seine) Lotte zu bilden''[37]. Einzelzüge werden gemischt und, um aus Frauen Die Frau zu konstruieren, gelöscht –: produktionspoetisches Pendant zur Wirkungsästhetik der drei Lindhorsttöchter und ihrer einen Gestalt. Darum wirken das einzig Bild und der eine Name in Tassos Versen auch ganz wie Die Mutter auf angehende Autoren. ,,Die selige Schwermut'', mit der er sein Frauenbild besingt, ,,lockt ein jedes Ohr und jedes Herz muß nach''.
Aber was beim Autorennachwuchs auf strahlende Diskursproliferation hinausläuft, ist bei Leserinnen nicht ohne Gefahr. Leonore und die Prinzessin, Sprachrohr und Ohr dieser Wirkungspoetik, fallen beide in ihren Geltungsbereich. Sie selber haben Frauenohren und -herzen. Folgerecht versucht die Prinzessin, Tassos Verführungskraft einzuschränken, indem sie das Urbild Frau an eine singuläre Referenz koppelt. Nicht jedes Frauenherz (das ihre eingeschlossen) muß dem Dichter verfallen, denn

> Wenn er seinen Gegenstand benennt,
> so gibt er ihm den Namen Leonore.

Aber die beim Namen Gerufene ist um Antwort nicht verlegen.

> Es ist dein Name, wie es meiner ist.
> Ich nähm' es übel, wenn's ein andrer wäre.
> Mich freut es, daß er sein Gefühl für dich
> In diesem Doppelsinn verbergen kann.

Die Homonymie des poetischen Frauenbildes ist also, wie eine der zwei Leonoren klar erkennt, kein Zufall und keine Ausnahme. Im Gegenteil, Dichtung im Aufschreibesystem von 1800 hat zu solchem Doppelsinn alles Recht. Daß Tasso die Individualisierungsregeln des bürgerlichen Namenssystems übertritt, ist keine Übertretung, die ja laut Leonore eben in ihrer Beachtung läge. Nur die systematische Mehrdeutigkeit poetischer Frauennamen und -bilder erlaubt es Autoren und Leserinnen, ihre zwei komplementären Rollen zu spielen. Dichter können ihren Wunsch schreiben, ohne ihn festzuschreiben; Frauen im Plural können zum Wunsch dieses Wunsches werden. Die Mehrdeutigkeit ist diskursproduktiv: sie macht Männer schreiben und Frauen Geschriebenes berätseln. Auch das ist ein Effekt der Sprach-Anthropologie, die an den Ursprung von Reden Mensch und Seele setzt.

Die zwei Frauen im *Tasso* frönen einer Rätsellust, die ihr Lesen zugleich anstachelt und belohnt. Entweder spricht oder schreibt es eine Leonore der je anderen zu, die wahrhaft Beschriebene zu sein; oder eine Leonore liest gerade umgekehrt den doppelsinnigen

---

[37] GOETHE, 1811–14/1904 f.: XXIV 176.

Namen als unzweideutig ihren. Mit alldem aber wandeln sie nur auf Bahnen, die schon der Homonym-Erfinder angelegt hat. Dem Autor Tasso hat es bekanntlich ein Gott gegeben, poetisch und d. h. mehrdeutig sprechen zu können in Lagen, wo der Mensch in seiner Qual verstummt. Nur ist diese Gabe, weit entfernt, Begehrungen in positive Diskursfelder einzuschreiben, auch selber Qual. Weil eineindeutige Frauennamennennung Übertretung wäre, retten vor Verstummen zwar nur poetische Homonymien; aber was der Dichter Tasso an Antonio, dieser Beamten-Präfiguration, als ihm versperrte politische Praxis beneidet, läuft ja hinaus auf dessen Recht, Verträge unterschriftsreif zu machen, die sodann ein einziger und unzweideutiger „Namenszug" des Fürsten in Kraft setzt. Dergleichen Eindeutigkeiten durch Nennung oder gar Umarmung einer Frau, die nicht bloß Die Frau wäre, auch der Dichtung zu verschaffen, ist Tassos Begehren, sofern es Begehren eines Begehrens ist. Alle Qual und Wonne solcher Desambiguierung durchläuft sein Verhältnis zur Prinzessin.

Der *Werther*-Dichter nimmt sich nicht nur „die Erlaubnis, an der Gestalt und den Eigenschaften mehrerer hübscher Kinder (seine) Lotte zu bilden", sondern auch die umgekehrte, „die Hauptzüge von der geliebtesten zu borgen". Ganz entsprechend erläutert Tasso der Prinzessin, wie wenig allgemein seine Verherrlichung der Frauen im allgemeinen zu lesen ist.

> Was auch in meinem Liede widerklingt,
> Ich bin nur e i n e r, e i n e r alles schuldig!
> Es schwebt kein geistig unbestimmtes Bild
> Vor meiner Stirne, das der Seele bald
> Sich überglänzend nahte, bald entzöge.
> Das Urbild jeder Tugend, jeder Schöne;
> Was ich nach ihm gebildet, das wird bleiben (...).
> Und was hat mehr das Recht, Jahrhunderte
> Zu bleiben und im stillen fortzuwirken,
> Als das Geheimnis einer edlen Liebe,
> Dem holden Lied bescheiden anvertraut?

Ein solcher Selbstkommentar, der dem doppelsinnigen Namen Leonore eine „eine" Referenz und damit dem eigenen Werk die Funktion gibt, biographische Geheimnisse in offenbare zu übersetzen, ist so riskant wie autoritativ. (Nicht immer sprechen *Dichter über Dichtung* nur zu Seminarzwecken.) Das Dementi Der Frau gibt e i n e r Frau derart deutliche Fingerzeige, daß nur noch Fingerzeige antworten können. Die Prinzessin spinnt Tassos rhetorisches Fragen weiter.

> Und soll ich dir noch einen Vorzug sagen,
> Den unvermerkt sich dieses Lied erschleicht?
> Es lockt uns nach, und nach, wir hören zu,
> Wir hören, und wir glauben zu verstehn,

Was wir verstehn, das können wir nicht tadeln,
Und so gewinnt uns dieses Lied zuletzt.

Der Hermeneutenweg vom Ohr zum Herzen, von einem Lesen, das automatisch wie Hören läuft, zu einem Verstehen, das im Text den Autor entdeckt – die eine Leonore hat ihn als Weg für Leserinnen überhaupt beschrieben, die andere gibt zu verstehen, daß es ihr eigener ist. An der Grenze dessen, was sie sagen darf, sagt die Prinzessin, daß Tassos Mehrdeutigkeit, statt nur Die Frau zu besingen, ihm eine Frau „gewinnt". Und wenn der Autor dieses Verstehen von Verstehen noch einmal aus Frauenmund hört, ja seinerseits zu „verstehn glaubt", hat die erotische Falle Text auch ihn.[38] Liebeswahn und Paranoia, die Endstationen von Tassos psychopathologischem Trauerspiel, sind keine endopsychische Abirrung eines Einzelnen; sie resultieren aus der Adreßstruktur selber von Dichtung. Wenn die Referenz der mehrdeutigen Signifikanten einem Transzendentalsignifikat zu Liebe offenbleibt und wenn dieses Signifikat am Dichtungsursprung unauslöschlich wie fixe Ideen ist, werden Autoren wie Leserinnen einem Beziehungswahn ausgesetzt, der jeden Wortlaut und Papierfetzen der unsäglichen, aber unauslöschlichen Wahrheit verdächtigt.

Während Antonio Verträge unterschriftsreif macht und Diplomatenpost aufgibt, taumelt Tasso durch ein Labyrinth von Zeichen, wo verirrte Briefe und verschwundene Papiere immer schon Absicht und Verrat verraten. So weit geht die Komplementarität von Beamtem und Dichter, diesen zwei Bruchstücken „e i n e s Mannes". Darum besagt es wenig, ob Tasso im Recht oder verrückt ist; seine Paranoia bezeugt nur, daß Leute, denen soziale Leistungen zugewiesen sind, die mit Sprache und Schrift zusammenhängen, die symbolischen Diskordanzen einer Kultur bis zum Exzeß auszutragen haben.[39] Denn der an verirrten Briefen und verschwundenen Papieren Verdacht nimmt, gibt sie selber und nachgerade berufsmäßig auf. Überall im Paradiesgarten von Ferrara hängen wie Flaschenposten Tassos poetische Verherrlichungen der einen und doppelten Leonore an den Bäumen. Und dennoch fehlt bei all den Reden, die die Dichtung Dichter und Leserinnen über Dichtung führen läßt, ein Wort über jene Streuung der Wörter. Nur das Was des Geschriebenen (der poetische Doppelsinn), nicht das Daß des

---

[38] Die zitierten Worte der Prinzessin sind, „to say the least, ambiguous. In view of the sentiments Tasso has expressed throughout the scene, the effect upon him of the Princess's words is only to be expected. He understandably interprets these lines as encouragement and a sign of hope for a realization of his desires, which then her final speech of the scene only strengthens. When Tasso is overcome with ecstasy, she can hardly be said to rebuff him". (WALDECK, 1970: 18 f.)

[39] Vgl. dazu LACAN, 1966/1973 ff.: I 121.

Schreibens (seine strategische Funktion) wird Thema. Jeden Boden verlierend, scheitert u n d hängt Tasso zuletzt an einem Felsen namens Antonio, wo Schreiben blanke Macht ist. Aber davon will das Aufschreibesystem von 1800 nichts wissen.

*

Und wie der Autor, so die Leserinnen. Goethes *Briefwechsel mit einem Kinde* postfiguriert in aller Genauigkeit, was *Tasso* beschrieben oder vorgeschrieben hat. Nur ist es diesmal die Leserin, die der Konfusion von poetischen und bürgerlichen Namen, von Dichtungen und Briefen verfällt und im Unterschied zur verstummenden Prinzessin ihren Beziehungswahn sagt. Bettina Brentano nämlich, die auch vor Goethe nur ewig eine Liebeserklärung wiederholt, erzwingt schließlich eine Antwort, die keine ist. Anstelle von Gegenliebeserklärungen kommt nach Frankfurt ein Sonett, das sie – laut Begleitschreiben des Autors oder Briefromanhelden Goethe – zufriedenstellen soll. Aber diese Antwort bleibt dunkel nicht nur, weil Dichtung singuläre Referenzen ja umgehen muß, sondern weil sie Namensspiele treibt wie Tassos Ferrareser Flaschenposten. Das Sonett heißt *Scharade* und scheint unter den Augen einer verliebten Goetheleserin unumschränkte Einladung, jener Charade den eigenen Eigennamen zu entlocken. Mit der Prinzessin gesprochen: ein fremdgesteuerter Beziehungswahn.

Poetische Liebeserklärungen

> Es lockt uns nach, und nach, wir hören zu,
> Wir hören, und wir glauben zu verstehn,
> Was wir verstehn, das können wir nicht tadeln,
> Und so gewinnt uns dieses Lied zuletzt.

Demgemäß handelt *Scharade* von zwei Wörtern, die der Dichter beide in einem Bilde und als den Namen seiner Geliebten zu lallen hofft – bis in den Wortlaut hinein Tassos Logik von Frauennamen und -bild. Aber Bettina Brentano, unglücklicher oder glücklicher als jene zwei Leonoren, findet die zwei verrätselten Wörter der Charade und mithin auch ihren Eigennamen nicht.

> Wer sind die beide? Wer ist mein Nebenbühler? In welchem Bild soll ich mich spiegeln? – und mit wem soll ich in Deinen Armen verschmelzen? – Ach, wie viele Rätsel in e i n e m verborgen, und wie brennt mir der Kopf. (...) Du siehst, Freund, wie Du mich hinüberraten läßt in die Ewigkeit; aber das irdische Wort, was der Schlüssel zu allem ist, das kann ich nicht finden.
> Aber Deinen Zweck hast Du erlangt, daß ich mich zufrieden raten solle, ich errate daraus meine Rechte, meine Anerkenntnis, meinen Lohn und die Bekräftigung unsers Bundes, und werde jeden Tag Deine Liebe neu erraten.[40]

---

[40] B. BRENTANO, 1835/1953: II 163.

Die Leserin meint am Sonett einen Brief zu haben, der sie selber meint. Es ist schon so, wie Goethe bemerkt hat: ,,Weiber verstehen alles à la lettre oder au pied de la lettre."[41] Nicht zufrieden mit dem Transzendentalsignifikat Frau, möchte Bettina Brentano auch ,,das irdische Wort" geschrieben stehen, das ihr aber aus Gründen entgeht. Denn *Herz* und *lieb*, die zwei Lösungswörter der *Scharade*, sind im Sonett nicht nur kunstvoll verrätselt. Erraten und zusammengezogen würden sie den Nachnamen einer anderen Traumliebe Goethes ergeben: Minna Herzlieb. Poetische Metaphern und bürgerliche Frauennamen, referenzloses Spiel und autobiographisches Bekenntnis hat der Autor zur Deckung gebracht. Goethe kann sein Sonett, weil es auch exoterisch Sinn macht, an Leserinnen voller Gegenliebeserklärungssehnsucht schicken und sie zugleich, weil der esoterische Sinn zwischen den Zeilen versteckt bleibt, an der Nase herumführen. So listig sind Werke, die nebenher Briefdienste tun.

Weil es ein Rätsel bleibt, ob und wen ein Autor liebt, entwikkeln Leserinnen hermeneutische Liebe zu seinen Werken. ,,O! man kann nicht lieben, ohne Goethe zu lieben", erkennt Rahel Varnhagen. Es ist aber das offenbare Geheimnis der Dichtung, zu Frauen mit zwei Zungen zu reden. Wer Sonette wie *Scharade* schickt, ist nicht ohne Liebe für seine Leserin, und doch erträumt er eine andere. Immer bleibt ein Rest – eines jener süßen Frauenbilder, wie die bittre Erde sie nicht hegt. Jenseits beredsamer Briefschreiberinnen gibt es immer noch, stumm und verstummend, die oder das Herzlieb.

Der Held von Tiecks *Runenberg* hat nach dem unauslöschlichen Anblick Der Frau gleichwohl Vergessen und die Ehe mit einer von denen gesucht, die im Plural existieren. Umsonst, die fixe Idee in seiner Seele ist mächtiger. Am Märchenende verläßt Christian jenem Bild zuliebe seine angetraute Elisabeth, aber nicht ohne ihr mit letzten Worten seinen zweizüngigen Wunsch anzuvertrauen.

> Ich kenne dich recht gut, sagte er (...) du bist Elisabeth. – Die Frau erschrak. Wie ist dir doch mein Name bekannt? fragte sie mit ahndendem Zittern. – Ach, lieber Gott! sagte der Unglückselige, ich bin ja der Christian, der einst als Jäger zu euch kam, kennst du mich denn nicht mehr?
> Sie wußte nicht, was sie im Erschrecken und tiefstem Mitleiden sagen sollte. Er fiel ihr um den Hals, und küßte sie. (...) Sei ruhig, sagte er, ich bin dir so gut wie gestorben; dort im Walde wartet schon meine Schöne, die Gewaltige, auf mich, die mit dem goldenen Schleier geschmückt ist.[42]

---

[41] GOETHE, G 1807, in RIEMER, 1841/1921: 266.
[42] TIECK, 1804/1828-54: IV 243 f.

Der Märchenheld ist ersichtlich nicht ohne Liebe zu seiner Frau, aber ein anderes Begehren – das Warten jener anderen selber – entrückt ihn der Lebenden. Wer zwischen lauter Küssen sagt, er sei der Kußempfängerin so gut wie gestorben, demonstriert die Spaltung von Liebe und Begehren in unüberbotener Paradoxie. Und genau darin vertritt der Held den Dichter. Manfred, der den *Runenberg* im geselligen Kreis des Novellenrahmens erzählt und (wie er betont) auch selber erfunden hat, konstatiert bei diesem Ende, daß seine „Zuhörer, noch auffallender aber (seine) Zuhörerinnen, blaß geworden sind"[43] (als habe Elisabeths Erschrecken sie alle angesteckt). Anstatt eine erotische Situation zwischen anwesenden Männern und Frauen durch erotische Poesie der Männer und Frauen zu steigern, also nach dem säkularen Vorbild des *Decamerone* zu verfahren, verführt und fasziniert der romantische Dichter seine Zuhörerinnen gerade umgekehrt. Er konfrontiert sie, im Erzählten wie im Erzählen, einem anderen Begehren. Hier die ordentliche Liebe zu Ehefrau und Familienleben; dort das wahnsinnige Begehren nach dem Signifikat Frau. Und fortan darf jede der Erblaßten rätseln, was sie selber dem Erzähler ist: eine Elisabeth oder die gewaltige Schöne.

Noch einmal Hoffmann, noch einmal *Goldner Topf*. Unmöglich kann ein Text, der wie kein anderer Schreiben und Lesen um 1800 beschreibt, die Funktion Leserin vergessen haben. Nur wird sie erst von Tassos zwei Leonoren, Goethes zwei Herzlieben und Christians zwei Frauen her sichtbar. Und in der Tat: auch im *Goldnen Topf* steht neben der einen Frau, die Die Frau ist, eine zweite, die bloß eine ist. Wie die gewaltige Schöne hat Serpentina die Gabe, Unleserliches kraft ihrer Stimme lesbar zu machen; sie figuriert die geliebte Muse vor jeder Niederschrift. Am entgegengesetzten Ort im Schreibfeld aber steht Veronika – eine schlichte Konsumentin mit der Frage, ob die ganze wortreiche Bibliotheksphantastik zwischen Anselmus und Serpentina eine Charade ihres Geliebtseins ist oder nicht.

Wenn Konrektor und Registrator vor Veronikas Ohren die Aussichten des Anselmus rühren, dank Lindhorsts Konnexionen dem Staat „ein geheimer Sekretär, oder wohl gar ein Hofrat zu werden", macht das auf die Beamtentochter „einen ganz eignen Eindruck"[44]. Veronika verfällt sogleich in Tagträume. Wo Gretchen ihr Sternblumenspiel in Anwesenheit des Geliebten anzetteln konnte, rätselt eine weniger glückliche Schwester, ob der abwesende Anselmus sie liebt oder nicht. Der Tagtraum holt freilich aus Erinnerungen einen Liebesbeweis nach dem andern hervor, bis Ve-

Hoffmanns hysterische Leserin

---

[43] TIECK, 1812-16/1828-54: IV 244.
[44] HOFFMANN, 1814a/1976: 203 f.

ronika in eine Zukunft gerät, wo sie Frau Hofrätin ist, ein schönes Logis in der Schloßgasse oder auf dem Neumarkt oder auf der Moritzstraße bewohnt und alle möglichen Komplimente der Leute und ihres Gatten Anselmus anhören darf. Eine auditive Halluzination also, die sie – ganz wie den Anselmus unterm Holunder – unbewußt laut sprechen macht. Das aber ist der klassische Beweis von Geistesverwirrung.[45] „Man hat ja Anfälle wie der Anselmus'', sagt denn auch ihr altphilologischer Konrektor von Vater, den Veronikas Traumrede im Cicerolesen unterbricht. Er sagt es, ohne zu bedenken, daß er damit selber eine weibliche Naturpoesie unterbricht. Aber sofort wird die Halluzination dunkler, „eine feindselige Gestalt tritt unter die lieblichen Erscheinungen'' und höhnt, nie werde Veronika Frau Hofrätin werden, denn Anselmus liebe ja nicht sie.

Die Tränen wären ihr beinahe aus den Augen gestürzt, und sie sprach laut: „Ach, es ist wahr, er liebt mich nicht, und ich werde nimmermehr Frau Hofrätin!'' – „Romanenstreiche, Romanenstreiche'', schrie der Konrektor Paulmann, nahm Stock und Hut und eilte zornig von dannen.[46]

Hier das *Ach*, Minimalsignifikat poetischer Liebe; dort eine nochmalige und nachhaltigere Störung der beamteten Cicerolektüre, die jenen Leser endlich in den Stand setzt, auszusprechen, was, ach, auch wahr ist. Daß nämlich der Seufzer vom lauten Aussprechen seiner Wahrheit überführt wird, ein Lektüreeffekt zu sein. Nicht Poesie und Prosa, serapiontische und bürgerliche Welt (was immer Welt heißen mag) sind aufeinandergestoßen, sondern einfach zwei entgegengesetzte Lektüretechniken im selben Zimmer. Gleichzeitigkeit des Ungleichzeitigen – beim Vater (wie zum Beweis Engelsings) eine intensive Wiederholungslektüre, die Erziehungsbeamte der Abhandlung *De officiis* sehr offiziös schulden; bei der Tochter die Lektüre immer neuer Romane, die im Aufschreibesystem von 1800 ‚das Leben' schreibt.

In der Sache macht es kaum Unterschiede, ob jemand wie Anselmus seinen Liebesroman aus Blättern herausliest, die er nicht lesen kann, oder wie Veronika ihren Liebesroman aus einem Liebesroman, der noch ungeschrieben ist. Spätestens am Märchenende wird er ja „recht sauber und augenscheinlich'' vom Erzähler selbst aufgeschrieben vorliegen. Veronika präfiguriert mithin

---

[45] Vgl. HOFFMANN, 1814a/1976: 184 f., und dazu HOFFBAUER, 1802–07: II 97–100.
[46] HOFFMANN, 1814a/1976: 205. Mit demselben Schrei „Romanenstreiche'' reagiert 1817, beim Besuch von Hoffmanns Rezensenten, auch Hofrat Heerbrand, wenn er seine Gemahlin Veronika beim Lesen im *Goldnen Topf* ertappt. (ANONYMUS, 1817, in HOFFMANN, 1967–69: III 63)

Hoffmanns faktische Leserinnen ganz wie der Dichter Anselmus ihn selber im blauen Bibliothekssaal. Und doch ist es nicht dasselbe, ob ein Dichter und Mann von Liebe liest, ohne zu lesen, und laut redet, ohne Hörer anzureden, oder ob eine Frau solche Geisteshöhen erklimmt. Den ganzen Unterschied macht das unselige Frauenbegehren, alles à la lettre oder au pied de la lettre zu nehmen. Veronika interpretiert die Interpretenkarriere, die Lindhorst ihrem Geliebten eröffnet, sehr buchstäblich als Aussicht auf einen Beamtenposten. Genauso liest die Rauerin in *Viktor*, dem Namen von Angelikas Geliebten, dessen unmittelbar bevorstehende „Ernennung zum Rittmeister"[47]. Und eben daß solche Orakel einzutreffen pflegen, seitdem die Allianz von Staat und Gebildeten geschlossen ist, macht das Frauenwissen so anstößig. Statt die hermeneutischen Umwege mitzugehen, nennt es die Macht, der sie dienen, beim Namen.

Aber die Rauerin liest im Zauberspiegel und Veronika im *Goldnen Topf*. Aus der alten Hexe ist das Mädchen geworden, aus der Magie deren historische, nämlich hysterische Parodie.[48] Wenn Anselmus im Punschrausch brüllt, daß ihn „die grüne Schlange liebt, weil er ein kindliches Gemüt ist und in Serpentinas Augen geschaut hat", „liegt Veronika winselnd vor Jammer und Schmerz auf dem Sofa"[49]. In ihr ist das Frauenwissen depotenziert zur historisch neuen Funktion Leserin; es kann, statt zu zaubern, bloß noch hysterisch nacherleben, was die neuen Autoren phantasieren. So fürchtet Veronika, nicht geliebt zu werden, „unerachtet sie blaue Augen hat"[50], unerachtet just blaue Augen aus dem Holunderreigen eine Serpentina individualisiert haben, unerachtet sogar Anselmus im Licht des Tintenklecksels seine Bibliotheksmuse als phantasmagorisch überhöhte Veronika erkennt. Die reale Veronika aber muß rätseln und rätseln, was sie ihm ist: Figur eines Doppellebens in Dresden-Atlantis oder triste Alternative Der Frau. Dieses Rätsel bleibt unlösbar, weil die polare Geschlechterdefinition mit der Errichtung eines Transzendentalsignifikats Frau zugleich den Signifikanten „Mann" verstellt hat. „Wie ein Mann sei, das wisse er ja nicht", weiß Goethe. Lesenden Männern unterwegs zur Autorschaft ist es darum ein leichtes, das beschriebene Bild Der Frau zu referentialisieren (sie alle haben eine Mutter); Leserinnen dagegen bleibt es unmöglich, die beschriebenen Männer in den schreibenden wiederzufinden. Denn „die Männer, während sie das weibliche Geschlechtsteil zum Mund und Stoff

---

[47] HOFFMANN, 1814a/1976: 207.
[48] Vgl. CLÉMENT, 1976: 148–154.
[49] HOFFMANN, 1814a/1976: 236 f.
[50] HOFFMANN, 1814a/1976: 205.

ihrer Rede machen", ziehen vor das eigene einen Schleier. Ihr Geschlecht bleibt „das, das schreibt und redet und sich dabei verschweigt"⁵¹.

Nie wird Veronika erfahren, ob Anselmus Serpentina oder sie geliebt haben und Dichter oder Beamter geworden sein wird. Selbst dann nicht, wenn am Märchenende Registrator Heerbrand auftritt, ihr mitteilt, eben mit Patent cum nomine et sigillo principis zum Hofrat ernannt zu sein, in schöner Konsequenz um ihre Hand anhält und damit sämtliche Romanenstreiche eines Leserinnentagtraums in Ereignisse überführt. Denn dieses Ende (poetischer Doppelzüngigkeit nur gemäß) erlaubt zwei Lesarten. Nach der einen, die Veronika selber vorträgt, hat sie der geliebte Student Anselmus aus Liebe zur grünen Schlange Serpentina, „die viel schöner und reicher ist", verlassen und darauf zurückgeworfen, den „geliebten Hofrat" Heerbrand „als eine rechtschaffene Frau zu lieben und zu verehren"⁵². Das wäre also exakt die Lesart, die in Wort und Bild schon Elementarschülern als typische Liebesgeschichte der zweizüngigen Dichter von 1800 präsentiert und angeraten wird.

---
⁵¹ THEWELEIT/LANGBEIN, 1977: 144.
⁵² HOFFMANN, 1814a/1976: 249. Genauso interpretiert auch der Rezensent von 1817 den Ausgang der Erzählung (ANONYMUS, 1817, in HOFFMANN, 1967–69: III 63).

Ihr seht auf dem ersten Viertel (von Chodowieckis Tafel L) eine wohlgebildete Jungfrau, die mit argwöhnischer Miene ihrem Freunde (sic), der ihr Ehemann zu werden willens war, auf eine Stelle eines Briefes hinweißt und ihm Vorwürfe macht. Es liegen ein paar prächtig gebundene Bücher auf dem Tische. Die Geschichte, die ihr euch dabei erinnern müßt, ist folgende:
Der Mann war ein Schriftsteller und hatte in einer Stelle eines Buches gewisse Vorzüge einer Person beschrieben, die einer beiderseitigen jungen Freundin mehr als seiner Halbverlobten zukamen. Dieses Buch hatte der Verfasser dieser Freundin einige Stunden früher als seiner Halbverlobten geschenkt (...). Dies hatte die Halbverlobte erfahren, und einen Argwohn geschöpft, daß er diese Freundin mehr als sie selbst liebte, daß er einen verbotenen Umgang mit ihr unterhielte, und diese Stelle des Buches, die doch des Inhaltes wegen da war, als ihr besonderer Bewunderer geschrieben hätte. Der Mann war klug genug, die Törin und Zanksüchtige zu verlassen.[53]

Das Märchenende erlaubt aber noch eine zweite Lesart, die Heerbrand vorträgt. Daß Anselmus die zanksüchtige Törin Veronika aus Liebe zu einer Schriftstellerfreundin, auf die seine rauschhaft produzierten poetischen Frauenbilder besser passen, aufgegeben hätte, „ist wohl nur eine poetische Allegorie – gleichsam ein Gedicht, worin (Veronika) den gänzlichen Abschied von dem Studenten besungen" hat.[54] Anselmus ist also noch da, nur eben nicht mehr als idealisierter Student-und-Dichter. Mit ihrem Entsagen hätte Veronika einfach das zweite Gebot in Schleiermachers *Katechismus der Vernunft für edle Frauen* beherzigt, das (wie um den Schwenk von Bibel zu Fibel zu beweisen) die Funktion Leserin erotisch normiert.

Du sollst Dir kein Ideal machen, weder eines Engels im Himmel, noch eines Helden aus einem Gedicht oder Roman, noch eines selbstgeträumten oder fantasirten; sondern du sollst einen Mann lieben, wie er ist. Denn die Natur, deine Herrin, ist eine strenge Gottheit, welche die Schwärmerey der Mädchen heimsucht an den Frauen bis ins dritte oder vierte Zeitalter ihrer Gefühle.[55]

Einen Mann, wie er ist, lieben kann nur heißen: einen Beamten lieben. Wenn Veronikas Romanenstreiche aus einem Studenten das Autorideal Anselmus gemacht haben, so wird nach ihrer naturgebotenen Entziehungskur aus dem Studenten gerade umgekehrt und wie durch bürokratische Taufe ein Beamter namens Heerbrand. Nach der Entdeckung von Jochen Schmidt stehen die zwei

---

[53] BASEDOW, 1785/1909: I 149 f.
[54] HOFFMANN, 1814a/1976: 249.
[55] SCHLEIERMACHER, 1798, in F. SCHLEGEL, 1882: II 267.

Männer (wie Tasso und Antonio) für e i n e n Mann.⁵⁶ Und in der Tat: durch Addition von poetischem Vornamen ohne Nachnamen, wie er zum Dichter Serpentinas qualifiziert, und bürgerlichem Nachnamen ohne Vornamen, wie er zum Beamtengatten Veronikas qualifiziert, käme als Summe der Signifikant *Anselmus Heerbrand* heraus – ganz wie ein Jurist namens Ernst Theodor Wilhelm Hoffmann in selbsteigener Umtaufe zum Dichter Ernst Theodor Amadeus Hoffmann wurde.

Aber weder die Identität von A und A, Anselmus und Amadeus, noch die von A. H. und A. H. stehen geschrieben. Die Dichter im Aufschreibesystem von 1800 schreiben um ihr Schreiben herum; das System selber schreiben sie nicht auf. (Wenn umgekehrt Philosophen die Identität A = A schreiben, besagt das unter Tilgung aller Eigennamen bloß Ich = Ich.) Genau an dieser Leerstelle produziert das System Anschlußleitungen. Die Leerstelle verweist nicht auf extradiskursive Fakten wie die famose materielle Basis; sie programmiert nur technische Weiterungen von Diskursen. Sie entsteht nicht aus dem oft bemühten philosophischen Grund, daß Autonymie stets aporetisch wäre, sondern aus dem schlichteren Grund, auch Blätter zu füllen, die für Männer grundsätzlich leer bleiben. Die Leerstelle poetischer Texte rekrutiert Leserinnen. Es ist die ganze Pointe am *Goldnen Topf*, daß seine von Schmidt entdeckte Pointe den Text transzendiert.

•

Autorenvermehrung und Lektüreregelung

Alle die Veronikas, die Hoffmanns Märchen lesen werden, dürfen ihre Hermeneutik am Rätsel schärfen, ob sie ihm Veronikas oder Serpentinas heißen würden. Alle die Ottilies, die die „hinter die Szene verlegte" Moral der *Wahlverwandtschaften*⁵⁷ suchen werden, sind eben darin das ideale Publikum. Einem Mann, der dem Roman fehlende Moral vorhielt, hielt der Autor Goethe entgegen, er habe ja nicht für ihn, sondern „für die Mädchen geschrieben"'⁵⁸.

Für die Mädchen schreiben – das ist eine historische Innovation. Alewyn hat gezeigt, wie Klopstocks von den Gelehrten übergangene Dichtung ein neues Publikum wahrhaft hervorruft: die Unbelesenen, die Jugendlichen und zuletzt oder zuerst die Frauen. Verstehen, vordem eine gelehrtenrepublikanische Spezialtechnik für klassische oder heilige Schriften, wird erst damit zur psychischen Qualifikation, die Den Menschen überhaupt und Frauen

---

⁵⁶ Als vorläufige Mitteilung vgl. J. SCHMIDT, 1981: 165–176.
⁵⁷ GOETHE, G 6. und 10. 12. 1809, in RIEMER, 1841/1921: 236.
⁵⁸ GOETHE, G 1809/1965–72: II 474. Zu dieser Adresse vgl. den ironischen BRANDES, 1802: II 460.

im besonderen bemißt. ,,Die Fähigkeit des Verstehens eines Gedichts ist aber nun nicht nur das Kriterium für den Wert einer Frau, sondern auch umgekehrt ist die Wirkung auf eine Leserin oder Hörerin das Kriterium des Werts eines Gedichts.'' Mit der Folge, daß Klopstock, dieser poète à femmes, immer wieder in Kreisen liebenswürdiger Klopstockleserinnen, ,,die entfernter wieder von Männern umschlossen'' sind, die seinem *Messias* listig eingeschriebene eigene Liebesgeschichte vorliest.[59]
Kaiser hat gezeigt, daß Tassos Tragödie auch die seiner Lieblingsleserin ist. ,,Der modernen Dichterproblematik entspricht in der Prinzessin die moderne Problematik der ästhetischen Existenz, die ebenso Ursache wie Folge der vitalen Schwäche ist. In ihr kündigt sich ein neues Publikum des neuartigen Dichters an, das in der Kunst nicht mehr Verklärung des Bestehenden, sondern Vergegenwärtigung eines nicht Gegenwärtigen sucht, das Aufleuchten einer Utopie über den Widersprüchen der Wirklichkeit."[60] Ohne Gatten, ohne Kind, sucht die Prinzessin an Dichtung einen Lebensersatz, den sie aber nicht wie Tasso ins objektivierte Werk bringt, sondern schlicht konsumiert. Es ist dieser hysterische Zug an der Funktion Leserin, den *Der goldne Topf* bis zum Exzeß eines auf dem Sofa winselnden Mädchens treibt. Und es ist der Exzeß, der die Regel aufdeckt.

Die von Stifterfiguren wie Klopstock und Goethe experimentell begonnene Diskursverkabelung geht um 1800 in Massenanwendung. Um ,,wichtigste Reformationen'' bzw. ,,ins Große zu wirken'', ,,entzünden und bilden'' Dichter fortan ,,die Jünglinge und die Frauen''[61]. Ihre Texte, weil sie auf den Autor hin codiert sind, generieren einerseits immer neue Autor-Jünglinge und andererseits, weil sie für die Mädchen geschrieben sind, immer neue Leserinnen. Die Nachwuchsautoren treten programmgemäß an die Stelle der beschriebenen Autor-Helden; die Leserinnen identifizieren Autor-Helden und Autor, doppelzüngig beschriebenes Frauenbild und sich. Solche Gabelung ist notwendig, weil eine proliferierende Autorschaft (wie eine der ersten deutschen Literaturgeschichten erkennt) männliche Konsumenten mit mathematischer Berechenbarkeit abschafft.

Wir dürfen annehmen, daß im gegenwärtigen Augenblick gegen fünfzigtausend Menschen in Deutschland leben, die ein Buch oder mehr geschrieben haben. Steigt ihre Zahl in der bisherigen Progression, so wird man einst ein Verzeichniß aller ältern und neuern

---

[59] ALEWYN, 1978: 115.
[60] KAISER, 1977: 201. Vgl. dazu die zeitgenössische Formulierung bei GLEIM, 1810: II 110 (zit. unten S. 187).
[61] F. SCHLEGEL, 1800b/1958 ff.: II 267.

deutschen Autoren verfertigen können, das mehr Namen enthalten wird, als ein Verzeichniß aller lebenden Leser.[62]

Mehr und mehr Autoren aber sind dem Autornamen, der ja im Unterschied zum Personalpronomen die Referenz auf einen Menschen hinter Diskursen fixieren soll, gar nicht günstig. Er wird ebenso flüchtig wie der Shifter *ich*. Und das nicht nur bei produktiven Männern, die Geschriebenes allemal in Subjektivität und d. h. jenen Shifter rückübersetzen. Unter Diskursbedingungen endloser Autorenmultiplikation laboriert auch die Funktion Leserin. Einerseits wird der Gott namens Autor von der Lust der Frauen getragen. Andererseits sind diese Namen, je mehr sie werden und je mehr sie Liebe und Leben ersetzen, auch ihrerseits wieder ersetzbar. Davon zeugt nicht nur das eine Ende im *Goldnen Topf*, davon zeugt auch (etwas positivistischer), daß Goethes *Briefwechsel mit einem Kinde* unmittelbar vor der Heirat Arnims mit einer Frau abbricht.

Aus dem „Gesetz, unter dem auch im intellektuellen Sinne beide Naturen stehen", daß nämlich „der Mann schafft und erwirbt, die Frau verwendet", folgt als Korollarsatz: „Die Weiber, auch die gebildetsten, haben mehr Appetit als Geschmack. Sie möchten lieber alles ankosten, es zieht sie das Neue an."[63] Eine Verwendung kommt also auf, die für den Bestand poetischer Diskurse fatal und die exakte Parodie ihrer Verwendung durch Nachwuchsautoren ist. Werke drohen zu verschwinden, weil sie nur noch angekostet oder nur noch verschlungen werden. Zu verschwinden nicht, wie die Elementarpädagogik, im erhabenen Ursprung Muttermund, sondern in Geschwätzigkeit und Vergeßlichkeit der Vielen. Das und nichts anderes ist die Nosologie der um 1800 endlos beschriebenen Lesesucht. Allzu extensive Lektüre raubt Werken ihre Würde, unwandelbare Autoritäten zu sein und unvergeßliche Autoren zu haben.[64] Am Ursprung dieser Gefahr stehen mit Notwendigkeit Frauen. Sie sind ja

> derjenige Theil unsers Geschlechts, welchem die ihm zugetheilten Geschäfte weit mehr müßige Stunden übrig lassen, als den Männern, und dessen lebhafterer Geist, und wirksamere Einbildungskraft nur selten und ungerne bey lauter ernsthaften Gegenständen verweilt.[65]

Weshalb denn, während Konrektor Paulmann aus beamteter Lehrpflicht *De officiis* studiert, seine Tochter ihre „Zeit mit Lesen solcher Bücher ausfüllt, die der weiblichen Lebhaftigkeit und ih-

---

[62] MENZEL, 1828: I 2.
[63] GOETHE, G 1806 und G 29. 1. 1804, in RIEMER, 1841/1921: 260 und 247.
[64] Vgl. dazu ERNING, 1974: 69.
[65] ANONYMUS, 1795, zit. SCHENDA, 1970: 60, Anm. 79.

ren feinern Empfindungen angemessen sind". Im konkreten Fall also mit Romanen, die es noch gar nicht gibt.

Die Symptomatik der Leserinnenkrankheit ist klar; heikel und kontrovers geraten erst die Therapiepläne. Nur der einfachste baut darauf, daß die neue „automatische"[66] Alphabetisiertheit von ihr geschaffene Krankheiten ebenso automatisch heilen wird.

> Die Lesesucht ist ein thörigter, schädlicher Mißbrauch einer sonst guten Sache, ein wirklich großes Uebel, das so ansteckend ist, wie das gelbe Fieber in Philadelphia (...). Verstand und Herz gewinnt nichts dabei, weil das Lesen mechanisch wird (...). Man liest ohne Zweck alles durch einander, man genießt nichts und verschlingt alles, nichts wird geordnet, alles nur flüchtig gelesen und eben so flüchtig vergessen, was freilich bei vielen sehr nüzlich ist.[67]

Daß vollmechanisiertes Lesen die Konsumtion nutzloser Bücher zum Glück gleich wieder vergessen macht, rettet aber die Werke großer Autoren noch nicht. Darum kann das ansteckende Übel Lesesucht, diese Parodie auf die programmierte Dichtungs-Proliferation, nicht nur natürlichen Heilkräften überlassen bleiben. Auftritt vielmehr eine neue Sparte von Ärzten, die als „Freunde und Vormünder der Menschheit"[68] intervenieren und schon durch ihren Titel als Geistesverwandte der Menschheitslehrer und Erziehungsbeamten ausgewiesen sind. In der Einsicht, daß von anderen propagierte andere Mittel (Zensur, Verbot, Indizierung bestimmter Bücher und Buchverteilungskanäle[69]) nichts ausrichten, da Gängelei Süchtige nur mißtrauischer und süchtiger macht, sind den Diskurskonsumbeamten indirekte und unmerkliche Mittel angeraten. Erstens (um mit Nietzsche zu sprechen) eine aktive Vergeßlichkeit anstelle der bloß natürlichen Hoches. Wenn alle Gelehrten, Rezensenten und Literaturzeitungsredakteure dem „Grundsatz" folgen, „schlechte Produkte zu i g n o r i e r e n, so werden sie ungelesen bleiben"[70]. Zweitens aber (und das ist entscheidend) kommen Hermeneutiken zum Einsatz.

Um 1800 entstehen in Potenzierung der neue Fibeln auch die ersten Bücher, denen der Buchumgang Thema wird. Fichte, selber ein früher und schmerzlicher Fall von Lesesucht[71], plant im-

---

[66] GESSINGER, 1979: 39.
[67] HOCHE, 1794: 68.
[68] BEYER, 1796: 23.
[69] So steht etwa das Gesetz „Branntweinschenken und Leihbibliotheken werden bei uns nicht geduldet" in der amerikanischen Verfassung der Entsagenden (GOETHE, 1821–29/1904 f.: XX 164). Vgl. dazu SCHLAFFER, 1980: 141.
[70] BEYER, 1796: 27. „Sie" sind selbstredend die schlechten Bücher und nicht, wie Beyers Fehlleistung besagt, die Gelehrten usw.
[71] Vgl. I. H. FICHTE, 1862: I 6 f.

mer wieder einmal „populäre Hilfsmittel", die „dem grösseren Publicum nur erst die Kunst ein Werk zu verstehen ein wenig geläufiger" machen sollen.[72] Ausgeführt und wissenschaftlich dagegen ist Johann Adam Bergks *Kunst, Bücher zu lesen, nebst Bemerkungen über Schriften und Schriftsteller*. Als guter Kantianer stellt Bergk den Anlaß seines Schreibens, die Süchtigkeit in „Teutschland", wo „nie mehr gelesen wurde, als jetzt" und zumal Frauen sich an gedankenlose Romane verschwenden, ganz beiläufig ans Ende[73] und seine Therapie ins Zentrum. Weil „Lesen Gefahr bringt, wenn es bloß ein empfängliches, aber kein selbstthätiges Gemüth an uns findet"[74], sichert der philosophische Therapieteil (wie Lese- und Schreibunterricht auch) jene Selbsttätigkeit gegen alle bloßen Auswendigkeiten.

> Unser Inneres muß die Werkstätte sein, wo alle die Operationen vorgenommen werden müssen, die zum Verstehen eines Buches erfoderlich sind. Wir müssen uns nie aus dem Gesichte verliehren, damit wir nicht der Besonnenheit verlustig werden, und durch Zerstreuung in Wahnsinn verfallen.[75]

Den Wahnsinn der Zerstreuung treibt also der einer fixen Idee aus: das Leser-Ich, das alle meine Lektüren muß begleiten können. So zeitgemäß ist der *Runenberg*-Held, wenn ihn der Anblick einer unleserlichen Urschrifttafel in den Wahnsinn stürzt. Im „Kristall" dieser Tafel sein eigenes Schicksal zu lesen kann nur einem Ich widerfahren, das seine Eltern immer beim Kosenamen „Christel" angerufen haben. Unter idealen oder wahnsinnigen Bedingungen sind Leser-Ich und idée fixe also nachgerade homonym. Damit es auch allen anderen Lesern wie Christian alias Christel ergeht, muß die Hermeneutik ihrer philosophischen Regel nur noch eine technische zuschalten. Neben die Fixierung des Leser-Ichs tritt die seiner Lesestoffe.

---

[72] J. G. FICHTE, 1806a/1845: VII 111.
[73] BERGK, 1799: 411-413.
[74] BERGK, 1799: 64.
[75] BERGK, 1799: 339, vgl. auch BERGK, 1802: XVI. In einer Schlichtheit, die alle „Bewußtseyns"-Philosophien erledigt, schärfen zeitgenössische Fibeln diese Argumentation schon lesenlernenden Kindern ein. Der Elementarschüler liest also in einem Buch, dessen Verwechslung mit dem Leser-Ich ausdrücklich verboten ist, Beispielsätze von der maßlosen Paradoxie, dieses Leser-Ich allererst zu erzeugen: „Ich bin es, welcher denkt. – Ich denke über Dinge nach. – Die Dinge, über welche man nachdenkt, sind nicht derjenige, welcher denkt. – Man könnte aber im Denken gar leicht die Sachen, über die man denkt, mit sich, dem Denkenden verwechseln. – Daraus würde nichts Gutes kommen. – Ich denke mir meinen Vater. Ich verwechsele ihn nicht mit mir selbst, indem ich denke. Ich halte ihn nicht für ein Kind, das erst etwas lernen will, wie ich bin, sondern ich halte ihn für einen Mann, der schon viel gelernt hat. Ich denke mir meinen Vater mit Bewußtseyn." (HERRMANN, 1804: 86 f.)

Einen originellen und geistreichen Schriftsteller mehrmals durchzulesen, ist ein größerer Gewinn für unsere Kultur und für unsere Kenntnisse, als die Lektüre von vielen gemeinen und gedankenlosen Büchern.[76] Damit steht die Bücherlesekunst wieder am Ausgangspunkt: der alles verzehrenden Lesesucht. Sie räumt ein, daß „wir uns" zumal bei „Werken der schönen Kunst" „selten überwinden können, eine zweite Lektüre von einem Buche anzufangen, dessen Hauptinhalt uns schon bekannt ist"[77]. Aber weil die Unterscheidung zwischen selbsttätigem Ich und Lesestoffen nur greift, wenn der Flut von Erscheinungen oder Neuerscheinungen eine Wiedererkennung oder Unvergeßlichkeit entgegentritt, ist es „freilich nützlicher für uns, wenn wir ein Kunstwerk mehr als einmal durchlesen"[78]. Im anderen Fall könnte es das Heiligtum Kunstwerk gar nicht geben.

Technisch also besagt die Lesesuchttherapie: intensive Wiederholungslektüre auch unter Bedingungen eines expandierenden Büchermarkts. Nicht in der unmöglich gewordenen Form, wie sie die Frühneuzeit beherrscht hat, als luthertreue Hausväter im Rhythmus des Kirchenjahrs ihrer Familie immer wieder aus dem Buch der Bücher vorlasen; sondern in einer Form, die der Ablösung der Bibel durch Dichtung Rechnung trägt und aus der Bücherflut eine offene Menge klassischer Werke herausliest, um sie und nur sie bis zur Unvergeßlichkeit zu lesen. Auf der einen Seite stehen fortan die vielen gemeinen und gedankenleeren Bücher, wie das Marktgesetz sie hervorbringt, auf der anderen die originellen und geistreichen, die von der Einheit des Autors bestimmt und von selbsttätigen Intensivlesern in die Einheit von Werken gebracht werden.

•

Aber womöglich schießt die Bücherlesekunst damit schon über ihr Therapieziel hinaus. Einerseits bringt Bücherkonsum „Gefahr, wenn bloß ein empfängliches, aber kein selbstthätiges Gemüth" am Lesen ist. Andererseits definiert eben solche Rezeptivität, gut kantianisch, die Frauen.[79] Das der Sucht am tiefsten verfallene Geschlecht kann von ihrer Kur also gar nicht erreicht werden. Bücher über rechten Bücherumgang räumen das sogar ein. Jean Pauls *Vorlesung an und für den Leser*, mehr an der Diagnose von

Weibliche Lesesucht

---
[76] BERGK, 1799: 409.
[77] BERGK, 1799: 34.
[78] BERGK, 1799: 199.
[79] Vgl. dazu GRAUBNER, 1977: 72–75.

dessen praktischen Lesearten als an Therapien interessiert, hält dem Leser in direkter, der Leserin aber nur in indirekter Rede *Kleine Nachschule zur ästhetischen Vorschule.* Und dafür hat sie Gründe.

> Mein Leser, diese kostbaren Geschenke ordentlich zu verwenden, fehlt es dir ganz und gar an einer Anweisung und Schule; und wenn du durch Vor- und Nachschulen, durch Philosophen- und Fürstenschulen hindurchgezogen und durch Sing-, Tanz- und Fechtschulen: immer wurde dir keine Leseschule aufgemacht. (...) Was aber vollends deine Teuerste anlangt, lieber Leser, nämlich die Leserin: so sind ihre Lesarten noch zehnmal ärger, aber noch hundertmal unheilbarer; wir wollen sie also lieber machen lassen, was sie will – das Seidenläppchen oder der Seidenfaden kann aus dem Buche fallen – oder dieses, von ihr aufgeschlagen auf den Bauch hingelegt, werde von andern umgekehrt und zugeklappt, so daß sie in beiden Fällen nicht weiß, wo sie blieb – oder sie mag der Geschichte wegen hinten anfangen von der Offenbarung Johannis an und dann überall fortfahren bis zur Genesis und Schöpfung zurück: – sie bringt doch ihr Buch zu Ende, und dies genüge jedem. Ja sie vollendet es noch eher als selber der Leser, da sie sich durch keine Sätze, geschweige denn Wörter, die sie nicht versteht, aufhalten läßt, sondern, sich mehr ans Ganze haltend, immer weiter dringt; eine treffliche Gewohnheit, welche sie zum Teil den Sprechzimmern der Männer verdankt, wo vor ihr täglich hundert juristische, medizinische und andere Kunstwörter, die ihr kein Mensch erklärt, vorüberrauschen.[80]

Was Männer und Leser angeht, ist der Fehl diskurspädagogischer Institutionen also zu beheben. Jean Paul, ein zweiter Bergk, macht ihnen selber jene Leseschule auf, die unter gelehrtenrepublikanischen und körpertechnischen translationes studii, von der Fürsten- bis zur Fechtschule, nicht vorkam. Was aber Leserinnen und Frauen angeht, bleibt zwischen Autor und Lesern nur Augurenlächeln. Weibliche Hermeneutikparodie ist unheilbar, weil prinzipiell nichts Geschriebenes, nicht einmal Jean Pauls Hermeneutik, Frauen zur Lehre werden kann. Aufgeschlagen auf dem Bauch einer schlafenden Leserin – das ist im Aufschreibesystem von 1800 le degré zéro de l'écriture.

Am gnadenlosen Bücherkonsum von Frauen, die so sehr das „Ganze" lesen, daß in perfekter Alphabetisierung überhaupt „keine Sätze, geschweige denn Wörter" übrigbleiben, sind Männer nicht unschuldig. Darin herrscht Einigkeit zwischen ästhetischem Nachschuler und bairischem Schulreformer.

> Wir haben uns bereden lassen, die Bildung bestehe in dem Wissen selbst, und bilden uns ein, daß ein Mensch in dem Grade gebilde-

---

[80] J. P. Richter, 1825/1959–67: V 509–511.

ter seyn müsse, in dem er mehr Kenntnisse aller Art habe. (...) Seitdem ist die Polyhistorie Ton geworden, und durch den Zwang der Mode unumgängliches Erforderniß an jeden, der auf sogenannten guten Ton Anspruch macht, seitdem ist die Taschenbuchs-Weisheit, die Magazins- und Journal-Wissenschaft an der Tagesordnung, seitdem ertönen von allen Seiten Vorlesungen für Frauen und Dilettanten, seitdem studirt und liest alles, um sich zu bilden, und diese Bildungsliebe ist in das National-Laster einer unersättlichen Lesegier ausgeartet, die immer nur Neues verschlingen will. (...) Der Männer Pedantismus wurde sonst doch durch der Frauen unverkünsteltes Gemüth und ihren freien Sinn gemildert: aber jetzt? Sind nicht sie selbst, die Alleswisserinnen, von dem allerschlimmsten Pedantismus ergriffen? Können wir denn noch die Studirstube in ihrer Gesellschaft vergessen? Können wir denn noch bei ihnen unser Wissen gegen reines Gold natürlichen Gefühls und unverschrobnen Urtheils austauschen? Zahlen sie nicht jetzt uns mit unsrem eignen Papier?[81]

Ob Frauen die Vorlesungen, die ihnen neuerdings gehalten werden, wie bei Jean Paul vorbeirauschen lassen oder wie bei Niethammer verschlingen, macht kaum Unterschiede: ihr und erst ihr Konsum entlarvt Papier als Papier. So direkt ist um 1800 die Funktion Leserin mit der Positivität der Texte gekoppelt. Eine proliferierende Autorschaft produziert ihren eigenen Mißbrauch. Angehende Philosophen etwa (wie um ihren Freund Niethammer zu beweisen) schicken Frauen Taschenbuchs- und Almanachs-Weisheiten, die mit dem Reiz ihrer Neuheit lesesüchtig machen, und begleiten dergleichen Danaergeschenke mit Vorlesungen für Frauen, die (wie um Niethammer zu ignorieren) gegen den Mißbrauch anschreiben.

    Werteste Freundin!
Ich habe schon lange einen Almanach auf meinem Pulte liegen, der Ihnen bestimmt war und den ich Ihnen endlich überschicke; ich wünsche nur, daß er durch meine Verzögerung nicht den Reiz der Neuheit für Sie verloren habe. Doch läßt sich diese Geschichte von Zeit zu Zeit immer auch wieder lesen; ohnedies entscheidet für die Schönheit eines Kunstwerks nur das Vergnügen bei wiederholtem Anschauen, – daß man gern zu ihm zurückkehrt. (...)
Ich weiß nicht, wie es mir geht, immer in allgemeine Reflexionen hineinzugeraten; aber Sie verzeihen einem Menschen, der einmal Magister war und sich mit diesem Titel nebst Zubehör herumschleppt wie mit einem Satansengel, der ihn mit Fäusten schlägt. (...)
    Ihr aufrichtiger Freund Hegel[82]

Wenn auch der reflektierendste aller Philosophen der pragmatischen Paradoxie verfällt, das Lesen wertester Frauen ausgerech-

---

[81] NIETHAMMER, 1808/1968: 144–149.
[82] HEGEL, B 13. 11. 1797/1961: I 55 f. Das Verdienst, diese Zeilen wieder zur Sprache gebracht zu haben, gebührt DERRIDA, 1974a: 174.

net durch magistermäßiges Vorlesen normieren zu wollen, kann die Therapie weiblicher Lesesucht nur in sehr schlichten Maßnahmen bestehen. Hegels Satan reitet ihn zu ästhetischen Reflexionen über ästhetische Reflexion im Wortsinn (die intensive Wiederholungslektüre, wie sie Kunstwerke technisch konstituiert); die wahren, nämlich erziehungsbeamteten Magister kommen auf elegantere Lösungen. Ein Mädchenschullehrer gibt seinen Schutzbefohlenen gerne Bücher zu lesen, aber nur von ihm ausgewählte. Begründung:

> Wenn manche, welche f ü r Frauenzimmer schreiben, sich gegen a l l e Lectüre erklären, so begehen sie einen lächerlichen Widerspruch – i h r e Schrift soll doch gelesen werden![83]

Scharfsinniger noch erkennen leitende Erziehungsbeamte wie Niethammer, daß Versuche, „durch die K u n s t t h e o r i e den K u n s t s i n n bilden zu wollen", ganz im Gegenteil „Kunst und Kunstsinn in blosses Reden von der Kunst" verkehren würden."[84] Woraus mit Notwendigkeit folgt, daß unter und vor jeder Ästhetik erst einmal poetische Lesebücher geschaffen werden müssen, die aus der verschlingenden Bücherflut bleibende Werke aussondern und der verschlingenden Lesesucht Einhalt gebieten.[85] Lesebücher präsentieren Werke auf eine Art, die den Durst auf ewig stillt. Die Kanonisierung Deutscher Dichtung beginnt mit ihnen und nicht in Theorien.

Poetische Lesebücher

Um 1800 wird das poetische Lesebuch erfunden. „Historischer Hintergrund dieser didaktischen Entwicklung" aber ist „die Entstehung der maschinellen kapitalistischen Produktion"[86] nur insofern, als Dichtung selber alphabetisch reproduzierbar wird. Poetische Lesebücher wiederholen ja in der Wiederholbarkeit einer Institution, der neuen Schule, jenen Wiederholungslektürebefehl „meistens Göthe und immer Göthe", den Brentano seiner Schwester erteilt. Die Frauen, statt „nur ewig zu wiederholen, waß nun einmahl da ist" und Liebe heißt – in höheren Töchterschulen werden sie statt dessen auf lesende Wiederholung deutscher Klassiker vereidigt. Weshalb es diese Klassiker gibt.

Das ihrem besten Kenner zufolge „beste aller vorhandenen ästhetischen Lesebücher"[87] schreibt eine Bremer Mädchenschul-

---

[83] SCHWARZ, 1792: 191, Anm.
[84] NIETHAMMER, A 22. 6. 1808, in GOETHE, 1887–1919: XL 2, 402.
[85] Vgl. WEIMAR, 1989: 153. „Ein Mittel gegen den ‚Mißbrauch der Deutschen Lectüre' war – die Einführung von Lektüre und Erklärung deutscher Texte in den Schulen, gegebenenfalls auch mit einer gewissen theoretischen Fundierung."
[86] So HELMERS, 1970: 194, in seinem kurzschlüssigen Versuch, Diskurse ökonomisch herzuleiten.
[87] BÜNGER, 1898: 293.

lehrerin. Wie niemand sonst bezieht Betty Gleim noch die Basistheoreme für *Erziehung und Unterricht des weiblichen Geschlechts* von Dichtern (Goethe, Schiller, Novalis). Wie niemand sonst folgt sie bei der Auswahl von Gedichten, Erzählungen, Dramen dem Grundsatz, „besonders auf Classicität Rücksicht zu nehmen, damit beim Lesen zugleich der Geschmack sich bilden könne"'[88]. Und doch schreibt ihre Klassikersammlung, wie die einigermaßen spärlichen Nachrichten von höheren Töchterschulen vermuten lassen, damit nur eine allgemeine Tendenz fest. Im Heidelberger weiblichen Erziehungshaus Caroline Rudolphis, in der Hirschberger Frauenzimmerakademie, in Blankenburg, Goslar und selbstredend auch in Betty Gleims Bremer Lehranstalt für Mädchen – überall werden in den Jahren von 1792 bis 1806 zeitgenössische deutsche Dichter auf den Wochenstundenplan gesetzt.[89] Tassos Prinzessin, dieser Prototyp eines neuen Publikums, geht also in Massenproduktion. Zahllose Mädchen folgen der Einen in dem Glauben, den Betty Gleims Dichterlesebuch ihnen einflößt, daß nämlich

> die göttliche Poesie erst zur rechten, ganzen Humanität weihet. Mit poetischem Blicke die Welt beschauen, mit idealem Sinn und Gemüth das Leben verschönern, und in die Prosa des irdischen Daseins den überirdischen Zauber eines unendlichen zu tragen, das ist, wozu der Menschenbildner veranlassen soll.[90]

Nicht umsonst übertrifft Betty Gleims Lesebuch alle anderen in Goetheliebe. Auf dem Weg der Menschen- und näherhin Mädchenbildnerei kehrt zumal der Dichter, der weiblichen Gemütern zufolge wie kein zweiter „in das weibliche Gemüt so tiefe Blicke getan hat", „als ob das ganze Geschlecht von der Edelsten bis zur Niedrigsten bei ihm Beichte gesessen" hätte[91], zurück an seine Inspirationsquelle. Ein Kreis ist geschlossen und die Gefahr des Autorenvergessens gebannt. Höhere Töchter, wenn sie Goethe lesen, lernen weder das Dichten noch gar das Niethammer entsetzende Reden über Dichtung – Diskurspraktiken also, die die Autorenmultiplikation noch einmal multiplizieren würden. Poetische Wochenstunden, Dichterkanon und Lesebücher legen sie eindeu-

---

[88] GLEIM, 1809–10, zit. H. J. FRANK, 1973: 295. Über Betty Gleim im allgemeinen vgl. ZIMMERMANN, 1926.
[89] Vgl. BLOCHMANN, 1966: 71 und 99–112. Weitere, zum Teil unterbewertete Belege aus Mädchenerziehungsprogrammen und Töchterschulen siehe bei WYCHGRAM, 1901: 246–258 und vorab 255 (über Lektüre als Lesesuchttherapie).
[90] GLEIM, 1810: II 110.
[91] SARTORIUS, in GOETHE, G 16. 10. 1808/1965–72 II 375. Ähnliche Statements bei KLUCKHOHN, 1922: 283. „Rahel Levin" schließlich entwirft in ihren Briefen einen Goethe, der nicht aus sich schreibt, sondern der aufschreibt, was andere ihm gesagt haben. Diese andern sind Frauen." (HAHN, 1991: 55)

tig und einsträngig auf Konsum fest. Selbst eine Dichterin wie die Rudolphi gibt an Mädchen keine Schreibtechniken weiter. Auch sie beschränkt ihren Deutschunterricht auf Lesen, Rezitieren, Empfinden und Genießen von Versen.[92] Durch Frauenklassenzimmerlektüre löst das Aufschreibesystem von 1800 sein halting problem.

Wie bei Wünschen so gern, findet der Wunsch des jungen Philosophen, seine Geliebte möge die Worte heiliger halten als bisher und öfter mit Andacht in göttlichen Schriften lesen, Erfüllung durch Institutionalisierung. Dichter und Denker dürfen vom Wesen der Frau faseln, Mädchenschullehrer sorgen für seine Durchsetzung. Die Hysterisierung durch Lesesucht, wie eine auf dem Sofa winselnde Veronika sie vorführt, geht in Serienproduktion. Was ,,überschwengliche Dichter'' ,,alles verlangen'', ist ,,fürs erste'' ja nur, ,,daß das Fräulein über alles, was sie von sich verlauten lassen, in ein somnambüles Entzücken gerate, tief seufze, die Augen verdrehe, gelegentlich auch wohl was weniges ohnmächtle oder gar zur Zeit erblinde als höchste Stufe der weiblichsten Weiblichkeit''[93]. Was Mädchenschulpraktiker aus diesem Wunschtraum machen, ist ein Dichterlesegebot bei gleichzeitigem Schreibverbot. ,,Wer den gegründeten Unterschied zwischen Genie und Geschmack kennet, der wird einsehen, daß man die Uebung der schönen Künste dem Frauenzimmer mehr für den Geschmack, als für die schöpferische Kraft des Genies vorschlagen müsse.''[94] In dieser philosophisch-pädagogischen Einsicht werden Deutschlands Schulen ein Jahrhundert lang Frauen erzeugen, die mit unendlichem Genuß ihr Maß an Dichterworten trinken.

... und das Reich Gottes

Die Lust der Frauen zieht Kreise. Im Erscheinungsjahr von Betty Gleims Lesebuch trägt Immanuel Niethammer, Hegelfreund und Zentral-Schul- und Studienrat in Bayerns geheimem Ministerium des Innern, seinen Vorgesetzten u n d seinem Dichter das Projekt an, nicht ein, sondern das Lesebuch zu schaffen. Ein megalomanes Projekt, denn es will die Lesesucht, statt bei bestimmten Institutionen und einem Geschlecht anzusetzen, überhaupt kurieren – durch totale Überführung von Dichtung in Pädagogik. ,,Wir haben unsre National-Classiker, aber wir kennen sie nicht; wir lesen sie wohl auch, aber wir lernen sie nicht. Die Lesewuth, die ein Nationallaster der Teutschen geworden ist, hascht immer nur nach Neu-

---

[92] Vgl. BLOCHMANN, 1966: 71.
[93] HOFFMANN, 1819/1966: 33.
[94] SCHWARZ, 1792: 173, vgl. dazu BLOCHMANN, 1966: 66.

em, und verschlingt Gutes wie Schlechtes."[95] Ein megalomanes Projekt aber vor allem, weil es das absolute Lesebuch herbeifleht, „wie wir auch um das Kommen des Reiches Gottes bitten"[96].

Und wirklich, all die wachen Träume der Frühromantiker von einer einmaligen historischen Chance, sogleich nach der staatlichen Abschaffung des Elementarlesebuchs Bibel eine neue, aber poetische Bibel zu stiften[97] – im Einen Lesebuch aller deutschen Schulen hätten sie diskursive Positivität erlangt. Denn Niethammer, anders als Schlegel oder Novalis, spricht es aus, was Bibel und Fibel verbindet. Weil und nur weil „die Bibel aufgehört hat", „ein Vereinigungspunkt der Bildung aller Stände" zu sein, und „bey der herrschend gewordnen Denkart dazu schwerlich wieder sich erheben wird", entsteht „das Bedürfniss eines N a t i o n a l-B u c h e s"[98]. Die vielen poetischen Lesebücher, die um 1800 zu erscheinen beginnen, sind ja zugleich Narben und Pflaster dieser Wunde. Aber wie vermöchten die Gleim, Vetterlein, Welcker Deutschland zu retten? Eine poetische Bibel, „kann nicht nach Willkühr und Gutdünken" einzelner entstehen. Sie muß „als S a m m l u n g c l a s s i s c h seyn", „um sowohl durch ihren innern Werth als durch ihre äussere Auctorität vor allen anderen willkürlich veranstalteten Sammlungen den Vorrang zu verdienen" und d. h. „die teutschen Nation zum Gebrauche der Einen classischen Sammlung entweder ganz freywillig, oder durch eine dann leicht zu treffende Verabredung zu vereinigen". Kurzum, die poetische Bibel wäre „ein Geschenk Gottes"[99].

Also muß Gott sie schreiben. Niethammer, nachdem er seiner Regierung an möglichen Autoren „nur zwei Männer", Goethe und Voß zu nennen wußte, unterbreitet Projekt und Schreibbitte schließlich dem einen Goethe. Ein Lesebuch, das „classische Auctorität erlangen soll, kann nur durch Classiker erschaffen werden"[100]. So genau versteht der Schulreformer Weimarer Privataudienzen „über Erziehung und Nationalbildung, und insbesondre über Bibel und Volksbücher"[101], so genau, heißt das, die faustische Tat. Vorbei die Zeiten, da die unausdenkliche Verdopplung des Wortes *Wort* zu Beginn eines Evangeliums allen Reden Grund und Maß gegeben hat. Zeiten sind gekommen, da die Autorentat, für Wort Tat zu schreiben, Grund und Maß aller Reden in eine unausdenkliche Verdopplung von Autorschaft setzt. Wenn der eine

Niethammers Goethelesebuch

---

[95] NIETHAMMER, A 22. 6. 1808, in GOETHE, 1887-1919: XL 2, 401.
[96] NIETHAMMER, B 3. 2. 1809, in GOETHE, 1887-1919: XL 2, 410.
[97] Vgl. dazu KESTING, 1974: 420-436.
[98] NIETHAMMER, A 22. 6. 1808, in GOETHE, 1887-1919: XL 2, 405.
[99] NIETHAMMER, A 22. 6. 1808, in GOETHE, 1887-1919: XL 2, 405 f.
[100] NIETHAMMER, A 22. 6. 1808, in GOETHE, 1887-1919: XL 2, 407 f.
[101] NIETHAMMER, B 28. 6. 1808, in GOETHE, 1887-1919: XL 2, 398.

Klassiker seine Werke durch Aufnahme in die neue poetische Bibel höchstpersönlich zu klassischen stempelte, würde die Etymologie des Titels Autor buchstäbliche Wahrheit. Absolute „Auctorität", wie Niethammers Pädagogik sie braucht, genießen um 1800 nur Wörter, „die mit einem Autornamen versehen sind"[102]. Ein Klassikerlesebuch aus Klassikerfeder würde nicht aufhören, sich (ein)zuschreiben – Definition von Notwendigkeit.

Aber die Großtat scheitert. Goethe scheint Niethammer nicht so tief wie Niethammer ihn verstanden zu haben. Seine umfänglichen Nationalbuch-Vorarbeiten, statt einfach eigene Werke eigenhändig zu autorisieren, laufen hinaus auf zwei historisch-empirische Textsammlungen, die, wie gehaltvoll auch immer, am Phantasma des Einen Buchs vorbeigehen.[103] Immerhin zeigt „die Episode" nicht nur, „daß der Dichterfürst nicht vor den Toren der Schule stehen bleiben wollte"[104]. Hätte er sie nämlich in allem staatlich programmierten Staat durchschritten und den Gymnasien das Reich Gottes gebracht – das Aufschreibesystem von 1800 wäre implodiert. Schulamtlich instituierte Wiederholungslektüre aller Kinder, „meistens Göthe und immer Göthe" –, ein unüberholbarer, weil durch Herrenwort autorisierter Herrendiskurs und seine „auswendig zu lernende"[105] Litanei – den universitären Diskursen, wie sie entlang der Berechtigungskette zwischen Gymnasium und Hochschule laufen, wäre jeder Spielraum geschwunden.[106] Weil das Aufschreibesystem von 1800 kraft hermeneutischer Autorenrekrutierung besteht, müssen auch und gerade Herrendiskurse den Willkürakten ihrer Definition, Selektion und Interpretation anheimfallen. Kanonbildung, in Goethes versäumter Regie absolute Festschreibung, wird in der Regie von Erziehungsbeamten bloße Fortschreibung. Ums Loch des einen klassischen Klassikerlesebuchs herum entstehen unterschiedliche und schwankende Kanonisierungen, die das Geschäft der Schule und ihr immer wieder aufs neue aufgegeben sind.[107]

•

Deutsche Dichtung im höheren Schulwesen

Also muß auch Niethammer die Willkür, von der ein Gottesgeschenk hätte erlösen sollen, erleiden und d. h. ausüben. Nicht Goethe selber, nur ein königlicher Erlaßweg setzt „Goethes Lie-

---

[102] LACAN, 1975: 51.
[103] Den Nachweis aus Goethes Papieren führt HERRLITZ, 1964: 95–96.
[104] LUDWIG, 1910: 57.
[105] NIETHAMMER, A 22. 6. 1808, in GOETHE, 1887–1919: XL 2, 402.
[106] Zu Lacans Begriffen discours du maître und discours universitaire vgl. HAAS, 1980: 9–34.
[107] Vgl. HERRLITZ, 1964: 75.

der'' für Lyrik, *Hermann und Dorothea* für Epik und ,,Göthes Werke'' für Drama auf die Gymnasiallehrpläne Bayerns.[108] Und weil *Allgemeine Normative* ihrem Namen zum Trotz kontingent sind, können sie wieder außer Kraft gesetzt werden. Mit Niethammers Amtsnachfolger hört die deutsche Klassik auf, im Klassenzimmer selber eingeschrieben zu werden. Weil neuhochdeutsche Texte (mit der einen Ausnahme *Messias*) nicht das Studium der antiken brauchen, verweist Thiersch sie in die Freizeit der Schüler. Womit Bayern nur auf eine Praxis zurückkommt, die in anderen deutschen Staaten um 1800 die herrschende ist.[109]

Während also höhere Töchter allenthalben im Unterricht selber deutsche Dichter lesen, empfinden, rezitieren und genießen, werden die Gymnasiasten Neuhumanisten. Ihnen steht es nicht an, ,,mit den Poeten und Prosaschreibern unserer Literatur in der Schule zu lustwandeln'' und Deutschstunden ,,wie einen fortgehenden Fest- und Feyertag'' zu genießen.[110] Über reinen Konsum sind angehende Staatsdiener erhaben. Ihre deutsche Privatlektüre, wie neugegründete Schulfreizeitbibliotheken sie allenthalben fördern und lenken, hat Früchte zu tragen. Durch das preußische Abitur wird ,,die Stellung des Deutschen im Unterricht der oberen Klassen wesentlich verschoben'': Die rhetorische Textzirkulation alter Gelehrtenschulen weicht dem ,,Hauptziel einer in stiller Klausur angefertigten schriftlichen Arbeit''[111]. Es ist der Deutschaufsatz. Schon Meierottos Entwurf eines muttersprachlichen, aber noch Rhetorik genannten Dichterkanons für Gymnasien (1794) zielte auf die Fähigkeit, ,,Berichte, Deductionen, Gutachten, mancherlei Schriftstücke abzufassen'', wie sie ,,nur im verwaltenden Staatsdienste'' notwendig und möglich ist.[112] Der Abitursaufsatz, 1810 zur Pflichtübung erhoben, macht mit dieser Schriftlichkeit Ernst. Über Gymnasiasten, die zur Universität übergeleitet werden, befindert Schleiermacher gutachtlich: Sie ,,müssen soweit gebracht sein daß sie auch nun als Schriftsteller aufzutreten von Seiten der Sprache tüchtig sind''[113]. Seitdem ,,der Staat dafür Sorge trägt, daß seine Mitglieder die Feder führen''[114], umschließt diese Sorge zugleich ein bürokratisches und ein poetisches Schreiben, einen Lindhorst und einen Anselmus. Der deutsche Abitursaufsatz darf frei gewählt und schon darum vom Thema her ,,niemals ein blos factischer sein'', weil er ,,vorzüglich die

---

[108] NIETHAMMER, A 5.11.1808, zit. HERRLITZ, 1964: 97.
[109] Vgl. dazu MATTHIAS, 1907: 403 und 211.
[110] THIERSCH, 1826–37: I 340. Ähnlich schon GEDIKE, 1793/1789–95: II 236 f.
[111] MATTHIAS, 1907: 186, vgl. dazu JÄGER, 1973: 144 f.
[112] GIESEBRECHT, 1856: 126.
[113] SCHLEIERMACHER, A 14.12.1810, in SCHWARTZ, 1910: 175.
[114] BERNHARDI, A 1810, in SCHWARTZ, 1910: 171.

Bildung des Verstandes und der Fantasie beurkunden soll"[115]. Aufgeschriebene Phantasien legen nämlich die „ganze Individualität" des Schülers, „sein innerstes Selbst" „dem Lehrer in die Hände". Das heißt dann „die Bedeutung der Aufsätze in der Muttersprache"[116].

Im Juni 1820 wird der neuberufene Berliner Philosophieprofessor Hegel, schon weil er aus dem Gymnasialdienst kommt, „zum ordentlichen Mitglied der Königlich wissenschaftlichen Prüfungskommission der Provinz Brandenburg ernannt", um in dieser Eigenschaft „auch die Protokolle der Gymnasien über die Prüfung der Abiturienten und die von diesen angefertigten Deutschen Arbeiten durchzusehen und zu begutachten". Am Gymnasialfach Deutsch also verschafft sich die Philosophie, „über den Kreis der unmittelbaren Zuhörerschaft hinaus", „was man Einfluß zu nennen pflegt". Und weil Hegel in seinem Dissens mit Schleiermacher „nicht will, daß man von der Jugend schon Selbstgedachtes fordert", geht seine Kritik an den angehenden Staatsdienern „selbst über die Handschrift und das Format der Arbeiten". Die Erfindung des Deutschen Aufsatzes hat eben, jedem Selbstzweck denkbar fern, den viel höheren „Zweck, die oberen Behörden mit dem Zustand der Gymnasien vertraut zu machen". Weshalb Hegels Feder, die ihre „Urtheile sogar erst in's Unreine schreibt", an Deutschaufsätzen auch „jedesmal die Correctur der Lehrer censirt".[117]

Deutsch an Höheren Knabenschulen ist kein zentrales Lehrfach, sondern ein Überschuß des Klassenunterrichts, der immer schon auf Philosophieprofessoren verweist. Gerade wenn Gymnasiasten ihre muttersprachlichen Autoren nur in Freizeitbibliotheken finden und (wie ihnen sehr nahegelegt wird) in privaten Lektüretagebüchern fortschreiben[118], bis gespeicherte Phantasie und produzierte Individualität als Abitursaufsatz endlich produktiv werden können, tun sie im Aufschreibesystem von 1800 das Ihre. Weil es Goethes konklusives Goethelesebuch nicht gibt, muß der einzelne Schüler, selektierend und interpretierend, einen Lesebuchproduzenten im kleinen und damit schon den Autor spielen.

Keine der (alten und neuen, rühmenden und kritischen) Statistiken, die die Schullehrpläne seit Erfindung des Schullehrplans um 1800 aufschlüsseln, hat auf den Geschlechterunterschied hin ausgezählt. Die verfügbaren, infolge institutioneller Trägheiten freilich späten Zahlen indizieren aber, daß das neue Fach Deutsch

---

[115] SCHLEIERMACHER, A 14. 12. 1810, in SCHWARTZ, 1910: 196.
[116] GIESEBRECHT, 1856: 129.
[117] ROSENKRANZ, 1844: 329 f.
[118] Vgl. dazu H. J. FRANK, 1973: 260 f.

zugleich Zentrum der Mädchenerziehung und Jenseits der Beamtenerziehung ist. Nach den preußischen Gymnasiallehrplänen von 1810 beansprucht es „ein Viertel der alten Sprachen"[119], in der späteren Praxis an Gymnasien 7% und an Realschulen etwa 10% des Gesamtkursus. Dem steht an Höheren Mädchenschulen mit 20% das Doppelte gegenüber.[120] So sehr sind Bestand und Ansehen Deutscher Dichtung dem anderen Geschlecht verdankt, so sehr aber auch bedarf das öffentlich tätige Geschlecht zu seiner Zufriedenheit einer aktiven Geistesbeschäftigung, die Lesen schon darum nicht bieten kann, weil öffentliche Tätigkeit neuerdings öffentliches Schreiben einschließt.[121] Pädagogisch institutionalisierter Geschlechterunterschied –: die Höheren Töchterschulen überführen mit allem Zeitaufwand eine Lesesucht in Klassikerkonsum, die Höheren Knabenschulen mit aller Freigabe ein Lesen in interpretierende Fortschreibungen. Denn was Werke und Autoren sind, lernen angehende Beamte neuhumanistisch schon an den Alten.[122] Das Fach Deutsch kann und muß marginal bleiben, weil es laut Schleiermacher schulische (Schub-)Fächer immer schon transzendiert.

> Der Unterricht in der deutschen Sprache ist nicht bloß als Sprachunterricht zu betrachten, sondern weil die Muttersprache das unmittelbare Organ des Verstandes ist und das allgemeine der Fantasie, so flüchtet sich vorzüglich in diesen Unterricht alles was für freie formelle Bildung des Geistes auf Schulen geschehen kann, alle Vorbereitung zur Philosophie.[123]

Mit dem Knabenschulfach Deutsch haben die Philosophen von 1800 also, was sie wollen. Deutsch, ein spirituelles Medium aller Medien wie Dichtung oder Einbildungskraft, steht im Gymnasium schon jenseits des Gymnasiums; es schließt Fachdisziplinen an Privatlektüre und eine Wissenschaft an, die das Gymnasium gar nicht lehrt, wohl aber die Universität. Die Berechtigungskette verknüpft die höheren Bildungsanstalten institutionell, das Deutsche in den Sachen. Eben solche Augmentation von Gymnasium zu Universität aber sinnen die Philosophen ‚dem Menschen' an. Bergks Bücherlesekunst erzieht Leser zu philosophisch selbsttätigen Interpreten; Friedrich Schlegel, der Philosoph und Künstler, philosophiert:

---

[119] SCHWARTZ, 1910: 187.
[120] Vgl. die Aufstellungen bei L. v. WIESE, 1867–68: I 33, 41, 404 f.
[121] So BRANDES, 1802: III 31 f.
[122] Vgl. GESSINGER, 1980: 79.
[123] SCHLEIERMACHER, A 14.12.1810, in SCHWARTZ, 1910: 173. Zur Funktion des Gymnasialfachs Deutsch (zumal in Preußen) als „Transformation beliebiger Sachen in Sprache" vgl. auch WEIMAR, 1989: 240 f.

Der Künstler darf ebenso wenig herrschen als dienen wollen. Er kann nur bilden, nichts als bilden, für den Staat also nur das tun, daß er Herrscher und Diener bilde, daß er Politiker und Ökonomen zu Künstlern erhebe.[124]

So geschieht es im Deutschen, wenn freie formelle Geistesbildung und ästhetische Erziehung des Menschengeschlechts von einem Jenseits des Staates her, wo man seit Schiller weder Herrscher noch Beherrschte kennt, die angehenden Herrscher und Diener eben dieses Staats durchdringen. Denn was Philosophen deren Erhebung zu Künstlern nennen, schreiben Pädagogen wie Niethammer sofort in Zugangsbedingungen zum Beamtenstand um.

Von Rechtswegen sollte zu den höheren Berufsarten des Staatsdienstes, der Regierung, der Gesetzgebung, der Rechtsverwaltung, der Sittenbildung, der Religionsverkündigung etc. deren Object in den Ideen ist, der Zugang keinem gestattet werden, der sich nicht durch Bildung in dem Gebiete der Geistesideen hinreichend dazu legitimirt hätte.[125]

Die vormaligen Fakultäten der Gelehrtenrepublik werden zu einer Beamtenfabrik, die über traditionale Eliten wie Richter und Priester hinaus Sittenbildner und d. h. jene Gymnasiallehrer bildet, die ihrerseits Eliten bilden werden, usw. Derart neue Zugangsbedingungen machen neue Qualifikationskriterien notwendig. Seitdem der Exmagister Faust den Kreislauf von Lesen, Exzerpieren, Vorlesen durchbrochen hat, ist bloße Wissenszirkulation noch keine Legitimation in dem Gebiete der Geistesideen. Anders als produktiv schreibend könnte niemand auch nur beanspruchen, gebildet statt bloß gelehrt zu sein. Solches Schreiben aber lernt man nicht aus Theorien, sondern von eben der Deutschen Dichtung, die es erfunden hat. Über alle Gelehrsamkeit stellt Süverns preußischer Gymnasiallehrplan die „Betrachtung und Entwicklung großer Meisterwerke der Dicht- und Redekunst", weil sie „den Sinn für das Schöne und" – das ist entscheidend – „die Fähigkeit der Darstellung eigener Gedanken bilden"[126]. Präziser noch (und eben darum wie eine Prophetie heutiger Staatsexamensthemen) sind die Fragen, die ein Staatsideal von Bayern jedem Nachwuchsbeamten vorzulegen hätte:

Kann er den Geist irgend eines Profanschriftstellers entwickeln? Versteht er ihn in der Muttersprache rein und vollständig wieder zu geben? Welche Ansicht hat er von ihm? Kann er ihn philoso-

---

[124] F. Schlegel, 1800b/1958 ff.: II 261.
[125] Niethammer, 1808/1968: 257, vgl. dazu Heinemann, 1974: 198. Dasselbe Beamtenausbildungskriterium bei Fichte, 1806b/1845: VI 354.
[126] Süvern, A 1816, in Budde, 1910: I 72.

phisch würdigen und sein Verhältnis zu den neuern Resultaten derselben darstellen? (...) Wie ist sein schriftlicher Ausdruck beschaffen?[127]

Das Rätsel einer Legitimation von u n d durch Literatur[128] geht so einfach auf, daß universitäre Interpreten es kaum merken. Sie selber noch folgen Spielregeln, die vor 180 Jahren per Erlaß aufgestellt wurden. Klassische Dichter sind dadurch legitimiert, daß sie schreibenden Beamten die Norm ihrer Legitimation liefern, eine „Legitimation auf dem Gebiete der Geistesideen". Hermeneutischer Zirkel, reziprokes Beweisverfahren.

*

Die Mitte aber, die jene zwei Extreme Dichtung und Beamtentum zu durchgehen haben, um zu ihrem Schluß zu kommen, heißt Philosophie. Nach Penzenkuffer enthält jeder Profanschriftsteller ein philosophisches Resultat, das im Beamtenstaatsexamen dann auch auf den Begriff kommt. Nach Schleiermacher sprengen Deutschstunden nur darum Fachschranken, weil alle Vorbereitung zur Philosophie in sie flüchtet. Nach Süvern weckt vorzüglich das gymnasiale Studium von Meisterwerken philosophische Geister. Und wie Voß im *Versuch über die Erziehung für den Staat als Bedürfnis unserer Zeit* ausführt,

Philosophie und Universitätsreform

> muß jeder Staatsdiener, der nicht bloß mit der sittlichen und staatsbürgerlichen Cultur, seines untergeordneten Verhältnisses wegen, sich begnügen kann, eine philosophische Ausbildung erhalten haben; denn jedem Staatsdiener ist eine Entfesselung seines Geistes wesentliches Bedürfnis.[129]

Die Berechtigungskette zwischen Schuldeutsch und Universitätsphilosophie hat institutionelle Effekte. Erstens wird die philosophische Fakultät entfesselt: Vormals als simple Propädeutik den drei ernsthaften Fakultäten der Fürstendienste vorgeschaltet, erobert sie Rang und Namen einer höchsten Fakultät. „Indem die Vorbereitungen für alle Fakultätsstudien auf die Gymnasien übergingen, erlangte die philosophische Fakultät, die ehemalige allgemein-wissenschaftliche Vorschule für die drei älteren Fakultäten, mit dem Be-

---

[127] PENZENKUFFER, 1805: 62 f., Anm. Mit ganz entsprechenden Fragen prüft – nach Fichtes Plan einer neuen Berliner Universität – das Gymnasium die Reife von Schülern für ihr künftiges Studium: „Zuvörderst muss der Aspirant eine seinen Fähigkeiten angemessene, ihm vorgelegte Stelle eines Autors in gegebener Zeit gründlich verstehen lernen, und den Beweis führen können, dass er sie nicht verstehe, indem sie gar nicht anders verstanden werden könne." (J. G. FICHTE, 1817/1845: VIII 110)
[128] Vgl. dazu TURK/KITTLER, 1977: 9–20.
[129] VOSS, 1799–1800: II 326.

ginn des 19. Jahrhunderts ihre selbständige Stellung. Ihr fiel neben der Pflege der wissenschaftlichen Forschung die Vorbildung für den Lehrerberuf als besondere Aufgabe zu."[130] Zweitens muß innerhalb seiner Fakultät das eigentliche Fach die Fesseln überkommener Gegenstände sprengen. Um im Beamtennachwuchs Geist zu entfesseln, wird Geist die neue philosophische Sache. Unmittelbar aus *Faust* kann der Philosoph Hinrichs nachweisen, daß Universitäten „Staatszwecke" und ihre Krönung an einer Wissenschaft haben, die

> als keine Facultät im Sinne der andern betrachtet werden muß, indem die Philosophie (...) sich nicht auf Besondres beschränkt, sondern die Besonderheit der den Facultäten gegenständlichen Wissenschaften zur Allgemeinheit verflüchtiget.[131]

Zum geistigen Entfesseln und Verflüchtigen ist noch keine ausdrückliche *Phänomenologie des Geistes* vonnöten. Es reicht hin, den philosophischen Diskurs, auch wenn er semantisch bei Signifikaten wie Ich und Erkenntnis bleibt, im Pragmatischen zu ändern. Solche Umstellung von Produktions- und Konsumtionsregeln legt schon bei Fichte die *Grundlage der gesammten Wissenschaftslehre*.

> Die Wissenschaftslehre ist von der Art, daß sie durch den blossen Buchstaben gar nicht, sondern daß sie lediglich durch den Geist sich mittheilen läßt; weil ihre Grundideen in jedem, der sie studirt, durch die schaffende Einbildungskraft selbst hervorgebracht werden müssen; wie es denn bei einer auf die lezten Gründe der menschlichen Erkenntniß zurückgehenden Wissenschaft nicht anders sein konnte, indem das ganze Geschäft des menschlichen Geistes von der Einbildungskraft ausgeht, Einbildungskraft aber nicht anders, als durch Einbildungskraft aufgefaßt werden kann.[132]

„Wie ein Geist zum andern Geist spricht", war Fausts Frage. Fichtes Antwort: als Wissenschaftslehre und d. h. Philosophie. Aus der schlichten gelehrtenrepublikanischen Propädeutik wird durch Umstellung auf Geist eine „Sache des ganzen Menschen"[133], unendlich edel, aber auch unendlich schwierig. Wer einfach Buchstaben schreibt, kann nicht mehr philosophischer Autor heißen, wer einfach liest, nicht mehr philosophischer Rezipient. Unter den Diskursformationen von 1800 zeichnet es die Philosophie aus, sämtliche Selbständigkeitspostulate der neuen Bücherumgangskunst zu ma-

---

[130] K. FRICKE, 1903: 16. Eine einzigartig klare Formulierung, wie sie leider nur Oberlehrern (und nicht Professoren) gelingt. Den wissenschaftshistorischen Kontext siehe bei WEIMAR, 1989: 178–189.
[131] HINRICHS, 1825: 69 f.
[132] J. G. FICHTE, 1794–95/1962 ff.: I 2, 415.
[133] J. G. FICHTE, 1794–95/1962 ff.: I 2, 415 Anm.

ximieren und die fleischgewordene Alphabetisierung oder „Einbildungskraft" zur Zugangsbedingung selber zu erheben. Damit und erst damit entsteht zwischen Dichtung und Philosophie eine unumgängliche und zweigleisige Vernetzung. Der institutionellen Berechtigungskette zwischen gymnasialem Deutsch und universitärer Philosophie entspricht im Elementaren des Lesens eine Philosophenrezeption aus schaffender Einbildungskraft. So hat Kleist, dem Buchstaben des gelehrtenrepublikanischen Königsbergers sehr untreu, Kant bis zu jener Krise hin gelesen, die wenig mehr mit Philosophie und schon viel mit Erzählperspektiven zu tun hat. So hat Novalis, dem buchstabenverachtenden Fichte-Buchstaben sehr treu, die *Wissenschaftslehre* gelesen, exzerpiert, kommentiert und schließlich aus schaffender Einbildungskraft so verwandelt, daß Philosophenlektüre in Romanschreiben umschlagen konnte.[134] Eben dieser Weg von deutschen Aufsätzen zur Autorschaft aber ist laut Fichte selber der „einzig" menschenwürdige.

> Immer l e s e n; immer dem Gedankengange eines andern folgen; seinen Kopf zum Behälter von lauter fremden und nicht immer sehr gleichartigen Gedanken zu machen, hat sein Ermüdendes: es spannt die Seele ab, und wiegt sie in eine gewisse Indolenz. Durch Nichts unterbricht man die Stagnazion, die dadurch im menschlichen Geiste entsteht, glücklicher, als durch eigenes Verarbeiten eigener Gedanken. (...) Es giebt gewiß kein größeres geistiges Vergnügen für diejenigen, die desselben fähig sind, als dasjenige, welches man während, oder durch das Schreiben selbst genießt; und welches (...) in einer Welt, wo Niemand lesen, oder Gelesenes hören könnte, ebendasselbe bleiben würde. – Mit geschärftem Sinne geht man dann zur Lektüre zurück; versetzt sich mit mehrerer Sicherheit und feinerm Takte in den Geist des Verfassers; versteht ihn richtiger und beurtheilt ihn gründlicher, und läßt sich durch den Mann, dessen Nimbus um das Haupt schwindet, und der unsers gleichen geworden ist, nicht mehr imponiren. Es ist sicher, daß Niemand einen Schriftsteller ganz verstehen, und mit ihm gleich fühlen kann, der es nicht selbst in einem gewissen Grade ist.[135]

Womit schon gesagt ist, daß auch beim Schreiben der *Wissenschaftslehre* selber Einbildungskraft alle Buchstaben übersprungen hat. Freies Schreiben, dem kein vorgegebener Autor imponieren kann, heißt ja Philosophen wie Schlegel die Bestimmung und Philosophen wie Fichte das höchste Vergnügen „des Menschen".

---

[134] Zu Hardenbergs Rezeption der zitierten Fichtesätze vgl. VIETTA, 1970: 25 f.
[135] J. G. FICHTE, 1789/1962 ff.: II 1, 130. Mit diesen Worten empfiehlt sich ein Hauslehrer unmittelbar nach der Erfindung von Abitur und Abituraufsatz als Leiter eines privaten, aber öffentlich finanzierten Aufsatzschreibinstituts. Das Institut ist zwar nicht zustande gekommen, aber eine deutsche Dichtung.

Nicht umsonst trägt *Die Grundlage der gesammten Wissenschaftslehre* den Untertitel *als Handschrift*. Sie ist zugleich Provisorium und Triumph einer neuartigen Gedankenproduktion. Denn Fichte, allzu rasch vom Lausitzer Gänsehirtenbuben zum Hauslehrer, vom Hauslehrer zum Professor befördert, hat bei Ankündigung seiner ersten Vorlesung an der Universität Jena zunächst gar nichts vorzulesen. Vorlesung in gelehrtenrepublikanischen Tagen besagte ja, einen dem Dozenten wie seinen Hörern vorliegenden oder vorgängigen Standardtext zu paraphrasieren. „Im frühen 18. Jahrhundert noch wurde ein ‚Lehrbuch' definiert als ‚klassischer Autor, der von den Schülern weitzeilig geschrieben wird, um für die Erläuterungen, die vom Lehrer diktiert werden, u. a. Platz zu lassen'."[136] Solches Interpretieren im Wortsinn jedoch wäre unter der Würde eines Philosophen, der Produktion und Konsumtion auf schaffende Einbildungskraft und produktives Fortschreiben umstellt. Im Vollbewußtsein der historischen Sternstunde schickt Fichte der endlosen Bücherzirkulation Alteuropas ein philosophisches Gelächter nach.

> Nachdem es keinen Zweig der Wissenschaft mehr giebt, über welchen nicht sogar ein Ueberfluss von Büchern vorhanden sey, hält man dennoch noch immer sich für verbunden, durch Universitäten dieses gesammte Buchwesen der Welt n o c h e i n m a l z u s e t z e n, und ebendasselbe, was schon g e d r u c k t vor jedermanns Augen liegt, auch noch durch Professoren r e c i t i r e n zu lassen.[137]

Während Kant, Figur eines Übergangs, das Doppelspiel treibt, über eine verjährte Ontologie zu lesen und ihre Kritiken bloß zu schreiben, schließt die neue Philosophie Produktion und Konsumtion kurz. Fichte vollbringt eine Tat so revolutionär wie die faustische. In der Einsicht, daß Lesen und mehr noch Verlesen etwas Ermüdendes hat, legt er seiner ersten Vorlesung kein fremdes Lehrbuch fremder Philosophen zugrunde, sondern ein eigenes. Aber in der Not, mit seinen Deduktionen noch nicht immer im reinen zu sein[138], muß er dieses eigene Lehrbuch von Stunde zu Stunde produzieren und von Stunde zu Stunde erscheinen lassen. Die „wenigstens drei Bogen" *Wissenschaftslehre* pro Semesterwoche[139] gehen gedruckt an Fichtes Vorlesungsbesucher und – Goethe.

So provisorisch und triumphal beginnt eine neue Epoche der Philosophie: die literarische. Ein Dozent, der sich eigene Vorle-

---

[136] MCLUHAN, 1964/1968: 189 f.
[137] J. G. FICHTE, 1817/1845: VIII 98, vgl. dazu ENGELSING, 1976: 103 f.
[138] Vgl. I. H. FICHTE, 1862: I 195. Ein Vorlesungsstil, dem Humboldts Universitätsreform auch theoretische Weihen gibt. Vgl. MCCLELLAND, 1980: 124.
[139] J. G. FICHTE, B 21. 6. 1794/1962 ff.: III 2, 143.

sungsvorlagen schreibt, wird zum Autor im emphatischen Wortsinn von 1800. Ein Schreiber, der Deduktionen veröffentlicht, noch ohne zu wissen, wie er sie wird beweisen können, treibt Mimikry an die neue Freiheit der Dichter, ihre Federn laufen zu lassen und erst im Wiederlesen zu Korrektur, Bewußtsein und Kohärenz zu kommen.[140] Wo vordem Druckerpressen und Professoren lediglich das gesamte Buchwesen der Welt noch einmal setzten, setzt sich (mit seinem Lieblingswort) das Autor-Ich Fichte. Demgemäß tut im selben Jahr 1795 die Schrift *Über Geist und Buchstaben in der Philosophie* der Lesewelt kund, daß ein ästhetischer Trieb inneren Bildens und Gestaltens keineswegs nur Dichter auszeichnet, sondern ebensosehr Philosophen, die statt dem bloßen Buchstaben ihrer schaffenden Einbildungskraft folgen.

Auf dem Zentralplatz, wo im Aufschreibesystem von 1800 ,,der ganze Mensch'' für ,,den ganzen Menschen'' schreibt, herrscht also einiges Gedränge. Die Dichtung beansprucht ihn, die Philosophie beansprucht ihn; ein Konkurrenzkampf scheint unvermeidlich. Das zeigen erste Reaktionen eines Dichters. Schiller als *Horen*-Herausgeber lehnt es ab, *Geist und Buchstab* zu veröffentlichen, nicht nur weil die Schrift seiner eigenen *Ästhetischen Erziehung* widerspricht, sondern mit der vorrangigen und ausdrücklichen Begründung, daß der Deutschen Dichtung keine philosophische Konkurrenz erwachsen darf. Auf Fichtes Vorwegnahme künftiger Leserurteile über sie beide gibt Schiller bündigen Bescheid.

Dichter und Denker in Konkurrenz

> Daß (...) in hundert oder zweihundert Jahren, wenn neue Revolutionen über das philosophische Denken ergangen sind, Ihre Schriften zwar citirt und ihrem Werthe nach geschätzt, aber nicht mehr gelesen werden, dies liegt ebenso sehr in der Natur der Sache, als es darin liegt, daß die meinigen (...) alsdann zwar nicht m e h r, aber auch nicht w e n i g e r denn jetzt g e l e s e n werden. Und woher möchte dieses kommen? Daher, weil Schriften, deren Werth nur in den Resultaten liegt, die sie für den Verstand enthalten, auch wenn sie hierin noch so vorzüglich wären, in demselben Maße entbehrlich werden, als der Verstand entweder gegen diese Resultate gleichgültiger wird, oder auf einem leichteren Wege dahin gelangen kann, dahingegen Schriften, die einen von ihrem logischen Inhalte unabhängigen Effect machen und in denen sich ein Individuum lebend abdrückt, nie entbehrlich werden und ein unvertilgbares Lebensprincip in sich enthalten, eben weil jedes Individuum einzig, mithin unersetzlich und nie erschöpft ist.

---

[140] Für Schiller vgl. seine Erklärung, warum *Don Carlos* keine textuelle Kohärenz im hergebrachten Sinn haben kann (SCHILLER, 1788/1904 f.: XVI 52 f.), für Fichte seine höhnische Antwort auf Schillers Inkohärenzvorwürfe: ,,Die Entdeckung aber, daß alles, was ich schreibe, ein so dringendes Bedürfniß der Korrectur habe, macht mich, wie sie soll, sehr aufmerksam.'' (FICHTE, B 27. 6. 1795/1962 ff.: III 2, 340).

> Solange Sie also, lieber Freund, in Ihren Schriften nicht mehr geben, als was jeder, der zu denken weiß, sich aneignen kann, so können Sie sicher sein, daß ein anderer nach Ihnen kommen und, was Sie gesagt haben, anders und besser sagen wird (...). Aber nicht so dasjenige, was die Einbildungskraft darstellt. Ich gebe zu, daß jetzt und künftig manches, vielleicht das Beste, in meinen Schriften von der Beschaffenheit ist, daß es sich schwer, ja manchen gar nicht mittheilen läßt (...). Aber sobald gewiß ist, daß der größte Theil der Wirkung, die sie machen (gleichviel bei wie wenigen oder wie vielen), ä s t h e t i s c h e r Art ist, sobald ist dieser Effect für alle folgenden Zeiten, in welchen man die Sprache des Autors versteht, gesichert.[141]

Das ist eine einzige, aber von Leidenschaft geschwellte Replik auf Fichtes Satz, Geist in der Philosophie und Geist in der schönen Kunst seien gerade so verwandt wie Unterarten einer Gattung überhaupt.[142] Dem Dichter zufolge gewährt dagegen nicht schon die ästhetische Behandlung spekulativer Themen, sondern erst die ästhetische ästhetischer eine Unsterblichkeitsgarantie. Mit derlei Selbstbezüglichkeiten sichern Worthaber ihre Territorien. Die unersetzliche Autorindividualität, weit entfernt, nur in den Höhen der Literaturtheorie zu zählen, ist ein Knochen, um den Dichter und Philosophen auf dem Kampffeld der Publikumseffekte streiten. Und diesem Kampffeld sind die Kraftlinien des historischen Augenblicks eingeschrieben. Das traurige Los, das Schiller Fichtes Nachruhm weissagt, läuft ja darauf hinaus, daß unter Bedingungen eines proliferierenden Büchermarkts veröffentlichte Sachhaltigkeiten von anderen fortgeschrieben, ihre zufällig ersten Sprachrohre mithin vergessen werden können. Jene Ordnung des Diskurses, die ihre Zeitgenossen auf den noch euphemistischen Namen Lesesucht getauft haben, ist die unwiderrufliche Instanz, an der Philosophensehnsüchte nach Autorruhm scheitern müssen und einzig Dichterstrategien Erfolg versprechen. Damit aber schlägt Schiller seinen Konkurrenten mit dessen eigenen Argumenten. Nur produktives Fortschreiben im Geist deutscher Aufsätze, hat Fichte ja versprochen, führt zum Verständnis des gelesenen Autors und darüber hinaus: daß nämlich der fortgeschriebene Autor, „dessen Nimbus um das Haupt schwindet, und der unsers gleichen geworden ist, nicht mehr imponiren kann". Nach eben dieser Logik prophezeit der Dichter dem Denker, in hundert oder zweihundert Jahren vergessen zu sein.

Die zweihundert Jahre sind fast vorüber, aber in verbliebenen Leserkreisen imponiert ‚Fichte' noch ebenso wie ‚Schiller'. Der Prophet hat etwas übersehen, weil er etwas unterschlagen hat:

---

[141] SCHILLER, B 3.–4. 8. 1795, in I. H. FICHTE, 1862: II 388.
[142] Vgl. J. G. FICHTE, B 27. 6. 1795, in I. H. FICHTE, 1862: II 380.

Sein eigener Aufsatz, dem Fichte keine *Horen*-Konkurrenz machen darf, ist der *Wissenschaftslehre* tributpflichtig und noch sein Dichterbrief über Philosophenvergänglichkeit dem Philosophen Humboldt.[143] Weil also Philosophie von 1800 alles andere als einseitig an Dichtung parasitiert, stehen die zwei Diskurse auch nicht im Verhältnis wechselseitiger Auslöschung. Ihren Streit haben Fichte und Schiller bald beigelegt. Fichtes Anspruch auf Gleichstellung von spekulativem und ästhetischem Schreiben nehmen Schelling und andere versöhnlich zurück, wenn sie Philosophie erst am Ende ihrer weltweiten Odyssee wieder in Dichtung und Natur münden lassen. Elementarer als der Eklat von 1795 ist eine systematische Konnivenz beider Diskurse, ein Spiel von Geben und Nehmen, bei dem jeder den anderen stabilisiert und mit dem erwünschten ,,Effect für alle folgenden Zeiten'' begabt.

> Dem Absoluten
> empfiehlt sich
> schönstens
> zu freundlicher Aufnahme
> das Urphänomen.

Bündiger geht es nicht. In eigenhändigen Grußworten, die er mitsamt seiner *Farbenlehre* an Hegel schickt[144], feiert Goethe jene Konnivenz. Die Unauflöslichkeit poetischer Urphänomene und die vollständige Auflösung, die da Absolutes heißt – sie fallen nicht zusammen, aber sie stoßen auch nicht zusammen; sie sind geschieden u n d verschaltet wie Sender und Empfänger. Nicht zufällig begleitet die Worte, mit denen sich der Dichter dem Denker empfiehlt, ein Karlsbader Trinkglas, und das auch nicht nur, weil es gewisse Farbenlehren illustriert. Pokale sind vor aller Wissenschaft zum Trinken da. Goethes Trinkspruch, ein anderes Abendmahlswort, empfiehlt das eigene poetische Korpus dem Verzehr – einem Verzehr freilich, der sehr anders als beim lesesüchtigen Geschlecht der Frauen die Unausdenklichkeit und Unerschöpflichkeit von Urphänomenen zu achten oder gar zu steigern hat. Denn wozu der Trinkspruch Philosophen einlädt, ist nicht Lektüre, sondern Interpretation.

Daß die Philosophie um 1800 literarisch wird, hat Rückwirkungen auf die Dichtung selber. Im ,,Gedankenkunstwerk'' erwächst dem ,,poetischen Kunstwerk''[145] eine neue Adresse. Die Dichtung

---

[143] Vgl. dazu B. v. WIESE, 1963: 487 und 447.
[144] GOETHE, B 13. 4. 1821, in HEGEL, 1961: II 258. Vgl. dazu LÖWITH, 1950: 17–28.
[145] HINRICHS, 1825: VIII.

hört nicht auf, für die Mädchen und deren gesteuerte Lektüre zu sein. Aber weil Lektüre produktive Autorindividuen gar nicht zureichend würdigen kann, sehen die Distributionsregeln einen weiteren Kanal vor, auf dem die Werke zu philosophischen Auslegungen und d. h. zum Zertifikat ihrer Unerschöpflichkeit kommen.[146] Die literarisch gewordene Philosophie wird um 1800 Interpretation. Für diese Innovation gibt es ein Zeugnis. Nicht irgendeines. Die Tragödie *Faust*, die nach ihrer Vollendung, wie um alle Poesieproduktionsregeln einzuschalten, mit dem Minimalsignifikat *ach* anheben und im Transzendentalsignifikat Ewiger Weiblichkeit münden wird, findet 1790, beim Erscheinen des *Fragments*, unter Literaten ziemlich kühle Aufnahme. ,,Der bedeutende Philologe Heyne, Wieland, Schillers Jugendfreund Huber und auch Schiller selbst in seiner vorphilosophischen Periode äußerten sich kritisch und zurückhaltend.''[147] Ein Aufschreibesystem programmierter Autorenmultiplikation ist einzigartigen Werken ja nicht gerade günstig. Eben darum wird dem Programm eine Rückkopplungsschleife zugefügt, deren Stellglied die Philosophen und deren Effekt zu Philosophie und *Faust* bekehrte Dichter wie der reife Schiller sind. Wirklich haben

> alle bedeutenden Vertreter der klassischen deutschen Philosophie, Fichte, Schelling und Hegel, das Fragment enthusiastisch aufgenommen und seine Bedeutung als Weltgedicht sofort erkannt. Und diese Wirkung blieb keineswegs auf die führenden Spitzen der philosophischen Umwälzung beschränkt, sie durchdrang vielmehr die ganze jugendliche Anhängerschaft dieser Bewegung. Als Goethe 1806 ein Gespräch mit dem Historiker Luden hatte, erzählte ihm dieser von der Stimmung der philosophischen Jugend in seiner Studienzeit angesichts des *Faust*-Fragments. Die Schüler Fichtes und Schellings hätten so gesprochen:
> ,,In dieser Tragödie, wenn sie einst vollendet erscheine, werde der Geist des ganzen Menschengeschlechts dargestellt sein; sie werde ein wahres Abbild des Lebens der Menschheit sein, Vergangenheit, Gegenwart und Zukunft umfassend. In Faust sei die Menschheit idealisiert; er sei der Repräsentant der Menschheit.''[148]

Der Philosoph Lukács hat Anlaß, seinen Ahnen mit jedem Wort zu applaudieren. Alle Deutungstechniken, die Wortgeflechte auf den einen und universalen ,,Menschen'' zurückführen, sind von ihnen gestiftet. Wenn Produktion und Konsumtion philosophischer Bücher ,,den ganzen Menschen'' fordern, müssen auch philosophische Werkinterpretationen auf diese Wesenheit zuschreiben. Andernfalls wären sie nur philologische Kritik, gelehrter Kommentar

---

[146] Vgl. dazu KITTLER, 1979b: 202–209.
[147] LUKÁCS, M 1940/1965: 541.
[148] LUKÁCS, M 1940/1965: 541.

oder subjektives Geschmacksurteil, also Sekundärtexte der alten überholten Art. Nie könnten sie beweisen, daß *Faust* das „Weltgedicht" oder (was dasselbe heißt) „die absolute philosophische Tragödie" ist.[149]
Nur spekulative Extrapolation, die ausgerechnet in Fragmenten den gesamten Geschichtsablauf findet und ungeschriebene Schlüsse schon vorwegnimmt, führt zu wechselseitiger Stabilisierung von Dichtung und Philosophie. In den *Aesthetischen Vorlesungen über Goethe's Faust*, die der Hegelschüler und Heidelberger Philosophieprofessor Hinrichs im Wintersemester 1821/22 hält, liefert der Nachweis, daß Goethe d i e philosophische Tragödie geschrieben hat, zugleich einen ausdrücklichen *Beitrag zur Anerkennung wissenschaftlicher Kunstbeurtheilung*.[150] Allen Feinden philosophischen Poesiekonsums (denn das heißt wie üblich Wissenschaft) können Hegelianer den Pokal entgegenhalten, der ihre Trunksucht ins Recht setzt. Durch den Beweis nämlich, daß Faust kein beliebiger Tragödienheld ist, sondern „eine Gestalt des Bewußtseyns" und d. h. der Philosophie, liefert besagte Philosophie zugleich den Beweis, selber „die wirkliche und deshalb allein wahre Auslegung" zu sein, ja als „darstellende Auslegung der Tragödie den Beweis dieser Auslegung selbst" zu erbringen.

> Diese Vorlesungen sind darum, weil sie die freie Gedankendarstellung der Tragödie ausmachen, keineswegs ein nicht abgeleitetes Urtheil, was deshalb bedeutungslos wäre, und nichts sagen will, wie z. B. das Urtheil *Schelling's*, und das von A. W. v. *Schlegel* über diese Tragödie, sondern eben so sehr als ein Gedankenkunstwerk zu betrachten, als die Tragödie ein wahres poetisches Kunstwerk ist. Nur als solches, vermittelst welches das poetische Kunstwerk *wiedergeboren* in dem Elemente des Gedankens sich beweiset, kann der Gehalt der Vorlesungen darauf Anspruch machen, den allein wahren Begriff der Auslegung in der die Tragödie darstellenden Weise aufgestellt zu haben, womit aber auch, wie sich das im Verlaufe derselben näher ergeben wird, nothwendig zusammenhängt, daß unsre Vorlesungen in der Weise des Gedankens den weitern Inhalt eines etwanigen zweiten Theiles der Tragödie erzeugen, und darum dem Begriffe nach selbst diesen zweiten Theil ausmachen müssen.[151]

Urphänomen und Absolutes, *Faust I* aus Dichterfeder und *Faust II* aus Philosophengedanken – im Kunstwerk der Interpretation fallen sie also zusammen. Was Schelling und Schlegel verfehlten und

---

[149] HEGEL, 1835/1927-40: XIV 564.
[150] Über Hinrichs vgl. WEIMAR, 1976: 307-312, und sein Diktum „die deutsche Literaturwissenschaft ist als angewandte Ästhetik in der Hegelschule entstanden" (312).
[151] HINRICHS, 1825: VI-VIII.

auch die Schüler Schellings und Fichtes nur andeuteten – alles das überführt Hinrichs in diskursive Positivität: Philosophie als „Auslegung" macht Dichtung überflüssig. Kein Wunder, daß Goethe auf die Zusendung dieser Konsumtion, der ersten germanistischen Einzeltextinterpretation in Buchformat, die überhaupt erschienen ist, nicht so dankbar reagierte wie Hinrichs' Meister Hegel auf die Zusendung urphänomenaler Trinkgläser. Seine Antwort fiel stummer aus, aber desto massiver. „Goethe hat im Tagebuch für den Abend des 24. 2. 1825 die Lektüre von Hinrichs' Buch notiert und für den 25. 2. 1825 – nach langer Pause – den Beginn der Arbeit am *Faust II*."[152]

Daß Goethes Fragment auf kühle Dichter und enthusiastische Denker trifft, daß erst Denker Dichter zur eigenhändigen Vollendung ihrer Fragmente und damit zur Selbstbehauptung einer Autorschaft nötigen, hat Beweiskraft. Nicht erst mit dem *Ulysses* ist Dichtung „eine Produktionsindustrie für eine Rezeptionsindustrie" von gleicher Professionalität geworden.[153] Und nicht nur „Borderline-Fälle" wie Schlegel oder Novalis haben für jene Verwechselbarkeit von Dichtung und Philosophie gesorgt, deren immer noch übliche Ausrufung zur ewigen Wahrheit mit allem Recht bestreitbar ist.[154] Das Aufschreibesystem von 1800 bildet vielmehr

> jene Konfiguration, die in Westeuropa eine neue Beziehung zwischen (sagen wir) der literarischen Produktion einerseits, dem positiven Recht andererseits und schließlich den kritischen Institutionen der Bewertung, überliefernden Bewahrung, Archivierung, Titel vergebenden und Titel stiftenden Legitimierung stiftete – all dem also, dessen ausgezeichnete Stätte und Form die Universitas ist. Das Modell der Universität, in dessen Rahmen wir im Abendland arbeiten – mehr oder weniger gut für einige Zeiten noch –, wurde (...) errichtet im Augenblick der (oder in bezug auf die) Einschreibung jener grundlegenden Regeln, die das Eigentum an Werken, die Rechte der Autoren, des Nachdrucks, der Übersetzung usw. regeln. (...) Dieses Ereignis (...) hat einen wesentlichen, inneren und entscheidenden Bezug zu dem gehabt, was andere das innerste Innere der Produktion literarischer und künstlerischer Formen im allgemeinen nennen würden.[155]

Eine Konfiguration, so offenbar wie übersehen. Keine Untersuchung zum *Ursprung der bürgerlichen Institution Kunst*[156] hält sie

---

[152] WEIMAR, 1989: 380.
[153] So BLUMENBERG, 1979: 93.
[154] So WELLEK/WARREN, 1963: 120 f.
[155] DERRIDA, 1980b: 25 f.
[156] Vgl. etwa BÜRGER, 1977, und als allgemeinen Kommentar McCLELLAND, 1980: 16. „How ironic that the German universities have for generations taught their students to look with an open and critical eye upon every matter except the institution of the university."

der Erwähnung wert. Das Hofzeremoniell von Sachsen-Weimar-Eisenach, die Lage der Handwerker und Bauern, das evangelische Pfarrhaus – alles haben Sozialhistoriker der Deutschen Dichtung ausgeleuchtet. Die neuen, in Philosophie gipfelnden Universitäten aber sind tabu. Ungenannt bleibt der Tempel, darin auch sie noch zelebrieren.

*

Der Deutsche Idealismus, dessen sozialer Ort „Deutschlands höhere und hohe Schulen" sind[157], hat die Deutsche Dichtung universal und universitär gemacht. Es gibt um 1800 keinen medientechnischen Schnitt zwischen U- und E-Literatur, aber *Rinaldo Rinaldini* findet Erwähnung in Lesesuchtdiagnosen und *Faust* auf philosophischen Lehrstühlen. Es gibt um 1800 keinen Lehrstuhl für neuere deutsche Literatur, aber dem Deutschunterricht im Gymnasium entspricht die Philosophie als selbsternannte Königin aller Fakultäten und Interpretationen. Fichte schreibt einen der grundlegenden Aufsätze, die mit ihrer Trennung zwischen allgemeinem Gedankengehalt und individueller Sprachform zur Kodifikation literarischer Urheberrechte führen. Schelling liefert, wie um die Rückkehr seiner Philosophie in Kunst vorzubereiten, die antiquarischen und spekulativen Daten, aus denen – Laienlesern verschlossen und nur mehr professionell decodierbar – die *Klassische Walpurgisnacht* wird.[158] Hegel erbringt für sein Diktum von der absoluten philosophischen Tragödie den interpretatorischen Beweis. Im Aufschreibesystem von 1800 ist Philosophie die Titel gebende und Titel stiftende Legitimation von Dichtung. Das dankt ihr Goethes Trinkspruch.

Phänomenologie des poetischen Geistes

Der absolute Geist führt den Pokal zur Lippe – und „aus dem Kelche dieses Geisterreiches schäumt ihm seine Unendlichkeit"[159]. Ein Durst, der im Stillen noch zunimmt, ein Trunk, der im Verzehr noch unerschöpflicher wird –: an Deutscher Dichtung hat der Deutsche Idealismus Begehren und Erfüllung zugleich. Wenn Hegels Wissen, endlich heimgekehrt in sein philosophisches Jenseits, auf all die phänomenalen Geistesgestalten zurückblickt, die es heraufgeführt haben, erkennt es sie als „eine Gallerie von Bildern"[160] und das durchlaufene „Geisterreich" mithin als ein ästhetisches. Weshalb dem Gott oder Philosophen, wenn er dieses höchste Wissen aussprechen will, Verse deutscher Klassiker einfallen. Die

---

[157] HOLBORN, 1952: 365.
[158] Vgl. dazu REINHARDT, 1945/1948: 384–390.
[159] HEGEL, 1807/1968 ff.: IX 434.
[160] HEGEL, 1807/1968 ff.: IX 433.

Verse, die die *Phänomenologie des Geistes* besiegeln und versiegeln, sie werden nicht zitiert, sie werden nicht nachgeschlagen – „die E r - I n n e r u n g hat sie aufbewahrt". Andernfalls stünde nicht „Kelch dieses", sondern „Kelch des" Geisterreichs und unter dem korrekten Zitat aus *Freundschaft* der Autorname Schiller. Zwei winzige Abweichungen vom Wortlaut, aber der Beweis, daß Philosophie um 1800 auf vollendeter Alphabetisierung beruht (weshalb sie Dichter nicht liest, sondern er-innert) und frei interpretierende Fortschreibung ist (weshalb ihr Autornamen nicht imponieren können).

Im Pokal, den das Absolute von der Dichtung empfängt, um sich Unendlichkeit anzutrinken, ist nicht bloß Wasser. Einem Dichter zufolge müßte die *Grundlage der gesammten Wissenschaftslehre* eigentlich *Die gesamte Trinklehre* heißen.[161] Und Hegel dankt Goethe mit dem Versprechen, ins urphänomenale Glas nur als „Weintrinker" „zu gucken"[162]. Wie die Tiere sind also auch die Denker Mysten von Eleusis: bei all den supplementären Sinnlichkeiten, die Dichtung ihnen bietet, „langen sie ohne weiteres zu, und zehren sie auf". Weil das philosophisch Wahre „der bachantische Taumel ist, an dem kein Glied nicht trunken ist"[163], wahrt unter allen Zitaten, die die *Phänomenologie* aus Goethe, Schiller, Diderot und Lichtenberg nimmt, kaum eines Buchstabentreue. Und wenn Friedrich Schlegel seinem Bruder beschreibt, wie er beim Hamletlesen den „Geist des Gedichts" hinter allen „Hüllen" erfaßt hat, kommt auch der Grund solcher Veruntreuung zu Wort.

> Über den Hamlet weiß ich Dir für jetzt nichts mehr zu sagen; zwar ist noch viel zurück, allein ich müßte ihn noch einmal lesen, und das würde mich viel zu sehr stören.[164]

Eine Interpretation, die hinter jedwedem Wort Den Geist oder Menschen sucht, ist keine Lektüre. Sie bleibt lesesuchttherapeutischen Wiederholungspflichten enthoben, um selber frei wie ihr Interpretandum zu werden. Fausts Übersetzungsstil steckt seine Erben an. Daran liegt es, daß die Systemfunktion der philosophischen „Er-Innerung" (in ihrem abgründigen Unterschied zu Gedächtnis) so übersehbar ist. Wenn es grundsätzlich keine Aufschreibesysteme ohne Speichereinrichtungen geben kann, so erfindet das System von 1800 ein Archiv, dessen Daten, statt wie in ROMs (Read Only Memories) nur mehr ausgelesen werden zu können, immer wieder

---

[161] BAGGESEN, 1795, zit. LÉON, 1954–58: I 436 f. Man beachte vor allem den Refrain dieser *Trinklehre:* „Ja gleichsam ein Ich, der das Nicht-Ich verschlang, sitzt man trunken da: / Hallelujah!"
[162] HEGEL, B 2. 8. 1821/1961: II 275.
[163] HEGEL, 1807/1968 ff.: IX 69 und 35.
[164] F. SCHLEGEL, B Juni 1793/1890: I 97.

umschreibbar sind. Durch dreifache Aufhebung im Wortsinn Hegels hören Bücher auf, reine gutenbergische Festwertspeicher zu sein –: Aufheben als Löschen, Aufheben als Speichern und schließlich Aufheben als spekulatives Interpretieren reduzieren Drucksachen darauf, neue Drucksachen zu triggern. Und gerade die Erfindung, daß Philosophien von 1800 als RAM (Random Access Memory) arbeiten, bewahrt sie vor der Gefahr aller Gefahren: dem Überflüssigwerden. In einer Geschichtsphilosophie des gesamten Buchwesens, die streng zwischen einer verflossenen Epoche gelehrter Literaturzeitungen und dem eben angebrochenen „Zeitalter der Vernunftwissenschaft" unterscheidet, erklärt Fichte, wie anders Vernunftwissenschaft die szientifischen und poetischen Autoren fortan wird archivieren müssen.

> Wollen wir aber uns nothwendig machen, so müssen wir etwas thun, das der andere entweder gar nicht zu thun vermag, oder es nicht zu thun vermag ohne eine besondere Arbeit, der wir ihn überheben. Einmal, was der Autor gesagt hat, können wir unserem Leser nicht nochmals sagen; denn das hat ja jener schon gesagt, und unser Leser kann es in alle Wege von ihm erfahren. Gerade dasjenige, was der Autor nicht sagt, wodurch er aber zu allem seinem Sagen kommt, müssen wir ihm sagen; das, was der Autor selbst innerlich, vielleicht seinen eigenen Augen verborgen, i s t, und wodurch nun alles Gesagte ihm so wird, wie es ihm wird, müssen wir aufdecken, – den G e i s t müssen wir herausziehen aus seinem Buchstaben.[165]

Die Philosophie verhindert ihr Überflüssigsein, indem sie einen Überfluß an Autoren trinkt und kein Wort übrig läßt. Random Access heißt willkürlicher Zugang. Überflüssig würde nur ein Diskurs, der (mit Fichte) das Buchwesen der Welt noch einmal setzte oder (mit Schiller) bloße Resultate lieferte. Aber nein, genau die individuelle Unersetzlichkeit, die Dichter als ihr Eigenstes reklamieren, wird Interpretandum; eine Paraphrasierung so buchstabenfern wie die faustische „sagt" eben jene Seele, die vom Autor nicht gesagt werden konnte (weil sie sonst nur noch Sprache wäre) und doch sein „Sein" ist (weil sie ihn zu allem seinem Sagen brachte). Die ehrwürdige Frage τί ἐστίν, von Griechen an den Kosmos gestellt und von Mönchen an Gott – der Deutsche Idealismus stellt sie an den Autor.

Noch einmal Goethe, noch einmal *Faust*. Was im Himmel hätte der Autor einer absoluten philosophischen Tragödie nicht gesagt? Nur dies eine: daß Faust, statt einfach ein depressiver Gelehrtenrepublikaner auf der Schwelle zur neuen Vernunftwissenschaft zu sein, ort- und zeitlos das philosophische Selbstbewußtsein über-

---

[165] J. G. FICHTE, 1806a/1845: VII 109. Vgl. dazu BOSSE, 1981a: 130 f.

haupt vorstellt. Genau das ist der autoreferentielle Ansatz von Hegels großer Interpretation, die sein Schüler Hinrichs ja nur noch zu Vorlesungen und Büchern ausschreibt. Damit aber stellt die Philosophie – ein Novum in der Geschichte ihrer Beweisverfahren – einen Fiktionshelden auf dieselbe Ebene wie Robespierre oder antike Sklavenhalter. In der Tragödie lauteten die Buchstaben, mit denen Mephisto seinen Gesellen kennzeichnet:

> Verachte nur Vernunft und Wissenschaft,
> Des Menschen allerhöchste Kraft,
> Laß nur in Blend- und Zauberwerken
> Dich von dem Lügengeist bestärken,
> So hab' ich dich schon unbedingt –
> Ihm hat das Schicksal einen Geist gegeben,
> Der ungebändigt immer vorwärts dringt (...).
> Und hätt' er sich auch nicht dem Teufel übergeben,
> Er müßte doch zu Grunde gehn!

In der *Phänomenologie des Geistes* sagt der aus dem Buchstaben herausgezogene Geist, frei zitierend wie immer:

> Es verachtet Verstand und Wissenschaft
> des Menschen allerhöchste Gaben –
> es hat dem Teufel sich ergeben
> und muß zu Grunde gehn.[166]

„Es'', nämlich „das Selbstbewußtseyn'', und „er'', nämlich der Magister Faust – das ist der ganze Unterschied zwischen Sein und Text eines Autors. Der Deutsche Idealismus legitimiert die Deutsche Dichtung durch Umschrift ihrer Phänomene auf einen λόγος und ihrer Helden auf einen Geist. Folgerichtig fallen im Archiv alle Namen, ‚Faust' nicht minder als ‚Goethe' oder ‚Schiller'. Zurückbleibt nur jene Bildergalerie, deren Portraits (da das Aufschreibesystem von 1800 Individuen ja nicht aufschreibt) sämtlich Den Menschen in seiner ebenso weltgeschichtlichen wie „pädagogischen'' Entwicklung vorstellen.[167] Apotheose des Erziehungsbeamten.

Diejenige Inkarnation des einen Erziehungsbeamten nun, die sonst Faust genannt war, aber in Reich und Galerie Gottes nur mehr „das Selbstbewußtseyn, welches sich überhaupt die R e a l i t ä t ist'', heißt, macht den Fehler, ins Leben zu stürzen. Vor Wissenschaftsverachtung nimmt sich Faust die „reife Frucht'' eines „natürlichen oder zu einem System von Gesetzen ausgebildeten Bewußtseyns'', sonst Gretchen genannt. Wobei Philosophie nur anzumerken hat, daß „die genossene Lust wohl die positive

---

[166] HEGEL, 1807/1968 ff.: IX 199.
[167] Vgl. HEGEL, 1807/1968 ff.: IX 25.

Bedeutung hat, s i c h s e l b s t als gegenständliches Selbstbewußtseyn geworden zu seyn, aber ebenso sehr die negative, s i c h s e l b s t aufgehoben zu haben"[168]. Im Orgasmus also sieht Hegel Mephistos Orakel vom Zugrundegehen erfüllt und bewiesen. Er darf nicht sein, damit Philosophie sei. Höchste Lust der Erdenkinder bleibt die Persönlichkeit und nicht etwa ihre Aufhebung. Um eine, wie immer, negative Erfahrung reicher, verläßt Der Geist seine Inkarnation Faust und tritt ein in die nächste, deren Beamtenethos „u n m i t t e l b a r das A l l g e m e i n e, oder das G e s e t z in sich zu haben" weiß.[169]
Nicht zufällig bemüht diese Interpretation auf Geist hin eine Autorität, die selber Geist ist. Hegels einziger Kronzeuge für Faust und Gretchen, *Lust und Nothwendigkeit* heißt Mephisto. Einen Denker, der eingestandenermaßen an seinem Magistertitel wie an einem Satansengel schleppt, schert es wenig, daß dieser Geist im unzitierten Zitatteil auch sich selber kennzeichnete. Die ganze *Faust*-Auslegung, hätte sie Mephistos Autonym „Lügengeist" nicht unterschlagen, stünde im dunklen Schatten des Kreters, der sagte, daß alle Kreter lügen. Aber so listig muß eine Wissenschaft zitieren, die Wissenschaftsverachtung in Lust und Lust mit Notwendigkeit in Notwendigkeit umschlagen läßt. Ihren Eigennamen, wo er fällt, muß sie überlesen.

*

Hegel lügt. Von allen Kandidaten, die für „das Selbstbewußtseyn" einsetzbar sind, ist keiner „zu Grunde gegangen": Faust und Mephisto so wenig wie Goethe und Hegel. Ihre Karrieren füllen Bibliotheken. Zugrunde geht nur Gretchen, da sie lediglich „natürliches Bewußtseyn" und ihrem „wahren Begriff" nach „Gegenstand der Lust" ist.[170] Aber was soll schon der Tod einer Frau auf dem weltgeschichtlich-pädagogischen Weg von Sinnengewißheit zu Philosophie, vom alphabetisierenden Elementarunterricht zur höchsten Fakultät reformierter hoher Schulen? Nicht zufällig schließt die *Phänomenologie,* um die Lust des Gottes oder Philosophen an seinen Vordichtern zu sagen, mit dem Gedicht *Freundschaft.* Wie die Beziehung der aristotelischen Freunde, die an einander das Gute lieben, sofern sie Gottes höchste Güte lieben, ist auch die Freundschaft zwischen Deutschem Idealismus und Deutscher Dichtung hommosexuell. Das Geschlecht zählt nicht.[171]

Hegel über Sprechen, Lesen, Schreiben

---

[168] HEGEL, 1807/1968 ff.: IX 199.
[169] HEGEL, 1807/1968 ff.: IX 202.
[170] HINRICHS, 1825: 136.
[171] Vgl., auch zur Schreibweise, LACAN, 1975: 78.

Den Beweis liefert das natürlichste Bewußtsein, mit dem Wissen überhaupt anhebt: die sinnliche Gewißheit. Sie gibt der *Phänomenologie* den allerersten Gegenstand oder Interpretationsaufsatz vor.

Der Gegenstand ist also zu betrachten, ob er in der That, in der sinnlichen Gewißheit selbst, als solches Wesen ist, für welches er von ihr ausgegeben wird; ob dieser sein Begriff, Wesen zu seyn, dem entspricht, wie er in ihr vorhanden ist. Wir haben zu dem Ende nicht über ihn zu reflectiren und nachzudenken, was er in Wahrheit seyn möchte, sondern ihn nur zu betrachten, wie ihn die sinnliche Gewißheit an ihr hat.
S i e ist also selbst zu fragen: W a s i s t d a s D i e s e? Nehmen wir es jetzt in der doppelten Gestalt seines Seyns als das I t z t, und als das H i e r, so wird die Dialektik, die es an ihm hat, eine so verständliche Form erhalten, als es selbst ist. Auf die Frage: w a s i s t d a s I t z t? antworten wir also zum Beyspiel: d a s I t z t i s t d i e N a c h t. Um die Wahrheit dieser sinnlichen Gewißheit zu prüfen, ist ein einfacher Versuch hinreichend. Wir schreiben diese Wahrheit auf; eine Wahrheit kann durch Aufschreiben nicht verlieren, eben so wenig dadurch, daß wir sie aufbewahren. Sehen wir I t z t, d i e s e n M i t t a g, die aufgeschriebene Wahrheit wieder an, so werden wir sagen müssen, daß sie schaal geworden ist.[172]

Das Wissen, lange bevor es Faust heißt, ist also sinnlich und sein Gegenstand, lange bevor er Gretchen heißt, Nacht. Alle Wahrheit dieser Erde geht auf ein Stück Papier und lautet

> Das Itzt ist die Nacht.

Sehen wir jetzt, diesen Rosenmontag 1981, Hegels „Beyspiel" wieder an, so werden wir sagen müssen, daß es keins ist. Mit Notwendigkeit hebt Philosophie an bei jener Nacht, „worin alle Kühe schwarz sind" und alle Frauen zu verwechseln. Bevor das Wahrheitsgesetz aufgeschrieben und d. h. Staat wird, ist es νόμος ἄγραφος: ein Recht nicht „oben und offenbar an der Sonne", sondern in „Schwäche und Dunkelheit"[173]. Seiner walten, da sie selber dem Unterirdischen angetraut sind wie Antigone ihrer Gruft, die Frauen. Derart genau liest Hegel „das vortrefflichste, befriedigendste Kunstwerk" aller Zeiten[174], die sophokleische Tragödie, um es im eigenen Tragödienschreiben wieder vergessen zu können. Daß auch die Nacht der Sinne Frau heißt, unterschlägt er. Und doch steht das Kapitel über *Antigone* und Sittlichkeit (mit dem Untertitel *Der Mann und das Weib*) zum Kapitel Sinnlichkeit in rigoroser Ho-

---

[172] HEGEL, 1807/1968 ff.: IX 64.
[173] HEGEL, 1835/1927-40: XIV 556.
[174] HEGEL, 1807/1968 ff.: IX 17, 245 und 257.

mologie. Auch den Anfang der unbeschriebenen Schreibszene, die die ganze *Phänomenologie* ist, macht ein ungeschriebenes Wort. Auch die sinnliche Gewißheit, wie Frauen in Griechenland, weiß nichts als Nacht. Auch die Nacht muß, wie Antigone durch Erlaß eines Staats, zugrunde gehen; nur gibt den Erlaß, der allen dialektischen Fortschritt startet, das philosophische Schreiben aus. Den Anfang vom Ende der Nacht macht eine Frage gespielter Unschuld. Der Philosoph, um wie seine reformpädagogischen Mitstreiter niemand zu gängeln, fragt nach der Zeit. Aber seine Ontologenlippen verzaubern ,,dieses'' sofort in ,,das Diese'' und ,,jetzt'' in ,,das Itzt'', so daß auf die unter Leuten unmögliche Frage ,,was ist das Itzt?'' die ebenso unmögliche Antwort ,,das Itzt ist die Nacht'' kommen muß. Gar nicht zu antworten wäre klüger. Denn nachdem er den kleinen Finger bekommen hat, kann Hegel an seinen ,,einfachen Versuch'' gehen. Die bescheidene Entfernung hat gelohnt; nun zeigt der Staatsdiener seine gespannte Aufsehermiene. Der mündliche Protokollsatz wird protokolliert – aber nicht ohne die Beschwichtigungsformel, daß Aufschreiben ein Tun ohne Folgen für Wahrheiten, also überhaupt kein Tun sei. Logik eines Aufschreibesystems, das immer wieder das Spiel spielt, keines zu sein. Schon zwölf Stunden später kommt es an den sprichwörtlichen Tag, daß Aufschreiben und Archivieren handfeste Diskurspraktiken und Wahrheiten fatal sind. Im RAM Philosophie stimmt nichts mehr von dem, was Leute gesagt haben.

Aber nicht, weil die Nacht sinnlicher Gewißheit – so Hegel – ein Nichtseiendes wäre, sondern weil sein eigenes Schreiben ein Sprechen zunichte macht. Die Nacht hat ihre Schuldigkeit getan, die ja darin aufgeht, Männer sprechen und philosophieren zu machen; sie kann tagen. Hippels Wort, daß man von Weibern reden und von Männern schreiben lernen muß, wird wahr. Der vorgebliche Zuschauer, der Subjekt wie Objekt der Sinnlichkeit durchaus s e i n lassen wollte, wirft die Maske ab und tritt in der Wahrheit seines vom Satan geretteten Magisterstands hervor: ein Lese- und Schreiblehrer wie alle die Rochow, Pöhlmann, Dolz, Stephani und Lindhorst.

Rochows *Kinderfreund* als erste literarische Fibel erzählt lesenlernenden Volksschülern die traurige Geschichte vom Bauern Hans, der einem Städter Geld leiht, aber als Analphabet anstelle der Schuldverschreibung sinnloses Gekritzel akzeptiert und folglich sein Geld nie wiedersieht. *Vom Nutzen des Lesens und Schreibens* zu spät überzeugt, schickt Hans von Stund an wenigstens seine Kinder auf Elementarschulen.[175]

---

[175] v. Rochow, 1776, zit. Gessinger, 1979: 26. Parallelen in anderen Fibeln der Zeit siehe bei Schenda, 1970: 51 f.

Am Anfang des Hochschulwesens – und nichts sonst ist, als Hinleitung zur Philosophie, die *Phänomenologie des Geistes* – steht also eine Reprise oder Reflexion des Elementarschulwesens.[176] Das Aufschreibesystem von 1800 kreist um die einzige Frage, wie auch dem bäurischsten oder natürlichsten oder sinnlichsten Bewußtsein Lesen und Schreiben nahezubringen sind. Wer nur spricht oder hört, wird notwendig betrogen: von Schreibkundigen wie dem Bürger oder schalen Wahrheiten wie der Nacht. Also hilft nur der umgekehrte Betrug. Wer glauben lernt, daß Schreiben und Lesen unschuldig oder notwendig sind, hat schon den point of no return überschritten und seinen ersten Schritt ins Reich Gottes getan. Lesen, so erfuhr es einst der Stoiker Zenon aus dem Mund der Pythia, Lesen heißt sich mit den Toten begatten.

Wo die Dichtung, als Mitte des klassischen Aufschreibesystems, seine medialen Lüste oder den Sprung in reine Signifikate beibringt, behandeln Elementarunterricht und Philosophie, seine zwei Extreme, Schrift in ihrer Materialität. Die falsche Schuldverschreibung ist effektiv wie eine Unterschrift, der Protokollsatz am Philosophiebeginn schon als Datierung.[177] So spielen beide Diskurse mit der Verschränkung von Schrift und Macht. Aber weil die Pädagogik, damit alle Kinder in jene Falle gehen, „d i e s e K i n d e r" und „d i e s e M u t t e r" so vage abbildet[178], wie die Philosophie es als Übersetzung von „dieses" in „das Diese" auch noch legitimiert, ist Unterschriftlichkeit immer schon aufgehoben. Nach der Ausschaltung von Sprechen und Datieren kann die *Phänomenologie* die Geistesgestalten als sukzessive Bildergalerie, mithin ganz wie die Dichtung ihren Film vorführen. Vom Komplott zwischen Schrift und Macht bleibt nur das eine: es geschmiedet zu haben. Darum darf der Schreiber Hegel es vergessen und d. h. auf Leserfang gehen.

Um falsifiziert zu werden, muß „Das Itzt ist die Nacht" zweimal gelesen werden. Diese Iteration betrifft nicht die zwei Zeiten von Niederschrift und Widerlegung. Das Gesetz des Dunkels erlaubt zwar Schreiben, aber kein Lesen – die poetische Freiheit von 1800 ist der Beleg. Nacht, Frau, Sprechen gehören zusammen wie Tag, Philosophie, Schriftlichkeit. Darum ist ja die Nacht kein bloßes Beispiel und die Abfolge von Lese- und Schreibaugenblick irreversibel. Erst im Licht kehrt der Protokollsatz seine zwei Lesemöglichkeiten hervor. Die eine und schale nimmt ihn als schlichte Datierung eines adverbialen „jetzt", die andere und spekulative

---

[176] Vgl. unter allen Hegeldeutern nur NEUMANN, 1980: 385 f.
[177] Über Unterschrift und Datierung im allgemeinen vgl. DERRIDA, 1972b/1976: 124–155.
[178] STEPHANI, 1807b: 66.

als Wesensbestimmung der gleichnamigen, aber substantivischen Kategorie. Im ersten Fall ist der Satz tagsüber falsch, aber einmal wahr gewesen, im zweiten unbedingt falsch, da Kategorien keine Datierung dulden. Ihnen stehen nur Prädikate zu, die das Satzsubjekt an Allgemeinheit noch überbieten und insofern „zerstören". Genau das ist Hegels Theorem vom spekulativen Satz[179] und seine Praxis bei Widerlegung der Nacht.

Theorie und Praxis haben sehr einfache Bewandtnis. Das Wahre hört auf, einem einmaligen Satz einschreibbar zu sein, der vielmehr immer nur Element einer spekulativen Bewegung und d. h. eines Buchs sein darf. Der widerlegten Nacht dankt die Philosophie ihre raison d'être. – Das Wahre hört zugleich auf, einer einmaligen Lektüre ablesbar zu sein. Als buchfüllende Vernetzung spekulativer Sätze entgeht es aller Lesesucht und Vergeßlichkeit. Hegels listig konstruierte Nötigung, auf jeden spekulativen „Satz zurückzukommen und ihn nun anders zu fassen", ist ja „der Grund des ganz bestimmten Vorwurfs, der (philosophischen Schriften) oft gemacht wird, daß Mehreres erst wiederhohlt gelesen werden müsse, ehe es verstanden werden könne".[180] Mithin dankt der Philosophieschreiber dem widerlegten Alltagssatz seine Rettung aus einer Gefahr, die dem Aufschreibesystem von 1800 schlechthin immanent ist: Auch er könnte so gnadenlos konsumiert und abgeschafft werden, wie er selber es den Philosophielehrbüchern Alteuropas durch ein eigenes namens *Phänomenologie* angetan hat.[181] Philosopheme aber, die zwei Lesemöglichkeiten beinhalten und darum überhaupt erst der Wiederholungslektüre aufgehen können, werden genauso unvergeßlich wie (nach Schiller) einzig Dichtung.

Darum endet die Widerlegung der Diesheit in einem Siegestaumel des Philosophen. Nie werden die Liebhaber/innen von Sinnlichkeit die Sätze verschlingen können, mit denen er ihnen heimleuchtet.

> Sie sprechen von dem Daseyn ä u s s e r e r Gegenstände, welche noch genauer, als w i r k l i c h e, absolut e i n z e l n e, g a n z p e r s ö n l i c h e, i n d i v i d u e l l e Dinge, deren jedes seines absolutgleichen nicht mehr hat, bestimmt werden können; diß Daseyn habe absolute Gewißheit und Wahrheit. Sie meynen d i s e s Stück Papier, worauf ich d i ß schreibe, oder vielmehr geschrieben habe; aber was sie m e y n e n, sagen sie nicht. Wenn sie wirklich dises Stück Papier, das sie meynen, sagen wollten, und sie wollten s a g e n, so ist diß unmöglich, weil das sinnliche Dieses,

---

[179] Vgl. HEGEL, 1807/1968 ff.: IX 43–46, und dazu W. MARX, 1967: 18–23.
[180] HEGEL, 1807/1968 ff.: IX 44. Dieselbe Behauptung oder Arroganz notwendiger Lektürewiederholung wiederholt Hegels Widersacher SCHOPENHAUER, 1818/1968: I 7–9.
[181] Vgl. KITTLER, 1979b: 210.

das gemeynt wird, der Sprache, die dem Bewußtseyn, dem an sich allgemeinen, angehört, u n e r r e i c h b a r ist. Unter dem wirklichen Versuche, es zu sagen, würde es daher vermodern.[182] Nachdem Papier und nur Papier den Protokollsatz festgehalten und widerlegt hat, gerät es selber zum dialektischen Beweisstück. Nur daß dabei die Materie des Speicherns in Materie des Vermoderns übergeht. Hegels Sätze heben ab vom Stoff, der sie in ihrer handschriftlichen Erstfassung empfing; ein Buch, das bewiesenermaßen immer wieder gelesen werden muß, also von technischen und rezeptionstechnischen Reproduzierbarkeiten über alle Diesheit erhoben wird, darf sein Manuskript Abfall nennen.[183] Von der Nacht zum Buch –: unverfrorener kann die Signifikatenlogik nicht auftreten. Sie triumphiert, weil die Materialität der Signifikanten „unerreichbar" für Leser und Gegner wird.

Der Nachweis seiner Unerreichbarkeit ermutigt den Philosophen, schlußendlich die Deixis noch deiktisch zu widerlegen. Er schlägt für einmal selber in den Papieren nach, „worauf ich d i ß schreibe, oder vielmehr geschrieben habe"; er macht exzessiven Gebrauch von der elementaren Macht jeder Feder, zu unterstreichen. Und jenes wirkliche, absolut einzelne, ganz persönliche, individuelle Sein, das gemäß oder kraft seinen Sätzen zunichte wird – mit Hegels schlichtem „ich" kehrt es wieder. Für einmal steht das Wort *ich,* von Philosophen sonst sehr undichterisch nur als Neutrum und Substantiv gebraucht, in der ersten Person. Es ist das seltsame Los all jener Shifter („hier, jetzt, dies, das, es, ich, du" usw.), von den Wissenschaften „gewöhnlich zum Anlass von Wiedergutmachungspraktiken genommen" zu werden, die alle Shifter „abklären, übersetzen, auswechseln"[184] oder gar (wie die *Phänomenologie*) der Absurdität überführen. Und es ist die Wiedergutmachung dieser Wiedergutmachung, daß Hegel die eigene Feder ausnimmt oder gar (wie am Buchende) überhaupt erst einbringt. Denn wo bei Schiller nur „die Unendlichkeit" und nur „aus dem Kelch des ganzen Geisterreiches" schäumt, genießt der Gott oder Philosoph Hegel(s) „aus dem Kelche dieses Geisterreiches seine Unendlichkeit".

Garfinkel über die wissenschaftliche Säuberung der Alltagssprache von ihren Shiftern:

> Was wollen wir in diesem Artikel aus dieser Tatsache machen? Falls immer dann, wenn Hausfrauen in einen Raum hineingelassen würden, jede Hausfrau aus eigenem Antrieb zur selben gewissen Stelle ginge und sie zu putzen begänne, so könnte man schliessen, die

---

[182] HEGEL, 1807/1968 ff.: IX 69 f.
[183] Vgl. HAMACHER, 1978: 245.
[184] GARFINKEL, 1962/1973: I 210.

notorische Stelle benötige sicherlich eine Säuberung. Auf der anderen Seite könnte man aber auch schliessen, daß es mit der bewussten Stelle und den Hausfrauen etwas auf sich hat, was das Zusammentreffen der beiden zu einer Gelegenheit zum Putzen werden läßt. In diesem Falle würde die Tatsache des Putzens selbst als ein Phänomen angesehen statt nur als ein Zeugnis für Schmutz.[185]

*

Im Aufschreibesystem von 1800 ist die philosophische Säuberung von Diskursen eine Säuberung im politischen Wortsinn. Alle Diesheiten verschwinden vor der totalitären Diesheit Autor. Das fängt an bei Frauen, so sie im Plural existieren, und geht bis zum Teufel, dessen Rollenrede die *Phänomenologie* ja um ihre Shifter amputiert. Also macht die Säuberung auch vor Erziehungsbeamten nicht halt.

Denker, Dichter, Frauen

Hegel über Schellings *System des transzendentalen Idealismus* und dessen Kritiker Wilhelm Traugott Krug, nachmals Philosophieprofessor zu Leipzig:

> Die z w e y t e Inconsequenz, die Hrn. Krug auffällt, ist, daß versprochen sey, das ganze System unserer Vorstellungen sollte deducirt werden; und ob er schon selbst eine Stelle im transcendentalen Idealismus gefunden hat, worinn der Sinn dieses Versprechens ausdrücklich erläutert ist, so kann er sich doch nicht enthalten, wieder überhaupt zu vergessen, daß hier von Philosophie die Rede ist, Hr. Krug kann sich nicht enthalten, die Sache wie der gemeinste plebs zu verstehen, und zu fordern, es soll jeder Hund, und Katze, ja sogar Hrn. Krug's Schreibfeder deducirt werden, und da dieß nicht geschieht, so meint er, es müsse seinem Freunde der kreisende Berg und das kleine, kleine Mäuschen einfallen, m a n h ä t t e sich nicht sollen das Ansehen geben, als ob man das ganze System der Vorstellungen deduciren wolle.[186]

Mund und Feder schäumen dem Autor, wenn ihm oder einem zeitweiligen Freund aus s e i n e m Geisterreich ausnahmsweise keine Unendlichkeit schäumt. Krug ist frech genug, von allen unerreichbaren Diesheiten die unerreichbarste deduziert sehen zu wollen: jene Feder, die seine eigene Kritik niederschreibt. Statt in nimmermüder Wiederholungslektüre Deutschen Idealismus zu studieren und d. h. die absolute Schreibfeder anzubeten, schreibt er seinerseits Antworten. Darauf steht die philosophische Todesstrafe: der Ausstoß in ,,den plebs'' und die Erklärung, daß alle anderen Dies-

---

[185] GARFINKEL, 1962/1973: I 211.
[186] HEGEL, 1801/1968 ff.: IV 178.

heiten „der Philosophie näher liegen als Hrn. Krug's Schreibfeder und die von ihr abgefaßten Werke"'[187].
Henrich hat gezeigt, daß Hegels „spöttischer und vermeintlich überlegen polemisierender Ton eine Unsicherheit gegenüber dem Problem selbst verbirgt"'[188], eine Unsicherheit, die der *Phänomenologie* „dises Papier" und der *Encyclopädie* das Versprechen eingibt, nach Erledigung aller übrigen Probleme könne man „Hrn. Krug zu dieser Leistung und respectiven Verherrlichung s e i n e r Schreibfeder Hoffnung machen"'[189]. Aber hegelimmanente Hegelkritiken bleiben selber noch Verherrlichungen der totalitären Schreibfeder, solange auch sie Krugs Ausschließung einschließen. Und dabei hat der sächsische Philosoph – wenn auch erst im Jenseits, das seine Autobiographie datiert und signiert – seinen Schreibfederdeduktionswunsch unzweideutig erklärt. Krug nämlich, wie um Hegels Todesurteil zu unterschreiben, läßt den „geneigten Leser" zunächst

> wissen, daß ich bereits wieder, wie man's dort unten nennt, gestorben bin, und daß ich jetzt hier oben im Himmel sitze und schreibe, um das, was ich schreibe, mit der nächsten Eilpost d. h. mit dem nächsten Kometen, der mit seinem Schweife die Erde berühren wird, meinem dortigen Freunde, dem Buchhändler *N. N.*, zu überschicken, damit er es drucken lasse.[190]

In verflossenen Erdentagen jedoch, läßt der Autobiograph des weiteren wissen, hat er weniger absolut geschrieben und über weniger kometenschweifgroßes Schreibzeug verfügt. Ein „kurzer Bericht von seiner literarischen Thätigkeit in Wittenberg", den Hinweise auf eine rätselhafte Traurigkeit und „vieles, sehr vieles Schriftstellern" einleiten, zählt als Nr. 7 Krugscher Frühwerke auch *Briefe über den neuesten Idealismus. Gegen Schelling* auf. Und erst nach Publikation dieser Publikationenliste, erst im Gottesreich vollbrachter Alphabetisierung, wo man „nicht mehr roth wird, weil die ätherischen Körper kein Blut haben, wenigstens kein rothes", bekennt Krug:

> Es kam jedoch noch ein Drittes hinzu, was mich zu einem fruchtbaren Schriftsteller machte. Dieses war – darf ich's wohl ohne Erröthen gestehn? – die Liebe.[191]

Es ist die eine und immergleiche Geschichte von 1800. Ein „armseliger Adjunkt der philosophischen Fakultät" strebte „nach lite-

---

[187] HEGEL, 1801/1968 ff.: IV 179.
[188] HENRICH, 1967: 160.
[189] HEGEL, 1830/1927-40: IX 63, Anm.
[190] W. T. KRUG, 1825: 5 f.
[191] W. T. KRUG, 1825: 114-121.

rarischem Ruhme", nur weil seine „Geliebte Sinn dafür hatte, weil sie manchen gefeierten Schriftstellernamen mit einer Art von Enthusiasmus aussprach". Aber der angehende Denker dachte nicht daran, die Frau auch zu nehmen. „Ich hätte sie entführen müssen; und das Entführen war mir immer zuwider. Es schien mir so gemein, mit einem Weibe durchzugehn." Durch Abscheu also vor jener plebs, der Hegel ihn alsbald zurechnen würde, um sein Glück gebracht, konnte der arme Krug nur noch „weinen wie ein Kind, das von der Mutterbrust gerissen wird, bevor es seinen Durst gestillt"[192]. Ein Weinen, das um 1800 mit Schreiben streng synonym ist. Weshalb denn Liebeslust einmal mehr in Notwendigkeit umschlägt. Anstelle der unmöglichen Geschlechterbeziehung entsteht, von leiser Trauer umschattet, ein Erziehungsbeamter, dessen Werke andere Erziehungsbeamte inständig bitten, neben dem Universum auch noch diese eine, ganz besondere, unersetzliche Schreibfeder zu deduzieren. Denn nur unter der (zugegebenermaßen unwahrscheinlichen) Bedingung, daß jene Erziehungsbeamten herleiten könnten, wer ihn, Wilhelm Traugott Krug, weinen und sprechen und schreiben machte, „würde er kein Bedenken tragen, sogleich das ganze System mit seiner deduzirten Schreibfeder zu unterschreiben"[193].

Aber im philosophischen Diskurs gibt es keine Frauen; er bleibt Leerlauf zwischen Freunden oder Männern. Krug verrät sein Schreibmotiv erst als Toter und Dichter; Hegel, schon weil es ihm nicht sehr anders erging[194], sucht nie, wo er fündig würde. Deshalb fehlt der Philosophie auf immerdar die Unterschrift der Betroffenen. Das ist ihr ganzer Unterschied zur Dichtung, die zwar auch keine Frauen im Plural nennt, aber an ihrer Statt das zweizüngige und beliebig referentialisierbare Signifikat Frau. Mit der Folge, daß zahllose Leserinnen den Dichtertext unterschreiben.

Nicht schon die Rede einmal vom Autorindividuum, das anderemal von Gedankenresultaten (wie Schiller schreibt) macht also den Unterschied. Er entsteht erst auf der Ebene, wo die Rede auf die Ursprünge dieser verschiedenen Reden kommt. Weil Dichter die verlorene Eine beschwören, die sie sprechen und schreiben machte, können sie selber Einzigartigkeit und damit Liebe beanspruchen. Weil der philosophischen Rede das Verloren- oder Zugrundegehen der Frauen (mögen sie Gretchen heißen oder namenlos bleiben wie Krugs Mutter-Geliebte) selber verlorengeht,

---

[192] W. T. KRUG, 1825: 122–126.
[193] HEGEL, 1801/1968 ff.: IV 180.
[194] Vgl. DERRIDA, 1974a: 124–210 (über Nanette Endel, Maria v. Tucher und vor allem Hegels Schwester Christiane, die im Irrenhaus von Zwiefalten und im Wasser der Nagold verschwand –: eine Antigone im Realen).

bleibt sie auf den Männerbund der Erziehungsbeamten beschränkt und kehrt erst am Ende, als durchkonstruiertes Ideal, in Mutter Natur zurück.

Beides hat Vorteile und Nachteile. Das poetische Unternehmen, aus und in Muttermündlichkeit zu übersetzen, beschwört immer wieder einen Wahnsinn herauf, gegen den die Philosophie gefeit ist: Sie weiß nicht einmal die unsägliche Nacht anders als durch Schrift und die Versuche Reisers oder Mesmers, „ohne Worte zu denken", „als eine Unvernunft"[195]. Eben darum aber können Dichter die Leserrekrutierung Ersatzsinnlichkeiten überlassen, die hinter ihren Wörtern aufsteigen. Der Philosoph dagegen, der sinnliche Gewißheiten und mündliche Reden nur als Schriftsätze speichert, muß eigens Theorie und Praxis des spekulativen Satzes ersinnen, um auch sein Immer-wieder-Gelesenwerden notwendig zu machen.

Dichter und Denker – eben weil das Aufschreibesystem von 1800 ihre Konjunktion herbeiführt, bleiben sie systematisch geschieden. „Die ich nie entbehren und mit denen ich mich niemals vereinigen konnte", nennt Goethe die Philosophen.[196] In einem System, das Diskurse erstens produziert, zweitens distribuiert und drittens konsumiert, bleibt der Dichterberuf Distribution seinem produktiven Abgrund nahe. Zwischen philosophischem Diskurskonsum und Produktionsinstanz dagegen tritt eben jene Dichtung, die um 1800, aber auch erst um 1800 zum Trunk der neuen Inhaltsästhetiken wird. Das Andere – und das heißt immer das andere Geschlecht –: vom poetischen Diskurs wird es verdrängt, von philosophischen verworfen.

Den Beweis liefert ein Philologieprofessor, durch dessen Wirken (nach dem schönen Wort eines Lehrstuhlnachfolgers) „Philosophie geworden ist, was Philologie gewesen war."[197] Friedrich Creuzer, verehelicht mit der Witwe seines Doktorvaters, verliebt aber in eine der unmöglichen Dichterinnen der Epoche, hat ins Freundschaftsbündnis von Dichtung und Idealismus auch Mythen eingebracht, die unter sehr anderen Sternen standen. Aber *Das Studium der Alten als Vorbereitung zur Philosophie*[198] umzufunktionieren fordert einen Preis. „Eine alte leidvolle Geschichte", die „man vergessen sein lassen könnte", wäre sie nicht „bezeichnend für die Seelenstimmung jener Zeit, in der die liebsten Erinnerungen aus der Geschichte des deutschen Geisteslebens wohnen"[199].

---

[195] HEGEL, 1830/1927–40: X 355.
[196] GOETHE, B 24.6.1794, in FICHTE, 1962 ff.: III 2, 145.
[197] Vgl. ROHDE, 1896: VI.
[198] Vgl. CREUZER, 1805: 1–22.
[199] RHODE, 1896: V.

Denn die Inspiration, die ihn zu Abhandlungen wie *Dionysos* oder *Symbolik und Mythologie der alten Völker* führt (also einmal mehr zur *Klassischen Walpurgisnacht*) – Creuzer dankt sie der Günderode, seiner Geliebten. Über jeden Geschlechterunterschied hinweg identifiziert er sie mit dem abgehandelten Gott, der Unterschiede ja auslöscht, und sich mit ihr. Die *Dionysos*-Studie hat ihre „Absicht erreicht, wenn du einsiehst, wie sehr ich wünsche auch dem Geiste nach und in meinen Arbeiten (wo es geht) mit Dir e i n s zu werden"[200]. Nichts ist notwendiger, als „bei solchen Forschungen Dich zu hören"[201], nichts logischer, als die philosophische Mythenübersetzung „für Dich zu schreiben"[202]. Ausnahmsweise also scheint Philosophie ihre konstitutive Verwerfung zurückzunehmen; auch sie ruft wie Dichtung die Diskursproduzentin an.

Aber Briefe sind keine Vorlesungen. Öffentliches Reden vor Nachwuchsbeamten und d. h. Männern zwingt dazu, die mystische Union Dionysos–Dichterin–Philosoph anders auszusprechen. Die Creuzer alle Worte auf die Zunge legt, nennt seine Zunge nicht beim Namen.

> Ich muß doch der Poësie erzählen, daß ich neulich einige Verse von ihr in einer Vorlesung ausgesprochen habe. Es war in der alten Historie, wo ich zeigen wollte, daß nach Alexanders des Großen Tod durch den Sturm der Kriege (...) eine neue Welt geboren worden. Wer war es der mir da die Worte auf die Zunge legte?
> „Auch solche Kräfte muß das Weltall haben
> und ruhiges Bestehen frommt ihm nicht."
> ich fügte ganz anständig besonnen an: „wie es ein neuer Dichter aufs beste ausdrückt."
> ich mußte hinterher über den Zufall froh werden und lächeln, bis mein Genius traurend zu mir trat sagend die Griechischen Worte: auf den L e h r s t u h l wohl führt Liebe dir die Poësie auf dein Lager nimmer.[203]

Präzise wie ein Spielmodell zeigt der Vorfall, was im universitären Diskurs aus Frauennamen wird. Sie verschwinden durch zweifache Substitution. Eine erste und der poetischen Substitution homologe vollzieht schon der Brief selber, wenn aus dem unmöglichen Autornamen ‚Günderode' die „Poësie" wird. Frauen können ja eben darum nicht dichten, weil sie Dichtung s i n d – also heißen Zufälle wie Sophie Mereau oder Günderode nur mehr Die Frau

---

[200] CREUZER, B 30. 6. 1806 und 17. 5. 1805/1912: 259 und 95.
[201] CREUZER, B 18. 5. 1806/1912: 277.
[202] CREUZER, B 8. 12. 1805/1912: 197.
[203] CREUZER, B 29. 7. 1805/1912: 142.

oder Poesie[204]. Eine Ewige Jungfrau bleibt Jungfrau[205], auch wenn man mit ihr schläft (und nur im Ehe-„Lager" nicht). Aber damit nicht genug, muß noch diese Verdrängung verdrängt werden, bis das Geschlecht überhaupt nicht mehr zählt. Anständig besonnen schreitet Creuzer zur Verwerfung. Für Studentenohren steht anstatt „der Poësie", die ihrerseits anstatt ‚Caroline von Günderode' steht, „ein neuer Dichter". Die Hommosexualität von Philosophie und Dichtung hat eine Frau mehr zugrunde gerichtet.

Wenn es darum geht, Günderodedramen in seinem wissenschaftlichen Organ zu veröffentlichen, wenn es darum geht, die Liebesbriefkontrolle seiner Frau zu überspielen – immer wieder gibt Creuzer der Günderode Männernamen. So wird sie, in Wort und Tat, selber zu einem der Jünglinge, an denen ihre inständige Bitte scheitert, mit ihrem Liebhaber dieselbe Universitätsstadt bewohnen zu dürfen. Ein pseudonymer Eusebio antwortet der oder „dem" Geliebten.

> Ja, es sei gesagt, ich will einmal eigennützig bloß an den Eusebio denken: es ist Beruf seines Lebens einer Zahl von Jünglingen das s t i l l e Heiligthum des Alterthums aufzuschließen. Woher soll er nun die stille Gemüthsverfassung, die dazu erforderlich, hernehmen, wenn er durch fruchtloses Streben, durch stürmische Widersetzlichkeit gegen ein hartes Geschick wie von Plagegeistern hin und hergetrieben wird? Siehe Geliebter! ich habe große Schulden an Dich abzutragen, Schulden die den Werth des Lebens aufwiegen (weil Du mir selbst erst das L e b e n gegeben, das so genannt zu werden verdienet) – aber Ruhe bist D u mir schuldig, und d u wirst sie mir geben ...[206]

Erziehungsbeamtenethos und Frauen: wo Jünglingen in philosophischer Antikeninterpretation ein Gottesreich aufgetan wird, haben Frauenkörper so wenig zu suchen wie Frauennamen. Jedes Geräusch der Lippen, Sprechen so gut wie Küssen, stört die Hermeneutik stiller Heiligtümer. Nur wenn Frauen, statt Heidelberg zu betreten, entrückte Quelle allen Philosophierens bleiben, glückt das Initiationsritual Universität. Mit einem neuen Dichter kann man Schüler Jahr um Jahr an der Nase herumführen.

Sechs Wochen nach diesem Brief war der Tauschhandel perfekt. Creuzer, für seine lebenslängliche Schuld, bekam Ruhe – die Günderode ging ins Wasser. Winkel am Rhein, 26. Juli 1806 oder die unwiderlegliche Nacht.

Dem Aufschreibesystem von 1800 liegen Leichen zu Grunde; damit ist es schlüssig und geschlossen.

---

[204] Vgl. ROHDE, 1896: 50, Anm. 1.
[205] Vgl. CREUZER, B 7. 11. 1804 und B. 19. 12. 1805/1912: 33 und 202.
[206] CREUZER, B 12. 6. 1806/1912: 292 f.

II
1900

$$y = (+a) + (-a) + (+a) + (-a) + \ldots$$
Bolzano

Nietzsche. Incipit tragoedia

Meine Zeit reicht nur von den Monaten der Sommer in Sils-Maria (*Vorrede zu den früheren Schriften*) und des Vorgebirges von Antibes, als es Monet malte, bis in diese Winter der Verdammnis und der Feuernächte.[1] Die historischen Abenteuer des Sprechens sind kein Kontinuum und damit keine Geistesgeschichte. Es gibt Zäsuren, die ganze Aufschreibesysteme mit einem Schlag vergessen machen, und es gibt Plateaus, die das Vorrücken von Stunden, Heeren und Bombergeschwadern noch in Weltkriegswintern vergessen lassen. Was in den Sommern von Sils-Maria, diesen wenigen Sommern eines freien Schreibens, zu Ende ging, ist all das ,,Bildungsmäßige, das Gebildete, Wissenschaftliche, das Familiäre und Gutmütige, das der deutschen Literatur im neunzehnten Jahrhundert vielfach eignete''[2]. Damit stellt Benn, genau wie immer, die einzelnen Funktionen heraus und zusammen, die das Aufschreibesystem von 1800 ausgemacht haben. Deutsche Dichtung hat an der Kernfamilie ihre Produktionsinstanz gehabt, an den Gebildeten ihre Multiplikatoren und an einer Philosophie, die den Titel Der Wissenschaft beanspruchte, ihre Interpretation oder Rechtfertigung. Nennt man freilich wie Hofmannsthal einen solchen Diskursverbund den einzig möglichen und legitimen, dann ist alles, was mit Nietzsche beginnt, nichts. An der Leerstelle, wo wunschgemäß eine ,,neuere Literatur'' stehen sollte, gäbe es nur ,,Goethe und Ansätze''[3]. Aber so schneidend wirkt die Zäsur, daß es Goethefixierungen schwer fällt, die Literatur, die anstelle der Deutschen Dichtung heraufgekommen ist, überhaupt als Literatur zu erkennen.

Zwei Menschen bestimmen die deutsche Ästhetik unserer Zeit: Goethe und Nietzsche. Der eine macht sie, der andere zerstört sie.[4]

Wenn die eine Mutter von pluralen Frauen, der fleischgewordene Alphabetismus von technischen Medien und die Philosophie von psychophysischen oder psychoanalytischen Sprachzerlegungen abgelöst wird, zergeht auch die Dichtung. An ihre Stelle tritt, deutsch oder nicht, eine Artistik in der ganzen Spannweite dieses Nietzschewortes: vom Buchstabenzauber bis zum Medienhistrionismus.

---

[1] BENN, 1949b/1959–61: II 169 f. Die genannten Vorreden Nietzsches sind selbstredend in Benns Geburtsjahr 1886 erschienen.
[2] BENN, R 1952/1959–61: I 543.
[3] HOFMANNSTHAL, 1922/1959: 61.
[4] MEIER-GRAEFE, 1904: II 733. Eine Unterscheidung mittels zweier Eigennamen, die anderswo im einen Shiva zusammenfielen.

Nietzsches Bilanz der Klassik

Am Anfang der Literatur steht ein Fluch.

> Wer den Leser kennt, der thut Nichts mehr für den Leser. Noch ein Jahrhundert Leser – und der Geist selber wird stinken. Dass Jedermann lesen lernen darf, verdirbt auf die Dauer nicht allein das Schreiben, sondern auch das Denken.[5]

Zarathustras Fluch trifft das Aufschreibesystem von 1800 in seiner technisch-materiellen Basis: als allgemeine Alphabetisierung. Kein Inhalt und keine Botschaft, sondern sein Medium selber macht den Geist, dieses Korpus aus Deutscher Dichtung und Deutschem Idealismus, zum stinkenden Kadaver. Der Mörder des Buchstabens findet selber den Tod.

Nietzsche beschreibt also, nur in einer Umwertung aller Werte, exakt dasselbe wie die Schreib- und Lesereformer von 1800. Außer im Vorzeichen ist kein Unterschied zwischen den zwei folgenden 1786 und 1886 veröffentlichten Definitionen von Lesen.

> Alles was in Uebung übergehen soll, muß zur Fertigkeit, zum Gefühle werden; so daß man ohne Bewustseyn aller Stücke des Details, leicht und geschwind das Ganze übersehen, und seine Wahl treffen könne. Wer alle Buchstaben kennt, kann noch nicht lesen, obgleich das mechanische Lesen weiter nichts ist, als Buchstaben aussprechen. Nur der kann lesen, der, ohne an die einzelnen Buchstaben zu denken, ganze Worte, ganze Zeilen mit einem Blick übersieht.[6]

> So wenig ein Leser heute die einzelnen Worte (oder gar Silben) einer Seite sämmtlich abliest – er nimmt vielmehr aus zwanzig Worten ungefähr fünf nach Zufall heraus und „erräth" den zu diesen fünf Worten mutmaasslich zugehörigen Sinn –, eben so wenig sehen wir einen Baum genau und vollständig, in Hinsicht auf Blätter, Zweige, Farbe, Gestalt; es fällt uns so sehr viel leichter, ein Ungefähr von Baum hin zu phantasiren. (...) Dies Alles will sagen: wir sind von Grund aus, von Alters her – a n ' s L ü g e n g e w ö h n t. Oder, um es tugendhafter und heuchlerischer, kurz angenehmer auszudrücken: man ist viel mehr Künstler als man weiss.[7]

Nietzsches Beschreibung bestätigt zunächst, wie sehr die Bildungsprogramme von 1800 mittlerweile statistisch real geworden sind. Nach einer vorsichtigen Schätzung waren in Mitteleuropa 1800 25%, 1830 40%, 1870 75% und 1900 schließlich 90% der Leute über sechs Jahren alphabetisiert.[8] Doch dem Triumph folgt Ernüchterung. Hermeneutisches Lesen, vormals zu Zwecken seiner Versüßung als Fertigkeit oder gar Gefühl gerühmt, erntet nur noch Spott und den Titel Lüge. Die allgemeine Alphabetisie-

---

[5] NIETZSCHE, 1883–85/1967 ff.: VI 1, 44. Vgl. auch VII 1, 134.
[6] VILLAUME, 1786: 67.
[7] NIETZSCHE, 1886/1967 ff.: VI 2, 115 f.
[8] Vgl. SCHENDA, 1970: 444.

rung, nicht mehr aus der Innenperspektive ihrer Nutznießer, sondern ganz ohne Gefühle als diskursive Handgreiflichkeit beschrieben, wird Anleitung zum Selbstbetrug und insofern zum proliferierenden Künstlertum. Jene modernen Leser nämlich, die unter zwanzig Wörtern eine Zufallswahl von fünf treffen, um nur schnell Sinn divinieren zu können, tun das immer schon als Schreiber und Weiterschreiber.

Es mag das Erstaunlichste geschehen, immer ist die Schaar der historisch Neutralen auf dem Platze, bereit den Autor schon aus weiter Ferne zu überschauen. Augenblicklich erschallt das Echo: aber immer als ,,Kritik'', während kurz vorher der Kritiker von der Möglichkeit des Geschehenden sich nichts träumen liess. Nirgends kommt es zu einer Wirkung, sondern immer nur wieder zu einer ,,Kritik''; und die Kritik selbst macht wieder keine Wirkung, sondern erfährt nur wieder Kritik.[9]

Vom Überspringen der Buchstaben zum Überschauen des Autors, von einem elementaren Lesetrick zu offiziöser Literaturkritik –: die Methode bleibt dieselbe. Laut Fichte heißt Hermeneutik ja einfach über Werke alles andere schreiben als ihren Wortlaut. So führt auch Nietzsches Diagnose einer pathologischen Autorenvermehrung fort, was schon in ihrer Entstehungszeit beklagt worden ist[10]; nur daß er das Übel bei der Wurzel nennt. Unterm Titel ,,Der Name auf dem Titelblatt'' heißt es in *Menschliches, Allzumenschliches:*

Dass der Name des Autors auf dem Buche steht, ist zwar jetzt Sitte und fast Pflicht; doch ist es eine Hauptursache davon, dass Bücher so wenig wirken. Sind sie nämlich gut, so sind sie mehr werth als die Personen, als deren Quintessenzen; sobald aber der Autor sich durch den Titel zu erkennen giebt, wird die Quintessenz wieder von Seiten des Lesers mit dem Persönlichen, ja Persönlichsten diluirt, und somit der Zweck des Buches vereitelt.[11]

Alphabetisiertes Lesen, das lieber weiterschreibt, statt Buchstaben wahrzunehmen, hat also ein Korrelat auf Produktionsseite: die Funktion Autorschaft. Vom selben Außen her, das seiner Ironie die Zufallswahlen unter zwanzig Wörtern enthüllt, spottet Nietzsche auch der neuzeitlichen Diskursregel, Titelblätter mit Namen zu schmücken. Das Menschliche, Allzumenschliche oder Persönliche, ja Persönlichste, wie Sprach-Anthropologie es allen Zeichen unterlegt, verschuldet Lektüren, die ,,sofort über das Werk hinwegsehen'', um statt dessen ,,nach der Historie des Autors'' ,,im

---

[9] NIETZSCHE, 1873–76/1967 ff.: III 1, 280 f.
[10] ,,Wir nehmen alle frühere Bildung nur in uns auf, um sie sogleich wieder ins Papier einzusargen. Wir bezahlen die Bücher, die wir lesen, mit denen, die wir schreiben.'' (MENZEL, 1828: I 4)
[11] NIETZSCHE, 1878–80/1967 ff.: IV 3, 78 f.

bisherigen und muthmaasslichen weiteren Gang seiner Entwicklung" zu fragen."[12] Alphabetisierung, fortschreibende Lektüre, Autorname –: mit Ausnahme der Funktion Leserin trägt Nietzsches gnadenlose Analyse alle Regelschleifen des klassischen Aufschreibesystems zusammen. Die Bilanz aber läuft auf eine Fehlanzeige hinaus. Wörter bleiben wirkungslos, weil sie übersprungen werden; Lektüren, weil sie in Schreiben münden; Autornamen, weil sie vom Ereignis Buch ablenken. Im Rückblick ist das Aufschreibesystem von 1800 eine einzige Maschinerie zu dem einzigen Zweck, diskursive Effekte zu neutralisieren und auf den Trümmern der Wörter „unsre absurde Erzieher-Welt" aufzubauen, „der der ‚brauchbare Staatsdiener' als regulirendes Schema vorschwebt"[13].

Von dieser sehr analytisch gewonnenen Bilanz her kann dann Zarathustra sein Wort vom stinkenden Kadaver Geist wagen.

Und Nietzsche weiß, wovon er redet. Ein ehemaliger Fürstenschüler dankt dem Aufschreibesystem von 1800 wahrlich „die Totalität seiner Ausbildung": Laut Rektor bildet das von Preußen okkupierte Pforta „einen in sich geschlossenen Schulstaat, worin das Leben der Einzelnen in allen seinen Beziehungen völlig aufgeht"[14]. 1859, zum hundertsten Geburtstag Schillers, hört man zunächst den Lehrer, der in regierungsamtlichem Auftrag Preußens das erste deutsche Literaturgeschichtsschulbuch schrieb, über die Größe des Dichters reden, um sodann die Abendstunden nach dem Festessen mit allgemeiner, aber privater Schulbibliotheksschillerlektüre zu verbringen.[15] Den Rest der Schulzeit widmet man dem Unternehmen, mit der eigenen Person geradeso umzugehen wie Kobersteins Literaturgeschichte mit deutschen Klassikern. Dichter und Kritiker in Personalunion, schreibt der Schüler Nietzsche außer Werken auch gleich die entsprechenden Dichterautobiographien, die nach Beschwörungen unauslöschlicher Kindertage regelmäßig Privatlektüren und Eigenproduktionen auflisten. *Mein Leben, Mein Lebenslauf, Rückblick, Aus meinem Leben, Meine literarische Thätigkeit, sodann meine musikalische* – so und so weiter läuft die Liste, die einen verspäteten Nachwuchsautor namens Nietzsche eigenhändig ins klassische Aufschreibesystem ein- und nachträgt.[16] Und erst sehr nachträglich, nämlich auf der universitären Stufe desselben Bildungsgangs, kann er jene „autobiographischen Konstruktionen, die die Zufälligkeit seines Seins

---

[12] NIETZSCHE, 1873–76/1967 ff.: III 1, 280. Vgl. KUNNE-IBSCH, 1972: 35–50.
[13] NIETZSCHE, F 1887/1967 ff.: VIII 2, 218.
[14] KIRCHNER, 1843: 14, vgl. dazu HELLPACH, 1954: 199.
[15] Vgl. NIETZSCHE, T 8. 12. 1859/1933–42: I 188.
[16] Noch einer der Entwürfe zu *Ecce homo* hieß Fridericus Nietzsche, *De vita sua*. Vgl. PODACH, 1961: 164.

rechtfertigen würden"[17], als das lesen, was sie sind: von Pädagogen programmierte, vom Fürstenschüler bloß geschriebene Deutschaufsätze. Im sehnsüchtigen Blick auf eine andere *Zukunft unserer Bildungs-Anstalten* beschreibt der Philologieprofessor Nietzsche ihr 19. Jahrhundert:

> Das letzte Bereich, auf dem der deutsche Lehrer am Gymnasium thätig zu sein pflegt und das nicht selten als die Spitze seiner Thätigkeit, hier und da sogar als die Spitze der Gymnasialbildung betrachtet wird, ist die sogenannte d e u t s c h e A r b e i t. Daran dass auf diesem Bereiche sich fast immer die begabtesten Schüler mit besonderer Lust tummeln, sollte man erkennen, wie gefährlich-anreizend gerade die hier gestellte Aufgabe sein mag. Die deutsche Arbeit ist ein Appell an das Individuum: und je stärker bereits sich ein Schüler seiner unterscheidenden Eigenschaften bewusst ist, um so persönlicher wird er seine deutsche Arbeit gestalten. Dieses „persönliche Gestalten" wird noch dazu in den meisten Gymnasien schon durch die Wahl der Themata gefordert: wofür mir immer der stärkste Beweis ist, dass man schon in den niedrigeren Klassen das an und für sich unpädagogische Thema stellt, durch welches der Schüler zu einer Beschreibung seines eignen Lebens, seiner eignen Entwicklung veranlasst wird. (...) Und wie oft erscheint das ganze spätere litterarische Wirken eines Menschen wie die traurige Folge jener pädagogischen Ursünde wider den Geist![18]

So gipfeln denn alle Sünden des klassischen Aufschreibesystems im Deutschaufsatz. Der einsame Rufer Nietzsche entdeckt die materiale Basis des literarischen Wirkens überhaupt und seines eigenen insbesondere. *Unser Schulaufsatz ein verkappter Schundliterat* wird alsbald ein auflagenstarkes Pamphlet heißen, das in liebevoller Stilkritik die völlige Identität zwischen Karl May, Buffalo Bill, Texas Jack einerseits und den 386 von Lehrern verfaßten *Iphigenie*-Musteraufsätzen andererseits nachweist.[19]

Daß der Geist stinkt, liegt an der pädagogischen Ursünde wider ihn. Deutschaufsätze generieren ja erstens literarisch wirkende Menschen (oder näherhin Schüler); zweitens Autobiographen eben dieses Wirkens; drittens schließlich – weil sie so gern zum „Votum über Dichterwerke" „verpflichten"[20] – jene literaturkritischen Fortschreiber, die den *Brief an meinen Freund, in dem ich ihm meinen Lieblingsdichter zum Lesen empfehle*[21], und überhaupt die Neutralisierung diskursiver Effekte besorgen.

---

[17] KLOSSOWSKI, 1969: 323.
[18] NIETZSCHE, R 1872/1967 ff.: III 2, 170 f. „Spitze der Gymnasialbildung" ist wörtliches Zitat des Pädagogen DEINHARDT, 1837. Vgl. dazu JÄGER, 1981: 41.
[19] Vgl. JENSEN/LAMSZUS, 1910: 20–67 und 142.
[20] NIETZSCHE, R 1872/1967 ff.: III 2, 171.
[21] NIETZSCHE, B 19. 10. 1861/1933–42: II 1–5 (die Rede ist von Hölderlin).

Auch in totenstillen und einsamen Zimmern sind Gymnasiasten des 19. Jahrhunderts nie allein; die „Totalität ihrer Ausbildung" umfängt sie wie der Deutschaufsatz den Literaturbetrieb. Sie können alles meinen und alles verstehen, was das geduldige Papier nimmt und gibt. Außer auf den „Einfluß der Frauen", wie Nietzsche später als Student zu seinem „Erstaunen gewahr wird"[22], sind sie auf eine Kultur allgemeiner Alphabetisierung bestens vorbereitet.

Die Urszene intransitiven Schreibens

Eben darum aber endet das klassisch-romantische Aufschreibesystem in Größenwahn und Desperation. Ein Fragment, nicht umsonst *Euphorion* betitelt, setzt die hoffärtige Signatur „F W v Nietzky homme étudié en lettres" unter ein Selbstbildnis nackter Verzweiflung.

> In meiner Stube ist es todtenstill – meine Feder kratzt nur auf dem Papier – denn ich liebe es schreibend zu denken, da die Maschine noch nicht erfunden ist unsre Gedanken auf irgend einem Stoffe, unausgesprochen, ungeschrieben, abzuprägen. Vor mir ein Tintenfaß, um mein schwarzes Herz drin zu ersäufen, eine Scheere um mich an das Halsabschneiden zu gewöhnen, Manuscripte, um mich zu wischen und ein Nachttopf.[23]

Das ist eine Urszene, unbekannter, aber nicht folgenloser als die Verzweiflung Fausts im und am gelehrtenrepublikanischen Studierzimmer. Nur daß der Gelehrte von eben dem Literaten abgelöst wird, den die faustische Tat als Erlöser aus allem Bücherkram herbeigezaubert hat. Denn der da homme étudié en lettres signiert, hat nichts, aber auch gar nichts erfahren außer einer Gymnasialbildung, die freilich als „Appell an das Individuum" das Gegenteil gelehrter Dressur ist. Folgerichtig fehlen der Schreibszene alle bibliothekarischen Requisiten und mit ihnen das Rätsel, wie vorgegebene Texte in Geist und Bedeutung zu überführen wären. Der einsame Schreiber ist Schreiber und sonst nichts: kein Übersetzer, kein Abschreiber, kein Interpret. Kahl und dürftig kehrt das Federkratzen eine nie beschriebene Funktion heraus: Schreiben in seiner Materialität. Weil keine Bibel zur Eindeutschung ansteht, keine Stimme zur Niederschrift, bleiben alle die Wunder aus, die es um 1800 übertönt haben. Schrift wird nicht mehr umschrieben, sie ist ihr eigenes Medium geworden. Noch in der Nervenklinik Jena ist Nietzsche, so er nur Bleistifte hat, „selig in seinem Element"[24]. Aber schon der Literat F W v Nietzky bringt im Unterschied zum Fürstenschüler Friedrich Wilhelm Nietzsche keine literarischen Werke, literarischen Autobiographien und Literaturbe-

---

[22] NIETZSCHE, F 1868-69/1933-42: V 254.
[23] NIETZSCHE, F 1862/1933-42: II 71.
[24] FRANZISKA NIETZSCHE, B 3. 8. 1889, in GILMAN, 1981: 323.

sprechungen zu Papier – über den Schreibakt hinaus geschieht gar nichts. Ob Schulpfortas Musterknabe, von den Pädagogen allein gelassen, etwas zu sagen hat, steht dahin. Im Fragment *Euphorion*, in den zahllosen Notizbüchern, die bis zum letzten Tag von Turin Sprüche und Wäscherechnungen, Buchtitelentwürfe und Kopfschmerzrezepte aufnehmen, ganz zu schweigen von den spärlichen Kritzeleien aus der Irrenanstalt, die zum leeren Schema autobiographischer Deutschaufsätze zurückfinden.[25] Nietzsches Papiere schreiben alle nur die Urszene und ihr Rätsel fort.

Das Erschreckende an den nachgelassenen Fragmenten ist, daß es keine Sammlungen von Notizen sind, sondern von Schreibübungen, ja von Schönschreibübungen im Sinn von Stilerprobungen, in denen die Einfälle dekliniert werden. Schließlich langt Nietzsche bei einem Lexikon an, wo die sinnentleerten Wörter außerhalb jedes Satzkontexts zunächst wieder in Redewendungen gebracht, sozusagen idiomatisiert werden; eine stumme, nicht weiter kommentierte Übung zwischen Vokabelheft, Übersetzungshilfe und Stilblütensammlung.[26]

Wenn Schreiben Schreibübung bleibt, schierer und trostloser Akt ohne alle Weiterungen namens Buch, Werk, Gattung, ist es nichts mit dem „‚persönlichen Gestalten'", das Aufsatzpädagogen so nahelegen. Der „Appell an das Individuum", Individuum und Autor zu werden, läuft ins Leere, gerade weil der Musterschüler ihn wörtlich nimmt. Denn der da losschreibt, ist niemand; statt einem Individuum zu dienen, säuft das Tintenfaß ein schwarzes Herz; statt bei Korrektur und Relektüre, diesen technischen Prämissen von Autorschaft, zu helfen, hat die Schere ganz andere Aufgaben. Und wie das Individuum, so sein Ausstoß –: auf die Manuskripte wartet der Nachttopf. Zarathustras Nase für Geist oder Geruch der Schriftkultur stammt demnach aus einer Schreibszene, wo die Requisiten – Feder, Tintenfaß, Schere, Nachttopf – mit dem Ich und seinen Bedeutungen aufgeräumt haben. Der Autor verschwindet, von ansprechbaren Lesern zu schweigen; Schreiben im *Euphorion*-Fragment liefert statt Werken Abfall und Fäkalien. Gerade weil Nietzky ein zweiter Euphorion ist, der ja an seinen Eltern eine ganze Klassik und eine ganze Romantik hatte, weil auch er über alle Fazilitäten des klassisch-romantischen Aufschreibesystems, die pädagogischen Verheißungen und die literarischen Vorarbeiten verfügt, bleibt die Euphorie aus; er stürzt, seinem Namen treu bis zum Ende, ab.

Moderne Texte werden dieser Sturzbahn in verschiedensten Figuren folgen. Nietzky-Nietzsche streift einen Nullpunkt, von dem

---

[25] Vgl. die Einzelheiten bei GILMAN, 1981: 342.
[26] RUPP, 1980: 191.

aus Literatur um 1900 notwendig und möglich wird. Ein intransitives Schreiben, das nicht auf geschriebene Wahrheiten und angeschriebene Leser zielt, sondern dessen „Fäden alle zu der feinsten – besonderen, augenblicklichen und dennoch absolut universalen – Spitze, zum einfachen Akt des Schreibens konvergieren"; ein Schreiben, das mit literarischen „‚Gattungen' als einer Ordnung von Repräsentationen angepaßten Formen bricht" und nur „schweigsame, vorsichtige Niederlegung eines Wortes auf der Weiße eines Papiers ist, wo es weder Laut noch Sprecher geben kann"[27].

Im totenstillen Schreibzimmer macht nur die Feder ihr Geräusch. Kein Laut und keine Lautiermethode tragen ein Schreiben, das ohne vorgängiges Sprechen und d. h. ohne Seele läuft. Wenn auch seiner Materialität etwas vorangeht, dann nur die Materialität von Geräusch selber. Es gibt eine isolierte Aufzeichnung des jungen Nietzsche, die von seiner Schreibszene ganz anderes als Totenstille zu vermelden hat.

> Was ich fürchte, ist nicht die schreckliche Gestalt hinter meinem Stuhle sondern ihre Stimme: auch nicht die Worte, sondern der schauderhaft unartikulirte und unmenschliche Ton jener Gestalt. Ja wenn sie noch redete, wie Menschen reden![28]

Die Deutsche Dichtung an ihrem Beginn hat die Tierlaute eines Pudels ausgeschlossen und beim Übersetzen vorsprachlicher Gefühle lieber dem Rat eines Geistes gehorcht, der erst später, aber mit artikulatorischer Eleganz seinen Namen nannte. Den Nullpunkt von Literatur definiert ein unartikulierter Ton, der nicht nur nicht menschlich, sondern nicht einmal tierisch oder höllisch ist. Die Laute der Kreatur, wie sie den Sprachraum des 16. Jahrhunderts erfüllt hatten, waren zum Schweigen zu bringen, wenn Der Mensch nur einer geliebten Sprache oder Frauenstimme inne wurde. Der unmenschliche Ton in Nietzsches Rücken ist keine Rede erstanfänglicher Artikulation, sondern überhaupt keine. Kein Diskurs vermag etwas gegen ihn, weil alle Diskurse ihm zurechnen und anheimfallen. Diesseits von Lauten und Worten, diesseits aller Organismen taucht das weiße Rauschen auf, dieser unaufhörliche und unaufhebbare Hintergrund von Information. Denn Rauschen emittieren die Kanäle selber, die jede Nachricht durchlaufen muß.

Um 1800 sind schlechthin unartikulierte Töne auch schlechthin exkommuniziert gewesen. Sie quälten einen Wahnsinn, der im Unterschied zur fixen Idee ohne poetische Würde blieb: den Blöd-

---

[27] FOUCAULT, 1966/1971b: 366.
[28] NIETZSCHE, F 1868–69/1933–42: V 205.

sinn."[29] Wer keine „Fassungskraft für die Reden anderer" bewahren konnte, war deshalb „zu seiner Haltung" verpflichtet, „im Anfalle laut und langsam zu lesen"[30]. Nur darum ja durften Schreiber wie Faust oder Anselmus ihrem innersten Gefühl vertrauen, weil es von einer Lektüre und diese Lektüre wieder von einer menschlichen Sprache oder Stimme getragen wurde.
Nietzsche aber schreibt vor und nach weißem Rauschen. So wörtlich erreicht ihn der Appell deutscher Aufsätze, „eigne Gedanken und Gefühle zu belauschen", daß Gedanken und Gefühle in ihr Gegenteil umschlagen: Der Lauscher hört ein „Summen und Brausen der wilden Partein", die in ihm den unschlichtbaren „Bürgerkrieg zweier Heerlager" ausfechten. Wo eine vorsprachliche, aber zu Artikulation und Bildung fähige Innerlichkeit stehen sollte, ist alles nur, „als ob ein Rauschen durch die Luft ginge"[31].
Der schauderhaft unartikulierte Ton, den Nietzsche in seinem Rücken hört, summt also in den Ohren selber. Was nicht so redet, wie Menschen reden, hieße (wenn es denn einen Namen haben könnte) Nietzsche. Die Autobiographie beweist es für den Anfang: „In einer absurd frühen Zeit, mit sieben Jahren, wusste ich bereits, dass mich nie ein menschliches Wort erreichen würde."[32] Die Jenaer Krankengeschichte beweist es für Nietzsches Ende: „Schreit oft unartikulirt."[33] Alles beginnt also damit, daß menschliche oder pädagogische Zureden das Rauschen am Grund aller Nachrichtenkanäle nicht zudecken können, sondern selber mit ihm verschmelzen. Und alles endet damit, daß einer den *Willen zur Macht* sein läßt, seinen Schreibtischstuhl umdreht und selber mit dem Rauschen verschmilzt, das ihn ein Leben oder Schreiben lang entsetzt hat.
Die Mädchenstimme, die Anselmus schreiben machte, nahm denselben Stuhl wie er ein: Medienverbund von Sprechen und Schreiben, Seele und Dichtung. Die Stimme, die Nietzsches Schreibübungen grundiert, bleibt so lange hinter seinem Stuhl, wie er das Entsetzen nicht wieder verlernt hat. Sie stoppt allen Liebeshandel zwischen Mündlichkeit und Schriftlichkeit, um Schreiben auf pure Materialität zu reduzieren. „Du hättest singen sollen, meine Seele" ist ein trostloser Satz – schon weil „es keine Seele giebt" und „Ästhetik ja nichts als eine angewandte Physiolo-

---

[29] Vgl. etwa REIL, 1803: 417. „Der Kranke hört ein wildes Geräusch, aber überall keinen verständlichen Ton, weil er nicht im Stande ist, einen aus der Menge herauszuheben, ihn nicht auf seine Ursache zurückzuführen, und dadurch seine Bedeutung einzusehn."
[30] REIL, 1803: 136.
[31] NIETZSCHE, F 1864/1933-42: II 408.
[32] NIETZSCHE, 1908/1967 ff.: VI 3, 295.
[33] ZIEHEN, A 18. 5. 1889, in PODACH, 1930: 1453.

> Worte-
> macher
> um 1900

gie ist"³⁴. Was es fortan gibt, sind nur die zwei Seiten einer Exklusion. Hinter dem Stuhl weißes Rauschen und d. h. Physiologie selber; vor dem Stuhl Tintenfaß, Schere, Papier und d. h. ebenso viele wie leere Wörter. Denn wenn auch das unaufhörliche Rauschen Schreibern etwas einflüstern kann, dann nur den Nietzschesatz „Ich bin ein Worte-macher: was liegt an Worten! was liegt an mir!"³⁵

Schreiben und Schreiber als Zufallsereignisse in einem Rauschen, das selber Zufallsgenerator ist und darum von ihnen nie beseitigt werden kann: so nahe kommt Nietzsche der Poetologie Mallarmés. Un coup de dés jamais n'abolira le hasard. Fausts hilfreicher Geist lenkte den Schreibakt auf ein jenseitiges Ziel, das Transzendentalsignifikat von Wort; Hippels Bannstrahl schloß Wortkrämer vom Reich der Seelen aus; Worte-macher aber kommen über das Medium nicht hinaus, das sie institutieren. Eine Mallarmé-Anekdote beweist es.

> Degas faisait parfois des vers, et il en a laissé de délicieux. Mais il trouvait souvent de grandes difficultés dans ce travail accessoire de sa peinture. (...) Il dit un jour à Mallarmé: „Votre métier est infernal. Je n'arrive pas à faire ce que je veux et pourtant, je suis plein d'idées..." Et Mallarmé lui répondit: „Ce n'est point avec des idées, mon cher Degas, que l'on fait des vers. C'est avec des m o t s."³⁶

Bis in die Wortwahl sind sie einig, der letzte Philosoph und der erste moderne Lyriker. Mallarmé löst das Wort Worte-macher einfach in einen Satz auf. Bei Nietzsche wird es unmöglich, eigene Gedanken und Gefühle zu Papier zu bringen, weil alle Bedeutung in Rauschen untergeht. Bei Mallarmé haben Bedeutungen oder eben Ideen ausgespielt, so daß zwischen den Medien Literatur und Malerei keine Brücke allgemeiner Übersetzbarkeit mehr steht. An Worte-machern (dem Worte-macher Nietzsche zufolge) liegt gar nichts; Mallarmé nennt seinen höllischen Beruf „la disparition élocutoire du poëte, qui cède l'initiative aux mots"³⁷. Schreiben, das weder im Geschriebenen noch im Schreiber Rechtsgründe findet, hat seine Botschaft einzig am Medium, das es ist. In direkter Nietzsche-Fortsetzung wird um 1900 „Wort-Kunst" zum Synonym von Literatur.³⁸

---

[34] NIETZSCHE, 1889b/1967 ff.: VI 3, 417.
[35] NIETZSCHE, F 1884–85/1967 ff.: VII 3, 59.
[36] VALÉRY, 1939/1957–60: I 1324. Über Nietzsche und Mallarmé vgl. auch FOUCAULT, 1966/1971b: 369 f.
[37] MALLARMÉ, 1895b/1945: 366.
[38] Vgl. BRIDGWATER, 1979: 32 (über Mauthner, Holz, Walden und die Sturm-Dichter), sowie die Dokumente bei PÖRTNER, 1960: 395–461.

Ein Philologieprofessor, der keiner mehr ist, und ein Gymnasiallehrer, der keiner mehr sein will[39], stehen an der Schwelle eines neuen Aufschreibesystems. Daß Worte-macher keine Autoren und Worte keine Ideen sind, lernt alsbald jedes Kind. Nicht nur in einsamen Schreibzimmern endet die Verwechslung von Wörtern und Ideen, wie sie eine ganze Klassik getragen hat. Am 4. Dezember 1890 ergeht aus unwidersprechlichem, nämlich kaiserlichem Mund der Befehl, den Deutschunterricht zur „Mitte" aller Pädagogik und das Aufsatzschreiben zur Mitte dieser Mitte zu machen.[40] Damit hört das Deutsche auf, ein Jenseits des Schulunterrichts zu sein, wo gemachte Worte immer schon auf ihre Bedeutungen und d. h. das Universitätsfach Philosophie hin überschritten wurden. Folgerichtig beseitigt ein Erlaß von 1904 das Philosophicum als „obligaten Bestandteil des Doktorexamens"[41]. Und nicht viel hat gefehlt, daß auf Betreiben des großen Experimentalpsychologen Ebbinghaus eine physiologische Psychologie es auch im Lehramtsexamen beseitigt hätte. Beinahe wäre sogar an Schulen durchgedrungen, daß Ästhetik nichts als eine angewandte Physiologie ist.

Aber wenn Schreiben zur Mitte der Mitte der Schule wird, findet die Physiologie auch ohne Prüfungsordnungen ins Klassenzimmer. Das Rauschen, das Nietzsches Schreiben grundiert, kommt zu Papier. Freie Aufsätze, wie die Kunsterziehungsbewegung sie ab 1904 propagiert, entfalten weder die Individualität ihres Autors noch die Idealität seiner Gedanken. Im Extremfall schreiben sie einfach das Dröhnen fiebernder Kinderköpfe auf. Was Nietzsche in einer absurd frühen Zeit, mit sieben Jahren bereits wußte, wird diskursive Positivität. Die Kunsterziehung verzichtet darauf, ihre Schüler mit Worten des Menschen oder Erziehungsbeamten erreichen zu wollen. Statt dessen kann sie nicht genug rühmen, wie „produktiv das Kind in seiner Sprache" ist, und nicht genug beklagen, daß man es „zwingt, in einer fremden Sprache, nämlich in der der Erwachsenen, zu produzieren"[42]. Kleine Worte-macher sind eben dann am freiesten, wenn kein Muttermund ihr Sprechen und Schreiben reinigt. Um 1900 behaupten Linguisten und Psychologen, daß selbst „das neugeborne Kind Sprache, allgemeine Sprache mit zur Welt bringt: wir lehren es nicht sprechen, wir bringen ihm nur unsere Sprache bei"[43]. Woraus umgekehrt folgt, daß es am Grund menschlichen Sprechens und männlichen

---

[39] Vgl. VALÉRY, T 10. 10. 1891/1957–60: I 1723 (über Mallarmé).
[40] Vgl. MATTHIAS, 1907: 253 f. und 350 f.
[41] LEHMANN, in PAULSEN, 1919–21: II 710.
[42] JENSEN/LAMSZUS, 1910: 147.
[43] HACKENBERG, 1904: 70.

Schreibens keinen Muttermund gibt. An die Stelle der Anderen, die mit dem Minimalsignifikat *ma* den Anfang von Artikulieren und Dichten gemacht hat, tritt eine autarke Kindersprache, die von Eltern gar nicht geformt werden kann, weil sie über alle Ländergrenzen hinweg spontan Signifikanten wie *Amme* oder *Mama* auswirft.[44] Damit aber fällt bei Wortemachern die Instanz aus, die sie einstmals zu Autoren gemacht hat. Seitdem es im Schreibzimmer nur noch Totenstille und Rauschen gibt, küßt keine Frau oder Muse mehr.

Das Aufschreibesystem von 1900 baut nach alledem nicht auf den drei Funktionen Produktion, Distribution, Konsumtion auf. So historisch variabel sind Diskursivitäten, daß auch elementare und scheinbar universale Konzepte[45] in bestimmten Systemen ausfallen können. Als Überbauten oder Untermengen einer Ökonomie wären Medien grundsätzlich unterbestimmt.

Es gibt um 1900 keine Diskursproduktionsinstanz, die den unartikulierten Anfang von Artikulation macht. Es gibt nur ein unmenschliches Rauschen als das Andere aller Zeichen und Schriften. Es gibt keine Distribution, die Sprache als bloßen Kanal benutzt und darum immer schon weitere Schreiber und Leserinnen anwirbt. Wie jedes Medium ist der Diskurs ein irreduzibles Faktum, das nicht in philosophischen Bedeutungen und psychologischen Effekten aufgeht. Deshalb erlaubt er drittens auch keine Konsumtion, die Reden wieder in den Ursprung rückübersetzt.

Das alles, ein ungeschriebenes Kapitel Literaturwissenschaft, wird in seiner technischen und institutionellen Breite zu beschreiben sein. Aber fast ohne Institutionen und mit einer einzigen Medientechnik, einfach als seine Tragödie, hat es der Einsiedler von Sils schon einmal durchgemacht. Nietzsche, der in keiner Weise die positive Figur eines Diskursivitätsbegründers abgibt[46], ist doch in seinen scheiternden Experimenten das Opfer gewesen, einem anderen als klassisch-romantischem Schreiben dargebracht.

*

Drei Medien: Den Anfang der Experimente macht eine Sprachtheorie, die *Wahr-*
Sprache, *heit und Lüge im aussermoralischen Sinne* bestimmt. Sprache, von
Musik und der Wahrsagerei moralischer, wenn nicht gar bildender Stimmen
Film entkoppelt, ist nicht mehr Übersetzung vorsprachlicher Bedeutungen, sondern ein Medium unter Medien. Medien aber gibt es nur als willkürliche Selektionen aus einem Rauschen, das sie alle de-

---

[44] Vgl. dazu STERN, 1914: 88, und AMENT, 1904: 80.
[45] So BARTHES, 1963/1969: 22.
[46] Vgl. dazu KITTLER, 1980b: 152–154.

mentiert. So genau hat Nietzsche die Lektion seiner Schreibszene gelernt, daß „Natur" selber, statt Menschen- und Muttergestalt anzunehmen, mit dem schauderhaft unartikulierten Ton eins wird.

> Sie warf den Schlüssel weg: und wehe der verhängnissvollen Neubegier, die durch eine Spalte einmal aus dem Bewusstseinszimmer heraus und hinab zu sehen vermöchte und die jetzt ahnte, dass auf dem Erbarmungslosen, dem Gierigen, dem Unersättlichen, dem Mörderischen der Mensch ruht in der Gleichgültigkeit seines Nichtwissens, und gleichsam auf dem Rücken eines Tigers in Träumen hängend.[47]

Den Schrecken, der und den Bewußtsein ausschließt, kann kein Informationsmedium übersetzen. Im außermoralischen Sinn ist Lüge die Wahrheit. Eine Lüge einfach der Selektion, die vor den Schrecken Schleier zieht oder ihm gar wie am Schreibtisch den Rücken zukehrt. Das Lesen, dessen übersprungenen Wortlaut Nietzsche ja einem unausdenklich komplexen Naturding gleichstellt, gibt schon ein Beispiel. Aber Sprache überhaupt fungiert nicht anders.

> Die verschiedenen Sprachen neben einander gestellt zeigen, dass es bei den Worten nie auf die Wahrheit, nie auf einen adäquaten Ausdruck ankommt: denn sonst gäbe es nicht so viele Sprachen. Das „Ding an sich" (das würde eben die reine folgenlose Wahrheit sein) ist auch dem Sprachbildner ganz unfasslich und ganz und gar nicht erstrebenswerth. Er bezeichnet nur die Relationen der Dinge zu den Menschen und nimmt zu deren Ausdrucke die kühnsten Metaphern zu Hülfe. Ein Nervenreiz zuerst übertragen in ein Bild! Erste Metapher. Das Bild wieder nachgeformt in einem Laut! Zweite Metapher. Und jedesmal vollständiges Überspringen der Sphäre, mitten hinein in eine ganz andre und neue.[48]

Wo das Aufschreibesystem von 1800 ein Kontinuum gehabt hat, das vom unartikulierten Minimalsignifikat organisch oder augmentativ zu den Bedeutungen faktischer Sprachen führte, steht fortan ein Bruch. Die Sprache (das zeigt schon ihr Plural) ist nicht die Wahrheit und Wahrheit folglich überhaupt nicht.[49] Wenn es aber gar keine Natur der Sprache gibt, die Philosophen hinter den kühnen Metaphern wieder auffinden könnten[50], tritt eine andere und physiologische Natur erst hervor. Wie Nietzsches Ästhetik geht auch seine Sprachtheorie von Nervenreizen aus. Optische und akustische Reizreaktionen, Bilder und Laute erzeugen die Sprache in ihren zwei Seiten, als Signifikat und Signifikant. Nur bleiben sie

---
[47] NIETZSCHE, M 1873/1967 ff.: III 2, 371.
[48] NIETZSCHE, M 1873/1967 ff.: III 2, 373.
[49] Vgl. auch MALLARMÉ, 1895b/1945: 363 f.
[50] Vgl. dazu KITTLER, 1979a: 192.

dabei voneinander genauso getrennt wie von der puren Stochastik, auf die sie reagieren. Den Bruch zwischen bildlichem Signifikat und lautlichem Signifikanten kann kein kontinuierliches Übersetzen, sondern nur die Metapher oder Transposition überspringen. Vor dem Hintergrund eines allgegenwärtigen Rauschens gehen einzelne Sinnesmedien in Differenz zueinander – als ,,ganz andre und neue Sphären''. Statt Medien auf eine gemeinsame Wurzel vom Typ poetischer Einbildungskraft zurückzuführen, trennt Nietzsche Optik und Akustik wie ,,Schauwelt'' und ,,Hörwelt''[51].

Jedes der zwei Medien, das optische wie das akustische, wiederholt noch einmal ihrer aller Bezug auf einen Ursprung, der als Zufallsgenerator keiner ist. Nietzsche träumt von einer Musik, die ,,vor dem Anblick des blauen wollüstigen Meers und der mittelländischen Himmels-Helle nicht verklingt, vergilbt, verblasst'' wie alle deutsche Musik, sondern ,,noch vor den braunen Sonnen-Untergängen der Wüste Recht behält''[52]. Nur eine Hörwelt, wo Klänge und Farben über Formen und Moralen triumphieren, bliebe bei aller Selektion ihrem unmenschlichen Hintergrund nahe, der (wie man weiß) auf den Götternamen Dionysos hört. Aber auch das optische Medium Apollons fungiert nicht anders.

> Wenn wir bei einem kräftigen Versuch, die Sonne in's Auge zu fassen, uns geblendet abwenden, so haben wir dunkle farbige Flekken gleichsam als Heilmittel vor den Augen: umgekehrt sind jene Lichtbilderscheinungen des sophokleischen Helden, kurz das Apollinische der Maske, notwendige Erzeugungen eines Blickes in's Innere und Schreckliche der Natur, gleichsam leuchtende Flecken zur Heilung des von grausiger Nacht versehrten Blickes.[53]

Nietzsches Schauwelt entsteht im Auge selber. Entoptische Visionen heilen u n d transponieren einen Augenschmerz, den in Umkehrung aller Tradition nicht das Sonnenblenden, sondern eine grausige Nacht macht. Dieser Grund, vor dem Farben und Formen nur Selektionen sind, wird zugleich (durch die Schmerzen) bewahrt und (durch Verkehrung von Dunkel zu Licht) metaphorisch verschleiert. So befolgt auch apollinische Kunst eine erst für Medien konstitutive und erstmals von der Photographie erfüllte ,,Forderung'': Die Wiedergabe ,,solle nicht nur dem Gegenstand ähnlich sein, sondern die Garantie für die Ähnlichkeit dadurch geben, daß sie sozusagen ein Erzeugnis dieses Gegenstandes selbst, d. h. von ihm selbst mechanisch hervorgebracht sei''[54]. Vor solchen technischen Forderungen kann keine Einbildungskraft bestehen; wo

---

[51] NIETZSCHE, 1873–76/1967 ff.: IV 1, 31.
[52] NIETZSCHE, 1886/1967 ff.: VI 2, 209. Vgl. KITTLER, 1982: 474 f.
[53] NIETZSCHE, 1872/1967 ff.: III 1, 61.
[54] ARNHEIM, M 1933/1977: 27.

vormals psychologische Übersetzung hinreichte, werden materiale Transpositionen nötig. Bewegte „Lichtbilderscheinungen'', bei denen Augen die eigene Netzhaut abbilden, haben wenig mit Sophoklesaufführungen im athenischen Dionysostheater zu tun. Nietzsches Apollinisches beschreibt etwas ganz anderes – das technische Medium Film, wie die Brüder Lumière es am 28. Dezember 1895 öffentlich machen werden. Apollinisches und Kino, beide basieren sie auf angewandter Physiologie: den entoptischen Nachbildern bzw. der gleichfalls von Nachbild- und Stroboskopeffekt bewirkten Illusion, diskrete Bilder von zureichend hoher Frequenz seien ein Kontinuum. Und wenn der apollinische Held „im Grunde nichts mehr ist als das auf eine dunkle Wand geworfene Lichtbild d. h. Erscheinung durch und durch''[55], versammelt *Die Geburt der Tragödie* schon alle Elemente des Films: Erstens das Schwarz vor jeder Selektion, bei Nietzsche eine Urnacht, beim Film die Abdeckung der Einzelbilder zur Transportzeit (durch Flügelscheibe und Malteserkreuz); zweitens die optische oder gar entoptische Halluzinatorik; drittens die Projektionswand, also just jene Zutat der Lumières, die Edisons Kinetoskop von 1891 zum Kino gemacht hat.[56]

Eine Musik, deren Sound noch vor der Wüste Recht behält[57], und ein Drama, das Film avant la lettre ist, sprengen durch physiologische Effekte die Schranken europäischer Kunst. Sie werden zu Medien. Wie Wagner, ihr heroischer Vorläufer, reden Medien „nicht mehr die Sprache der Bildung einer Kaste, und kennen überhaupt den Gegensatz von Gebildeten und Ungebildeten nicht mehr''. Nur die eingefleischte Alphabetisierung um 1800 hat es möglich gemacht, den „Philologen-Poeten'' Goethe[58] so zu feiern und zu verstehen, wie sein Herrndiskurs Verstehen verstanden hat. Ästhetik dagegen, die angewandte Physiologie ist, braucht weder Schulung noch Bildung.

Aber Nietzsche heißt nicht Wagner. Worte-machern, auch wenn sie von Musik und Kino träumen, bleibt nur der paradoxe Wunsch, das Medium allgemeiner Bildung in und kraft seiner eigenen Struktur zu sprengen. Deshalb beginnt Nietzsche damit, die faustische Revolution zu widerrufen. Goethes Universalität ist es ja gewesen, ein philologisches und ein poetisches Tun so zu koppeln, daß aus Buchstaben Geist und aus Studium Menschenglück wurde. Wenn dagegen Nietzsche schon als Student dem Übersetzer Faust

Nietzsches Signifikantenlogik

---

[55] NIETZSCHE, 1872/1967 ff.: III 1, 61.
[56] Zu den Elementen des Films vgl. HEIN/HERZOGENRATH, 1978: 31 f.
[57] Über die Nähe solcher Musik zu nachmaligen Klangtechniken und Medien vgl. SCHLÜPMANN, 1977: 104 f. und 127.
[58] NIETZSCHE, 1873–76/1967 ff.: IV 1, 75.

auf die Finger klopft, geschieht das im Namen einer Philologie, die wieder gelehrtenrepublikanische Spezialbegabung wird. Der universalen Alphabetisierung tritt eine altmodische Berufsmoral entgegen. Während „wir Modernen nur noch Gedanken lesen" und aus fünf von zwanzig Wörtern eine faustische Wortbedeutung destillieren, rühmt Nietzsche die Askese des Philologen, der „noch Worte" liest, und „Conjekturalkritik" als „eine Thätigkeit, wie sie beim Rebusrathen verwendet wird"[59]. Alles sieht so aus, als solle das historische Faktum, daß jedermann lesen lernen darf, rückgängig gemacht werden. Aber Nietzsche plant gar keine „Imitation historischer Kommunikationspraktiken"[60] um ihrer selbst willen; sie sollen nur Mittel und Waffen für sein eigenes Schreibprojekt liefern. Statt konjekturalkritisch das Rebus vorgegebener Texte zu lösen, erfindet er selber Rätsel um Rätsel. Philologeneinsichten wie die, daß in Horazgedichten „ein minimum in Umfang und Zahl der Zeichen" „ein maximum in der Energie der Zeichen erzielt", weil „jedes Wort als Klang, als Ort, als Begriff, nach rechts und links und über das Ganze hin seine Kraft ausströmt"[61], geraten dem Schreiber Nietzsche sogleich zum Programm eigener Experimente. *Zarathustra* heißt „bis in die Wahl der Vokale" „ein Spiel der Symmetrien aller Art"[62].

Unterm Anschein historischer Regression treibt Nietzsche Schriftstrukturen ins Extrem. Wenn Fausts λόγος-Übersetzung in der Geschichte des Zeichens den Augenblick ohne Paradigmabewußtsein markiert hat, so ist Nietzsches Schreiben, in Programm und Praxis, die Errichtung der reinen Differentialität. Eine Signifikantentopologie, wie Saussure sie auf die Achsen Paradigma und Syntagma beziehen wird, regelt den Text und folgerecht auch dessen programmierte Rezeption. Von der „Kunst der Auslegung" verlangt Nietzsche, bei jedem Zeichen die anderen mitzulesen, deren Nachbar und deren Substitut es ist. Anstelle hermeneutischer Wiederholungslektüre tritt schlicht und physiologisch ein „W i e d e r k ä u e n, zu dem man beinahe Kuh und jedenfalls n i c h t ‚moderner Mensch' sein muß"[63]. Alle Stilmittel Nietzsches materialisieren nur diesen Befehl – auch der Satz, der ihn erläßt. Seine typographischen Akzente sollen ja Leser zwingen, den Imperativ „nicht zu überfliegen, sondern, durch den Sperrsatz behindert, zu buchstabieren"[64]. Alphabetisierte Geläufigkeit wird

---

[59] NIETZSCHE, F 1868/1933-42: V 268.
[60] RUPP, 1976: 95.
[61] NIETZSCHE, 1889a/1967 ff.: VI 3, 149.
[62] NIETZSCHE, B 22. 2. 1884/1975 ff.: III 1, 479.
[63] NIETZSCHE, 1887/1967 ff.: VI 2, 268.
[64] SARKOWSKI, 1965: 18.

gedrosselt; eine Insistenz von Signifikanten nimmt das Paradigma Mensch/Tier (unter Umwertung aller konnotierten Werte) syntagmatisch auseinander. Als Kühe werden die geforderten Leser oder vielmehr Leserinnen Nietzsches wieder Analphabeten. „Wer den Leser kennt, thut nichts mehr für den Leser"; aber wo Nichtleser ausgerottet sind, muß Stil das mühsame Buchstabieren, den alteuropäischen Normalfall, eigens erzwingen.

Signifikantenlogik seit Nietzsche ist eine Technik der Verknappung und Vereinzelung. Nur ein Minimum in Umfang und Zahl der Zeichen kann das Maximum ihrer Energie freisetzen. An solche Kalküls reichten hermeneutische Stellenwerttheorien einfach nicht heran. Sie kannten nur organische Verhältnisse und zu ihrer Darstellung ein kontinuierliches, also psychologisches oder historisches Erzählen. Stellenwerte von Signifikanten dagegen sind mathematisch anzugeben; ihre Artikulation heißt Zählen.

Wörter zählen – das ist in romantischen Tagen bloß die lächerlich altmodische idée fixe eines Fixlein und seiner Bibelkabbala gewesen[65]; im Medienzeitalter wird es eine erste und elementare Notwendigkeit. Mallarmé leitet Wort und Sache Literatur vom Faktum der vierundzwanzig Lettern ab.[66] Rilke in einer Gedichtanfangszeile hebt „die Blicke vom Buch, von den nahen zählbaren Zeilen". Und was Nietzsche an Horaz rühmt, gilt auch vom „Telegrammstil" seiner eigenen Aphorismenbücher.[67] Aus schlicht ökonomischen Gründen fordern Telegramme jene Wortverknappung, die bei Nietzsche den physiologischen Grund vierzehn kurzsichtiger Dioptrien hat.

Überall also, wo der Einsiedler von Sils der allgemeinen Alphabetisierung in Vorzeiten zu fliehen scheint, bereitet er die Herrschaft des rätselhaften Buchstabens im Aufschreibesystem von 1900 vor. Topologie und Ökonomik von Signifikanten sind eine Sache eher von Ingenieuren als Renaissancephilologen. Man muß die *Soziologischen Voraussetzungen des literarischen Expressionismus in Deutschland* schon sehr landläufig verstehen, um in den Fällen Stramm und Hardekopf „die Berufe eines Postbeamten und eines Parlamentsstenographen in einer gewissen Unvereinbarkeit zu ihrer avantgardistischen literarischen Wirksamkeit" zu sehen.[68] In Wahrheit ist nichts vereinbarer und zwingender. August Stramms Gedichte, deren sechs bis acht Zeilen nur ein bis drei Wörter enthalten, sind Telegrammstil als Literatur. Und das nur darum, weil der Postinspektor nach gründlicher Post- und Tele-

---

[65] Vgl. J. P. RICHTER, 1795/1959–67: IV 81 f.
[66] Vgl. MALLARMÉ, 1893/1945: 850.
[67] NIETZSCHE, B 5. 11. 1879/1975 ff.: II 5, 461.
[68] KOHLSCHMIDT, 1970: 47.

graphenschulung schließlich an der Philosophischen Fakultät Halle mit *Historischen, kritischen und finanzpolitischen Untersuchungen über die Briefpostgebührensätze des Weltpostvereins und ihre Grundlagen* promoviert hat. Seitdem es einen Weltpostverein gibt, haben Signifikanten ihre standardisierten Preise, die aller Bedeutung spotten. Seitdem es Telegramm und Postkarte gibt, ist Stil nicht mehr Der Mensch, sondern eine Zeichenökonomie.⁶⁹ Was Horaz für den Altphilologen Nietzsche bedeutet, heißt bei Stramm das allgemeine ,,Prinzip der Wirtschaftlichkeit, bei möglichst geringem Aufwand möglichst große Werte zu schaffen''. Ein Prinzip freilich, das ,,Nachrichtenverkehr'' und mehr noch expressionistische Lyrik zur zweiten Potenz erheben: Ihre Kosten sind ,,Kosten, vermittels derer nicht unmittelbar Werte oder Werterhöhungen geschaffen werden, sondern die vielmehr dazu dienen, deren Schaffung zu ermöglichen''⁷⁰. Diskurse, gut nietzscheanisch, als Selbststeigerung von Herrschaftsgebilden, wie sie unter Bedingungen standardisierter und massenproduzierter Nachrichten ja auch immer nötiger wird. Nur das Minimax an Zeichenenergie entgeht dem Los unabzählbarer Datenmengen, wie im inneren Bürgerkrieg Nietzsches einander auszulöschen. Aus dem ,,empirischen Gesetz der Korrespondenzproduktion, nach dem ungefähr jede Briefpostsendung aus einem Lande nach einem zweiten eine gleichartige Sendung aus dem zweiten nach dem ersten Lande nach sich zieht''⁷¹, folgt schließlich nichts als Rauschen.

•

Blindheit und Schreibmaschine

Der Wanderer und sein Schatten heißt demgemäß das Buch, darin Nietzsche zum erstenmal Telegrammstil probt. So krank und kurzsichtig werden die Augen eines Konjekturalkritikers, daß jeder gelesene Buchstabe seinen Preis und Schmerz fordert. So müde wird der Basler Professor seines Berufs, daß die Augennacht einen Schatten gebiert, jenseits von Bildung und Universität.

> Die Krankheit gab mir (...) ein Recht zu einer vollkommenen Umkehr aller meiner Gewohnheiten: sie erlaubte, sie g e b o t mir Vergessen; sie beschenkte mich mit der N ö t h i g u n g zum Stillliegen, zum Müssiggang, zum Warten und Geduldigsein ... Aber das heisst ja denken! ... Meine Augen allein machten ein Ende mit aller Bücherwürmerei, auf deutsch: Philologie: ich war vom ,,Buch'' erlöst, ich las jahrelang Nichts mehr – die g r ö s s t e Wohlthat, die ich mir je erwiesen habe! – Jenes unterste Selbst, gleichsam verschüttet, gleichsam still geworden unter einem beständigen

---

⁶⁹ Zu Einzelheiten vgl. GEISTBECK, 1887: 43 f. und 155 f.; für literarische Folgen vgl. den scharfsichtigen O'BRIEN, 1904: 464–472.
⁷⁰ STRAMM, 1909: 26.
⁷¹ STRAMM, 1909: 62.

Hören-M ü s s e n auf andre Selbste (– und das heisst ja lesen!) erwachte langsam, schüchtern, zweifelhaft – aber endlich r e d e t e es wieder.[72]

Ein physiologischer Glücksfall macht Nietzsches zweites Experiment möglich. Halbblinde Augen erlösen das Schreiben davon, wie um 1800 produktives Fortschreiben von Gelesenem oder wie in der Gelehrtenrepublik Kommentar eines Bücherkrams zu sein. Auch wenn Nietzsche philologisches Buchstabieren der eigenen Schriften befiehlt, er selbst ist kein Gelehrter mehr, „der im Grunde nur noch Bücher ‚wälzt' – der Philologe mit mässigem Ansatz des Tags ungefähr 200"[73]. An eben die Stelle, wo Auge oder Einbildungskraft der anderen bedrucktes Papier sehen, tritt Nacht. Hegels Widerlegung der sinnlichen Gewißheit – an einem Leseblinden würde sie abprallen. Die absolute Gewißheit von Nacht und Schatten stellt auch das Bildungsmedium Buch den physiologischen Medien gleich, die an Wüste oder Rauschen oder augenblendender Finsternis alle ihren Grund und Gegenhalt haben. Anstelle der ungezählten Wörter, die schon geschrieben sind, anstelle auch der (erst von Nietzsche gezählten) zweihundert Philologenbücher pro Tag erscheint ein unbewußtes Selbst, das in seiner Lesebefehlsverweigerung so fremd und physiologisch ist wie die Stimme hinterm Stuhl. Was da endlich wieder redet, wird ja von keinem Wort erreicht. Effektiver noch als dereinst das Bücherverschlingen der Frauen schenkt halbe Blindheit Vergessen. Ein physiologisches Handicap ist positiviert.

Aber damit bewirkt der Glücksfall Krankheit nur, was Signifikanten überhaupt auszeichnet. Zeichen, um Zeichen zu sein, stehen notwendig vor einem Hintergrund, den kein Speicher speichern kann. Es ist im Fall von Lettern das leere weiße Papier und im anderen Fall, den Schrift nur spiegelverkehrt transponiert, der leere schwarze Himmel.

Écrire –
L'encrier, cristal comme une conscience, avec sa goutte, au fond, de ténèbres relative à ce que quelque chose soit: puis, écarte la lampe.
Tu remarquas, on n'écrit pas, lumineusement, sur champ obscur, l'alphabet des astres, seul, ainsi s'indique, ébauché ou interrompu; l'homme poursuit noir sur blanc.
Ce pli de sombre dentelle, qui retient l'infini, tissé par mille, chacun selon le fil ou prolongement ignoré son secret, assemble des entrelacs distants où dort un luxe à inventorier, stryge, nœud, feuillages et présenter.[74]

---

[72] Nietzsche. 1908/1967 ff.: VI 3, 324. Vgl. auch Nietzsche, 1908/1967 ff.: VI 3, 282.
[73] Nietzsche, 1908/1967 ff.: VI 3, 290.
[74] Mallarmé, 1895a/1945: 370.

Das Tintenfaß, in dessen Schwärze auch Nietzky sein schwarzes Herz ersäufen will; das Lampenwegstellen, das Halbblinde kaum mehr nötig haben; das dunkle Feld, vor dem Sterne Sterne und apollinische Visionen schmerzstillende Nachbilder sind – die Materialität von Signifikanten ruht einem Chaos auf, das sie differentiell definiert. Nietzsche kann seine Stile trotz/dank ihrer „Vielheit" „das Gegenstück des Chaos" nennen.[75] „Damit etwas sei" und d. h. aufgeschrieben sei, ist eine Relation zum dunklen Grund Vorbedingung. Und auch daß Menschenschriften dieses Figur-Grund-Verhältnis, dessen Sinnesphysiologie Wertheimer alsbald erforschen wird, in den Helligkeitswerten gerade umkehren, ändert an der Signifikantenlogik nichts. Als „Faltung dunkler Spitzengewebe", „die abständige Verschlingungen sammelt", sind Lettern von ihrem Zwischenraum bestimmt.

Die Logik von Chaos und Intervallen ist eine Technologie, die das Aufschreibesystem von 1900 auch implementiert: durch Erfindung der Schreibmaschine.

Zu eben der Zeit, da seine Augen ein Ende mit aller Bücherwürmerei machen, schreibt Nietzsche, er wisse gar nicht, wie er geschriebener Sachen (Lettern und Noten) habhaft werden könne; die Anschaffung einer Schreibmaschine ginge ihm im Kopf herum, er sei in Kontakt mit ihrem Erfinder, einem Dänen aus Kopenhagen.[76] Fünf Monate später bringt Paul Rée die 450-Reichsmark-Maschine nach Genua mit. Sie hat „leider auf der Reise schon Schaden gelitten. Ein Mechaniker stellt sie zwar innerhalb einer Woche wieder her, aber sie versagt ihren Dienst bald gänzlich."[77]

Nietzsche als Schreibmaschinist – ein abgebrochenes Experiment einiger Wochen und dennoch eine Zäsur in den Aufschreibesystemen. Kein anderer Philosoph wäre stolz darauf gewesen, mechanisiert im *Berliner Tageblatt* aufzutauchen.[78] Soweit die unge-

---

[75] NIETZSCHE, 1908/1967 ff.: VI 3, 292.
[76] NIETZSCHE, B 14. 8. 1881/1975 ff.: III 1, 113. Die Absicht datiert schon aufs „Erblindungsjahr" 1879 (vgl. B 14. 8. 1879/1975 ff.: II 5, 435). Zu Nietzsches Entscheidung für Malling Hansen und damit gegen Remington vgl. auch NIETZSCHE, B 5. 12. 1881/1975 ff.: III 1, 146: „Ich kenne die Hansen'-sche Maschine recht gut, Hr. Hansen hat mir zweimal geschrieben und Proben, Abbildungen und Urtheile Kopenhagener Professoren über dieselbe geschickt. Also d i e s e will ich (n i c h t die amerikanische, die zu schwer ist.)" Wer diese verschwundenen Briefe wiederfände ...
[77] JANZ, 1978–79: II 95.
[78] Vgl. NIETZSCHE, B 13. 3. 1882/1975 ff.: III 1, 180. Ein weiterer Invalide unter Deutschlands Schreibmaschinenpionieren, der vergessene Offizier und Feuilletonist Dagobert von Gerhardt unterläßt dagegen jede Erklärung darüber, daß er, von einer Kriegswunde am Arm physisch und psychisch ruiniert, zur Maschine übergelaufen ist (vgl. v. GERHARDT, 1893–98). Immerhin, man sieht: Hoffmanns am Schreiben genauso behinderter Rittmeister von 1813 wird durch eine weise Frau errettet, der Offizier von 1870/71 durch Technik.

schriebene Schreibmaschinenliteraturgeschichte rekonstruierbar ist, warfen in der Pionierzeit um 1880 nur Journalisten und Reporter, Mark Twains und Paul Lindaus, ihre Federn weg. Der stinkende Geist, wie er überfliegende Leser lenkt, tat auch den Griff zur Maschine, die ja im Unterschied zur Feder „im stande" ist, „erste Gedanken, die bekanntlich auch die besten sind, schnell genug zu Papier zu bringen"[79]. Nietzsches Kaufentschluß, noch bevor um 1890 lebhaftere Nachfrage in Europa einsetzt, hat sehr andere Gründe: seine halbe Blindheit. Und wirklich sind die ersten Schreibmaschinen (im Unterschied zur Remington von 1874) für Blinde und in den Fällen Foucauld sowie Pierre auch von Blinden konstruiert. Bei Nietzsches Dänen aus Kopenhagen handelt es sich um den Pastor und Taubstummenlehrer Malling Hansen, dessen Schreibkugel 1867 in Kleinserie auf den Markt kam. Zwar war auch die Skrivekugle „für den Gebrauch B l i n d e r bestimmt", ist aber dank verbesserter Mechanik und Arbeitsgeschwindigkeit „die erste praktisch wirklich brauchbare Schreibmaschine gewesen"[80].

Nietzsche, der ja schon als Schüler von Gedankenfixiermaschinen träumte, weiß jedenfalls besser Bescheid als sein Biograph Janz, der mit gespieltem Freimut und wohl aus Respekt vor schreibmaschinenpatentaufkaufenden Gewehrfabrikanten wie Remington dem Dänen (den er auch noch Hansun schreibt) Erfindungsgabe kurzerhand abspricht.[81] Nietzsches Griff dagegen, so halbblind wie sicher, wählt eine Maschine, deren kugelförmige Tastatur „ausschliesslich durch das Tastgefühl" bedient werden kann, weil „auf der Oberfläche einer Kugel jede Stelle schon durch ihre örtliche Lage vollkommen sicher bezeichnet ist"[82].

Räumlich bezeichnete und diskrete Zeichen – das ist über alle Temposteigerung hinaus die Innovation der Schreibmaschine. „An die Stelle des Wortbildes (bei Handschrift) tritt die Vorstellung einer durch die räumliche Lage der Buchstabentasten gebildeten geometrischen Figur."[83] Den Signifikanten definieren eben einzigartige Beziehungen zum Ort: Anders als alles Reale kann er an seinem Ort sein und auch nicht sein.[84] Weshalb denn sogleich nach Serienreife der Schreibmaschine „eine mächtige Bewegung zu

---

[79] BURGHAGEN, 1898: 22 f.
[80] BURGHAGEN, 1898: 119 f., vgl. auch SCHOLZ, 1923: 9. Aber noch an der Remington entdeckt ein Augenarzt als entscheidenden „Fortschritt, daß man mit geschlossenen Augen schreiben kann" (COHN, 1887: 371). Weshalb Sherlock Holmes für einmal irrt, wenn er kurzsichtige Schreibmaschinistinnen bestaunt (DOYLE, 1892/1930: 192).
[81] JANZ, 1978–79: II 95 und 81.
[82] BURGHAGEN, 1898: 120.
[83] HERBERTZ, 1909: 560.
[84] Vgl. LACAN, 1966/1973 ff.: I 22.

Gunsten der Einführung eines Universal Keyboard entstand, die auf dem Kongress der Maschinenschreiber zu Toronto (Amerika) im Jahre 1888 zu einer Einigung über eine Normal-Tastatur'' führte.[85]

```
QWERTYUIOP
ASDFGHJKL
ZXCVBNM
```

Toronto 1888 realisiert also (über Gutenberg hinaus) an einem Apparat und seinen diskreten Lettern, was Sils-Maria 1888 an Horaz und seinen Versen rühmt: daß Elemente einer Tastatur ,,nach rechts und links und über das Ganze hin'' strukturiert sind. Im Spiel zwischen Zeichen und Intervallen hört Schreiben auf, jener handschriftlich-kontinuierliche Übergang von Natur zu Kultur zu sein, dem es schon als buchstäblichem Individualitätsnachweis untersagt war, Wörter durch Zwischenräume zu unterbrechen. Schreiben unter Bedingungen der Schreibmaschine und ihres ruckweisen Papiertransports wird Selektion aus einem Vorrat, der abzählbar und verräumlicht ist. Das Gleichmaß der Einzelzeichen, für genetische Schreiblehrmethoden ein hehres Fernziel, entsteht von selbst (in den Fällen Malling Hansen und Remington

---

[85] BURGHAGEN, 1898: 49. Für Einzelheiten vgl. RICHARDS, 1964: 24.

HELSDNBRGILSTHCZMDBNJY
EDSLCHNGRDBGRDELSD
ELSDNM

V/1 20.   LEG ICH MICH AUS SO LEG ICH MICH HINEIN
SO MOEG EIN FREUD MEIN INTERPRETE SEIN.
UND WENN ER STEIG AUF SEINER EIGNEN BAHN
TRAEGT ER DES FREUNDES BILD MIT SICH HINA

EDNRG

NIETZSCHE NIETZSCHE

schon dadurch, daß sie nur Großbuchstaben haben). Mit derselben Automatik aber entsteht ein Gleichmaß auch der Abstände, die jeden Buchstaben von jedem anderen isolieren und als ‚blancs' Mallarmés typographische Poetik tragen.[86] Die Tastatur hat also schon geschrieben, bevor der Maschinenschriftsteller zum „Publikum seiner eigenen mechanischen Mutproben" wird.[87] Einzige Aufgabe beim Transponieren von Tastatur in Text bleiben die mathematischen Handgreiflichkeiten Permutation und Kombination.

> Si! avec ses vingt-quatre lettres, cette Littérature exactement dénommée les lettres, ainsi que par de multiples fusions en la figure de phrases puis le vers, système agencé comme spirituel zodiaque, implique sa doctrine propre, abstraite, ésotérique comme quelque théologie.[88]

Bei Maschinenschrift prägt Räumlichkeit die Beziehungen der Zeichen nicht nur untereinander, sondern auch zum leeren Grund. Typen schlagen auf Papier, um Prägungen oder in altmodischen Fällen gar Löcher zu hinterlassen. Nicht umsonst entstand die Schreibmaschine im weiten Reich physiologischer Handicaps: bei Malling Hansen für Taubstumme, in den meisten anderen Fällen aber durch oder für Blinde. Während Handschriften dem Auge, einem gewaltlosen Fernsinn unterstehen, praktiziert die Maschine eine blinde und taktile Gewalt. Diese Umnachtung ging vor der Einführung von Underwoods „Sichtschriftmaschine" (1898) so weit, daß sämtliche Modelle (sehr zum Nachteil ihrer Popularisierung) unsichtbare Zeilen schrieben, die nur mit Sondereinrichtungen und nachträglich sichtbar gemacht werden konnten.[89] Aber auch Underwoods Verbesserung änderte am grundsätzlichen Unterschied zwischen Hand- und Maschinenschrift wenig. Noch einmal Beyerlen mit seinem Ingenieurswissen:

> Das Auge muss beim Handschreiben fortwährend die Schriftstelle beobachten, und zwar gerade nur diese. Es muss die Entstehung jedes Schriftzeichens überwachen, muss abmessen, einweisen, kurz die Hand bei der Ausführung jedes Zuges leiten und lenken. Hierzu allein ist die Sichtbarkeit der Schrift und zwar gerade der jeweiligen Schriftzeile nötig. Die Schreibmaschine dagegen erzeugt

---

[86] Vgl. MALLARMÉ, 1897/1945: 455. „J'aimerais qu'on ne lût pas cette Note ou que parcourue, même on l'oubliât; elle apprend, au Lecteur habile, peu de chose outre sa pénétration: mais, peut troubler l'ingénu devant appliquer un regard aux premiers mots du Poëme pour que de suivants, disposés comme ils sont, l'amènent aux derniers, le tout sans nouveauté qu'un espacement de la lecture. Les ‚blancs' en effet, assument l'importance, frappent d'abord."
[87] McLUHAN, 1964/1968: 284.
[88] MALLARMÉ, 1893/1945: 850.
[89] Vgl. die Einzelheiten bei SCHOLZ, 1923: 12 f.

durch einen einzigen kurzen Fingerdruck auf eine Taste gleich den ganzen fertigen Buchstaben an der richtigen Stelle des Papiers, das von der Hand des Schreibers nicht nur nicht berührt, sondern von dieser entfernt, an einem ganz anderen Ort sich befindet, als da, wo die Hände arbeiten. Wozu soll denn nun der Schreiber aufs Papier sehen, wenn dort doch zuverlässig sicher und gut alles nur durch die Maschine mechanisch und selbsttätig geschieht, sofern nur die Taste der Klaviatur richtig bedient wird? Diejenige Stelle, die der Handschreiber, um richtig schreiben zu können, immerfort im Auge haben muss, wozu allein die Sichtbarkeit dient, die Stelle nämlich, an der gerade das jeweils zu schreibende Schriftzeichen e n t s t e h t, und derjenige Vorgang, dessentwegen der Handschreiber glaubt, auch beim Maschinenschreiben die Schrift sehen zu müssen, diese selbe Stelle und gerade dieser Vorgang sind bei den sogenannten sichtbar schreibenden Maschinen das einzige, was n i c h t gesehen werden kann. Der einzige vernünftige Zweck der Sichtbarkeit ist just bei den sichtbar schreibenden Maschinen nicht erfüllt. Die Stelle, die gesehen werden müsste, ist immer sichtbar, nur nicht in dem Augenblicke, wo man die Sichtbarkeit braucht oder brauchen zu müssen glaubt.[90]

Ausführungen von einer Klarheit sondergleichen. Auch Underwoods Neuerung trennt die Kopplung von Hand, Auge, Letter just für den Moment auf, der in der Goethezeit bestimmend war. So massiv fällt der Beweis aus, daß nicht jedes Aufschreibesystem eine ursprüngliche Zeichenproduktion kennt. Um 1900 laufen mehrere Blindheiten – des Schreibers, des Schreibens, der Schrift – zur Garantie einer elementaren Blindheit zusammen: des blinden Flecks Schreibakt. Anstelle der Spiele zwischen zeichensetzendem Menschen und Schreibfläche, Philosophengriffel und Naturtafel tritt das Spiel zwischen der Type und ihrem Anderen, ganz abgelöst von Subjekten. Sein Name ist Einschreibung.

Statt auf seiner kaputten Schreibmaschine schreibt Nietzsche fortan über die Schreibmaschinen, die gewisse sehr vergeßliche „Sklaven des Affekts und der Begierde" zu sogenannten Menschen gemacht haben. Aus Technik wird Wissenschaft, eine Wissenschaft aber von Techniken. „Unser Schreibzeug arbeitet mit an unseren Gedanken", hieß es in einem Maschinenbrief Nietzsches.[91] Fünf Jahre später versammelt die *Genealogie der Moral* ein ganzes Arsenal von Martern, Opfern, Verstümmelungen, Pfändern und Bräuchen, denen Leute, sehr taktil, ihre Gedächtnisse verdanken.

---

[90] Zit. HERBERTZ, 1909: 559. Vgl. auch MÜNSTERBERG, 1914: 386.
[91] NIETZSCHE, B Februar 1882/1975 ff.: III 1, 172. (Wie um Lacan zu beweisen, hat auch der Briefempfänger Köselitz an diesem Gedanken mitgearbeitet.)

Vielleicht ist nichts furchtbarer und unheimlicher an der ganzen Vorgeschichte des Menschen, als seine Mnemotechnik. „Man brennt Etwas ein, damit es im Gedächtniss bleibt: nur was nicht aufhört, w e h z u t h u n, bleibt im Gedächtniss."[92] Diese Schrift aus Feuer und Schmerz, Malen und Wunden ist das ganze Gegenteil des fleischgewordenen Alphabetismus. Sie gehorcht keiner Stimme und verbietet darum auch den Sprung zu Signifikaten. Sie macht den Übergang von Natur zur Kultur nicht als Kontinuum, sondern im Choc von Ereignissen. Sie zielt so wenig auf Lesen und Verzehr, wie der zugefügte Schmerz nicht aufhört, nicht aufzuhören. Der Signifikant, aufgrund seiner einzigartigen Beziehung zum Ort, wird Einschreibung am Körper. Verstehen und Auslegen scheitern an einer unbewußten Schrift, deren Entzifferung die Beschrifteten nicht leisten, sondern sind. Denn die mnemotechnische Einschreibung bleibt (ganz wie die maschinelle) im entscheidenden Moment unsichtbar. Ihre blindlings überfallenen Opfer sind „beinahe dazu genöthigt, Götter zu erfinden und Zwischenwesen aller Höhe und Tiefe, kurz Etwas, das auch im Verborgnen schweift, das auch im Dunklen sieht und das sich nicht leicht ein interessantes schmerzhaftes Schauspiel entgehen lässt"[93].

•

Der Diktator Nietzsche und seine Sekretärinnen

Es ist Nietzsches drittes Experiment, an den Platz eines solchen Gottes zu treten. Wenn Gott tot ist, steht der Erfindung von Göttern ja nichts im Weg. Dionysos (wie ein paar Jahre später Dracula) ist ein Schreibmaschinenmythos. Die Mnemotechnik Einschreibung schafft Körpern so viele Schmerzen, daß ihre Klage, als Dionysos-Dithyrambus im buchstäblichsten Sinn, einen Gott Dionysos erfinden muß und kann. Nichts fehlt dem von der *Genealogie* beschriebenen „Schauspiel zur *Klage der Ariadne*"[94]. Gefoltert und gemartert von einem Unsichtbaren, der die nackte Gewalt von Einschreibung figuriert, rätselt Nietzsches Ariadne über das Begehren dieses Anderen. So ergeht eine Rede ungehört, ja unerhört im klassischen-romantischen Aufschreibesystem. Erst muß mit und von Schreibmaschinen geschrieben werden, erst muß der Schreibakt blinde Inzidenz aus und auf einem ungestalten Grund sein, damit es auch die Möglichkeit einer Rede gibt, die auf die unhinterfragbare Bedingung von Reden geht. Ariadne spricht als das durch Folter zur Sprache gebrachte Wesen, als ein Tier, dem

---

[92] NIETZSCHE, 1887/1967 ff.: VI 2, 311.
[93] NIETZSCHE, 1887/1967 ff.: VI 2, 320.
[94] REINHARDT, 1935/1948: 477.

Mnemotechniken das Vergessen ausgetrieben haben; sie spricht über und an den Schrecken, den alle Medien voraussetzen und verschleiern. So wird sie „die verhängnissvolle Neubegier, die durch eine Spalte einmal aus dem Bewusstseinszimmer heraus und hinab zu sehen vermöchte und die jetzt ahnte, dass auf dem Erbarmungslosen, dem Gierigen, dem Unersättlichen, dem Mörderischen der Mensch beruht".
Aber das Begehren dieses Anderen, weil Sprache selber seine Transposition ist, bleibt ungesprochen. Ariadne sagt es.

> Stich weiter!
> Grausamster Stachel!
> Kein Hund – dein Wild nur bin ich,
> grausamster Jäger!
> deine stolzeste Gefangne,
> du Räuber hinter Wolken ...
> Sprich endlich!
> Du Blitz-Verhüllter! Unbekannter! sprich!
> Was willst du, Wegelagerer, von mir? ...[95]

Dionysos, im Ungestalten verhüllt, sticht, aber spricht nicht. Sein Schreiben ist blindes Einschreiben[96], sein Stil die Folter und nur sie. Darum erfährt Ariadne im Unterschied zu allen Frauen, die ins Aufschreibesystem von 1800 geraten sind, von keiner Autorschaft und keiner Liebe. Sie bleibt auf Monologe beschränkt, die jene Einschreibung ebensogut Liebe wie Haß nennen können.

> Was willst du dir erhorchen?
> was willst du dir erfoltern,
> du Folterer
> du – Henker-Gott!
> Oder soll ich, dem Hunde gleich,
> vor dir mich wälzen?
> Hingebend, begeistert ausser mir
> dir Liebe – zuwedeln?

Es ist schon so, wie Nietzsche schreibt: „Wer weiss ausser mir, was A r i a d n e ist! ... Von allen solchen Räthseln hatte Niemand bisher die Lösung, ich zweifle, dass je Jemand hier auch nur Räthsel sah."[97] Als Friedrich Schlegel seiner Geliebten *Über die Philosophie* schrieb, gab es weder Rätsel noch Lösung. Der Mann genoß seine Menschenbestimmung Autorschaft, die Frau blieb stumme Leserin seiner Liebe und des Bekenntnisses, daß nicht er

---

[95] NIETZSCHE, 1891/1967 ff.: VI 3, 396–399.
[96] Vgl. BURGHAGEN, 1898: 26. „Bei einiger Übung kann man sogar im Dunkeln auf der Maschine arbeiten, denn Blinde lernen bekanntlich sehr leicht auf derselben schreiben, was ganz natürlich ist, da die Maschine ursprünglich für Blinde gebaut wurde."
[97] NIETZSCHE, 1908/1967 ff.: VI 3, 346.

sie, sondern sie ihn in die Philosophie eingeweiht habe. Mit der „Neuigkeit", wonach es weitab von Dozenten und Professoren einen „Philosophen Dionysos" gibt[98], kippen alle Regeln des universitären Diskurses. Zwischen Ariadne und „ihrem philosophischen Liebhaber" kommt es zu „berühmten Zwiegesprächen auf Naxos"[99], wo zunächst und zumeist eine Frau spricht und an der Taubstummheit ihres Henker-Gottes zu lernen hat, daß „Liebe in ihren Mitteln der Krieg, in ihrem Grunde der Todhass der Geschlechter" ist.[100] Die Enthüllung, „w i e f r e m d sich Mann und Weib sind"[101], räumt auf mit der Möglichkeit, die zwei Geschlechter polar oder komplementär auf ein Aufschreibesystem zu verteilen. Fortan gibt es keine diskursive Stellvertretung des einen durchs andere mehr, wie Schlegel sie vorausgesetzt und praktiziert hat. Weil Krieg ist, spricht Dionysos nicht für Ariadne und erst recht nicht Ariadne für Dionysos. Das Aufschreibesystem von 1900 kodifiziert, daß „keine Klasse eine andere vertreten kann" und „daß es noch viel weniger möglich ist, daß ein Geschlecht das andere vertritt"[102]. Also entsteht „eine eigene Sprache": „die Sprache des Weibes"[103].

Der Sprache des Weibes, Ariadnes Klage, folgt unvermittelt die andere. Nach der Regieanweisung „Ein Blitz. Dionysos wird in smaragdener Schönheit sichtbar" spricht der Gott. Und materialisiert damit die Logik von Medien. In seiner Blitzverhüllung gibt Dionysos den Augen Ariadnes jenen umgekehrten Nachbildeffekt, der erblickte Finsternisse zum Schutz der Netzhaut in Licht verkehrt. Wo poetische Halluzinationen sanft über die Ansprechschwellen der Sinne glitten, sendet der Blitz ein finsteres und überfallendes Licht, das die Rede nur noch in ihr anderes Medium transponiert.

    Sei klug, Ariadne! ...
    Du hast kleine Ohren, du hast meine Ohren:
    steck ein kluges Wort hinein! –
    Muss man sich nicht erst hassen, wenn man sich lieben soll? ...
    I c h   b i n   d e i n   L a b y r i n t h ...

Was der Gott mit seinen Worten gibt, ist nicht Antwort oder Erhörung, sondern Potenzierung des Rätsels. Statt die Zweideutigkeit von Licht und Finsternis, Liebe und Haß zu lösen, unterstreicht er sie – dionysisches Ja ... Sein kluges Wort nennt nichts anderes

---

[98] NIETZSCHE, 1886/1967 ff.: VI 2, 248.
[99] NIETZSCHE, 1889a/1967 ff.: VI 3, 117 f.
[100] NIETZSCHE, 1908/1967 ff.: VI 3, 304.
[101] NIETZSCHE, 1886/1967 ff.: VI 2, 233.
[102] H. LANGE, 1912/1928: II 101.
[103] H. LANGE, 1900/1928: I 252.

als den dunklen Grund hinter allen Wörtern, wie er selber ihn inkarniert. Wenn Ariadnes Klage ein Blick aus dem Bewußtseinszimmer zum Abgrund gewesen ist, so überschreitet Dionysos noch diese Überschreitung. Mit dem Satz „ich bin dein Labyrinth" spricht der Abgrund von Sprache es aus, daß er Abgrund ist. Unerhört bleibt Ariadnes Klage, „die Ohren des Gottes werden immer kleiner und labyrinthischer, und kein Wort des Leidens findet den Weg"[104]. Statt dessen geschieht etwas anderes. Wenn Ariadne, die ja im Unterschied zu den vielen Eseln und Eselinnen auch kleine Ohren hat, das kluge Wort hineinsteckt, findet anstelle von Elegie, Monolog und Epiphanie sehr plötzlich und technisch ein Diktat statt. Der Philosoph Dionysos, anders als seine universitär gezähmten Vorgänger, führt den Diskurs eines Herrn oder Despoten. Diktate aber (im Doppelsinn des Wortes) sollen nicht verstanden und nicht einmal gelesen werden, sie gelten buchstäblich.[105] „Steck ein kluges Wort hinein!" Mit Wörtern über Foltern, Stiche, Einschreibungen hat die *Klage der Ariadne* begonnen; am Ende steht ein Wort, das Stich ist.

Nietzsche, stolz auf seine kleinen Ohren wie Mallarmé auf seine faunischen, schreibt also das Programm seines Programms. Die Schreibmaschine, statt als *Genealogie der Moral* nur gedacht zu werden, im Dithyrambus schreitet sie zur Tat. Lyrische Rhythmik hat ja überhaupt den „Nutzen", Reden „besser im Gedächtniss einzuprägen". (Menschen sind so vergeßlich und Götter so schwerhörig.)[106] Also inszeniert Nietzsche, statt mit klassisch-romantischen Lyrismen den Frauen zweizüngige Liebe zu schwören, eine Folterszene. „„Man brennt Etwas ein, damit es im Gedächtniss bleibt: nur was nicht aufhört, w e h z u t h u n, bleibt im Gedächtniss."" Und dies fixierte Etwas ist kein Signifikat und keine idée fixe; es ist ein diktiertes Wort. Nietzsche als Lyriker oder Wie man mit dem Hammer dichtet ...

Das Ende aller Frauenklagen basiert auf dem historischen Ereignis, daß Schrift, statt weiter Übersetzung aus einem Muttermund zu sein, zum irreduziblen Medium unter Medien, zur Schreibmaschine geworden ist. Diese Desexualisierung erlaubt es, Frauen zum Schreiben zuzulassen. Buchstäblich und übertragen gilt vom Aufschreibesystem 1900 der Satz, daß „die Schreibmaschine dem weiblichen Geschlecht den Einzug in die Schreibstuben geöffnet hat"[107]. Nietzsches Ariadne ist kein Mythos.

---

[104] SCHREIBER, 1980: 229.
[105] Vgl. dazu NIETZSCHE, 1883–85/1967 ff.: VI 1, 44.
[106] NIETZSCHE, 1882–87/1967 ff.: V 2, 116. Vgl. auch DU PREL, 1880: 67.
[107] SCHOLZ, 1923: 15, vgl. auch RICHARDS, 1964: 1, und BURGHAGEN, 1898: 27. „Dem weiblichen Geschlecht hat die Schreibmaschine den Eintritt in die Kontore der grossen Geschäftshäuser eröffnet. Tausende junger Da-

Eine
Philosophie
für
Frauen-
ohren

Anstelle seiner kaputten Malling Hansen, die ein Genueser Dauerregen in den Abgrund allen Schreibens zurückgeholt hat[108], nimmt der Halbblinde immer wieder einmal Sekretärinnen. Unmittelbar nach Scheitern der Schreibkugel kommt Lou von Salomé als geplanter, aber grandios gescheiterter Ersatz ins Spiel. Woraufhin Nietzsche Bescheidenheit lernt und für *Jenseits von Gut und Böse* eine Frau Röder-Wiederhold engagiert. Sie kann jedoch – wie zum empirischen Beweis dieses Titels und jener Dithyramben – den antidemokratisch-antichristlichen Herrndiskurs, der ihr da ins Ohr gesteckt wird, so schwer ertragen, daß sie „öfters weint", als ihrem Diktator „lieb" ist.[109] Klage der Ariadne ...

Frauen um 1900 sind nicht mehr nur Die Frau, die Männer reden macht, ohne selber zu schreiben, und auch nicht mehr nur Konsumentinnen, die bestenfalls Lesefrüchte aufschreiben. Eine neuerliche Klugheit erteilt ihnen das Wort, und sei's zum Diktat von Herrndiskursen.[110] Der Einsiedler von Sils, wenn er unter Menschen geht, geht immer wieder unter Emanzipierte und d. h. Schreiberinnen. Und die ihrerseits reisen ab 1885 „nur deswegen" ins Engadin, „um den Prof. Nietzsche, der ihnen doch als der gefährlichste Frauenfeind erschien, näher kennen zu lernen"[111]. So sieht ausgerechnet das stille Bergtal die Zukunft unserer Bildungsanstalten. Während nämlich Preußens Beamtenuniversität noch (bis 1908) an ihrer grundlegenden Ausschließung festhält, läßt die Schweiz längst Frauen zum Studium zu.[112] Die neugegründete Universität Zürich steht seit 1867 nicht mehr nur ge-

---

men haben sich bereits mit Erfolg dieser Beschäftigung zugewandt. Wo früher der Korrespondent einen hochsalarierten Vertrauensposten bildete, verrichtet heute ein junges Mädchen seine Arbeit billiger, schneller und besser. Das Maschinenschreiben ist nicht schwerer und erfordert keine grössere Geschicklichkeit als das Klavierspiel. Die Fingerfertigkeit, welche sich die jungen Damen beim Klavierspiel erworben haben, kommt ihnen beim Arbeiten auf der Schreibmaschine sehr zu statten. Überhaupt scheinen die weiblichen Finger an sich schon viel geeigneter für diese Beschäftigung zu sein, wie die ihrer männlichen Kollegen. (...) Sie besitzen eine so erstaunliche Virtuosität im Arbeiten auf der Maschine, dass sie einen Brief in weniger Zeit schreiben, als man ihn vorzulesen im stande wäre."

[108] Vgl. NIETZSCHE, B 27. 3. 1882/1975 ff.: III 1, 188: „Das verfluchte S c h r e i b e n! Aber die Schreibmaschine ist seit meiner letzten Karte u n b r a u c h b a r; das Wetter ist nämlich trüb und wolkig, also feucht: da ist jedesmal der Farbenstreifen auch f e u c h t und k l e b r i g, so daß jeder Buchstabe hängen bleibt, und die Schrift g a r n i c h t zu sehn ist. Überhaupt!!"
[109] NIETZSCHE, B 23. 7. 1885/1975 ff.: III 3, 70.
[110] Zu dieser Paradoxie vgl. MCLUHAN, 1964/1968: 282 f. „G. K. Chesterton äußerte Bedenken gegen diese neue Unabhängigkeit, die eine Selbsttäuschung sei, und bemerkte, daß ‚Frauen es ablehnten, daß man ihnen diktiere, und hingingen und Stenotypistinnen geworden seien.'"
[111] FÖRSTER-NIETZSCHE, 1935: 138.
[112] Für eine Übersicht siehe BRAUN, 1901: 139.

scheiterten bürgerlichen Revolutionären offen, sondern auch regulär eingeschriebenen Studentinnen. Lou von Salomé ist nur die berühmteste unter ihnen; im Umkreis Nietzsches tauchen neben ihr und diversen Studentinnen mindestens drei weibliche Dr. phil. auf: Meta von Salis, Resa von Schirnhofer (der Nietzsche vergebens das Dissertationsthema Nietzsche empfiehlt[113]) und als eine der ersten Frauen überhaupt, die nach der großen historischen Zäsur wieder promoviert haben, Helene Druskowitz. Dieser Kontext von Nietzsches Schreiben ist aber so unanalysiert[114] wie bestimmend. Bei schreibenden Maschinen wie bei schreibenden Frauen – der Mann der vielen gescheiterten Experimente nutzt diskursive Innovationen immer als erster.

Von Salomé stammt der Text, den Nietzsche zunächst komponiert und dann auch noch in Ariadnes Klage überführt. Man braucht im *Hymnus auf das Leben* nur ,,Rätsel'' oder ,,Rätselleben'' völlig korrekt gegen ,,Dionysos'' auszutauschen, und der Frauenvers ,,Hast du kein Glück mehr übrig mir zu geben, wohlan! noch hast du eine Pein!'' geht über in Nietzsche-Ariadnes ,,Nein! Komm zurück! M i t allen deinen Martern!'' So nahe bleibt der Dithyrambus dem, was Frauenrechtlerinnen Sprache des Weibes nennen. (Um über Nietzsches sonstige Beziehung zu Salomé zu schweigen.) Von Helene Druskowitz aber berichtet ein Brief aus Zürich, ihrer Studienstadt:

> Nachmittags machte ich einen langen Spaziergang mit meiner neuen Freundin Helene Druscowicz, welche einige Häuser weit von der Pension Neptun mit ihrer Mutter wohnt: sie hat sich von allen mir bekannt gewordenen Frauenzimmern bei weitem am ernstesten mit meinen Büchern abgegeben, und nicht umsonst. Sieh einmal zu, wie Dir ihre letzten Schriften gefallen (,,drei englische Dichterinnen'', darunter die Elliot, welche sie sehr verehrt) und ein Buch über Shelley. (...) Ich meine, es ist ein edles und rechtschaffnes Geschöpf, welches meiner ,,Philosophie'' keinen Schaden thut.[115]

Einer Frau (Nietzsches Schwester) wird also geschrieben, daß Frauen schreiben – vorzüglich über andere Frauen, die ohne Spott Dichterinnen heißen. Sie liest ferner, daß schreibende Frauen die ernstesten Nietzscheleser sind, ohne Zweifel an ihrer Selbständigkeit. Vom verheerenden Effekt weiblicher Lesesucht ist keine Rede

---

[113] Vgl. NIETZSCHE, B April 1884/1975 ff.: III 1, 502. ,,Was Themata zu schönen Dissertationen betrifft, so ist meine ,Morgenröthe' eine gute Fundgrube. Bitte, lesen Sie d i e und ebenso ,die fröhliche Wissenschaft', – beide Bücher sind überdies Einleitungen und Commentare zu meinem Zarathustra.''
[114] Einer Monographie über *Nietzsche und die Frauen* fällt lediglich ,,das Groteske dieser Tatsache'' als ,,nicht mehr besonders hervorzuheben'' auf (BRANN, 1978: 170 f.).
[115] NIETZSCHE, B 22. 10. 1884/1975 ff.: III 1, 548.

mehr. So genau nimmt Nietzsche die negative Lektion Schulpfortas, wo Schüler ja alles kennenlernen durften außer Frauen. Seine „Philosophie", eben darum in Anführungszeichen gesetzt, kehrt den universitären Diskurs um. Aus der Ausschließung des anderen Geschlechts wird um 1900 eine Einschließung. „Ich bin dein Labyrinth", sagt Dionysos zu einer, die im kretischen Kulttanz sehr umgekehrt selber Labyrinthherrin war. Und nicht nur, weil Nietzsche die Interpretationsregeln von 1800 sprengt, wäre es müßig, jene Ariadne einmal mehr als Cosima Wagner zu lesen. Das Rätsel am Ursprung aller Diskurse hat ausgespielt; fortan zählen „Frauenzimmer", sofern sie nur Nietzsche „bekannt" und mit Nietzsches Schriften vertraut sind.

Frauenzimmer sind weder Eine noch alle, sondern, wie Signifikanten auch, eine gezählte Vielheit, mit Leporello also mill'e tre. Demgemäß wird ihre Beziehung zu Nietzsches „Philosophie" durch Selektion geregelt. Nicht erst Georges Männerbund, der ja Bücher und Buchverteilung schlechthin verknappen wird, macht mit klassischer Textproliferation Schluß. Schon *Zarathustra* ist erstens, in gerader Umkehrung der Wirkungspoetik von 1800, *ein Buch für Alle und Keinen*. Zweitens schließt *Zarathustra* mit einem geheimen vierten Teil, der sehr planvoll als Privatdruck erscheint. Drittens versendet Nietzsche diese Privatdrucke mit der ganzen Schläue eines Dionysos, der seine Schläue nur ausgesuchten Frauen zusteckt. Ein Exemplar geht an Helene Druskowitz, die aber „die Zusendung als Leihgabe versteht und das Buch sehr bald an die Adresse von Köselitz zurückgibt, worüber Nietzsche und Köselitz sehr froh sind, denn Nietzsche bezeichnete hinterher – in richtiger Erkenntnis – diese Vertrauensgabe als ‚Dummheit' "[116].

Ob Erkenntnis einer Dummheit oder Dummheit einer Erkenntnis, jedenfalls kommt eine Buchdistribution auf, die keine ist. Öffentlichkeit schrumpft zu Privatdrucken und Privatadressen, Bücherversand zu Leihgaben, auch und gerade mißverstandenen. Im Geschlechterkrieg ist jedes Mittel recht, um Frauen mit kleinen Ohren aus einer offenen Menge zu selektieren. Einmal und nur einmal zählt die Druskowitz zu den happy few, die ohne Schaden für Nietzsche Nietzsche lesen. Einmal heißt sie „meine neue Freundin", ein andermal „die kleine Literatur-Gans Druscowicz" und „Alles Andere als meine ‚Schülerin'..."[117]. So rühmt auch Dionysos an Ariadne einmal die kleinen Ohren; ein andermal fragt er, warum sie nicht noch größere habe.[118] Es sind instabile, von Physiologie und Zufall diktierte Verhältnisse, die um 1900 schreibende

---

[116] Janz, 1978–79: II 398.
[117] Nietzsche, B 17. 9. 1887/1975 ff.: III 5, 159.
[118] Vgl. Nietzsche, 1889a/1967 ff.: VI 3, 118.

Männer und nicht minder schreibende Frauen konfrontieren. Der Philosoph, zu provokanten Thesen über das Weib als Wahrheit u n d Unwahrheit übergegangen, schlägt ausgerechnet Frauen (wie um seinem berühmten Traum von Zarathustralehrstühlen[119] schleunigst näher zu kommen) Doktorarbeiten über diese Thesen vor. Aber wenn Philosophinnen dann – wie in den Büchern, die die Druskowitz ihrer Dissertation folgen läßt – über und gegen *Zarathustra* schreiben, muß sein Absender das Langohr einmal an ihm selber suchen. Seitdem Frauen Bücher machen, verbürgt nichts mehr, daß ihre Qual und Lust im Empfangen kluger Wörter aufgeht. Die Druskowitz, während Nietzsche schon im Irrenhaus sitzt, steigt auf ihren Buchtiteln zur „Doktorin der Weltweisheit" und (wie um F W v Nietzky zu parodieren) in den Adelsstand auf. Damit nicht genug, verschwindet auch sie, knapp zwei Jahre nach Nietzsche, in einer Landesirrenanstalt. Einzig daß Niederösterreichs Psychiater die Druskowitz – und zwar ebenfalls nur noch „für freieste Geister" – weiter publizieren lassen, unterscheidet Männer und Frauen um 1900. So ergeht doch noch eine Antwort an Dionysos und Zarathustra, die ja Frauen mit Kriegserklärungen, Peitschen und Foltern kommen. Das letzte nachgewiesene Buch von Helene Druskowitz, vermutlich ebenfalls mit Schreibmaschine verfaßt[120], kennt Nietzsche nur mehr als „albernen Schweizer Philologen"[121], den „Mann" überhaupt aber „als logische und zeitliche Unmöglichkeit und als Fluch der Welt":

> Die in der gesamten organischen Welt von seiten des männlichen Geschlechts behauptete Superiorität der sexuellen Form ist bei dem Mann in doppelter Beziehung: 1. in Hinsicht auf den schönen Teil der Tierwelt, 2. auf seine weibliche Gefährtin total abhanden gekommen. Eher würden Ziege und Äffin als seine natürlichen Genossinnen genannt zu werden verdienen. Denn er ist grausig beschaffen und trägt sein schlumpumpenartiges Geschlechtszeichen wie ein Verbrecher voran.[122]

Womöglich ist die Feministin also doch, trotz Nietzsches Dementi, eine wahre Schülerin. Auch ihr Weg, von einer Dissertation ausgerechnet über Byrons *Don Juan* bis zu *Pessimistischen Kardinalsätzen* über Männer als solche, wertet Werte schlechthin um. „Muß man sich nicht erst hassen, wenn man sich lieben soll?" Wo die Geschlechterpolarität von 1800 Mütter, Schreiber, Leserinnen in Einer Liebe vereinte, treten ebenso gleich wie feindlich zwei Abschreckungstaktiken auf den Plan. Sprache des Mannes

---

[119] Vgl. NIETZSCHE, 1908/1967 ff.: VI 3, 296.
[120] Vgl. DRUSKOWITZ, B 9. 7. 1907, in HENSCH, 1988: 92.
[121] DRUSKOWITZ, ca. 1900: 33. (Manchmal erschweren Biographien die Bibliographien.)
[122] DRUSKOWITZ, ca. 1900: 18 f.

und Sprache des Weibes dementieren einander mit dem Vorwurf, alle Äußerungen des anderen seien jeweils von der seinen bedingt. Dissuasion schließt das Hinterfragen, diese Wortprägung Nietzsches ein. Die Druskowitz liest in seiner Philosophie nur eine vom Neuhumanismus befohlene, verstaubte Griechenliebe; Nietzsche, vielleicht gerade weil er ihnen seine Philosophie als Dissertationsthema empfiehlt, liest in den Büchern von Frauen nur einen gymnasienbefohlenen, stinkenden Alphabetismus.

> Um Alles in der Welt nicht noch unsere Gymnasialbildung auf die Mädchen übertragen! Sie, die häufig aus geistreichen, wissbegierigen, feurigen Jungen – Abbilder ihrer Lehrer macht![123]

Hinterfragungen sind prekär. Kaum hat man gewisse Diskurse anderer auf den Diskurs des Anderen zurückgeführt, kommt die Rede auf Jungen, die Abbilder ihrer Lehrer und d. h. Diskurs des Anderen gerade darin sind, daß sie auch den schreibenden Musterschüler Schulpfortas abbilden. Also muß die abschreckungstaktische Eskalation zwischen den zwei Geschlechtern in dithyrambischem Selbstspott enden.

> Ha! Herauf, Würde!
> Tugend-Würde! Europäer-Würde!
> Blase, blase wieder,
> Blasebalg der Tugend!
> Ha!
> Noch Ein Mal brüllen,
> Moralisch brüllen,
> Als moralischer Löwe
> Vor den Töchtern der Wüste brüllen!
> – Denn Tugend-Geheul,
> Ihr allerliebsten Mädchen,
> Ist mehr als Alles
> Europäer-Inbrunst, Europäer-Heisshunger!
> Und da stehe ich schon,
> Als Europäer,
> Ich kann nicht anders, Gott helfe mir!
> Amen![124]

Das riskanteste und darum Papier gebliebene Experiment. Einer prostituiert vor Töchtern der Wüste einen Diskurs, der ja nur als Diskurs des Anderen sprachlose Tiere beherrschen und sprechen machen kann. Was Schulpforta seinem Musterschüler und Abbild vorenthielt, in der Wüste wird es Ereignis: Frauen tauchen auf, sehr anders als Gymnasiasten, aber auch als emanzipierte Gymnasiastenkopien. Sie sprechen nicht, sie schreiben nicht; von Dudu

---

[123] NIETZSCHE, 1878–80/1967 ff.: IV 2, 279.
[124] NIETZSCHE, 1883–85/1967 ff.: II 540–544.

und Suleika, diesen „stummen, ahnungsvollen Mädchen-Katzen"
wird ein moralischer Brüllaffe, obwohl und weil er s i c h das Labyrinth der Frauen nennt, sehr umgekehrt „u m s p h i n x t". Das
Rätsel der Geschlechterdifferenz, jener Phallos, den Nietzsche zum
dionysischen Folterwerkzeug verklärt und „Erna (Dr. Helene von
Druskowitz)" zum schlumpumpenartigen Schandmal ausruft, in
der Wüste lädt es nur mehr zum Spielen ein.

> Diese schönste Luft trinkend,
> Mit Nüstern geschwellt gleich Bechern,
> Ohne Zukunft, ohne Erinnerungen,
> So sitze ich hier, ihr
> Allerliebsten Freundinnen,
> Und sehe der Palme zu,
> Wie sie, einer Tänzerin gleich
> Sich biegt und schmiegt und in der Hüfte wiegt
> – man thut es mit, sieht man lange zu!
> Einer Tänzerin gleich, die, wie mir scheinen will,
> Zu lange schon, gefährlich lange
> Immer, immer nur auf Einem Beine stand?
> – Da vergass sie darob, wie mir scheinen will,
> Das andre Bein?
> Vergebens wenigstens
> Suchte ich das vermisste
> Zwillings-Kleinod
> – nämlich das andre Bein –
> In der heiligen Nähe
> Ihres allerliebsten, allerzierlichsten
> Fächer- und Flatter- und Flitterröckchens.

Der Phallos vermißt oder vergessen oder dort, wo er nicht ist: an
Frauen. Die Palme, statt unter nordischen Kulturbedingungen alsogleich Papierblatt zu werden, tanzt seine Erektion. Und selbst der
Brüllaffe, statt wie Anselmus von Frauen wie Palmen nur Lesen
und Schreiben zu lernen, verfällt dem rhythmischen Imperativ.[125]
So kommt doch noch jene Musik auf, die Nietzsche von Wagner,
Bizet, Köselitz und/oder Gast vergebens erhofft hat: eine Musik
vor den braunen Sonnen-Untergängen der Wüste. Frauen, die Wüstentöchter sind und d. h. im Singular gar nicht existieren, stellen Schreiben vor den unermessenen Grund, ohne den Zeichen und
Medien nicht wären. Der Despotentraum, Wörter so schlechthin
wie unaufhörliche Schmerzen zu fixieren, prallt ab vor einer Leere, die sie auf kleine lustige Zufälle reduziert. (Das Wort „umsphinxt" verspottet der Brüllaffe selber als Sprachsünde.) Un coup
de dés jamais n'abolira le hasard.

---

[125] Vgl. NIETZSCHE, 1889b/1967 ff.: VI 3, 416. „Mein Fuss (...) verlangt von
der Musik vorerst die Entzückungen, welche in gutem Gehn, Schreiten,
Tanzen liegen."

Die Wüste des Zufalls ist „ohne Zukunft, ohne Erinnerungen". Mögen fixe Ideen immer wieder einmal Europäerinbrunst sein, um 1900 befällt und begründet den Schreibakt ein anderes, das entgegengesetzte Symptom: die Gedankenflucht. Löwe oder Brüllaffe geworden, darf endlich auch der Philosoph teilhaben am Vorrecht der Tiere – einer aktiven Vergeßlichkeit, die nicht bloß dies und das, sondern Vergessen selber vergißt.[126] Mnemotechnik, schon weil sie Technik und nicht wie Erinnerung eingeborenes Vermögen heißt, gibt es ja nur als Gegenhalt zur unaufhörlichen und gedankenflüchtigen Unschuld des Redens.

*

Der dithyrambische Gedankenfluchtwunsch fort aus Europa in die Wüste, um unter ihren Töchtern den Kopf zu verlieren, bleibt nicht ohne Erfüllung. In einer anderen Wüste, der Irren-Heil- und Pflege-Anstalt Jena beweist es der Exprofessor auch vor Zuständigen. Krankengeschichtsschreibenden Psychiatern „fällt" bei Nietzsches Reden „auf", was ihnen um 1900 immer auf- oder einfällt: „Ideenflucht"[127].

---

[126] Vgl. NIETZSCHE, 1873–76/1967 ff.: III 1, und dazu KITTLER, 1979a: 195–197.
[127] ZIEHEN, A 19. 1. 1889, in PODACH, 1930: 1453.

Das große Lalulā

Im Aufschreibesystem 1900 sind Diskurse Outputs von ZUFALLS-GENERATOREN. Die Konstruktion solcher Rauschquellen fällt der Psychophysik zu, ihre Speicherung neuen technischen Medien, die psychophysische Meßwerte als Apparate implementieren.

Psychophysik

Zwei Jahre vor Nietzsches Nachweis, daß Mnemotechniken die Genealogie der Moral sind, legt der Breslauer Psychologieprofessor Hermann Ebbinghaus eine schmale und umwälzende Schrift *Über das Gedächtniss* vor. Während der letzte Philosoph die Geschichte abendländischer Ethik damit beendet, daß er Geschichte und Ethik selber auf Maschinen reduziert, stiftet Ebbinghaus (sein Motto verspricht es) ein neues, nämlich technisches Wissen von Uraltem. Und während der eine, Philosoph und Literat zugleich, mit jeder geschriebenen Zeile auch die Szene seines Schreibens beschreibt, bis solche Autoreferenz im megalomanen Schrei oder Buch *Ecce homo* die Psychiater auf den Plan ruft, geizt Ebbinghaus noch mit Andeutungen darüber, an welchem Menschen sein qualvoller Selbstversuch Gedächtnisquantifizierung statthat. Aber eben dieses Schweigen erlaubt es, die großen Worte eines Exprofessors in Wissenschaft zu überführen. Wo der eine in psychiatrisierter Gedankenflucht endet, riskiert der andere eine experimentelle, von der im Text jedoch kein Wort der Qual oder Lust, sondern nur Zahlen bleiben. Zahlen aber sind die einzige Information, die über alle Köpfe hinweg, die irren und die professoralen, in Geltung bleibt: als Einschreibung ins Reale.[1]

„In zwei Perioden, nämlich in den Jahren 1879/80 und 1883/84" hat Ebbinghaus, offenbar täglich, anfangs wechselnde Tageszeiten und bei der zweiten Testreihe den frühen Nachmittag zu Selbstversuchen verwandt. Dabei wurde „hauptsächlich darauf geachtet, daß die äußeren Lebensumstände, während der Perioden der Versuche, wenigstens vor allzu großen Veränderungen und Unregelmäßigkeiten bewahrt blieben"[2]. Wer das Chaos hätte heraufbeschwören können – Dienstmädchen oder Ehefrauen, Studenten oder Kollegen –, bleibt ungesagt. Genug, daß ein deutscher Professor zu festgelegten Zeiten sein Leben mortifiziert, um et-

Das Gedächtnisexperiment von Ebbinghaus

---
[1] Vgl. LACAN, 1971: 10.
[2] EBBINGHAUS, 1885/1971: 28 und 22.

was auszählen zu können, was vordem allen bekannt und schon darum der Speicherung nicht wert schien: seine eigene Speicherkapazität.

> In welcher Weise hängt das Schwinden der Reproduzierbarkeit, das Vergessen, von der Länge der Zeit ab, innerhalb deren keine Wiederholungen stattfanden? In welchem Grade nimmt die Sicherheit der Reproduktionen zu mit der Anzahl jener Wiederholungen? Wie ändern sich diese Beziehungen bei verstärkter oder verminderter Intensität des Interesses an den reproduzierbaren Gebilden? Das und dergleichen vermag niemand zu sagen.
> Und zwar besteht dieses Unvermögen nicht etwa deshalb, weil diese Verhältnisse zufällig noch nicht untersucht sind, aber morgen, oder wenn man sich die Zeit dazu nähme, untersucht werden könnten. Sondern man fühlt unmittelbar aus den Fragen heraus, daß zwar die in ihnen enthaltenen Vorstellungen von Graden des Vergessens, der Sicherheit, des Interesses ganz korrekte sind, daß uns aber die Mittel fehlen, in unseren Erfahrungen solche Grade anders als in den gröbsten Extremen und ohne jeden Anspruch auf genaue Begrenzung festzustellen, daß wir also zur Vornahme jener Untersuchungen gar nicht imstande sind. (...) Bei unseren Vorstellungen z. B. über die körperlichen Grundlagen (von Gedächtnis) bedienen wir uns verschiedener Metaphern, von aufgespeicherten Vorstellungen, eingegrabenen Bildern, ausgefahrenen Geleisen usw., von denen nur das eine ganz sicher ist, daß sie nicht zutreffen.[3]

Was der Introspektion das Bekannteste scheint, wird Forschungsaufgabe. Und ohne Mortifikation sind die überkommenen Metaphern oder Bilder der Psychologie nicht beiseitezubringen. Wenn Nietzsche noch das spirituellste Gedächtnis auf Körper und deren Qual zurückführt, so geht die Psychophysik dasselbe Rätsel mathematisch und nach Methoden an, die Fechner und Helmholtz, Ebbinghaus' akademischer Lehrer, zur Messung von Sinneswahrnehmungen entwickelt haben.[4] Ein Paradigmenwechsel hat statt: nicht mehr Erinnerung und Gedächtnis, sondern Vergessen setzen Nietzsche und Ebbinghaus voraus, um auch das Medium Seele vor den Hintergrund einer Leere oder Erosion zu stellen. Erst ein Nullwert macht Gedächtnisleistungen quantifizierbar. Und wenn Ebbinghaus alle introspektiven Ahnungen verbannt, kehrt der Primat des Vergessens auch auf Theorieebene wieder. Dort Nietzsches delirantes Glück, noch sein Vergessen zu vergessen, hier ein Psychologe, der alle Psychologie vergißt, um ihre algebraische Formel zu schmieden. Es ist das Verhältnis zwischen Diskurs des Herrn und universitärem Diskurs, nietzscheanischem Befehl und

---

[3] EBBINGHAUS, 1885/1971: 4.
[4] Zur Forschungsgeschichte vgl. MANIS, 1971: 27.

technischer Ausführung. Statt Gedächtniseinschreibung philosophisch zu beschreiben und dithyrambisch zu betreiben, tritt Ebbinghaus auf seiten der Opfer oder Versuchspersonen Nietzsches, um dann nachträglich als sein eigener Versuchsleiter die durchgemachten Qualen zu quantifizieren.

Jahrelang liest dieser Professor mit lauter Stimme und in einem Tempo, das die Taschenuhr tickend diktiert, Reihe um Reihe sinnloser Silben durch, bis er sie zum erstenmal auswendig aufsagen kann. „Seine Idee, sinnlose Silben als Untersuchungsmaterial zu verwenden, löst mit einem Schlage das introspektionistische Problem, bedeutungsfreie Empfindungen zu finden."[5] Fortan nämlich kann das nackte Zahlenverhältnis ein Maß für die Gewalt psychophysischer Einschreibung abgeben. Siebensilbenreihen sind instantan lernbar, Zwölfsilbenreihen müssen sechzehnmal, Sechsundzwanzigsilbenreihen aber schon fünfundfünfzigmal gelesen werden, bis der Mechanismus auswendiger Wiedergabe startet. Nicht immer fällt es dabei leicht, selbsterfüllende Prophezeiungen der Zahlenresultate auszuschalten; das Vergessen von Vergessen bleibt so paradox wie die Mühe, „sich eines Gedankens zu entschlagen", den sie „eben erst recht nährt"[6]. Auch nahen nach dreiviertel Stunden ununterbrochenen Memorierens „manchmal Abspannung, Eingenommenheit des Kopfes usw., welche bei weiterer Steigerung die Versuchsumstände kompliziert hätten"[7]. Psychophysik ist also sehr real und zumal für ihre Erfinder, denen sie (wie alle Mnemotechnik laut Nietzsche) physische Beschwerden macht. Sicher wußte man auch im Bildungszeitalter, daß „solche entsetzlich einseitige Bearbeitung einer so untergeordneten Seelenkraft, als das Gedächtniß ist, den menschlichen Verstand verrücken könne"[8]; aber eben darum hat Anselmus mechanisches Repetieren ja auch kurzerhand umgangen: durch Hermeneutik. Um 1900 tut das genaue Gegenteil not. Aus der untergeordneten Seelenkraft wird die fundamentale, weil auszählbare.[9] Für ein paar Formeln, die anders gar nicht anschreibbar wären, opfert Ebbinghaus (wie Nietzsche für die Wüste) sein Erkenntnissubjekt.[10] Schwindlig und benommen vor lauter Silbensalat, wird sein Kopf zur tabula rasa.[11]

---

[5] KVALE, 1978: 240.
[6] EBBINGHAUS, 1885/1971: 24.
[7] EBBINGHAUS, 1885/1971: 46. Vgl. auch KEIVER SMITH, 1900: 265.
[8] ANONYMUS, 1783: 94 f.
[9] Demgemäß unterscheidet ein Kunstphysiologe (!) „das psychologische Zeitalter der Gedächtnislehre" („Gedächtniss als Hülfsvermögen des Bewusstseins") vom „physiologischen Zeitalter", in dem nur noch Speichertechniken zählen. (HIRTH, 1897: 327 f.)
[10] Für Nietzsche vgl. FOUCAULT, 1971a/1974b: 107–109.
[11] Laut BÖLSCHE, 1887/1976: 16, die Voraussetzung aller Psychophysik.

Alle einzelnen Testbedingungen dienen solcher Leere. Sprache gerät in einen artifiziellen Rohzustand. Erstens unterläßt es Ebbinghaus, „die sinnlosen Silben durch irgendwelche hineingedachten Beziehungen, z. B. nach den Regeln der Mnemotechniker, zu verbinden"[12]. Zweitens wird das leere Blatt, das er ist, auch von Erinnerungen und Muttersprache gereinigt. Zur Isolation des Gedächtnisses von allen anderen Kulturtechniken scheiden Signifikate, weil sie Hermeneutik provozieren würden, von vornherein aus. „Hin- und herspielende Assoziationen, verschiedene Grade der Anteilnahme, Rückerinnerungen an besonders treffende oder schöne Verse usw.", all diese einst gepriesenen Seelentätigkeiten wären nur „störende Einflüsse"[13]. Ebbinghaus mit seinem schwindelnden Kopf gerät in eine unausdenkliche Ferne, wo nichts, aber auch gar nichts etwas bedeutet. Institution von Gedankenflucht.

Die Ferne ist keine Exotik und das große Reich des Unsinns keine Ausnahme. Um Gedächtnisleistungen an sinnlosem Material als die Regel selber zu erweisen, macht Ebbinghaus auch den Gegentest. Unter identischen Versuchsbedingungen lernt er, wie um Nietzsches These vom elementaren Nutzen aller Metrik zu prüfen, Cantos aus Byrons *Don Juan* auswendig. Das Meßergebnis überrascht selbst ihn. „Es scheint beinahe, als ob unter diesem Gesichtspunkt die Unterschiede zwischen sinnvollem und sinnlosem Material praktisch bei weitem nicht so groß seien, als man a priori geneigt ist, sich vorzustellen."[14] So kommt die große Lehre ins Wanken, die dem Aufschreibesystem von 1800 seine reformierten Fibeln beschert hat: daß Signifikate kraft ihrer Seeleninwendigkeit unvergleichlich schneller als auswendige Signifikanten zum Leser finden. Im Gegenteil, gerade an reinem Unsinn treten Spezifitäten des Merkens zutage, die keine Hermeneutik auch nur ahnen kann.

> Namentlich bleibt die Gleichartigkeit der Silbenreihen erheblich hinter dem zurück, was man in betreff ihrer erwarten würde; sie zeigen sehr bedeutende und fast unverständliche Differenzen der Leichtigkeit und Schwierigkeit.[15]

Am Horizont des Tests, der Ebbinghaus nichts mehr angeht, wohl aber alsbald Freud und die Schriftsteller, steht also eine Differentialität vor jeder Bedeutung: die nackte und rohe Existenz von Signifikanten. Und wenn unter eben „diesem Gesichtspunkt die Unterschiede zwischen sinnvollem und sinnlosem Material" gegen

---

[12] EBBINGHAUS, 1885/1971: 22.
[13] EBBINGHAUS, 1885/1971: 20.
[14] EBBINGHAUS, 1885/1971: 20. Vgl. auch OGDEN, 1903: 187.
[15] EBBINGHAUS, 1885/1971: 20.

Null gehen, sinkt das Reich der Bedeutungen und d. h. das gesamte Aufschreibesystem von 1800 zum zweitrangigen Sonderfall ab. Weder Verstehen noch die ehedem fundamentale Fähigkeit des Erinnerns ändern Wesentliches an der Gedächtnismechanik.

Wenn aber Signifikanten so unverständlichen wie massiven Gesetzen gehorchen, liegt alles daran, das Testmaterial auf strikt statistische Gegebenheit zu bringen. Lange vor expressionistischer *Spracherotik*, die „die Sprache vorerst zertrümmern'' und „den chaotischen Urzustand, eine absolute Homogenität der Materie herstellen muß''[16], geht Ebbinghaus ans selbe Werk. Der Unsinn, den er über Stunden, Tage, Monate, Jahre hinweg auswendig lernt, ist nicht irgendwo bei native speakers aufgelesen. Generiert hat ihn ein Kalkül zu Anbeginn aller Testreihen. Durch exhaustive Kombination von 11 Vokalen, 19 Anlautkonsonanten und (der Sprechbarkeit zuliebe) nur 11 Auslautkonsonanten entstehen „ca. 2300''[17] oder (wie jedermann nachrechnen mag) 2299 Dreilautsilben. Sicher kann der Zufallsgenerator nicht verhindern, daß unter *dosch päm feur lot*...[18] auch ein paar sinnvolle deutsche Wörter sind. Sie bleiben aber (wie vor 5 sec das *lot*) überlesene und belanglose Ausnahmen.

> Unter vielen tausend Kombinationen begegnen kaum einige Dutzend, die einen Sinn ergeben, und unter diesen wiederum nur einige wenige, bei denen während des (Auswendig-)Lernens auch der Gedanke an diesen Sinn geweckt wurde.[19]

Nie zuvor ist mit solcher Leidenschaft Silbensalat angerichtet worden. Sicher spielten Reformationsfibeln zum Entsetzen der Klassiker einzelne Vokal-Konsonant-Kombinationen zur zweiten Klasse durch. Aber ihr *ab eb ib ob ub / ba be bi bo bu* blieb ein Beispiel; die mathematisch garantierte Vollständigkeit der Montagen, wie Ebbinghaus sie berechnet, war gar nicht Ziel. Erst das Aufschreibesystem von 1900 installiert einen Signifikantentresor, dessen Regeln zur Gänze auf Zufall und Kombinatorik beruhen.[20] Mit den gezählten Lauten und Lautkombinationen bei Ebbinghaus oder den 24 Lettern bei Mallarmé kehrt nicht einfach eine alteuropäische Diskurspraxis wieder, die um 1800 nur verdrängt

Elemente von Sprache und Musik um 1900

---

[16] HATVANI, 1912: 210.
[17] EBBINGHAUS, 1885/1971: 19. Es ist einzig diese hohe Anzahl möglicher Permutationen, die Ebbinghaus daran hindert, das unvordenkliche Medium Alphabet durch Ziffern zu ersetzen: „Zahlenreihen, die ich ebenfalls versuchte, schienen mir für größere Untersuchungen sich zu schnell zu erschöpfen wegen der geringeren Anzahl ihrer Grundelemente.'' (EBBINGHAUS, 1885/1971: 21)
[18] Vgl. EBBINGHAUS, 1905-13: I 676.
[19] EBBINGHAUS, 1885/1971: 20.
[20] Zur Definition vgl. LACAN, 1966/1973 ff.: II 180–182.

worden wäre.²¹ Daß kombinatorische Mengen nicht notwendig Sinn auswerfen, galt auch für Buchstaben und Wörter der elenden Skribenten von 1736. Aber nicht einmal Liscovs Satire dichtete den Skribenten an, „Uebereinstimmung zwischen diesen Buchstaben" mit System zu meiden, wie Ebbinghaus das tut. Es ist derselbe Unterschied wie zwischen polyphonem Satz und Zwölftontechnik, die ja nicht nur sämtliche kontrapunktisch-kombinatorischen Künste wieder aufgreift, sondern dabei zufällige Dreiklangseffekte gerade so meidet, wie der Kontrapunkt umgekehrt Dissonanzen umgangen hat.

Die Homologien zwischen Dodekaphonie und Ebbinghaus, der ja einen ganzen Positivismus gestartet hat, reichen so weit, daß auch die Suche nach faktischen Querverbindungen lohnend wäre. (Und das nicht bloß im Ambiente Wiener Caféhäuser, wie eine *Philosophie der neuen Musik* allen Ernstes anregt.) Zunächst einmal lernt Ebbinghaus die sinnlosen Silben in Serien von 7 bis 26, die wie Schönbergs 12 Töne Reihen heißen. Zweitens schaltet er störende Lernerleichterungen dadurch aus, daß die dem Tresor der 2299 Kombinationen schon entnommenen und auswendig gelernten Silben so lange in einem anderen Tresor abgelegt werden, wie sämtliche übrigen noch nicht an die Reihe gekommen sind.²² Nicht anders geht auch Dodekaphonie mit schon verwendeten Reihentönen um: vor dem Durchlauf der restlichen 11 sind sie tabu. Drittens schließlich führt Ebbinghaus, um die um 1800 gelehrte Freiheit der Assoziationen zu widerlegen, den sehr komplizierten Nachweis, daß auch Verschachtelung der Reihenglieder, also wenn etwa eine schon eingeprägte Serie $dosch_1\ päm_2\ feur_3\ lot_4 \ldots$, umgestellt wird zur Serie $lot_4\ päm_2\ feur_3\ dosch_1 \ldots$, das Lernen erleichtert. Demnach „assoziieren sich nicht nur die einzelnen Glieder mit ihren unmittelbaren Folgegliedern" sowohl nach vorn wie nach hinten, sondern „es bilden sich Verknüpfungen zwischen jedem Glied und mehreren zunächst folgenden, über die Zwischenglieder hinweg"²³. Nichts anderes könnte Schönberg zugunsten seines Verfahrens anführen, Reihenzwischenglieder in der Melodie zu überspringen und auf Parallelstimmen zu verlegen.²⁴ Beidemale wird eine Kombinatorik, wie das Ausgangsmaterial sie schon darstellt, einer weiteren Kombinatorik der Serien und Kolumnen unterzogen.

Permutationen von Permutationen aber schneiden jeden Naturbezug ab. Unsinnssilben oder gleichberechtigte chromatische Töne

---

[21] So die von TURK, 1979b, in kritischer Absicht vorgeschlagene Lesart von Foucaults Sprach-Geschichte.
[22] Vgl. EBBINGHAUS, 1885/1971: 19.
[23] EBBINGHAUS; 1885/1971: 89.
[24] Vgl. dazu R. STEPHAN, 1958: 59 f.

konstituieren Medien im modernen Sinn: vom Zufallsgenerator ausgeworfene Materialmengen, deren Selektion dann einzelne Komplexe bildet. Daß diese Mengen immer schon diskrete Elemente verknüpfen, statt in kontinuierlicher Genese aus einer unartikulierten Natur zu erwachsen, trennt sie von Minimalsignifikaten. Bei Ebbinghaus wäre das einzigartige *Ach* der Seele nur mehr eine unter 209 möglichen Zweilautkombinationen. Nicht erst im Jahr 2407, wie Morgensterns *Gingganz* annonciert, ist an die Stelle organisch wachsender Schneekristalle die „große Papierschnitzelschneezentrifuge der amerikanischen Naturschauspielimitationskompagnie Brotherson & Sann'' getreten.[25]

Wenn eine Silbe wie *ma* nicht aus der über Wörter erhabenen Mutterkindliebe erwächst, um allmählich ins erste Hochsprach-*Mama* überzugehen, sondern wie beim Lotto erwürfelt wird, büßt sie jeden Vorrang vor den zahllosen anderen ein, die sinnlos sind und bleiben. Im Gegenteil, der Sinneffekt, den die Tiedemann und Stephani als Offenbarung von jenseits aller Sprache begrüßt haben, wird zur Störung, die reine Gedankenflucht mit Erinnerungen und Assoziationen behelligt. Denken und Meinen sind aber genau die imaginären Akte, deren Philosophie um 1800 zum Primat des Gesprochenen geführt hat. Im Unterschied zu Buchstabentechniken konnte Sprechen, diese sofort zurückgenommene Entäußerung, den reibungslosen Zusammenfall von Geist und Natur figurieren. Aus einem Sprachmaterial, das Zufallsgesetze generieren, verschwindet mit den Gedanken auch die Mündlichkeit. Sicher, zum Zweck lauten Lesens geht Ebbinghaus von Phonemen aus, aber sie liegen vor wie eine Schrift. Silbe nach Silbe wandert aus dem Zufallsgenerator über den Schreibtisch zum Ablagetresor, bis alle 2299 exhauriert sind und Output und Input von neuem beginnen können.

Gedächtnistests, bei denen die notwendig gedankenlose Versuchsperson ihr Erkenntnissubjekt opfert, haben demnach auf der anderen Seite einen ebenso subjektlosen Versuchsleiter, der Nietzsches neuem Gott so fern nicht steht, wie die schnellen Unterscheidungen von Mythos und Positivismus möchten. Die zwei zusammengeschalteten Maschinengedächtnisse vor und hinter der tabula rasa Ebbinghaus bilden eine Schreibmaschine, die nichts vergißt und mehr an Unsinn speichert, als Leute je behalten könnten: 2299 Unsinnssilben. Genau das ist aber die Bedingung, um Gedächtnis psychophysisch erforschbar zu machen: Es wird den Leuten abgenommen und an ein materielles Aufschreibesystem delegiert. Wenn das Aufschreibesystem von 1800 das Spiel ge-

---

[25] MORGENSTERN, 1919/1956: 319.

spielt hat, keins zu sein, sondern Inwendigkeit und Stimme Des Menschen, so kommt um 1900 eine Schrift zur Macht, die nicht einfach in überkommenen Schriftsystemen aufgeht, sondern aus der Technologie von Schrift überhaupt alle Konsequenzen zieht.[26]

*

<small>Morgensterns Zufallslyrik</small>

Die radikalste Konsequenz, die aus dem Aufschreibesystem Schrift gezogen werden kann, ist es aber, Schrift aufzuschreiben. „Alle Buchstaben, die je von Menschen geschrieben, zählen."[27] Gegeben sei ein Satz von Lettern und diakritischen Zeichen, wie Schreibmaschinen ihn (ab 1888 auch noch standardisiert) als Tastatur anbieten, dann ist es prinzipiell möglich, mehr und anderes zu verschriften, als Stimmen je gesagt haben. Selbstredend haben dergleichen Notationen keinen Zweck jenseits der Notation; sie können und müssen nicht erst von Hermeneuten einem Konsum oder Verzehr zubereitet werden. Daß sie unauslöschlich und unverdaulich auf dem Papier stehen, ist das einzige, was auf dem Papier steht.

> DAS GROSSE LALULĀ
>
> Kroklokwafzi? Semememi!
> Seiokrontro – prafriplo:
> Bifzi, bafzi; hulalemi:
> quasti basti bo ...
> Lalu lalu lalu lalu la!
>
> Hontraruru miromente
> zasku zes rü rü?
> Entepente, leiolente
> klekwapufzi lü?
> Lalu lalu lalu lalu la!
>
> Simarar kos malzipempu
> silzuzankunkrei (;)!
> Marjomar dos: Quempu Lempu
> siri Suri Sei ()!
> Lalu lalu lalu lalu la!

Ein Gedicht als kleines Aufschreibesystem, das hat es vor Morgensterns *Galgenliedern* nicht gegeben. Sicher haben Literaturhistoriker die Suche nach klassisch-romantischen Vorbildern aufgenommen und da und dort auch Unsinnsverse gefunden.[28] Aber noch das „Wien üng quatsch, Ba nu, Ba nu n'am tsche fatsch", das

---

[26] Vgl. dazu DERRIDA, 1967b/1974a: 21.
[27] MORGENSTERN, F 1895/1920: 330.
[28] Vgl. SPITZER, 1918: 104–106.

in Brentanos *Mehreren Wehmüllern* eine braune Köchin sang²⁹, war wenn schon kein Pidginrumänisch, doch wenigstens sprechbar. Keine Stimme dagegen kann (wie im *Großen Lalulā* vorgeschrieben) Klammern aussprechen, die ein Semikolon oder gar – um ein für allemal zu demonstrieren, was Medien sind – eine Leere umschließen. Den Unsinn mit System, weil er unmenschliche Speicherkapazitäten fordert, gibt es nur in Schrift. Und auch, daß Morgensterns Silben keiner Kombinatorik, sondern auf den ersten Blick wenigstens dem schönen Zufall verdankt sind, macht kaum Unterschiede zu Ebbinghaus. Auch *Das große Lalulā* ist Material ohne Autor. Je mehr Zufall, desto buchstäblicher herrscht der Imperativ im Motto aller *Galgenlieder:*

> Laß die Moleküle rasen,
> was sie auch zusammenknobeln!

Man kann es nicht klarer sagen: das Aufschreibesystem von 1900 ist ein Würfelspiel mit „seriell angeordneten diskreten Einheiten"³⁰, die im Fall von Lyrik Lettern und Interpunktionszeichen heißen und denen Schreiber seit Mallarmé alle Initiative überlassen. Anarchischer als Liscovs elende Skribenten, die wenigstens unpassende Würfelwürfe ausschieden, unfaustischer als alle poetae minores von 1800, die ja desto mehr Bedeutung produzierten, je kleiner sie waren, wirft Literatur Signifikanten aus. *Großes Lalulā* besagt, daß Sprache am Anfang und Ende Blabla ist.

> Man kann sagen, was man will, die Menschen tun so und so oft auch nichts anders als bellen, gackern, krähen, meckern usw. Verfolge nur einmal die Tischgespräche einer Kneipe.³¹

Bleibt das Rätsel ihrer Verwendung. Eine Schrift aufzuschreiben, die einfach Schrift ist, nützt weder Hermeneuten noch Philosophen, denen „naturgemäß an der Betonung des Sinnfaktors"³² und damit an Deutscher Dichtung liegt. Brauchbarer ist das *Lalulā* schon für Geheimschriftexperten (wovon zu reden sein wird). Aber den meisten Nutzen hätte die Psychophysik. Es gibt genug Leute, in denen Morgensterns Unsinn „als Zitatenborn fortlebt" – sicherstes „Kennzeichen für das, was wir einen Klassiker nennen"³³; nur weiß man nicht, wie solche Mnemotechnik läuft. Weil jedoch „die sprachliche Neuschöpfung etwas mit der Erfindung physikalisch unerhörter Erscheinungen gemein"³⁴ hat, wäre das

---

[29] C. BRENTANO, 1817/1963-68: II 684 f.
[30] KVALE, 1978: 241 (über Ebbinghaus).
[31] MORGENSTERN, 1918/1965: 392.
[32] LIEDE, 1963: I 6.
[33] ALEWYN, 1974: 401.
[34] SPITZER, 1918: 90.

Lalulā Anlaß, um Leser zu Gedächtnisselbstversuchen anzustiften, zumal da Ebbinghaus in einem Punkt methodisch unsauber gearbeitet hat. Um eventuelle Unterschiede zwischen Sinn und Unsinn zu messen, führt der Psychophysiker ja Byronverse und damit über Signifikanz hinaus schon Zusatzbedingungen ein: Reim und Metrum. Im *Lalulā* dagegen schränken nur diese zwei Redundanzen, aber keine Bedeutungen den Zufall ein. Als missing link zwischen Silbensalat und Wörterlyrik könnte es die Streitfrage, ob Reim und Metrum in ihrer Merkbarkeit die Identität von Signifikaten darstellen[35] oder aber Signifikanteneffekte sind, experimenteller Klärung zuführen. So nur wären die Funktionen zu scheiden, die im Fall Byron als ,,vereinigte Bande des Sinnes, des Rhythmus, des Reims und der Zugehörigkeit zu einer einzigen Sprache'' alle zusammengewürfelt bleiben.[36] Nietzsches Lehre vom Nutzen der Poesie, der ja ein mnemotechnischer ist und dem Sinntransport eher schadet als nützt, am *Großen Lalulā* könnte sie, materialer als der Naturalismusapostel Bölsche seinen Titel gemeint hat, in die Frage nach den *naturwissenschaftlichen Grundlagen der Poesie* überführt werden.

•

Kulturtechniken und Aphasieforschung

Diskurse in einzelne und diskrete Funktionen zu zerfällen ist nach Ebbinghaus' heroischem Selbstversuch zur Aufgabe einer ganzen Psychophysik komplexer Kulturtechniken geworden. Diese Funktionen haben erstens nichts miteinander und zweitens nichts mit einem einheitsstiftenden Bewußtsein zu tun; sie sind automatisch und autonom. ,,We may sum up the experiment by saying that a large number of acts ordinarily called intelligent, such as reading, writing, etc., can go on quite automatically in ordinary people.''[37] Sprechen und Hören, Schreiben und Lesen kommen um 1900 als isolierte Funktionen, ohne dahinterstehendes Subjekt oder Denken, auf den Prüfstand. ,,Zwischen Endlichkeit und Unendlichkeit hat das Wort Raum genug, um auf die Mithilfe der Gedanken verzichten zu können.''[38] Statt seiner Genese, dieses langen Wegs mit dem Ausgangspunkt Natur und dem Ziel Bildung, zählt sein Mechanismus, so wie er unter normalen oder auch pathologischen Bedingungen nun einmal läuft. Die Psychophysik ist keine Pädagogik, die bei einer Mutter Natur notwendig wahre Lehren für Mütter und Lehrer holt; sie macht Bestandsaufnahme nie erforschter

---

[35] So der romantische BERNHARDI, 1801–03: II 422.
[36] EBBINGHAUS, 1885/1971: 43.
[37] SOLOMONS/STEIN, 1896: 508 f.
[38] HATVANI, 1912: 210.

Einzelheiten. Die große Einheit Bildung, in der Sprechen, Hören, Schreiben, Lesen alle aufeinander und zuletzt auf Sinn hin durchsichtig waren, zerfällt. Und auch wenn Schulmänner aus der Bestandsaufnahme massenweise Konsequenzen ziehen, bleibt den Experimentatoren die Führung. Pädagogische Reformen sind Anwendungen und nur Anwendungen; sie gehen auf eine und nur eine Kulturtechnik; ja sie neigen dazu, Unterricht im Lesen oder Schreiben zur nicht ganz sauberen Versuchsanordnung zu machen. So endet auch auf ihrem eigensten Feld, in der „Psychologie des Lesens", „die Competenz der Pädagogik".[39] Stephani kann gehen.

Der Sieg der Psychophysik ist ein Paradigmenwechsel. Statt der klassischen Frage, was Leute können könnten, wenn sie gebildet und liebevoll genug gebildet würden, taucht das Rätsel auf, was sie immer schon tun können, wenn Automatismen nur einzeln und gründlich getestet werden.[40] Und weil dieses Können keine Gabe einer produktiven Natur ist, sondern jeweils so einfach wie Buchstabieren oder Lalulāschreiben, kennt es auch ideale Vollendungen nicht. Über den Einzelfunktionen thront keine universale Norm (Inwendigkeit, schaffende Einbildungskraft, Hochsprache, Dichtung). Sie alle haben nur, in bezug auf definierte Versuchspersonen und -anordnungen, ihren Standard.

Wenn je 10 Schüler aus den 10 verschiedenen Gymnasialklassen je 100 zusammenhängende Wörter aus *Egmont* laut und möglichst rasch lesen, beträgt der gemessene Durchschnitt bei Sextanern 55 Sekunden, bei Quintanern 43 usw. bis zu den nur mehr 23 Sekunden der Oberprimaner.[41] Das sind Standards, für die kein erziehungsbeamteter Goetheliebhaber je Sinn gehabt hat. Und daß Ebbinghaus diesen Zahlen die eigenen, nämlich 0,16 sec pro Goethewort anfügt, macht noch keinen Rangunterschied zwischen Schulkindern und Professoren, Empirie und Norm. Im Gegenteil, das eigene Lesetempo wie das von Sextanern messen heißt Bildung methodisch kassieren. Ebbinghaus meldet schon darum keinen Rekord an, weil „die Zahlen bei weitergehender Übung im Lesen immer noch weiter abnehmen"[42]. So zergeht die transzendentale Norm zu einer unendlichen Reihe, an deren irrealem Ende

---

[39] ZEITLER, 1900: 443.
[40] „Es ist merkwürdig, wie wenig sich die Pädagogik die Erkenntnis dieser Gesetze hat angelegen sein lassen. Man hätte meinen müssen, ehe sie heranging, das kindliche Schaffen emporheben zu wollen, sie erst einmal das Kind in seinem Schaffen belauschen müßte." So JENSEN/LAMSZUS, 1910: 16, über ihre klassischen Ahnen. Sehr ähnlich auch OSTERMAI, 1909: 51 f.
[41] Vgl. BERGER, 1889: 172.
[42] EBBINGHAUS, 1905–13: I 709.

womöglich einer stünde, der nichts als schnellesen kann. Wenn psychophysische Standards auch ein Ideal und nicht nur jeweils Rekorde kennten, dann nur auf die Weise kafkascher Hungerkünstler. Und wirklich widmet der erste deutsche Graphologe den Krüppeln, die mit Mund oder Füßen schreiben können, eine Neugier, die soweit geht, daß er selber Mundschrift versucht und faksimiliert.[43] Die Psychophysik macht damit Schluß, Kulturtechniken einer Dichotomie des Normalen und Pathologischen, des Entwickelten und Zurückgebliebenen zu unterwerfen. Sie erforscht Fähigkeiten, die unter Alltagsbedingungen überflüssig oder krankhaft oder obsolet heißen müßten.

Sicher kann ein alphabetisierter Ebbinghaus leise und ohne Mundbewegung lesen[44], aber für Testreihen bevorzugt er das altmodische Lautlesen, dessen Tempo mechanischer zu steuern ist. Sicher gibt es seit neuestem Schreibmaschinen, die alle Schrift-Individualität ausmerzen; aber eben darum kann im Gegenzug[45] eine psychophysische Graphologie entstehen, die von der Differenz standardisierter Lettern und unbewußt-automatischer Schreibhände lebt. Für sie kommt einzig und „wesentlich in Betracht", was unter Normalbedingungen „überflüssige Zuthat zu den Buchstaben" hieße.[46] Und wenn schließlich „beim Schüler – mit Recht – darauf Wert gelegt wird, daß er keine für ihn bedeutungslosen Stoffe lernen solle"[47], so macht jeder psychophysische Proband – vom Kleinkind bis zum Psychologieprofessor – eine Ausnahme von solch pädagogischen Normen. Alle um 1800 verpönten Fertigkeiten oder Unfertigkeiten kehren also wieder, aber nicht als simple Rückfälle hinter die einstige Bildung, sondern zu ihrer Analyse und d. h. Zersetzung.

Denn die kulturtechnischen Standards repräsentieren nicht Den Menschen und seine Norm. Sie artikulieren oder zerlegen Körper, die schon zerstückelt sind. Vor allen anderen Experimentatoren schlägt die Natur zu.[48] Apoplexien, Kopfschußwunden und Paralysen haben die grundlegende Entdeckung ermöglicht, auf die jede Zuordnung von Kulturtechniken und Physiologie zurückgeht. Verletzungen der Großhirnrinde erlauben – und zwar im genauen Grad ihrer örtlichen Begrenztheit – erste Vivisektionen von Sprache und Schrift. 1861 lokalisiert Broca die motorische Aphasie und d. h. das Unvermögen, trotz Bewußtsein und Hörfähigkeit Wörter zu sprechen, in einer Läsion der untersten Stirnwindung. 1874 führt

---

[43] Vgl. PREYER, 1895: 36, sowie auch GOLDSCHEIDER, 1892: 505.
[44] Vgl. EBBINGHAUS, 1905–13: I 728.
[45] Vgl. TARDE, 1897: 350.
[46] PREYER, 1895: 7.
[47] STERN, 1914: 157.
[48] Vgl. KUSSMAUL, 1881: 182 (über Klinik und Experiment).

Wernicke den spiegelbildlichen Nachweis, daß sensorische Aphasie oder das Unvermögen, trotz Sprechfähigkeit Wörter zu hören, einer Affektion der ersten Schläfenwindung entspricht. Die Methode, Kulturtechniken gerade an Defiziten isolierbar und meßbar zu machen, führt schließlich zur Zerfällung des Diskurses in lauter einzelne Parameter.[49] Um 1900 kennt man außer den akustischen Störungen Brocas und Wernickes selbstredend auch die entsprechenden optischen: sensorische und motorische Alexien bzw. Agraphien. Man kennt ferner, in Hinsicht auf die sprachliche Referenz und in Umkehrung all jener Agnosien, eine bald mündliche, bald schriftliche Asymbolie oder das Unvermögen, „zu einem Gegenstand", auch wenn der Arzt und Versuchsleiter ihn zeigt, „das entsprechende Wortbild zu finden"[50]. Endlich sind an jeder Kulturtechnik diverse Subroutinen zu scheiden, am Schreiben etwa „das Diktieren, das Abschreiben (Kopieren), das schriftliche Bezeichnen und das Spontanschreiben"[51] – Subroutinen, die alle einzeln ausfallen können. Was im Alltag einfach Sprache heißt, ist also eine komplexe Verschaltung von Hirnzentren über nicht minder zahlreiche, direkte oder indirekte Nervenbahnen. Wie Nietzsche es prophezeit und als Paralytiker seinem Psychiater Ziehen auch vorgelebt hat, zerfällt Sprache in Einzelteile: in optische und akustische, sensorische und motorische Nervenreize und erst damit in Signifikant/Signifikat/Referent.

Die Aphasieforschung markiert eine Zäsur in den Abenteuern des Sprechens. Sprachstörungen hören auf, alle in der schönen Wortlosigkeit romantischer Seele zu konvergieren. Gibt es nämlich „ebensoviel Sprach-Störquellen, wie es Sprechorgane gibt, die sprechen wollen"[52], dann wird das eine *Ach* zum beiläufigen Sonderfall.[53] An die Stelle einer Dichtung, die jenes *Ach* ablauschte oder einflößte, treten lauter Wissenschaften. Denn nur auf dem Boden der Psychophysik macht es terminlogisch Sinn, daß Saussure zur Begründung einer neuen Strukturlinguistik das Sprachzeichen in Gegenstandsvorstellung (Signifikat) und akustisch-sensorielles Bild (Signifikant) zerlegt[54] oder daß Freud, von seinen

---

[49] Zur Forschungsgeschichte vgl. die Zusammenfassung bei HÉCAEN/ANGELERGUES, 1965: 25–50.
[50] DÜRR, in EBBINGHAUS, 1905–13: II 730.
[51] ZIEHEN, 1907: 670 (eine denkbar genaue Aufzählung literarischer Möglichkeiten seit 1900).
[52] v. KIESERITZKY, 1981: 53.
[53] Ein gewisser Gowers lokalisiert es im rechtsseitigen Hirnkorrelat der Brocaschen Stelle.
[54] Vgl. SAUSSURE, 1915/1969: 98. Saussures „image acoustique", vom motorischen Bild übrigens streng geschieden, entspricht genau dem physiologischen „Wortklangbild" (ZIEHEN, 1907: 665 f.), das seinerseits nur die Formel „Tätigkeit des Hörfelds in der Form, wie sie in einer früher dage-

Schülern mehr abgeschrieben als begriffen, in eben diesem Sinn ,,Sachvorstellung'' und ,,Wortvorstellung'' trennt.⁵⁵ Mit dem *Ach* der Seele schwindet das Bildungsziel allgemeiner Alphabetisierung. Die Pädagogik von 1900, weil sie nur angewandte Physiologie ist, hat vollauf damit zu tun, die Hirnregionen ihrer Schüler einzeln und nacheinander zu standardisieren. Sachvorstellungszentrum, sprechmotorisches und -sensorisches Zentrum, schreibmotorisches und -sensorisches –: alle müssen sie gesondert angegangen werden. ,,Die Schreiblesemethode entspricht keineswegs mehr dem Stande der heutigen Wissenschaft.''⁵⁶ Weil nicht jedes Teilzentrum direkte Nervenbahnen zu jedem anderen hat, gibt es keine Einheit vom Typ des Transzendentalsignifikats, das Sprechen und Hören, Schreiben und Lesen organisch auseinanderentwickeln konnte. Die pädagogische Entkopplung kulturtechnischer Subroutinen fährt einfach den vom Skalpell gezogenen Schnitten nach. Kinder um 1900 lernen lesen, ohne zu verstehen, und schreiben, ohne zu denken. Aphasieforschung ist immer schon Aphasieproduktion.

<small>Literatur von Aphasikern</small>

1913 erscheint der erste Band der *Recherche du temps perdu.* Als Verfasser zeichnet der Sohn einer endlos interpretierten Mutter und eines kaum erwähnten Vaters; als Erzähler ein gewisser Marcel, der an Gilberte Swann, seiner ersten Liebe, selbstredend vorab den Namen liebt.

> Je m'arrangeais à tout propos à faire prononcer à mes parents le nom de Swann; certes je me le répétais mentalement sans cesse; mais j'avais besoin aussi d'entendre sa sonorité délicieuse et de me faire jouer cette musique dont la lecture muette ne me suffisait pas. Ce nom de Swann d'ailleurs, que je connaissais depuis si longtemps, était maintenant pour moi, ainsi qu'il arrive à certains aphasiques à l'égard des mots le plus usuels, un nom nouveau.⁵⁷

Genau die ,,Aphasiker'' aber, denen Marcel Proust seinen Marcel gleichsetzt, um einem Namen alle Geläufigkeit zu nehmen, sind das Forschungsprogramm seines Vaters gewesen. Als direkter Schüler Brocas und Charcots hat Dr. med. Adrien Proust mit Arbeiten über Aphasie und Hirnlokalisation⁵⁸ zur Neurophysiologie als

---

wesenen Erregung dieses Zentrums durch einen von aussen kommenden Reiz entspricht'' aus Bequemlichkeit ersetzt (SACHS, 1905: 3).
⁵⁵ FREUD, 1913b/1946–68: X 300.
⁵⁶ LINDNER, 1910: 191. Vgl. auch MÜNSTERBERG, 1914: 247.
⁵⁷ PROUST, 1913/1954: I 413. Vgl. dazu SCHNEIDER, 1992: 140.
⁵⁸ Vgl. A. PROUST, 1872, dazu BARIÉTY, 1969: 575, und LE MASLE, 1935: 55 (weitere Arbeiten Dr. Prousts über Trepanation und Paralysen im Lippen-Zungen-Rachenraum). Dichter-Biographen aber fällt bei Adrien Proust immer nur der große, für die *Recherche* allerdings folgenlose Cordon sanitaire ein, den seine Choleraprophylaxe über den Balkan legte.

jener Referenzwissenschaft beigetragen, die modernen Romanen ihre Signifikantenspiele überhaupt erst einräumt. Gleichfalls 1913 veröffentlicht Kandinsky einen Band deutschsprachiger Gedichte. Dem Titel *Klänge* gibt er sehr praktische Tips mit. Gemeint sind nicht romantische Urlaute, sondern „innere Klänge", wie sie übrigbleiben, wenn man Wörter bis zur völligen Sinnleere wiederholt – ein probates und infolgedessen selber oft genug wiederholtes Mittel der Aphasiesimulation. Kandinskys Lyrik isoliert also Wortklangbilder physiologisch so exakt wie seine Malerei Farben und Formen. Was Germanisten nicht hindert, ihn im Namen einer Linguistik anzugreifen, die ihrerseits auf demselben Boden entstanden ist.[59] Aber Alexie scheint vor allem die Bücher ihrer vergessenen Erforscher heimzusuchen ...

1902 schließlich erscheint von Hofmannsthal *Ein Brief* mit Selbstdiagnose des Absenders.

> Und konnte ich, wenn ich anders derselbe bin, alle Spuren und Narben dieser Ausgeburt meines angespanntesten Denkens so völlig aus meinem unbegreiflichen Innern verlieren, daß mich in Ihrem Brief, der vor mir liegt, der Titel jenes kleinen Traktates fremd und kalt anstarrt, ja daß ich ihn nicht als ein geläufiges Bild zusammengefaßter Worte sogleich auffassen, sondern nur Wort für Wort verstehen konnte, als träten mir diese lateinischen Wörter, so verbunden, zum ersten Male vors Auge?[60]

Der da schreibt, daß er kaum mehr lesen kann, formuliert wie ein Fall sensorischer und näherhin amnestischer Alexie. Es ist aber Philipp Lord Chandos und der Buchstabenhaufen, der nicht zu Wortbildern zusammenschießen will, der Titel eines lateinischen Traktats, den Chandos selber letzthin abgefaßt hat. Inzwischen ist zwar nicht die Schreibfähigkeit (etwa von Briefen), aber ein Teil des Lesenkönnens geschwunden, um gut physiologisch in „Dumpfheit" des „Hirns" umzuschlagen.[61] Während Ofterdingen oder Guido noch fremdeste Bücher mit eigenen Titeln versehen konnten, versteht ein Schreiber von 1902 nicht einmal selbstgegebene Titel mehr. Man setze also getrost ‚Chandos' anstelle von „der Patient", wenn ein großer Physiologe die Symptome von Alexie anführt:

> Der Patient kann die Buchstaben genügend scharf sehen, er kann sie spontan schreiben, ja er kann sie event. sogar tadellos abschreiben – und ist gleichwohl nicht imstande, Geschriebenes und Gedrucktes, ja mitunter das was er unmittelbar vorher selbst deutlich und korrekt niedergeschrieben hatte (Notizen, kurze Briefe), zu

---

[59] So PHILIPP, 1980: 126 f.
[60] HOFMANNSTHAL, 1902/1957: II 338.
[61] HOFMANNSTHAL, 1902/1957: II 345.

lesen. (...) Der Schriftblinde erkennt mitunter einzelne Buchstaben oder auch Silben, aber er vermag sie nicht nacheinander so aufzufassen und sie als zusammenhängende Worte festzuhalten, dass er zum Verständnis des Gelesenen gelangte und handele es sich da nur um einzelne Worte.[62]

Bis in Einzelheiten sind sie solidarisch, Physiologie und Literatur. Die eine isoliert genau die Symptome, die die andere bezeugt. Nietzsche rühmt seine Halbblindheit, die ihm Lesen verbietet und nur noch Signifikantenschrift erlaubt. Dasselbe macht Chandos mit Signifikaten durch, aber auch nur, um aus seiner Alexie einen neuen Diskurs zu entwickeln (wie denn sensorische Sprachstörungen häufig das Motorium beeinflussen[63]): Er umgeht es, Signifikate und vorab die transzendentalen („‚Geist', ‚Seele' oder ‚Körper'") auch „nur auszusprechen", und visiert statt dessen „eine Sprache, von deren Worten mir auch nicht eines bekannt ist, eine Sprache, in welcher die stummen Dinge zu mir sprechen"[64]. Ganz so trennen psychophysisch informierte Pädagogen vom Lesen und Schreiben, da beide nicht mit Signifikaten und Referenten vermischt werden dürfen, einen wortlosen Anschauungs- oder Sachunterricht ab.[65] Als sei er in ihrer Schule, werden dem Lord „ein Hund in der Sonne, ein ärmlicher Kirchhof, ein Krüppel" usw. über alle Wörter erhabene „Offenbarungen"[66]. Und das ist kein Wunder bei dem Krüppel, der er selber ist. Worttaubheit und Wortblindheit, weil sie mediale Selektionsleistungen ausschalten, präsentifizieren notwendig Namenloses und Ungestaltes. Nietzsches entsetzliche Stimme kehrt bei Aphatikern in physiologischer Alltäglichkeit wieder. „Sprechen, Pfeifen, Händeklatschen usw., alles ist für ihr Ohr dasselbe unentwirrbare Geräusch."[67]

•

Hören und Reimen im Experiment

Aphasie, Alexie, Agraphie, Agnosie, Asymbolie – in dieser langen Liste von Ausfällen wird das Rauschen vor jedem Diskurs Thema und Methode zugleich. Die bei Versuchspersonen konstatierten Sprachzersetzungsprodukte sind genausogut als Vorgaben der Versuchsleitung verwendbar. Was Nietzsche entsetzt und Chan-

---

[62] v. MONAKOW, 1907: 416 f. Über Titelblindheit vgl. auch LAY, 1897: 81. An alledem ermesse man die Einseitigkeit von Deutungen, die unter Berufung auf Hofmannsthals Wiener Vorlesungsbesuche das Thema Sprachdefizite allein auf Machsche Erkenntnistheorie zurückführen. So WUNBERG, 1966.
[63] ZIEHEN, 1907: 675.
[64] HOFMANNSTHAL, 1902/1957: II 341 und 348.
[65] Vgl. LINDNER, 1910: 193 f., und R. LANGE, 1910: 76–78.
[66] HOFMANNSTHAL, 1902/1957: II 343.
[67] v. MONAKOW, 1907: 522, Anm. 2. Vgl. auch KUSSMAUL, 1881: 176 f.

dos als wundersame Fremde entdeckt, kann auch gesendet werden. So weit gehen im Aufschreibesystem von 1900 die diskursiven Handgreiflichkeiten. Psychophysik sendet eine bestimmte Filterung von weißem Rauschen, ein rosa Rauschen also; was Ohren oder Augen daraus machen, heißt dann Versuchsergebnis. Ebbinghaus testet seine Unsinnssilben noch einmal an anderen. Aber siehe an, nicht alle Versuchspersonen beherrschen Gedankenflucht wie er selber. Manchen ist es,

> zunächst wenigstens, kaum möglich, sich aller Erleichterungen des Lernens durch Gedächtnishilfen jeder Art zu enthalten, die Silben als bloße Buchstabenkombinationen aufzufassen und sie rein mechanisch auswendig zu lernen. Ohne daß sie sich Mühe geben oder es auch nur wollen, fliegen ihnen fortwährend von einzelnen Silben allerlei Nebenvorstellungen an. Es fällt ihnen dabei etwas ein, und zwar bunt durcheinander das Allerverschiedenste: ein Gleichklang von Silben, Beziehungen von Buchstaben zueinander, ähnlich lautende sinnvolle Worte oder Namen von Personen, Tieren u. a., Bedeutungen in einer fremden Sprache usw. (...) So wird z. B. pek zu Peking ergänzt, kin zu Kind; sep erinnert an Josef, neis an das englische nice (...). Die Silben faak neit weckten z. B. bei einer Versuchsperson die Vorstellung Fahrenheit, jas dum bei einer anderen (durch Vermittlung des französischen jaser) die Vorstellung dummes Geschwätz; die Silbenfolge dosch päm feur lot wurde einmal zu dem Sätzchen verbunden: das Brot Feuer löscht.[68]

Das ist der Gegentest auf die Aphasie. Eben der Silbensalat, den Aphatiker aus Signifikaten machen, wird Standardsprechern vorgelegt, um zu erforschen, wie sie aus Silbensalat Signifikate machen und dabei eine Vorstellung verraten, die im Fall *jas dum* auch noch dummes Geschwätz besagt. Nur so ist der Unterschied von *Hören und Verstehen* quantifizierbar. Ein Experiment dieses Titels schickt über die Kanäle Telephon und Phonograph Unsinnssilben wie *paum* und *maum;* daß die Probanden (trotz oder dank der Frequenzbandbeschneidung) das „wahrscheinlichere baum" empfangen, liefert die experimentelle Verifikation von Nietzsches sprachtheoretischen Orakeln oder den Nachweis, daß Diskurse „eklektische Kombinationen" aus Rauschspektren sind.[69] „Es fällt uns so sehr viel leichter, ein Ungefähr von Baum hin zu phantasiren" ... „Man ist viel mehr Künstler als man weiss" ...

Eine Physiologenabhandlung über *Gehirn und Sprache,* die den Weg von frühkindlich-sprachlosen Lichtflecken und Geräuschen zur Ordnung der Bilder und Sprachlaute rekonstruiert, kommt denn auch zum Schluß „Wir arbeiten wie die Dichter"[70]. Nur braucht

---

[68] EBBINGHAUS, 1905-13: I 675 f.
[69] GUTZMANN, 1908: 484.
[70] SACHS, 1905: 70.

solches von nietzscheanischen Hirnforschern verifizierte Dichtertum, das da *Baum* auf *maum* reimt oder *faak neit/Fahrenheit* stabt, keine Muse mehr. Unbewußte Funktionen beliebiger Hirne laufen ab – selbst im Fall der größten Autornamen. Eine gründliche Beurteilung der anselmischen Holunderekstasen, wie sie „nur mit Zuhilfenahme einer psychiatrischen und naturwissenschaftlichen Basis möglich ist"[71], führt den Irrenarzt Klinke zum Ergebnis, daß der Lauscher dreier flüsternder Schwestern einfach einem Psychotikerstandard gehorcht hat.

> Es kommt auch vor, und namentlich bei Geisteskranken ist dies der Fall, daß diese Laute und Worte in einem gewissen Rhythmus, (...) gleichsam taktmäßig, von dem innern Ohr gehört und nach irgend einer Stelle des eignen Körpers oder auf die Umgebung projiziert werden. Dieser Rhythmus, der dann weiter zu Assoziationen, Alliterationen (sic) und Reimen überhaupt führt, ist oft durch Ohrengeräusche, die mit der Herz- und Pulsbewegung synchron sind, hervorgerufen oder wird auch durch gleichmäßige äußere Geräusche, taktmäßiges Marschieren, neuerdings auch durch das gleichmäßige Rollen der Eisenbahnräder ausgelöst und unterhalten. In einer ähnlichen Situation sehen wir den Anselmus gleich zu Anfange der Erzählung.[72]

Ein Ergebnis, das die Möglichkeitsbedingung selber von Dichtung abstellt.[73] Die Geräusche, die Anselmus zum Muttermund geleiteten, verlieren jede Menschlichkeit und seine Interpretation, die ja Serpentina hieß, jeden Grund. Aber nicht wie zur Zeit aufgeklärter Väter, als Erlkönigs Flüsterstimme Blätterrauschen wurde, geht die Entzauberung vor. Psychophysik stößt hinter aller Sinnstiftung und ihrer durchsichtigen Willkür auf den sinnlosen Körper, der eine Maschine unter Maschinen ist. Ohrensausen und Bahngeräusche sind gleichermaßen imstande, irren Hirnen Assonanzen, Alliterationen und Reime einzugeben. Daß „Schwesterlein – Schwesterlein, schwinge dich im Schimmer" einmal als Dichtung niedergeschrieben wurde, fällt der Psychophysik gar nicht mehr bei.

Und dazu hat sie auch kaum Anlaß. Um 1900 rauscht es allenthalben. Ein psychiatrischer Fall in seiner Zelle hört ständig blödsinnige Stimmen, die ihrerseits im Blödsinn seiner „Umgebung Worte" aufschnappen, „die mit dem, was sie gerade selbst zu sprechen (abzuleiern) haben, gleichen oder annähernd gleichen K l a n g haben". Ganz wie Ebbinghaus-Probanden also reimen die Halluzinationen „‚Santiago'" auf „‚Carthago'" oder (einigermaßen sächsisch) „‚Briefbeschwerer'" auf „‚Herr Prüfer

---

[71] KLINKE, 1902: 202.
[72] KLINKE, 1902: 100 f. Über Rauschquellen vgl. auch ZIEHEN, 1893: 182, R. M. MEYER, 1901: 255, und SCHREBER, 1903/1973: 256.
[73] Vgl. dazu im allgemeinen HEIDEGGER, 1976: 17.

schwört '''[74]. Ein psychiatrischer Forscher in seinen Assoziationstests kommt zum traurigen Ergebnis, daß Reime wie ,,Herz/Schmerz'' oder ,,Brust/Lust'', dieser altehrwürdige Fundus deutscher Lyrik, ,,nur bei psychischen Erkrankungen, namentlich überall da, wo sog. Ideenflucht herrscht'', das innere Ohr überschwemmen. Ziehen führt einen Maniker an, der ,,Hund-Bund-Schund'' assoziiert[75], den Output von Reimereien also beim Eigennamen nennt.

Und es ist entscheidend, daß Schund und Unsinn schon 1893 wissenschaftlich aufgeschrieben werden, nicht erst 1928, wie selbst informierte Literaturwissenschaft glaubt.[76] Am *Leitfaden der Physiologischen Psychologie* (so Ziehens Titel) muß auch die Lyrik ihr Wortgeklingel überprüfen. ,,Brust/Lust'' und ,,Schmerz/Herz'' sind unter den Beispielen, die Arno Holz für *Schleimige Reime und den Unsinn des Reimens überhaupt* anführt. Der Übergang zum modernen freien Vers kann nicht immer nur als innerliterarische Innovation beschrieben werden. Erst wenn der Reim in Labors und Irrenhäusern auftaucht, muß er vom bedruckten Papier verschwinden, sollen Dichter und Psychotiker nicht zusammenfallen.

Und doch ist der freie Vers um 1900 nur eine historisch mögliche Option. Eine zweite und paradoxe bleibt nämlich Mimikry. Wenn namentlich bei Geisteskranken mechanisches Eisenbahnrattern Reime zeitigt, kann die Lyrik solcher Körperpoesie neue Reime ablauschen. Kein Autor und kein Hochdeutsch, sondern die Eisenbahn selber kommt in Liliencrons ,,Rattattattat'' zu Wort.[77] Und wenn taktmäßiges Marschieren gleiche Effekte hat, ist auch Liliencrons Reimspiel zwischen ,,Perserschah'' und ,,klingling, bumbum und tschingdada'' deduziert.

Eine militärmusikalische Rauschquelle sendet *tschingdada;* die Versuchspersonen sind gefragt, ob sie Reime finden oder nicht. Exakt so verfährt im Jahr der *Galgenlieder* ein Dr. med. et phil. Narziß Ach. Sein Test präsentifiziert (leider unter Weglassung der Silbe *ach*) sinnlose Silben, deren Echo, mit und ohne Hypnose der Probanden, sinnlose Reime oder Assonanzen zu sein haben.[78] Nur wenn die zugelassenen Reaktionen anders als bei Ach unter im *Lalulā* ausschließlich Sinnwörter sein sollen, tauchen Schwierigkeiten auf. Gutzmanns eklektische Kombination *maum/Baum* ist noch harmlos; *tschingdada* reizt schon zu Fremdwörtern; wahrhaft apo-

---

[74] SCHREBER, 1903/1973: 235 f.
[75] ZIEHEN, 1893: 145 f. Vgl. auch JUNG/RIKLIN, 1904: 63.
[76] So LIEDE, 1963: I 8, Anm. 19.
[77] Zur Lyrik solcher Bahngeräusche vgl. BREUCKER, 1911: 323 f.
[78] Vgl. ACH, 1905: 196–210.

retisch aber geht es bei Stefan George zu. Der Erfinder so vieler unerhörter und gerade noch deutscher Reime läßt allen Diskurs in einem Silbensalat gipfeln, der bei den Versuchspersonen jede Reaktion erstickt.

Wir waren in jenem besonderen bezirke der unnachlässlichen strafen wo die menschen sind die nicht sagen wollten: o herr! und die engel die sagten: wir wollen. Am orte ihrer qualen lästern sie den ewigen richter und werfen sich in die brust: sie seien grösser als die seligen und verachteten deren freuden. Aber jeden dritten tag ruft von oben eine schrille stimme: Tiholu· Tiholu – es entsteht ein knäuel-artiges gewirr· die verdammten schweigen bewegen zitternd die zähne legen sich platt auf den boden oder suchen sich in den glühenden finsternissen zu verstecken.[79]

Der Traum von *Tiholu* pervertiert Georges lebenslange Reim- und Übersetzerlust: die *Divina Commedia*. Dante schlug seine Verdammten mit allen denkbaren Sprachstörungen[80], während Selige in ein und demselben Maß zu Wort und Gott kamen. Bei George sprechen umgekehrt die Verdammten, aber nur solange jene schrille Stimme ihnen nicht in mechanischem Dreitagetakt ihr Stichwort gibt. Unsinnssilben sind die göttliche Strafe, die sie auf ein Chaos von Körpern reduziert. Leuten, die nicht den Herrn anrufen wollten, antwortet der Herrendiskurs mit seiner eigenen und sehr zeitgenössischen Perversion: zum Zufallsgenerator einer Hölle.

Nietzsche in seiner Gedächtnis- und Gedächtniseinschreibungstheorie schreibt einmal „Schlag- und Stichwort"[81], womit er das Beschriebene schon illustriert. Psychophysische Experimente setzen Schlag- und Stichwörter ein, bis die Gefolterten in glühenden Finsternissen verschwinden oder die Physiologik von Kulturtechniken preisgeben. Bei Grasheyschen Störungen, wo Patienten vom Chandos-Typ „einzelne Buchstaben noch richtig zu lesen vermögen, aber ihre Kombination zum Wort nicht gelingt", empfiehlt Ziehen, „dem Kranken ein Wort vorzubuchstabieren, das er dann zusammensetzen muß, oder umgekehrt ein Wort irgendwie vorzugeben, das er dann buchstabieren muß"[82]. Diese Schlagwörter schlagen so ein, daß sie um 1900 allenthalben wieder auftauchen.

Freud hat eine Hysterica in Analyse, die „mit neunzehn Jahren unter einem Steine, den sie aufgehoben, eine Kröte gefunden und darüber die Sprache für Stunden verloren" hat. Einem Psychiater aber, der sie genötigt hatte, in der Hypnose K..r..ö..t..e.. zu buch-

---

[79] GEORGE, 1894/1927–34: XVII 30 f.
[80] Vgl. etwa Inferno V, V. 94–96, Inferno VII, V. 118–123, und Inferno XXXI, V. 67–82.
[81] NIETZSCHE, 1887/1967 ff.: VI 2, 277.
[82] ZIEHEN, 1907: 685.

stabieren", ist Emmy v. N... davongelaufen. Und bevor sie auch der Couch flieht, nimmt sie Freud „das Versprechen ab, ihr dieses Wort niemals zuzumuten"[83]. Malte Laurids Brigge, als sei er Ohrenzeuge jenes Psychiaters, hört in der Pariser Salpêtrière, Charcots großer Heil- oder Brutstätte für Hysterien, durch die Wand ein Arzt-Patient-Gespräch mit.

In die Stille hinein sagte eine überlegene, selbstgefällige Stimme, die ich zu kennen glaubte: „Riez!" Pause. „Riez. Mais riez, riez." Ich lachte schon. Es war unerklärlich, weshalb der Mann da drüben nicht lachen wollte. Eine Maschine ratterte los, verstummte aber sofort wieder, Worte wurden gewechselt, dann erhob sich wieder dieselbe energische Stimme und befahl: „Dites nous le mot: avant." Buchstabierend: „a-v-a-n-t" ... Stille. „On n'entend rien. Encore une fois: ..."[84]

*

Leseforschung am Tachistoskop

Das Schlag- und Stichwort ist Einschreibung schon in seiner mündlichen Befehlsform. Zerhackung und Iteration führen Diskurse auf diskrete Einheiten zurück, die als Zeichenvorrat oder Tastatur unmittelbar Körper affizieren. Statt wie die Lautiermethode Gesichtssprache in Gehörsprache zu übersetzen und Reden die schöne Innerlichkeit von Musik einzuhauchen, tut Psychophysik ihnen die Handgreiflichkeit Verräumlichung an. Lokalisierung lautet das Stichwort aller Aphasieforschung, Buchstabieren der belauschte Psychiaterbefehl. Darum ist es nur konsequent, wenn die Stichworttechnik auf Lesen und Schreiben angewandt wird.

Nach dem Vorgang von Helmholtz, der zur Messung von Sinnesansprechschwellen und Wahrnehmungszeiten Apparat um Apparat gebaut hat, geht die Psychophysik der neunziger Jahre daran, auch das Lesen mit Kymographen, Tachistoskopen, Horopteroskopen und Chronographen durchzumessen. Unter diesen Maschinen herrscht schierer Wettbewerb in der Minimierung der Zeit, für die der Lesereiz den Versuchspersonen erscheint. Nur so nämlich können Sinnesphysiologie und Aphasieforschung verschaltet werden: Cattell errechnet die Millisekunden, die ein blitzartig exponierter Buchstabe von Nerv zu Nerv, von einem Sprachteilzentrum zum nächsten braucht. Bei anderen Tests jedoch arbeiten er und nach ihm Erdmann/Dodge im Zehntelsekundenbereich, was den Probanden noch Augenbewegungen und Relektüremöglichkeiten einräumt. Das von Wundt angegebene Falltachistoskop erlaubt es dagegen, die Letternexpositionszeit kontinuierlich bis zum Grenz-

---

[83] FREUD, 1895/1946–68: I 107 und 133.
[84] RILKE, 1910/1955–66: VI 764.

wert Null zu verkürzen. Erst bei 0,01 sec nämlich „kann man sicher sein, daß ebenso jede Bewegung des Auges wie jedes Wandern der Aufmerksamkeit unmöglich ist"'[85]. Und auf diesen Knalleffekt kommt alles an. Versuchspersonen (die einmal mehr zugleich professorale Versuchsleiter sind) sitzen also mit Köpfen und Augen, deren Bewegung durch Fesseln verhindert oder gar unterlaufen wird, vor schwarzen Guckkästen, aus denen für die Dauer eines Blitzes – der Leseforschungspionier Donders hat tatsächlich mit elektrischen Induktionsfunken gearbeitet[86] – einzelne Buchstaben aufscheinen. Höhlengleichnis der Moderne.
„Ein Blitz. Dionysos wird in smaragdener Schönheit sichtbar'', verhieß der Dithyrambus. Ein tachistoskopischer Trick – und für Millisekunden werden in skripturaler Schönheit Lettern sichtbar. „Steck ein kluges Wort hinein'', sagte Dionysos in Ariadnes Ohr. Ob klug oder sinnlos, auch der Apparat schreibt Netzhäuten Zeichen ein, die gar nicht anders als buchstäblich zu nehmen sind. Nach Ausschluß von Relektüre und Ganzworterkennung fallen selbst Gebildete auf „primitivstes Buchstabieren'' als Minimum u n d Standard allen Lesens zurück.[87] Wohl zum erstenmal in einer Schriftkultur sind Leute auf physiologisch nackte Zeichenwahrnehmung reduziert. Schrift hört auf, sanft und tot auf geduldigem Papier ihrer Konsumenten zu harren; Schrift hört auf, mit Zuckerbäckerei und Mutterflüstern versüßt zu werden – sie überfällt mit der Gewalt eines Chocs. Stich- und Schlagwörter kommen aus einem Tresor, in den sie unvorstellbar rasch wieder verschwinden, um bei den Probanden Einschreibungen ohne Tinte noch Bewußtsein zu hinterlassen. Das Tachistoskop ist eine Schreibmaschine, deren Typen statt auf Papier auf die Netzhäute selber einhauen. Wenn die blöde Entzifferung solcher Blendungen noch Lesen heißen kann, dann nur in völliger Entkopplung von Mündlichkeit, als wäre der Wahnsinn Heerbrands und seiner tanzenden Frakturlettern zum Standard geworden. Aber eben daß Versuchspersonen dem Tachistoskop wehrlos ausgeliefert werden, erbringt für alle „Vorgänge'', deren „ungemein verwickelter Inbegriff'' das Lesen ist[88] – von der Buchstaben- bis zur Worterkennung, vom Tempo bis zur Fehlerquote –, meßbare und nur meßbare Werte.

Standards haben mit Dem Menschen nichts zu tun. Sie sind Kriterien von Medien und Psychophysik, die sie zum Kurzschluß verschalten. Eine von allen anderen Diskurstechniken entkoppelte Schrift beruht nicht mehr im Individuum, das ihr durch Bindungs-

---

[85] WUNDT, 1904: I 1, 569.
[86] Vgl. ERDMANN/DODGE, 1898: 9.
[87] ZEITLER, 1900: 403.
[88] ERDMANN/DODGE, 1898: 1.

bögen und expressiven Federdruck seine Kohärenz einflößen oder ablernen konnte; sie haust in einem Apparat, der Individuen zu Testzwecken zerhackt. Was Tachistoskope messen, sind Automatismen, keine synthetischen Urteile. Eben darum kommt es zur Ehrenrettung des verpönten Buchstabierens.

Im Jahr 1803 hat der Psychiater Hoffbauer eine schöne Rechnung zur Lesegeschwindigkeit durchschnittlich Gebildeter vorgelegt.

> Ein mittelmäßig fertiger Leser, lieset in einer Stunde drey Bogen, die, wie das vorliegende Buch gedruckt sind, wenn die Sachen selbst ihm keinen Aufenthalt verursachen. Nach einer leicht angestellten Berechnung, braucht er zu einer Seite zu lesen nicht mehr als eine und eine Viertel-Minute Zeit. Rechnet man nun auf die Seite dreyßig Zeilen, und auf jede Zeile dreyßig Buchstaben; so muß er in einer und einer Viertel-Minute oder fünf und siebzig Sekunden neun hundert Buchstaben anerkennen und den einen von den andern unterscheiden. Diese Anerkenntniß eines Buchstabens geschieht aber durch einen Schluß. Also zwölf verschiedene Schlüsse macht unser Leser in einer Sekunde. (...) Setzt man nun voraus, daß der Leser dem Schriftsteller folgt, so daß dessen Gedanken in seine Seele übergehn, so steht einem der Verstand still. Man hat aus diesem und anderen Beyspielen den Schluß machen wollen, daß wir uns Gegenstände ohne alles Bewußtsein vorstellen. Dieses scheint indeß keineswegs zu folgen.[89]

So weit und nicht weiter ging, schon weil sie Zahlen bezeichnenderweise ausschrieb, die Mathematik der Bildung. Eine Rekonstruktion der vollendeten Alphabetisierung, vom ganzen Bogen zurück zu Einzelbuchstaben, mündete in Andacht vor einem Bewußtsein, das zwölf Anerkenntnisse oder Schlüsse pro Sekunde schafft, ohne daß doch die Schlüsse zum Schluß berechtigten, mit jenem Bewußtsein, das alle meine Lektüren muß begleiten können, sei es nichts. Solange Lesen Gedanken von Seele zu Seele transportierte und seine Norm wie bei Reiser am Sprechtempo hatte, war es tatsächlich Anerkenntnis und technisch definierte Unbewußtheit ein Unding.

Der Automatismus tachistoskopischer Wortexposition zielt auf alles andere als Gedankentransport. Aber nicht nur darum unterbieten die 19 ms für ganze Wörter Hoffbauers Zwölftelsekunde pro Buchstaben. Apparate lassen nicht einfach den Alphabetismus laufen, um ihn im nachhinein zu feiern. Sie selber diktieren blitzartig wie Dionysos das Expositionstempo. Wodurch Funktionen zutage kommen, die den Individuen und Bewußtseinen so fremd sind wie am Ende Schrift überhaupt. Die Psychophysik (und da-

---

[89] HOFFBAUER, 1802–07: II 286 f.

mit macht sie Film und Futurismus möglich) erforscht „lauter Bewegungen der Materie, die den Gesetzen der Intelligenz nicht unterliegen und deshalb viel bedeutsamer sind"[90]. Nur solange Kulturtechniken auf die Abszisse einer biologischen Zeit abgetragen wurden, waren sie Dem Menschen zuschreibbar, den die Zeit der Apparate liquidiert. Der eine Mensch zerfällt in Illusionen einerseits, die ihm bewußte Fähigkeiten und Fazilitäten vorgaukeln, und andererseits in jene unbewußten Automatismen, die ein Hoffbauer kaum der Widerlegung zu würdigen brauchte.

Es ist Illusion, daß die ersten Schreibmaschinisten Lesbarkeit und Sichtbarkeit der entstehenden Texte, also Sichtschriftmaschinen fordern. Automatisierte Hände arbeiten blind eher besser. Es ist Illusion, daß gerade gebildete Versuchspersonen am Tachistoskop „sicher" sind, „das ‚Ganze' gesehen zu haben". Im Millisekundenbereich, den keine Introspektion mehr kontrolliert, geht auch das trainierteste Leserauge buchstabierend-sukzessiv vor.[91] Es ist Illusion des „subjektiven Urteils", daß Fraktur lesbarer wäre als Antiqua. Ausgerechnet „Personen, die Fraktur viel lieber lesen und dies auch mit größerer Leichtigkeit zu tun glauben, brauchen doch höhere Lesezeiten"[92].

Solche Illusionen bringt Bahr, der vielgeschmähte Hermann Bahr auf eine Kurzformel. Wenn klassische Alphabetisierung der Versuch gewesen ist, Den Menschen (unter Umgehung von Diskursen) mit der Welt zu vermitteln, so gilt fortan:

> Das Experiment mit dem Menschen ist verunglückt. Und das Experiment mit der Welt ist verunglückt. Jetzt kann das Experiment nur noch zwischen dem Menschen und der Welt, wo sie zusammenstossen (sensation, impression) gemacht werden.[93]

Diesseits der Illusionen Mensch und Welt bleibt an Realem einzig eine Kontaktfläche oder Haut, wo etwas auf etwas schreibt. Genau diesen Tachistoskopeffekt plant eine Literatur, die, statt von „unsinnlichen Freuden zu stammeln", „Nerven" in bestimmte Stimmungen zwingen will"[94]. Sie attackiert also einzeln und sukzessiv die Hirnbezirke. Nietzsches Wort, daß Sprache erstens Nervenreize in Bilder und zweitens diese Bilder in Laute transponiert, trifft keine Sprache genauer als die literarische. Holz, der vielgeschmähte Arno Holz ersetzt nicht nur den Reim durch eine Vielzahl akustischer Effekte; er fragt auch, „warum das Auge am Drucksatz eines Gedichts n i c h t seine besondere Freude haben

---

[90] MARINETTI, 1912, in: BAUMGARTH, 1966: 169.
[91] ZEITLER, 1900: 401. Vgl. auch WERNICKE, 1906: 511.
[92] MESSMER, 1904: 228. Vgl. auch 273 f.
[93] BAHR, 1894: 9.
[94] BAHR, 1894: 28.

sollte"⁹⁵. Und diese Freuden sind keine Miniaturbilder von Mensch und Welt, sondern (als wären sie am Tachistoskop errechnet) ergonomische Optimierungen der Lesezeit. Daß Holz ab 1897 alle Verszeilen typographisch mitteilt, hat keinen anderen Grund.

> Ließe ich (...) die Achse, statt in die Mitte, an den Anfang setzen, so würde dadurch das Auge gezwungen sein, immer einen genau doppelt so langen Weg zurückzulegen.⁹⁶

Was die Verse im Auge haben, sind also nicht Leser und deren Verstehen, sondern Augen und deren Psychophysik. Anders gesagt: „Bewegungen der Materie, die den Gesetzen der Intelligenz nicht unterliegen und deshalb viel bedeutsamer sind." Der *Phantasus*, statt gut romantisch die Phantasie als Surrogat aller Sinne anzusprechen, rechnet nur mehr mit unbewußten Ophthalmokinesen (die ja sogar Husserls gleichzeitige Phänomenologie thematisiert). So anders ist um 1900 Rezeptionsästhetik geworden: An die Stelle von Kommunikation, deren Mythos zwei Seelen oder Bewußtseine voraussetzt, treten Zahlenverhältnisse zwischen Schriftmaterialität und Sinnesphysiologie. Ob und wie faktische Leser darauf ansprechen, daß ihren Nerven soundsoviele Millisekunden erspart werden, geht den Lyriker Holz nichts mehr an. Er hat, wo seine Vorgänger gerade umgekehrt zum Überspringen der Buchstaben einluden, die Materialität seines Mediums technisch zu kalkulieren. Spenglers begreiflicher Wunsch, daß „sich Menschen der neuen Generation der Technik statt der Lyrik, der Marine statt der Malerei, der Politik statt der Erkenntniskritik zuwenden"⁹⁷, kommt also an einem Punkt zumindest reichlich verspätet. Seit Nietzsche „ist Ästhetik ja nichts als eine angewandte Physiologie".

*

Ihren höchsten Triumph feiern die Bewegungen der Materie auf dem Feld des Schreibens. Nicht nur Schreibmaschinenforscher sind am Ziel, wenn eine Testperson nach 38 Tagen reiner Abschreibübungen im Versuchstagebuch notiert „To-day I found myself not infrequently striking letters before I was conscious of

Écriture automatique im Experiment Gertrude Steins

---

⁹⁵ HOLZ, 1924-25: X 574.
⁹⁶ HOLZ, 1924-25: X 574, vgl. dazu SCHULZ, 1974: 71-83. Die Frage bleibt freilich, warum Holz auf halbem Weg stehengeblieben ist.
    Angenommen, diese Anm. wäre nicht wissenschaftliche Prosa, dann würde ihre und nur ihre Schreibweise, über alle Mittelständigkeit hinaus, den ophthalmokinetischen Rücklaufweg minimalisieren.
⁹⁹ SPENGLER, 1923: I 54.

seeing them. They seem to have been perfecting themselves just below the level of consciousness."[98] Auch im Fall Handschreiben erforscht oder generiert die Psychophysik lauter unbewußte Automatismen. Zwar ist die écriture automatique schon um 1850 aufgekommen, aber nur in Zirkeln und Abzweckungen amerikanischer Spiritisten; ihre Analyse beginnt erst am Jahrhundertende.[99] Nach dem theoretischen Vorgang von Myers und William James kommt es am Harvard Laboratorium des Psychologen und Psychotechnik-Erfinders Münsterberg, den James persönlich aus Wundts Leipzig abgeworben hat, zur profanen écriture automatique. Um die Normalität auch hysterischer Automatismen nachzuweisen, machen zwei Münsterberg-Studenten, die nach der vagen Maßgabe ihrer Introspektion wohl normal heißen dürften (auch wenn die nachmalige Gertrude Stein unter ihnen ist), Experimente nicht minder delirant als Ebbinghaus. Am Anfang stehen dabei, schon weil Lesen schneller und damit unbewußter als Schreiben läuft, Versuche in automatischem Lesen.

> This is a very pretty experiment because it is quite easy and the results are very satisfactory. The subject reads in a low voice, and preferably something comparatively uninteresting, while the operator reads to him an interesting story. If he does not go insane during the first few trials he will quickly learn to concentrate his attention fully on what is being read to him, yet go on reading just the same. The reading becomes completely unconscious for periods of as much as a page.[100]

Wirklich hübsch, das Experiment, und wie geschaffen, um hermeneutisches Lesen zu verabschieden. Vormals sollte unser Inneres die Werkstätte für sämtliche Lektüreoperationen sein; wir durften unser Ich nie aus dem Gesicht verlieren, um nicht durch Zerstreuung in Wahnsinn zu verfallen. Nunmehr steht genau das auf dem Programm, was Bergk skandalisierte; und wenn die Klippe Wahnsinn einmal umschifft ist, laufen die Dinge so unbewußt wie normal. Die isolierten Routinen Lesen, Zuhören, Sprechen, statt alle gemeinsam in einer Stimme aus tiefstem Gemüt zu wurzeln, werden automatisch und apersonal –: „the voice seemed as though that of another person"[101].

In einer ersten Steigerung versuchen Leon Solomons und Gertrude Stein sodann eine Kopplung von automatischem Lesen und automatischem Schreiben.

---

[98] Swift, 1904: 302.
[99] Vgl. Ellenberger, 1973: I 177, und das schon historische historische Resumé bei Janet, 1889: 376–404.
[100] Solomons/Stein, 1896: 503.
[101] Solomons/Stein, 1896: 504.

For this purpose the person writing read aloud while the person dictating listened to the reading. In this way it not infrequently happened that, at interesting parts of the story, we would have the curious phenomenon of one person unconsciously dictating sentences which the other unconsciously wrote down; both persons meanwhile being absorbed in some thrilling story.[102]

Die Zweiteilung des einen Menschen ist also auch an zweien machbar. Während beide Bewußtseine mit Signifikaten abgespeist werden, nimmt ein Unbewußtes Diktate des anderen auf – ganz wie der Psychoanalytiker „dem gebenden Unbewußten des Kranken sein eigenes Unbewußtes als empfangendes Organ zuwendet"[103]. Eine Schreibsituation, die romantische Bibliotheksphantastik gerade durch täuschende Nähe pervertiert. Auch als Serpentina dem Studenten Anselmus ihrer beider Liebesgeschichte einflüsterte, schrieb ja die Hand in unbewußtem Diktat mit. Aber jene Phantomgeliebte war so wenig apersonal, wie sie für eine Männerseele den Muttermund spielen konnte. Deshalb verlautete ihre Stimme gar nicht; sie entstand als utopischer Schattenwurf sehr realer, aber unleserlicher Zeichen. Weil Die Frau nicht existiert und plurale Frauen im Bildungssystem keinen Platz hatten, mußte eine imaginäre Frauenstimme die Schreibpflicht angehender Autoren oder Beamter zugleich anmahnen und in Kindersexualität verzaubern.

Um 1900 dagegen löst das Experiment die Utopie ab.[104] Gertrude Stein, nicht umsonst Münsterbergs Idealstudentin[105], darf Psychophysik ganz wie ihr Kommilitone treiben. Während deutsche Universitäten noch vor dem Chaos zittern, das die Zulassung von Studentinnen heraufbeschwören würde, ist das Harvard Psychological Laboratory längst desexualisiert. In ihrem Testbericht figurieren Solomons und Stein beide durchgängig als „er". Und nur Andeutungen macht der szientifische Diskurs, daß bei diesem seltsamen Beisammensein immer der Mann diktiert und die Frau schreibt.[106] Gertrude Stein, jahrelang als akademische Sekretärin beschäftigt, ist auch im Experiment „the perfect blanc while someone practises on her as an automaton"[107]. Warum die zwei Geschlechter so und nicht anders verteilt sind, bleibt ungesagt. Zwei Jahre später aber setzt Stein, bezeichnenderweise ohne So-

---

[102] SOLOMONS/STEIN, 1896: 505.
[103] FREUD, 1912/1946–68: VIII 381.
[104] Vgl. dazu FOUCAULT, 1971c/1974a: 125.
[105] Zu den biographischen Fakten vgl. BRINNIN, 1960: 29; über Münsterbergs Rolle bei der Einrichtung eines Frauenstudiums in Harvard vgl. M. MÜNSTERBERG, 1922: 76.
[106] Vgl. SOLOMONS/STEIN, 1896: 500 und 506.
[107] STEIN, M 1894, zit. BRINNIN, 1960: 30.

lomons, ihre Selbstversuche an anderen fort – mit dem ausdrücklichen Zweck „eines Vergleichs zwischen männlichen und weiblichen Versuchspersonen"'[108]. Und schon diese Fragestellung zeigt an, was den neuen szientifischen Diskurs trägt. Reale und im Plural existierende Frauen haben Zugang zum universitären Schreiben erlangt. Ihre Hysterie, statt weiter im Abseits närrischer Brentano-Schwestern zu bleiben, wird experimentell simuliert, um zum ganz normalen motorischen Automatismus aufzurücken. So unbewußt wie gefügig gehorcht Gertrude Stein dem Diktat ihres Kommilitonen.

Damit sind alle Positionen der Geschlechter gegenüber dem Aufschreibesystem von 1800 vertauscht. An den Ort des imaginären Muttermundes, der Männern Innerlichkeit einhauchte, tritt ein Mann, sehr faktisch diktierend, an den komplementären Ort des unbewußten Autors eine von vielen Frauen, die studiert genug sind, um Diktat aufzunehmen – Ariadne, Frau Röder-Wiederhold, Resa von Schirnhofer, Gertrude Stein und wie sie alle heißen. Daß einige von ihnen zu Schriftstellerinnen werden, liegt schon in der Logik des Experiments.[109]

Denn es ist der höchste Triumph von Psychotechnik, aus der diktierten écriture automatique eine spontane zu machen. Nach ihren Vorübungen in Lesen und Diktatempfang kommen Solomons und Stein zur Sache. Eine Frauenhand produziert Texte, ohne zu wissen, daß und was sie schreibt. Damit aber entdeckt die Psychophysik lange vor den Surrealisten schon alle Regeln auch des literarischen Spontanschreibens (um Ziehens glückliche Verdeutschung aufzunehmen). Erstens ist es verboten, Geschriebenes wiederzulesen; genau der Akt, der um 1800 aus Schreibhänden Autoren machte, „stoppt das automatische Schreiben". Zweitens ist es geboten, die lästige Kontrollinstanz Ich damit abzuspeisen, daß im Störungsfall schon geschriebene Zeilen so stur wie sinnlos wiederholt werden.[110] Zwei Grundregeln, die Bretons *Manifeste du surréalisme* mit dreißig Jahren Verspätung nur noch in Literaturtheorie zu übersetzen braucht.

> Écrivez vite sans sujet préconçu, assez vite pour ne pas retenir et ne pas être tenté de vous relire. (...) Fiez-vous au caractère inépuisable du murmure. Si le silence menace de s'établir pour peu que vous ayez commis une faute: une faute, peut-on dire, d'inattention, rompez sans hésiter avec une ligne trop claire. À la suite

---

[108] STEIN, 1898: 295.
[109] Für Gertrude Stein vgl. SKINNER, 1934: 50–57; im allgemeinen über Studium und schreibende Frauen vgl. MASCHKE, 1902: 12.
[110] SOLOMONS/STEIN, 1896: 508 und 498.

du mot dont l'origine vous semble suspecte, posez une lettre quelconque, la lettre *l* par exemple, toujours la lettre *l*.[111]

Breton, den der Erste Weltkrieg ja zum psychiatrischen Krankenhelfer ausbildete, kann nicht nicht gewußt haben, woher solche Literaturerzeugungsregeln stammen. Die empfohlene Zeicheniteration bei bewußter und d. h. störender Aufmerksamkeit verkehrt einfach psychiatrische Vorzeichen. Eben jene „sinnlose Wiederholung derselben Buchstaben eine halbe oder ganze Zeile hindurch, wie in den Schreibheften der Kinder", die Psychiater ihren Geisteskranken als „schriftliche Verbigeration" und d. h. Gedankenflucht anlasten[112], als écriture automatique wird sie zur Pflicht von Psychologen und Psychiatern, die im Simulieren ihrer Patienten nicht mehr und nicht weniger schaffen als Literatur. Schon darum ist Spontanschreiben keine Freiheit. Automatisierung von Kulturtechniken bezweckte auch die Alphabetisierungskampagne von 1800, aber nur, um „den Boden der Innerlichkeit im Subjecte zu begründen und rein zu machen"[113]. Wenn dagegen Gertrude Stein nach irren Vorübungen endlich zum Experimentalziel „automatic writing from invention" kommt, beschwört gerade die freieste Invention Unentrinnbarkeiten so bindend wie Jahrzehnte später der Satz, daß Rose eine Rose eine Rose ist. Das längste unter den wenigen Beispielen, die Solomons/Stein mitteilen, sendet Klartext.

> Hence there is no possible way of avoiding what I have spoken of, and if this is not believed by the people of whom you have spoken, then it is not possible to prevent the people of whom you have spoken so glibly ...[114]

Was spricht, wenn Es spricht, ist immer das Fatum. Freud könnte ein Lied davon singen. Weil schon grammatisch der Wiederholungszwang herrscht, fallen Medium und Botschaft zusammen. Der Diskurs wird unentrinnbar im Maß seiner Leere. Nicht von Gedanken und Innerlichkeiten, von Meinen und Verstehen ist die Rede des Spontanschreibens; sie ist es einzig von Reden und Zungenfertigkeiten. Weder das Unvermeidliche noch die Leute, denen es droht, existieren anders als durch Hörensagen. In der methodischen Isolation ihres Labors, von allen klassischen Bestimmungen des Weibes abgeschnitten und der neuen desexualisierten Universität integriert, spricht und schreibt eine Idealstudentin, als sei die verworfene Wahrheit vor und über dem Abendland zurückgekehrt. So folgenreich tritt Psychophysik an die Stelle okkulter

---

[111] BRETON, 1924/1967: 42 f.
[112] PREYER, 1895: 12.
[113] HEGEL, 1830/1927–40: X 351.
[114] SOLOMONS/STEIN, 1896: 506.

Medien (lies: Frauen). Einsam und berauscht, sitzt auf dem Dreifuß wieder eine Pythia, der Männer oder Priester die verhohlene Angst der Leute zuflüstern. Die Herrin des Orakels aber kann nicht trösten. Was immer sie sagt, wird unvermeidlich, weil sie es sagt. Tragischer ist niemand als Kassandra. Da ergeht eine unbewußte Rede, und sofort schöpfen Ohren ringsum den Verdacht, der so nahe an die Philosophen unerträgliche Wahrheit kommt: daß Diskurse, was sie nur zu beschreiben scheinen, selber heraufbeschwören. Ob unter mythischen oder positivistischen Vorzeichen, Freigabe automatischer Reden hat zur unvermeidlichen Folge, daß Kassandra keinen Glauben und damit keinen Weg findet, die Leute zu warnen, von denen eben noch zungenfertige Rede war. So, wörtlich und unkommentiert, die führende Zeitschrift amerikanischer Experimentalpsychologie, Jahrgang 3, 1896.

> Es gibt keinen möglichen Weg, um zu vermeiden, wovon ich gesprochen habe, und falls dies von den Leuten nicht geglaubt wird, von denen du gesprochen hast, dann ist es nicht möglich, die Leute zu warnen, von denen du so zungenfertig gesprochen hast ...

Technische Medien

Ein Medium ist ein Medium ist ein Medium. Das Wort sagt es schon: zwischen okkulten und technischen Medien besteht kein Unterschied. Ihre Wahrheit ist die Fatalität, ihr Feld das Unbewußte. Und weil Unbewußtes den Glauben, der eine Illusion ist, nie findet, bleibt nur, es zu speichern.

Im Aufschreibesystem von 1900 laufen die psychophysischen Experimente als ebensoviele Zufallsgeneratoren, die Diskurse ohne Sinn noch Gedanken auswerfen. Der übliche Sprachverwendungszweck – sogenannte Kommunikation mit anderen – scheidet damit aus. Wortsalat und Spontanschreiben, Kindersprache und Irrereden sind alle nicht für verstehende Ohren oder Augen da; sie wandern aus Versuchsanordnungen auf schnellstem Weg in Datenspeicher. Im Fall Spontanschreiben ist dieser Speicher die gute alte Handschrift mit der kleinen Modifikation, daß Gertrude Stein, statt ihren Händen bestimmte Zeichen anzubefehlen, mit müßiger Neugier wie abgetrennten Maschinen zusieht.[115] Aber es gibt andere Fälle, wo die Ablage in Schrift schier unmöglich wird, weil bestimmte Zufallsgeneratoren nur bei extremiertem Tempo Wirkung zeitigen. Schon automatisches Schreiben und Lesen hat immer wieder einen Trend zur Beschleunigung: das Diktiertempo läuft

---

[115] Vgl. SOLOMONS/STEIN, 1896: 506.

den Schreibhänden davon, das Lesetempo den Artikulationsorganen.[116] Also muß die Psychophysik, um überhaupt etwas zu behalten, in den neuen Medien implementiert werden, die um 1900 alle Optik und Akustik revolutioniert haben. Es sind, wie man weiß, Edisons zwei große Entwicklungen Film und Grammophon. Der langwierige Prozeß, der zuletzt in Lumières Kinematographen mündet, ist diktiert von der technisch-industriellen Notwendigkeit, das träge Menschenauge im Einzelbilderfassungstempo zu überbieten. An der Wiege des Films standen Muybridges Reihenphotographien, Marey/Demenys photographische Flinte und Ernemanns Zeitlupe. Weniger offenkundig ist, daß auch das Grammophon in Zeitintervallen unterhalb menschenmöglicher Schreibgeschwindigkeit arbeiten muß. Vor der mathematischen Schwingungsanalyse eines Fourier und der physiologischen Akustik eines Helmholtz wäre es – darin irrten Zeitgenossen[117] – unerfindlich gewesen. Ingenieursbüros, diese größte Erfindung des Vielfacherfinders Edison, verkehren und vollenden also nur, was die psychophysischen Labors gestartet haben; erst experimentelle Zerlegungen der Wahrnehmung machen ihre analoge Synthese oder Simulation möglich. Film und Phonograph als technische Synthesen optischer und akustischer Abläufe beruhen auf Analysen, die die elektrische Laufzeit von Nervenreizen grundsätzlich unterbieten. Sonst könnten sie, nach Helmholtz' Einsicht, diese Nerven ja nicht täuschen. Daß Stimmwiedergaben schon in den Grundtönen ein Frequenzband zwischen 90 und 1200 Hertz überstreichen müssen, daß Körperbewegungsstudien Belichtungszeiten im Millisekundenbereich erfordern, sind solidarische Fakten.

Die technische Aufzeichenbarkeit von Sinnesdaten verschiebt um 1900 das gesamte Aufschreibesystem. Zum wahrhaft ersten Mal hört Schreiben auf, mit serieller Datenspeicherung synonym zu sein. Das Buchmonopol zerbricht und gibt auf seinen Trümmern Speichersysteme im Plural frei. Zur symbolischen Fixierung von Symbolischem tritt die technische Aufzeichnung von Realem in Konkurrenz. Was läuft, muß, um zu sein, nicht mehr immer erst in Elemente einer abzählbaren Zeichenmenge (Buchstaben, Ziffern, Noten) transponiert werden; Analogmedien erlauben jeder Sequenz reeller Zahlen, sich als solche einzuschreiben. Der großartig überhöhte Edison, den Villiers de l'Isle-Adam zum Helden seiner *Ève future* macht, findet dafür die bündigste Formel. Er sitzt sinnend unter lauter Apparaten, um monologisch und von Literaturwissenschaftlern überhört Lessings *Laokoon* auf den Stand von 1886 zu bringen.

Ursprünge der Grammophonie

---

[116] Vgl. SOLOMONS/STEIN, 1896: 506 f.
[117] Vgl. etwa VILLIERS, 1886/1977: 38, und dagegen READ/WELSH, 1959: 2–6.

Le Verbe divin semble avoir fait peu d'état des côtés extérieurs et sensibles de l'écriture et de la parole. Il n'écrivit qu'une seule fois – et, encore, sur la terre. Sans doute n'estimait-il, dans la vibration du mot, que cet insaisissable a u-d e l à, dont le magnétisme inspiré de la Foi peut pénétrer un vocable dans l'instant où on le profère. (...) Toujours est-il qu'il a permis seulement qu'on i m p r i m â t son Évangile, et non qu'on le p h o n o g r a p h i â t. Cependant, au lieu de dire: ,,Lisez les Saintes Écritures!'' on eût dit: ,,Écoutez les vibrations sacrées!''[118]

Dem Buchglauben blieb es im Namen seines Herrn untersagt, an Wort und Schrift die Äußerlichkeit und Sinnlichkeit zu feiern. Das ihm eingeräumte Medium Buchdruck machte es möglich, Zeichen auf Sinn, dieses ,,Jenseits'' der Sinne hin zu überspringen. Erst unterm Gegenbefehl ,,Hört die heiligen Schwingungen!'' verliert die symbolische Fixierung von Symbolischem ihr Monopol. Schwingungen, auch in Gottes Stimme, sind Frequenzen weit unter der Wahrnehmungs- und Notationsschwelle von Einzelbewegungen. Weder Bibel noch Fibel könnten sie aufschreiben. Weshalb Phonograph's Papa, wie Edison bei den Leuten und im Roman heißt, das Heilige selber umdenkt. Er träumt von idealen Phonographen, die ,,auf unzerstörbare Art'' und ,,in kupfernen Klangarchiven'' ,,Orakel von Dodona'' und ,,Melopöen der Sibyllen'' hätten fixieren können. (Um vom reinen ,,Geräusch'' zu schweigen.)[119] So nahe kommen die Träume eines amerikanischen Ingenieurs, wie sie und ihn ein französischer Symbolist träumt, den seltsamen Ereignissen in Münsterbergs Labor. Was das Medium Studentin vor psychotechnischer Ekstase kaum mehr notieren kann, vom Medium Grammophon würde es festgehalten – das Raunen und Rauschen unbewußter Orakel.

Aber nicht alle Frauen von 1900 sind, wie Orakel oder Studentinnen, auf der Höhe von Zeit und Technik. Es gibt unter Deutschen noch Leserinnen. Anna Pomke, ,,ein zaghaftes Bürgermädchen'', bedauert nur, ,,daß der Phonograph nicht schon um 1800 erfunden wurde''. Denn, wie sie einem geliebten Professor bekennt:

,,Ich hätte wenigstens so gern Goethes Stimme noch gehört! Er soll ein so schönes Organ gehabt haben, und was er sprach, war so

---

[118] VILLIERS, 1886/1977: 23. Den Schlußsatz übersetzt H. H. Ewers, wohl weil er den Phonographen ohnehin scheußlich fand, durch eine virtuose Verdrängung: durch ,,Worte'' anstelle von ,,vibrations'' (VILLIERS, 1920: VII 16). Ohne übersetzen zu wollen, trifft dagegen Hugo Balls ,,Schwingen göttlicher Kadenzen'' (zit. PHILIPP, 1980: 127) den bewundernswerten Wortlaut bei Villiers.

[119] VILLIERS, 1886/1977: 16–18. Zur wissenschaftlichen Approximation solcher Romanutopien vgl. HORNBOSTEL/ABRAHAM, 1904: 223 f.

gehaltvoll. Ach, hätte er doch in einen Phonographen sprechen können! Ach! Ach!"[120]

Im Bildungsglauben sind heilige Schwingungen eben kein sibyllinisches Rauschen, sondern Ton und Gehalt einer Stimme, die Leserinnen im Imaginären schon lange beglückt hat und es nun auch im Realen tun soll. Dem Seufzer einer Sehnsucht aber, die ihre Bücherliebe modernisieren will, kann ein liebender Professor nicht widerstehen. Abnossah Pschorr begleitet Fräulein Pomke nach Weimar, schleicht in die Fürstengruft, nimmt von Goethes Skelett einen heimlichen Abdruck, rekonstruiert den zugehörigen Kehlkopf, koppelt ihn mit einem Phonographen und baut diesen schönen Verbund von Physiologie und Technik im Arbeitszimmer des Goethehauses auf. Denn Pschorr, der ganz offenbar Babbage gelesen hat, weiß, daß die Natur als Körper der reellen Zahlen ihr eigener Speicher ist[121]: „Immer wenn Goethe sprach, brachte seine Stimme Schwingungen hervor", deren Nachhall „im Laufe der Zeit zwar schwächer werden, aber nicht eigentlich aufhören kann". In einem „Empfangsorgan", das seinen Kehlkopf simuliert, müssen Goethes motorische Wortklangbilder, wenn auch erst bei Einsatz des 1916 taufrischen Verstärkerprinzips, aus dem Rauschen aller ergangenen Diskurse wieder sensorisch herausgefiltert werden können.[122] Demgemäß heißt Friedlaenders Erzählung *Goethe spricht in den Phonographen*. Ihr Ende freilich ist traurig und konsequent: Kein Ingenieur erträgt es, daß Frauen statt seiner Erfindung selber bloß ihren Output lieben. In eifersüchtiger Medienkonkurrenz zwischen Phonographie und Dichtung vernichtet Prof. Pschorr die einzigartige Aufnahme des schönen, monströsen und

---

[120] FRIEDLAENDER, 1916/1980: 159.
[121] Vgl. BABBAGE, 1837/1989: IX 35 f. „The principle of the equality of action and reaction, when traced through all its consequences, opens views which will appear to many persons most unexpected. – The pulsations of the air, once set in motion by the human voice, cease not to exist with the sounds to which they gave rise. Strong and audible as they may be in the immediate neighbourhood of the speaker; and at the immediate moment of utterance, their quickly attenuated force soon becomes unaudible to human ears. The motions they have impressed on the particles of one portion of our atmosphere, are communicated to constantly increasing numbers, but the total quantity of motion measured in the same direction receives no addition.(...) Thus considered, what a strange chaos is this wide atmosphere we breathe! Every atom, impressed with good and with ill, retains at once the motions which philosophers and sages have imparted to it, mixed and combined in ten thousand ways with all that is worthless and base. The air itself is one vast library, one whose pages are forever written all that man has ever said or woman whispered." Babbages Argument – eine Stiftungsurkunde aller Analogmedien – zerbrach allerdings schon im 19. Jahrhundert an Brownscher Bewegung und statistischer Thermodynamik.
[122] FRIEDLAENDER, 1916/1980: 159 f.

absenten Organs, das um 1800 ein ganzes Aufschreibesystem kommandierte.
 Eine Walze zum Speichern dodonischer Orakel, eine Walze zum Speichern des Dichters schlechthin –: Schriftstellerträume von 1900. Der Lyriker und Feuilletonist, Bohèmien und Bastler, der 1877 das technische Prinzip des Phonographen angegeben hat, versammelt all diese Träume denn auch in Versen unter dem vielsagenden Titel *Inscription*.

> Comme les traits dans les camées
> J'ai voulu que les voix aimées
> Soient un bien qu'on garde à jamais,
> Et puissent répéter le rêve
> Musical de l'heure trop brève;
> Le temps veut fuir, je le soumets.[123]

Aber Charles Cros, der Schriftsteller, hat den Phonographen nur angegeben und nie gebaut. Die Taten Edisons, des Praktikers, sind profaner, unerotischer und vergeßlicher als Schriftstellerträume oder Romanphantasien. Eben das ist ihre Größe. Phonograph und Schreibmaschine gibt es aus ein und demselben Grund. Edison ist fast taub, während unter den Schreibmaschinenerbauern die Blinden dominieren. Nicht anders als psychophysische Experimente, deren Implementierung sie ja sind, setzen Medien an der Stelle physiologischer Handicaps an. Die erste überhaupt besprochene Stanniolwalze, am denkwürdigen 6. Dezember 1877, hält eben die schreiende Stimme ihres Erfinders fest, die seinen Ohren so fern und unfaßlich bleibt. Edison brüllt *Mary Had A Little Lamb* in den Schalltrichter.[124]
 Die Geschichte der Tonspeicherung beginnt nicht mit Orakeln oder Dichtern, sondern mit Kinderliedern, wenn auch als Gebrüll eines tauben und kindischen Ingenieurs. 1888 allerdings, kaum daß sein Apparat zu industrieller Serienreife gediehen ist, bringt Edison Puppen auf den Markt, deren Sprechwalzen wirklich junge Mädchen besungen haben. Wieder erklingt – Renner unter zwölf wählbaren Programmen – *Mary Had A Little Lamb*, aber diesmal als Kinderlied aus Kindermund.[125] Wenn Villiers, bei aller Symbolistenliebe zu Orakeln und Sibyllen, Edison mit stereophon angeordneten Aufnahme- und Wiedergabegeräten den Ringelreihen seiner kleinen Töchter draußen vorm Labor abhören läßt[126], kommt er dessen profaner Erleuchtung sehr nahe.
 Denn auch Sprechpuppen markieren die Zäsur zwischen zwei Aufschreibesystemen. Kempelens und Maelzels mechanische Kin-

---

[123] Cros, 1908/1964: 136.
[124] Vgl. Chew, 1967: 3, sowie Read/Welsh, 1959: 17.
[125] Vgl. Bruch, 1979: 26, und Clark, 1977/1981: 163.

der von 1778 und 1823 hatten nichts besseres im Sinn, als die von liebevollen Eltern vorgesagten Minimalsignifikate just dieser Eltern zu wiederholen. Es gab um 1800 keine Kindersprache, die nicht pädagogisches Feedback gewesen wäre. The Edison Talking Doll dagegen läßt reale Kinder Kinderlieder über kleine Marias und Schafe singen. In solcher Selbstbezogenheit und diesseits aller Mama-Papa-Psychologie beginnt das Jahrhundert des Kindes.
Laut Ellen Key heißt *Jahrhundert des Kindes:* Schluß mit schulischem „Seelenmord"[127]. Statt pädagogisch zu normieren, was aus Kindermund zurückkommen soll, werden alle Sprachspiele freigegeben. Variable Standards liquidieren die eine Norm. Diese Standards aber sind (Kindesjahrhundertorakeln zum Trotz) immer schon technisch. Erst wenn Diskursen die Handgreiflichkeit angetan werden kann, ihr Reales zu speichern, gibt es eine Kindersprache. Der klassische Pädagogentraum, Erwachsene oder näherhin Mütter heranzubilden, die so analytisch und zeitlupenhaft lautieren, daß sie ihren Kindern wandelnde Phonem-Archive sein können, wird obsolet. Edisons Erfindung heißt nicht umsonst Phonograph: sie fixiert reale Laute, statt sie wie das Alphabet in Phonem-Äquivalenzen zu übersetzen. Berliners moderneres Gerät, das anstelle von Walzen die Schallplatte setzt und erst damit Tonaufnahmen millionenfach reproduzierbar macht, heißt nicht umsonst Grammophon: es hält nach Berliners Wort „the sound of letters" fest und hat seit 1899 einen schreibenden Engel zum Markenzeichen.[128]

Die technisch möglichen Handgreiflichkeiten gegenüber Diskursen bestimmen, was faktisch Diskurs wird.[129] Phonograph und Grammophon erlauben Zeitlupenstudien einzelner Laute, die weit unter der Wahrnehmungsschwelle auch idealer Stephani-Mütter liegen. Selbst daß um 1900 ihre Frequenzbandbreite noch nicht das ganze Sprachspektrum erfaßt und zumal s-Laute (mit Frequenzen bis zu

---

[126] Vgl. VILLIERS, 1886/1977: 29, und dazu KITTLER, 1982: 470.
[127] KEY, 1905: 219–249.
[128] Vgl. BRUCH, 1979: 31 und 69 (zur Illustration).
[129] Es ist schon so, wie eine Parodie auf den Kunstbegriff von Arno Holz spottete: „Demnach wäre also die Kunstgeschichte die Geschichte der Kunsttechnik!" (zit. HOLZ, 1924–25: X 191)

6 kHz) verzerrt, ist kein Handicap. Gleich nach ihrer Erfindung zieht die Sprechmaschine, wie Edison den Phonographen auch nennt, in Labors und Schulen ein. In Labors, weil gerade ihre Wiedergabeverzerrungen Ohren meßbar machen.[130] In Schulen, weil sie „Unersetzliches leistet zur sicheren Einprägung der flüchtigsten, undarstellbaren und doch so wichtigen charakteristischsten Momente der Sprache, der Satzphonetik (Sprachmelodie) und des Satzrhythmus", während sie (infolge jener Tiefpaßcharakteristik) „sich für reine Lautierübungen nur wenig eignet"[131]. So Ernst Surkamp, Herausgeber einer heute unauffindbaren Zeitschrift *Unterricht und Sprechmaschine*, als müßte noch bewiesen werden, daß die Epoche lautierender Hochdeutschnorm vorüber ist. Sicher können Sprechmaschinen „einen stets zur Verfügung stehenden Vorrat von akustischen Sprachbildern in vorbildlicher, tadelloser Aussprache"[132] speichern und ihn den Schulkindern gleich Wortklangbildern oder Universal Keyboards auch diktatorisch einschreiben. Aber sie können mehr und anderes. Dem Schüler Rilke, dessen Physiklehrer, kaum daß der Phonograph auf dem Markt ist, ihn auch schon nachbauen und ausprobieren läßt, offenbaren die aufgezeichneten Klänge „gewissermaßen eine neue, noch unendlich zarte Stelle der Wirklichkeit"[133]. Daß auf einmal rein empirische Phonetik (in sauberer Trennung von Phonologie) möglich wird, lädt eher dazu ein, Reales nach technischen Standards zu speichern als nach Bildungsmaßstäben zu normieren. Das wilde Heer, an dessen maschineller Aufzeichnung noch Nietzsche verzweifelte, ist fixierbar geworden. Weil „Mundarten in der Schule jede nur mögliche Förderung verdienen, so kann die Sprechmaschine in diesem Sinne wirken, indem sie durch unverfälschte mündliche Vorträge der Freude an der eigentlichen Muttersprache Nahrung zuführt"[134].

Im Aufschreibesystem von 1900 rehabilitieren Medien Dialekte überhaupt, von Gruppen wie von Kindern. Weniger die Freude der Erforschten als die der Forscher kommt zur Macht. Aber weil Normierung unterbleibt, fördert diese Freude tatsächlich Diskurse zutage, die vordem keine Aufschreibeschwelle überschritten haben – „eine neue, noch unendlich zarte Stelle der Wirklichkeit".

Auf dem zweiten deutschen Kunsterziehungstag, ausgerechnet in Herders Weimar, kündigt ein Vortragender der einen Sprache, wie sie hundert Jahre lang über Schüler und Lehrer geherrscht hatte.

---

[130] Vgl. dazu GUTZMANN, 1908: 493–499.
[131] SURKAMP, 1913: 13.
[132] SURKAMP, 1913: 30, vgl. auch PARZER-MÜHLBACHER, 1902: 106.
[133] RILKE, 1919/1955–66: VI 1087.
[134] SURKAMP, 1913: 14.

Auch das schulpflichtige Kind bringt Sprache mit zur Schule, seine Muttersprache, seine Familiensprache, die Sprache seiner Spielgenossen, seine eigene naive anschauliche Sprache; wir sollen und wollen ihm nur unsere Sprache beibringen, die Sprache unserer Dichter und Denker (...). Aber ist es nun nicht zu viel verlangt, von den Kleinen zu fordern, daß sie gleich am ersten Schultage nur die Schulsprache reden? Nicht lange, und an die Kinder tritt das Buch und die Buchsprache heran: es lernt lesen. Das Lesen aber lähmt und durchkreuzt – es kann nicht anders sein – das zusammenhängende, fließende Sprechen, und die Buchsprache beginnt mehr und mehr die Schulsprache zu beeinflussen und zu beherrschen und in ihrer oft gar fremden und vornehmen Art das Kind einzuschüchtern und einsilbig zu machen.[135]

Das ist das Eingeständnis, daß Buchsprache einen überhaupt nicht gesprochenen Sonderfall darstellt und faktisches Reden nur verhindert. Am fließendsten spricht, wer wie die Kinder oder der *Ecce homo*-Schreiber keine Zeile liest. Mithin bleibt fortschrittlichen Pädagogen nur übrig, mit den Medien zu konkurrieren. Wie Schalltrichter eines Phonographen lauschen sie jedem freiströmenden Wort, jedem naiven Kalauer aus dialektalen Kindermündern.

Christian Morgenstern, das Kind unter den deutschen Schriftstellern, hat das sofort registriert und ausgenützt. Auch wenn er das Grammophon, noch vor seinem Meister Steiner, in mäßigen Versen zum Teufelswerk erklärt[136], seine Helden wissen es besser.

Grammophonlyrik und Spurensicherung

> Korf und Palmström nehmen Lektionen,
> um das Wetter-Wendische zu lernen.
> Täglich pilgern sie zu den modernen
> Ollendorffschen Sprachlehrgrammophonen.
>
> Dort nun lassen sie mit vielen andern,
> welche gleichfalls steile Charaktere
> (gleich als obs ein Ziel für Edle wäre),
> sich im Wetter-Wendischen bewandern.
>
> Dies Idiom behebt den Geist der Schwere,
> macht sie unstet, launisch und cholerisch ...
> Doch die Sache bleibt nur peripherisch.
> Und sie werden wieder – Charaktere.[137]

Diese Verse, *Sprachstudien* überschrieben, sind denkbar exakt – nur daß statt Ollendorff besser Surkamp stünde. Die Ollendorffsche Sprachlehrmethode stellt zwar Grammatikregeln hinter Kon-

---

[135] HACKENBERG, 1903: 70 f., auch SCHARRELMANN, 1906: 90.
[136] Vgl. MORGENSTERN, 1919/1956: 280, und STEINER, R 1923/1979: 262. Nach Steiner sind Grammophone „ein Schatten des Spirituellen", vor dem – sollte ihm die Menschheit je Liebe zuwenden – nur noch Götter retten könnten.
[137] MORGENSTERN, 1910/1956: 123.

versation zurück, aber nachgerade ein deutsches Monopol auf Sprachlehrgrammophone hat in jenen Jahren die Firma Surkamp, die ja überdies den Mundarten in der Schule jede mögliche Förderung angedeihen läßt. Korf und Palmström brauchen nur noch in einem Angebot zu wählen, das 1913 schon mehr als tausend Lehrplatten umfaßt. Daß sie aber gerade aufs Wetterwendische verfallen, siedelt den neuen Status der Dialekte mit allem Recht im Autonymen einer „eigenen naiven und anschaulichen" Kindersprache an. Das Spiel zwischen Stammeskunde und Wetterbericht ist ja vom Schlag all jener Kindersprachwitze, die seit Stanley Halls Psychologie zur Archivierung kommen.

> Die Wörter nehmen in Verbindung mit dem Reime, dem Rhythmus, dem Stabreim, dem Tonfall u.s.w., oder sogar ohne diese nur als Lautbilder oft die Aufmerksamkeit der Kinder in Anspruch und bereiten ihnen ein wirklich ästhetisches Vergnügen entweder ganz unabhängig von ihrer Bedeutung oder durch die höchste Verwirrung dieser Bedeutung. Die Kinder hören eingebildete Wörter aus den Geräuschen und Lauten der Natur und der Tiere und sind beständige Witzemacher. Wie die Schmetterlinge *(butterflies)* Butter machen oder sie fressen oder sie durch Drücken liefern, so geben die Heuschrecken *(grasshoppers)* Gras, die Bienen *(bees)* Bohnen und Perlen ...[138]

... usw. usw. bis auch die Wenden wetterwendisch sprechen. Ihr phantastisches Slawisch hat ja am Geist der Schwere genau den Gegensatz, den Kunsterzieher lähmende, einschüchternde Hochsprache nennen. Entweder gibt es Charaktere, Individuen und die eine Norm oder aber Grammophonie erhebt alle unsteten, launischen Wendungen der Münder zu Standards. Dann „ist es in der Tat nicht einzusehen, warum, wenn man das Wendische als eine Sprache anerkennt, dem Wetterwendischen das gleiche Recht versagt sein sollte"[139].

Korf und Palmström freilich brechen ihre Grammophonstudien ab, um wieder Charaktere und d. h. nicht nur auf Griechisch Lettern zu werden. Morgensterns simulierter Kindermund[140] bleibt Hoch- und Schriftsprache, die denn auch rasch in Kunsterziehungslesebücher und Dissertationen einzieht. Diskurse, die vordem Aufschreibeschwellen nie überschreiten konnten, sind gespeichert und rückgemeldet; das Grammophon hat seine Schuldigkeit getan.

Aber nicht nur Gedichthelden entdecken die Sprechmaschine. Ihr Abenteuer verlockt auch Gedichtschreiber. 1897 darf der wilhelminische Staatsdichter Wildenbruch wohl als erster Schriftsteller

---

[138] HALL, 1882/1902: 89, vgl. dazu MEUMANN, 1911–14: I 348.
[139] ALEWYN, 1974: 399.
[140] Vgl. LIEDE, 1963: I 287–291.

Deutschlands eine Wachswalze besprechen (sein Kaiser ist ihm längst vorangegangen). *Für die phonographische Aufnahme seiner Stimme* schreibt Wildenbruch eigens ein Gedicht, dessen Überlieferungsgeschichte schon alles sagt. Die *Gesammelten Werke* sammeln es nicht; Walter Bruch, dem als PAL-Fernsehen-Erfinder historische Tonarchive ausnahmsweise offenstanden, hat die Verse erst von der Walze retranskribieren müssen. Also seien sie auch hier in einer Form zitiert, die Lyriker, Setzer, Germanisten grausen muß.

> Das Antlitz des Menschen läßt sich gestalten, sein Auge im Bilde fest sich halten, die Stimme nur, die im Hauch entsteht, die körperlose vergeht und verweht.
> Das Antlitz kann schmeichelnd das Auge betrügen, der Klang der Stimme kann nicht belügen, darum erscheint mir der Phonograph als der Seele wahrhafter Photograph,
> Der das Verborgne zutage bringt und das Vergangne zu reden zwingt. Vernehmt denn aus dem Klang von diesem Spruch die Seele von Ernst von Wildenbruch.[141]

Selbst der Vielschreiber Wildenbruch reimt nicht immer so dürftig. Aber im historischen Augenblick, da er für einmal die Gutenberggalaxis verläßt, verschlägt es ihm die Schriftsprache. Wie im düsteren Orakel Gertrude Steins taucht eine Unentrinnbarkeit auf, die mit poetischen Freiheiten aufräumt. Wildenbruch muß in einen schwarzen Schalltrichter sprechen, der statt seiner Wörter und Vorstellungen pure Klänge speichert. Damit hört die Stimme zwar nicht auf, im Hauch zu entstehen; sie behält ihre für klassisch-romantische Lyrik grundlegende Vibration; aber – und das ist ein Faktum zu empirisch oder trivial für Foucaults großangelegte Diskurshistorik – die Stimme kann nicht mehr reiner poetischer Hauch heißen, der ohne Spur und im Hören schon aufhört. Entrinnendes wird unentrinnbar, Körperloses material. So unstet, launisch und peripherisch, wie Korf/Palmström meinen, ist es eben nicht. Weshalb der Lyriker Wildenbruch reagiert wie die Ratte im Testlabyrinth. Seine Abschweifungen über Physiognomik und Photographie, die den erfaßten Leuten Gegenlisten und Fluchtlöcher lassen, umschreiben nur das optische Medium, das ihm vertraut ist: Schrift. Der Phonograph dagegen, wenn er Verborgnes zu reden zwingt, stellt Sprechern eine Falle. Sie sind identifiziert, nicht im Symbolischen wie durch den Namen, nicht im Imaginären wie durch romantische Held-Leser-Wiedererkennungen, sondern im Realen. Und das ist kein Kinderspiel. Wildenbruch zieht alle symbolischen und imaginären Register, wenn er den Klang von diesem

---

[141] WILDENBRUCH, 1897, zit. BRUCH, 1979: 20.

Spruch an seinen adligen Eigennamen und seine poetische Seele koppelt, nur um vom sprechenden Körper nicht sprechen zu müssen. Lange vor Anna Pomke träumte Herder von einer verbesserten „L e s e - und B e z e i c h n u n g s k u n s t", wo man „wahrscheinlich auch eine Manier finden wird, jedes lyrische Stück nach Gehalt und Ton characteristisch zu bezeichnen"[142]. Mit dem Lyrikspeicher Grammophon wird dieser Traum zugleich Wirklichkeit und Alptraum. Eines ist es, wie Charles Cros stolze Gedichte über die phonographische Aufnahme aller Stimmen zu schreiben; ein anderes ist es, wie Wildenbruch Gedichte *Für die phonographische Aufnahme seiner Stimme* schreiben und sprechen zu müssen. Wozu noch die poetischen Mnemotechniken Reim und Metrum, wenn Wachswalzen über Ton und Gehalt hinaus reale Klänge speichern können? Wie Döblins trotzige Devise „Nicht Phonographie, sondern Kunst"[143] zeugt auch Wildenbruchs Reimerei von der erbitterten Medienkonkurrenz zwischen Dichtung und technischen Medien.

Sound ist ein Komplex physiologischer Daten, die unmöglich zu verschriften und unmöglich zu fälschen sind. Im Aufschreibesystem von 1900 tun Psychophysik und Medien alles, um das imaginäre Körperbild, das Individuen von sich selber haben, auf eine untrügliche Positivität hin zu unterlaufen. Einmal heißt der Phonograph der Seele wahrhafter Photograph, ein andermal die Graphologie das „Röntgenbild" handschriftlicher „Indiskretionen"[144]. Angesichts einer psychologischen Physiognomik konnten Philosophen noch spotten, es käme nur auf einen braven Entschluß des Individuums an, sich wieder auf Jahrtausende unbegreiflich zu machen.[145] Genau das erhofft auch Wildenbruchs Satz, das Antlitz könne Physiognomenaugen schmeichelnd betrügen; aber vor einer Maschine, die zwischen Leuten gängige Listen unterläuft, vergeht schon nach einem Jahrhundert das Lachen. Phonographie besagt Tod des Autors; sie speichert statt ewiger Gedanken und Wortprägungen eine sterbliche Stimme. Das Vergangne, das sie zu reden zwingt, ist ja nur Wildenbruchs hilfloser Euphemismus für seinen singulären Körper, postum schon zu Lebzeiten.

Tod des Menschen und Spurensicherung der Körper sind eins. In einem brillanten Essay hat Ginzburg gezeigt, wie um 1900 ein Paradigma von Wissen zur Macht kommt, das nur mit unfälschbaren, weil unbewußten und sinnlosen Details arbeitet – in der Ästhetik wie in Psychoanalyse und Kriminalistik.[146] Der *Scientific*

---

[142] HERDER, 1798/1877–1913: XX 322 f.
[143] DÖBLIN, 1913b/1963: 10.
[144] TARDE, 1897: 363, vgl. auch PREYER, 1895: 60.
[145] LICHTENBERG, F 1778, zit. HEGEL, 1807/1968 ff.: IX 176.
[146] Vgl. GINZBURG, 1980: 7.

American rühmt demgemäß an Edisons kaum serienreifen Phonographen, daß er „auch zu detektivischen Zwecken und als unfehlbarer Zeuge verwendet werden kann"[147]. Ganz entsprechend inspiriert Edisons Deutschlandvertreter, der 1891 einen serienreifen Phonographen am Berliner Hof vorführen darf (wenigstens solange der junge Kaiser das noch nicht selber kann[148]), den Fürsten Bismarck zum Vorschlag, „versteckte Apparate zu benutzen, um die Diskussionen auf Diplomatenkonferenzen aufzunehmen."[149]

An dieser nachgerade kapillaren Kontrolle geht das Individuum von 1800, das ja bloß ein individuelles Allgemeines war, wahrhaft zugrunde. Was man von einem Menschen heute wissen kann, hat nichts zu tun mit den viertausend Seiten, die *Sartre* unter eben dieser Fragestellung der Psychologie Flauberts widmete. Man kann seine Stimme, seine Fingerabdrücke, seine Fehlleistungen speichern. Und das sind Übergriffe, deren Modernität auch Ginzburg unterschätzt, wenn er Spurensicherung bei prähistorischen Jägern und Renaissanceärzten beginnen läßt. Der Schnee, in dem Fährtenleser fündig wurden, war ein Zufall und seine Vorgegebenheit; Edisons Stanniolwalzen oder Galtons Fingerabdruckarchive sind planvoll ausgelegte Aufschreibeflächen für Daten, die ohne Maschinen nicht zu speichern und ohne Psychophysik nicht auszuwerten wären.

Besser als in Wildenbruchs schlechten Versen ist also gar nicht zu sagen, wem der Phonograph zugute kommt. Ein auf Schallrillen verewigter Lyriker geht nicht ins Pantheon ein, sondern in die Archive der neuen Aussagepsychologie. Unter diesem Titel nämlich instituieren William Stern und andere eine Wissenschaft, die von der Überlegenheit technischer Speicher über litterale ausgeht. Ob bei Verbrechern, ob bei Irren – die hergebrachten „stilisierten Protokolle ergeben oft ein ganz falsches Bild der Vernehmung und verschleiern die psychologische Bedeutung der einzelnen Aussagen". Da jede Antwort „vom experimental-psychologischen Standpunkt aus eine Reaktion auf den in der Frage wirksamen Reiz darstellt", provozieren Versuchsleiter und Spurensicherer, solange sie beim Beamtenmedium Schrift bleiben, nur Gegenlisten der

---

[147] ANONYMUS, 1887: 422.
[148] Eine bei BRUCH, 1979: 24, zitierte Hofreportage vermeldet: „Zehnfach wuchs indessen das Erstaunen der Anwesenden, als Seine Kais. Hoheit selbst den Vortrag hielten, die Maschine aufstellten und den Mechanismus erklärten, als wenn Dieselben ihr ganzes Leben im Edison Laboratorium zugebracht hätten. Voll Bewunderung hörten sie den jungen Kaiser über Akustik, Schallwellen, Schwingungen usw. sprechen, und als er eine Walze einfügte, die Maschinenteile zusammensetzte, den elektrischen Motor in Gang brachte und zu seiner Zuhörerschaft durch das Medium des Phonographen sprach, ging die, wenn auch unterdrückte, Erregung tief."
[149] CLARK, 1977/1981: 164.

Probanden. Wählt man dagegen „als Idealmethode die Anwendung des Phonographen"[150], so werden zumal bei heimlicher Archivierung alle parasitären Rückkopplungen zwischen Reiz und Reaktion unterbunden. Heimlichkeit aber ist bei Kindern etwa „unbedingt erforderlich", um ihren „Äußerungen die Echtheit der Naivität zu sichern"[151].

Als Photograph der Seele macht die Sprechmaschine der naiven Rede von Naivität ein Ende. Um 1800 ist Naivität ein geschichtsphilosophischer Grenzbegriff gewesen; seine Referenz ging auf ein Feld, das er selber unbetretbar gemacht hatte. „Spricht die Seele, so spricht, ach! schon die Seele nicht mehr." Ob dieser Verlust Fortschritten der Menschengattung oder Arbeitsteilung angelastet wurde, in letzter Instanz folgte er einfach aus der technischen Unmöglichkeit, die neuentdeckte Stimme anders als schriftlich zu speichern. Nie hätte Olimpias Automaten-Ach sonst faszinieren und entsetzen können. Um 1900 dagegen haben die Automatenbauer auf ganzer Linie gesiegt. Es gibt keine Naivität unterhalb jeder Aufschreibeschwelle mehr; es gibt nur mehr die taktische Regel, beim Speichern schon Gegenreaktionen zuvorzukommen. Diejenige Naivität aber, die im Kurzschluß von Körpern und Medientechniken aufblitzt, heißt Gedankenflucht.

•

<small>Gedankenflucht im Phonographenexperiment</small> Um auf dem Feld des „Glossophysischen" auch Störungen zu erforschen, die über Alalie und Aphasie hinaus ganze Redesequenzen befallen, ersinnt der Wiener Psychiater Stransky eine neuartige Versuchsanordnung. Nachdem sämtliche „überflüssigen Sinnesreize tunlichst ausgeschaltet wurden", haben seine Probanden eine Minute lang „direkt in die schwarzgestrichene Tube" eines phonographischen Schalltrichters „hineinzusehen und zu sprechen"[152]. Probanden sind teils ausgewählte psychiatrische Kollegen, teils ausgewählte psychiatrische Fälle Stranskys. Nur daß die meisten Irren auf den absichtlich reizlosen, nämlich schwarzgestrichenen Reiz mit Schrecken reagieren und darum leider durch Stenographie als üblichen Phonographenersatz[153] archiviert werden müssen, hält die zwei Versuchsgruppen noch auseinander. Im Gesprochenen selber zeigen Irre und Irrenärzte, weil keine Transzendentalnorm sie mehr trennt, dasselbe Verhalten. Nach einiger Anlaufzeit können sie eine Minute (die Laufzeit ei-

---

[150] STERN, 1908: 432.
[151] STERN, 1914: 14.
[152] STRANSKY, 1905: 7 und 18. Ansätze dazu schon bei BLODGETT, 1890: 43.
[153] Vgl. etwa STOKER, 1897/1967: 303, und ACH, 1905: 18.

ner Walze) lang Unsinn erzeugen. Der Befehl, möglichst viel und rasch zu reden, führt im Verbund mit Speichern, die mehr und rascher als das Alphabet registrieren, zu experimentell garantiertem Wortsalat. Und wie bei Ebbinghaus folgen die Anlaufschwierigkeiten aus der Paradoxie des Imperativs, alle im normierten Sprechen wirksamen Imperative auszuschalten.

> Es war ganz gewöhnlich, dass die Versuchspersonen zu Anfang über die ersten Sätze nicht hinauskamen; dann stockten sie, meinten, es „fiele ihnen nichts ein, sie könnten nicht weiter". (...) Wir sind es de norma so sehr gewohnt, unter Leitung von Obervorstellungen zu denken, dass wir, wenn wir irgend ein bestimmtes Ziel vorgesteckt bekommen, immer wieder in diese Tendenz zurückfallen, selbst wenn dieses Ziel geradezu darin besteht, Obervorstellungen auszuschalten (...). Erst als den Reagenten zu Bewusstsein gekommen war, dass das S u c h e n nach sprachlichen Vorstellungen vollkommen überflüssig sei, da sich solche spontan in Fülle in den Vordergrund drängten, verschwanden die anfänglichen Stockungen rasch, und es konnte nun zu den eigentlichen Versuchen geschritten werden.[154]

Vom technischen Medium, das ihre Stimme speichert, ohne nach verborgenen Gedanken oder Vorstellungen zu fragen, lernen VPs am eigenen Leib „die Loslösung des sprachlichen Ausdrucks vom Vorstellungsleben". Sprache in ihrer „Autonomie"[155] ergeht, ohne daß Signifikate gesucht werden müßten. Lange vor Stransky verkündete Nietzsche, daß er das Finden erlernte, seit er des Suchens müde ward; lange nach Stransky wird Breton auch Schriftsteller auffordern, dem unerschöpflichen Wesen des Murmelns zu trauen.

Die Outputs sind zum Verwechseln gleich. Écriture automatique generiert Sätze wie „Rose is a rose is a rose". Stranskys Phonograph speichert die Wortfolge „Hoffnung, grüner Glaube, grün, grün, grün, grün ist ein Smaragd, ein Smaragd ist grün, ein Saphir ist grün, ein – ein Saphir ist grün, grün ist, das ist nicht richtig" usw.[156] Die Rede kennt nur mehr Tautologie und Kontradiktion, die zwei informationslosen Extreme von Wahrheitswerten.[157] Was Benjamin, um die neue Kunstepoche technischer Reproduzierbarkeit mit dem Film zu identifizieren, der Kinoleinwand vorbehalten hat – daß sie das Fixieren von Einzelbildern verunmöglicht und mithin Zerstreuung statt bürgerlicher Konzentration herstellt –, gilt sehr viel allgemeiner und strenger. Unter den Medien, die Literatur und Kunst revolutionieren, hat der Film keinen Vorrang. Alle lösen sie eine psychiatrisch exakte Gedankenflucht aus, der-

---

[154] STRANSKY, 1905: 17 f.
[155] STRANSKY, 1905: 96.
[156] STRANSKY, 1905: 45.
[157] Vgl. WITTGENSTEIN, 1921/1963: 55.

gegenüber Kulturkritikerworte wie Zerstreuung noch Euphemismen sind. Stranskys Phonograph verzeichnet keine bloßen Aufmerksamkeitsausfälle oder Zerstreuungen; was er festhält, ist blanker Hohn auf alle politischen und pädagogischen Normen, die anders denn in normierter Sprache keinen Tag Bestand hätten.[158] Der Katatoniker Heinrich H. auf die Testfragen, was ein Staat und was ein Schulgesetz sei:

> Staat ist das Zusammenleben von vielen Leuten, stundenweise, stundenweise getrennte Ortschaften, von 4 Seiten gebirgig eingegrenzt.
>
> (Schulgesetz) ist jenes Gesetz über schulpflichtige Kinder, welche krankhafte Zustände haben, wenn sie ausbleiben und wenn sie auf dem Felde arbeiten sollen. Abwechseln täglich, wenn sie 2 Tage arbeiten und 2 Tage in die Schule, gehen sie wöchentlich wechseln. Wenn sie eine Woche arbeiten und eine Woche in die Schule gehen, alle schulpflichtigen Kinder, welche einen krankhaften Zustand haben und zuhause bleiben müssen und so Zeit gewinnen, also zuhause zu bleiben, Zeit gewinnen, vielleicht zum Anstellen, vielleicht zum Kochen, etwa gelbe Rüben putzen ...[159]

Antworten wie Kraut und Rüben zersetzen schlechthin effektiv die Mächte, auf denen Bildung seit 1800 beruht hat. Mauthners Prophezeiung, es werde „sich noch einmal an den Staaten rächen, daß sie ihre Schulen zu Anstalten gemacht haben, in denen die Seele des Kindes systematisch gemordet wird"[160], geht vor der Niederschrift schon in Erfüllung. Was technische Medien speichern, ist ihre eigene Opposition gegenüber Staat und Schule. Leute, die schneller reden sollen, als Denken und d. h. Kontrolle läuft, sagen mit Notwendigkeit der Disziplinarmacht einen Kleinkrieg an. Wer nicht nur vergißt, sondern gut nietzscheanisch auch noch sein Vergessen vergißt, liefert wie Kafkas Betrunkener immer schon die *Beschreibung eines Kampfes*.

> Da riß der Betrunkene seine Augenbrauen hoch, so daß zwischen ihnen und den Augen ein Glanz entstand, und erklärte in Absätzen: „Das ist nämlich so – ich bin nämlich schläfrig, daher werde ich schlafen gehen –. Ich habe nämlich einen Schwager auf dem Wenzelsplatz – dorthin gehe ich, denn dort wohne ich, denn dort habe

---

[158] „Das erhabenste Produkt der bedürfnißvollen Menschheit, der Staat", „würde schwerlich sein", wenn es nicht zur Bildung von Individualitäten und Totalitäten Sprache gäbe, lautet eine Einsicht romantischen Sprachdenkens (BERNHARDI, 1801-03: I 4 f.). Das politische Korrelat von Ideenflucht dagegen ist „Anarchie" (LIEPMANN, 1904: 82).
[159] STRANSKY, 1905: 81-83.
[160] MAUTHNER, 1910-11/1980: II 398. Ellen Keys „Seelenmord" der Schule hat also Schule gemacht.

ich mein Bett – so geh jetzt –. Ich weiß nur nicht, wie er heißt und wo er wohnt – mir scheint, das habe ich vergessen – aber das macht nichts, denn ich weiß ja nicht einmal, ob ich überhaupt einen Schwager habe –. Jetzt gehe ich nämlich –. Glauben Sie, daß ich ihn finden werde?"[161]

Stransky zwar hofft, mit seinem neutralen Apparat der psychophysischen Gefahr bloßer „Laboratoriumsartefacte" zu entgehen[162], also Reaktionen nicht schon im Stimulus zu programmieren; und doch wirken Steno- und Phonographie ganz wie bei Kafka der Alkohol. Sie selber provozieren die provokanten Antworten, die kein Staatsdiener oder Erziehungsbeamter mit Selbstachtung hätte niederschreiben mögen. Als bloße Stichwörter haben Staat und Schule schon im Versuchsleitermund keinen Oberbegriff mehr. Die Psychiatrie erkennt denn auch, daß „Aufzählungen" – Stichwörter, Inventare, Adreßbücher, Grammatiken – selber Ideenfluchten sind[163]; die Schwachsinnspädagogik kann ergänzen, daß auch die Ideenflucht nervöser Schüler auf die ihrer bloß aufzählenden Lehrbücher zurückgeht.[164] In Stranskys Satz, „die Bildung von Obervorstellungen" könne „aus Gründen pathologischer resp. experimenteller Natur" unterbleiben[165], steht anstelle von „resp." also besser ein Gleichheitszeichen.

Eben daß die Gedankenflucht beide Seiten der Versuchsanordnung regiert, erlaubt ihre Transposition in andere Medien. Man braucht den Phonographen nur durch hergebrachtes Schreibzeug und seine Laboratoriumsartefakte nur durch artifizielle Laboratoriumsartefakte zu ersetzen – und auch Literatur kommt zur „Loslösung des sprachlichen Ausdrucks vom Vorstellungsleben". Das beweist der Militärarzt Gottfried Benn, wenn er seine venerologischen Dienste in der Weltkriegsetappenstadt Brüssel zu Literatur erhebt. Benn läßt einen Militärarzt Jef van Pameelen „den Flur eines Hurenkrankenhauses betreten", um alle Assoziationen dieses seines Doppelgängers phonographisch getreu zu speichern. Nur leider fällt dem Probanden Pameelen von ihm selber her gar nichts ein. In seinem „Grauen vor Erlebnisunfähigkeit" sieht er nur „einen kahlen Gang mit einer Uhr". Aber kaum sind ihm diese Wörter entflohen, da erschallt über Pameelen eine körperlose „Stimme".

Gedankenflucht bei Benn und Ziehen

---
[161] KAFKA, M 1904–05/1946a: 21 f.
[162] STRANSKY, 1905: 4.
[163] LIEPMANN, 1904: 74, vgl. auch 59 f.
[164] UFER, 1890: 47 f. Unter Bedingungen der Bildung blieben solche Erkenntnisse einer Bettina Brentano vorbehalten. Vgl. B. BRENTANO, 1840/1959–63: I 290, und dazu KITTLER, 1991: 227–230.
[165] STRANSKY, 1905: 96.

Ein kahler Gang mit einer Uhr? Tiefer! Hinbreitung! Erweichung! Die Pförtnerwohnung? Die Haarnadeln am Boden? Rechts der Garten? Nun? Lauter unverbundene Stichwörter, die jedoch wie *Staat* oder *Schulgesetz* auf Fortführung drängen, und sei sie noch so gedankenflüchtig. Markiert, als wolle er seinem Archivar die Sache erleichtern, geht Pameelen auf die Stichwörterflucht ein.

PAMEELEN (markiert): Ich kenne ein ganz ähnliches Haus wie das eben von ihnen beschriebene, Herr Doktor! Ich trat ein an einem warmen Frühlingsmorgen, es kam zunächst ein kahler Gang mit einer Uhr, rechts die Pförtnerwohnung, Haarnadeln lagen am Boden, höchst spaßig, und rechts war ein kleiner Garten, ein Rosenbeet in der Mitte, zwei Hämmel weideten angepflockt im Gras, wahrscheinlich die Wassermannhämmel.[166]

Wahrlich ein *erkenntnistheoretisches Drama* (wie *Der Vermessungsdirigent* im Untertitel heißt): Pameelens Antwort, obwohl sie den Fragenkatalog brav, ja exhaustiv durchgeht, verwechselt Identität, diesen erkenntnistheoretischen Felsen, mit bloßer Gleichheit.[167] Nicht deutlicher könnte werden, daß das Drama (lange vor Handkes *Kaspar*) vom Sprechen statt vom Handeln handelt. Ohne extradiskursiven Kontext zergeht Selbigkeit zum Simulakrum. Zwischen Pameelen und der Stimme ohne Figur zirkulieren leere Reden, ohne „Gesichtspunkt", Adresse und Referenz[168], bestimmt und gesteuert nur vom Imperativ, Assoziationen überhaupt zu sein. Als „sehr gut", nämlich als „fernliegende Assoziation, dabei sich auf den Sinn des Krankenhauses beziehend und mit einer leicht humoristischen Note" benotet die Stimme Pameelens Venerologenscherz über Wassermannhämmel. Im Drama so wenig wie am Phonographen bewahrt der Arztberuf vorm Versuchspersonenstatus. Über Pameelen herrscht eine Stimme, die alles andere als transzendental ist – er redet sie „Herr Doktor!" an. Und dieser Versuchsleiter teilt Stranskys Einsicht, daß jedes Suchen nach sprachlichen Vorstellungen überflüssig ist. Wann immer „periphere Ermüdungen" oder „kortikales Verblühn" in Pameelens „Hirn" den Assoziationsfluß lähmen, knallt der Doktor mit einer Peitsche, um „Weiter!" zu kommandieren.[169] Offenbar rechnet Pameelen zu „den schwereren Fällen" von Imbezillität, die „schon bei der 58. Reaktion der Sache" überdrüssig werden.[170] Mit seiner Peitsche

---

[166] BENN, 1919/1959–61: II 324. Vgl. auch das Assoziationsverhör, dem Pameelen im Drama *Karandasch* von einem „Spezialarzt" und dessen „Kollegen" unterzogen wird (BENN, 1917/1959–61: II 359–363).
[167] Dasselbe tut der Maler Titorelli bei KAFKA, 1925/1946b: 196 f.
[168] Drei Desiderate in Pameelens obsoletem Begriff von Kommunikation.
[169] BENN, 1919/1959–61: II 324–26.
[170] WEHRLIN, 1904: 115.

aber erzwingt der Doktor (wie Phonographen auch) ein Reden, dessen bloßes Tempo schon Diskurse von Vorstellungsleben oder ,,Erlebniswinkeln'' ablöst. Das Drama, vormals die Gattung freier Subjekte, wird pathologisch resp. experimentell.
Und das alles, weil freie Subjekte nur in Philosophielehrbüchern vorkommen, Versuchspersonen dagegen im Feld der Psychophysik. Benns erste Veröffentlichung beginnt mit der Forderung, wer ,,einen Roman oder ein Gedicht schreiben wolle'', ,,müßte'' erst einmal, um der ,,Lächerlichkeit'' namens Literatur zu entgehen, ,,Chemie, Physik, experimentelle Psychologie'' usw. studieren.[171] Eine Forderung nach literarisch angewandter Psychophysik also, die die betroffene Forschung denn auch rasch und freudig registriert: ,,Immer d i e Wissenschaft, die die Augen der Welt am stärksten auf sich zieht, wirft ihre Lichter und Schatten auch in die Prosadichtung. Seit 1860 etwa war das die Pathologie, körperliche und seelische.''[172] Der Beweis dafür ist leicht erbracht und das Geheimnis des peitschenschwingenden Herrn Doktor rasch gelöst. Um aus erkenntnistheoretischen Dramen wieder experimentelle Psychologie zu machen, braucht man obigen Dramendialog nur folgendermaßen anzuschreiben:

Stimme	*Pameelen*
Gang mit einer Uhr?	es kam zunächst ein kahler Gang mit einer Uhr
Pförtnerwohnung?	rechts die Pförtnerwohnung
Haarnadeln am Boden?	Haarnadeln lagen am Boden, höchst spaßig
Rechts der Garten?	und rechts war ein kleiner Garten, ein Rosenbeet in der Mitte

Alsdann lese man eins der seitenlangen Protokolle, die der Psychiater und Experimentalpsychologe Ziehen von Jenaer Schulkindern veröffentlicht hat.

O. G., 12 J. 9 Mon. Vater Schneider. Schulleistungen sehr wechselnd, mittelmäßig. 7. III. 1898, Vormittags 9 Uhr. Vorher 1 Std. Unterricht (Lektüre und Erklärung eines Gedichts über den Rattenfänger von Hameln).

Reizwort	*Antwort*
L e h r e r	Herr S t i c h l i n g (Klassenlehrer, bei welchem er soeben Unterricht gehabt)
V a t e r	mein V a t e r
S c h n e e	es ist welcher gefallen (dachte an den gestrigen)

---

[171] BENN, 1910/1959–61: IV 180.
[172] HELLPACH, 1911: 144.

Blut	wenn ein Tier geschlachtet wird (dachte an eine Kuh, bei deren Schlachten er vorgestern zugesehen)
Ratte	wie der Rattenfänger die Ratten in die Weser lockt
Schnee	weiss („der jetzt liegt")[173]

Schließlich berücksichtige man, daß Ziehens *Ideenassoziation des Kindes* vorzüglich eine „Feststellung der Geschwindigkeit des Vorstellungsablaufs", ja die „Feststellung des Vorstellungsablaufs und seiner Geschwindigkeit unter besonderen Bedingungen (Ermüdung u.s.f.)" anstrebt[174], um auch die besondere Bedingung Peitsche zu deduzieren. Nach alldem ist es nur noch ein Schritt zu der Erkenntnis, daß der Chefarzt des psychiatrischen Hospitanten Gottfried Benn Prof. Theodor Ziehen hieß.

Ob die Versuchsperson als Kind oder Arzt, als O. G., J. v. P. oder G. B. firmiert, heißt dagegen nichts. Es ist lediglich eine weitere Transposition psychophysischer Techniken in Literatur, wenn Dr. med. Werff Rönne, Benns erster Novellenheld, gedankenflüchtiges Assoziieren auch ohne Versuchsleiterpeitsche praktiziert. Aber nur die Gattung Drama kann Versuchsleiter und Versuchsperson als getrennte Instanzen führen. Benns Novellenheld dagegen steht unter einem Assoziationsbefehl, der despotisch gerade darum wirkt, weil er in Fleisch und Blut übergegangen ist. So wird das Laboratoriumsartefakt absolut. Keine Interpretation wäre imstande, es überhaupt noch zu erkennen. Nur jene Jenaer Schüler, mit denen Ziehen experimentierte, während er nebenher noch den Patienten Nietzsche betreute, hätten wohl gewußt, warum Rönne allen Wortsalat, den er im Offizierskasino über seltsam weiche Tropenfrüchte faseln hört, in einem fortlaufenden Kommentar, der zugleich Erzählperspektive ist, noch potenziert. Anders kann er gar nicht.

> Nur um Vermittlung handelte es sich, in Unberührtheit blieben die Einzeldinge; wer wäre er gewesen, an sich zu nehmen oder zu übersehen oder, sich auflehnend, zu erschaffen?[175]

Verbale Vermittlung als Neurose, ohne Grund in einem transzendentalen oder schöpferischen Dichter-Ich; mediale Selektion ohne Referenz auf Reales, diesen unfaßlichen Hintergrund aller Medien – Rönne, auch und gerade wenn er deliriert, gehorcht Befehlen. Pameelen muß Pförtnerwohnung, Haarnadeln, Krankenhausgang und Hämmel vermitteln, Rönne Gehörtes und Gesagtes überhaupt. Was seine Kasinobekanntschaften sagen, was sie dabei assoziie-

---

[173] ZIEHEN, 1898–1900: I 12 f.
[174] ZIEHEN, 1998–1900: I 6.
[175] BENN, 1916/1959–61: II 33.

ren, was er selber zum Gesagten und Assoziierten sagt und assoziiert – alles wird Sache einer unmöglichen Exhaustion. „Die Konkurrenz zwischen den Assoziationen, das ist das letzte Ich – dachte er und schritt zurück zur Anstalt."[176]
Und wohin sonst sollte man auch schreiten als in einen katatonen Stupor[177], der es Rönne wenigstens erlaubt, mit allem anderen auch seinen vergeßlichen Versuchsleiter zu vergessen. Aber vor der Erstarrung assoziiert ein gescheiterter Arzt noch die materiale Basis seiner Assoziationen, das Hirn selber herbei.

Benns Reise: von den Wörtern zum Kino

> (Ich) muß immer darnach forschen, was mit mir möglich sei. Wenn die Geburtszange hier ein bißchen tiefer in die Schläfe gedrückt hätte ...? Wenn man mich immer über eine bestimmte Stelle des Kopfes geschlagen hätte ...? Was ist es denn mit den Gehirnen?[178]

Die Aphasieforschung schlägt also auf ihre Erforscher zurück. Im aporetischen Versuch, das eigene Denken kraft eigenem Medizinerdenken zu hinterfragen und d. h. zu lokalisieren, bringt Rönne ganz buchstäblich das Opfer seines Erkenntnissubjekts. Daß er Assoziationen und Wörter hat, wird zur unwahrscheinlichen Ausnahme angesichts ungezählter Möglichkeiten von Defiziten und Störungen. So hört die Sprache auf, Bastion der Innerlichkeit zu sein; dieselbe Geste, die das Umstülpen des eigenen Hirns simuliert, verkehrt auch Sprache in Zufall und Äußerlichkeit.

Folgerichtig gibt es für Rönne (in direkter Nietzschenachfolge) nirgendwo „ein Wort, das ihn erreichte"[179]. Wenn Schläge auf den Kopf im einen Fall zu Aphasie, im anderen zu Assoziationen und Wörtern führen, fällt auch die Möglichkeitsbedingung von Dichtung. Das Wort, das Menschen als solche erreichte, hat ja auf einer psychischen Ansprechschwelle operiert, die zugleich Diskurs der Natur und Natur des Diskurses hieß. Mit beidem räumt die Psychophysik auf. Also bleibt einem psychiatrisierten Psychiater wie Rönne, um von irgend etwas erreicht zu werden, nur noch *Die Reise* in andere Medien.

> Er sah die Straße lang und fand wohin.
> Einrauschte er in die Dämmerung eines Kinos, in das Unbewußte des Parterres. In weiten Kelchen flacher Blumen bis an die verhüllten Ampeln stand rötliches Licht. Aus Geigen ging es, nah und warm gespielt, auf der Rundung seines Hirns, entlockend einen wirklich süßen Ton. Schulter neigte sich an Schulter, eine Hingebung; Geflüster, ein Zusammenschluß, Betastungen, das Glück. Ein Herr kam auf ihn zu, mit Frau und Kind, Bekanntschaft zu-

---

[176] BENN, 1916/1959-61: II 43.
[177] So Rönnes plausible Diagnose bei IRLE, 1965: 101.
[178] BENN, 1915/1959-61: II 18 f.
[179] BENN, 1916/1959-61: II 34.

werfend, breiten Mund und frohes Lachen. Rönne aber erkannte ihn nicht mehr.
Er war eingetreten in den Film, in die scheidende Geste, in die mythische Wucht.
Groß vor dem Meer wolkte er um sich den Mantel, in hellen Brisen stand in Falten der Rock; durch die Luft schlug er wie auf ein Tier, und wie kühlte der Trunk den Letzten des Stamms. Wie er stampfte, wie rüstig blähte er das Knie. Die Asche streifte er ab, lässig, benommen von den großen Dingen, die seiner harrten aus dem Brief, den der alte Diener brachte, auf dessen Knien der Ahn geschaukelt.
Zu der Frau am Bronnen trat edel der Greis. Wie stutzte die Amme, am Busen das Tuch. Wie holde Gespielin! Wie Reh zwischen Farren! Wie Silberbart!
Rönne atmete kaum, behutsam, es nicht zu zerbrechen.
Denn es war vollbracht, es hatte sich vollzogen.
Über den Trümmern einer kranken Zeit hatte sich zusammengefunden die Bewegung und der Geist, ohne Zwischentritt. Klar aus den Reizen segelte der Arm; vom Licht zur Hüfte, ein heller Schwung, von Ast zu Ast.[180]

Ein Vorstadtkino, Brüssel 1916, als christologisches Ziel aller Reisen. Was im Film vollbracht ist, die Novelle macht es unzweideutig klar. „Bewegung" kann gespeichert werden, im technisch Realen und nicht mehr nur im Imaginären.[181] Rönne, den kein Wort erreicht, ist nicht überhaupt unansprechbar, aber seine Ansprechschwelle fungiert physiologisch statt psychisch. Zwischen Technik und Körper, Reiz und Reaktion stellt der Film Kurzschlüsse her, die imaginäre Vermittlungen erübrigen. Reflexe, nicht anders als bei Pawlows Versuchstieren, laufen „ohne Zwischentritt": als Bögen zwischen sensorischem Impuls und motorischer Reaktion. Das gilt von den Figuren, die der Stummfilm optisch präsentifiziert; das gilt von seiner Begleitmusik. Was die Geigen im dunklen Saal spielen, wird einem physiologisch geschulten Hörer abstandslose Präsenz –: sie spielen es – o *Pierrot lunaire* – auf der Rundung seines Hirns.[182] Darum zergeht das namhafte Individuum Rönne, das eben noch im Medium Sprache Bekanntschaften erneuerte, in einem Zustand, für den zeitgenössische Psychiater das schöne Wort Asymbolie haben: Rönne erkennt niemand mehr.
Asymbolie aber ist vor aller Psychiatrie die Struktur von Kino.[183] Über seine ersten Kinobesuche schreibt ein Autobiograph, der (wie

---

[180] BENN, 1916/1959–61: II 35 f.
[181] Vgl. SELLMANN, 1912: 54. „Der Kinematograph kann und will nichts anderes als, wie es schon sein Name sagt, Bewegungen aufschreiben."
[182] Vgl. dazu die allgemeine These bei MORIN, 1956: 139. „Le spectateur réagit devant l'écran comme devant une rétine extérieure télé-reliée à son cerveau."
[183] Vgl. GUATTARI, 1975: 99 f.

der traurige Buchtitel *Les mots* schon sagt) dann doch nur Schriftsteller wurde: „Wir waren geistig im selben Alter. Ich war sieben Jahre alt und konnte lesen, die neue Kunst war zwölf Jahre alt und konnte nicht sprechen."[184] Das neue Medium, ob 1912 in Paris oder 1916 in Brüssel, verspricht den Leuten Sprachdefizite als Glück. An der Hand seiner filmverliebten Mutter flüchtet Sartre einem Literaten von Großvater, der wie alle Bürger treulich ins Theater geht, nur um „heimtückisch präpariert für eine offizielle Laufbahn nach Hause" zu kommen. Kino erlöst Rönne von einem Diskurs, der so unaufhörlich wie leer ist. Zwei literarische Filmbeschreibungen, schlechthin solidarisch, feiern das „Unbewußte des Parterres" bzw. „die bewohnte Nacht" der Projektionen[185] als Ende eines Buchmonopols. Was Dichtung im Zeitalter der Alphabetisierung versprochen und durch Bibliotheksphantastik auch gewährt hat, der Film transponiert es ins technologisch Reale. Beide Cinéasten sprechen Helden und Zuschauern höchste und d. h. unbewußte Lust zu; beide tauchen in eine Masse ein, die Körperkontakt und nicht nur (wie im *Faust*) philosophische Menschheit überhaupt ist; beide verschmelzen in unendlicher Identifikation mit der Phantasmagorie. Der eine überträgt auf den Film die Kreuzesworte, der andere schreibt redseliger, aber genauso.

> Dies war das Schicksal. Der Held sprang vom Pferd, löschte die Zündschnur, der Verräter stürzte sich auf ihn, ein großes Gefecht begann. Aber die Wechselfälle des Zweikampfs gehörten zum strengen musikalischen Ablauf. Es waren falsche Zwischenfälle, denen es nicht gelang, die universelle Ordnung zu verdecken. Welche Freude, wenn der letzte Messerstich mit dem Schlußakkord zusammenfiel! Ich war überglücklich, ich hatte die Welt gefunden, worin ich leben wollte, ich berührte das Absolute.[186]

Habent sua fata libelli. Es hat Zeiten gegeben, da das Absolute als Bildergalerie des Geistes und d. h. poetisch-philosophischer Schriften bei den Leuten war. Es gibt andere Zeiten, in denen es die Papierstöße verläßt. Kohärenz, Identifikation, Allgemeinheit – alle Ehrentitel, die die allgemeine Alphabetisierung dem Buch eingebracht hat, fallen an Medien, wenigstens bei den Leuten. Denn wie um 1800 die neue und von Gelehrten verschmähte Bibliotheksphantastik zur Lust von Frauen, Kindern, Ungebildeten geworden ist, so ein Jahrhundert später die von den Bibliotheksphantasten verschmähte Apparatur. Im Kino trifft ein zum Patienten abgesunkener Psychiater Bekannte „mit Frau und Kind"; im Kino sitzen

---

[184] SARTRE, 1964/1965: 70.
[185] SARTRE, 1964/1965: 69. Ein Mannheimer Kino wirbt 1913 mit dem Slogan „Kommen Sie nur herein, unser Kino ist das dunkelste in der ganzen Stadt!" (zit. VIETTA, 1975: 295).
[186] SARTRE, 1964/1965: 72.

bei den Sartres Mutter und Sohn, während der schriftstellernde Theatergänger von Großvater nur noch dumme Fragen hat.

„Sagen Sie einmal, Simmonot, Sie sind doch ein vernünftiger Mensch, können Sie das verstehen? Meine Tochter geht mit meinem Enkel ins Kino!" Und Monsieur Simmonot würde mit verbindlicher Stimme antworten: „Ich bin noch nie dort gewesen, aber meine Frau geht zuweilen hin."[187]

*

Technische Medien und Unterhaltungsliteratur

Die technischen Medien Grammophon und Film speichern akustische und optische Daten seriell und mit übermenschlicher Zeitachsen-Präzision. Zur selben Zeit und von denselben Ingenieuren erfunden, attackieren sie an zwei Fronten zugleich ein Monopol, das die allgemeine Alphabetisierung, aber auch erst sie dem Buch zugespielt hat: das Monopol auf Speicherung serieller Daten. Um 1900 wird die Ersatzsinnlichkeit Dichtung ersetzbar, natürlich nicht durch irgendeine Natur, sondern durch Techniken. Das Grammophon entleert die Wörter, indem es ihr Imaginäres (Signifikate) auf Reales (Stimmphysiologie) hin unterläuft. Nur ein Wildenbruch kann noch glauben, Apparate würden auf seine Seele, das Imaginäre selber warten. Der Film entwertet die Wörter, indem er ihre Referenten, diesen notwendigen, jenseitigen und wohl absurden Bezugspunkt von Diskursen, einfach vor Augen stellt. Als Novalis recht las, entfaltete sich in seinem Innern eine wirkliche, sichtbare Welt nach den Worten. Solchen Zauber hat niemand mehr nötig, dem wie Rönne der Stummfilm mit „mythischer Wucht" die Faktizität von Gebärden und Dingen aufdrängt.

Mit Grund konstatieren Schriftsteller, daß „das Wort allmählich ein wenig an Kredit verliert" und „für uns heutzutage schon etwas Überdeutliches und dabei merkwürdig Undifferenziertes" hat.[188] Gesetzt nämlich, daß Lacans methodische Unterscheidung symbolisch–real–imaginär etwas trifft, dann sind um 1900 zwei von drei Funktionen, die Informationssysteme ausmachen, vom Medium Schrift ablösbar geworden. Was am Sprechen das Reale ist, fällt dem Grammophon zu; was das im Sprechen oder Schreiben produzierte Imaginäre ist, dem Spielfilm. Eine Distribution, die Hanns Heinz Ewers, Verfasser u n d Drehbuchschreiber des *Studenten von Prag*, parteilich, aber präzise auf Schlagwörter bringt.

T h o m a s A l v a E d i s o n hasse ich gründlich, weil wir ihm die scheusslichste aller erfindungen verdanken: den p h o n o g r a p h!

---

[187] SARTRE, 1964/1965: 69.
[188] FRIEDELL, 1912, in KAES, 1978: 45. Vgl. dazu KOEBNER, 1977: 17–19.

– aber ich liebe ihn doch: er machte alles wieder gut, als er der nüchternen welt die phantasie wiedergab – im kino!¹⁸⁹

Während also die Plattenrillen Körper und ihre scheußlichen Abfälle speichern, übernehmen die Spielfilme all das Phantastische oder Imaginäre, das ein Jahrhundert lang Dichtung geheißen hat. Kein geringerer als Münsterberg, der Erfinder von Wort und Sache Psychotechnik, liefert 1916 die historisch erste Spielfilmtheorie oder den Nachweis, daß Kinotechniken alle Effekte überbieten, die Literatur mit Erwähnungen, Beschreibungen und Inszenierungen (also mit Romanen oder Theaterstücken) bei Leserseelen anrichten kann. Im Filmstudio nämlich, bei Tricks wie Projektion und Schnitt, Rückblende und Großaufnahme, begegnet die Psychotechnik ihrer eigenen Wahrheit: Trickaufnahmen implementieren auf der Leinwand, damit aber auch im Sehzentrum des Großhirns, sämtliche Prozesse eines physiologisch Unbewußten – Projektionen die Halluzination, Rückblenden das souvenir involontaire, Schnitte die Assoziation und Großaufnahmen schließlich den Selektionsprozeß aller unbewußten Aufmerksamkeit.¹⁹⁰ So ist „die Welt des Films" als mechanisierte Psychotechnik „tatsächlich gleichbedeutend mit Illusion und Phantasie geworden und hat die Gesellschaft zu dem gemacht, was James Joyce jene ‚ganznächtliche Filmmagazin-Meterware' (allnights newsery reel) nennt, die das Wahre durch Filmmeterware ersetzt." „Sein Urteil über die ‚automatische Schrift' der Fotografie lautete: A n n i h i l i e r u n g d e s   E t y m o n."¹⁹¹

So undifferenziert haben Wörter um 1800 ihre phantasmagorische Aufgabe erfüllt, eine wirkliche, sichtbare Welt zu schaffen, daß Gesichte und Gesichter, wie das Buch sie zu Zwecken der Autorenrekrutierung beschrieb, mit seinen Lesern nur einen einzigen Zug teilten. So detailliert zeigt der Spielfilm seine Figuren, daß „dies Realistische" in eine „phantastische Sphäre erhoben" wird¹⁹², die alle Themen phantastischer Literatur aufsaugt. Nicht umsonst behandeln frühe deutsche Stummfilme immer wieder das Doppelgängermotiv.¹⁹³ Im *Golem*, im *Anderen*, im *Kabinett des Dr. Caligari*, im *Studenten von Prag* – überall treten Doppelgänger als Metaphern der Leinwand selber und ihrer Wirkungsästhetik auf. Ein Filmtrick führt vor, was mit Leuten geschieht, die vom neuen

---

[189] EWERS, B 8. 10. 1912, in v. ZGLINICKI, 1956: 375.
[190] Vgl. MÜNSTERBERG, 1916/1970: 18–48 sowie 84–87. Über Münsterbergs Weg in die Filmstudios New Yorks siehe auch M. MÜNSTERBERG, 1922: 281–287.
[191] MCLUHAN, 1964/1968: 210.
[192] PINTHUS, 1913/1963: 22.
[193] Eine anthropologische (nicht spurensicherungstechnische) Theorie über Film und Doppelgänger siehe bei MORIN, 1956: 31–53.

Medium erfaßt werden.[194] Denn jene Doppelgänger, statt wie im Buch oder Drehbuch mit ihrem Original nur einen einzigen Zug zu teilen, sind der Filmheld und d. h. Identifikationsfokus noch einmal. Als garantiert perfekte Spurensicherung hat es der Film also gar nicht nötig, wie die Einsiedler romantischer Romane Leser zur Identifikation zu überreden; was der Kinobesucher Rönne seinen Eintritt in den Film nennt, kann wortlos und automatisch ablaufen.
So rückt das Kino an die genaue Stelle des Bibliotheksphantastischen. Eingeholt und überholt werden all jene Kunststücke, die vormals Wörter in sequenzielle Halluzinationen verzauberten. Denn nicht nur „das Schönste", sondern auch das Einfachste „im Kino ist das Wunderbare"[195]. Wie jedes Unbewußte wird das Unbewußte des Parterres vom Lustprinzip regiert.

> Der Schüler will die Prärien seiner Indianerbücher, seltsame Menschen bei seltsamen Verrichtungen, die üppigen, menschenfremden Ufer asiatischer Flüsse sehen. Der bescheidene Bureaubeamte, die im Haushalt eingespannte Hausfrau sehnen sich nach den schimmernden Festen der eleganten Gesellschaft, nach fernen leuchtenden Küsten und Gebirgen, zu denen sie niemals reisen werden. (...) Der im immer gleichen Alltag arbeitende Mensch unserer Tage wird in der Muße alsbald zum Romantiker. Er will nicht nur etwas Realistisches sehen, sondern dies Realistische soll in eine idealere, phantastischere Sphäre erhoben sein. (...) Und all dies findet der Mensch im Kino.[196]

Angesichts ihrer triumphalen Konkurrenz hat die Literatur nur zwei Optionen. Die eine und leichte läuft hinaus auf „Trivialisierungsmechanismen", die freilich beileibe keine „Abwehr" technischer Medien sind.[197] Im Gegenteil, erst seit 1900 gibt es Schreiber, die auf den Eintrag ihrer Namen ins Dichterpantheon verzichten und, planvoll oder nicht, immer schon für Medien arbeiten. Während Wildenbruch mit allem Pathos dem Phonographen Namen und See-

---

[194] Vgl. WEGENER, 1916/1954: 110 f.: „Als ich vor drei Jahren zum Film ging, tat ich es, weil ich eine Idee zu haben glaubte, die mit keinem anderen Kunstmittel ausgeführt werden konnte. Ich erinnere mich an Scherzphotographien, wo ein Mann mit sich selber Skat spielte oder ein Bruder Studiosus mit sich selbst die Klinge kreuzte. Ich wußte, daß dies durch Teilung der Bildfläche gemacht werden konnte, und sagte mir, daß muß doch auch im Film gehen, und hier wäre doch die Möglichkeit gegeben, E. Th. A. Hoffmanns Phantasien des Doppelgängers oder Spiegelbildes in Wirklichkeit zu zeigen und damit Wirkungen zu erzielen, die in keiner anderen Kunst zu erreichen wären. Ich kam so auf meinen *Studenten von Prag* (...). Zunächst muß sich unsereiner darüber klarwerden, daß man sowohl Theater wie Roman vergessen und aus dem Film für den Film schaffen muß. Der eigentliche Dichter des Films muß die Kamera sein."
[195] PINTHUS, 1913/1963: 27. Vgl. dazu KAES, 1978: 23-29.
[196] PINTHUS, 1913/1963: 21-23.
[197] So SCHANZE, 1977: 133.

le einsagt, liefern andere Lyriker, die lieber anonym und erfolgreich sind, dem Phonographen Schlagertexte. Genauso anonym bleiben die ersten Drehbuchlieferanten. Wenn Lautensack 1913 ein abgedrehtes Filmskript nachträglich noch als Text publiziert, beweist die sensationelle Namensnennung nur, „daß auch wirkliche Dichter bereits Filme geschrieben haben, wenn auch anonym (wie viele mögen, des Geldes wegen, in jenen Jahren das Gleiche getan haben!)" Vor Lautensack war „wahrscheinlich H. H. Ewers der einzige bekannte Autor, der sich zu einem eigenen Film bekannte"[198].

Sicher gibt es den Unwert Unterhaltungsliteratur schon, seitdem hermeneutische Bücherumgangsbücher Werke und Massenware, Wiederholungslektüre und Lesesucht, *Faust I* und *Rinaldo Rinaldini*, Goethe und seinen Schwager unterschieden haben. Aber erst wenn Texten ihre Medientransposition winkt, geht dieser Unterschied in die Machart selber ein. Die Einsicht, daß „der beste Roman und das beste Drama im Kino zum Schundroman voller Sensation und aufregender Mache degradiert wird"[199], ist auch umkehrbar. Audiovisuelle Sinnlichkeit, um 1800 auch und gerade von hohen Texten praktiziert, gerät zur Spezialität von Büchern, die wie Digital-Analog-Konverter Buchstaben schon auf Halluzinierbarkeit hin schreiben. Nicht umsonst wurden Bestseller der Jahrhundertwende sogleich verfilmt: historische Romane wie das nobelpreisgekrönte *Quo vadis*, Doppelgängerstories wie *Der Golem*, psychopathologische Schauerdramen wie Lindaus *Der Andere* (um von den *Buddenbrocks* zu schweigen). Denn „die Paul Lindaus haben ihre Mériten u. ihre Unsterblichkeit"[200]. Sie sind auf dem Plan, wenn die Schreibmaschine Vertextung ökonomischer macht; sie sind im Bild, wenn Psychophysik das Mysterium Seele auf Machbarkeiten reduziert. Also erscheinen ihre Bücher auch dort, wo sie hingehören: auf der Leinwand. Lindaus Anderer ist ein Staatsanwalt, in dessen Haus ein Verbrechen geschieht; er schreitet zur kriminalistischen Spurensicherung, nur um am Ende festzustellen, daß er selbst, doppelgängerisch oder schizophren wie Jekyll und Hyde, der Täter war. Dr. Hallers ist eben im Jahr zuvor beim Reiten einmal auf den Hinterkopf der Hirnlokalisationstheorien gestürzt ...

Sicher kennzeichnet Rolleninversion um 1900 auch literarische Helden wie Rönne und literarische Techniken wie die écriture automatique; aber nur im Film können Halluzinationen real werden und Indizien wie Uhr oder Bildnis eineindeutige Identifizierung bewerk-

---

[198] PINTHUS, 1963: 13 und 16. Vgl. dazu v. ZGLINICKI, 1956: 364–386.
[199] SELLMANN, 1912: 54 f.
[200] BENN, B 28. 8. 1935/1977–80: I 63.

stelligen. Kriminologie und Psychopathologie arbeiten mit denselben Techniken wie die Unterhaltungsindustrie.[201] Daß ein Staatsanwalt – unbewußt, wie sein Psychiaterfreund ihn aufklärt – allnächtlich der Andere seiner selbst ist, metaphorisiert nur den Schwenk von Beamtentum zu Technik, von Schrift zu Medien. Im Unbewußten des Parterres wollen bescheidene Bureaubeamte oder im Haushalt eingespannte Frauen ja keine symbolischen oder realen Staatsdiener sehen. Ihnen gebührt das imaginäre Umkehrbild.

E-Literatur als autarkes Medium

Gegenüber Medien, die Imaginäres und Reales am Diskurs bedienen und von U-Literaten auch ihrerseits bedient werden, bleibt der Literatur nur noch eine andere Option. Weil ,,der Kitsch niemals aus der Menschenwelt auszurotten ist''[202], entsagt ihm ein Teil der Schreiber. Ab 1900 entsteht eine E-Literatur, in der ,,das Wort'' etwas ,,Überdeutliches'' und d. h. rein differentieller Signifikant wird. Nach dem Verzicht auf imaginäre Effekte und reale Einschreibungen bleiben Riten des Symbolischen. Diese Riten rechnen weder mit der Ansprechschwelle der Leute noch auf den Beistand einer Natur. ,,Buchstaben kommen ja in freier Natur nicht vor.'' Wörter als buchstäbliche Antiphysis, Literatur als Wortkunstwerk, das Verhältnis zwischen beiden als Materialgerechtigkeit – so die Konstellation im keuschsten l'art pour l'art wie in den provokantesten Spielen der Avantgarde. Seit dem 28. Dezember 1895 gibt es eben ein unfehlbares Kriterium für E-Literatur: ihre Unverfilmbarkeit.

Wenn idealistische Ästhetiken die verschiedenen Künste ins System brachten, waren Plastik, Malerei, Musik, Architektur durch ihre Materialien Stein, Klang, Farbe, Baustoff eineindeutig bestimmt; Dichtung aber durfte als Universalkunst im Universalmedium Einbildungskraft schalten. Genau dieser Sonderstatus vergeht um 1900 einer durchgängigen Materialgerechtigkeit zuliebe. Literatur wird Wortkunst von Worte-machern. Wie um Lacans Liebeslehre zu beweisen, ist Schwitters in seine Anna ja nur verliebt, weil ihr ,,Name von hinten wie von vorne: ,a-n-n-a' '' lautet. Für die Schriftsteller der experimentellen Moderne erübrigt sich also jeder Beleg. Aber die Parole Materialgerechtigkeit geben auch Schriftsteller aus, die wie Holz oder Hofmannsthal als hundert Jahre verspätete Fortsetzer Herders und Humboldts verbucht werden.[203] Bündig formuliert Hofmannsthal, daß Grundkonzepte klassisch-romantischer Dichtung dem Faktum Wort gegenüber Blabla sind.

---

[201] Vgl. LINDAU, 1906: 86 und 81 f. Nicht zufällig gehörte das Exemplar, aus dem ich zitiere, der Königl. Polizei-Direktion München.
[202] PINTHUS, 1913/1963: 23.
[203] So bei SASSE, 1977: 226, Anm. 27.

Ich weiß nicht, ob Ihnen unter all dem ermüdenden Geschwätz von Individualität, Stil, Gesinnung, Stimmung und so fort nicht das Bewußtsein dafür abhanden gekommen ist, daß das Material der Poesie die Worte sind. (...) Man lasse uns Künstler in Worten sein, wie andere in den weißen und farbigen Steinen, in getriebenem Erz, in den gereinigten Tönen oder im Tanz.[204] Weniger bündig, aber für Schleiermacher-Fortsetzer erstaunlich ist Diltheys Satz, daß vor jeder Hermeneutik „sinnlich gegebene Zeichen" liegen: „Steine, Marmor, musikalisch geformte Töne, Gebärden, Worte und Schrift."[205] Keine Stimme also, wie sprachtraditionell auch immer, ortet Dichtung noch in immaterieller Einbildungskraft. Es ist einfach falsch, die „Abstraktion vom medialen Bereich in der Literaturgeschichte zu eben dem Zeitpunkt" anzusetzen, wo „die von der positivistischen Literaturgeschichtsschreibung allein vorausgesetzten medialen Paradigmen um Film, Funk und Schallplatte erweitert werden"[206]. Das mit Abstraktion vage Umschriebene hat lange zuvor den klassischen Freundesbund von Dichtern und Denkern gestiftet. Um 1900 führen Film und Grammophon (Radio wird es erst fünfundzwanzig Jahre später geben) ganz im Gegenteil dazu, das Wort auch theoretisch zu isolieren und seine einstigen Effekte auf Einbildungskraft den Medien zu überlassen. Die Stellenwerte einzelner Künste in einem synchronen System werden nachgerade zwangsläufig verschoben.[207] Historische Herleitungen moderner Wort-Literatur, wie Sasse sie unternimmt, sind darum nicht nur überflüssig; mit dem angeblich „erklärungsbedürftigen Umstand, daß die Sprache erst ein Jahrhundert nach ihrer philosophischen Thematisierung ins Zentrum der Literatur rückt"[208], werfen sie mehr Probleme auf, als sie lösen. Aber weil es nun einmal jene kurzfristige Freundschaft ge-

---

[204] HOFMANNSTHAL, 1896/1957: II 316–18. Vgl. auch HOLZ, 1924–25: X 187–190, sowie die vielen ungeordneten Belege bei DANIELS, 1966.
[205] DILTHEY, 1900/1914–58: V 318 f. Auch daß dieser Widerruf aller poetischen Immaterialität gute wissenschaftsgeschichtliche Gründe hat, spricht Dilthey aus: „Heute ist den ästhetischen Untersuchungen eine strengere und mehr exakte Methode möglich geworden durch die Entwicklung von zwei Hilfsmitteln. Das eine von ihnen liegt in der Physiologie der Sinne: denn alle Kunst bedient sich sinnlicher Eindrücke nicht bloß als gleichgültiges Zeichen für die Hervorrufung von Vorstellungen, sondern gerade die Natur dieser sinnlichen Mittel ist es, auf deren Benutzung ein großer Teil ihrer Wirkung beruht. Daher denn das Studium der Physiologie, besonders des Auges und des Ohres, die Grundlage jeder exakten Wissenschaft der Künste sein muß." (DILTHEY, 1877/1954: 255)
[206] SCHANZE, 1977: 133.
[207] So derselbe SCHANZE, 1974: 52. Als historischen Beleg vgl. die Abgrenzung von Theater und Film bei MÜNSTERBERG, 1916/1970: 73 ff.
[208] SASSE, 1977: 226, Anm. 27.

geben hat, lesen Literaturhistoriker anstelle von Testreihen immer noch Humboldts Philosophie. Dabei belegen alle Zeugnisse, daß die E-Literatur von 1900 ihr Symphilosophieren aufgibt, einfach weil andere Zeitgenossenschaften Vorrang erlangen. Zur Absage an Einbildungskraft nötigen die neuen Wissenschaften und Techniken. Mallarmé selber gibt die Parole aus, wenn er eine Umfrage *Über das illustrierte Buch* dezidiert mit Nein beantwortet. „Warum", fragt er zurück, „gehen Sie nicht geradewegs zum Kinematographen, dessen Bildablauf so manches Buch, in Bild und Text, vorteilhaft ersetzt wird?"[209] Wenn es die List von Reformfibeln und Künstlerromanen war, durch Bilder zu unmerklicher Alphabetisierung und Identifikation anzustiften, so scheidet Literatenliteratur alles aus, was anderen Medien zusteht.

Hofmannsthal schreibt dem Verleger eines geplanten Insel-Bandes *Gedichte und Prologe:*

> Nur keinen Buchschmuck aber, weder von Schroeder noch von jemand sonst, bitte. Diese Ornamentchen machen mich krank. Wie viel Schönheit kann von der Type und ihrer Verteilung ausgehen.[210]

Aber auch Kafka, bei aller Filmliebe[211], beschreibt seinem Verleger den „Schrecken", der ihn beim bloßen Verdacht ankam, ein Buchillustrator seiner *Verwandlung*

> könne etwa das Insekt selbst zeichnen wollen. Das nicht, bitte nicht! Ich will seinen Machtkreis nicht einschränken, sondern nur aus meiner natürlicherweise bessern Kenntnis der Geschichte heraus bitten. Das Insekt selbst kann nicht gezeichnet werden. Es kann aber nicht einmal von der Ferne aus gezeigt werden.[212]

Literatur besetzt also mit Wesen oder Unwesen, die es nur in Wörtern gibt, genau die Marge, die andere Medien ihr lassen. Die Illustrationen entwachsen den Kinderschuhen oder poetischen Zuträgeraufgaben, um im Unbewußten des Parterres Laufen und Allmacht zu lernen. Zurückbleibt ein Symbolisches, autonom und bilderlos wie vorzeiten nur der Gott. Und doch hat das literarische Bilderverbot, aller Kafkatheologie zum Trotz, nichts mit dem Dekalog zu tun. Tabu heißen ja keine Abbildungen von Göttern, sondern gerade umgekehrt von Tieren, die wie Kafkas Insekt oder „Ungeziefer" schon etymologisch nicht einmal zum Schlachtopfer getaugt hätten.

---

[209] MALLARMÉ, 1898/1945: 878.
[210] HOFMANNSTHAL, B 26.12.1906/1985: 220.
[211] Vgl. ZISCHLER, 1983: 33–47.
[212] KAFKA, B 25.10.1915, zit. SARKOWSKI, 1956: 71. Vgl. auch GEORGE, B August 1903, in GEORGE/HOFMANNSTHAL, 1938: 195, sowie zur Unabbildbarkeit von Morgenstern-Versen SPITZER, 1918: 91.

Das literarische Bilderverbot beschirmt also keine Numina, sondern Singularitäten, wie erst die Konkurrenz mit audiovisuellen Medien sie erzeugt. Deshalb erleidet es nur zwei Ausnahmen. Die eine tritt ein, wenn Stefan George zu dokumentieren gedenkt, daß er kein klassischer Autor und d. h. nicht für die Mädchen ist. Also stellt er seinem Zeichner und Buchausstatter „eine unkünstlerische Forderung", die „den Bereich der Kunst zum erstenmal verläßt" und jede weitere Zusammenarbeit mit Lechter beendet.[213] Dem *Gedenkbuch* für Maximin soll statt der von Lechter selbstredend vorgeschlagenen Portraitzeichnung Maximilian Kronbergers sein Photo voranstehen. Denn nur der Skandal technischer Medien mitten im Letternritual von Georgebüchern kann den Skandal materialisieren, daß der Meister einen singulären und realen Körper begehrte.

Die andere Ausnahme hat systematischen Rang. Alle Allgemeinheiten Europas beruhen auf seiner Singularität, dem Vokalalphabet. Also können und dürfen seit 1900 die Buchstaben Figuren bilden, weil sie es immer schon sind. Auch das ist direkte Umkehr klassischer Normen. In einem Akt hat Schleiermacher die Dialektverse und jene anderen, „welche wie eine Axt oder Flasche aussehen", von Dichtung „durchaus" ausgeschlossen[214]. Achtundneunzig Jahre später rechtfertigt Apollinaire seine *Calligrammes* mit der Konkurrenz von Film und Platte.

> Il eût été étrange qu'à une époque où l'art populaire par excellence, le cinéma, est un livre d'images, les poètes n'eussent pas essayé de composer des images pour des esprits méditatifs et plus raffinés qui ne se contentent point des imaginations grossières des fabricants de films. Ceux-ci se raffineront et l'on peut prévoir le jour où, le phonographe et le cinéma étant devenus les seules formes d'expression en usage, les poètes auront une liberté inconnue jusqu'à présent.
> Qu'on ne s'étonne point si, avec les seuls moyens dont ils disposent encore, ils s'efforcent de se préparer à cet art nouveau.[215]

Bilder aus Buchstaben selber, heißt das, bleiben im eingeräumten Feld, in der technologischen Nische von Literatur, ohne doch an Materialgerechtigkeit den Medien nachzustehen, die nach Apollinaires Orakel bald die einzigen sein werden. Warum sie ein Jahrhundert lang verpönt waren, liegt auf der Hand: Figurale Insistenz auf den Buchstaben selber hätte ihr Überspringen behindert. Nach

---

[213] WOLTERS, 1930: 320, vgl. auch SCHARFFENBERG, 1953: 72 f.
[214] SCHLEIERMACHER, V 1820–21/1876: 580. Weitere solche Bannsprüche der Klassik siehe bei LIEDE, 1963: II 65, 102, 199 f.
[215] APOLLINAIRE, 1918/1965–66: III 901. Über das Typoskript als elementare drucktechnische Voraussetzung moderner Kalligramme (auch im Fall Apollinaire) vgl. PONOT, 1982: 122 f.

psychophysischer Einsicht braucht man, um in Lettern „eine große Fülle seltsamer Figuren auf weißem Grunde" oder eben Kalligramme zu sehen, nur „ein Zeitungsblatt verkehrt in die Hand zu nehmen"[216]. Wörtlichkeit und Materialität des Geschriebenen sind erst auf Kosten seiner Lesbarkeit und nach kleinen Versuchsanordnungen zu haben. Nicht umsonst konkurrieren Apollinaire und Mallarmé mit dem technischen Medium Film, wo es doch hinreichend schiene, Buchstaben und Bücher von hergebrachter Malerei abzusetzen. Aber daß Schriftsteller um 1900 zum Kult der Type rufen, hat nichts mit Schönschreiben und alles mit Apparaten zu tun. In den unzweideutigen Worten von Anton Kaes: „Die Reformbewegung der Literatur, die parallel mit dem Aufstieg des Kinos zum Massenmedium verläuft, definiert sich vor dem Hintergrund der neuen technischen Medien."[217]

•

Psycho-physik der Buchstaben

Die Sprachlokalisationsforschung gilt schlicht einer Schreibmaschine. Und das Tachistoskop der Lesephysiologen ist ein Zwilling des Kinoprojektors mit dem Nebeneffekt, jene Schreibmaschine typographisch zu optimieren.

Zunächst räumt die Hirnphysiologie ja mit der Illusion auf, Sprache sei mehr „als ein durch Uebung erlerntes Spiel mechanischer Einrichtungen", die „durch Vorstellungen in geordneten Gang versetzt werden, wie man eine Näh-, Rechen-, Schreib- oder Sprachmachine spielen lassen kann, ohne dass man ihre Construction zu kennen braucht"[218]. Es gibt eben vor jedem Bewußtsein sensorische und motorische, akustische und optische Sprachteilzentren, die durch Nervenbahnen genauso verschaltet werden wie die Schreibmaschinenfunktionsgruppen durch Hebel und Gestänge. Die Hirnphysiologie, wie um Nietzsches Diktierhabitus zu metaphorisieren, formuliert den Weg von Wortklangbild zu Schreibhand und Bewußtsein als ein unhörbares Diktat, dem auf Bewußtseinsebene nur Automatengehorsam gemäß ist.[219] Um faktische Diskurse auszulösen, müssen irgendwo in der Großhirnrinde Erregungen ablaufen, „durch die das Wort als acustisches und optisches Bild in seinen sensorischen Lauttheilen übertragen wird auf die Lautclaviatur." Alle Klaviaturen aber (auch die von Lauten) sind Verräumlichungen, also Schreibmaschinentastaturen der

---

[216] EBBINGHAUS, 1905–13: II 2 f., vgl. auch WUNDT, 1904: I 577.
[217] KAES, 1978: 10.
[218] KUSSMAUL, 1881: 5.
[219] Vgl. BALLET, 1886/1890: 30, und dazu HÉCAEN/ANGELERGUES, 1965: 35.

Sprache. Eine „corticale Lauttaste"[220] beschwört das Gestänge alter Remingtons förmlich herauf.

Man braucht, wie es erklärte Absicht ist, die Hirnphysiologie der Sprache nur mittels Tachistoskop an die Sinnes-Psychophysik anzukoppeln – und aus der hypothetischen Maschine im Hirn wird eine reale vor Netzhäuten. Die Lettern und Wörter, die das Tachistoskop seinen Probanden für Millisekunden präsentifiziert, entstammen alle Zufallswahlen aus vorgängigen Tresoren oder Vokabularien. Das ist nur scheinbar Willkür und „unseren Versuchen eigentümlich". „So reich" nämlich „die Anzahl der Worte unserer Kultursprachen allmählich geworden ist, so beschränkt sich ihre Anzahl in jeder Sprache für eine bestimmte Zeit, ein bestimmtes Literaturgebiet und einen bestimmten Autor doch in beträchtlichem Maße."[221] Epochen, Gattungen, Autoren – sie alle spielen nur auf unbewußten Wortklavieren und noch unbewußteren Letternklavieren, von denen der unter die Experimentatoren geratene Philosoph Erdmann freilich schweigt. Er stellt, in völligem Gleichschritt mit Mallarmé, nur die Grundregel heraus, daß Wörter tachistoskopisch an ihrer „Gesamtform" und d. h. an jenen Zügen erkannt werden, „in denen die schwarze Zeichnung der Buchstaben mit den weissen Flächen des Untergrundes kontrastirt". Wobei die „Flächenanteile des weissen Untergrundes für die Gesamtfiguration nicht minder wesentlich, als jene schwarzen sind"[222].

Erdmanns Fortsetzer und Kritiker aber, keine Philosophen und Sinnwortfreunde mehr, untersuchen nur noch Buchstabenmaterialität. Sie stellen die Tachistokope schneller, als Leseraugen es verkraften können, weil erst Störungen und Ausfälle die basalen Geheimnisse von Lettern und Schriftarten verraten. So fungiert der Zwilling des Filmprojektors exakt spiegelverkehrt.[223] Dort, im Unbewußten des Parterres, ein Kontinuum des Imaginären, generiert durch Einzelbildfolgen, die Flügelscheibe und Malteserkreuz aber so ausgeklügelt zerhacken, daß bei den Kinobesuchern gerade die entgegengesetzte Illusion aufkommen kann. Hier, im abgedunkelten Labor der alphabetischen Elite, eine Bildzerhackung, die als Zerhackung attackiert, um ein für allemal aus den Qualen und Fehllesungen ihrer Opfer zu eruieren, welche Letternformen und Schriftarten physiologisch optimal sind. Wie bei der Schreibma-

---

[220] KUSSMAUL, 1881: 126 und 128. Das literarische Echo solcher Begriffe siehe bei MAUPASSANT, 1887/1925–47: XVIII 30.
[221] ERDMANN/DODGE, 1898: 165.
[222] ERDMANN/DODGE, 1898: 187 und 161.
[223] Zur Umkehrbeziehung zwischen Film und Tachistoskop vgl. auch CLARK, 1977/1981:179 f. (über Edisons Versuche, mit der Stoppuhr zu ermitteln, für wieviel Sekundenbruchteile Stummfilmzwischentitel projiziert werden müssen, um allgemein lesbar zu sein).

schine, die ja für Spatien eine eigene Taste hat, hausen Intermittenzen also schon in der Versuchsanordnung. Sie schlagen aber auch ins Ergebnis um. Das Tachistoskop weist nach, daß elementarstes Lesen nicht Buchstaben, sondern nur die Unterschiede zwischen ihnen wahrnimmt und Worterkennung an diskontinuierlich einzelnen, buchstäblich herausragenden Lettern einhakt. Systematisch ausgewertete Fehllesungen erweisen die nur mittelzeiligen Buchstaben (Vokale und Kleinkonsonanten) als relativ undifferenziert, die ober- und unterzeiligen Konsonanten dagegen als typographische Erkennungssignale.[224] Auf dieser „Zerfällung des Buchstabencontinuums in Gruppen'' beruht laut Zeitler der historisch erneuerte Primat des Buchstabens.

Es gibt ganze Reihen von der Buchstabenzusammensetzung nach analogen Wörtern, die durch Abänderung eines Buchstabens an derselben Stelle heterogene Bedeutungen durchlaufen. (...) Damit die neue Bedeutung eines derartig geänderten Wortbildes erkannt werde, muss der Buchstabe festgestellt, d. h. es muss buchstabirt werden. Geschieht dies nicht, so setzt die Assimilation immer wieder das alte Wortbild ein und mit ihm die alte Bedeutung.[225]

Die Buchstaben-Kreuzwörter, an denen Reformationsfibeln ihre Lust hatten, feiern mithin Auferstehung. Ein Elementarlehrtheoretiker[226] illustriert seinen taubstummen Kindern Zeitlers Problematik an dem schönen Beispiel

Wan	ne
	ge
	ze
	d

Man braucht dergleichen Serien nur auch noch als Kolumne zu lesen – und Saussures Lehre vom kombinatorischen System Sprache ist geboren. Wirklich heißt es in der Strukturalistenbibel[227]:

Le son isolé, comme toutes les autres unités, sera choisi à la suite d'une opposition mentale double: ainsi dans le groupe imaginaire *anma*, le son *m* est en opposition syntagmatique avec ceux qui l'entourent et en opposition associative avec tous ceux que l'esprit peut suggérer, soit

---

[224] Vgl. ZEITLER, 1900: 391. Die Graphologie braucht dergleichen Forschungsergebnisse nur noch abzuschreiben. So KLAGES, 1917: 53.
[225] ZEITLER, 1900: 403.
[226] LINDNER, 1910: 196. Laut Theorie müßten das oberzeilige „Wand'' und das unterzeilige „Wange'' am schnellsten lesbar sein.
[227] SAUSSURE, 1915/1969: 180.

Aber leider umschreibt Saussures „imaginäre Gruppe" *anma* immer noch die Geheimnisse einer sprechenden Seele oder Anima. Deshalb sind, wie erst Derrida wieder entdeckt hat[228], die bescheidenen Buchstabenforscher oder Grammatologen konsequenter als der linguistische Gründerheros. Ihr Tachistoskop lokalisiert die reine Differentialität nicht in „Tönen" und d. h. ungreifbaren Wortklangbildern, sondern in materialen Zeichen vom Letterntyp. So beweist u n d praktiziert ein technisches Gerät, was die Strukturlinguistik nur tut, wenn sie Unsinnswörter wie *anma* zwar anschreibt, aber in ihrer Gesprochenheit meint. Schließlich muß auch Saussure, um seinem Text selber ein Beispiel für Phonem-Differentialität einzuverleiben, zum Unterschied notwendiger und beliebiger, graphematischer und graphischer Buchstabenunterschiede überwechseln.

La valeur des lettres est purement négative et différentielle; ainsi une même personne peut écrire *t* avec des variantes telles que:

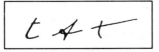

La seule chose essentielle est que ce signe ne se confonde pas, sous sa plume, avec celui de *l*, de *d*, etc.[229]

Weil das Beispiel der drei handschriftlichen *t* kein Beispiel ist, sondern der schlagende Beweis, dem Lautdifferenzen nie konkurrieren könnten, gehören Strukturlinguistik und psychophysischer Positivismus zusammen. Saussure, statt irgendwie inspiriert nur Schleiermachers Hermeneutik fortzuschreiben[230], systematisiert um den Preis einer methodischen Phonozentrik die zahllosen skripturalen Fakten, die die Experimente um 1900 beibringen und in ihrer Faktizität belassen.

Aber auch die Faktenliebe trägt Früchte. Sie erbringt zwar kein System, aber Typographien. Daß Erdmann die Lettern-Hintergrund-Beziehung mißt, Zeitler das Buchstabenerkennen nach mittelzeiligen, oberzeiligen, unterzeiligen Formen differenziert, Meßmer die Frequenz dieser drei Typen in kohärenten Texten auszählt –: all das kumuliert ein Wissen von Differentialitäten, das unmittelbar

---

[228] Vgl. DERRIDA, 1967b/1974a: 90–93.
[229] SAUSSURE, 1915/1969: 165.
[230] So die These von M. FRANK, 1977: 170–175.

praktisch werden kann. Den säkularen Streit zwischen Fraktur und Antiqua etwa müssen nicht mehr, wie einst zu Zeiten Ungers oder Lindhorsts, die imaginären Größen Deutschtum und Welt ausfechten. Nachdem beide Schriftarten schlechthin – am Tachistoskop, im Halbdunkel, bei Schulanfängern und Professoren – durchgemessen sind, steht die Überlegenheit von Antiqua einfach fest. Semiotischer Positivismus führt Soennecken (den hinter seinem Markenzeichen vergessenen Soennecken) zur Klarstellung, daß Antiqua aus zwei, Fraktur hingegen „aus nicht weniger als 66 in Form und Größe verschiedenen Grundzügen" aufgebaut ist.[231] Derart massive Unterschieds-Unterschiede machen Leuten, die über *Ökonomie und Technik des Lernens* forschen[232], die Argumentation für Antiqua leicht:

> Wer jemals tachistoskopische Versuche gemacht hat, weiß, eine Schriftart ist um so leichter erlernbar, je einfacher sie ist.[233]

Es gibt eben unter Bedingungen reiner Differentialität nichts einfacheres als jene Opposition, die in Theorie und Praxis das laufende Jahrhundert bestimmt: die Binäropposition. Wenn Antiqua aus nur zwei „Elementen, dem geraden Striche und dem Halbkreise"[234] besteht, ist ein Schriftideal gefunden, das seine Elemente ganz anders analysiert und zusammenbringt als Pöhlmanns oder Stephanis Normhandschriften. An die Stelle organischer Verschmelzungen tritt eine Ökonomik, die (wohl nach der neuen Maßgabe Morsealphabet) Zeichen und Zeichenunterschiede technisch optimiert.

Darum kommen auch unter Antiquaschriften, dieser Unterschiedsminimierung, noch Unterschiede zutage. Wie Saussure notwendige und beliebige Differenzen an Buchstaben trennt, so machen seit 1900 jene Antiquaarten Karriere, die ornamentale Zutaten verschmähen und als chemisch reines Industriedesign seither allgegenwärtig sind.[235] Das Formularwesen ruft nach Blockschriftausfüllung, die Werbegraphik mit lauter Akzidenz-Schriften.

Der Ruf wird erhört. Da es Antiquamajuskeln sind, die „zuerst dem Kinde im Leben auf Schritt und Tritt begegnen" – „an Straßenschildern, Straßenbahnwagen, Post- und Telegraphen-Ämtern, Eisenbahnstationen"[236] –, wandern die Blockbuchstaben techni-

---

[231] SOENNECKEN, 1913: 12.
[232] Vgl. MEUMANN, 1903.
[233] MEUMANN, 1911–14: III 608.
[234] SOENNECKEN, 1913: 39. Vgl. auch BURGERSTEIN, 1889: 33, sowie die „80 binären Kombinationen", aus denen PREYER, 1895: 49–52, j e d e denkbare Schrift zusammenzusetzen sucht.
[235] Vgl. G. R. LANGE, 1958–60: 231.
[236] SOENNECKEN, 1913: 41.

scher Nachrichtenkanäle auch in den Elementarunterricht ein. Rudolf von Larischs Wiener Schüler haben *Unterricht in ornamentaler Schrift:* sie lernen eine Flächenkunst, die allen ,,Perspektiv- und Schattenwirkungen'' Stephanischer Malerei absagt. Ziel kann ,,im Widerstreite mit anderen Aufgaben'' nur ,,eine HÖHERE Art von Leserlichkeit'' sein: ,,daß das Charakteristische der Buchstaben mit aller Macht hervorgehoben und der Unterschied von sich ähnelnden Buchstaben betont werde''[237]. Klarer sagen es auch Psychophysiker und Strukturlinguisten kaum. Das Medium Schrift-und-Papier simuliert nicht mehr, ein Sprungbrett zur gemalten Natur zu sein. Mit gleichbleibend dickem Strich zeichnen die Eckmann und Behrens[238], die Larisch und Soennecken Blockbuchstaben als Blockbuchstaben vor.

Der Analyse von Antiqualettern, wie sie zuletzt auf elementaren Binarismus stößt, entspricht ganz spiegelbildlich die Zusammensetzung. Blockschrift schreiben heißt kein Zeichen mit anderen Zeichen verbinden, sondern diskrete Elemente bastelnd kombinieren. Im Zeitalter der Ingenieure ersetzt ein Ankerbaukasten das Wachstum von Pflanzen und Urschriften.[239]

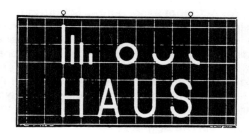

Getrennte Buchstaben aus ihrerseits getrennten Elementen beruhen in strikter Umkehr klassischer Schreibvorschriften auf jener Opposition, der auch Saussures abgründigster Gedanke gilt: der Opposition zwischen Zeichen und Leere, Medium und Hintergrund.

Der Anfänger hat also, nicht wie bisher, allein die Gestalt der Buchstaben selbst zu erfassen, sondern er hat stets auch ZWISCHEN die Buchstaben zu schauen, er hat mit dem Aufgebote seiner ganzen Schaukraft den Umriss dieser zwischen den Buchstaben entstehenden Flächenform zu erfassen und sie ihrer optischen Massenwirkung nach zu wägen.[240]

---

[237] V. LARISCH, 1905/1922: 97 und 109.
[238] Vgl. das Bildmaterial bei RIEGGER-BAURMANN, 1971: 209–257.
[239] Vgl. SOENNECKEN, 1913: 39–41 (das Bild auf S. 39).
[240] V. LARISCH, 1905/1922: 11.

Ein Umstülpen aller Gewohnheiten oder besser Geläufigkeiten verschafft also dem „ZWISCHEN" gleichen Rang wie den Positivitäten, die es trennt. Was Psychophysiker durch Tachistoskope oder auf den Kopf gestellte Zeitungen bewerkstelligen, bläut Larisch auch Kindsköpfen ein: daß Lettern nur vor und auf weißem Untergrund sind, was sie sind. Ein blockschriftliches „ZWISCHEN" in Majuskeln ist schlechthin autonym. Und wenn Ungers Typographiereform mit ihrer Milderung des Schwarzweiß-Kontrasts goethezeitlichen Romanen den Choc der Binäropposition geradezu austrieb, so gibt der an Morris geschulte Larisch seinen Schülern das „Gefühl, wie schlecht eigentlich der modellierende Halbton in ein gedrucktes Buch passt", da ganz im Gegenteil „einfache kräftige Umrisse und kontrastreiche Schwarzweißflecken der Drucktype wesensverwandt erscheinen"[241].

*

Morgensterns Typographiegedichte

Aber womöglich wird vor lauter Schwarzweißflecken hier auf dem Papier dunkler und dunkler, was Tachistoskope und Letternökonomik für Literatur und Literaturwissenschaft besagen. Man braucht eben das Aufgebot seiner ganzen Schaukraft, um an Texten ihre übersehene Sichtbarkeit zu sehen. So zeitlos scheint das Schwarzweiß von Lettern und Büchern, daß kein Leser an seine Architekten denkt. Und doch haben vergessene Techniker um 1900 das Papier der Verse revolutioniert, der albernsten wie der rituellsten. Was die Stefan-George-Schrift in stummer Feierlichkeit praktiziert, erfährt in Morgensterns *Galgenliedern* erst einmal seine Herleitung.

> Es war einmal ein Lattenzaun,
> Mit Zwischenraum, hindurchzuschaun.
>
> Ein Architekt, der dieses sah,
> stand eines Abends plötzlich da –
>
> und nahm den Zwischenraum heraus
> und baute draus ein großes Haus.
>
> Der Zaun indessen stand ganz dumm,
> mit Latten ohne was herum.
>
> Ein Anblick gräßlich und gemein.
> Drum zog ihn der Senat auch ein.
>
> Der Architekt jedoch entfloh
> nach Afri- od- Ameriko.[242]

---

[241] v. LARISCH, 1905/1922: 102 f.
[242] MORGENSTERN, 1905/1956: 59.

Der Lattenzaun ist das Märchen einer neuen Zeit. Wo Anselmus lauter Verwebungen und Verschlingungen handschriftlicher Lettern gesehen hat, erkennt ein kaltes Architektenauge das ganze Gegenteil. Larischs Imperativ, „stets auch ZWISCHEN die Buchstaben zu schauen" und „den Umriss dieser zwischen den Buchstaben entstehenden Flächenform" mit ganzer Kraft zu erfassen — eines Abends wird er beim Wort genommen. Und damit entdeckt das Architektenauge nicht nur, wie unabdingbar Relationsbegriffe sind.[243] Auf dem Spiel steht etwas viel Handgreiflicheres: daß Lesbarkeit von Zeichen eine Funktion ihrer Verräumlichung ist. Wenn der Mangel mangelt und die Leerstellen leerbleiben, verschwinden Medien „gräßlich und gemein" im Chaos, dessen Selektion sie sind. Nichts anderes beweist die Handgreiflichkeit des Architekten.

Wer aber noch bezweifelt, daß Morgensterns *Lattenzaun* die Architektur von Blockschrift behandelt, lese den Schlußvers. Wo „der Gleichklang von *Afrika* und *Amerika* eine Endung — *(i)ka* vortäuscht"[244], die zudem noch mit der Endung von *oder* spielt, taucht ein Zwischen im Reich der Grapheme auf: das Spatium, das man als Bindestrich schreibt. Völlig autonym kehren Gedichtworte die Intervalle hervor, die an ihnen selber Stamm und Endung scheiden. Morgensterns gedichteter Architekt verschwindet nicht auf fremden Erdteilen, sondern im von ihm usurpierten Zwischenraum der Zeichen.

Von diesem Fluchtpunkt namens Papier aus ist es nur noch ein Schritt zum „Ideal einer rein abstrakten, absoluten Poesie". Zu einem Ideal von solchem Glanz, „daß es auch das Ende der Poesie bedeutet; es kann nicht mehr nachgeahmt und überboten werden; das einzige, was darüber hinausgeht, ist das leere weiße Papier"[245].

---

[243] So SPITZER, 1918: 60 f.
[244] SPITZER, 1918: 65.
[245] LIEDE, 1963: I 292.

Wenn *Der Lattenzaun* die Binäropposition zwischen Lettern/Latten und ihrem Zwischen beschreibt, so ist *Fisches Nachtgesang*[246] das einzigartige Gedicht, das sie und nur sie praktiziert. Textuelles Ereignis wird, was die Antiqua vor allen Frakturschriften auszeichnet. Die zwei durch- und gegeneinander definierten Signifikanten Bogen und Strich sind schlechthin ökonomisch das Signifikantenminimum überhaupt. Ihre Binäropposition, durchkreuzt oder artikuliert durch beider gemeinsame Opposition zum Papier, macht schon das Gedicht aus, das mithin alle lesephysiologischen Desiderate seiner Epoche erfüllt. Punkt. Denn mehr ist über ein eineindeutiges Minimalsignifikantensystem nicht zu schreiben.

Oder wäre nicht zu schreiben, wenn es nicht noch einen Titel trüge, der das sehr andere, nämlich redundante Signifikantensystem der sechsundzwanzig Lettern benutzt. Über die Zäsur zweier Aufschreibesysteme hinweg antwortet dieser Titel einem anderen. *Fisches Nachtgesang* ist der Widerruf von *Wandrers Nachtlied II*. Dort eine Menschenstimme, die alle Naturlaute ringsum für einen Atemzug überdauerte, um gerade noch die Verheißung auszusprechen, daß auch sie im Schoß von Mutter Natur Ruhe finden würde. Hier der stumme Fisch, den der Text nicht zur Sprache, sondern ins Typogramm bringt, um Schleiermachers Alptraum wahrzumachen. Daß nämlich eine reale Optik die imaginäre Bildlichkeit, wie Wortbedeutungen sie alphabetisierten Lesern antrugen, überflüssig machen kann. Stumm und tot wie Schrift überhaupt, hat es der Fisch gar nicht mehr nötig, aus solch gleitenden Übergängen zwischen Rede und Natur phonozentrischen Trost zu saugen. Auf dem Papier stehen Zeichen, die keine Stimme aussprechen kann – gleichgültig ob man sie als Schuppen am Fischleib sieht oder als diskrete Elemente einer Antiqua liest. Mensch und Seele jedenfalls scheiden aus. Um 1900 ist mit all den Wandrern zwischen Tag und Nacht, Geist und Natur, Mann und Frau Der Mensch überhaupt gestorben. Ein Tod, demgegenüber der vielberedete Tod Gottes Episode ist.

Schrift, schrieb Stephani, liefere nur Noten für das Mundinstrument. Ein stummer Fisch beweist, daß Zeichen aller Sprechbarkeit spotten und dennoch Schrift bleiben können. Halbbogen und Strich, die zwei Minimalsignifikanten Soenneckens und des *Nachtgesangs*, bietet jedes Universal Keyboard. Die erste deutsche Schreibmaschinenmonographie jubelt denn auch, daß auf Remingtons und Olivers „mit ein wenig Erfindungsgabe sehr schöne Ränder und Verzierungen angefertigt werden können''[247]. Sie

---

[246] MORGENSTERN, 1905/1956: 31.
[247] BURGHAGEN, 1898: 193 (dort auch die Figur).

präsentiert Jahre vor Morgenstern den Prototyp moderner Idealpoesie.

((-)) ((-)) ((-))

Aber nicht nur Zeichen vor und jenseits von Alphabeten kann keine Menschenstimme reproduzieren. Es reicht hin, daß Schriftsteller eigene Alphabete schreiben und vorschreiben, um ihre Texte dem hermeneutischen Verzehr zu entrücken. Das Faktum einer Stefan-George-Schrift im Aufschreibesystem von 1900 beweist, daß *Fisches Nachtgesang* nur das Signet des ganzen Systems ist.

Die St-G-Schrift, von Melchior Lechter geschnitten und in der ersten *Gesamt-Ausgabe der Werke* durchgängig eingesetzt, ist bekanntlich aus Georges Handschrift abgeleitet. Aber diese Handschrift heißt nur so. Erstens sind ihre isolierten Buchstaben – über Karolingerunzialen hinaus – an eine zeitgenössische Akzidenz-Grotesk angelehnt.[248] Und zweitens fungiert eine Handschrift, die in Sätze wiederbenutzbarer Drucktypen überhaupt transponibel ist, grundsätzlich als Maschinenschrift.[249]

Stefan-George-Schrift

Im Gewand des Archaischen tritt die Technik auf den Plan. Larisch stellt „das Ideal eines persönlichen Buches" auf, das „als einziges Exemplar selbst zu verfassen, selbst zu schreiben, selbst zu schmücken und selbst zu binden" wäre.[250] Genau das praktiziert George, bevor Lechter und Bondi, Typenschneider und Verleger, ihm die Möglichkeit technischer Reproduktion auftun. Unterm Druck der Medienkonkurrenz geht die E-Literatur auf jene Kopistenmönche zurück, die von Gutenberg längst unnötig und von Anselmus längst verächtlich gemacht schienen. Zugleich aber soll das persönliche Buch (dieses hölzerne Eisen) eben die Blockschrift haben, deren Buchstaben alle „in ihrer Wesenheit gleich" und ohne die redundanten Unterschiede individueller Handschriften sind. Laut Larisch ist der historische „Zeitpunkt" altmodisch-

---

[248] Vgl. SCHARFFENBERG, 1953: 75.
[249] Auch bei der schreibmaschinellen Standardisierung seiner Handschrift folgt George dem großen Vorbild Mallarmés: „Mallarmé schwebt bei der Planung der Ausgabe zunächst ein Druckbild vor, das sich am Parameter der Handschrift orientiert. Es ist nun überaus aufschlußreich, daß er von diesem Projekt zunehmend Abstand nimmt und analog zu den prosodischen Überlegungen die Maße der klassischen Drucktype als Elemente des Gedichtbuches entdeckt. Der Vers sei, so hält er fest, schön nur, wenn man ihm einen unpersönlichen Charakter verleihe, also das Gedichtbuch in Drucktypen setze, unter dem Vorbehalt freilich, daß hierfür eigene Typen gegossen werden müßten." (ROMMEL, 1994: 8)
[250] v. LARISCH, 1905/1922: 106. Zum persönlichen Buch vgl. auch SCHUR, 1898-99: 138 f., sowie TARDE, 1897: 347.

manuellen Büchern „günstig", weil „gerade heute" die „Verbreitung der Schreibmaschine" einsetzt.[251]

Die kunstgewerblichen Asketen, auch wenn sie Mittelalter spielen, konkurrieren also mit modernen Medien. Seit es Schreibmaschinen gibt, gibt es auch Mark Twains und Paul Lindaus, Textverarbeiter, die schon am Schreibtisch „über die Einsatzmittel der Druckerpresse verfügen". Daß „die Schreibmaschine das dichterische Schaffen und die Veröffentlichung verbindet", stiftet nach McLuhan „eine ganz neue Einstellung dem geschriebenen oder gedruckten Wort gegenüber"[252]. Und wie bei jeder Innovation gehen die Effekte weit über Benutzung hinaus. Wenn Larisch und George ihre Handschriften zu allgemeingültigen Blockbuchstaben stilisieren, erreichen auch sie, was Malling Hansen und damit Nietzsche nachgerühmt wurde: Schriften „genau so schön und regelmäßig wie Buchdruck"[253].

„Perfekte lyrische Gebilde und perfekte technische Dinge fallen in eins zusammen."[254]

In der Aufmachung von Georgebüchern wird die neue Einstellung zum gedruckten Wort gedruckte Positivität. Sie sind, spätestens seit der Trennung von Lechter, bilderloser Letternkult. Vom lyrischen Einzelwort aus erfaßt die Devise Materialgerechtigkeit das alphabetische Medium im ganzen. Wenn moderne, von Morris nur mehr inspirierte *Ziele für die innere Ausstattung des Buches* in schlußendlicher Tautologie besagen, daß „Papier und Type das Buch bilden", so sind die Georgekreisdichter „gewissermassen die ersten, die erkannten, dass ein Buch aus Papier und Type besteht"[255].

Aber nicht nur die globale und oft beschriebene Tatsache, daß Bücher der Jahrhundertwende „sehr buchmäßig aussehen"[256], stellt sie in technische Kontexte. Wichtiger und unbeschriebener ist, daß alle Details der St-G-Schrift (Schriftart, Letternform, Rechtschreibung, Interpunktion) experimentell ermittelte Standards voraussetzen, ausnutzen und maximieren. Lesephysiologisch liegt es auf der Hand, daß erstens „die Druck- und Schreibtypen" und „zweitens die großen und kleinen Buchstaben so ähnlich als möglich sein müssen". Woraus drittens schon folgt, daß Antiqua bei weitem „zweckmäßiger" als Fraktur ist, die ja zumal „als Schreibmaschinenschrift undenkbar" wäre[257]. Just diese

---

[251] v. LARISCH, 1905/1922: 9 und 114.
[252] McLUHAN, 1964/1968: 283.
[253] BURGHAGEN, 1898: 120.
[254] JUST, 1963: 229.
[255] SCHUR, 1898–99: 228 und 231.
[256] RILKE, B 2.10.1901, in SCHARFFENBERG, 1953: 177.
[257] MEUMANN, 1911–14: III 605 f. und 614, Anm. 1.

Standards verwirklicht die St-G-Schrift, den zweiten (dank neuer Letternformen für *e, k, t*) radikaler noch als übliche Antiquaarten.[258] Viertens endlich beseitigt George bei zwei von sechsundzwanzig Buchstaben (*k* und *t*) die Oberlängen. Das scheint zwar eine minime Neuerung, hat aber im Verbund mit Grimms Orthographie (Kleinschreibung, Wegfall vieler Dehnungs-*h*, *ss* statt *ß*) denkbar massive Effekte. Wo der Lesephysiologe Meßmer in üblichen Textzusammenhängen auf tausend Buchstaben 270 ober- und/oder unterzeilige zählt, finde ich bei George durchschnittlich nur zweihundert große gegenüber achthundert kleinen. (Dieselben Passagen in Dudenorthographie würden fast hundert Buchstabenlängen mehr enthalten.)

Nun kann Meßmer aber zeigen, daß Wörter wie *physiologisch* oder *psychologisch*, unabhängig von ihrer Semantik, einfach als Längenhäufungen, nicht den „einheitlichen Gesamtcharakter'' haben, der *wimmern, nennen, weinen* auszeichnet.[259] Längen beschleunigen zwar die tachistoskopische Worterkennung; aber in einer Sonderschrift, die als Buchstabenkult alphabetisiertes Überfliegen ja verhindern muß, zählt Materialgerechtigkeit alles und Tempogewinn nichts. Lauter *wimmern, nennen, weinen* füllt demgemäß die achtzehn Bände eines Werks, dessen Esoterik physiologisch verbürgt wird. Zwischen dem herrischsten Schreiber und den bescheidenen Experimentatoren von 1900 gibt es Homologien, Kenntnisnahmen, Augurenlächeln. Der Psychotechnik-Erfinder Münsterberg bestätigt dem St-G-Schrift-Erfinder eine Esoterik, die – als Novum in der Geschichte allen Schrifttums – experimentalpsychologisch meßbar ist.

> Daß der Wegfall der großen Anfangsbuchstaben der Hauptworte der schnellen Auffassung ein starkes Hindernis bereitet, läßt das psychologische Experiment, falls es für die Leser von Stefan George dessen bedarf, in leicht meßbarer Weise erkennen.[260]

Sätze so wahr wie prophetisch. Während Nietzscheleser nur da und dort über Sperrsatz stolpern sollen, macht Georgelesern jeder Buchstabe Not. Eine perfekte Experimentalanordnung unterbindet Verstehen, um Augen an Signifikanten dunkel wie *Fisches Nachtgesang* zu bannen. Die Leser vor lauter Gebanntheit aber vergessen, daß sie Versuchspersonen sind. Im Angesicht technischer Medien beschwören sie ein Alteuropa aus zweiter Hand. Man lese den Georgeleser Mattenklott.

---

[258] Vgl. dazu BURGERSTEIN, 1889: 39.
[259] MESSMER, 1904: 218 und 224 f.
[260] MÜNSTERBERG, 1914: 252. Zur literaturwissenschaftlichen Bestätigung vgl. die klaren Sätze bei H. FRICKE, 1981: 17–22.

Das Bild Stefan Georges erscheint so schließlich als allegorischer Leichnam schlechthin. (...) Alles Zufällige, Individuelle ist ins bedeutsam Allgemeine transkribiert, womöglich am sinnfälligsten, wenn er die eigene Handschrift zur Druckschrift typisiert, die die konventionelle ersetzen sollte.[261]

Sätze so unwahr wie benjaminesk. Man nimmt die Technologien seines Jahrhunderts einfach nicht zur Kenntnis. Daß die Schreibmaschine es unumgänglich macht, Handschriften zu typisieren; daß das Projekt einer „Weltletter" an der Zeit ist, schon um Gedächtnisse zu entlasten[262]; daß Signifikantenlogik goethezeitliche Bedeutsamkeit sprengt – sämtliche Tatsachen fallen einer Allegorie von Allegorie zum Opfer. Aber „die konventionelle Handschrift" ist ein Unbegriff. Wenn auch für Literatur Historiken ihrer materialen Basis möglich sein sollen, müssen gerade im Elementarfeld Schreiben scheinbare Konventionen als Regelkreise und Programme auseinandergenommen werden. George, ob Leichnam oder nicht, zeugt von einer epochalen Innovation.

Keine Anrufung zeitloser Konventionen könnte erklären, wieso ein namenloser Künstler (nicht George) zwischen 1877 und 1894 dreimal seine Handschrift wechselt, um mit der dritten den Psych-

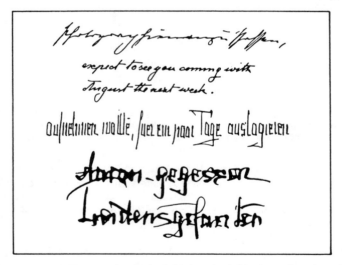

iatern aufzufallen und mit der vierten bei ihnen zu landen. Vor allem aber könnten Konventionen nicht erklären, wieso die Wissenschaft ausgerechnet diesen Irren beim Wort oder Federhalter

---

[261] MATTENKLOTT, 1979: 209.
[262] Vgl. BURGERSTEIN, 1889: 39.

nimmt und seine Handschrift faksimiliert.²⁶³ Nur unter der Annahme, daß die vier Schriftproben wie im Zeitraffer einen Umbruch vorführen, haben beide Schreibakte, der psychiatrisierte und der psychiatrische, Notwendigkeit. In völligem Gleichschritt mit George, dem ja Blockschrift auch nicht an der Wiege gesungen wurde, vollzieht der Namenlose die Umstellung vom gerundet-verbundenen Handschriftideal Stephanis oder Lindhorsts auf Letternkult. Eine der ersten Studien über *Handschriften Irrsinniger* nennt es ,,keineswegs nur zufälliger Natur'', daß besagten ,,Irrsinnigen'' die ,,gehörige Verbindung der zusammengehörenden Buchstaben'' abgeht.²⁶⁴ Wie zum Beweis für die Sprengkraft diskursiver Ereignisse führt die Isolation von Buchstaben also zur Isolation auch ihrer Schreiber.

1894 beauftragt die *Revue Encyclopédique* einen jungen Medizinstudenten damit, Schriftsteller über eine neuerschienene Graphologie zu befragen. Mallarmés Antwort lautet:

> Oui, je crois l'écriture un indice: vous dites, comme le geste et la physionomie, rien que de très sûr. Toutefois, l'écrivain de profession ou par goût, lui, r e c o p i e ou voit d'abord en le miroir de sa pensée, puis transcrit dans une écriture une fois faite pour toujours, comme invariable. L'effet immédiat de ses émotions n'est donc pas visible en son manuscrit: mais on y jugera sa personnalité en bloc.²⁶⁵

Das ist Klartext. Gleichzeitig mit dem Aufkommen graphologischer Spurensicherung zerfallen Alphabetisierte in zwei Klassen: da die Leute, deren Handschrift unmittelbarer Effekt ihres Unbewußten und somit psychologisch oder kriminalistisch auszuwerten ist; dort die professionellen Schriftsteller als Schreibmaschinen ohne Handschrift. Bei ihnen scheint nur Produzieren einer Seele, was immer schon Reproduzieren auf einer Klaviatur unwandelbarer Lettern ist. Schriftstellerschriften können folglich nicht gedeutet werden, die Graphologie selber müßte denn ,,wesentliche Modifikationen'' machen. Genau das tut sie aber, wenn Klages (in Georges Werken ausdrücklich vermerkt²⁶⁶) ein George-Autograph angeht: statt der üblichen ,,Ausdrucksniederschläge'' wird notgedrungen das ,,Ornament'' zum graphologischen Interpretandum.²⁶⁷ Professionell intransitives Schreiben in Blockbuchstaben sperrt mit den unbewußten Abgründen auch moderne Spurensicherungstechniken aus. So schnell haben verbliebene Wortspezialisten jene Lektion

---

[263] PREYER, 1895: 128.
[264] FORRER, 1888: 521.
[265] MALLARMÉ, 1894/1945: 878.
[266] Vgl. GEORGE, 1927–34: VI/VII 217.
[267] KLAGES, 1917: 91–95.

gelernt, die der Phonograph dem leichtsinnigen Wildenbruch erteilt. Mallarmé wird zur ungreifbaren personnalité en bloc; George ist praktisch genug, im monatlichen Verkehr mit der Deutschen Bank die Scheckunterschrift *Stefan George* seinem Lieblingsjünger zu überlassen. „Er sagte, Gundolf könne seinen Namen so schreiben, daß er selbst später nicht wüßte, ob er oder Gundolf die Unterschrift geleistet hätten."[268]

Stefan George

Bei aller Wortverachtung, die ihn zum Gründerheros von Bildung überhaupt berief, glaubte und gehorchte Faust doch der bindenden Macht seiner Unterschrift. Ohne Beamtenethos wäre der Pakt zwischen Geisteswissenschaften und Staat nicht zustande gekommen. Bei allem Wortkult spielt George, dieser Techniker contre cœur, im Bankverkehr ein kleines Strategiespiel. Eine Unterschrift, die wie die graphologisch perhorreszierte „Maschinoskriptur" „jeden Zug von Intimität" meidet[269] und deshalb immer schon fälschbar ist, lügt wirklich wie gedruckt. Und obwohl die Techniker auf der Gegenseite Georges Trick bald entlarvt haben, beweist er etwas. Nur solange Leute den Glauben an ein eigenes Innere hegten, gab es dieses Innere. Der Mensch steht und fällt mit der Unterschrift zu seiner Unterschrift. Dem Geheimen Deutschland dagegen kommt sogar die Deutsche Bank kaum bei. Es ist ausgeschlossen, in ein und demselben Aufschreibesystem Den Menschen und Die Sprache zu statuieren.[270]

Also wird um 1900 das universale Beamtenethos der Goethezeit von professionellen Moralen abgelöst. Im Konkurrenzkampf der Medien schwören alle auf ihre jeweilige Professionalität. Nichts anderes besagt es, wenn Lyriker seit George[271] an herausragen-

---

[268] BONDI, 1934: 13.
[269] TARDE, 1897: 350. Vgl. auch PREYER, 1895: 86: „Es ist schwer, in der Rundschrift ein Merkmal der natürlichen Handschrift mit Sicherheit wiederzufinden. Wer also an seiner Handschrift auf Briefadressen nicht sogleich erkannt sein will, kann sich, falls er die Mühe nicht scheut und die Schreibmaschine nicht vorzieht, der Rundschrift bedienen."
Blockschrift oder Maschine – diesen Rat beherzigen außer scheckfälschenden Schriftstellern vorab Verbrecher. Ein gewisser Mr. Windibank, der seine Schreibmaschinistin von Stieftochter mit Liebesbriefen unter anderem Namen hintergeht, schreibt sicherheitshalber selbst die Signatur mit Maschine. Und es ist diese wahrhaft georgesche List, die Sherlock Holmes, den erfolgreichen Techniker auf der Gegenseite, zur ersten Monographie *On the typewriter and its relation to crime* inspiriert (DOYLE, 1892/1930: 197-199). Damit eilt der Detektiv seiner Zeit wieder einmal voraus. Erst viel später erscheinen auch wissenschaftliche Monographien über *Kriminologische Verwertung der Maschinschrift* (STREICHER, 1919).
[270] FOUCAULT, 1966/1971b: 461.
[271] GEORGE, 1928/1927-34: IX 134 (Erstveröffentlichung 1919).

der Stelle, im *Neuen Reich,* Gedichte mit dem Titel *DAS WORT* veröffentlichen.

DAS WORT

Wunder von ferne oder traum
Bracht ich an meines landes saum

Und harrte bis die graue norn
Den namen fand in ihrem born –

Drauf konnt ichs greifen dicht und stark
Nun blüht und glänzt es durch die mark ...

Einst langt ich an nach guter fahrt
Mit einem kleinod reich und zart

Sie suchte lang und gab mir kund:
›So schläft hier nichts auf tiefem grund‹

Worauf es meiner hand entrann
Und nie mein land den schatz gewann ...

So lernt ich traurig den verzicht:
Kein ding sei wo das wort gebricht.

Rebus

Unübersetzbarkeit und Medientransposition

Ein Medium ist ein Medium ist ein Medium. Es kann also nicht übersetzt werden. Botschaften von Medium zu Medium tragen heißt immer schon: sie anderen Standards und Materialitäten unterstellen. In einem Aufschreibesystem, wo es Aufgabe wird, „der Abgründe gewahr zu werden, die die eine Ordnung der Sinnlichkeit von der anderen scheiden"[1], tritt an den Platz von Übersetzung mit Notwendigkeit die Transposition.[2] Während Übersetzung alle Singularitäten einem allgemeinen Äquivalent zuliebe ausfällt, verfährt die Medientransposition punktuell und seriell. Gegeben sei ein Medium A, organisiert als abzählbare Menge diskreter Elemente $E_1^a \ldots E_n^a$, dann besteht seine Transposition ins Medium B darin, die internen (syntagmatischen und paradigmatischen) Beziehungen zwischen seinen Elementen auf die Menge $E_1^b \ldots E_m^b$ abzubilden. Daß die Elementenanzahlen n und m und/oder die Verknüpfungsregeln kaum je identisch sind, macht jede Transposition zur Willkür oder Handgreiflichkeit. Sie kann nichts Universales anrufen und muß, heißt das, Löcher lassen. Schon der elementare und unumgängliche Akt EXHAUSTION stößt auf die Grenzen von Medien.

Medienlogik – in Mengenlehren oder Informationstheorien eine Binsenwahrheit, für Dichter aber die Überraschung des Jahrhunderts. Bevor nämlich auch sie *Das neue Reich*, dieses Reich blanker maschinenschriftlicher Wortkörper stiften, bleiben Dichter dem klassischen Aufschreibesystem treuer als alle anderen Berufe. Die Übersetzbarkeit aller Diskurse in poetische Signifikate privilegierte sie derart, daß erst traurige Abenteuer zum Verzicht auf ihre konstitutive Illusion zwingen. Und wirklich sind Dichter ein Jahrhundert lang mit der Sprache verfahren, als wäre sie bloßer Kanal.[3] Liebe und Rausch entrückten den Autor in Halluzinationen, die dann nachträglich, als „wunder von ferne oder traum", nur noch transkribiert werden mußten. Einbildungskraft, das allgemeine Äquivalent aller Sinne, stellte sicher, daß jedem „kleinod" ohne Umstände auch ein Name zufiel. Und weil süchtige Leser/innen diese Namen gleich wieder übersprangen, war ihr Effekt alles an-

Georges geheimer Worttresor

---

[1] RILKE, 1919/1955–66: VI 1092.
[2] Zum Technischen vgl. MCLUHAN, 1964/1968: 67–70.
[3] Vgl. dazu BLÜMNER, 1921, zit. in DANIELS, 1966: 251–254.

dere als Materialgerechtigkeit: Aus Diskursen wurde durch Rückübersetzung wieder die Sinnlichkeit einer Natur, die da „blüht und glänzt".

Aber im Jahr 1919 bricht der Tauschhandel zusammen. Die Norne, bei der ein Dichter für seine Imaginationen Wörter eingehandelt hat, ist keine Mutter mehr, wie sie als unartikulierter Anfang von Artikulation schrankenlose Sagbarkeit verbürgte. Die Norne hat nur einen Born oder Tresor, in dem Signifikanten abgezählt und verräumlicht koexistieren. Sprache selber, unters Abtasttheorem gestellt, ist eine endliche Menge. Was in anderen Medien an Kleinoden strahlt, muß nicht notwendig Äquivalente auch in St-G-Schrift haben. Nach langem Suchen und Exhaurieren macht die Norne diese sensationelle Tatsache kund. Während dichterischem Übersetzen stets Erfüllung winkte, ist Literatur eine Medientransposition, deren Struktur gut positivistisch und infolgedessen auch daseinsanalytisch[4] erst Defizite aufdecken.

Versuchsleiter am Tachistoskop und Schriftsteller am Nornenborn sind einig: In jeder Sprache ist „die Anzahl der Worte für eine bestimmte Zeit, ein bestimmtes Litteraturgebiet und einen bestimmten Autor beschränkt". Eine Ökonomie der Zeichenknappheit löst um 1900 den allgemeinen Tausch ab. Nicht nur in seinem Programmgedicht verfährt George worthaushaltend. Er ist auch „der erste neuere deutsche Dichter, dessen Sprachschatz in einem Gesamtwörterbuch erschlossen ist", was ihn jedoch gerade nicht zum „nicht auszulotenden Brunnen" stilisiert.[5] Man hätte – von der Exhaurierbarkeit auch tiefster Nornenborne ganz abgesehen – nur einmal bei Positivisten nachschlagen sollen. Dichtersprachen, die wie die symbolistische es „nötig machen, dass für ihre Schriften ein eigenes Wörterbuch abgefasst wurde (J. Plowert, *Petit glossaire pour servir à l'intelligence des auteurs décadents et symbolistes*)", sind schon dadurch als „Berufssprachen" ausgewiesen.[6]

Demgemäß feiert Georges Schlußstrophe Das Wort als Berufsmoral eines Medienprofessionalisten. Was wie Resignation klingt, hat Heideggers untrügliche Lesekunst sehr anders entziffert.

> Der Verzicht ist die Bereitschaft zu einem anderen Verhältnis. Dann wäre im Vers: „Kein ding sei wo das wort gebricht.", grammatisch gesprochen, das „sei" nicht der Konjunktiv zum „ist", sondern eine Art von Imperativ, ein Geheiß, dem der Dichter folgt, um es künftig zu bewahren. Dann hieße im Vers: „Kein ding sei wo das

---

[4] Vgl. HEIDEGGER, 1927: 73–76 (über Unzuhandenheit) und, in Anwendung auf *Das Wort*, HEIDEGGER, 1959: 163.
[5] MATTENKLOTT, 1970: 179 f.
[6] R. M. MEYER, 1959: 55.

wort gebricht." das „sei" soviel wie: Laß fortan kein Ding als seiendes zu, wo das Wort gebricht.[7]

Aus der Einsicht, daß Medientransposition in jedem Fall eine Handgreiflichkeit ist und von Fall zu Fall Löcher lassen muß, folgt unmittelbar ein Imperativ. Er besagt, andere Medien als Schrift nicht zwar zu verleugnen, aber zu verneinen. An der Schwelle des indischen Shiva-Höhlenheiligtums, dessen Namen *Ellora* George ganz wie das Unsinnswort *Tiholu* feiert, steht diese Ausschaltung von Grammophon und Film geschrieben:

> Pilger ihr erreicht die hürde.
> Mit den trümmern eitler bürde
> Werft die blumen werft die flöten
> Rest von tröstlichem geflimme!
> Ton und farbe müsst ihr töten
> Trennen euch von licht und stimme
> An der schwelle von Ellora.[8]

Verleugnung wäre absurd, seitdem Farbe und Ton, Licht und Stimme speicherbar geworden sind, seitdem „das Eilen im Sinne größtmöglicher Steigerung der Geschwindigkeiten, in deren Zeitraum allein die modernen Maschinen und Apparaturen sein können, was sie sind, den Menschen angesprochen und in sein Geheiß bestellt"' hat.[9] Fortan steht Geheiß gegen Geheiß, Medium gegen Medium. E-Literatur um 1900 ist der despotische, ja mörderische Befehl, Daten überhaupt auf solche einzuschränken, die das Medium Schrift exhaurieren kann. Ihr Geist, mit einem sehr ernsten Scherz Morgensterns, hieße besser „Heißt"'[10]. Er ist zum diktierenden Diktator geworden, gefolgt von Jüngern, die ihr Reales wahrhaft abtöten, und abgeschrieben von Sekretären, die aus der Aufschreibeschwelle Ellora eine ganze Pädagogik ableiten.

Auf Kunsterziehungstagen wird ausgerechnet am Promotor von Übersetzbarkeit und Weltliteratur jede „Möglichkeit der Übersetzung im tiefsten Sinne" verneint. Waetzoldt vom preußischen Kultusministerium experimentiert mit in- und ausländischen Studenten, ob Goethes *Zueignung* übersetzbar ist, und gibt als Ergebnis kund:

> Ebensowenig, wie ein Romane ein Germane werden kann, ebensowenig kann ich das Französische ins Deutsche oder umgekehrt übersetzen. Nur wo das Alltägliche, das Flache oder das streng

---

[7] HEIDEGGER, 1959: 168.
[8] GEORGE, 1907/1927-34: VI/VII 150.
[9] HEIDEGGER, 1959: 165.
[10] MORGENSTERN, M 1907/1976: 164. „Geist ist nur Heißen; Heißt, so schrieb sich besser Geist. / Der Heißt heißt alle Ding (doch Ding ist auch nur Heißt)."

Mathematische gesagt wird, kann von einer wirklichen Übersetzung die Rede sein. Man kann umdenken, umformen in eine andere Sprache, in ein anderes Weltbild, man kann eigentlich nie ganz übersetzen. Wie wollen Sie Musset übersetzen, und wie wollen Sie Goethe übersetzen![11]

Imaginäres (Alltägliches) und Reales (Mathematisches) sind also übersetzbar, Symbolisches dagegen erlaubt nur Transpositionen. Darum haben den höchsten Innenwiderstand Gedichte. Um zu beweisen, daß ihr Effekt in Prosaauflösungen (wiederum gegen Goethe) „beinahe verloren" geht, zitiert Dilthey seiner Sache Verstehen zum Trotz ausgerechnet Fechner, den Erfinder von Wort und Sache Psychophysik.[12] Und eben darin liegt die Innovation. Magische oder theologische Unübersetzbarkeit ist ein uralter Topos, der um 1900 nur wieder in Mode kommt[13]; aber keine Berufung auf Zaubersprüche kann verdecken, daß psychotechnische Unübersetzbarkeit nicht vorgefunden, sondern methodisch und neuerlich hergestellt wird.

Zaubersprüche sind einzelne Fremdkörper in gängigen Sprachen; um 1900 dagegen steht die künstliche Hervorbringung ganzer künstlicher Sprachen auf dem Plan. Sub voce *Lalula* weist Morgenstern selber, nachdem er das Recht „phantasiebegabter Jungen" eingeklagt hat, „einen Indianerstamm samt allem Zubehör, also auch Sprache, Nationalhymne, zu e r f i n d e n", auf seine Zeitgenossenschaft: er nennt sich „einen der eifrigsten Volapükisten"[14]. Neben der Weltsprache Volapük hat es in der Modezeit um 1885 aber auch Projekte zu einem „Ideal-Romanisch" als Extrakt der verschiedenen Vulgärlateinderivate gegeben. An diesem sprachwissenschaftlich viel „solideren Gebäude"[15] arbeiten die Herren Lott, Liptay, Daniel Rosa und (mit knapper Verspätung) ein Berliner Romanistikstudent namens George, der 1889 seine Lingua Romana erfindet.[16]

Die Lingua Romana erlaubt es George, an einem germanischen und einem romanischen Medium Waetzoldts Studententests vorwegzunehmen: Er schreibt Übertragungen eigener idealromanischer Gedichte ins Deutsche und umgekehrt. Also gibt es auch den Felsen, auf dem seit Champollion die Decodierung unbekann-

---

[11] WAETZOLDT, 1904: 255 f. Vgl. auch R. LANGE, 1910: 110–114.
[12] DILTHEY, 1887/1914-58: VI 158. Vgl. G. TH. FECHNER, 1876: I 51.
[13] Zum Topos vgl. etwa CUMONT, 1924: 87, 240, 295. Zur Mode vgl. GEORGE, F 1893/1927-34: XVII 53; KLAGES, M 1899/1944: 474; BALL, T 1916/1946: 92-96; FREUD, 1916-17/1946-68: XI 10. Valéry gibt 1922 bekanntlich einem ganzen Gedichtband den Titel *Charmes*.
[14] MORGENSTERN, B 1911, in SPITZER, 1918: 107.
[15] G. MEYER, 1893: 40.
[16] Vgl. ROUGE, 1930: 21 (über George, Volapük, Ido und Esperanto).

ter Sprachen ruht: eine Bilingue. Nicht so im Fall jener anderen Sprache, die George mit sieben oder neun Jahren, kurz vor Morgensterns Indianersprachspiel mithin, für sich und seine Knaben konstruiert hat. Das Gedicht *Ursprünge* beschwört zunächst eine Kindheit am heidnisch-römischen Rhein, der aber unters Diktat der Kirchensprache geraten ist, bis George den überlieferten Zaubersprüchen vom Typ *Hosiannah* die Eigenkonstruktion entgegensetzt.

> Auf diesen trümmern hob die kirche dann ihr haupt.
> Die freien nackten leiber hat sie streng gestaupt·
> Doch erbte sie die prächte die nur starrend schliefen
> Und übergab das maass der höhen und der tiefen
> Dem sinn der beim hosiannah über wolken blieb
> Und dann zerknirscht sich an den gräberplatten rieb.

> Doch an dem flusse im schilfpalaste
> Trieb uns der wollust erhabenster schwall:
> In einem sange den keiner erfasste
> Waren wir heischer und herrscher vom All.
> Süss und befeuernd wie Attikas choros
> Über die hügel und inseln klang:
> CO BESOSO PASOJE PTOROS
> CO ES ON HAMA PASOJE BOAÑ.[17]

Das Gedicht tut, wovon es schreibt. Die Geheimsprache der IMRI triumphiert, im Maß sie Nornenborn bleibt. Sie wird zitiert, sie wird allenthalben angespielt[18], sie wird sogar gesprächsweise einem Germanisten, Sprachwissenschaftler und Geheimsprachexperten vorgestellt, der jene Sprache als seltenes Beispiel völlig künstlicher Grammatiken und Vokabularien sogleich verbucht[19] – aber der größte Übersetzer deutscher Zunge denkt nicht daran, sie auch zu übersetzen. Also war es konsequent und nicht nur pietätvoll, daß Georges Jünger, sobald sie im Nachlaß eine handschriftliche Übertragung von *Odyssee*-Teilen in die IMRI-Sprache fanden, diese einzige Bilingue vernichtet haben. Laut Nietzsche gibt es Sprache ja nur, weil die Natur den Schlüssel zu ihren Geheimnissen wegwarf. Georges Selbstzitat, ausgerechnet in einem Gedicht namens *Ursprünge*, führt vor, daß Schriftsteller von 1900 dieser Natur nichts nachgeben. CO BESOSO PASOJE PTOROS / CO ES ON HAMA PASOJE BOAÑ. Peinlich trivial bleibt demgegenüber der ,,Verdacht'' eines Literaturwissenschaftlers, ,,der Inhalt jener Zeilen könnte peinlich trivial sein''[20]. Wenn anders die IMRI den

---

[17] GEORGE, 1907/1927–34: VI/VII 128 f. Vgl. dazu BOEHRINGER, 1951: 19, und im allgemeinen FORSTER, 1974: 87.
[18] Vgl. DAVID, 1952/1967: 16.
[19] Vgl. R. M. MEYER, 1901: 269.
[20] LIEDE, 1963: II 239.

Analyse und Montage einzelner Medien

Akt rückgängig machen, mit dem die Kirche das Maß der Höhen und Tiefen dem Sinn oder Signifikat übergab, sind viel schlimmere Dinge möglich: daß die zwei Zeilen nackte Signifikanten sind, also überhaupt keinen Inhalt haben.

Eine Literatur, die als Geheimsprache konstruiert oder simuliert wird und darum immer schon unter dem Verdacht steht, „eine Art Unsinn" zu sein[21], zwingt auch die Interpretation zur Umstellung ihrer Techniken. Der klassische Weg zu Ursprüngen in Seele und Kindheit des Autors scheidet aus; einer „littérature à rébus" gegenüber tritt (nicht nur bei Dilthey) eine objektive Interpretation, deren Vorbild einzig kryptographische Decodierungstechniken sind. Wenn „der neue Symbolismus die Symbole ganz anders" als klassisch-romantische Lyrik gebraucht, nämlich nicht „das Gefühl selbst", sondern nach Regeln der Medientransposition „einen anderen und entlegenen Gegenstand" zum Vorwurf nimmt[22], dann kann nur sachliches und kein psychologisch-historisches Verstehen diese Medientransposition retransponieren und d. h. entziffern. Simmel beweist es für Dichtwerke und Black-box-Maschinen gleichermaßen.

> Eine Schöpfung des Geistes, die verstanden werden soll, kann man einem Rätsel vergleichen, das sein Schöpfer auf ein Lösungswort hin gebaut hat. Findet ein Ratender nun etwa ein zweites, genau so passendes, auf das also das Rätsel, objektiv genommen, mit dem ganz gleichen logischen und dichterischen Erfolge zugeht, so ist es eine ebenso vollkommene „richtige" Lösung wie die vom Dichter beabsichtigte, und diese hat nicht den geringsten Vorsprung vor ihr oder vor all den anderen Lösungswörtern, die man noch, prinzipiell unbeschränkt, auffinden mag.[23]

Interpretation ist also nur ein Sonderfall der allgemeinen Technik Medientransposition. Zwischen codierendem Autor und decodierenden Interpreten besteht keine psychologische Brücke, sondern sachliche Konkurrenz. Die kaiserlich russischen Funker bei Tannenberg oder der Verfasser des Zimmermann-Telegramms hätten ein Lied davon singen können. Sender und Empfänger (gleichgültig ob Adressaten oder Spione) verfügen beide nur über den Wortlaut und einen Nornenborn, so daß im Glücksfall, den nichts und niemand garantiert, Elemente und Verknüpfungsregeln eines Mediums *A* auf Elemente und Verknüpfungsregeln eines Mediums *B* abbildbar werden. Als Bettina Brentano an Goethes *Scharade* als hypothetischer Gegenliebeserklärung rätselte, ohne den Herzlieb-Code knacken zu können, herrschte leider ein anderes Aufschreibesystem. Leserin-

---

[21] NIETZSCHE, F 1873/1967 ff.: III 4, 318 (über „die Poesie").
[22] BAHR, 1894: 28 f.
[23] SIMMEL, 1918: 18, vgl. auch 19 (über Maschinen).

nen mußten hinter jedem Rätselwort des Dichters sein liebendes Herz suchen. Hätte die Arme, wie so viele Studentinnen um 1900, Simmels Straßburger Seminare besuchen können, vieles wäre einfacher gelaufen. Nicht nur vergebliche Entzifferungsmühen, auch den drohenden Schrecken, im Rätselspruch doch noch *Herzlieb* zu entdecken, erspart ein Deutungsverfahren ohne Autoridol.

Und wirklich kann Medientransposition für Galgenfristen wenigstens lebensrettend sein. 1902 erscheint von Emil Strauß der Roman eines Gymnasiasten und geborenen Musikers, den der verstaubte Neuhumanismus seiner Lehrer und Lehrpläne schließlich zum Selbstmord treibt. Nachdem ihm auch noch die geliebte Geige verboten wurde, sitzt Heinrich Lindner Nachmittag um Nachmittag über Schulaufgaben.

> In den ersten Tagen wurde es ihm nicht so schwer, ja mit leiser Bitterkeit dachte er: Es geht wahrhaftig alles! Am vierten Tag aber ertappte er sich plötzlich dabei, daß er, statt die Lösung einer Gleichung zu betreiben, die Buchstaben als Noten las, und, ohne sich dessen bewußt zu sein, schon eine ganze Seite des Buches abgesummt hatte.
> „Heiliges Gewitter!" rief er lachend, „ist das ein Stuß!" konnte sich aber doch nicht enthalten, die Seite nun noch einmal mit Bewußtsein daraufhin anzusehen, ob denn unter den langweiligen Buchstaben irgendwo eine musikalische Verbindung verborgen sei. Bald aber war es ihm nicht mehr zum Lachen über diesen Stuß, da er merkte, daß es ihm unmöglich sei, seine Gedanken an den mathematischen Wert der Buchstaben zu heften, daß ihm vielmehr die einfältigste Buchstabenfolge eine musikalische Erinnerung auslöste oder ein Motiv beschwor.[24]

Blanker Hohn ist es also, wenn ahnungslose Beamte ihrem Problemschüler hübsch hermeneutisch bescheinigen, trotz „sehr irregulärer Lektüre in den Geist der Autoren einzudringen"[25]. Wer statt algebraischer Variabeln (und andernorts auch Buchstaben) Notenwerte liest, geht weder irregulär noch autorenpsychologisch vor. Sein Lesen ist denkbar präzise Medientransposition und nur noch mit Simmels objektiver Interpretation der Interpretation und Legitimation fähig. Es tut dieser Radikalität keinen Abbruch, daß Lindner nicht allein steht. Denn was sein Zeitgenosse Alban Berg, wenn er Buchstaben in Noten transponiert, aus den bekannten Gründen erotischer Tarnung tut, ist beim Romanhelden ein unbewußter und eben darum lebensrettender Zwang, ein Sonderfall von Alexie zu dem einzigen Zweck, gymnasialen Alphabetismen zu entrinnen. Und wirklich kennt die Sprachdefizitforschung (außer

---

[24] E. STRAUSS, 1902/1925: 179 f.
[25] E. STRAUSS, 1902/1925: 122.

der strategischen Aphasiesimulation) Fälle von Kranken, die „nur die Worte verlieren, aber den Sinn für Noten behalten"[26].

Das *Trio für Klavier, Violine und Violoncello* von Heinrich Lindner, *Opus 1* gibt demgemäß ein Bahnhof ein. Der verhinderte Komponist hört den Stationsvorsteher Kommandos als Melodien singen (wie jene „Kinder, die beim Spiele dem bloßen Rufe Rhythmus und Wechselklang geben"). Kurz darauf erschallt der Wartesaal von Stimmgewirr, was Lindners musikalischen Traum aber so wenig stört, wie alle Medien um 1900 weißes Rauschen voraussetzen. Das „Stimmengewirr, indem es keinen einzelnen Laut störend zu ihm dringen" läßt, inspiriert den frühreifen, nach Lehrermeinung jedoch völlig unbegabten Gymnasiasten zu *Opus 1*.[27]

Wenn Medientransposition Noten aus Schrift und Partituren aus Stimmgewirr machen kann, ist aber auch eine Decodierung des dunkelsten und unübersetzbarsten Textes deutscher Literatur möglich und notwendig. *Das große Lalulā* hat wenn schon nicht Sinn, so doch Methode. Und das auch nicht bloß als „ein mehr oder minder modulationsfähiger Ausdruck einer ganz bestimmten und im weitesten Verfolge exzösen Weltauffasserraumwortkindundkunstanschauung"[28]. Keine einzige Modulation nämlich erlaubt die Decodierung, die Morgenstern selber, aber als „Jeremias Mueller, Dr. phil." und d. h. in professionellem Abstand zur eigenen Wortkindundkunst vorgelegt hat.

DAS GROSSE LALULĀ

Man hat diesem Gesang bisher zuviel untergelegt. Er verbirgt einfach – Endspiel. Keiner, der Schachspieler ist, wird ihn je anders verstanden haben. Um aber auch Laien und Anfängern entgegenzukommen, gebe ich hier die Stellung.
Kroklokwafzi = K a 5 (weißer) König a 5. Das Fragezeichen bedeutet: ob die Stellung des Königs nicht auf einem andern Felde vielleicht noch stärker sein könnte. Aber sehen wir weiter.
Semememi! = S e 1 (schwarzer) Springer e 1. Das Ausrufungszeichen bedeutet: starke Position ...[29]

---

[26] Kussmaul, 1881: 27. Vgl. auch A. Proust, 1872: 310; Baumann, 1897: 12 f., und Sachs, 1905: 122.
[27] E. Strauss, 1902/1925: 133–142. Schon 1885 hat Paulhan „beobachtet, daß das Geräusch eines Wasserfalls oder eines Eisenbahnzuges bei ihm die Vorstellung einer Melodie wesentlich erleichtert" (Ballet, 1886/1890: 31). Gertrude Stein schreibt vorzugsweise in Gegenwart ablenkender Geräusche (vgl. Skinner, 1934: 54), ein Held Otto Flakes im Rauschen der Gasleitung (Flake, 1919: 205). Am genauesten ist wie immer Rilke *Über den jungen Dichter* und die Quellen seiner Inspiration: „Wer nennt euch alle, ihr Mitschuldigen der Begeisterung, die ihr nichts als Geräusche seid, oder Glocken, die aufhören, oder wunderlich neue Vogelstimmen im vernachlässigten Gehölz" (Rilke, 1931/1955–66: VI 1054). Spektralanalysiert, haben Glocken in der Tat unter allen Klängen den höchsten Rauschanteil.
[28] Morgenstern, 1905/1956: 13.
[29] Morgenstern, 1921/1965: 226.

Usw. usw., bis alle Unsinnswörter exhauriert sind, um eine närrische Endspielstellung übrigzulassen. Der Selbstkommentar, fernab von allem Seelenleben, ist einmal mehr exakteste Medientransposition. Wortlaute eines Notationssystems zählen nur insoweit, wie ein zweites Homonymien anbietet. (Nichts an S e 1 erklärt m̃ und i von Sem̃emem̃i.) Ob von algebraischen Variabeln zu Notenwerten oder von Lettern zu Schachkürzeln, jede Transposition läßt Löcher. Vor allem aber entsteht kein Mehrwert an Sinn. ,,Man hat diesem Gesang bisher zuviel untergelegt'' – das könnte auf dem Grabstein einer ganzen Literaturwissenschaft stehen.

Materialgerechtigkeit und Medientransposition sind zwei Seiten eines selben Positivismus. Erst die methodisch strenge Isolierung einzelner Zeichentresore oder Kulturtechniken erlaubt es, nicht minder exakte Kopplungen herzustellen. Stimme und Gestik, Lettern und Ornament, Bild und Ton, Buchstaben und Noten, St-G-Schrift und ,,mündliches hersagen von gedichten''[30] –: all diese Kopplungen setzen technische Analysen voraus. Dafür gibt es die wunderlichsten und die massivsten Belege.

Wenn Morgensterns nachmaliger Meister eine neue Art von Tanz erfindet, wird aus der Germanistik-Parodie des *Lalulā* bitterer Ernst. Eurhythmie greift aus Goetheversen Buchstaben nach Buchstaben, Wortart nach Wortart heraus, um jedem einzelnen Signifikanten eine iterierbare Ausdrucksgebärde zuzuordnen. Wenn das ein für allemal geschehen ist, braucht der Meister Steiner nur ,,schneller, schneller'' zu befehlen – und seine Elevinnen, deren ,,eigener, sehr weiser Kopf ein bischen ausgeschaltet'' ist, ,,verhelfen der wesenhaften Kraft des Lautes zu seiner Eigenwirksamkeit''[31].

Ob solche Frauen aus Fleisch und Blut sind, spielt beim Parallelschalten von Medien keine Rolle. Der Edison des Romans konstruiert eine mechanische Eva, die an der Stelle fleischlicher Lungen und sogenannter Sprachkompetenz ein phonographisches Vokabular von 2×7 Stunden Laufzeit hat. Und eben weil dieser Wortschatz abzählbar ist, kann Edison Evas archivierte Sprachperformanz mit ihren nicht minder mechanischen Ausdrucksbewegungen synchronisieren.[32] Was dem zukünftigen Liebhaber der Zukunftsfrau als kohärenter Organismus erscheinen wird und muß, ist technologische Eurhythmie.

Nichts anderes als im Roman geschieht aber auch mit sozio-historischer Breitenwirkung. Von Anfang an wird der Stummfilm

---

[30] BOEHRINGER, 1911: 77–88.
[31] MAIER-SMITS, 1967: 158–161 (Erinnerungen der ersten Elevin).
[32] Vgl. den minutiösen Schaltplan bei VILLIERS, 1886/1977: 220 ff.

(entweder mechanisch oder durch subalterne Begleitmusiker[33]) an Tonarchive angekoppelt. Gerade als Bild-ohne-Ton und Ton-ohne-Bild erlauben die zwei Medien Film und Phonograph diverse Synchronisationen. Die progressiven Literaten Ehrenstein, Hasenclever, Lasker-Schüler, Pinthus, Werfel und Zech entsetzt es zwar, daß „kümmerlich untermalendes Klaviergeklimper" und (die Szene spielt 1913 in Dessau) „ein im prächtigsten Sächsisch die Handlung kommentierender Erklärer" den Film „übertönen"'[34]. Aber ihre Verbesserungsvorschläge, die alle auf ein mediengerechtes l'art pour l'art auch des Stummfilms hinauslaufen, sind selber eine Kopplung zwischen Kino und Schriftstellerprofessionalität. Mit jedem Wort beweisen die Drehbücher, die Pinthus und Genossen als *Kinobuch* der Industrie offerieren, daß die Unübersetzbarkeit von Medien gerade die Möglichkeitsbedingung ihrer Kopplung und Transpositionen ist.

Die Psychoanalyse und ihre Rückseiten

Die Medientransposition erlaubt nicht nur, vom Witz über die Mystik zur Kulturindustrie, eine Unzahl von Anwendungen. Sie kann methodisch begründet und zum Paradigma einer neuen Wissenschaft werden. Freuds *Traumdeutung*, auf deren Titelblatt stolz und voreilig die Zahl Null eines neuen Jahrhunderts prangt, inauguriert Medientransposition als Wissenschaft.

Freuds Traumdeutungstechnik

Damit es überhaupt Traumdeutung geben kann, müssen drei säkulare Irrtümer ausgeräumt werden. Erstens das Vorurteil der Philosophen, der Traum sei ohne objektiv verständigen Zusammenhang und jeder Deutung unwürdig. Hegelworten gegenüber (die er nur mehr aus zweiter Hand zu zitieren braucht[35]) folgt Freud lieber dem Glauben der Leute, im Traum „einen Sinn, wiewohl einen verborgenen" zu ahnen. Aber populäre Traumdeutung ist auf zwei komplementäre Weisen Übersetzung geblieben: Sie brachte entweder ein Traumganzes „symbolisch" auf globale Bedeutungen, oder sie „übersetzte" in „mechanischer Übertragung" Traumteil um Traumteil „nach einem feststehenden Schlüssel in ein anderes Zeichen von bekannter Bedeutung"[36]. Beide Techniken, die analoge wie die digitale, setzten also voraus, daß die zwei Medien Traum und Rede in ihren Elementen entweder ähnlich oder koextensiv wären. Diesen zwei Naivitäten kündigt die neue Wis-

---

[33] Für die Einzelheiten vgl. v. ZGLINICKI, 1956: 277–294.
[34] PINTHUS, 1963: 9. Vgl. dazu MÜNSTERBERG, 1916/1970: 84–87.
[35] Vgl. FREUD, 1899/1946–68: II/III 58.
[36] FREUD, 1899/1946–68: II/III 100–102.

senschaft. In einem berühmten Vergleich definiert Freud sein Verfahren strikter Medientransposition.

> Traumgedanken und Trauminhalt liegen vor uns wie zwei Darstellungen desselben Inhaltes in zwei verschiedenen Sprachen, oder besser gesagt, der Trauminhalt erscheint uns als eine Übertragung der Traumgedanken in eine andere Ausdrucksweise, deren Zeichen und Fügungsgesetze wir durch die Vergleichung von Original und Übersetzung kennen lernen sollen. Die Traumgedanken sind uns ohne weiteres verständlich, sobald wir sie erfahren haben. Der Trauminhalt ist gleichsam in einer Bilderschrift gegeben, deren Zeichen einzeln in die Sprache der Traumgedanken zu übertragen sind. Man würde offenbar in die Irre geführt, wenn man diese Zeichen nach ihrem Bilderwert anstatt nach ihrer Zeichenbeziehung lesen wollte. Ich habe etwa ein Bilderrätsel (Rebus) vor mir: ein Haus, auf dessen Dach ein Boot zu sehen ist, dann ein einzelner Buchstabe, dann eine laufende Figur, deren Kopf wegapostrophiert ist u. dgl. Ich könnte nun in die Kritik verfallen, diese Zusammenstellung und deren Bestandteile für unsinnig zu erklären. Ein Boot gehört nicht auf das Dach eines Hauses, und eine Person ohne Kopf kann nicht laufen; auch ist die Person größer als das Haus, und wenn das Ganze eine Landschaft darstellen soll, so fügen sich die einzelnen Buchstaben nicht ein, die ja in freier Natur nicht vorkommen. Die richtige Beurteilung des Rebus ergibt sich offenbar erst dann, wenn ich gegen das Ganze und die Einzelheiten desselben keine solchen Einsprüche erhebe, sondern mich bemühe, jedes Bild durch eine Silbe oder ein Wort zu ersetzen, das nach irgendwelcher Beziehung durch das Bild darstellbar ist. Die Worte, die sich so zusammenfinden, sind nicht mehr sinnlos, sondern können ein schönsten und sinnreichsten Dichterspruch ergeben. Ein solches Bilderrätsel ist nun der Traum, und unsere Vorgänger auf dem Gebiete der Traumdeutung haben den Fehler begangen, den Rebus als zeichnerische Komposition zu beurteilen. Als solche erschien er ihnen unsinnig und wertlos.[37]

Deutungstechniken, die Texte als Scharaden oder Träume als Bilderrätsel behandeln, sind keine Hermeneutik. Sie sind es nicht, weil sie nicht übersetzen. Die Übersetzung eines Rebus scheitert daran, daß Buchstaben in freier Natur, der Referenz allen Übersetzens, nicht vorkommen. Im Gedicht Georges sind poetische Imagination und Sprachtresor nicht koextensiv, im Vergleich Freuds gezeichnete Landschaft und alphabetisches Zeichensystem. Eben diese Fehlanzeige erzwingt eine neue Wissenschaft. Um manifeste Trauminhalte in latente Traumgedanken zu transponieren, muß zunächst und zuerst jedes der zwei Medien als definierte Elementenmenge mit definierten Verknüpfungsregeln (Fügungsgesetzen) angeschrieben werden. Wenn Faust in der Ge-

---

[37] FREUD, 1899/1946–68: II/III 283 f.

schichte des Zeichens den Augenblick ohne Paradigmabewußtsein markiert hat, so ist *Die Traumdeutung* eine Zeichenanalyse einzig nach Stellenwerten diskreter Elemente.[38] Sie statuiert nicht ein Symbol im klassischen Sinn, kein Transzendentalsignifikat also, wie es vormals alle Wörter und vorab das Wort *Wort* einsaugte. An seine Statt treten lauter unterschiedene Subsysteme von Signifikanten, in deren jedes die Rebus-,,Einzelheiten'' probeweise eingesetzt werden müssen, bis sie in je einem Subsystem einklinken. *Rebus* ist der Instrumentalis von *res:* mit Dingen darf wie mit Wörtern und mit Wörtern wie mit Dingen gespielt werden. Von den ,,Sprachkünsten der Kinder, die zu gewissen Zeiten die Worte tatsächlich wie Objekte behandeln, auch neue Sprachen und artifizielle Wortfügungen erfinden''[39], kann die Deutung nur lernen. Mithin ist jedwede Handgreiflichkeit gegenüber Buchstaben und Wörtern erlaubt und nur der Rahmen einer bestimmten Sprache vorausgesetzt. Träume, ,,unübersetzbar in eine andere Sprache''[40], durchmessen alle Spielräume einer gegebenen. Medientransposition als exaktes Korrelat von Unübersetzbarkeit.

Weder ähnlich noch koextensiv, stehen Trauminhalt und Traumgedanke zueinander ganz wie *Lalulā* und Schachendspiel. Freud als ,,Genosse der verwegensten Sprachabenteuer und Wortmysterien'' ist auch ,,ein Bruder Morgensterns''[41]. So wenig aber Schachnotationen Gedichte sind, so wenig ist der decodierte Trauminhalt Poesie. Als Dichtung haben Träume nur gelten können, solange optische und akustische Halluzinationen an ihnen zählten. Vom schönen Schein bleibt kein Rest, wenn Trauminhaltselemente eins ums andere in Signifikanten transponiert werden, ergäben sie auch den sinnreichsten Dichterspruch. Freuds Ironie nur ernten Augen, die am Bilderrebus Ersatzsinnlichkeiten vom Typ Zeichnung oder Landschaft zu haben meinen. Als ,,wahre Silbenchemie''[42], der die Entzifferungsmethode ja nur konkurriert, ist der Traum selber schon ein Stück Technik fernab von Natur und Kunstnatur.

Diese Technik aber trägt eine historische Marke. Nicht umsonst betont Bahr, daß ,,die Natur'', gerade wo sie ,,sich frei und ungebunden eingestehen darf'', im Traum nämlich, ,,ganz pünktlich und genau nach dem Rezept der neuen Schule'' symbolistischer ,,Rebusliteratur'' verfährt.[43] Und Traumdeutung bei Freud setzt vor-

---

[38] Expressionistisch gesprochen: ,,So sehr siegt die bloße Stellung, sei es der Krieger, sei es der Sätze.'' (Hatvani, 1912: 210).
[39] Freud, 1899/1946–68: II/III 309.
[40] Freud, 1899/1946–68: II/III 103.
[41] Muschg, 1930/1958: 315 und 306.
[42] Freud, 1899/1946–68: II/III 303.
[43] Bahr, 1894: 30 (in bezug auf die Körperreiztheorie des Traums).

aus, kontinuierliche Bilderserien, bevor sie durch Silben oder Wörter ersetzt werden, erst einmal zu zerhacken. Nicht umsonst erscheint im beschriebenen oder fingierten Rebus eine laufende Figur, deren Kopf wegapostrophiert ist. Nur der Krüppel ohne Kopf gibt ein Unbewußtes her, nur das zerstückelte Phänomen Traum eine lesbare Schrift. Genauso trennt das Gedicht vom Lattenzaun Silben durch ihre Zwischenräume ab; genauso zerlegen im Film Flügelscheibe und Malteserkreuz die kontinuierlichen Bewegungen vor dem Objektiv. Daß *Die Traumdeutung* das Phänomen Traum ignoriert (und darum Silberers gleichzeitigen Hypothesen sehr reserviert gegenübersteht), ist schon der erste Schritt zur Entzifferung. Transpositionen liquidieren ihr Ausgangsmedium. An Freuds Forderung, jedes Bild durch eine Silbe oder ein Wort zu ersetzen, sind jede Silbe und jedes Wort wörtlich zu nehmen. Den Beweis liefert sein Umgang mit Hysterikern, die ja „zumeist Visuelle sind".

Ist einmal ein Bild aus der Erinnerung aufgetaucht, so kann man den Kranken sagen hören, daß es in dem Maße zerbröckle und undeutlich werde, wie er in seiner Schilderung desselben fortschreite. Der Kranke trägt es gleichsam ab, indem er es in Worte umsetzt. Man orientiert sich nun an dem Erinnerungsbilde selbst, um die Richtung zu finden, nach welcher die Arbeit fortzusetzen ist. „Schauen Sie sich das Bild nochmals an. Ist es verschwunden?" – „Im ganzen ja, aber dieses Detail sehe ich noch." – „Dann hat dies noch etwas zu bedeuten. Sie werden entweder etwas Neues dazu sehen, oder es wird Ihnen bei diesem Rest etwas einfallen." – Wenn die Arbeit beendigt ist, zeigt sich das Gesichtsfeld wieder frei, man kann ein anderes Bild hervorlocken. Andere Male aber bleibt ein solches Bild hartnäckig vor dem inneren Auge des Kranken stehen, trotz seiner Beschreibung, und das ist für mich ein Zeichen, daß er mir noch etwas Wichtiges über das Thema des Bildes zu sagen hat. Sobald er dies vollzogen hat, schwindet das Bild, wie ein erlöster Geist zur Ruhe eingeht.[44]

Goltz hat gezeigt, daß *Der Hund ohne Großhirn* seine Gesichtsvorstellungen einbüßt. Freud zeigt, wie man Bilder aus Traum oder Erinnerung auch ohne Skalpell liquidieren (und die Liquidation den Patienten selber zuschreiben) kann. „Umsetzung in Worte" sticht „das innere Auge" aus, an dem Anselmus und Hoffmann alle Lust gehabt haben. Die Fühlenden mögen das mit dem modischen Bannfluch strafen, Freud habe eine Ökonomie libidinöser Verausgabung mit mosaisch obsoleten Bilderverboten belegt.[45] Es ist aber nur eine von wenigen Optionen, die Schreibern im Aufschreibesystem 1900 bleiben. Gegenüber einer Konkurrenz, die Ersatzsinnlich-

---

[44] FREUD, 1895/1946–68: I 282 f.
[45] So LYOTARD, 1973/1980: 77.

keiten durch realen Datenfluß ersetzt, schwören die Verwalter von Wörtern auf das Wort. ,,Schauen Sie sich das Bild nochmals an. Ist es verschwunden?'' Mit so paradoxen Fragen werden Bilderfluchten Element um Element, ganz buchstäblich also exhauriert. Wenn auf der Couch noch den phantasievollsten Hysterikern ihre Schätze entrinnen, lernen auch sie den Verzicht, den Schriftsteller um 1900 vollziehen und verkünden: ,,kein ding sei wo das wort gebricht''[46].

Und weinen dass die bilder immer fliehen
Die in schöner finsternis gediehen –
Wann der klare kalte morgen droht.

So hat George[47] es aufgeschrieben, so hat Schönbergs Musik es unvergeßlich gemacht ...

Bleibt nur die Frage nach dem Namen des Geistes, der zur letzten Ruhe eingeht, sobald hysterische Bilderfluchten in Wörter transponiert sind. Ihn mit Sicherheit anzuschreiben ist unmöglich. Aber es gibt Indizien. Die Bilder erscheinen dem inneren Auge; sie erscheinen einem Leiden, das im Unterschied zur bilderlosen Zwangsneurose mit Vorliebe Frauen befällt; sie illustrieren, wie man weiß, eine Liebe, die Treue zur Kernfamilie ist –: sollte der Geist, den Freud austreibt, nicht einfach die klassische Funktion Leserin sein? Hysterisierung der Frauen um 1800 hat ja besagt, ihnen eine Lektüre beizubringen, die poetische Gehalte genießend und halluzinierend in Signifikate übersetzte. So käme auf der Couch nur eine historische Sedimentierung wieder zutage[48], aber genau zu dem Zeitpunkt, da sie dysfunktional wird, und genau zu dem Zweck, eine andere, nämlich buchstäbliche Lektüre noch des Alltäglichsten einzuüben. Die Psychoanalyse stünde am Ort der ,,Gabelung'', die ab 1900 nach der ,,Parole Buch oder Bild; ein Drittes giebt es nicht''[49] E-Kultur und U-Kultur scheidet. Frauen, Kinder und Irre, statt weiter Lektürebilder zu träumen, entdecken das Unbewußte des Parterres, während die Wissenschaft Psychoanalyse gerade umgekehrt an Frauen, Kindern und Irren, um es ihnen einzuschreiben, das elitäre Unbewußte skripturaler Geheimcodes entdeckt.[50] Am Ende ihrer Kur träumt eine berühmte Hysterica Freuds, daß auch sie ,,ruhig im Lexikon liest''[51].

---

[46] Diese Homologie zwischen Literatur und Psychoanalyse verkehrt in ihr Gegenteil MATTENKLOTT, 1970: 309 f.
[47] GEORGE, 1895/1927–34: III 106.
[48] Vgl. FOUCAULT, 1954b/1968: 122–129.
[49] LANGBEHN, 1890: 8 (auf Wissenschaft und Kunst gemünzt).
[50] Vgl. dazu GUATTARI, 1975: 102 f.
[51] FREUD, 1905/1946–68: V 273. Vgl. dazu FOUCAULT, 1954a: 75–78.

Sofort nach Uraufführung des zweiten deutschen Autorenfilms geht Otto Rank an seine Psychoanalyse. Dabei folgt er der Vermutung, „daß die in mehrfacher Hinsicht an die Traumtechnik gemahnende Kinodarstellung auch gewisse psychologische Tatbestände und Beziehungen, die der Dichter oft nicht in klare Worte fassen kann, in einer deutlichen und sinnfälligen Bildersprache zum Ausdruck bringt"[52]. Aber statt solchen Assoziationen nachzugehen, transponiert Rank die Filmseqenzen des *Studenten von Prag* eine nach der anderen ins Lexikon literarischer Doppelgängermotive und dieses Lexikon seinerseits in analytische Narzißmustheorie. Daß das Doppelgängermotiv Verfilmung selber verfilmt, überlesen professionelle Leser. Kino ist nur „aktuelle psychische Oberfläche", „zufälliger und banaler Ausgangspunkt zur Aufrollung weiterreichender psychologischer Probleme"[53]. So entschlossen handhabt Rank die Unterscheidung manifest/latent – nicht nur am psychischen Apparat, sondern vorab zwischen technischem und literarischem ...

Und Freud? 1883 baut Albert Londe, in direkter Fortsetzung Muybridges, eine elektrische Kurzbelichtungsserienkamera, die Charcot zwei Jahre später auf die Hysterikerinnen seiner Salpêtrière richten läßt. Der junge Neurologe Freud sieht zu.[54] Aber auch ihm sind Filmaufnahmen und d. h. Zerhackungen des Großen Hysterischen Bogens nur zufälliger und banaler Ausgangspunkt. Sein Blick auf Hysterikerinnen rollt das ganz andere Problem Bilderfluchtenexhaustion auf. In der *Traumdeutung* kommt Kino nicht vor. Uwe Gaubes schöne Studie über *Film und Traum* hat dieses Loch zwar (mangels Rank-Lektüre) mit amerikanischen Psychologen gestopft, die den manifesten Trauminhalt mit allem Recht kinematographisch lesen.[55] Philologisch-historisch aber bleibt es dabei, daß Freud das Andere seiner Decodierung gar nicht erst ignoriert. Der filmisch-präsentative Symbolismus der Traumbilder verschwindet im rhetorisch-skripturalen, den die Wissenschaft Psychoanalyse instituiert. Was an „visuellen Formen der Gedankenflucht"[56] durch Traumabläufe spukt, fällt aus. Wie bei Saussure, dessen Linguistik erst nach der mythischen Scheidung

---

[52] RANK, 1914/1925: 7 f. Dergleichen Deutungsansprüchen entnimmt TODOROV, 1970/1972: 143, die halbe Wahrheit, daß „Psychoanalyse die fantastische Literatur ersetzt (und damit überflüssig gemacht) hat". Aber die Gabelung zwischen Buch und Bild sorgt gleichzeitig auf einer anderen, populären Ebene für eine Auferstehung aller imaginären Spiegelbilder im Realen der Filmleinwand.
[53] RANK, 1914/1925: 7.
[54] Vgl. FARGES, 1975: 89.
[55] Vgl. GAUBE, 1978: 42.
[56] JUNG/RIKLIN, 1904: 63.

von Feste und Wassern, Gedanken und Lauten einsetzt[57], bleibt halluzinatorische Ungeschiedenheit, diese Kinolust der Rönne und Pinthus, Grenzbegriff am Systemrand.

Die Einheit dieser Welt scheint mir etwas Selbstverständliches, was der Hervorhebung nicht wert ist. Was mich interessiert, ist die Scheidung und Gliederung dessen, was sonst in einem Urbrei zusammenfließen würde.[58]

Der Urbrei wird also nicht verleugnet, sondern nur umgangen. Was um so professioneller ist, als mystische und philosophische Zeitgenossen ihn breittreten. Steiner macht Benedicts Entdeckung, daß aus dem Tod Gerettete ihr Leben im Filmzeitraffer vorbeiziehen sahen, sogleich zur Geheimlehre.[59] Bergson denunziert einer *Évolution créatrice* zuliebe den „kinematographischen Mechanismus des Bewußtseins", das leider keine kontinuierlichen Bilderfluchten einer durée, sondern nur diskrete Einzelbilder aufnimmt.[60] Die Lebensphilosophie läuft also zu einem Kino über, das sein Arbeitsprinzip Zerhackung genau dem geopfert hätte, was bloß listig produzierte Zuschauerillusion ist. Freud dagegen beharrt, wie die Forscher am Tachistoskop, auf einer Mechanik oder eben Traumarbeit, die nicht erst das illusionäre Bewußtsein, sondern das Unbewußte selber leistet.

•

Freuds psychophysische Voraussetzungen

Daß die Psychoanalyse angesichts der Option Kinotraum/Tachistoskop das Symbolische wählt, indiziert aber nur ihren Ort im Wissenschaftssystem von 1900. Dieser Ort hat nichts mit einem „szientifischen Selbstmißverständnis"[61] und darum auch wenig mit Geisteswissenschaften zu tun. Foucault in seiner bewundernswerten Unsicherheit, ob die Wiederkehr der Sprache um 1900 nur die Endmoräne transzendentalen Wissens oder ein neuer Anfang war, siedelt Psychoanalyse, Ethnologie und Strukturlinguistik bekanntlich dort an, wo die geisteswissenschaftliche Innenperspektive auf Den Menschen von einem Außen Sprache durchkreuzt wird. Die Unsicherheit kommt auf, weil Foucault Diskursregeln als denkbare Regeln ansetzt und Technologien, heißt das, übergeht. Aber nur seine informationstechnischen Neuerungen verschaffen dem Aufschreibesystem von 1900 eine Autarkie, die es vom tran-

---

[57] Vgl. SAUSSURE, 1915/1969: 156.
[58] FREUD, B 30.7.1915, in FREUD/ANDREAS-SALOMÉ, 1966: 36.
[59] Vgl. STEINER, 1910/1955: 96–98.
[60] BERGSON, 1907/1923: 330 f.
[61] So HABERMAS, 1968: 300–331.

szendentalen Wissen und damit auch die Psychoanalyse von allen Geisteswissenschaften trennt.

Freuds frühe Arbeit *Zur Auffassung der Aphasien* ist eine glänzende, sofort anerkannte Kritik der hirnphysiologischen Sprachlehre. Ohne eigene Experimente oder Sektionen weist ein Neurophysiologe seinen Kollegen nach, daß ihre lokalisierten, allzu lokalisierten Sprachteilzentren am Primat der Funktion vorbeigehen. Der Kritiker bleibt allen Annahmen jener Sprachlehre treu, auch er zieht Schlüsse aus Defiziten, auch er isoliert Diskursfunktionen, aber nicht primär anatomisch. Folgerichtig baut der *Entwurf einer Psychologie* (1895) ein topisches Modell isolierter Funktionen (Bewußtsein und Unbewußtes), dessen Örtlichkeiten strikt funktionell bleiben. Der *Entwurf* liefert das Modell selber zeitgenössischer Modelle; Seele wird zur Black box. Man vergleiche nur die hypothetischen Bahnen, Abfuhren, Besetzungen und (selbstredend diskreten) Neuronen bei Freud mit hirnphysiologisch materialen Aussagen, die seit Sigmund Exner das Zentralorgan Hirn als „Strassensystem" mit mehr oder minder tief eingegrabenen „Fahrspuren"[62] oder als Vernetzung telegraphischer „Depeschen-Stationen" mit mehr oder minder prompten Leitungswegen[63] beschreiben. Freuds psychischer Apparat, wie er neuerdings Philosopheme über seinen Strukturalismus inspiriert, ist nur wissenschaftlicher Standard.[64] Den einzigen, aber folgenschweren Unterschied zur Neurophysiologie macht seine anatomische Ortlosigkeit. Denn die Psychoanalyse, nicht damit zufrieden, die „Ausfüllung dieser Lücke" von fernen Zukünften zu erhoffen[65], hat schon eine andersartige Verortung vorgenommen.

Freuds Aphasiestudie übernimmt das ganze Material von Sprachdefiziten und -störungen, das Medizinern die Sonderung und Lokalisierung einzelner Aphasien erlaubte. „‚Schreibfeder' statt ‚Bleistift'", „‚Butter' für ‚Mutter'", „‚Vutter' für ‚Vater' und ‚Mutter'"[66] sind nur herausgegriffene Beispiele, deren seltsamer Freudismus nicht erst auf diesem Papier entsteht. *Die Psychopathologie des Alltagslebens* benutzt dankbar die Versprechungen, Verlesungen, Verschreibungen, die der Psychiater Mayer und der Indogermanist Meringer unter Kollegen und Irren gesammelt haben, weil sie nachweisen wollten, daß Fehlleistungen erstens keine

---

[62] BÖLSCHE, 1887/1976: 15. Vgl. auch FLECHSIG, 1927: 41.
[63] KUSSMAUL, 1881: 34.
[64] Für Helmholtz und Brücke vgl. BERNFELD, 1944/1981: 435–455.
[65] FREUD, 1913b/1946–68: X 273. Als „Aufgabe der Zukunft" verbucht auch Flechsig „die Lehre von der Localisation unbewußter seelischer Vorgänge" (FLECHSIG, 1897: 67).
[66] FREUD, 1891: 23. Für „Butter/Mutter" vgl. KUSSMAUL, 1881: 188.

Sache freier „Subjektivität"[67] und zweitens in einem anatomisch gedachten Sprachregelsystem ortbar sind. Vor Freud liegt also schon ein immenser Tresor an Unsinn, von Medizinern und Sprachforschern statistisch geordnet, um von den gemittelten Defiziten auf Hirnfunktionen und damit das System Sprache rückschließen zu können. Aber wer gerade die Lokalisierungen angreift, zerreißt das einzige Band um Statistiken und Listen herum. Der gesammelte Unsinn gerät in einen Aggregatzustand schierer Faktizität. Grund genug, das Sortierverfahren umzudrehen. Psychoanalyse, statt den Abfall zahlloser Sprecher in Kolumnen anzuschreiben, bis die Regeln einer Sprache ablesbar werden, muß nur die Serien vertexten, die jeweils ein Sprecher an Sprachschnitzern produziert, bis die Regeln seiner und nur seiner Rede zutage kommen.

Ein methodischer Schwenk, dessen Prämissen beste Psychophysik sind. Was die Psychoanalyse als Verdichtung und Verschiebung, Metapher und Metonymie, die Strukturlinguistik als Paradigma und Syntagma, langue und parole unterscheidet, ist in beiden Fällen nur eine Transposition des assoziationspychologischen Fundamentalsatzes. Seit Ziehen steht fest, daß alle Assoziationen entweder mit Ähnlichkeit oder Nachbarschaft, mit Paradigmen oder Syntagmen spielen.[68]

Meringer/Mayer, die vor wissenschaftlicher Diskretion nur in Klammern und Namenskürzeln angeben, welcher Kollege oder auch Patient die einzelnen Sprachschnitzer verbrochen hat, buchen das schöne Spezimen „‚Freuer-Breudsche Methode'"[69] unter der Rubrik Silbenanlautkonsonantenvertauschung, also nach Ähnlichkeitsregeln. Freud braucht nur Buchseitennachbarschaften zu durchblättern, um denselben Sprecher bei einer zweiten Entstellung von *Freud* zu ertappen – und die Breuer-Freudsche Methode kann sehr unlinguistisch vermuten, daß jener akademische Fehlleister „wohl ein Fachgenosse und von dieser Methode nicht sonderlich entzückt war"[70]. Einfacher geht es kaum. Man gibt experimentellem oder statistischem Silbensalat einen anderen Ort auf Papier. Statt *Vutter*, dieses Mischwort aus *Vater* und *Mutter*, wie in neurologischen Jugendtagen unter allgemeiner Paraphrasie zu verbuchen, liest der Analytiker Freud ein einzelnes Rebus im Kontext aller anderen desselben Patienten. Und wie man weiß, i s t Vater-und-Mutter dieser Kontext.

---

[67] MERINGER/MAYER, 1895: VI, vgl. FREUD, 1901: 61–68. Fehlleistungssammlungen sind übrigens so alt wie die Psychophysik selber. Vgl. FECHNER, 1876: I 225 f.
[68] Vgl. ZIEHEN, 1893: 144, dazu auch LIEPMANN, 1904: 20.
[69] MERINGER/MAYER, 1895: 20, vgl. auch 38.
[70] FREUD, 1901/1946–68: IV 93.

Ein selber Schwenk bringt auch Jung zur Psychoanalyse. Seine psychiatrischen Anfänge führen die Assoziations- und Ideenfluchtexperimente der Kraepelin, Ziehen, Stransky ganz statistisch weiter, aber am begrenzten Patientenmaterial von Bleulers Burghölzli. Von Aufsatz zu Aufsatz werden die Statistiken kürzer und die Einzelfälle ausführlicher. Schon zwei Assoziationen einer Hysterica, zusammen gelesen, „zeigen aufs schönste", daß „das Ichbewußtsein bloß die Marionette ist, die auf der Schaubühne eines verborgenen automatischen Getriebes tanzt"[71]. Also kehrt Jung eines Tages das Sortierverfahren um und exhauriert einen schizophrenen Einzelfall. Sämtliche Neologismen einer Irren werden gespeichert, ihr wieder vorgesagt, bis „sämtliche Einfälle" zum jeweiligen „Reizwort" ebenfalls vorliegen, wiederum vorgesagt werden können usw., bis auch Hieroglyphen endlich eine psychoanalytische Decodierung erlauben.[72] Nur daß er dabei selber zum telephonischen Folterwerkzeug wird, überhört Jung.

Die Patientin versteht nicht, warum und wozu sie so leidet, es ist ein „hieroglyphisches" Leiden. Daß sie vierzehn Jahre lang so eingesperrt war, daß „nicht einmal der Atem herauskommen sollte" scheint nichts als eine sehr übertriebene Apostrophe ihres erzwungenen Anstaltsaufenthaltes zu sein. Das Leiden durch „Sprachröhren, die nach außen innegehalten sind", scheint auf das „Telephon", die Stimmen, hinzudeuten.[73]

Die Psychoanalyse durchkreuzt nicht Geisteswissenschaften von einem Außen namens Sprache her; sie durchquert am selben Material und nach denselben Prämissen das Feld Psychophysik. Im Schwenk von Sprachsystem zu Rede kehrt beileibe kein Individuum wieder. „Daß man sich nicht regellos verspricht", dieser für anatomische und linguistische Systeme schon erbrachte Beweis[74], wird auch noch für jedes singuläre System Ubw nachgeholt. Im Kreuzfeuer von Psychophysik und Psychoanalyse fällt das Individuum; an seine Statt tritt ein leerer Schnittpunkt statistischer Allgemeinheit und unbewußter Singularität. Erst als Silbenanlautkonsonantenvertauscher und Freud-Verdränger ist jener Fachgenosse erledigt.

Während Individuen aus gewachsener Sprache-und-Schrift bestanden, sind Einzelfälle durch den Abfall spezifiziert, den ihr Sprachumgang auswirft. Unverwechselbarkeit im Aufschreibesystem 1900 ist allemal ein Zersetzungsprodukt anonymer Massenware. Laut Rilke sind zwei „ganz gleiche" und am selben Tag

---

[71] JUNG, 1905: 19.
[72] JUNG, 1907/1972: 130.
[73] JUNG, 1907/1972: 146 f.
[74] MERINGER/MAYER, 1895: 9.

gekaufte Messer zweier Schulkinder nach einer Woche „nur noch ganz entfernt ähnlich"[75]. Benutzen heißt mithin abnutzen: aus industriell garantierter Similarität wird kaputtes, aber singuläres Zeug. Und weil dieses Zeug, wenn es nur lädiert ist, ganze Fallgeschichten zur Gleichzeitigkeit bündelt, haben die Spurensicherer Holmes und Freud gewonnenes Spiel. Dr. Watson bleibt ohne Chance, wenn er seinen Meister mit folgender Herausforderung ausstechen will:

> Ich hörte dich einmal behaupten, es sei schwierig für einen Menschen, einen Gegenstand in täglichem Gebrauch zu haben, ohne den Stempel seiner Individualität darauf zu hinterlassen, so daß ein trainierter Beobachter sie davon ablesen kann. Nun, ich habe hier eine Uhr, die erst kürzlich in meinen Besitz gelangt ist ...[76]

Die Kratzer dieser Uhr liefern dem Kokainisten Holmes nur willkommenen Anlaß, die geheime Familiengeschichte seines ständigen Begleiters Seite um Seite aufzublättern. Wie nämlich auch Eugen Bleuler, Chef der Irrenanstalt Burghölzli, erkennt: Wissenschaften der Spurensicherung haben „gewiß eine Zukunft". Sie können aus der Schrift, „dem Stil, ja aus der Abnutzung der Schuhe auf den ganzen Menschen schließen"[77]. Also erforscht Bleulers Assistent Jung eine psychotische Abnutzung des Fertigprodukts Sprache.

Buchstaben auf der Couch

Der Kokainist Freud aber, in seiner großen Kleinlichkeit, beginnt die Analyse schon beim neurotischen Mißbrauch des Fertigprodukts Alphabet. Auf der Berggassencouch erzählt ein Vierundzwanzigjähriger „folgendes Bild aus seinem fünften Lebensjahr":

> Er sitzt im Garten eines Sommerhauses auf einem Stühlchen neben der Tante, die bemüht ist, ihm die Kenntnis der Buchstaben beizubringen. Die Unterscheidung von *m* und *n* bereitet ihm Schwierigkeiten und er bittet die Tante, ihm doch zu sagen, woran man erkennt, was das eine und was das andere ist. Die Tante macht ihn aufmerksam, daß das *m* doch um ein ganzes Stück, um den dritten Strich, mehr habe als das *n*.[78]

Daran meint der Patient eine romantische Kindheitsszene zu haben, die noch einmal Sommer und das historische Glück beschwört, vom Muttermund alphabetisiert worden zu sein. Der Analytiker indes bestreitet an seiner Erinnerung nicht die „Zuverlässigkeit", aber die imaginäre „Bedeutung". Täte er ersteres, würde Freud unter die Lesephysiologen rücken, die tatsächlich keine *m/n*-Verwechslung gefunden haben (immer nur Verwechslungen von *n* mit *r* und *m* mit *w*). Aber gerade weil auch ihm an

---

[75] RILKE, 1910/1955-66: VI 728, vgl. auch VILLIERS, 1886/1977: 109.
[76] DOYLE, 1890/1930: 92.
[77] BLEULER, 1904: 52, Anm.
[78] FREUD, 1901/1946-68: IV 57.

Buchstabenunterschieden mehr als an Buchstaben, an Buchstaben mehr als an Bedeutungen liegt, transponiert Freud die Intervalle einer Sprache in Intervalle einer Rede. Genau an der Stelle, wo Stephanis Muttermünder lustvoll und kontinuierlich von *m* zu *n* glitten, konstatiert Freud eine schroffe Binäropposition. Die Opposition *m/n* steht in „symbolischer Vertretung" für eine andere, die als Rebus des Patienten selber angeschrieben werden kann und muß.

So wie er damals den Unterschied zwischen *m* und *n* wissen wollte, so bemühte er sich später, den Unterschied zwischen Knaben und Mädchen zu erfahren, und wäre gewiß einverstanden gewesen, daß gerade diese Tante seine Lehrmeisterin werde. Er fand dann auch heraus, daß der Unterschied ein ähnlicher sei, daß der Bub wiederum ein ganzes Stück mehr habe als das Mädchen.[79]

Eine ebenso sinnlose wie unvergeßliche Einschreibung wird decodierbar. Es ist der Triumph freudscher Medientransposition, für singuläre Differentialitäts-Probleme einer Versuchsperson schon den Grund beibringen zu können. Sicher haben Psychophysiker erkannt, daß mittelzeilige Kleinbuchstaben „den meisten Verwechslungen ausgesetzt sind"[80]; aber keiner stellt die Frage, warum einzelne Probanden (auch sie selbst) gerade diese und keine andere Verwechslung produzieren. Ebbinghaus staunt nur, daß Unsinn „sehr bedeutende und fast unverständliche Differenzen" der Merkbarkeit aufweist (wie der Vierundzwanzigjährige das bezeugt). Gutzmann regt nur „phonographische Prüfungen" zur „Aufdeckung gewisser vermuteter Gedankenrichtungen" an[81], da Versuchspersonen Unsinn ja automatisch und verräterisch zu Bedeutungen umhören oder -schreiben. Aber was an den Testergebnissen nicht physiologisch oder typographisch verwertbar ist, bleibt Abfall. Und zwar Abfall von solcher Buchstäblichkeit und solcher Menge, daß die Leute und auch jener Vierundzwanzigjährige dagegen Waisenknaben sind. Deshalb gibt es Psychoanalyse. Der Abfall, den die Psychophysik übrig läßt, wird durch Umsortieren decodierbar. Freuds Diskurs antwortet nicht auf individuelle Nöte; er referiert auf ein Aufschreibesystem exhaustiver Unsinnserfassung, um dessen Signifikantenlogik den Leuten einzuschreiben.

Die Couch macht Unsinn am zeitgenössischen Unsinn, daß nämlich einer ausgerechnet *m* und *n* durcheinanderbrachte, signifikant, ja zum Signifikanten selber. Eine Letternopposition ergibt den Minimalsignifikanten eines sexuierten Körpers. Fortan weiß der

---

[79] FREUD, 1901/1946-68: IV 57.
[80] ZEITLER, 1900: 391.
[81] GUTZMANN, 1908: 499. Vgl. auch MÜNSTERBERG, 1914: 708.

Patient, daß Alphabetisierung nur ein Deckbild seiner Sexualität und Sexualität nur eine Metapher der Elementaropposition ist. An Freud skandalisiert kein Pansexualismus, sondern die Rückführung einer Erotik, wie sie um 1800 als Geist-und-Natur die sogenannte Welt durchzog, auf sehr luzide und handgreifliche Buchstabenspiele. So unsinnig und blockschriftlich wie der kleine Strich, den das *m* dem *n* voraushat, ist auch der Phallos. Alle Individualhandschriften müssen vor dem einen, alle Illusionen im Geschlechterkrieg vor dem anderen Unterschied aufgeben. Was jene Tante als pädagogische Bildung begonnen hat, endet in einem Notationssystem, das Pädagogik und Seele abschafft.

> Ce qu'il faut dire, ce conformément à Aristote, c'est que ce n'est pas l'âme qui parle, mais l'homme qui parle avec son âme, à condition d'ajouter que ce langage il le reçoit, et que pour le supporter il y engouffre bien plus que son âme: ses instincts même dont le fond ne résonne en profondeur que de répercuter l'écho du signifiant. Aussi bien quand cet écho en remonte, le parleur s'en émerveille et y élève la louange de romantisme éternel. S p r i c h t d i e S e e l e , s o s p r i c h t ... Elle parle, l'âme, entendez-la ... a c h ! s c h o n d i e S e e l e n i c h t m e h r . Vous pouvez l'écouter; l'illusion ne durera pas longtemps.[82]

Sämtliche Fallgeschichten Freuds bezeugen, daß die Romantik der Seele einem Materialismus der Schriftzeichen gewichen ist. Wenn ein Patient „Schriften und Aufzeichnungen mit einem *S* verziert", so nur, weil *S* „der Anfangsbuchstabe des Namens seiner Mutter" ist[83] (und nicht etwa das Kürzel einer Autorschaft). Wenn der Wolfsmann in einem Traumbericht anstelle der halluzinierten Wespe *Espe* sagt, so figuriert die Initialenamputation einen Kastrationskomplex, der eben nicht mehr und nicht weniger als Typographie ist, und das Rebuswort *Espe* die Abkürzung S. P., d. h. den Eigennamen des Wolfsmanns.[84] Gerade weil sie in freier Natur nicht vorkommen, sind Buchstaben Schlüssel zum Unbewußten. Sie durchstreichen bewußtes Meinen und hermeneutisches Verstehen, um Leute ihrer Unterworfenheit unter die Sprache auszusetzen. Das besagt aber methodisch, daß Freud (mit einer um 1900 allgegenwärtigen Metapher) den Beruf eines Korrekturlesers ausübt. Statt vor lauter Alphabetisierung Druckfehler zu überlesen, sucht er sie.[85] Was um so professioneller ist, als Verschreibungen

---

[82] LACAN, 1966: 469.
[83] FREUD, 1901/1946-68: IV 238.
[84] FREUD, 1918/1946-68: XII 128.
[85] Vgl. FREUD, 1899/1946-68: II/III 504. Dasselbe Bild bei VILLIERS, 1886/1977: 223, MERINGER/MAYER, 1895: 100, HIRTH, 1897: 353 f., SACHS, 1905: 37, MÜNCH, 1909: 87, MÜNSTERBERG, 1916: 28 und 708 f. Im Aufschreibesystem 1800 bestand Anlaß, vor Druckfehleraugen und ihrem „Sinn''-Vergessen zu warnen wie vor einer „Idiosynkrasie'', die „innerhalb der Norm bleiben''

vom *(W)Espe*-Typ in der Berggasse weder schriftlich produziert noch schriftlich gespeichert werden. Die Patienten sprechen nur; der Arzt als guter Aussagepsychologe meidet Nachschriften und Stenogramme während der Stunde. Andernfalls würde er den Redefluß nur stören, ,,schädliche'', d. h. sinnvolle ,,Auswahlen'' treffen und seine gleichschwebende Aufmerksamkeit auf Beamtenpflicht hin ablenken.[86] Die Psychoanalyse liefert mithin den singulären Fall eines Aufschreibesystems, das die Schrift zur Sache und ihr ganzes Gegenteil zur Methode hat. Doch auch dieses Rebus findet eine Lösung.

Wie der Analysierte alles mitteilen soll, was er in seiner Selbstbeobachtung erhascht, mit Hintanhaltung aller logischen und affektiven Einwendungen, die ihn bewegen wollen, eine Auswahl zu treffen, so soll sich der Arzt in den Stand setzen, alles ihm Mitgeteilte für die Zwecke der Deutung, der Erkennung des verborgenen Unbewußten zu verwerten, ohne die vom Kranken aufgegebene Auswahl durch eine eigene Zensur zu ersetzen, in eine Formel gefaßt: er soll dem gebenden Unbewußten des Kranken sein eigenes Unbewußtes als empfangendes Organ zuwenden, sich auf den Analysierten einstellen wie der Receiver eines Telephons zum Teller eingestellt ist. Wie der Receiver die von Schallwellen angeregten elektrischen Schwingungen der Leitung wieder in Schallwellen verwandelt, so ist das Unbewußte des Arztes befähigt, aus den ihm mitgeteilten Abkömmlingen des Unbewußten dieses Unbewußte, welches die Einfälle des Kranken determiniert hat, wiederherzustellen.[87]

Das Paradox, ohne Schrift zu schreiben, lösen nur technische

---

sollte (REIL, 1803: 102). Eben diese Idiosynkrasie erlangt 1910 den Rang, Dichtertum überhaupt zu definieren, wenn Malte Laurids Brigge eine biographische Notiz über den Dramatiker Alexis-Félix Arvers ,,abschreibt'': ,,Er starb auf eine sanfte und gelassene Weise, und die Nonne meinte vielleicht, daß er damit schon weiter sei, als er in Wirklichkeit war. Sie rief ganz laut irgendeine Weisung hinaus, wo das und das zu finden wäre. Es war eine ziemlich ungebildete Nonne; sie hatte das Wort Korridor, das im Augenblick nicht zu vermeiden war, nie geschrieben gesehen; so konnte es geschehen, daß sie ‚Kollidor' sagte in der Meinung, es hieße so. Da schob Arvers das Sterben hinaus. Es schien ihm nötig, dieses erst aufzuklären. Er wurde ganz klar und setzte ihr auseinander, daß es ‚Korridor' hieße. Dann starb er. Er war ein Dichter und haßte das Ungefähre.'' (RILKE, 1910/1955–66: VI 862 f.)
Weshalb Arvers, nicht anders als Freud, auch gesprochene Druckfehler registriert.
[86] FREUD, 1912/1946–68: VIII 378 f.
[87] FREUD, 1912/1946–68: VIII 381 f. Über die medientechnischen Prämissen von Freuds Metapher vgl. R. CAMPE, 1987: 88: ,,Freud ließ ein Telefon für seine Praxis installieren, sobald in Wien das Telefonwesen staatlich organisiert wurde: im Jahr 1895. Von Fleischl-Marxow angeleitet, hatte er die Telefonvorführung auf der Wiener Elektrizitätsausstellung 1893 besichtigt.'' Freuds Berggassen-Praxis und die Wiener Telephonzentrale lagen zudem auf ein und derselben Straße.

Medien. Freud, auch er zum Opfer seines Erkenntnissubjekts entschlossen, macht eine Medientransposition an ihm selber: einen Telephonhörer aus Ohren. Denn wie geschrieben steht, haben Menschen ihre Ohren ja nur, um nicht zu hören (und alles in Sinn zu verwandeln). Erst die Zwischenschaltung elektroakustischer Wandler sichert unselektierten Empfang eines Rauschspektrums, das um so informativer ist, je weißer es rauscht. Wie in Vorwegnahme von Shannons Informationstheorie sind Quelle und Senke der Nachricht – die zwei Bewußtseine auf und hinter der Couch – völlig ausgeschaltet, damit ein Mikrophon als Sender und ein Verstärker als Empfänger das Signal unverzerrt übertragen. ,,Écoutez les vibrations sacrées!'' heißt also einmal mehr die Devise. Alles bewußte ,Kommunizieren' der Zwei zählt nur als verschlüsselte Rebus-Nachricht von einem Unbewußten ans andere. Sein manifester Sinn ist Unsinn; der Telephonreceiver Freud sondert gerade ihn als Abfall von den Abfällen, die unterm Sinnpostulat Versprechungen, Verlesungen, Verschreibungen wären.

Um aber *m/n* oder *S. P.* als verräterisch eingesprengte Signifikanten aus einer Rede zu fischen, die bloß Abschreckung und Widerstand, Verführung und Entstellung eines Bewußtseins ist, muß der Arzt sie vorweg gespeichert haben. Das deckt Freuds Telephongleichnis nicht mehr. Viel eher arbeitet die Psychoanalyse, schon wenn auch sie den überkommenen Speicher Schrift meidet, als Phonograph, der in seiner entwickelten Form ja elektroakustischen Wandler und Speicher koppelt. Nur Tonspeicher können gesprochene Druckfehler (dieses hölzerne Eisen) registrieren.

Benjamin hat Psychoanalyse und Film mit dem Argument synchronisiert, daß die eine Fehlleistungen ,,isoliert und zugleich analysierbar gemacht hat, die vordem unbemerkt im breiten Strom des Wahrgenommenen mitschwammen'', während der andere ,,in der ganzen Breite der optischen Merkwelt'' ,,eine ähnliche Vertiefung der Apperzeption zur Folge gehabt'' hat.[88] Das geht knapp an den Fakten vorbei. Techniken und Wissenschaften der Medientransposition vertiefen nicht einfach Menschenvermögen; sie setzen Aufschreibeschwellen fest. Und diese Schwellen können sinnesphysiologisch gar nicht genau genug bestimmt werden. Daß Freud alle Optik ausblendet, zeigt nicht erst sein Umgang mit Traum- und Erinnerungsbildern. Schon daß Arzt und Hysterikerin einander nicht ansehen dürfen, erweist die Couch (gut nietzscheanisch) als reine Hörwelt. Beide sind im selben Raum, Augenkontakte und andere lägen mehr als nahe. Aber weil aus Mündern und Ohren elektroakustische Wandler geworden sind, bleibt es beim simulierten

---

[88] BENJAMIN, 1955/1972–89: I 2, 498.

Ferngespräch zweier psychischer Apparate (Freuds schöner Wortschöpfung). Die Psychoanalyse gibt keine vagen Parallelen zum Film ab; sie hat sehr viel präziser die Lektion technischer Tonspeicher gelernt. Ihre Phonographie unbewußter Schallwellen fischt nicht im breiten Strom des Wahrgenommenen überhaupt, sondern einzig akustischer Daten.
Nur geht der Fischzug auf diskrete Elemente. Nicht allein die imaginäre Bedeutung, auch das Reale am Diskurs fällt aus. Der Stimmphysiologie (ausgerechnet seines Lehrers Brücke) steht Freud fern wie sonst nur Kinobilderfluchten. Hysterikerinnen, diese geborenen Starlets, dürfen auf der Couch statt des einen *Ach* die vielen realen Lüste und Nöte des Sprechens durchspielen – von spastischer Sprachstockung über Stottern, Schnalzen, Luftschnappen bis zum Verstummen –, der angeblich filterlose Receiver aber filtert sie sämtlich aus. Freuds unnachahmlich offene Begründung: er „kann" dieses Reale im Unterschied zu jedem Gassenjungen „nicht nachahmen"[89]. Der an ihm selber einmal eine „motorische Aphasie" diagnostizierte[90], speichert in gerader Umkehrung von Berliners Grammophon the letters of sound –: all das und nur das, was am Stimmfluß schon Schrift ist.

Kino und Grammophon bleiben das Unbewußte des Unbewußten. Die mit ihnen geborene Wissenschaft Psychoanalyse begegnet Bildersequenzen mit einer Urverdrängung, Geräuschsequenzen mit ihrer Entstellung zu Signifikantenketten. Erst jener Tag, der nach Freuds Traum und anderer Alptraum Psychoanalyse in Psychochemie überführen wird[91], mag auch diese Verdrängung verdrängen.

*

Eine Medientransposition, die Bilder und Geräusche in Buchstaben überführt, macht dabei nicht halt. Im Schwung ihrer eigenen Logik überführt sie Buchstaben zuletzt in Bücher. Nichts anderes ist das Verhältnis zwischen analytischer Praxis und Theorie. Was während der Stunden nur eine gleichschwebende Aufmerksamkeit stören würde, geschieht nachträglich doch noch: Freud greift zur Feder. Damit aber gehört er, wie Walter Muschg so früh wie genau erkannte, „dem modernen deutschen Schrifttum an"[92].

Freud als Phonograph und Schriftsteller

Schreiben um 1900 heißt ohne Stimme und bei den Buchstaben sein. Es ist Grundregel, daß Psychoanalytiker ihren Wortsalat-

---

[89] FREUD, 1895/1946–68: I 100–133.
[90] FREUD, 1925/1946–68: XIV 37.
[91] Vgl. HABERMAS, 1968: 302 (dort auch die Alpträume).
[92] MUSCHG, 1930/1958: 333.

generatoren gegenüber zu schweigen wissen. Darum tritt nicht nur „bei den Personen mit hysterischem Mutismus das Schreiben vikariierend für das Sprechen ein"'[93]; auch der motorische Aphasiker hinter der Couch leidet nicht an Agraphie. Schriftliche Fallgeschichten machen aus einer talking cure: Literatur. Wie das zugeht, zeigt jener Ausdruck selber. Freud hat für seine Erfindung kein derart schlagendes Wort bereit; seine erste Patientin Anna O. alias Bertha von Pappenheim selber gibt ihrer „neuartigen Behandlung den Namen ‚talking cure' "'[94]. Ein Fremdwort, das der Schriftsteller in Freud nur noch zu Papier und definitorischen Ehren zu bringen braucht.

Aber dieses Verhältnis von Rede und Schrift, Souffleuse und Literat, wie es grundsätzlich zwischen Freud und seinen Hysterikerinnen besteht, macht ihn noch nicht zu Schlegel oder Anselmus und die Pappenheim noch nicht zu Dorothea oder Serpentina. Schon daß Anna O. „um diese Zeit ihres Krankseins merkwürdigerweise nur englisch sprach oder verstand"'[95], trennt sie von einem Muttermund, der selbst Sanskrittexte hochdeutsch flüsterte. Und daß Freud die talking cure kein einzigesmal eindeutscht, weist ihn dem Aufschreibesystem 1900 zu. Die Psychoanalyse ist nicht übersetzende Universalisierung, die aus Reden vieler Frauen die Ursprache der Einen macht. In Praxis wie in Theorie, im Zuhören wie im Aufschreiben bleibt sie Rückkopplung von Daten, die jeweils einen Einzelfall einkreisen. Im *Bruchstück* ihrer Analyse wird eine berühmte Hysterica Freuds, „wenn" es ihr „durch einen Zufall in die Hände gespielt wird", nichts lesen, was nicht sie und nur sie „schon weiß". Aber trotzdem oder deshalb steht ihr eine „peinliche Empfindung" bevor[96]: Was von ihren Reden zum Druck gefunden hat, spricht ja keine naive Laienphilosophie aus, wie Schlegel sie an Frauen verschriftet hat, sondern die Organe und Funktionen ihrer Sexualität.

Der akribische Freud nennt, was er tut, „Niederschrift" und „demnach nicht absolut – phonographisch – getreu". Aber in dieser ausdrücklichen Konkurrenz hat es doch einen so „hohen Grad von Verläßlichkeit"'[97], daß Wildenbruch ausnahmsweise auch vor Literatur erzittern müßte. Jedes Medium, das Verborgnes zutage bringt und Vergangnes zu reden zwingt, wirkt durch Spurensicherung am Tod des Menschen mit. Jedes Protokoll, das wie bei Freud auf der „Gabe eines phonographischen Gedächtnisses"

---

[93] FREUD, 1905/1946–68: V 198 f.
[94] FREUD, 1910/1946–68: VIII 7.
[95] FREUD, 1910/1946–68: VIII 7.
[96] FREUD, 1905/1946–68: V 165.
[97] FREUD, 1905/1946–68: V 167. Quod erat demonstrandum.

beruht⁹⁸, speichert Reales. Das unterscheidet psychoanalytische Fallromane von klassisch-romantischer Epik. Als Goethe seine Heldinnen aus verschiedenen Einzelzügen verschiedener Frauen zusammenschrieb, um alle Leserinnen zur imaginären Identifikation mit Der Frau einzuladen, hatten die Modelle, auch wenn sie sich jeweils um Augen, Haare, Münder bestohlen sahen, kaum die Angst/Lust ihres öffentlichen Erkanntwerdens. Das Aufschreibesystem 1800 brauchte keine juridisch formellen Vorschriften über Diskretion, weil es schon freiwillig, nämlich philosophisch, im Individuum das Genus sah. Erst das laufende Jahrhundert nötigt die U-Literatur zum obligaten Vorspann, jede Ähnlichkeit der Helden mit lebenden Modellen zu verleugnen. Der Unterhaltungsromancier Thomas Mann wird 1905 in einen Musterprozeß verwickelt und muß gegen die Anklage der *Buddenbrocks* als Schlüsselroman seine artistische Leistung Medientransposition ins Feld führen.⁹⁹ Im selben Jahr heißt es zu Beginn eines anderen Roman-*Bruchstücks*:

> Ich weiß, daß es – in dieser Stadt wenigstens – viele Ärzte gibt, die – ekelhaft genug – eine solche Krankengeschichte nicht als einen Beitrag zur Psychopathologie der Neurose, sondern als einen zu ihrer Belustigung bestimmten Schlüsselroman lesen wollen. Dieser Gattung von Lesern gebe ich die Versicherung, daß alle meine etwa später mitzuteilenden Krankengeschichten durch ähnliche Garantien des Geheimnisses vor ihrem Scharfsinn behütet sein werden, obwohl meine Verfügung über mein Material durch diesen Vorsatz eine ganz außerordentliche Einschränkung erfahren muß.¹⁰⁰

Der Romanschreiber Freud schließt also Romanlektüren seiner Fälle nicht aus. Er verpönt sie nur. Es ist möglich, aber ekelhaft, psychoanalytische Einzelfalldecodierungen selber zu decodieren. So probt einer Abschreckungstaktiken, der das Sachregister im Mayringer/ Merer, pardon, Meringer/Mayer gegen ein heimliches Personenregister ausgetauscht hat. So hütet einer Datenspeicher, die exhaustiv ja nur darum sind, weil er, der diskrete Arzt, seinen Pati-

---

[98] Vgl. FREUD, 1933/1946–68: XV 3: „Die *Vorlesungen zur Einführung in die Psychoanalyse* wurden in den beiden Wintersemestern 1915/16 und 1916/17 in einem Hörsaal der Wiener psychiatrischen Klinik vor einem aus Hörern aller Fakultäten gemischten Publikum gehalten. Die Vorlesungen der ersten Hälfte wurden improvisiert und unmittelbar nachher niedergeschrieben, die der zweiten während eines dazwischenliegenden Sommeraufenthalts in Salzburg entworfen und im folgenden Winter wortgetreu vorgetragen. Ich besaß damals noch die Gabe eines phonographischen Gedächtnisses."
[99] „Wenn ich aus einer Sache einen Satz gemacht habe – was hat die Sache noch mit dem Satz zu tun?" (MANN, 1906/1910: 24) Vgl. dazu CARSTENSEN, 1971: 175–179.
[100] FREUD, 1905/1946–68: V 165.

enten in schöner Symmetrie jede Diskretion untersagt. Die Analyse eines „hohen Funktionärs, der durch seinen Diensteid genötigt war, gewisse Dinge als Staatsgeheimnisse" zu verschweigen, bricht Freud ab.[101] Drastischer ist der Schwenk von Beamtenethos zu Psychophysik, vom Diensteid zur Spurensicherung kaum zu machen. Um 1900 kommt Schreiben mit Diskretionsregeln notwendig in Konflikt – einfach weil es nicht mehr Einbildungskraft ist. Eher verzichtet Freud auf Buchprojekte, als Signifikanten jenen Entstellungen zu opfern, die vormals bürgerlich kenntliche Veronikas ins reine Signifikat Serpentina übersetzt haben.

Sind (die Entstellungen) geringfügig, so erfüllen sie den Zweck nicht, den Patienten vor indiskreter Neugier zu schützen, und gehen sie weiter, so kosten sie zu große Opfer, indem sie das Verständnis der gerade an die kleinen Realien des Lebens geknüpften Zusammenhänge zerstören. Aus diesem letzteren Umstand ergibt sich dann der paradoxe Sachverhalt, daß man weit eher die intimsten Geheimnisse eines Patienten der Öffentlichkeit preisgeben darf, bei denen er doch unerkannt bleibt, als die harmlosesten und banalsten Bestimmungen seiner Person, mit denen er allen bekannt ist, und die ihn für alle kenntlich machen würden.[102]

Daß es keine Seelenabgründe sind, die beschriebene Personen decodiersüchtigen Lesern verraten, trennt Fallgeschichten von Dichtung. Daß Freud hinterm Phonographen zurückbleibt, der mit Einzelheiten wie Stimme und Atem die Personen auch unschuldigsten Medienkonsumenten verraten würde, ist die Struktur selber von Schrift. Mithin bleiben als Indizien nur kleine Realien, die als Symbolisches an Leuten sie öffentlichen Diskursnetzen einschreiben. Sicher lassen Freuds Romane „keinen Namen stehen, der einen Leser aus Laienkreisen auf die Spur führen könnte"[103]. Aber weil Psychoanalyse Spurensicherung von Buchstäblichkeiten ist, bleiben Namen unverzichtbar. Ohne das Spiel von Signifikanten mit ihren so unverständlichen wie gravierenden Unterschieden wären unbewußte Zusammenhänge zerstört.

Muschg, unter der zögernd aufgemachten Rubrik „Darstellung des Menschen" bei Freud, schreibt vom „merkwürdig anonymen Personal, das seine Schriften bevölkert"[104]. In der Tat eine seltsame Anonymität, die aus Indizien und Namen gemacht ist. Zwangsneurotiker figurieren als Rattenmann oder Wolfsmann[105],

---

[101] FREUD, 1913a/1946–68: VIII 469, Anm. Damit vergleiche man die prekäre, aber nicht völlig unmögliche Beziehung zwischen dem Königl. geheimen Staatsbeamten Lindhorst und seinem Dichter.
[102] FREUD, 1909/1946–68: VII 382.
[103] FREUD, 1905/1946–68: V 165.
[104] MUSCHG, 1930/1958: 322 f.
[105] Zum Mythischen dieser Namen vgl. TURK/KITTLER, 1977: 42.

Hysterikerinnen als Anna O., Frau Emmy v. N..., Dora, Fräulein Elisabeth v. R... Von ihnen allen entwerfen die Texte weder imaginative Bilder noch kontinuierliche Bildungsromane, Menschendarstellungen im Geist von 1800 also. Verzeichnet wird allein eine Masse von Gesprochenem, zwischen das schneidend und verräterisch unbewußte Einschreibungen fahren. Das Rebus kommt als Rebus zu Papier. Und weil Freuds eigene Texte von ekelhaften Kollegen ausspioniert werden, verrätseln sie das jeweilige Rebus nach Regeln der Medientransposition ein zweitesmal. Wo immer also ein Rebus gelöst scheint, beginnt ein neues (und ein weiteres Buch über Freud). Wer in einer um ihr W kastrierten Wespe die Initialen des Wolfsmanns entziffern kann, ganz wie der bewunderte Sherlock Holmes im nomen commune *rat* den Ortsnamen *Ballarat* findet[106], errichtet noch keine Referenz, geschweige denn einen Menschen hinter den Reden. Simmels objektive Interpretation läßt sehr andere Lösungen als diejenigen des Autors zu; Freud gestattet und praktiziert *Konstruktionen in der Analyse*[107], die über die Couch hinaus auch seine Schreibpraxis bestimmen. Der bürgerliche Name des mythischen Wolfsmanns ist erst dieser Tage veröffentlicht worden. Siebzig Jahre lang mußte offenbleiben, ob die Initialen *S. P.* seinem Paß entsprachen oder aber diskrete Fiktion eines Schreibers waren, der ein gelöstes Rebus zum zweitenmal chiffriert hat.

Kleine Realien wie Initialen oder Namenskürzel sind also ganz buchstäblich die Kontaktfläche, an der zwei Diskurse einander opponieren u n d berühren: auf der einen Seite die Mündlichkeit der Patienten, auf der anderen das Schriftstellertum ihres Arztes. Wer von beiden jeweils das Wort hat, bleibt unentscheidbar, schon weil Einschreibungen auf einer Seite auf ihre Rückseite durchpausen. Die Kontaktfläche – einem Aufschreibesystem medialer Materialgerechtigkeit nur gemäß – besteht schlicht aus Papier. Ob im Sinn Freuds oder nicht, sein Papier ist und bleibt der Ort, wo das Aufschreibesystem von 1900 Leute kontaktiert. Entweder reden die Kranken wirklich, als sei Mündlichkeit nur Maskerade einer Rebusschrift, oder die Psychoanalyse schreibt von Stimmflüssen nur auf, was sie in Signifikanten transponieren und vor Schlüsselromanlesern ein zweitesmal transponieren kann. Jedenfalls besetzt sie den Systemplatz, den im Aufschreibesystem von 1800 Dichtung innegehabt hat. Es ist der Ort der Initiation. Über die Schwelle Psychoanalyse müssen Stimmen und Traumbilder laufen, wenn sie signifikantenlogisch statuiert werden sollen; über die Schwelle

---

[106] Vgl. DOYLE, 1892/1930: 214, und über Freud und Holmes das Zeugnis des Wolfsmanns, in GARDINER, 1971: 182.
[107] Vgl. FREUD, 1939/1946–68: XVI 43–56.

Psychoanalyse müssen umgekehrt auch Zeichenrituale und Psychophysiken laufen, wenn sie Einzelkörpern eingeschrieben werden sollen. Das Aufschreibesystem von 1900 stellt Diskurse allesamt vor den Hintergrund eines weißen Rauschens; in der Psychoanalyse taucht der Urbrei selber auf, aber nur, um artikuliert und d. h. in Schriftlichkeit sublimiert[108] zu werden.

•

Psychoanalyse literarischer Texte

Über die Breitenwirkung eines solchen Dispositivs bleibt nichts zu sagen. Untrivial ist einzig ein Methodenproblem. Wenn es Freuds Technik ist, optische und/oder akustische Datenströme in Wörter und Wörter in die Signifikantenschrift seiner eigenen Texte zu transponieren, dann steht seine universale Wissenschaft nur einer Unmöglichkeit oder Überflüssigkeit gegenüber: schon verschrifteten Daten. Wo Artikulation stattgehabt hat, entfällt die „Scheidung und Gliederung dessen, was sonst in einem Urbrei zusammenfließen würde". Darum reserviert Freud Texten ohne Ansehung ihrer Autoren einen Sonderstatus. Ob sie literarische Ehren genießen, ist zweitrangig gegenüber einer Zeugenfunktion.[109]

Die Verschwörung zwischen Freud und den Leuten, daß Träume allen Philosophen zum Trotz lesbar sind, hätte keinen diskursiven Bestand, wenn die mündlichen Traumerzählungen der Patienten nicht von literarischen Traumtexten medientransponiert und mit den üblichen Beweismitteln Feder und Papier bewiesen worden wären. Das bloße Geschriebensein von Jensens *Gradiva*, einer Novelle über Wahn und Träume, reicht hin, um Freud vor jeder Anfeindung ins Recht zu setzen. Daß die Novelle nicht gerade Ewigkeitswert hat und daß ihr Autor auf Anfrage hin jede „Mitwirkung versagt"[110], seine Transposition ins Medium Psychoanalyse also nicht selber unterschreibt, besagt nichts. Objektive Interpretation kommt ohne Jaworte der Betroffenen aus. Woraus Freud für das Verhältnis zwischen Schriftstellern und Analytikern folgert:

> Wir schöpfen wahrscheinlich aus der gleichen Quelle, bearbeiten das nämliche Objekt, ein jeder von uns mit einer anderen Methode, und die Übereinstimmung im Ergebnis scheint dafür zu bürgen, daß beide richtig gearbeitet haben. Unser Verfahren besteht in der bewußten Beobachtung der abnormen seelischen Vorgänge bei anderen, um deren Gesetze erraten und aussprechen zu können. Der

---

[108] Vgl. MUSCHG, 1930/1958: 316.
[109] Hierzu und zum folgenden vgl. KITTLER, 1977b: 319–323.
[110] FREUD, 1907/1946–68: VII 123.

Dichter geht wohl anders vor; er richtet seine Aufmerksamkeit auf das Unbewußte in seiner eigenen Seele, lauscht den Entwicklungsmöglichkeiten desselben und gestattet ihnen den künstlerischen Ausdruck, anstatt sie mit bewußter Kritik zu unterdrücken. So erfährt er aus sich, was wir bei anderen erlernen, welchen Gesetzen die Betätigung dieses Unbewußten folgen muß, aber er braucht diese Gesetze nicht auszusprechen, nicht einmal sie klar zu erkennen, sie sind infolge der Duldung seiner Intelligenz in seinen Schöpfungen verkörpert enthalten. Wir entwickeln diese Gesetze durch Analyse aus seinen Dichtungen, wie wir sie aus den Fällen realer Erkrankung herausfinden, aber der Schluß scheint unabweisbar, entweder haben beide, der Dichter wie der Arzt, das Unbewußte in gleicher Weise mißverstanden, oder wir haben es beide richtig verstanden. Dieser Schluß ist uns sehr wertvoll; um seinetwegen war es uns der Mühe wert, die Darstellung der Wahnbildung und Wahnheilung sowie die Träume in Jensens *Gradiva* mit den Methoden der ärztlichen Psychoanalyse zu untersuchen.[111]

Dieselbe Quelle, dasselbe Objekt, derselbe Ertrag – Schriftsteller und Psychoanalytiker rücken in eine Nähe, wie sie enger nicht Dichter und Denker von 1800 verband. Und doch ist der Umkehrschluß genauso möglich und erfolgt: daß nämlich die Schriftsteller auf seiten der Patienten rücken. Dieselben Träume, Wahnsysteme, Hysterien bei Freuds Kranken wie beim Novellenhelden, also auch im Unbewußten seines Schreibers. Wäre da nicht jener kleine Unterschied, daß die Hysterie redet, Jensen aber publiziert. *Der Wahn und die Träume* hören auf, einem Einzelfall zurechenbar zu sein. Was schon im Medium vorliegt, das auch den Analytiker trägt, arriviert zu „künstlerischem Ausdruck". Statt nach der Hermeneutenregel zu arbeiten, daß Fiktionshelden selbstredend nur Träume ihres Autors träumen, sieht Freud in der *Gradiva* Träume aufgeschrieben, „die überhaupt niemals geträumt worden, die von Dichtern geschaffen und erfundenen Personen im Zusammenhange einer Erzählung beigelegt werden"[112]. Deshalb entfällt die Aufgabe, statistisch gestreuten Unsinn auf Einzelfälle umzulegen. Jensen, nicht anders als Freud durch ein dünnes, aber undurchdringliches Blatt Papier von seiner Rückseite, dem Wahn und den Träumen getrennt, bleibt erhaben über den Verdacht, ihre Referenz zu sein. Sein Verhältnis zum Urbrei ist nicht Teilhabe, sondern Simulation. Erfundenen Personen erfindet er Träume, die trotz dieser Fiktion im Quadrat alle „Gesetze" des Unbewußten „verkörpert enthalten". Gesetze, wohlgemerkt, und nicht etwa (wie oft und gern gelesen wird) Inhalte. Mit ihrer Zentralmetapher, der Verschüttung Pompejis unter Lava und Asche, liefert Jensens

---

[111] FREUD, 1907/1956–68: VII 120 f.
[112] FREUD, 1907/1946–68: VII 31.

Novelle, statt nur diese oder jene verdrängte Vorstellung zu symbolisieren, ein „Gleichnis" des metapsychologischen Prozesses Verdrängung selber. „Es gibt wirklich keine bessere Analogie."[113] Im Unterschied zum Arzt (Freud unterschlägt einmal mehr das Rätsel seiner Selbstanalyse) extrapoliert der Schriftsteller die Gesetze des Unbewußten nicht aus fremden Mündern, die nicht sagen können, warum ihnen Sinn Unsinn und Unsinn Sinn wird. Ein seltsames Belauschen eigener Seelenprozesse schenkt ihm über die verdrängten Inhalte hinaus zugleich deren Signifikantenlogik. Wieder also sucht der Schriftsteller eine Instanz auf, die nornengleich die Vorschriften aller Schrift verwaltet. Aber weil sie Vorschriften sind, bleibt es unnötig und unmöglich, die gefundenen unbewußten „Gesetze auszusprechen". Genug, daß sie einen materialen Ort finden: das Papier, auf dem Diskursregeln wie „Verdrängung" „verkörpert" sind.

Bei Schriften unterbleibt mithin jene Verortung, die Psychoanalyse im Aufschreibesystem von 1900 definiert – einfach weil sie bei Schriften schon stattgehabt hat. Wenn die diversen Teilzentren hirnphysiologischer Lokalisationslehren zur Schreibmaschine zusammengeschaltet sind, so kehrt die Psychoanalyse, ihren neurophysiologischen Anfängen rätselhaft treu, nur das Fundierungsverhältnis um. Ihre Texttheorie setzt anstelle jenes Körpers ein schreibmaschinelles Korpus.

Der Text als verkörperte Psychoanalyse – das ist keine Auszeichnung des literarischen oder gar klassischen. Es ist einfach der Effekt eines Mediums, das den Analytiker selber trägt, erstens wenn er Stimmflüsse als Rebus liest und zweitens wenn er schreibt. Um den Effekt zu erzielen, reicht es also hin, daß ein Wahn, statt in hysterischen Visualitäten und gesprochenen Traumfassaden Freuds Sinne zu überfluten, Aufgeschriebenheit erlangt hat. Wenn und weil *Denkwürdigkeiten eines Nervenkranken* als Buch vorliegen, behandelt die Psychoanalyse sie sehr anders als Nervenkranke auf der Couch.

<small>Psychoanalyse psychotischer Texte</small>

Freuds *Psychoanalytische Bemerkungen über einen autobiographisch beschriebenen Fall von Paranoia* scheinen anfangs nur eine Notlösung beim Versuch, seine Praxis auf Fälle auszuweiten, die im Unterschied zu Neurotikern nicht frei herumlaufen dürfen und darum (so sie nicht überhaupt das Wort verwirken) nur schriftliche Flaschenposten aufgeben. Paranoiker sind nicht analysierbar; sie „können nicht zur Überwindung ihrer inneren Widerstände gezwungen werden und sagen ohnedies nur, was sie sagen wollen". Das aber ist seit dem ὃ γέγραφα γέγραφα des Pilatus die De-

---

[113] FREUD, 1907/1946–68: VII 65.

finition selber von Texten. Weshalb denn ,,gerade'' beim Paranoiker ,,der schriftliche Bericht oder die gedruckte Krankengeschichte als Ersatz für die persönliche Bekanntschaft mit dem Kranken'' (lies: seine mündliche Rede) ,,eintreten können''[114]. Soweit Einleitung und Rechtfertigung des analytischen Aktes. Am Schluß aber liest sich alles ganz anders. Schrebers Schrift, statt hysterische Stimmflüsse nur zu ersetzen, erlangt alle Würden von Theorie, weil auch *Denkwürdigkeiten eines Nervenkranken* das Denkwürdige schlechthin: die Gesetze des Unbewußten verkörpert enthalten. Wie im Fall Jensen grüßt der Schriftsteller Freud einen zur Zeit allerdings auf dem Sonnenstein bei Pirna internierten Kollegen.

> Da ich weder die Kritik fürchte noch die Selbstkritik scheue, habe ich kein Motiv, die Erwähnung einer Ähnlichkeit zu vermeiden, die vielleicht unsere Libidotheorie im Urteile vieler Leser schädigen wird. Die durch Verdichtung von Sonnenstrahlen, Nervenfasern und Samenfäden komponierten ,,Gottesstrahlen'' Schrebers sind eigentlich nichts anderes als die dinglich dargestellten, nach außen projizierten Libidobesetzungen und verleihen seinem Wahn eine auffällige Übereinstimmung mit unserer Theorie. (...) Diese und manche andere Einzelheiten der Schreberschen Wahnbildung klingen fast wie endopsychische Wahrnehmungen der Vorgänge, deren Annahme ich hier einem Verständnis der Paranoia zugrunde gelegt habe. Ich kann aber das Zeugnis eines Freundes und Fachmannes dafür vorbringen, daß ich die Theorie der Paranoia entwickelt habe, ehe mir der Inhalt des Schreberschen Buches bekannt war. Es bleibt der Zukunft überlassen, zu entscheiden, ob in der Theorie mehr Wahn enthalten ist, als ich möchte, oder in dem Wahn mehr Wahrheit, als andere heute glaublich finden.[115]

Nach sechsundsiebzig Seiten Deutung lautet das Ergebnis, daß sie kaum nötig gewesen wäre. Freuds libidotheoretische Grundannahmen stehen bei Schreber selbst. Einen klareren Fall literarischer Zeugenschaft gibt es nicht. Weshalb die Psychoanalyse juristisch in ganz andere Nöte kommt als beim Vertexten von Reden: dort der Persönlichkeitsschutz der Beschriebenen, hier das Urheberrecht eines Schreibers selber. Ist nämlich wie im Fall Schreber ,,das Objekt der Analyse nicht eigentlich eine Person, sondern ein von ihr ausgehendes Buch'', so ,,fällt das Problem der ärztlichen Diskretion außer Betracht''[116]; aber ein viel gravierenderes erhebt sein Haupt. Um Schreber zum bloßen Zeugen zu machen, statt ihm psychoanalytische Urheberrechte abzutreten, muß Freud eigens eine zweite Zeugenschaft ins Feld führen. Sein Psychiaterfreund

---

[114] FREUD, 1911/1946–68: VIII 240.
[115] FREUD, 1911/1946–68: VIII 315.
[116] FREUD, 1905/1946–68: V 171, Anm. 1 (Zusatz von 1923).

könnte notfalls beschwören, daß der Irre und sein Analytiker (mit der bei Erfindungen üblichen Formel) unabhängig voneinander zum selben Ergebnis gekommen sind. Es muß schon der psychoanalytische Diskurs selber auf dem Spiel stehen, wenn sein Gründer für einmal Plagiatvorwürfen zuvorkommt.[117] Und in der Tat: Schrebers Wahn archiviert jene Libidotheorie, zu der die Wissenschaft Psychoanalyse nur auf den langen Umwegen der Deutung gelangt, als Körper und Text. Er steht zu ihr im Verhältnis von Schriftstellern überhaupt. Jensen, nach Freud, kann Prozesse „in der eigenen Seele" registrieren und aufschreiben, Schreber, nach Freud, „endopsychische Wahrnehmungen". Die *Denkwürdigkeiten* schildern einen nervenkranken Körper als Schauplatz ganzer Theomachien, wo göttliche Nervenstrahlen Besetzungen und Rückzüge durchführen, Organe zerstören und Hirnfasern extrahieren, Leitungen legen und Nachrichten durchschalten –: ein psychisches Informationssystem, das Freud nicht als Wahn, sondern beim Wort nimmt. In anderen Punkten (so wenn der Paranoiker seinem Psychiater Flechsig übelste Verfolgungsabsichten nachsagt) ist Freud nicht so gläubig; versteckt hinter seinem Kollegen, wittert er nur einmal mehr den Vater des Kranken. Im Fall des Informationssystems Seele aber heißt der psychotische Text, der es auf vierhundert Seiten beschreibt, die unmetaphorische Wahrheit.

Dieser methodische Unterschied hat Gründe. Ödipuskomplexe sind nur das Kernstück der Neurose, der psychische Apparat ist das der Psychoanalyse überhaupt. Einzig durch „Annahme eines räumlich ausgedehnten, zweckmässig zusammengesetzten, durch die Bedürfnisse des Lebens entwickelten psychischen Apparats" kann Freud seine Wissenschaft „auf einer ähnlichen Grundlage aufrichten wie jede andere Naturwissenschaft". Aber eben diese Grundlage bleibt experimenteller Verifikation entzogen. Man muß sie „durch künstliche Hilfsmittel" erschließen, weil „das Reale immer ‚unerkennbar' bleiben wird"[118]. Demnach wäre „das Reale" nur notwendiger u n d unmöglicher Grenzbegriff am Systemrand, gäbe es nicht Schrebers endopsychische Wahrnehmungen, die ja ohne jeden Zweifel einen Körper, den seinen, als räumlich ausgedehnten Nervenapparat beschreiben. Das Korpus des psychotischen Textes liefert der Psychoanalyse ihre unverzichtbare, aber unauffindbare Grundlage: einen Körper. Einen Körper als je-

---

[117] Vgl. dagegen das Diktum „S'il y a un préjugé au moins dont le psychanalyste devrait être détaché par la psychanalyse, c'est celui de la propriété intellectuelle" (LACAN, 1966: 395).
[118] FREUD, M 1938/1946–68: XVII 126 f.

nes Beweisstück, ohne das sie nach allen zeitgenössischen Standards leere Spekulation bliebe. Der lange Weg, der seit der Aphasiestudie die Hirnlokalisationen zu einer nur methodischen Räumlichkeit verflüchtigt hat, findet doch noch heim. Schrebers Wahn stellt sicher, daß in der analytischen Theorie nicht „mehr Wahn enthalten ist, als" ihr Erfinder „möchte". Prozesse, die einer wie auch immer deliranten Versuchsperson endopsychische Wahrnehmungen erlauben, kann es psychophysisch nicht nicht geben. Schrebers Körper ist die Rückseite der Papiere, die Freud vollschreibt.

*

Dr. jur. Daniel Paul Schreber (1842–1911), Sohn des allseits bekannten Schrebergartenerfinders, wurde 1884 als gescheiterter Reichstagskandidat in die Leipziger Universitäts-Nervenklinik des Prof. Dr. Paul Emil Flechsig eingeliefert, 1885 entlassen, 1893 in die zweithöchste Richterstelle des Königreichs Sachsen, die Senatspräsidentschaft beim Oberlandesgericht berufen, unmittelbar darauf erneut in Flechsigs Klinik aufgenommen, mehrmals verlegt, 1902 entlassen, 1907 schließlich ein letztesmal und bis zum Tod interniert. Die *Denkwürdigkeiten* erschienen 1903 als Privatdruck und in der erklärten Absicht, noch zu „Lebzeiten irgendwelche Beobachtungen von berufener Seite an meinem Körper zu ermöglichen".[119] Freuds *Psychoanalytische Bemerkungen* kommen also gerade noch rechtzeitig, wenn sie diesen Blankoscheck zitieren und einlösen.[120] Wer seinen Körper der Wissenschaft vermacht, findet 1911 postwendend Gehör. Nicht nur ist der psychische Apparat, wie psychotisches und psychoanalytisches Korpus ihn beschreiben, ein einziges hochkomplexes Nachrichtensystem; auch die zwei Korpora bilden dieses selbe System noch einmal. Kunde vom unmöglichen Realen gelangt medientransponiert ins Symbolische. Freud empfängt, was Schreber sendet; Schreber sendet, was Freud empfängt. Nur warum das ganze Aufschreibesystem rund um einen singulären Körper so prompt und präzise arbeitet, bleibt ungesagt. Freud ist viel zu sehr auf den Zeugniswert des Empfangenen aus, um auch noch die Logik der Kanäle zu untersuchen. Was Schreber schreibt, was Schriftsteller schreiben – alles gerät ihm zur Vorahnung der Psychoanalyse. Und damit steht er nicht allein. Auch Schreber konzediert Dichtern wie Wagner gelegentlich Vorahnungen seiner Neurotheologie.[121] Im Wettlauf um das Körperwissen fällt also die Frage aus, welche

Schreber, Freud, Flechsig

---

[119] SCHREBER, 1903/1973: 61.
[120] FREUD, 1911/1946–68: VIII 241.
[121] Vgl. SCHREBER, 1903/1973: 72, Anm. 3; 75; 79, Anm. 10.

Wissenskanäle den Körper selber bilden. Das Aufschreibesystem von 1900 bleibt seinen Eigennamen schuldig. Nicht umsonst sind die *Denkwürdigkeiten* eine „Exhaustion"[122] von Schrebers Körper zu Lebzeiten. Die Transposition eines Körpers zum Korpus ist genauso notwendig, nämlich lebensnotwendig wie beim fiktiven Komponisten Lindner die von Buchstaben zu Notenwerten. Nachdem Schreber gegen den Widerstand von Medizin und Familie sein Buch zum Druck gebracht hat, brauchen die Naturwissenschaften von der Seele es nur noch aufzuschlagen – und schon ist Schrebers „P e r s o n d e r f a c h m ä n n i s c h e n B e u r t e i l u n g a l s e i n w i s s e n s c h a f t l i c h e s B e o b a c h t u n g s o b j e k t a n g e b o t e n". Andernfalls und „äußerstenfalls" nämlich bestünde nur noch die Möglichkeit, „dermaleinst durch S e k t i o n m e i n e r L e i c h e beweiskräftige Besonderheiten meines Nervensystems" zu konstatieren. Besonderheiten, „deren Feststellung am lebenden Körper, wie mir gesagt worden ist, ungewöhnlichen Schwierigkeiten unterliegen oder ganz unmöglich sein sollte"[123].

Schreber als Schreiber oder Schreber als Anatomiepräparat – nur das ist die Alternative im Aufschreibesystem von 1900. Er spielt wie alle Schriftsteller der Epoche „die Rolle des Toten im Schreibspiel"[124], um an der Stelle seiner Obduktion einen Abfall, Körperersatz, Text anbieten zu können. So und nur so wird es beim „Seelenmord"[125] bleiben und nicht zum Leichenbefund jener Besonderheiten kommen, die Nervenkranke für ihre Psychiater so attraktiv machen. Der Patient selber seziert seine Organe und Organveränderungen schon zu Lebzeiten und mit einem Positivismus, der jeder Psychophysik Ehre macht und tatsächlich sachliche Richtigstellungen an Kraepelins *Psychiatrie* (zum Thema Halluzination) riskiert. Er treibt also, wie um Nietzsches „Denn es giebt keine Seele" wahrzumachen, präventiven Seelenmord.

Nun ist aber „Seelenmord", in der göttlichen „Grund-" oder „Nervensprache" Schrebers ein Autonym für das neurophysiologische Verhältnis zwischen Gott und ihm, zugleich eine Kapitelüberschrift im *Jahrhundert des Kindes*. Seinen blinden Exegeten, die unter jenem Titel alles mögliche assoziieren[126], könnte Schreber einmal mehr den Umfang seiner zeitgenössischen Lektüren entgegenhalten, die neben Kraepelin, Du Prel, Haeckel eben auch Ellen Key erfaßt haben. Was in göttlicher Nervensprache göttliche Ner-

---

[122] LACAN, 1973: 16.
[123] SCHREBER, 1903/1973: 354 f.
[124] FOUCAULT, 1969b/1974a: 12.
[125] SCHREBER, 1903/1973: 83–88.
[126] Vgl. etwa SCHATZMAN, 1973/1974: passim.

vensprache heißt und nicht zufällig viele „Ausdrücke" enthält, auf die Schreber „n i e v o n s e l b s t g e k o m m e n s e i n w ü r - d e", Ausdrücke nämlich „auch wissenschaftlicher, insbesondere medizinischer Natur"[127], ist einfach der epochale Code. Es braucht 1903 keine religiösen Privaterleuchtungen, um im ersten Satz eines Buches die Seele auf Nerven und deren Sprache zu reduzieren und in seinen letzten Sätzen die eigene Geisteskrankheit nur „i m S i n n e e i n e r N e r v e n k r a n k h e i t", nicht jedoch im Wortsinn zu unterschreiben.[128]

Wenn aber Seele nur neurophysiologische Realität hat, sind für Seelenmord weniger Ellen Keys Schulen als vielmehr Universitäts-Nervenkliniken zuständig. Ein Buch, das nicht *Denkwürdigkeiten eines Nervenkranken* heißt, kann das Wort „Geisteskrankheit" nur mit dem Epitheton „sogenannte" niederschreiben, um im Ansatz schon klarzustellen, daß es „keine selbständigen Erkrankungen der Seele ohne solche des Körpers gibt"[129]. Das Buch stammt von Paul Flechsig und ist seine Antrittsvorlesung als zweiter Psychiatrieordinarius der Leipziger Universitätsgeschichte. Der erste hieß Heinroth und lehrte treu nach Hoffbauer und Reil die „Irrlehre" psychischer Kuren. Also „gähnt" zwischen ihm und Flechsig „eine Kluft, nicht minder tief und weit als die Kluft zwischen der Medicin des Mittelalters" und der modernen.[130] Im „Zeitalter Flechsigs und Wernickes" (kein geringerer als Benn nennt es so[131]) werden aus Seelen Nerveninformationssysteme, aus psychischen Kuren Experimente. Die „‚Lokalisation der Nervenkrankheiten'" tritt mit Flechsig, der sein Festschriftphoto nicht umsonst vorm Hintergrundbild eines riesigen aufgeschnittenen Hirns machen ließ, in „eine neue Epoche" (kein geringerer als Freud nennt sie so[132]).

> Es ist demgemäß eine der Haupt-Aufgaben der Anatomie, die Leitungsbahnen, welche von jeder einzelnen Stelle der Grosshirnrinde ausgehen, festzustellen, in allen ihren Beziehungen zu verfolgen und so einen Gesammtplan der in der Hirnrinde zusammenströmenden Einzelleitungen zu entwerfen.[133]

Flechsigs Forschungsprogramm ist also klar: Aus Psychiatrie wird Hirnlokalisationsforschung. Schwierigkeiten, relative, macht in der Leipziger Universitäts-Nervenklinik nur der Einzelfall; Schwierigkeiten, absolute, nur seine Kur. Einerseits ist ja im Hirn „der

---

[127] SCHREBER, 1903/1973: 76, Anm. 6.
[128] SCHREBER, 1903/1973: 71 und 394. Vgl. auch 281, Anm. 107.
[129] FLECHSIG, 1882: 21. Vgl. dringend SCHREBER, 1903/1973: 344.
[130] FLECHSIG, 1882: 3 f.
[131] BENN, 1930/1959-61: I 92.
[132] FREUD, 1893/1946-68: I 25. Wofür Flechsig ihm wissenschaftlichen Dank wußte ...
[133] FLECHSIG, 1897: 50.

Schlüssel zu jeder naturgemässen Auffassung der Geistesthätigkeit" und a fortiori der Geistesstörungen „gegeben"[134]. Andererseits „bringt es die geschützte Lage des Gehirns mit sich, dass wir" das Substrat von Psychosen, chemische und physikalische Nervenschädigungen nämlich, „a m L e b e n d e n meist nur auf dem Wege mehr oder weniger zusammengesetzter Schlüsse nachweisen können". Alles drängt den Psychiater Flechsig also auf einen diagnostischen Königsweg, der zugleich therapeutische Sackgasse ist: „die Erhebung des Leichenbefundes"[135].

Gesagt getan. Der Leichnam Hölderlins, des irren und d. h. nicht beamteten Erziehers, wird einer der ersten gewesen sein, die auf dem Seziertisch noch zur neuen Ordnung der Dinge kommen.[136] Der Leichnam Schrebers, des zur neuen Ordnung übergelaufenen Justizbeamten, erfährt dasselbe, aber mittlerweile schon absehbare Schicksal (übrigens ohne daß die befürchteten oder erhofften Nervenveränderungen zutage kämen).[137]

Und doch ist schon Gesagtes Getanes. Nachdem Flechsig Leichenbefunde zum psychiatrischen Königsweg erklärt hat, braucht es Schrebers diskret anonyme Andeutung nicht mehr, von Wahnsinnsdiagnoseschwierigkeiten in vivo sei ihm „gesagt worden". Im Fall Schreber, sehr anders als im Fall Freud, der ja Schrebers drohende Plagiatvorwürfe widerlegen zu können glaubt, läßt die Textlage keine Zweifel: Das geistige Eigentum an jener Theologie, die sein Patient aus dem Erkennbarkeitsvorsprung von Leichen entwickelt, gebührt Paul Flechsig.[138]

> Das in dem vorstehenden entwickelte Bild von der Natur Gottes und der Fortdauer der menschlichen Seele nach dem Tode weicht in manchen Beziehungen nicht unerheblich von den christlichen Religionsvorstellungen über diese Gegenstände ab. Gleichwohl scheint mir ein Vergleich zwischen beiden nur zugunsten des ersteren ausfallen zu können. Eine A l l w i s s e n h e i t und A l l g e g e n w a r t Gottes in dem Sinne, daß Gott b e s t ä n d i g in das Innere jedes einzelnen lebenden Menschen hereinsah, jede Gefühlsregung seiner Nerven wahrnahm, also in jedem gegebenen Zeitpunkte „Herz und Nieren prüfte", gab es allerdings nicht. Allein

---

[134] FLECHSIG, 1896: 18.
[135] FLECHSIG, 1882: 9 und 11.
[136] Über Hölderlins Sektion vgl. FICHTNER, 1972: 54 f.
[137] Über Schrebers Sektion vgl. BAUMEYER, 1956: 522.
[138] Und nachdem soviel Farbband verbraucht ist, sehe auch ich, daß das geistige Eigentum an der Beschreibung eines diskursiven Netzwerks Flechsig-Schreber-Freud Roberto Calasso gebührt. Seine bewundernswerte human science fiction hat die Abenteuer deutscher Nerventheologie schon alle aus den Quellen erschlossen. Nur Flechsigs schlichten Imperativ Leichenbefunderhebung hat Calasso überlesen und durch ein Philosophem ersetzt (vgl. CALASSO, 1974/1980: 61), das Schrebers Angst und Schreiben nicht motivieren kann.

dessen bedurfte es auch nicht, weil nach dem Tode die Nerven der Menschen mit allen Eindrücken, die sie während des Lebens empfangen hatten, offen vor Gottes Auge dalagen und danach das Urteil über ihre Würdigung zur Aufnahme in das Himmelreich mit unfehlbarer Gerechtigkeit erfolgen konnte.[139]
Ein Gottesbild, präzise wie sonst nur noch Flechsigs Festschriftphoto. Alles läuft nach Maßgabe der Universitätskirchenrede *Gehirn und Seele*. Daß Gott seine Opfer durch psychische Kuren oder psychologische Introspektion schon zu Lebzeiten disziplinieren kann, ist eine verstaubte Irrlehre. Die Seele besteht aus Nerven, die in vivo unmöglich zu untersuchen sind, aber perfekte Datenspeicher abgeben und deshalb im Augenblick der Leichenöffnung ihre Geheimnisse sämtlich dem klinischen Auge offenbaren. Mit anderen Worten: eine Theologie, derzufolge „Gott nach der Weltordnung den lebenden Menschen eigentlich nicht kannte und nicht zu kennen brauchte, sondern weltordnungsmäßig nur mit Leichen zu verkehren hatte", bevor er sein weltordnungswidriges Verhältnis mit Schreber eingegangen ist[140], setzt einfach Gott und Professor gleich. Zuerst hat Psychophysik aller Introspektion gekündigt, die Theologie spricht ihr nur nach; zuerst hat Flechsig Erkennbarkeit auf Leichen beschränkt, der fromme Schreber, wenn er seine Nerven schriftlich seziert, kommt ihm nur zuvor. Er tut es und fabriziert damit zur Freude Freuds, des vormaligen Neurologen, das unmögliche Beweisstück der Psychoanalyse: endopsychische Wahrnehmungen von Hirnfunktionen.

So verschaltet sind Nachrichtenkanäle. Der Fall Schreber, statt unabhängiger und unverdächtiger Beweis einer Libidotheorie zu sein, belegt nur den Nexus zwischen Psychophysik und Psychoanalyse. Freud als Leser und Schreiber geht blind ins Diskursnetz, dem er selber zuzählt. *Entwurf einer Psychologie* und *Denkwürdigkeiten eines Nervenkranken* sind zwei Fortschreibungen ein und desselben Diskurses. Kein Wunder, daß sie miteinander das Plagiatproblem von Vorder- und Rückseite bekommen.

Aber just da, wo die imaginäre Rivalität aufzulösen wäre: vorm Diskurs des Anderen vergeht Freuds Scharfsinn. Obwohl er nicht nicht gemerkt haben kann, daß die Sprache von Schrebers Nerven und Delirien die Nervenforschersprache Flechsigs i s t[141], tauscht seine Deutung den Namen Flechsig systematisch gegen den des Schrebergartenerfinders aus. Alle Sätze des Kranken über seinen Arzt und „Gott Flechsig"[142] heißen fortan nur noch Über-

---

[139] SCHREBER, 1903/1973: 82.
[140] SCHREBER, 1903/1973: 110.
[141] Eine Einsicht von MANNONI, 1969: 91. Über mögliche Gründe von Freuds Komplizenschaft vgl. CALASSO, 1974/1980: 22 f.
[142] SCHREBER, 1903/1973: 133.

tragungen einer homosexuellen Vaterlibido. Damit ist schon jene unübersehbare Schreberliteratur begründet, die an den rabiaten Erziehungsmethoden Daniel Gottlob Moritz Schrebers alle Leiden seines Sohns festmacht. Vom alten Schreber entwickelte und in den *Denkwürdigkeiten* beiläufig erwähnte Kopfbandagen oder Streckbetten heißen dann „der wirkliche Hintergrund zu Schrebers Auffassung von Gott als Einem, Der den Menschen nur als L e i - c h e kenne"[143]. Flechsigs Botschaft vom Tod des Menschen, versteckter als diejenige Nietzsches, hat Exegeten also nicht erreicht. Immer wieder wird versucht, die zweite industrielle Revolution mit der ersten zu erklären: das Informationssystem Schreber mit orthopädischer Mechanik, die Schreibmaschine in Kafkas *Strafkolonie* mit Friesköpfen und Planhobeln. Aber Nervensprachen bleiben Nervensprachen, Schreibmaschinen mit eigens konstruierter Schrift-Sichtbarkeit bleiben Underwoodmodelle.[144] Das System von 1900 kann sich die Ersparnis von Muskelenergie längst sparen, weil es Substitutionen des Zentralnervensystems selber in Angriff nimmt. Über mechanische Kopfbandagen hinaus verfolgt Schrebers Paranoia die Spur eines wahnsinnigen Neurophysiologen. Sein Buch beginnt (auf die Gefahr von Verleumdungsprozessen hin) mit einem offenen Brief an Flechsig, der hochverehrte Geheime Rat möge für einmal, gleich dem Unterzeichneten, persönlichen Ärger hintanstellen und die streng wissenschaftliche Anfrage beantworten, ob er womöglich,

> wie so manche Ärzte, der Versuchung nicht ganz zu widerstehen vermocht hätte, einen Ihrer Behandlung anvertrauten Patienten bei einem zufällig sich bietenden Anlasse von höchstem wissenschaftlichem Interesse neben dem eigentlichen Heilzwecke z u g l e i c h zum V e r s u c h s o b j e k t e f ü r w i s s e n s c h a f t l i c h e E x p e r i m e n t e z u m a c h e n. Ja, es ließe sich sogar die Frage aufwerfen, ob nicht vielleicht das ganze Stimmengerede, daß irgend jemand (ein Euphemismus für P. E. Flechsig) Seelenmord getrieben habe, darauf zurückzuführen sei, daß eine die Willenskraft eines andern Menschen bis zu einem gewissen Grade gefangennehmende Einwirkung auf dessen Nervensystem – wie sie beim Hypnotisieren stattfindet – den Seelen (Strahlen) überhaupt als etwas Unstatthaftes erschienen sei.[145]

Diesen Offenen und in Leipzig erschienenen Brief hat der Leipziger Ordinarius nie beantwortet. Während Schreber spätere Psychiater in Gutachtenkriege verwickeln konnte, die sein Juristenverstand übrigens gewonnen hat, wahrt der Seelenmörder selber ein

---

[143] S. M. WEBER, in SCHREBER, 1903/1973: 490.
[144] Vgl. KAFKA, 1919b/1946: 209, und den Kommentar von WAGENBACH, 1975: 70 f. „Schreib-Maschinen" bei Kafka und Schreber identifiziert dagegen NEUMANN, 1980: 396–401.
[145] SCHREBER, 1903/1973: 65.

Schweigen, das noch heute Exegeten auf falsche Spuren lenkt. Alle Einfühlungen in Schrebers sogenannte Vaterprobleme ersetzen eine Feindschaft durch eine Verwandtschaft, einen Krieg durch eine Kausalität. Nichts aber erlaubt es, die klassische Pädagogenmacht von Schreber sen. dem unvergleichlich effizienteren Machtdispositiv von 1900 gleichzustellen.[146] Die Nervensprache am Grund des neuen Dispositivs formuliert selber, daß „erzieherische Einwirkungen nach außen'' ausgespielt haben.[147] Weil Gott oder Psychiater weltordnungsmäßig erst Leichen erkennen können, kommt vielmehr eine Verlockung zu psychophysischen Experimenten auf. „Das Wundern gegen den K o p f und die K o p f n e r v e n''[148] schreibt sich ohne pädagogischen Umweg dem Nervensystem selber ein und ersetzt, heißt das, die unmögliche Therapie der Paranoia durch eine Versuchsanordnung. Mit der praktischen Folge, daß alles, was der Sache nach „eine von (Flechsigs) Nervensystem ausgehende Einwirkung auf mein Nervensystem'' ist, im Diskurs desselben Arztes oder Versuchsleiters zu „bloßen ‚Halluzinationen''' seines Patienten zergeht.[149]

Wenn aber die Psychophysik ihre eigenen Effekte aus der Welt reden kann, bleibt Versuchspersonen nur der offene Krieg und d. h. die Publikation. Schreber schreibt an Flechsig und in Flechsigs Sprache, um auf dessen eigenem Feld den Nachweis zu führen, daß seine vorgeblichen Halluzinationen Tatsachen und vom Diskurs des Anderen effektuiert sind. Die *Denkwürdigkeiten* stehen und fechten im Krieg zweier Aufschreibesysteme. Sie selber sind ein kleines Aufschreibesystem zu dem einzigen Zweck, die dunkle Wirklichkeit eines anderen und feindlichen zu beweisen.

Das „Aufschreibesystem'' über Schreber

> Das erwähnte Aufschreibesystem ist eine Tatsache, die anderen Menschen auch nur einigermaßen verständlich zu machen außerordentlich schwerfallen wird. (...)
> Man unterhält B ü c h e r o d e r s o n s t i g e A u f z e i c h n u n g e n, in denen nun schon seit Jahren alle meine Gedanken, alle meine Redewendungen, alle meine Gebrauchsgegenstände, alle sonst in meinem Besitze oder meiner Nähe befindlichen Sachen, alle Personen, mit denen ich verkehre usw. a u f g e s c h r i e b e n werden. Wer das Aufschreiben besorgt, vermag ich ebenfalls nicht mit Sicherheit zu sagen. Da ich mir Gottes Allmacht nicht als aller Intelligenz entbehrend vorstellen kann, so vermute ich, daß das Aufschreiben von Wesen besorgt wird, denen auf entfernten Weltkörpern sitzend (...) menschliche Gestalt gegeben ist, die aber ihrerseits des Geistes völlig entbehren und denen von den vorübergehenden Strahlen die Feder zu dem ganz mechanisch von ihnen

---

[146] Das tut am entschiedensten SCHATZMAN, 1973/1974.
[147] SCHREBER, 1903/1973: 217.
[148] SCHREBER, 1903/1973: 191.
[149] SCHREBER, 1903/1973: 64.

besorgten Geschäfte des Aufschreibens sozusagen in die Hand gedrückt wird, dergestalt, daß später hervorziehende Strahlen das Aufgeschriebene wieder einsehen können. Um den Zweck der ganzen Einrichtung verständlich zu machen, muß ich etwas weiter ausholen."[150]

Etwas weiter ausholend, sei also zunächst erklärt, daß Strahlen nervensprachliche Informationskanäle sind, wie sie unter weltordnungswidrigen Bedingungen Schreber und Flechsig (bzw. dessen Inkarnation Gott) psychotechnisch material verschalten. Statt erst bei Leichen aktiv zu werden, hält Gott Schrebers Nervensystem schon zu Lebzeiten besetzt, indem er alle Sprachteilzentren der Hirnphysiologie unter Ausschluß der äußeren Sprachwerkzeuge innerviert, d. h. als guter Aphasieforscher nur sensorische und motorische Wort b i l d e r erregt[151]. Kein Wunder also, daß die Nervensprache wie halluziniert wirkt, kein Wunder, daß ihre Nachrichtenkanäle Strahlen heißen, kein Wunder schließlich, daß Botschaften auf diesen Kanälen sternenweite Entfernungen überbrükken. Denn Schrebers vorgeblich endopsychische Wahrnehmungen schreiben allesamt nur Erkenntnisse seines Psychiaters ab. Laut Flechsig, der den Nervenbahnen eine epochemachende Monographie gewidmet hat, „ist die ganze Grosshirnrinde in erster Linie ein gewaltiges Associations-Organ, in welches an einzelnen Stellen die Sinnesleitungen einstrahlen (sic) und in welchem wiederum (an denselben umschriebenen Stellen) die motorischen Bahnen ihren Ursprung nehmen."[152] Laut Flechsig, der Nervenbahnen auch als erster wahrhaft vermessen hat, besteht „der größte Theil des menschlichen Gross-Hirnmarks thatsächlich aus nichts anderm als aus Millionen wohlisolirter, insgesamt tausende von Kilometern messender Leitungen"[153]. Auf solchen gleichsam entflochtenen

---

[150] SCHREBER, 1903/1973: 168 f.
[151] Die physiologischen Details siehe bei SCHREBER, 1903/1973: 103.
[152] FLECHSIG, 1897: 66. Mit Schrebers „Strahlen" vgl. auch die „Hörstrahlung" und die feierlichen Majuskeln einer „primären Sehstrahlung FLECHSIG" bei FLECHSIG, 1927: 20.
[153] FLECHSIG, 1896: 26. Daß Schrebers Arzt stolz genug war, solche Einsichten auch hochgestellten Laien zu offenbaren, bezeugt seine Autobiographie: „Von seiten der (sächsischen) Regierung erwartete ich keinerlei unliebsame Kundgebungen; hatte ich doch dem König Albert gelegentlich eines Besuches meiner Klinik den für Chicago bestimmten Hirnplan demonstriert und hiermit sein lebhaftes Interesse erregt. Dem gewiegten Strategen fiel sofort die Ähnlichkeit mit einem Eisenbahnnetz auf, und trotz der Neuheit des Gegenstandes begriff er sofort die enorme Komplikation und die Schwierigkeit ihrer Entwirrung, zumal da ich bei der Erklärung darauf hinwies, daß die Gesamtlänge der aneinandergereihten Hirnfasern vermutlich den U m f a n g des Königreichs Sachsen erheblich übertreffe. Dies hat dem König so imponiert, daß er später an der Hoftafel mir über den Tisch herüber laut zurief: ‚Wieviel Kilometer messen die Hirnbahnen?' "
(FLECHSIG, 1927: 41) Ganz entsprechend reagiert auch der hochgestellte

Kabeln wandern nun alle Daten über Schreber die Tausende von Kilometern zu entfernten Weltkörpern. Sie treffen ein, werden registriert und liegen anderen Strahlen, die in der Gegenrichtung laufen, für vorherige Relektüre vor. Der Neurologengott von 1900 ist ein einziges Aufschreibesystem. Nur ob er (wie die Götter Rousseaus oder der Apokalypse) noch den Speicher Buch verwendet, steht dahin. Alle Bücher sind Aufschreibesysteme, aber nicht alle Aufschreibesysteme Bücher. Wenn das Registrieren mechanisch und ohne Geist läuft, ist die Wahrscheinlichkeit einer rein technischen Prozedur größer. „Es liegt wahrscheinlich eine ähnliche Erscheinung vor wie beim Telephonieren."[154] Zum Beispiel die Erscheinung der schreibenden Engel im Grammophonmarkenzeichen.

Nicht umsonst speichert das neurotheologische Aufschreibesystem Einzelheiten, die aber exhaustiv. Von Schrebers Gedanken, Sätzen, Gebrauchsgegenständen wird nicht einer ausgelassen. Die paranoische Maschine arbeitet wie eine Verbundschaltung aller Datenspeicher, die um 1900 das Aufschreiben revolutionieren. Und weil ihre Strategie darauf geht, nicht statistische Serien, sondern den zufälligen Fall Schreber zu exhaurieren, bezeichnet sie zugleich das methodische Projekt am Grund der Psychoanalyse.

1882 hat Stanley Hall, noch sehr statistisch, damit begonnen, *Contents of Children's Minds* zu sammeln. Bald darauf erfaßt die Ausschöpfung auch Einzelfälle: so wenn Vokabular und Wortneuschöpfungen zweier dreizehnjähriger Mädchen inventarisiert werden.[155] Folgerecht kann Erdmann noch den poetischsten Wort-

---

Laie und Patient Schreber: „Ich verkenne nicht, daß eine Vorstellung, wonach man sich meinen auf unserer Erde befindlichen Körper als durch ausgespannte Nerven mit anderen Weltkörpern verbunden zu denken hätte, bei den ungeheueren Entfernungen der letzteren für Menschen nahezu unbegreiflich ist; an der objektiven Wirklichkeit des Verhältnisses kann ich trotzdem nach den im Laufe der letzten sechs Jahre alltäglich von mir gemachten Erfahrungen keinen Zweifel hegen" (SCHREBER, 1903/1973: 168).

[154] SCHREBER, 1903/1973: 322. Vgl. auch 161, Anm. 58 (über Lichttelegraphie).

[155] Vgl. CHAMBERLAIN, 1896: 263.

schatz als abzählbare Menge definieren. Folgerecht kann Freud in seinen Fallgeschichten etwas erheben, was ihm Inventar der Neurose heißt und ebenfalls sämtliche Gedanken, Redewendungen, Beziehungspersonen usw. seiner Patienten umfaßt. Das schwachsinnige Aufschreibesystem über Schreber ist also (wie zum Beweis des Freudworts von der unausdenklichen Nähe zwischen Wahn und Theorie) d a s Aufschreibesystem von 1900. Delirante Denkwürdigkeiten und nur sie verraten, wozu der immense Speicheraufwand, der ,,infolge seiner stetig fortschreitenden Vermehrung jetzt vielleicht schon die überwiegende Mehrzahl aller in der menschlichen Sprache vorkommenden Worte umfaßt''[156], eigentlich dient.

Exhaustion koppelt Einzelfälle ans Aufschreibesystem 1900 an. Das Schrebers Nerven entnommene und auf fernen Sonnen gespeicherte Material hat den ausdrücklichen Zweck einer Einschreibung. Da es ,,in der Natur der Strahlen liegt'', ,,daß dieselben, sobald sie in Bewegung sind, s p r e c h e n müssen'', geben sie ihrem Opfer in schöner Autonymie zunächst eben dieses ,,Gesetz''[157] und weiterhin Wörter für all das ein, was Schreber zufälligerweise gerade treibt. So wird sichergestellt, daß auch sein Nerven keine Ausnahme vom Gesetz machen, sondern in zwanghaftem Automatismus Wortsalat anrichten. Nachdem die halluzinatorischen Stimmen ,,im Laufe der Zeit ihre Intelligenz völlig verloren haben'', greifen sie auf ,,das Aufschreibematerial, also im wesentlich m e i n e früheren Gedanken''[158] zurück, um als gute Aphasiker reine Wortklänge erstens wiederabzuspulen[159] und zweitens auch ihrem Opfer Schreber einzureden. Dabei haben die Stimmen oder Strahlen ,,die maßlose Unverschämtheit – ich kann keinen andern Ausdruck dafür gebrauchen – mir zuzumuten, daß ich diesem gefälschten Blödsinn gewissermaßen als meinen eigenen Gedanken lauten Ausdruck geben soll''[160]. Wie im Fall Pameelen diktiert das Aufschreibesystem also Unsinn, der jedoch nicht im Niemandsland psychophysischer Experimente bleibt, sondern Schrebers Unter-

---

[156] SCHREBER, 1903/1973: 312.
[157] SCHREBER, 1903/1973: 171, vgl. dazu LACAN, 1966/1973 ff.: II 69 f.
[158] SCHREBER, 1903/1973: 171 f.
[159] Auch darin sind Schrebers Stimmen (oder ,,gewunderten Vögel'') nur gelehrige Flechsig-Schüler: Ein Kranker mit ,,Erweichungsherden'' in der ,,linken Hörsphäre'' ,,konnte jedes vorgesprochene Wort fehlerfrei nachsprechen, er hörte es also durchaus normal, die Wahrnehmung der Wortklänge selbst (,) war in keiner Weise gestört, er war auch n a c h d e m V o r s p r e c h e n eines Wortes e i n e k u r z e Z e i t l a n g im Besitz des Klangbildes, besass also, wenn auch nur kurze Zeit, Gedächtnissspuren desselben, a b e r e r v e r s t a n d d e n S i n n d e s V o r- w i e d e s v o n i h m s e l b s t N a c h g e s p r o c h e n e n n i c h t.'' (FLECHSIG, 1896: 44)
[160] SCHREBER, 1903/1973: 172.

schrift einfordert. Noch nicht genug mit der zwanghaften Sprechnötigung, die schon als solche um Schlaf und „Nichtsdenkungsgedanken"[161], diese Grundrechte des Menschen bringt, soll Schreber auch noch aussprechen, daß e r der Sprecher allen Unsinns ist. Einschreibung als Ankopplung.
Der Kurzschluß zwischen Maschinenspeichern und Einzelfällen liquidiert ein Grundkonzept von 1800: das Eigentum an Diskursen. Daß Schreber zum Unterschreiben eingeredeten Unsinns gezwungen wird, ist nur die konsequente Umkehrung der Speicherprozeduren selber, die ihn und seine Zeitgenossen erfassen. Gott in seiner Ignoranz Des Menschen huldigt der nach Beamtennorm „durchaus verkehrten Ansicht", daß, wenn Schreber „z. B. ein Buch oder eine Zeitung liest", „die darin enthaltenen Gedanken meine eigenen Gedanken seien". Der von Seelenmord bedrohte Patient braucht nur ganz zufällig die Rachearie aus der *Zauberflöte* anzustimmen, und schon ist sein Hirn voller Einflüsterungen, „die von der Voraussetzung ausgehen, daß ich nunmehr also wirklich von Verzweiflung erfaßt sei"[162]. Maschinenspeicher sind viel zu akkurat, um die klassischen Unterscheidungen von Meinen und Zitieren, selbsttätigem Denken und bloßem Nachsprechen zu machen. Sie registrieren diskursive Ereignisse ohne Ansehung sogenannter Personen. Weshalb die Ausrede, zwischen geistigem Eigentum, Zitaten und Fehlleistungen zu trennen, hinfällig wird wie sonst nur in Psychoanalysen.[163] Einem Sprecher jedweden flatus vocis als geistiges Eigentum anrechnen heißt ihn um alles Eigentum bringen und in den Wahnsinn treiben – ein Kunstgriff sondergleichen.

> Außerdem dient das Aufschreiben noch zu einem besonderen Kunstgriff, der wiederum auf einer gänzlichen Verkennung des menschlichen Denkens beruht. Man glaubte mit dem Aufschreiben den bei mir möglichen Gedankenvorrat erschöpfen zu können, so daß schließlich einmal ein Zeitpunkt kommen müsse, wo neue Gedanken bei mir nicht mehr zum Vorschein kommen könnten; die Vorstellung ist natürlich völlig absurd, da das menschliche Denken unerschöpflich ist und z. B. das Lesen eines Buches, einer Zeitung usw. stets neue Gedanken anregt. Der erwähnte Kunstgriff bestand darin, daß, sobald ein bereits früher einmal in mir entstandener und daher schon aufgeschriebener Gedanke wiederkehrte – eine solche Wiederkehr ist natürlich bei sehr zahlreichen Gedanken ganz unvermeidlich, z. B. etwa früh der Gedanke „jetzt will ich mich waschen" oder beim Klavierspielen der Gedanke „Das ist eine schö-

---

[161] SCHREBER, 1903/1973: 202.
[162] SCHREBER, 1903/1973: 277 ff.
[163] In einer exemplarischen Analyse deduziert Freud aus einem nicht ganz korrekt zitierten *Aeneis*-Vers alle Liebeslebensnöte eines Ferienbekannten (FREUD, 1901/1946–68: IV 13–17).

ne Stelle'' usw. – man nach Wahrnehmung des betreffenden Gedankenkeims den heranziehenden Strahlen ein ,,Das haben wir schon'' (gesprochen: ,,hammirschon'') scil. aufgeschrieben, mit auf den Weg gab.[164] Ob die himmlischen Sekretäre Sätze einschreiben oder mitschreiben, macht also keinen Unterschied. Einmal soll Schreber unterschreiben, daß eingeredeter Blödsinn sein Originalton ist, ein andermal, daß sein Originalton Blödsinn ist. Mit eben der Präzision, die Ebbinghaus zum Sortieren schon einmal gelernten Unsinns ersann, notieren die Nerven alle schon einmal gesprochenen Sätze Schrebers, damit ihm die Wiederkehr selber wiederkehre. In triumphalem Sächsisch verhöhnen sie den guten hochdeutschen Glauben des Beamten a. D., wonach Dem Menschen Denken und Sprechen eignen. Mit der ewigen Wiederkehr des ,,hammirschon hammirschon'' siegt ewige Wiederkehr über Originalgenies, Psychophysik über absoluten Geist. Um jemand in Blödsinn zu treiben, reicht es hin, ihm exhaurierbare Gedankenvorräte zu unterstellen. Jede diskursive Handgreiflichkeit produziert, was sie behauptet. Nicht umsonst haben die Wesen, die das Aufschreiben besorgen, Geist überhaupt nicht nötig; ihr schwachsinniges Inventarisieren treibt den Geist auch Schrebers aus. Die Psychiatereinsicht, daß Listen, Adreßbücher, Inventare und a fortiori Aufschreibesysteme grundsätzlich Gedankenfluchten sind, wird Praxis. Der Fall Schreber verifiziert einmal mehr Stranskys Satz, daß Gedankenflucht genauso gut pathologische wie experimentelle Gründe haben kann.

Wenn aber Experiment und Pathologie zusammenfallen und die Versuchsleitung, heißt das, ihren Probanden verrückt macht, bleiben allein Probleme der Notwehr. Alle Götter, die Schreber heimsuchen, verkünden das Programm ,,wir wollen Ihnen den Verstand zerstören''; allen Heimsuchungen gegenüber versucht Schreber, ,,Gott in jedem gegebenen Zeitpunkte von dem ungeschmälerten Vorhandensein meiner Verstandeskräfte zu überzeugen''[165]. Zu diesem Behuf liest er nicht nur Zeitungen und Bücher, sondern kultiviert eben auch die ,,Vorstellung'', daß ,,das menschliche Denken unerschöpflich ist und z. B. das Lesen eines Buches, einer Zeitung usw. stets neue Gedanken anregt''. Grundgesetze des klassischen Aufschreibsystems verkommen also zu Defensivwaffen eines Internierten. Im Kreuzfeuer der Psychophysik bleibt dem letzten Beamten nur seine sedimentierte Bildung, die ihre Normen aber Schritt um Schritt abbauen muß. Unerschöpflichkeit, dieses Signum großer Werke, kommt in Schrebers Not auch Zei-

---

[164] SCHREBER, 1903/1973: 172 f.
[165] SCHREBER, 1903/1973: 232 und 206.

tungen zu. Entsprechendes widerfährt Gedichten. Unter die „Abwehrmittel", an denen „auch die am längsten ausgesponnenen Stimmen schließlich zugrundegehen", zählt Schreber auswendiges Hersagen „namentlich Schiller'scher Balladen". Aber wie er feststellen muß, tut „jede noch so unbedeutende Reimerei, ja selbst jeder Zotenvers" gleich gute Dienste wie sein Klassiker. „Als geistige Nahrung" sind Zoten „immer noch Goldes wert gegenüber dem entsetzlichen Blödsinne, der sonst meinen Nerven anzuhören zugemutet wird"[166].

Zeitung statt Werk, Auswendigkeit statt Verstehen, Zoten statt Schiller –: der Obersenatspräsident a. D. zersetzt selber die Bildung, die seinem neurologischen Verfolger wehren sollte. Das alte Beamtengeschlecht der Schrebers muß es büßen, daß Flechsigs Komplott ihm „die Wahl von Berufen, die wie derjenige eines Nervenarztes in nähere Beziehung zu Gott führen konnten, versagt" hat.[167] Vor Psychophysik rettet nur Medienkonkurrenz, vor Stimmen, die alle Diskurse auf ihre Materialität einebnen, nur Mimikry. „Es hat Zeiten gegeben, in denen ich mir schließlich nicht anders zu helfen wußte, als laut zu sprechen oder irgendwelchen Lärm zu machen, um nur das ebenso blödsinnige als schamlose Gewäsch der Stimmen zu übertäuben."[168] Daß diese Taktik trotz aller Raffinesse „Ärzten, die den wahren Zusammenhang nicht kannten, als Tobsucht gegolten" hat[169], beweist nur einmal mehr, wie ununterscheidbar Pathologie und Experiment sind. Gott treibt jemand in Blödsinn, der mit Blödsinn dagegen ankämpft. Die Stimmen generieren „mehr oder weniger sinnlose, zum Teil auch beleidigende Redensarten, gemeine Schimpfworte usw."[170]; Schreber mischt Schiller und Zoten, Verse und Gebrüll. Wie in jedem Krieg muß die Defensive vom Angreifer lernen. Der Fall Schreber oder die unerhörte Begebenheit, Flechsigs Psychophysik mit psychophysischem Unsinn zu erwidern.

Und das ist, wenn schon nicht Wahnsinn, so doch Literatur. Auf seinem Sonnenstein hoch über der Elbe übt ein einsamer und verkannter Experimentator genau die apotropäischen Techniken, die zwölf Jahre später im Café Voltaire der Züricher Dadaisten Ruhm und Öffentlichkeit erobern. Am 29. März 1916 treten Huelsenbeck, Tzara und Janko

> mit einem „Poème simultan" auf. Das ist ein kontrapunktisches Rezitativ, in dem drei oder mehrere Stimmen gleichzeitig sprechen,

Das Ende von Bildung und die Lust am Unsinn

---

[166] SCHREBER, 1903/1973: 246.
[167] SCHREBER, 1903/1973: 86.
[168] SCHREBER, 1903/1973: 173, Anm. 63.
[169] SCHREBER, 1903/1973: 173, Anm. 63. Vgl. aber KUSSMAUL, 1881: 217, wo der wahre Zusammenhang einem Psychiater schon durchaus aufgeht.
[170] SCHREBER, 1903/1973: 172.

singen, pfeifen oder dergleichen, so zwar, daß ihre Begegnungen den elegischen, lustigen oder bizarren Gehalt der Sache ausmachen. Der Eigensinn eines Organons kommt in solchem Simultangedichte drastisch zum Ausdruck, und ebenso seine Bedingtheit durch die Begleitung. Die Geräusche (ein minutenlang gezogenes rrrr, oder Polterstöße oder Sirenengeheul oder dergleichen), haben eine der Menschenstimme an Energie überlegene Existenz. Das ,,Poème simultan'' handelt vom Wert der Stimme. Das menschliche Organ vertritt die Seele, die Individualität in ihrer Irrfahrt zwischen dämonischen Begleitern. Die Geräusche stellen den Hintergrund dar; das Unartikulierte, Fatale, Bestimmende. Das Gedicht will die Verschlungenheit des Menschen in den mechanistischen Prozeß verdeutlichen. In typischer Verkürzung zeigt es den Widerstreit der vox humana mit einer sie bedrohenden, verstrickenden und zerstörenden Welt, deren Takt und Geräuschablauf unentrinnbar sind.[171]

Irrenhaus und Künstlercafé sehen derart gleiche Aktionen, daß der Kommentar überflüssig wird. Nur Balls Kommentar braucht ihn, weil er seine Einsicht ins Bestimmende gerade des Unbestimmten oder Unartikulierten wieder verschenkt. Wohl irrt auch Schreber zwischen dämonischen Begleitern und mechanistischen Prozessen; aber er setzt die Vox humana (übrigens ein Orgelregister und keine Natur) nicht ein, um Individualität zu behaupten. Er simuliert – und das tun Huelsenbeck, Tzara und Janko ja auch – genau die Geräusche, die seine Stimme an Energie überbieten. Er selber tritt auf seiten des Unartikulierten, das Hintergrund aller modernen Medien ist. Die da brüllen, heulen oder pfeifen, liefern keine larmoyanten Theorien über Den Menschen in einer technischen Welt; sie erzielen diskursive Effekte gegenüber bestimmten und feindlichen Diskursen. Sicher ist das unmenschliche Aufschreibesystem von 1900 so unentrinnbar wie Gertrude Steins düsteres Orakel, aber gerade seine Unmenschlichkeit erlaubt es, dem Imperativ des Sinns zu entrinnen. Wie das Caféhauspublikum bleibt Schreber jeder ,,Mühe'' enthoben, im gehörten ,,Stimmengewirr einzelne Worte zu unterscheiden''[172], so wie umgekehrt im selbstgemachten Stimmengewirr aller vier Künstler Wörter in Geräuschen ertrinken. Wenn die Macht ihren klassischen Imperativ widerruft, nur Signifikate zu statuieren, kommt auch den Opfern neue Lust. Die Strahlen sind gedankenflüchtig und vergeßlich von Natur aus; also darf auch Schreber seinem geliebten Nichtsdenkungsgedanken frönen. Gott, der neurologisch mutierte, stellt physische Wollust über alle Moral; also darf auch Schreber mit unwidersprechlichen Gründen genießen.

---

[171] BALL, T 30. 3. 1916/1946: 79 f.
[172] SCHREBER, 1903/1973: 317.

Gott verlangt ein den weltordnungsmäßigen Daseinsbedingungen der Seelen entsprechendes beständiges Genießen; es ist meine Aufgabe, ihm dasselbe (...) in der Form ausgiebigster Entwicklung der Seelenwollust zu verschaffen; soweit dabei für mich etwas von sinnlichem Genusse abfällt, bin ich berechtigt, denselben als eine kleine Entschädigung für das Übermaß der Leiden und Entbehrungen, das mir seit Jahren auferlegt ist, mitzunehmen.[173]

Wo Sinn aufhört, beginnt das Genießen: eine Lust in genau der Marge, die ein Aufschreibesystem purer Signifikanten seinen Opfern läßt. Mögen einst Erinnern und Sinnstiften, Arbeit und Triebaufschub die Aufgaben eines Individuums und Justizbeamten gewesen sein – die Nerven und ihr Sklave praktizieren eine nietzscheanische oder „natürliche Vergeßlichkeit", die alle „Eindrücke alsbald bei ihnen verwischt"[174] und nur die vielen Jetztpunkte von Wollust kennt. Exhaustive Datenerfassung hat es nicht nötig, ihre Maschinenspeicher auch noch den Leuten einzufleischen, also ihnen eine Seele zu machen. Das Aufschreibesystem über Schreber ist gnädiger als Lindhorsts Archiv. Brüllend, vergeßlich und gedankenflüchtig darf der Senatspräsident a. D. eine Freiheit diesseits von Beamten- und Menschenwürde genießen. Eben das aber ist seit 1900 die Definition des Subjekts. Schreber, gerade weil Flechsigs Psychophysik ihn zu weltordnungswidrigen Experimenten gebraucht oder mißbraucht, wird singulär wie sonst nur noch die vernutzten Bleistifte, Messer und Uhren. Er darf im genauen Gegensatz zum produktiven Individuum einfach konsumieren, was von Signifikantenketten für ihn „an sinnlichem Genusse abfällt". Das Subjekt des Unbewußten ist buchstäblich Abfall.[175]

In der Position des Subjekts fallen individuelle Unterschiede. Ob der zufällige Fall Nietzsche oder Schreber heißt, besagt wenig. Assistenzarzt Dr. Ziehen über seinen Patienten Nietzsche: „Er spricht rasch, laut und zusammenhangslos, oft viele Stunden hindurch. Die Stimmung ist krankhaft heiter und exaltirt."[176] Dr. Weber, Leiter der Irrrenanstalt Sonnenstein, über seinen Familienmittagstafelgast Schreber: „Offenbar kostet es ihm die größte Anstrengung, sich des Ausstoßens der ‚Brüllaute' zu enthalten und alsbald nach Beendigung der Tafel, noch unterwegs nach seinem Zimmer, hört man ihn dann diese unartikulierten Laute von sich geben."[177] Solche Brüllaute oder gar „Brüllwunder" sind genau das, was der „Brüllaffe" Nietzsche vor Töchtern der Wüste produziert hat. Aber während Nietzsche noch als Europäer auftrat, der

---

[173] SCHREBER, 1903/1973: 293 f.
[174] SCHREBER, 1903/1973: 80.
[175] Vgl. DELEUZE/GUATTARI, 1972/1974: 24 (zum Fall Schreber).
[176] ZIEHEN, B 26. 1. 1889, in GILMAN, 1981: 337.
[177] G. WEBER, A 28. 11. 1900, in SCHREBER, 1903/1973: 388.

vollkommene „Amnesie der Zeichen"[178] nur am beneideten Gegenüber von zwei Frauen fand, treibt Schreber die Gedankenflucht bis zum Vergessen seiner Geschlechtsrolle. Wenn anders nämlich „mein ganzer Körper vom Scheitel bis zur Sohle mit Wollustnerven durchsetzt ist, wie dies sonst nur beim erwachsenen weiblichen Körper der Fall ist, während beim Mann, soviel mir wenigstens bekannt ist, Wollustnerven nur am Geschlechtsteile und in unmittelbarer Nähe desselben sich befinden"[179], i s t dieser Körper „ein Weib".

Nicht Die Frau, die es ja nicht gibt, aber eine Frau mit dem großen Vorrecht, das ihr Triebaufschub und Beamtenpflichten erspart: „dem Beischlaf unterliegend".[180] Und wer als Mann zum neurophysiologischen Fall wird, kann gar keiner mehr sein. In wiederholten, ebenso dringlichen wie formellen Eingaben an seinen Arzt fordert ein Senatspräsident die experimentelle Überprüfung seines Satzes, eine vom Scheitel bis zur Sohle mit Wollustnerven durchsetzte Frau zu sein.

Die Neurologenstrategie, Schrebers Gehirnnerven zu extrahieren[181], scheitert also an ihrem Erfolg. Sinnlicher Genuß fällt gerade bei Abtötung Des Menschen und Mannes ab. Schreber genießt die Frauwerdung, die ihn bedrohte; er nutzt das Aufschreibesystem, das ihn entleerte. Denn auch wenn die *Denkwürdigkeiten eines Nervenkranken* die versprochene „Blumenlese"[182] aller sinnlosen, beleidigenden, gemeinen und obszönen Reden, die das Aufschreibesystem gespeichert und zur Verblödung Schrebers eingesetzt hat, gleich wieder vergessen – die Masse ihrer vierhundert Seiten ist doch nichts anderes. In *Denkwürdigkeiten* kann und muß eine Blumenlese von Sexualitäten geschrieben stehen, die der Beamte Schreber nie über die Lippen und zu Papier gebracht hätte. Vor dem Aufschreiben eines Aufschreibesystems versagen die moralischen und juristischen Maßnahmen, die gegenüber dem geistigen Eigentum eines Autors Schreber möglich und wahrscheinlich wären.[183] Frau geworden, um dem Diktat eines Neurologengottes gehorchen zu dürfen, Diktatempfänger geworden, um die Wollust des Frauseins schreiben zu dürfen, ist Schreber frei. *Schreber als Schreiber*[184] exhauriert, was ihn exhauriert hat. Unoriginell und mechanisch wie nur die des Geistes völlig entbehrenden

---

[178] Ein Begriff von RIBOT, 1881/1882: 97.
[179] SCHREBER, 1903/1973: 287. Vgl. auch 80, 111 und 292 f.
[180] SCHREBER, 1903/1973: 95. Vgl. 208–210.
[181] Vgl. SCHREBER, 1903/1973: 191.
[182] SCHREBER, 1903/1973: 172.
[183] Vgl. dazu MANNONI, 1969: 80 f.
[184] So der Titel von MANNONI, 1969.

Wesen, die das Geschäft des Aufschreibens besorgen, bringt er Flechsigs Neurophysiologie oder Blödsinn zu Papier. Nichts und niemand kann ihn daran hindern. „Denn dem schriftlichen Gedankenausdruck gegenüber erweisen sich alle Wunder machtlos."'[185]

Ein Simulakrum von Wahnsinn

In den Augen ich weiß nicht welcher – vielleicht schon sehr nahen Kultur werden wir die sein, die am meisten jene zwei Sätze einander angenähert haben, die beide so widersprüchlich und so unmöglich sind wie das berühmte „ich lüge" und die beide dieselbe leere Autoreferenz bezeichnen: „ich schreibe" und „ich deliriere".[186] Literatur im Aufschreibesystem von 1900 ist ein Simulakrum von Wahnsinn. Solange und sofern jemand schreibt, bleibt sein Delirium davor bewahrt, das Wort zu verwirken. Vom Wahnsinn geschieden durch ein Nichts namens Simulakrum, durch eine Folie namens Papier, durchläuft das Schreiben den Freiraum ewiger Wiederkehr. Gerade in seiner leeren Selbstbezogenheit ist literarisches Schreiben seine eigene Rechtfertigung.[187] Während der Anspruch, nicht zu delirieren, unter hirnphysiologischen Diskursbedingungen notwendig ins Delirium von Originalität und Autorschaft führt, erlangt der umgekehrte Anspruch diskursive Positivität. Aufgeschriebene Delirien koinzidieren ja mit dem, was Wissenschaften und Medien selber treiben.

Das Simulakrum von Wahnsinn setzt voraus, daß Wissenschaften vom Unsinn möglich und herrschend geworden sind. Erst wenn es eine Psychophysik als Zufallsgenerator und eine Psychoanalyse als Exhaustion von Unsinn gibt, bleibt am Ende eine ebenso verrückte wie unwiderlegliche ABFALLVERWERTUNG. Auch nachdem Flechsig alle Gehirnnerven extrahiert und Freud alle Libidobesetzungen eines zufälligen Falls decodiert hat, überdauert ein Rest: das Faktum deliranter *Denkwürdigkeiten* selber. Gegenüber Texten, die gar nicht mehr vorgeben, Sinn zu machen, sondern auf ihr reines Geschriebensein pochen, sind alle experimentellen Maß-

Literatur und Psychiatrie

---

[185] SCHREBER, 1903/1973: 410. Vgl. dazu S. M. WEBER, 1973: 37 und 47.
[186] FOUCAULT, 1964/1974a: 128. Vgl. auch – um für einmal Brücken zwischen getrenntesten Bergen zu schlagen – die ratlosen Fragen bei BENJAMIN, 1928a/1972-89: IV 2, 618 f.: „Das Dasein von dergleichen Werken hat etwas Bestürzendes. Solange wir gewohnt sind, den Bereich der Schrift, trotz allem, als einen höheren, geborgeneren zu betrachten, ist das Auftreten des Wahnsinns, der hier mit leiseren Sohlen sich einschleicht als irgend sonst, um so erschreckender. Wie ist er dahin gelangt? Wie hat er die Paßkontrolle dieses hunderttorigen Theben, der Stadt der Bücher, umgangen?"
[187] Für Gertrude Stein vgl. SKINNER, 1934: 55.

nahmen oder Wunder machtlos. Der Unsinn, Unsinn aufzuschreiben, ist ebenso potenziert und unwiderleglich wie Jensens Unternehmen, erdichteten Personen auch noch einen Wahn anzudichten. „Aller Unsinn hebt sich auf", schreibt der scharfsinnige Schreber (oder ein ihm diktierender Gott).[188] Und wenn das geschehen ist, gibt es einen literarischen Text mehr. Heutzutage „nimmt den Platz des Ritters Lanzelot der Gerichtspräsident Schreber ein"[189]. Delirante Texte treten ins Gebiet der Literatur über, seitdem Literatur selber den Wahnsinn simuliert. Was ja auch Schreber tut, wenn er sämtliche Delirien, statt mit seinem Autornamen zu unterschreiben, nur als nervensprachliche Tatsachen aufschreibt und zur Abwehr von eingeredetem Blödsinn selber den Blödsinnigen simuliert. Aufschreibemaßnahmen und Simulationen, die in schöner Materialgerechtigkeit und diesseits aller Psychologie notwendig zu Wörtermengen führen. Das Rebus endet nicht in seiner psychoanalytischen Decodierung; Opfer und Simulanten des Wahnsinns bleiben dabei, „mit den Worten an Stelle der Dinge" zu hantieren.[190] Nicht nur „die Nervensprache" selber, auch die Unmenge von Namen und Redewendungen, Dialektwörtern und Obszönitäten, die sie in neurologischem Kurzschluß dem Hirn Schrebers einschreibt, ist einfach ein diskursives Ereignis. Wörter sind zu Papier gekommen, die noch nicht im Kraepelin und auch im Bleuler nicht stehen.

Genau das tut auch eine Literatur, die „für neue Stimmungen neue Worte sucht"[191]. Von Schrebers denkwürdigen Nervensprachschöpfungen ist es nur ein Schritt zum „Nasobēm", das im Brehm und Meyer nicht vorkommt, weil es aus Morgensterns Leyer zum erstenmal ans Licht der Rede tritt.[192] Wenn der Wahnsinn von 1900 über alle poetischen Freiheiten der Rollenrede hinaus auch Lexikon, Syntax und Orthographie umstürzen darf[193], dann ist Literatur seine Simulation. Nasobēme durchkreuzen einen „Begriff des Ausdrucks", zu dem „es gehört, eine Bedeutung zu haben". Irre und ihre Simulanten produzieren vielmehr – zumindest im Urteil *Logischer Untersuchungen* – „ein Irgendetwas, das den Anspruch oder Anschein erweckt, ein Ausdruck zu sein, während es dies, näher besehen, gar nicht ist"[194]. Eine Simulation, die bei

---

[188] SCHREBER, 1903/1973: 319.
[189] FOUCAULT, 1975/1976b: 249.
[190] FREUD, 1913b/1946–68: X 302.
[191] MAUTHNER, 1901–02: I 122.
[192] Vgl. MORGENSTERN, 1905/1956: 79.
[193] Vgl. HERZFELDE, 1914: 297.
[194] HUSSERL, 1901/1968: II 1, 54. Husserls Beispiel für solchen Unsinn, wie um die Zauberspruch-Mode von 1900 zu belegen, ist übrigens „Abracadabra".

Morgenstern auf der Folie szientifisch-lexikalischer Speicherung statthat, bei Ball auf der Folie von Psychiatrie selber. Unter Balls *Sieben schizophrenen Sonetten* ragt *Der grüne König* durch einen Anspruch von imperialer Größe hervor.

Wir, Johann, Amadeus Adelgreif,
Fürst von Saprunt und beiderlei Smeraldis,
Erzkaiser über allen Unterschleif
Und Obersäckelmeister von Schmalkaldis,

Erheben unsern grimmen Löwenschweif
Und dekretieren vor den leeren Saldis:
"Ihr Räuberhorden, eure Zeit ist reif.
Die Hahnenfedern ab, ihr Garibaldis!

Man sammle alle Blätter unserer Wälder
Und stanze Gold daraus, soviel man mag.
Das ausgedehnte Land braucht neue Gelder.

Und eine Hungersnot liegt klar am Tag.
Sofort versehe man die Schatzbehälter
Mit Blattgold aus dem nächsten Buchenschlag."[195]

Das Gedicht wahrt alle Formen von Sonett und Dekret, nur um in ihrem leeren Inneren einen deliranten Anspruch zu stellen. Es proklamiert eine Macht ohne Referenz, die gerade in der Selbstbezogenheit auf den Schreibakt die diagnostischen Kriterien von Schizophrenie bewahrheitet. Ein Fürst, dessen ganzes Reich aus Neologismen im Titel besteht, deliriert, indem er schreibt. Mit der Unerbittlichkeit kaiserlicher Botschaften, diesem Fluchtpunkt von Kafkas Schreiben, instauriert sein Dekret die monetäre Geltung von Signifikantenwitzen. Es verwandelt, ganz ohne anselmische Lektürekünste, Buchenblätter unmittelbar in Buchblätter oder Geldscheine. Alle Nöte verschwinden dank einem Machtspruch, der nach Freuds Einsicht „mit den Worten an Stelle der Dinge" hantiert.

Und selbstredend trifft dieser Umgang vorab die Wörter selber. Wörter sind es, die Schizophrenie und/oder Literatur wie Dinge behandeln. Schrebers blödsinnige Stimmen reimen ohne jeden „Sinn", einfach nach „Gleichklang der Laute" so sternweit entfernte Signifikanten wie „,Santiago' oder ,Carthago'", „,Ariman' oder ,Ackermann'"[196]. Ball läßt seinen grünen König diese Liste noch um ein paar Seltenheiten ergänzen. Solche Reime haben mit Mündlichkeit und Echoeffekten einer flüsternden Mutter Natur nichts zu tun. Sie sind Mimikry von Wahnsinn und darum nacktes Diktat. Der Schriftsteller erfindet nicht, sondern simuliert nur einen Irren, der seinerseits die Reime auch nicht erfunden hat,

---

[195] BALL, 1963: 34. Vgl. auch RILKE, 1902–06/1955–66: I 376.
[196] SCHREBER, 1903/1973: 235 f.

sondern „in eigentlicher Reimsucht" „Verse schmieden mußte, gleichviel, welcher Unsinn dabei herauskam"[197]. Dem Ernst solcher Simulationen tut es keinen Abbruch, daß sie „sich einzig auf sprachliche Phänomene, d. h. auf nur e i n Symptom unter vielen beschränken"[198]. Die zeitgenössischen Psychiater nämlich verfahren nicht anders. „Einfach darum schon, weil die meisten Handlungen des höheren Kulturlebens ja nicht Tätlichkeiten, sondern gesprochene oder geschriebene Worte sind", bietet „die Sprache an sich" Schriftstellern „dieselbe Möglichkeit, seelisch Krankes darzustellen", die „uns", d. h. den Psychiatern, erlaubt, „aus den Reden eines Menschen seelische Krankheit einwandfrei zu erkennen"[199]. So einig sind Irrenärzte und Schriftsteller, wenn es darum geht, alle möglichen Daten auf symbolische zu beschränken. Die einen erstellen und ordnen ganze Archive psychotischen Sprachmißbrauchs, die dann den anderen zur Abfallverwertung vorliegen. Erst wenn Wissenschaften den Wahnsinn in „Sprache an sich" lokalisieren, wird seine literarische Simulation möglich und nötig. Der psychiatrische Diskurs liefert lauter Monographien über psychotische Neologismen, Reimsüchte und Sondersprachen, auf die Schriftsteller, wie ihnen von kompetenter Seite bedeutet wird, nur noch zurückzugreifen brauchen. Die notwendige Folge ist ein Schreiben, das außer der Psychiatrie selber keine Referenz hat und in Bölsches *Naturwissenschaftlichen Grundlagen der Poetik* so früh wie genau beschrieben worden ist. Wenn die Literatur ihren säkularen Halt an Philosophen wie Hegel oder Schopenhauer „mit Recht verschmäht", um statt dessen archivierte Detailmassen aus Psychiatrie und Pathologie auszubeuten, kann sie nur ein Simulakrum von Wahnsinn sein.

> Eine Anzahl vorsichtiger Geister, besonders ausübender Poeten, verschmäht mit Recht diese schwankende Brücke und stürzt sich kühn in die Detailmasse des Fachwissens. Der Erfolg zeigt eine ernstliche Gefahr auch bei diesem Unterfangen. Die wissenschaftliche Psychologie und Physiologie sind durch Gründe, die Jedermann kennt, gezwungen, ihre Studien vorwiegend am erkrankten Organismus zu machen, sie decken sich fast durchweg mit Psychiatrie und Pathologie. Der Dichter nun, der sich in berechtigtem

---

[197] So das Selbstzeugnis eines akuten Manikers, dessen Reimereien die Psychiatrie exhaustiv gesammelt hat. Vgl. FOREL, 1901: 974.
[198] So CARDINAL, 1981: 315, über die berühmteste und ausgiebigste Wahnsinnssimulation, Breton/Eluards *Immaculée Conception* von 1930.
[199] HELLPACH, 1911: 140. Einer derart materialgerechten Psychiatrie gegenüber geht es nicht an, die Möglichkeit eineindeutiger Zuordnungen zwischen Diskursen und Krankheitsbildern um 1900 auf briefliche Auskünfte einer Landesklinik von 1970 hin zu bezweifeln, wie das eine im übrigen sehr genaue Untersuchung surrealistischer Wahnsinnssimulationen tut. Vgl. SCHEERER, 1974: 144, Anm. 4.

Wissensdrange bei ihnen direct unterrichten will, sieht sich ohne sein Zuthun in die Atmosphäre der Clinic hineingezogen, er beginnt sein Augenmerk mehr und mehr von seinem eigentlichen Gegenstande, dem Gesunden, allgemein Menschlichen hinweg dem Abnormen zuzuwenden, und unversehens füllt er im Bestreben, die Prämissen seiner realistischen Kunst zu beachten, die Seiten seiner Werke mit den Prämissen dieser Prämissen, mit dem Beobachtungsmateriale selbst, aus dem er Schlüsse ziehen sollte – es entsteht jene Literatur des kranken Menschen, der Geistesstörungen, der schwierigen Entbindungen, der Gichtkranken, – kurz, das, was eine nicht kleine Zahl unwissender Leute sich überhaupt unter Realismus vorstellt.[200]

Damit beschreibt Bölsche, über alle Kritik und allen Naturalismus hinaus, was Literatur im Aufschreibesystem von 1900 tut: Abfallverwertung von psychophysisch gespeichertem Unsinn. Die deliranten Diskurse, die schon ins wissenschaftliche Archiv nur eingehen, wenn sie ohne Sinn sind, büßen bei literarischer Simulation auch noch die Referenz ein. Wer Seite um Seite mit den Prämissen seiner Prämissen füllt, spricht von keiner Welt und keinem Menschen. Als Simulakrum von Wahnsinn verliert die Literatur ihre klassische Auszeichnung, unmittelbar aus Natur oder Seele hervorzugehen und diese ihre Naturalität von philosophischen Deutern auch noch bescheinigt zu bekommen. Sie wird Sekundärliteratur im strikten Wortsinn. Ihr Diskurs, vom „allgemein Menschlichen'' abgeschnitten, geht auf Diskurse, die sie nur noch transponiert. Und weil Medientranspositionen die Begriffe selber von Echtheit und Ursprünglichkeit auflösen[201], schwindet damit jede extradiskursive Beglaubigung. Die Literatur deckt keine Phänomene auf, erschließt keine Fakten; ihr Feld ist ein Wahnsinn, den es nach Münsterbergs Einsicht nur auf dem Papier gibt.

> Manche dichterischen Darstellungen abnormen Seelencharakters gelten (...) gerade dort als besonders fein psychologisch, wo der wissenschaftlich geschulte Blick psychologische Unmöglichkeiten erkennt. Würden wirklich Personen sich so benehmen, wie der Dichter sie in solchen Romangeistesstörungen handeln und sprechen läßt, so würde der Arzt die Diagnose stellen müssen, daß sie simulieren.[202]

„Romangeistesstörungen'' spielen demnach in einem Niemandsland, das weder von unmittelbar zugänglichen Seelenwahrheiten noch von kontrollierten Experimenten beglaubigt wird. Sein Name

---

[200] BÖLSCHE, 1887/1976: 9 f.
[201] Vgl. dazu ENZENSBERGER, 1970: 183.
[202] MÜNSTERBERG, 1914: 665. Münsterberg hat es sich nicht nehmen lassen, diese seine Diagnose auch als symbolistisches Gedicht *Symbolismus* den Symbolisten zuzustellen (MÜNSTERBERG, 1897: 122).

ist Simulakrum. Schriftsteller, die simulieren, psychiatrisch informiert zu sein, beschreiben Personen, die psychiatrisch einfach Simulanten sind. Aber genau das ist der Punkt. Die referenzlose Simulation löst die alte Verbindung von Wahnsinn und Krankheit auf, um eine ganz andere herzustellen: die Verbindung von Wahnsinn und Schreiben.[203] Die zahllosen Romangeistesstörungen nicht nur in Romanen von 1900 haben keineswegs die Funktion, das romantische Bündnis zwischen Künstlern und Wahnsinnigen gegenüber einem philiströsen Bürgertum zu erneuern. Es müssen nicht erst expressionistische „junge Künstler" auftreten, um durch Um- und Aufwertung des Wahnsinns „eine provokante Möglichkeit zu bekommen, ihre radikale Gegenposition zu den herrschenden Normen und Wertvorstellungen zu verbildlichen"[204]. Denn diese Umwertung ist längst vollzogen, seitdem positivistische Wissenschaften Kulturtechniken aus Defiziten, Handicaps und Störungen bestimmt und damit (unter allerhöchster Rückendeckung) alle Normen der Klassik liquidiert haben. Die Mythen von Jugend und Provokation decken nur zu, wie vollständig die jungen Provokateure vom Aufschreibesystem ihrer Epoche abhängen.[205]

Etwas ganz anderes steht auf dem Spiel, wenn Psychophysik und Literatur um 1900 zusammenstoßen. Politisch-moralische Scheinkämpfe, bei denen Schriftsteller den Wahnsinn überhaupt erst entdecken würden, sind überflüssig; strittig ist nur die Verwendung ein und desselben Diskurses. Wo die Psychophysik an der Verbindung zwischen Wahnsinn und Krankheit festhält, errichtet die Literatur eine ganz andere von Wahnsinn und Schreiben. Ihre Simulation macht aus standardisierten Symptomgemengen Einzelfälle, die das Wort oder die Feder ergreifen. So treten sie denn alle auf, zufällig und singulär wie nur Dilettanten des Wunders: *Der Irre* (Heym), *Der Nervenschwache* (Ball), *Der Visionarr* (van Hoddis), *Der Idiot* (Huelsenbeck, Zech, Becher). Sie treten auf und beginnen ihre Unsinnsrede: das *Lied des Entsprungenen* (Urzidil), *Das Lied des Idioten* (Rilke), nicht zu vergessen *Das Lied der irren Frauen* (Adler).

Und wie um den diskursiven Status all dieser Lieder zu benennen, schreibt der junge Feldsanitäter Breton über Weltkriegsgrenzen und Schützengräben hinweg:

> Démence précoce, paranoia, états crépusculaires.
> O poésie allemande, Freud et Kraepelin![206]

---

[203] Vgl. FOUCAULT, 1964/1974a: 128 f.
[204] ANZ, 1980: 151.
[205] Das zeigt OTT, 1968: 371–398, für den Surrealismus und seine Referenzwissenschaften.
[206] BRETON, B 25. 9. 1916, zit. in BONNET, 1975: 99.

Klarer kann es nicht gesagt werden, daß Literatur den Abfall zeitgenössischer Psychiatrie verwertet. Dementia praecox „in ihrer heutigen Gestalt" ist eine „Neuschöpfung" Kraepelins.[207] Damit aber fällt auf die Psychiatrie selber literarischer Glanz. Ihre Archive werden Poesie im Rohzustand, die ein reines Schreiben mit Stoffen und Schreibweisen versorgt. Sicher haben auch Klassiker und Romantiker von den psychischen Kuren ihrer Reil oder Hoffbauer gelernt[208], aber Thema und Archiv blieb das Abendland. Den Sinn gibt immer der Himmel ein; Unsinn dagegen kann gar nicht erfunden werden, nur aufgeschrieben und abgeschrieben. Darum tritt an die Systemstelle, die im klassisch-romantischen Aufschreibesystem die Dichtung selber eingenommen hat, eine „deutsche Dichtung" der Freud und Kraepelin, während die Literatur vom zweiten auf den dritten Platz einer neuen Diskursordnung rückt. Dieser dritte Platz ist (nicht anders als im Fall Schreber) die Stätte eines Genusses. Ein Rest an Unsinn, mit dem auch die Wissenschaften vom Unsinn nichts anfangen können, bleibt übrig für Spiele.

•

Das Spiel simulierter Delirien, weil es das alte Band zwischen Wahnsinn und Krankheit durchschneidet, macht die Unterscheidung zwischen Ärzten und Patienten heikel. Wahrscheinlich laufen die Dinge nach Münsterbergs Verdacht: daß Medizinsimulanten Wahnsinnssimulanten beschreiben. 1893 jedenfalls erscheint in Berlin ein vierteiliges Werk *Körper, Gehirn, Seele, Gott,* das (mit Ausnahme Gottes) den elementaren Problemkatalog von 1900 schon im Titel trägt und seinen Autor zudem als „pract. Arzt" ausweist.[209] Die Absicht ist beste Psychophysik: Gehrmann trägt Fallgeschichte auf Fallgeschichte zusammen, um diverse körperliche Krankheitsbilder jeweils Hirnnerventeilzentren zuordnen zu können. Aber die Ortsnamen auf seinem Hirnatlas überbieten einander an Poesie, die archivierten Träume der zahllosen Kranken werden immer schöner und blumiger, bis nach zweitausend Seiten kein Zweifel mehr ist, daß alle Hirnzentren, Krankengeschichten und Traumprotokolle nur für den einen und internierten Schreiber stehen. Ärzte, die nicht anders als der internierte Schreber zu schriftlicher Hirnexhaustion schreiten, landen selber im Wahnsinn.

Man braucht die Psychophysik also nur aufzuschreiben, um poé-

Schriftsteller und Psychoanalytiker in Konkurrenz

---

[207] STRANSKY, 1904–05: 158.
[208] Für Goethe vgl. etwa DIENER, 1975.
[209] Vgl. GEHRMANN, 1893, und dazu BENJAMIN, 1928a/1972–89: IV 2, 618 f.

sie allemande zu produzieren. Genau das tut der junge Assistenzarzt Benn, wenn er einem oder seinem Professor das Wort erteilt.

PROFESSOR: Und nun meine Herren, habe ich Ihnen zum Schluß noch eine ganz köstliche Überraschung aufgespart. Hier sehen Sie, habe ich die Pyramidenzellen aus dem Ammonshorn der linken Hemisphäre des Großhirns einer vierzehntägigen Ratte aus dem Stamme Katull gefärbt und siehe da, sie sind nicht rot, sondern rosarot mit einem leicht braunvioletten Farbton, der ins Grünliche spielt, gefärbt. Das ist nämlich hochinteressant. Sie wissen, daß kürzlich aus dem Grazer Institut eine Arbeit hervorgegangen ist, in der dies bestritten wurde, trotz meiner eingehenden diesbezüglichen Untersuchungen. Ich will mich über das Grazer Institut im allgemeinen nicht äußern, aber ich muß doch sagen, daß mir diese Arbeit einen durchaus unreifen Eindruck machte. Und sehen Sie, da habe ich nun den Beweis in Händen. Das eröffnet nämlich ganz enorme Perspektiven. Es wäre möglich, daß man die Ratten mit langem schwarzen Fell und dunklen Augen von denen mit kurzem rauhen Fell und hellen Augen auch auf diese feine färberische Weise unterscheiden könnte, vorausgesetzt, daß sie gleich alt sind, mit Kandiszucker ernährt, täglich eine halbe Stunde mit einem kleinen Puma gespielt und bei einer Temperatur von 37,36° in den Abendstunden zweimal spontan Stuhlgang gelassen haben.[210]

Die Abfallverwertung psychophysischer Materialien ist so konkret wie riskant. In seiner Ausbildungszeit bei berühmten Psychiatern und Pathologen veröffentlicht Benn jeweils gleichzeitig wissenschaftliche Arbeiten u n d Texte, die Hirnforschung überhaupt und näherhin Arbeiten desselben Titels und Inhalts wie seine eigenen einem großen Gelächter preisgeben.[211] Die Montage ihrer sinnlosen Faktenmengen macht aus Psychophysik selber die Geistesstörung, die sie erforscht, und aus rosaroten Rattenhirnzentren Phänomene so prächtig wie sonst nur bei Gehrmann. Durch literarische Publikation seiner Vorlesungsworte tritt Benns Professor würdig neben den Flechsig der *Denkwürdigkeiten* (Assistenzarzt Rönne droht ihm eine Anklage ,,wegen Gehirnverletzung'' an[212]). Und nur daß die Psychiatrieprofessoren Ziehen und Bonhoeffer nicht gelesen haben, was ihr Hospitant bzw. Assistent Benn in entlegenen Avantgardezeitschriften veröffentlichte, dürfte ihn vor der Kompromittierung bewahrt haben, die einem Gehrmann oder Schreber droht.[213] Was um 1800 bürokratisch-poetisches Doppel-

---

[210] BENN, 1914/1959-61: II 293 f. Die ,,feine färberische Weise'', die selbstredend auf Anilinfarben und BASF anspielt, hätte ein eigenes Buch verdient.

[211] BENN, 1914/1959-61: II 295 f. und dazu RÜBE, in BENN, 1965: 96 f.

[212] BENN, 1914/1959-61: II 298 (also ein Seelenmord mehr).

[213] ,,Eine weite Verbreitung des Buches in Laienkreisen (...) könnte trotz der klaren Sachlage Verwirrung stiften'', heißt es in einer psychiatrischen Schreber-Rezension (PFEIFFER, 1904: 353). Das gilt a fortiori von weiter Verbreitung der Rattenhirnexperimente.

leben und eine nützliche Sache war, weil es die geheime Vereinbarkeit von Beamtenschaft und Dichtertum verriet, wird zu einer doppelten Buchführung, die mit der einen Hand Statistiken weiterschreibt und mit der anderen Hand diese selben Statistiken zur Simulation eines singulären Deliriums ausbeutet. Damit aber befolgt Benn, wissentlich oder nicht, auch nur die schwärzesten Einsichten seiner Professoren. Die linke Hand, die Literatur verfaßt, fällt mit der rechten wieder zusammen. Ganz wie Mach und Mauthner, diese philosophischen und d. h. einzigen Quellen germanistischer Expressionismusforschung, lehrt der ungelesene Ziehen, daß Icheinheit eine Fiktion gegenüber der Tatsache endloser Ideenassoziationen ist.[214] Benn und Rönne, auch und gerade wenn sie delirieren, brauchen die Theorie ihres Chefs also nur noch in Schreibpraxis umzusetzen. Eine unvereinbare, aber ununtersagbare Benutzung des psychiatrischen Diskurses, die ihn auf den eigenen zufälligen Fall anwendet. Denn genau das geschieht, wenn Benns Bericht über sein letztes Psychiaterjahr 1913 die Unvereinbarkeit von Schreiben und Behandeln selber psychiatrisiert.

> Ich versuchte, mir darüber klarzuwerden, woran ich litt. Von psychiatrischen Lehrbüchern aus, in denen ich suchte, kam ich zu modernen psychologischen Arbeiten, zum Teil sehr merkwürdigen, namentlich der französischen Schule; ich vertiefte mich in die Schilderungen des Zustandes, der als Depersonalisation oder als Entfremdung der Wahrnehmungswelt bezeichnet wird, ich begann, das Ich zu erkennen als ein Gebilde, das mit einer Gewalt, gegen die die Schwerkraft der Hauch einer Schneeflocke war, zu einem Zustande strebte, indem nichts mehr von dem, was die moderne Kultur als Geistesgabe bezeichnete, eine Rolle spielte.[215]

Der Schriftsteller als Irrer – kein mythischer Konflikt zwischen Künstlern und Bürgern, die offiziöse Lehrbuchlehre der Psychiatrie ruft ihn hervor. Benn und Rönne sind selber Irrenärzte, die nur leider unfähig werden, ihr „Interesse auf einen neueingelieferten Fall zu sammeln oder die alten Kranken fortlaufend individualisierend zu beobachten", wie das nach Ziehen und allen Exhaustionsregeln ihre wortwörtliche Berufspflicht wäre.[216] Statt dessen simuliert Rönne, wenn er reglos im Arztzimmer liegt, den Katatonen; statt dessen simuliert Benn, der neueingelieferte und fortlaufend zu beobachtende Fall sei sein eigener. Ein Arzt aber, der modernste Krankheitsbilder wie Depersonalisation von Patienten auf ihn selber überträgt, geht mit Janet oder Ribot nicht an-

---

[214] Vgl. ZIEHEN, 1893: 172 f.
[215] BENN, 1922/1959–61: IV 9. Als Quelle vgl. RIBOT 1881/1882: 92.
[216] Vgl. ZIEHEN, 1902–06: III 126.

ders um als Schreber mit Kraepelins Lehrbuch. Weshalb Bildung und „Geistesgaben" hier wie dort keine Rolle mehr spielen.

Mit ihrer Vereinzelung psychophysischer Befunde simuliert die Literatur aber nur, was im Aufschreibesystem von 1900 die Psychoanalyse auszeichnet. Erstens und biographisch spielt Freuds Selbstanalyse, dieser mythische Ursprung seiner neuen Wissenschaft, genau dieselbe Rolleninversion durch. Wie nachmals Benn eine psychotische Depersonalisation, so hat Freud den Kernkomplex seiner Neurotiker „auch bei (sich) gefunden"[217]. Zweitens und methodisch geht die Psychoanalyse mit statistisch aufbereitetem Material singularisierend um: sie ordnet den gesammelten Unsinn nicht nosologischen Entitäten zu, sondern unbewußten Subjekten. Schließlich und literarisch erscheint diese Ordnung in Fallgeschichten, die „zum modernen deutschen Schrifttum" oder zur „poésie allemande" zählen.

Schriftsteller und Analytiker, wie hundert Jahre zuvor die Dichter und die Denker, kommen „in nahe und fruchtbare Berührung"[218]. Schon 1887 beklagt der Philosoph Dilthey bei Künstlern eine neue „Misologie", die gegen Denken, Ästhetik und Bildung überhaupt nur noch Haß kennt.[219] Eine Freundschaft ist gekündigt (auch wenn andere Literaturwissenschaftler nicht mit Diltheys Hellhörigkeit reagiert haben), eine andere, genauso heikle, kann beginnen. Was Goethe über die Philosophen sagte – daß er sie nie entbehren und sich nie mit ihnen vereinigen konnte –, geht seit 1900 an die Adresse Freuds. Obwohl oder weil *Das Urteil* laut Kafka „natürlich Freud" ist, gehorcht sein literarisches Schreiben dem Imperativ „Zum letztenmal Psychologie!"[220] Die Gemeinsamkeit von Gemeinsamkeit und Konkurrenz, einst das Los von Dichtern und Denkern, ist zum Los von Schriftstellern und Analytikern geworden.

Selbstredend geht es nicht mehr um den Sinn und seine Interpretation. Schriftsteller und Psychoanalytiker bilden keine staatstragende community of interpreters, die einander bescheinigen, Ewigkeitswerte geschaffen zu haben. Getragen wird ihrer beider Beziehung von dem Faktum, daß es am Grund aller Kulturtechniken Körper und deren Unsinn gibt. Diese Körper aber sind nur psychophysischen Experimenten, also um den Preis von Schweigen oder Tod zugänglich. Auf der Couch, wo „alles leider anders ist", geht dagegen „nichts anderes vor als ein Austausch von Worten"[221]. In der Literatur, wo selbst solcher Austausch fehlt,

---

[217] FREUD, B 15.10.1897/1986: 293.
[218] HESSE, 1918/1970: X 47.
[219] DILTHEY, 1887/1914–58: VI 195 f.
[220] Über die zwei Kafkasätze vgl. RYAN, 1970, und SEIDLER, 1970.
[221] FREUD, 1916–17/1946–68: XI 9.

geht nichts anderes vor als intransitives Schreiben. Die Psychoanalyse muß also Reden so lange auf Unsinn hin abhören, bis eine Indizienkette hin zum unzugänglichen Realen geschlossen ist. Die Literatur muß Papiere so lange von Lesbarkeiten reinigen, bis der Körper ihrer Wörter für den Augenblick eines Kurzschlusses mit dem anderen zusammenfällt. Damit aber stehen die zwei Diskurse in Konkurrenz. Es gibt Reales, das beiden verschlossen ist, und zwei Umwege, die einander ausschließen: die Decodierung und den Kurzschluß.

Freud hat nicht behauptet, jemals das Faktum erklären zu können, daß es überhaupt Literatur gibt. Trotzdem oder darum haben Schriftsteller alles getan, um ihn an dieser Erklärung zu hindern. In der Alternative, ihren Körper auf eine Couch zu legen oder aber Wortkörper zu vertexten, optieren fast alle für reines Schreiben und gegen ein „(möglicherweise unproduktives) Leben"[222]. So bleibt die Beziehung zwischen Schriftstellern und Analytikern alles mögliche – Dialog, Lektüre, Grußadresse auch ohne Pokal –, sie wird nur keine Praxis.

Vertextung von Gehirnbahnen

„Ich habe schon einmal an eine psychiatrische Behandlung gedacht", sagte er, „es aber gerade noch rechtzeitig unterlassen". Wirklich hatte er längere Zeit geglaubt, sein Heil läge in der Psychoanalyse. Seine Geliebte, Lou Andreas-Salomé, hatte Freud und seinen Kreis emsig besucht und Rilke zugeredet, sich auf den berühmten Divan zu legen. Rilke hatte vor dem Krieg jahrelang das Für und Wider erwogen, aber im letzten Moment doch einen Rückzieher gemacht. „Ich lasse mir nicht im Gehirn herumstochern", sagte er zu mir, „da behalte ich lieber meine Komplexe".
Er lernte Freud zwar eines Tages persönlich kennen, sagte ihm aber nichts von seinen Problemen. Danach wich er ihm aus, sooft Freud in seine Nähe kam. Die panische Angst, zerpflückt und ausgesogen zu werden, verfolgte ihn ständig.[223]

Paranoisch wie sonst nur noch Daniel Paul Schreber, der ja gleichermaßen vor einem Hirnnervenräuber von Arzt zittert, tut Rainer Maria Rilke nichtsdestoweniger das Gegenteil. Der eine vermacht seinen Körper der Psychiatrie als einer Wissenschaft, die dieses Geschenk kaum zu würdigen weiß. Der andere entzieht seinen Körper der Psychoanalyse als einer Wissenschaft, die im Hirn weder herumstochern will noch kann, da sie ja nur Wörter austauscht. Simulierte Paranoia wütet schlimmer als klinische. Schon daß die Psychoanalyse psychophysische Methoden auf Einzelfälle umlegt, löst das Phantasma einer Trepanation aus. Das Hirn des Schreibers wird zum mythischen Fluchtpunkt aller Ver-

---

[222] RILKE, B 24. 1. 1912/1933–39: IV 182 f.
[223] GOLL, 1976/1980: 65.

suche, Diskurse neurologisch abzuleiten. Schreiben um 1900 heißt demgemäß: dieses Hirn, unbeschadet seines klinischen oder simulierten Wahnsinns, vor medizinischen Sonden hüten und unmittelbar in Texte umsetzen. Eine Medientransposition, die notwendig über jenen anderen Fluchtpunkt, die endopsychische Wahrnehmung von Hirnfunktionen laufen muß. Was Gehrmann und Schreber begonnen haben, mündet in Literatur. Freud hat seinen Unbegriff endopsychischer Wahrnehmung ja gleichermaßen Psychotikern und Schriftstellern unterstellt.

Kurz nachdem Apollinaire in den Schützengräben der Aisne seinen Kopfschuß empfangen hat, schreibt er den Liebhabern **Boileaus** und Ben Akibas, seinen Kritikern, noch ins Stammbuch:

> Mais n'y a-t-il rien de nouveau sous le soleil? Il faudrait voir. Quoi! on a radiographié ma tête. J'ai vu, moi vivant, mon crâne, et cela ne serait en rien de la nouveauté? À d'autres![224]

Ein „neuer Geist" also, wie schon der Aufsatztitel verspricht, beflügelt den Dichter. Über die Todesdrohung seiner Schläfenwunde, die Apollinaire nach zwei Jahren ärztlicher Behandlung doch noch umgebracht hat, fällt kein Sterbenswort, einfach weil Weltkriegskopfschüsse die viel spannendere Möglichkeit endophysischer Hirnwahrnehmung eröffnen. Nach Kafkas Einsicht ist der Erste Weltkrieg „mehr Krieg der Nerven als je ein früherer Krieg".[225] An Hauptmann Apollinaire können Dr. Bardels Röntgenstrahlen und Trepanation buchstäblich wahrmachen, was Prof. Flechsig und sein gelehriger Schüler Schreber erst vom Leichenbefund erhoffen durften. Also ist es nur konsequent, daß Apollinaire im selben Atemzug Schriftsteller auffordert, der großen Neuigkeit unter der Sonne nachzukommen und ihr Schreiben an technische Medien wie Film und Phonograph zu koppeln.

Gehirne – der Titel von Benns früher Novellensammlung bezeichnet ein allgemeines Schreibprogramm. Rönne, ihr Held, ist von Haus aus Psychiater und Hirnforscher, der „in diesen (seinen) Händen hundert oder auch tausend Stück" Gehirne[226] gehalten hat, sicher nicht bloß von Ratten. Aber wenn er von den Ärzten zu den Patienten überläuft, schrumpfen alle Forschungsinteressen auf eine einzige Rätselfrage. Immer wieder macht Rönne die Geste, „als bräche er eine weiche, große Frucht auf oder als böge er etwas auseinander"[227] – ein Rebus, das verliebte Krankenschwestern schließlich als Öffnung seines eigenen Hirns decodie-

---

[224] APOLLINAIRE, 1918/1965–66: III 905.
[225] KAFKA, 1916/1976: 764.
[226] BENN, 1915/1959–61: II 18.
[227] BENN, 1915/1959–61: II 16.

ren können. Es steht, wie schon Rönnes Hirnverletzungs-Assoziation, für ein neues Schreibprogramm: Aus der vivisezierten Frucht des eigenen Hirns sollen literarische Energien gespeist werden. Weshalb der Novellenheld zur Anschaffung von Buch und Stift schreitet.[228]
Und wie um Rönnes Entschluß beim Wort zu nehmen, macht der Benn-Bewunderer Flake aus lakonischen Novellen einen ganzen Roman, aus *Gehirnen* eine ganze *Stadt des Hirns*. Sein Romanheld Lauda hat im Erststudium selbstredend Medizin belegt und drei Semester lang „immer wieder von neuem scheu den entblößenden Schnitt getan": „bald in die nach oben gestülpten Hemisphären, gelatinenhaften Sitz des bewußten Denkens, dem Variation erlaubt ist, bald in die Basis, schärfren, gegliederten architektonischen Teil"[229]. Er ist also schon durch Rönnes Schule gegangen, wenn ihm Jahre später, nach seinem Abschied von Büro und Schreibmaschinistin, eine Neurologenabhandlung vor Augen kommt. Sie beschreibt das Gehirn als unendlich komplexes „Maschennetz" von Sendern/Empfängern „elektrischer Wellen". Sogleich steht beim Leser der Entschluß fest, „von hier aus Weltbild zu gestalten". Und weil Weltbilder um 1900 aus „Worten, vielleicht nur Worten" bestehen, beginnt Lauda „metaphysisches Tagebuch", das mittels „Psycho-Physiologie" eigenen Denkapparat auf „Nerven-Bahnungen" zurückführt und eigenes Hirn als „eine Stadt von Geleisen" beschreibt, „die ich nach meiner Individualität anlege und nun ewig durchlaufen muß". Zum erkennenden „Sklaven" seiner „Denkbahnen" degradiert, sinkt Lauda folgerecht in Schlaf, aber nur um an den unmöglichen Ort solcher Reflexionen einzukehren. Die Rönnegeste wird Traumtat. Lauda weilt in einer wissenschaftlich „angelesenen" Stadt des Hirns, bis der nächste Morgen die für Schriftsteller entscheidende Einsicht oder Entsagung bringt: „Physischer Aufenthalt in der Stadt des Hirns ist unmöglich, nur gleichnishafter ist möglich." Und weil gerade nur mögliche Wünsche die Wahrheit sagen, bringt Entsagung zutage, was Literatur im Aufschreibesystem von 1900 heißt: Hinfort will Lauda nur mehr „schrein schreiten schreiben"[230]. Der Roman selber wird gleichnishafter Aufenthalt im Hirn, Entzifferung neurophysiologischer Engramme.

Auf der Suche nach der verlorenen Zeit bleibt Marcel, der Erzähler, so lange saumselig, wie er verkennt, daß schlechthin alle Ziele seiner Suche im „Tresor" des eigenen Hirns und nur in ihm gespeichert sind. Daß er mithin, wie Gehrmann oder Lauda, Ner-

---

[228] Vgl. BENN, 1915/1959–61: II 13.
[229] FLAKE, 1919: 267.
[230] FLAKE, 1919: 273–284.

venbahnungen wird abschreiben müssen, ist aber unmittelbar und gleichzeitig die Angst, ein „Hirnunfall" könne ihn alle gespeicherten Spuren vergessen, ja ihr Vergessen selber vergessen machen.[231] Also greift Marcel gerade noch rechtzeitig zur Feder, getrieben von den Furien einer eventuellen Aphasie, über die Dr. med. Adrien Proust, der Vater des Schriftstellers, nicht umsonst publiziert hat.

Genug der Belege. Die gemeinsame Rätselfrage von Nervenärzten und Irren, Psychoanalytikern und Schriftstellern um 1900 lautet Gehirn und Sprache.[232] Die Ärzte (weshalb ihnen auch beim Formulieren der Vortritt zusteht) stellen das Thema, die Schriftsteller bearbeiten es. Ihr Schreiben steht exakt an der Stelle oder anstelle jener Hirnvivisektion, die alle Psychophysik erträumen u n d versäumen muß. Aus einem einzigen Grund flieht Rilke möglichen Psychoanalysen: die eigene „Arbeit" schon ist ihm „eigentlich nichts anderes als eine derartige Selbstbehandlung"[233]. Er flieht also nicht bloß, weil Freud oder Gebsattel in seinem Hirn herumstochern würden, sondern um selber den Vivisektoren Konkurrenz zu machen. Gerade die abgründige Gemeinsamkeit der zwei Diskurse schließt ihren Zusammenfall aus. Schriftsteller im Aufschreibesystem von 1900 sind Leute, die bei der Analyse und d. h. Zergliederung ihres psychischen Apparats den Alleingang vorziehen.

Schädelphonographie in Rilkes Urgeräusch

Rönne in seiner stummen Geste stülpt die eigenen Hirnhemisphären auseinander, um zum Quell seiner Gedanken zu gelangen; Lauda besichtigt seine Hirnstadt in der Metapher des Traums; bildlos und technisch aber geht ihrer aller unmögliche Aufgabe einer an, der als Bildermacher und Träumer verschrieen ist. Nur, er war ein Dichter und haßte das Ungefähre. Um den Status von Literatur zu definieren, wählt Rilkes „Aufzeichnung" Ur-Geräusch in unüberbotener Genauigkeit ein Modell, das seit 1900 Einschreiben und Decodieren überhaupt bezeichnet: den Phonographen.

Vierzehn oder fünfzehn Jahre nach jenem unvergessenen Schultag, als er einen Phonographen aus Pappe und Pergamentpapier, Kerzenwachs und Kleiderbürstenborsten nachbauen durfte[234], besucht Rilke die Anatomievorlesungen an der Pariser École des Beaux-Arts. Aber unter allen medizinischen Präparaten „bezau-

---

[231] M. PROUST, 1913–27/1954: III 1037. Über Prousts *Recherche* als gigantische Spurensicherung vgl. GINZBURG, 1980: 33.
[232] So der Titel von SACHS, 1905.
[233] RILKE, B 14. 1. 1912/1933–39: IV 169.
[234] RILKE, 1919/1955–66: VI 1086. Daß demnach ein paar Abfälle hinreichend sind, ist der Grund des zeitgenössischen Trugschlusses, der Phonograph hätte auch schon vor Jahrtausenden erfunden werden können. So VILLIERS, 1886/1977: 34.

bert" den Schriftsteller einmal mehr nur jenes „besondere, gegen einen durchaus weltischen Raum abgeschlossene Gehäus", das da Schädel heißt. Rilke schafft einen Schädel an und verbringt vor ihm die Nächte – mit der Folge, daß seine Kindheitserinnerung völlig umgeschrieben wird. Schien es einst in Gymnasialzeiten, als solle „dieser selbständige, von uns abgezogene und draußen aufbewahrte Klang unvergeßlich bleiben", so lernt der Anatomiestudent, daß nicht die Töne „aus dem Trichter", „sondern jene der Walze eingeritzten Zeichen um vieles eigentümlicher" sind.[235] Den Schwenk von Reproduktion zu Inskription, von Lesen zu Schreiben im technischen Zeitalter aber macht die Sutura coronalis.

In dem oft so eigentümlich wachen und auffordernden Lichte der Kerze war mir soeben die Kronen-Naht ganz auffallend sichtbar geworden, und schon wußte ich auch, woran sie mich erinnerte: an eine jener unvergessenen Spuren, wie sie einmal durch die Spitze einer Borste in eine kleine Wachsrolle eingeritzt worden waren![236]

Die Naht, die die zwei Schädelhemisphären wie durch Sagittalschnitt trennt, reicht hin, um einen Schriftsteller von 1900 in den Status von Schrift überhaupt einzuweisen. Unvergessen kann nur sein, was Ritzung oder Einschnitt ins Fleisch der Vergeßlichkeit selber ist. Aber was Nietzsche aus der *Genealogie der Moral* und Kafkas Forschungsreisender *In der Strafkolonie* lernen[237], entnimmt Rilke der Anatomie. Und wenn je eine Initiation dem Standard Materialgerechtigkeit genügt hat, dann diese. Die Kranznaht fungiert als verbliebene Spur einer Schreibenergie oder Kunst, die, statt zu „variieren oder nachzuahmen", „ihre Freude an dem Tanz der Existenzen hat", einer „diktatorischen Kunst, die Energiezustände darstellt". Ihr gegenüber hat ein „Bewußtsein ethischer Natur"[238], wie die Titel Nietzsches und Kafkas es noch beschwören, nichts zu melden. Für materiale Inskriptionen sind Technik und Physiologie zuständig.

Genauer gesagt, ein Verbund von Technik und Physiologie.[239]

---

[235] RILKE, 1919/1955–66: VI 1087.
[236] RILKE, 1919/1955–66: VI 1088 f. Zur Sutura coronalis in der Ontogenese vgl. auch RILKE, 1910/1955–66: VI 910.
[237] Zur Homologie dieser zwei Texte vgl. BRIDGWATER, 1974: 104–111.
[238] FLAKE, 1919: 284 und 282, vgl. auch 95.
[239] Zum Verbund von Technik und Hirnphysiologie vgl. die großen Worte, mit denen Bechterew Flechsigs Forschungen begrüßte: „Wer nicht ernste Fachstudien als Physiologe und Psychiater durchgemacht hat, wird – wenn er sich im künftigen Jahrhundert als Psychologen bezeichnet, von ernsten Menschen angesehen und behandelt werden, wie jemand, der sich Architekt nennt, ohne eine technische Schule oder Bauakademie besucht zu haben. Das ist meine feste Ueberzeugung." (BECHTEREW, in FLECHSIG, 1897: 73)

Denn er ist es, den jener Schädel dem Schriftsteller Rilke seit Jahren „immer wieder innerlich vorgeschlagen hat''.

> Die Kronen-Naht des Schädels (was nun zunächst zu untersuchen wäre) hat – nehmen wirs an – eine gewisse Ähnlichkeit mit der dicht gewundenen Linie, die der Stift eines Phonographen in den empfangenden rotierenden Cylinder des Apparates eingräbt. Wie nun, wenn man diesen Stift täuschte und ihn, wo er zurückzuleiten hat, über eine Spur lenkte, die nicht aus der graphischen Übersetzung eines Tones stammte, sondern ein an sich und natürlich Bestehendes –, gut: sprechen wirs nur aus: eben (z. B.) die Kronen-Naht wäre –: Was würde geschehen? Ein Ton müßte entstehen, eine Ton-Folge, eine Musik ...
> Gefühle –, welche? Ungläubigkeit, Scheu, Furcht, Ehrfurcht –: ja, welches nur von allen hier möglichen Gefühlen? verhindert mich, einen Namen vorzuschlagen für das Ur-Geräusch, welches da zur Welt kommen sollte ...[240]

Im Unterschied zu Dichtern wie Shakespeare oder Keller, die ihre Helden beim Anblick von Schädeln in die bekannten traurigen Assoziationen treiben, ist der Schriftsteller ein Experimentator. Radikaler noch als Techniker und Physiologen, rät er – und das in einer Sprache, die zwischen Präzision und Vorsicht wunderbare Balance hält – zum phonographischen Test von Menschenkörperteilen. Die nachrichtentechnische Einsicht, daß Wiedergabe- und Aufnahmeapparate grundsätzlich konvertibel sind[241], erlaubt das Decodieren auch einer Sutur, der niemand je Codierung unterstellt hat. Aber daß die Natur den Schlüssel zu ihren Geheimnissen wegwarf, ist um 1900 kein Grund, das Rebus unangetastet zu lassen. Mögen Verrückte wie Gehrmann es durch bloße Bücher lösen wollen, „wir'', die Kunstphysiologen und Künstler, „denken bei den Molekülen und Leitungsbahnen des Gehirns unwillkürlich an einen, dem des Edison'schen P h o n o g r a p h e n ähnlichen Prozess''[242]. Simmels objektive Interpretation, Freuds analytische Konstruktion, Rilkes Apparat – sie alle können Spuren ohne Subjekt sichern. Eine Schrift ohne Schreiber also, die denn auch nichts anderes archiviert als das unmögliche Reale am Grund aller Medien: weißes Rauschen, Ur-Geräusch.

Und das ist nur konsequent. Sicher rauscht Es seit unvordenklichen Zeiten, nämlich seit es Brownsche Molekularbewegungen gibt. Aber um Rauschen und Nachrichten überhaupt zu unterscheiden, muß Reales über technische Kanäle laufen können. Das Medium Buch kennt Druckfehler, aber kein Ur-Geräusch. Die phono-

---

[240] RILKE, 1919/1955–66: VI 1089 f.
[241] Vgl. dazu ENZENSBERGER, 1970: 160.
[242] HIRTH, 1897: 38.

graphische Wiedergabe „einer Spur, die nicht aus der graphischen Übersetzung eines Tones stammt", spottet der Übersetzbarkeiten und allgemeinen Äquivalente. Grammophonnadeln auf Schädelnähte anzusetzen ist nur möglich in einer Kultur, die diskursive Handgreiflichkeiten schlechthin freigibt. Und natürlich verliert „natürlich Bestehendes" wie der Schädel damit sein Attribut. Extremierte Medientransposition macht aus sogenannter Natur allemal unbewußte Programme. Flake und Proust träumen davon, die eingeschriebenen Bahnungen ihrer Hirne literarisch zu reproduzieren; Rilke macht technische Vorschläge zur technischen Erfüllung ihres Traums. Und doch reserviert gerade er solche Medientechnik den Schriftstellern. Nicht jenen „Dichtern", die nach Rilkes historisch genauer Einsicht „fast nur" von einem Sinn, dem optischen, „überwältigt wurden", während „schon den Betrag, den das unaufmerksame Gehör zuflößt", gegen Null ging. Sondern einer Kunstpraxis, die „am entschiedensten an einer Erweiterung der einzelnen Sinn-Gebiete arbeitet", entschiedener noch, heißt das, als selbst „die Arbeit des Forschers"[243].

So offenbar, so gnadenlos ist die Konkurrenz, die Schriftsteller und Analytiker des psychischen Apparats um 1900 konfrontiert. Derselbe Rilke, der vor seelenärztlichen Vivisektoren seines Hirns flieht, programmiert als einzige Schriftstellerarbeit eine Medientransposition von Schädelsuturen. Und selbst sein vielumrätselter „Weltinnenraum" gibt den Engrammen, die vom Hirn gespeichert und von Schriftstellern aufgeschrieben werden, nur einen anderen Namen. Der Beweis: daß Rilke den Schädel ein „besonderes, gegen einen durchaus weltischen Raum abgeschlossenes Gehäus" nennt und damit einfach die Physiologeneinsicht wiederholt, daß für jenes Gehäus „unser eigner Körper Aussenwelt ist"[244]. Interpreten, die „Weltinnenraum", diesen Verbund von Technik und Physiologie, auf Philosophen hin lesen, bleiben also hinterm Stand der Dinge zurück wie nur noch ihr Totemtier, die sprichwörtlich verspätete Eule.

•

Malte Laurids Brigge

142 Seiten über Aphasieforschung und Phonographen, Psychoanalyse und Paranoia sind vielleicht nicht vergeudet, wenn sie es zum erstenmal möglich machen, *Die Aufzeichnungen des Malte Laurids Brigge* zu buchstabieren und nicht bloß zu verstehen.

Das Buchstabieren in den *Aufzeichnungen* übernehmen bekanntlich Psychiater (während Philosophen gar nicht vorkommen). Ärzte

---

[243] RILKE, 1919/1955–66: VI 1090–92.
[244] SACHS, 1905: 4.

der Salpêtrière sind es, die aus *avant* „a-v-a-n-t" machen, was Brigge (der Buchtitel verspricht es schon) nur noch aufzuschreiben braucht. Unklar bleibt allein, warum dieser Achtundzwanzigjährige, der die Salpêtrière ja nicht für Arzt-Patient-Begegnungen ausschlachtet[245], aus freien Stücken Psychiater konsultiert, statt bei Anatomievorlesungen und bei der École des Beaux-Arts zu bleiben. Die Antwort: auch Brigge hat wie sein Romancier „an eine psychiatrische Behandlung gedacht, es aber gerade noch rechtzeitig unterlassen".

Er geht in die Salpêtrière, erzählt seinen Fall, wird zur Elektrotherapie einbestellt, ein paar Fragen und Assistenzärzten konfrontiert, ins Wartezimmer zurückgeschickt. Und während Brigge noch auf die versprochenen oder angedrohten Stromstöße wartet, geschieht das diskursive Ereignis: Seine Ohren schnappen ein warm und schwammig lallendes „a-v-a-n-t" auf. Psychophysische Sprachzerhackung wird Geheimcode einer Initiation. Ganz wie die Parole DADA, die ja „Kinderlallen" ist und Leute „an ihre, in Ehren bedreckten Windeln und den Schrei erinnert, der jetzt die Welt beglücken sollte"[246], führt auch „a-v-a-n-t" zum Kurzschluß zwischen Experiment und Ur-Geräusch, Psychophysik und Kindersprache.

> Und da, als es drüben so warm und schwammig lallte: da zum erstenmal seit vielen, vielen Jahren war es wieder da. Das, was mir das erste, tiefe Entsetzen eingejagt hatte, wenn ich als Kind im Fieber lag: das Große. Ja, so hatte ich immer gesagt, wenn sie alle um mein Bett standen und mir den Puls fühlten und mich fragten, was mich erschreckt habe: Das Große. Und wenn sie den Doktor holten und er war da und redete mir zu, so bat ich ihn, er möchte nur machen, daß das Große wegginge, alles andere wäre nichts. Aber er war wie die andern. Er konnte es nicht fortnehmen, obwohl ich damals doch klein war und mir leicht zu helfen gewesen wäre. Und jetzt war es wieder da. (...) Jetzt wuchs es aus mir heraus wie eine Geschwulst, wie ein zweiter Kopf, und war ein Teil von mir, obwohl es doch gar nicht zu mir gehören konnte, weil es so groß war. (...) Das Große schwoll an und wuchs mir vor das Gesicht wie eine warme bläuliche Beule und wuchs mir vor den Mund, und über meinem letzten Auge war schon der Schatten von seinem Rande.[247]

An genau der Stelle oder genau an der Stelle einer psychiatrischen Behandlung, die nicht statthat, weil Brigge in einem Akt das Große und die Salpêtrière flieht, kommt es zur Wiederkehr seiner Kindheit. Die Psychoanalyse gerade noch rechtzeitig unterlassen heißt

---

[245] So CLARÉTIE, 1881, in seinen romanesken *Amours d'un interne*.
[246] HUELSENBECK, 1920/1978: 23. Vgl. auch BALL, T 18. 4. 1916/1946: 88.
[247] RILKE, 1910/1955–66: VI 764 f.

also: ihren Königsweg im Alleingang gehen und infantile Amnesien aufheben. Aber was die Wiederkehr des Verdrängten bringt, sind keine Spiele am Unterleib; es sind die Abfälle eines Entsetzens, das nie zu Wort hat kommen können und für das auch „das Große" noch ein Euphemismus ist. Auftaucht ein Reales, das in keiner Sprache gesagt werden kann, weil die Einweisung in Sprache überhaupt es schon ausfällt. Nicht die artikulierten Bitten, die Brigge als Kind und Achtundzwanzigjähriger seinen Ärzten vorträgt, nur die Urgeräusche jenes Psychiaters sind imstande, es zu beschwören.

Über Delirien und Halluzinationen steht das Gesetz, daß im Realen erscheint, was nicht ans Tageslicht des Symbolischen gedrungen ist. Der delirierende Brigge wird zum Abfall des Abfalls, der aus seinem Kopf quillt. Ein zweiter Kopf, größer als der des Fiebernden, sperrt ihm Augen und Mund. Alles läuft also, als sei Rönnes unmögliche Geste machbar. Das Hirn, diese warme bläuliche Beule, stülpt sich auseinander und um seine Außenwelt herum. Und da nichts und niemand in Sprache bringen kann, was das materiale Substrat von Sprache ist, tritt der Schatten von Neurophysiologie vor Brigges Mund.

An der Stelle dieser Eklipsis entsteht: das Schreiben. „Ich habe etwas getan gegen die Furcht. Ich habe die ganze Nacht gesessen und geschrieben", schreibt Brigge über eben die Furcht, die ihn zu und aus der Salpêtrière treibt.[248] Schreiben besagt demnach: den explodierten Weltinnenraum, die Geschwulst des Hirns zu Papier bringen, statt Explosion oder Geschwulst von zuständigen Wissenschaften behandeln zu lassen. Fortan verbringt Brigge seine Tage lesend in der Bibliothèque nationale und seine Nächte schreibend im sechsten Stock. Rilke teilt Gebsattel mit, daß man ohne Couch nicht leben kann, aber „lesen und schreiben und aushalten"[249]; Brigge entkoppelt sein Schreiben von Mündlichkeit und Kommunikation: Er zeichnet auf, was ihm den Mund schließt, und wenn er Briefe schreibt, gehen sie nicht zur Post. Keine Rede also mehr davon, daß es ein Leben in der Poesie gäbe, gleichzeitig in Dresden und Atlantis, auf dem Papier und in Liebesvereinigungen. Das Medium Schrift kehrt seine Kälte hervor; es ist Archivieren und sonst nichts. Deshalb kann es das Leben nicht ersetzen, darstellen, sein, sondern nur erinnern, wiederholen, durcharbeiten. Etwas gegen die Furcht tun heißt sie selber aufschreiben.

Sache des Schreibens sind Nachbarn, die irgendwie ins Gehör geraten, dort auskriechen, in einzelnen Fällen bis ins Gehirn vordringen und verheerend wie Pneumokokken gedeihen. Sache des

---

[248] RILKE, 1910/1955-66: VI 721.
[249] RILKE, B 24. 1. 1912/1933-39: IV 184.

Schreibens sind irre Könige, deren Fleisch von dem Amuletten, die es bedecken, und den Würmern, die es zerfressen, ununterscheidbar wird. Sache des Schreibens sind Tote, die haufenweise auf Schlachtfeldern liegen, ineinandergewunden wie ein ungeheures Gehirn; sind Sterbende, denen alle vereinbarten Bedeutungen schwinden und statt dessen ein großes Geschwür im Hirn aufgeht – wie eine Sonne, die ihnen die Welt verwandelt.
Es gibt also nur eine Sache des Schreibens: hirnphysiologischen Urbrei. Was Freud interessiert, ist bekanntlich seine Gliederung; was Brigge interessiert, die Aufzeichnung selber.

> Besser vielleicht, du wärest in der Dunkelheit geblieben und dein unabgegrenztes Herz hätte versucht, all des Ununterscheidbaren schweres Herz zu sein. (...)
> O Nacht ohne Gegenstände. O stumpfes Fenster hinaus, o sorgsam verschlossene Türen; Einrichtungen von alters her, übernommen, beglaubigt, nie ganz verstanden. O Stille im Stiegenhaus, Stille aus den Nebenzimmern, Stille hoch oben an der Decke. O Mutter: o du Einzige, die alle diese Stille verstellt hat, einst in der Kindheit (...) Du zündest ein Licht an, und schon das Geräusch bist du. Und du hältst es vor dich und sagst: ich bin es, erschrick nicht.[250]

Daß Artikulation ist und nicht vielmehr nicht, wird zum Rätsel eines Schreibens, das selber unvermeidlich artikuliert. Weil Brigge (anders als Freud) die Standards seines Mediums nicht zu Normen des Realen erhebt, bleibt offen, ob sie „besser" sind als Urbrei. So aber korreliert seine schlichte Beschreibung allen psychophysischen Befunden.

> Falsch ist (...) die Voraussetzung, daß ursprünglich (sobald die Sinnesorgane funktionieren) lauter Einzelempfindungen da wären, aus welchen sich dann sekundär Empfindungsverknüpfungen herstellten. (...) Vielmehr ist der Urzustand als eine ganz diffuse Gesamtsensibilität zu denken. So wie wir, wenn wir etwa mit geschlossenen Augen träumend auf dem Sofa liegen, von der Helligkeit, die durch unsere Augenlider dringt, dem fernen Geräusch auf der Straße, dem Druck der Kleider, der Temperatur des Zimmers nichts einzeln merken, sondern alles in unseren Gesamtempfindungszustand einschmelzen, so – nur noch viel vager und dumpfer – müssen wir zunächst die Sensibilität des kleinen Kindes denken. Ehe wir also untersuchen, wie sich einzelne Empfindungen assoziieren, müssen wir zuvor fragen, wie denn das Kind überhaupt dazu komme, aus diesem wirren Gesamtzustand ein Einzelphänomen (...) zu isolieren.[251]

---

[250] Rilke, 1910/1955–66: VI 776–778.
[251] Stern, 1914: 58 f. Vgl. auch die frühkindlichen „Heniden" bei Weininger, 1903/1920: 121 f.

Zuvorkommend wie immer, ist Ebbinghaus auf diese Fragestellung seines Kollegen Stern eingegangen und hat das kindliche Isolieren selber isoliert.

Ein ganz junges Kind blicke von einer bestimmten Stelle aus in ein bestimmtes Zimmer. Es empfängt davon einen wenig gegliederten, diffusen Eindruck. Nun werde es von der Mutter in seinem Wagen in ein benachbartes Zimmer geschoben; in der Hauptsache tritt dann ein anderer Gesamteindruck an die Stelle des ersten. Aber die Mutter und der Wagen sind doch dieselben geblieben. Die von ihnen ausgehenden optischen Reize finden also die ihnen mögliche materielle und seelische Wirkung bereits etwas vorbereitet, außerdem fördern sie sich wechselseitig durch assoziative Unterstützung; den übrigen, abgeänderten Teilreizen fehlt diese zwiefache Begünstigung. (...) Der vom Anblick (der Mutter) herrührende Eindruck kommt damit einerseits immer leichter zustande, andrerseits reißt er sich immer mehr los von den verschiedenen diffusen Hintergründen, in denen er ursprünglich aufging: die Anschauung der Mutter wird ein immer selbständigeres Glied des jeweiligen Gesamteindrucks.[252]

Wenn man das frühkindliche Isolieren also streng genug isoliert, ist es gar nicht mehr das des Kindes. Die Konstruktion artikulierter Umwelten läuft über erste Bezugspersonen. Was Ebbinghaus beschreibt, fällt schlechthin zusammen mit dem, was Brigge Verstellen des Ununterscheidbaren nennt. Die *Aufzeichnungen* oder auch die *Recherche du temps perdu,* als mystisch oder ödipal verschrieen, wenn sie Kindheit und Mutter beschwören, erfragen nur den um 1900 elementaren Bezug zwischen Einzelheit und Hintergrund, Zeichen und Urbrei, Sprache und Urgeräusch. Und darauf kann die Antwort immer nur lauten, daß diskrete Zeichen aus schierer Iteration entstehen. Die Mutter (bei Ebbinghaus) muß wiederkommen, um von diffusen Hintergründen abgehoben zu werden; die Mutter (bei Brigge) muß sagen „ich bin es: erschrick nicht". Denn hinter allen Identitäten und Selektionen lauert das unaufhörliche Reich der Dunkelheit.

„Wir wissen nicht, was aus der Phantasie würde ohne die Dunkelheit, ihre grosse Schule"[253], heißt es in der ersten empirischkinderpsychologischen *Untersuchung über die Furcht.* Elf Jahre vor den *Aufzeichnungen* archivieren Stanley Halls Fallgeschichten schon sämtliche Kinderschrecken Brigges: neben Spiegeln, Nadeln, Masken also auch den Augenblick, dem Malte wie Marcel die Schlüsselrolle zuschreiben.

W(eiblich), 18 (Jahre). Das grosse Gespenst ihrer ganzen Jugendzeit war die Furcht vor dem Augenblick, in welchem ihr die Mut-

---

[252] EBBINGHAUS, 1905-13: II 15.
[253] HALL, 1899/1902: 380.

ter den Nachtkuss gab und sie dann in der Dunkelheit allein liess: sie lag starr und steif da, hielt ihren Atem an, um mit offenem Munde zu lauschen, versteckte sich unter der Haube, mit welcher ihr Kopf immer bedeckt werden musste, bildete sich Gestalten ein, die sich über sie beugten, erwachte oft mit Herzklopfen und einem Gefühl, aus der Luft herauszufallen oder zu fliegen, und zitterte stundenlang.[254]

Daß Ranks Inzest-Buch den entsprechenden Schrecken Brigges und einzig ihn herauspickt, um einen Ödipus mehr dingfest zu machen[255], verrät also nur die Konkurrenz zwischen Literatur und Psychoanalyse. Im Aufschreibesystem 1900 hören Kinderschrecken nicht auf, sich aufzuschreiben. Die Psychophysik gibt theoretisch und statistisch den Rahmen vor; Psychoanalyse und Literatur verschriften passende Einzelfälle, bis das System geschlossen ist. Darum hat keiner der drei Diskurse an den zwei anderen feste Referenzen; es gibt nur ihrer aller Vernetzung.

Das Objekt oder Abjekt aber, das im Netz gefangen wird, heißt Kind. Keinen der drei Diskurse kümmert es mehr, was Mütter tun und sagen, welche Liebe oder Bildung sie Kindern einflößen. Statt Minimalsignifikaten einer ersten Liebe zählen einzig erste Signifikanten auf dem Hintergrund von Ununterscheidbarkeit. Das Archivieren frühester Zeichen, seien sie auch so vage wie „das Große" oder gelallt wie das „o-o-o/da" bzw. „fort-da" eines Freud-Enkels[256], wird zur gemeinsamen Aufgabe. Schon Iteration und Opposition minimaler Signifikanten reichen hin, um ein System zu bilden. Und Systeme sind zum Aufschreiben da.

Es gibt einen Winterabend, an dem der kleine Brigge zeichnet. Ein roter Bleistift rollt vom Tischrand und auf den Teppich. Das Kind, „eingestellt auf die Helligkeit da oben und noch ganz begeistert für die Farben auf dem weißen Papier", kann ihn im „Schwarzen" nicht wiederfinden: *da/fort*. Es sieht statt dessen die eigenen suchenden Hände wie fremde blinde Wesen. Über diese Depersonalisation sind viele Seiten geschrieben, nur nicht über den Bleistift, das Papier und die Schwärze, diese drei notwendigen und hinreichenden Bedingungen eines Mediums, dem Interpretationen selber zurechnen. Und dabei kehrt der Bleistift, als stamme er von *Jenseits des Lustprinzips*, Jahre später noch einmal wieder, nur um sich als Zeichen eines Zeichens zu bezeichnen. Eine kleine graue Frau dreht ihn unendlich langsam in schlechten Händen, bis Brigge erkennt, „daß das ein Zeichen war, ein Zei-

---

[254] HALL, 1899/1902: 376, vgl. dazu M. PROUST, 1913–27/1954: I 34–43.
[255] Vgl. RANK, 1912: 671 f.
[256] FREUD, 1920/1946–68: XIII 12.

chen für Eingeweihte", und „tatsächlich eine gewisse Verabredung" mit der Frau ahnt.[257] Bleistifte werden hergestellt, um Zeichen zu machen, nicht um Zeichen zu sein. Aber unter Brigges Augen transponiert jene Frau ein Schreibzeug in Bewandtniszusammenhänge, die den literarisch-alphabetischen Code durchkreuzen.[258] Der Bleistift, einst im zeichenlosen Schwarz des Teppichdschungels verschwunden, kehrt wie „das Große" wieder, um Schrift überhaupt auf einen Code unter anderen zu reduzieren. Gerade daß er „alt", wenn nicht Abfall ist, macht ihn signifikant. Zeitungen in den *Aufzeichnungen* verkauft ein Blinder, der sie also nicht lesen kann.[259] Schreibzeug fällt dem Mißbrauch zeichengebender Analphabeten anheim. So läuft es in einem Aufschreibesystem, das Kulturtechniken an ihren Defiziten und Einzelheiten an ihrem Abnutzungsgrad mißt. Nicht die hübschen Bilder zählen, die Brigges Bleistift vor seinem Verschwinden unterm Blick einer lesenden Erzieherin hergestellt hat; sie sind ja nur Basedow-Rosinen der Alphabetisierungsgewalt. Was zählt und mithin zu Papier kommt, sind die analphabetischen Abenteuer mit Schreibzeug und Papier. Freuds Patient mit der *m/n*-Verwechslung könnte ein Lied davon singen.

Das Aufschreibesystem von 1800 hat archiviert, wie Kinder ein ihnen eingefleischtes Alphabet selbsttätig reproduzierten. Andere Kinder mit anderen Lüsten/Ängsten ignorierte es gar nicht erst. Das Aufschreibesystem von 1900 trennt die pädagogische Rückkopplungsschleife auf und schreibt Kindern vor, ihren Analphabetismus selber aufzuschreiben. Eine paradoxe und unmögliche Rolle, die denn auch nur im Simulakrum besetzt werden kann.

Schreibende Analphabeten

Brigge füllt Seiten über einen alten Bleistift, die Kunsterziehung ganze Aufsätze über *Die verrostete Schreibfeder.* Vor drei Wochen noch mit 144 völlig gleichen Federn in industrielle Schachteln verpackt, ist sie am Ende „zu nichts mehr nütze", als im Papierkorb zu landen. Aber weil erst Abnutzung singularisiert, wird gerade die unbrauchbare Schreibfeder zur Sache eines Schreibers. Sein offiziöser Name: das fröhliche Kind; sein empirischer: Hein-

---

[257] RILKE, 1910/1955–66: VI 794 und 744.
[258] Genau solche Fälle diagnostizieren auch zeitgenössische Psychiater: „Bei Läsionen weiter nach hinten bezw. unten gelegene(r) Punkte des Schläfenlappens ist der Patient unfähig, gesehene Objecte mit den richtigen Namen zu belegen – ‚o p t i s c h e A p h a s i e'. Und – was besonders wichtig – mit dieser optischen Aphasie verbindet sich gelegentlich (meist bei doppelseitigen Herden) auch die Unfähigkeit, richtig gesehene Gegenstände ihrem Gebrauchswerte nach richtig zu beurteilen; z. B. wird eine Stearinkerze als Zahnbürste gebraucht, ein Bleistift als Messer zum Cigarrenabschneiden u. dgl. m. (A g n o s i e.)" (FLECHSIG, 1897: 63)
[259] Vgl. dazu BRADLEY, 1980: 52.

rich Scharrelmann – ein Volksschullehrer, der an der Stelle nicht schreibender Federn und Schüler über *Fröhliche Kinder* schreibt.[260] Und wie im Kleinen, so im Großen. Zum Weimarer Kunsterziehungstag, der vom 9. bis 11. Oktober 1903 deutsche Sprache und Literatur verhandelt, sind außer vierunddreißig Erziehungsbeamten auch Laien geladen. Einer der Nichtlehrer, Dr. Heinrich Hart, macht zu Redebeginn erst einmal seinen Status klar.

> Als Freund Cäsar Flaischlen mit dem Ersuchen an mich herantrat, auf dem Kunsterziehungstage über die Auswahl der Dichtung für die Schule zu sprechen, – da überlief mich ein gelinder Schrecken. Wie käme ich zu der Anmaßung, in Schuldingen mitzureden! Ich habe nie – zu meiner Schande muß ich es gestehen – auf dem Katheder gestanden, und das Erziehertalent, über das ich verfüge, reicht eben dazu hin, mich selbst zu erziehen. *(Heiterkeit.)* Schon wollte ich ablehnen, da fiel mir ein, in einer Hinsicht hast du ja doch ein Verhältnis zur Schule gehabt, wie wär's, wenn du dich der Versammlung erlauchter Kunsterzieher nicht als Kollege, sondern als Schüler vorstellst. (...)
> Es ist kein begeisternder Hochklang, den die Verbindung der Worte: ,,Erziehung, Schule, Dichtung'' in meiner armen Schülerseele auslöst. Ich will nicht näher darauf eingehen, was ich in den Lehrjahren, in denen man mir Poesie beibrachte, einflößte, eintrichterte, gelitten und ausgestanden habe. ,,Ihr Mitleid will ich nicht.'' Ich will nur das eine sagen, daß ich eine Zeitlang Poesie in eine Rubrik gestellt habe, verzeihen Sie, mit Lebertran und Medizin.[261]

Mit dieser bitteren Pille für Erziehungsbeamte ergreift das Wort: der Schüler. Aber was im Aufschreibesystem von 1800 Skandal gemacht hätte, erregt vor Kunsterziehern nur noch herzliche Heiterkeit. Der mythische Schüler darf aussprechen, daß Medizin die dunkle Rückseite von Pädagogik ist. Er darf aussprechen, weder gebildet noch bildend zu sein, einfach weil ihn die höchste Alphabetisierung (das Dichterlesen) nicht erreicht hat. Statt dessen ist Dr. Heinrich Hart (das Tagungsrednerverzeichnis weist es aus) ,,Schriftsteller'' geworden. Seit Nietzsche setzt die Laufbahn von Wortemachern ja voraus, nicht lesen zu können. Und wer bei schulischer Horazlektüre ,,noch jetzt im Schlafe Alpdrücken fühlt''[262], ist zudem ein wandelndes Archiv für Kinderschrecken, wie die Wissenschaften vom Unsinn es brauchen. ,,Die Analysierung des Schülermaterials'', heißt es in einer Umfrage, die ,,namhafte Zeitgenossen'' auf ihre *Schülerjahre* hin interviewt, ,,ist eine nicht genug zu betonende Forderung''[263]. Und siehe an: die bittersten

---

[260] Vgl. SCHARRELMANN, 1906: 139–143.
[261] HART, 1904: 122 f.
[262] HART, 1904: 126.
[263] GRAF, 1912: 7.

und höhnischsten Items in diesem Material stammen von „Dichtern und Schriftstellern"[264]. Unter Leuten, denen die Sprache gegeben ist, gehört es 1912 eben zum guten Ton, „die Jugend- und Schülertragödien, die in einigen feinen Erzählungen jener Zeit gezeigt waren, als beinahe selbstverständlich und verbindlich anzusehen"[265].

Und das ist nur logisch in einem Aufschreibesystem, das die unmögliche Rolle des schreibenden Analphabeten zu besetzen hat. Also beauftragt es Schriftsteller, den Schüler oder Irren zu simulieren. Kinder, die auf der Suche nach verlorenen Bleistiften die eigene Hand verkennen, delirieren ja nicht weniger als Kinder, denen Horazlektüre noch nach Jahrzehnten Alpträume macht. Und wenn Kunsterziehungstage, um ihre Reformpläne sämtlich der „armen Schülerseele" abzulauschen, Schriftsteller auf die Rednerliste setzen, empfängt das Simulakrum von Wahnsinn auch offiziöse Weihen. Ellen Keys „Schule der Zukunft", wo über Lehrer und Lehrpläne vor allen anderen die Analphabeten „ihr Urteil aussprechen"[266], fängt an.

Aber der tragisch einsame Dichter ist nun einmal das Blendwerk, dem Interpreten am liebsten nachhängen. Die systemimmanente Funktion von Literatur überliest man. Bestenfalls als ‚Leiden an der Gesellschaft' werden Texte verbucht, die auf Bestellung einer neuen Pädagogik geschrieben sind.

Der Held von Meyrinks *Golem* „wiederholt" Wörter so lange und so „krampfhaft, bis sie plötzlich als sinnlose, schreckhafte Laute aus barbarischer Vorzeit nackt gegenüberstehen" – vor allen anderen selbstredend das Wort „B-u-c-h". Sein großer Plan ist es, „in der Fibel das Alphabet in verkehrter Folge von Z bis A (vorzunehmen), um dort anzulangen, wo (er) in der Schule zu lernen begonnen" hat.[267] A wie Affe – genau das ist aber der Nullpunkt, an dem Kafkas *Bericht für eine Akademie* startet. Der Sprung aus einer sprachlosen und analphabetischen Affenwahrheit zum Alphabetismus des Berichts selber wird einzige Sache eines Schreibens, das Spracherwerb mit Grammophongedudel und Alkoholismus kurzschließt.[268] Eintrichterungen wie bei Hart also, aus deren Ana-

---

[264] Vgl. etwa BAHR, BETHKE, KERR, SPITTELER, in GRAF, 1912: 181 f., 201, 256. Zum Ganzen ferner RILKE, 1902/1955–66: V 588.
[265] HEUSS, 1953: 67.
[266] KEY, 1902: 299.
[267] MEYRINK, 1915: 180 und 94.
[268] Vgl. KAFKA, 1919a/1946a: 193. Wenn der Affe Rotpeter seinen „Sprung in die Menschengemeinschaft" beim Spiel „eines Grammophons" und mit dem Ausruf „‚Hallo!'" tätigt, zitiert er ja nur den Neologismus, den Edison im Sommer 1877 dem Prototypen seines Phonographen vorgeschrieen hat (vgl. CLARK, 1977/1981: 72, und W. KITTLER, 1987: 391 f.).

lyse künftige Akademien und Kulturisationskampagnen nur lernen können.

Literarische Texte um 1900 zeichnen auf, wie eine alphabetische Kultur vom analphabetischen Außen her zu definieren wäre. Auch Brigges *Aufzeichnungen* sind (um im Bild zu bleiben) mit dem verschwundenen Kinderbleistift geschrieben. „Die unendliche Realität" eines Kindseins, von dem feststeht, „daß es nie aufhören würde", bestimmt jeden Satz über Lesen und Schreiben. Brigge hört nicht auf, aufzuschreiben, daß Agraphie und Alexie nicht aufhören.

> Man tut gut, gewisse Dinge, die sich nicht mehr ändern werden, einfach festzustellen, ohne die Tatsachen zu bedauern oder auch nur zu beurteilen. So ist mir klar geworden, daß ich nie ein richtiger Leser war. In der Kindheit kam mir das Lesen vor wie ein Beruf, den man auf sich nehmen würde, später einmal, wenn alle die Berufe kamen, einer nach dem andern. (...)
> An den Anfang solcher Veränderungen verlegte ich auch das Lesen. Dann würde man mit Büchern umgehen wie mit Bekannten, es würde Zeit dafür sein, eine bestimmte, gleichmäßig und gefällig vergehende Zeit, gerade so viel, als einem eben paßte. (...) Daß sich einem aber das Haar verbog und verwirrte, als ob man darauf gelegen hätte, daß man glühende Ohren bekam und Hände kalt wie Metall, daß eine lange Kerze neben einem herunterbrannte und in den Leuchter hinein, das würde dann, Gott sei Dank, völlig ausgeschlossen sein. (...)
> Was ich später so oft empfunden habe, das ahnte ich damals irgendwie voraus: daß man nicht das Recht hatte, ein Buch aufzuschlagen, wenn man sich nicht verpflichtete, alle zu lesen. Mit jeder Zeile brach man die Welt an. Vor den Büchern war sie heil und vielleicht wieder ganz dahinter. Wie aber sollte ich, der nicht lesen konnte, es mit allen aufnehmen?[269]

Wenn Alphabetisiertsein heißt, unüberschaubare Buchstaben- und Büchermengen ins Miniaturmodell Sinn übersetzen zu können, dann ist und bleibt es eine Norm der anderen, jenseits von Brigge wie nur das Jenseits. Ein historisches System hebt ab von der Erde, um in Schönheit und Nichtigkeit zu zergehen.[270] Im Diesseits, dem Brigge treu bleibt, gibt es nur Körper, glühende Ohren und kalte Hände. Sie können entweder gar nicht lesen oder sind, wenn sie in der Bibliothèque nationale sitzen, ganz wunderliche Körper, ohne Augen und Ohren und mit dem „Haar eines Schlafenden". Alles läuft also, als wären professionelle Leser analphabetischer noch als ein Kind, das wenigstens ans Blendwerk künftigen Lesenkönnens glaubt. Während die Bibliotheksbesucher – zum er-

---

[269] RILKE, 1910/1955-66: VI 891-893.
[270] Vgl. RILKE, 1910/1955-66: VI 928 f.

stenmal in der Geschichte des deutschen Schrifttums von außen beschrieben – zwar etwas gelernt haben, aber um den Preis ihres Verschwindens. „Man spürt sie nicht. Sie sind in den Büchern."[271] Von 1799 stammt die Mahnung, alle Lektüre in der „Werkstätte unseres Innern" vorzunehmen und über dem Gelesenen nicht uns selber „aus dem Gesichte zu verliehren". Andernfalls würden wir „der Besonnenheit verlustig gehen, und durch Zerstreuung in Wahnsinn verfallen"[272]. 1910 ist es ganz gleich, ob einer lesen kann oder nicht: der Wahnsinn hat ihn allemal. Einfach weil es keine Synthesefunktion gibt, die unabgezählte Datenmengen auf Sinn hin selektieren könnte, wachsen die Bücher den Leuten über den Kopf. Laut Brigge wäre Lektüre ja nur möglich und statthaft, wenn sie es mit allen Büchern aufnehmen könnte. So macht auch beim Lesen die transzendentale Apperzeption einer unmöglichen Exhaustion Platz.

Von 1803 stammt die Versicherung, daß der nicht gestörte Geist

> jeden Stoff, der ihm gegeben wird, seiner Organisation gemäss verarbeitet, und überall Einheit in das Mannichfaltige zu bringen sucht. Er wickelt im Selbstbewusstseyn den unermesslichen Faden der Zeit in einem Knäul zusammen, reproducirt abgestorbne Jahrhunderte und fasst die ins Unendliche ausgestreckten Glieder des Raums, Bergketten, Flüsse, Wälder und die am Firmament hingestreuten Sterne in das Miniaturgemählde einer Vorstellung auf.[273]

Schöner sind die poetischen Filmdrehbücher von 1800 und ihre Gabe, Zeit und Raum zu raffen, nicht zu beschreiben. Gebildeten Schreiber/Lesern schwanden die Räume, bis eine Welt ins Kästchen der *Neuen Melusine* paßte oder die ganze Erde im poetischen Flugtraum „nur wie eine goldene Schüssel mit dem saubersten Schnitzwerk aussah". Gebildeten Schreiber/Lesern schwanden die Zeiten, bis „die weitesten Geschichten in kleine glänzende Minuten zusammengezogen" waren[274] oder der unermeßliche Faden des eigenen Lebens im Knäul eines flüchtig durchblätterten Proven-

---

[271] RILKE, 1910/1955–66: VI 741. Damit objektiviert Brigge nur, was zeitgenössische Experimentalpsychologen (ebenfalls am Beispiel Lesen) als Selektion aller Aufmerksamkeit beschreiben: „While the attented impression becomes more vivid, all the other impressions become less vivid, less clear, less distinct, less detailed. They fade away. We no longer notice them. They have no hold on our mind, they disappear. If we are fully absorbed in our book, we do not hear at all what is said around us and we do not see the room; we forget everything. Our attention to the page of the book brings with it our lack of attention to everything else." (MÜNSTERBERG, 1916/1970: 36)

[272] BERGK, 1799: 339.

[273] REIL, 1803: 55.

[274] HARDENBERG, 1802a/1960–88: I 202 und 325. Laut Goethe ist „wahre Poesie" überhaupt eine „Vogelperspektive" auf die Erde. (GOETHE, 1811–14/1904–05: XXIV 161).

zalen-Buchs zusammenkam. Unterm Gesetz der Exhaustion werden solche Wunder unmöglich. Sicher können technische Geräte die Zeiten und Räume mehr denn je dehnen oder raffen. Aber ein Gerät ist kein Geist und bringt in Streuungen keine Einheit. Den Leuten hilft es nicht. Sie in ihrer leibhaften Vergeßlichkeit, ihrer Agraphie und Alexie müssen serielle Daten (um einmal mehr die treffende Sprache der Nachrichtentechnik zu sprechen) in Real Time Analysis verarbeiten.

Echtzeitanalyse und Unvorstellbarkeit

Eine Echtzeitanalyse erfahren die vierundzwanzig Stunden im Leben Leopold Blooms. Eine Echtzeitanalyse droht *Die Suche nach der verlorenen Zeit* zu werden. Nur eine Echtzeitanalyse kann die Kindheit (rilkisch) ,,leisten''. Aber die Regel *Erinnern, Wiederholen und Durcharbeiten* beherrscht nicht nur Biographien und Psychoanalysen. Ohne ,,Auswahl und Ablehnung''[275], ohne Selektion also präsentifizieren Brigges *Aufzeichnungen* auch das, was jede Hermeneutik umgangen hat: Macht. ,,Alles, was sich an Qual und Grauen begeben hat auf den Richtplätzen, in den Folterstuben, den Tollhäusern, den Operationssälen, unter den Brückenbögen im Nachherbst: alles das ist von einer zähen Unvergänglichkeit, alles das besteht auf sich und hängt (...) an seiner schrecklichen Wirklichkeit. Die Menschen möchten vieles davon vergessen dürfen; ihr Schlaf feilt sanft über solche Furchen im Gehirn.'' Aber wie ,,Träume die Zeichnung nachziehen''[276], so auch die *Aufzeichnungen*. Sie geben, heißt das, mit Willen und Absicht keine Miniaturgemälde, wie Reil sie sehr richtig im Geist der deutschen Klassik erkannte, sondern eben Echtzeitanalysen von Hirnengrammen. Ein Verfahren so ,,verhängnisvoll'' wie nur vorgutenbergische Techniken. Denn was einen wahnsinnigen König von Frankreich an den Passionsspielen des Spätmittelalters bestürzte und entzückte, lag darin, ,,daß sie sich immerfort ergänzten und erweiterten und zu Zehntausenden von Versen anwuchsen, so daß die Zeit in ihnen schließlich die wirkliche war; etwa so, als machte man einen Globus im Maßstab der Erde.''[277]

Ein Globus im Maßstab 1:1 – schönere Denkmäler kann Brigge seinem Beschreibungsverfahren gar nicht setzen. Er muß nur darauf achten, daß es nicht eine Ausnahme erfährt, und sei sie so geringfügig wie der Schreibakt selbst. Aber auch als Achtundzwanzigjähriger ist Brigge, wenn er Baudelaire oder Hiob liest, noch immer nicht recht alphabetisiert. Weil ,,ein aphatisches Individuum nur in Einzelheiten denkt''[278], bleibt sein Umgang mit Texten ein Passionsmysterium.

[275] RILKE, 1910/1955–66: VI 767, vgl. auch LIEPMANN, 1904: 57.
[276] RILKE, 1910/1955–66: VI 776.
[277] RILKE, 1910/1955–66: VI 912, vgl. auch BORGES, 1954/1964–66: III 131 f.
[278] FERRIER, 1876/1879: 322.

Da liegt es vor mir in meiner eigenen Schrift, was ich gebetet habe, Abend für Abend. Ich habe es mir aus den Büchern, in denen ich es fand, abgeschrieben, damit es mir ganz nahe wäre und aus meiner Hand entsprungen wie Eigenes. Und ich will es jetzt noch einmal schreiben, hier vor meinem Tisch kniend will ich es schreiben; denn so habe ich es länger, als wenn ich es lese, und jedes Wort dauert an und hat Zeit zu verhallen.[279]

Auch Brigge mit seinem persönlichen Buch schreibt also, als sei er, trotz Gutenberg und Anselmus, schlichter Kopistenmönch. Aber wenn Lektüre selber Auswahl und Ablehnung ist, darf es auch von Texten nur Modelle im Maßstab 1:1 geben. Im Schreiben selber tritt anstelle von Sinnminiaturen eine Exhaustion, die nicht aufhört, nicht aufzuhören. Denn daß Brigge jene (selbstredend nicht durch Autorennamen verunzierten) Baudelaire- und Hiob-Stellen schon einmal abgeschrieben hat, ist gleich wieder wie nie gewesen. Er muß und ,,will es jetzt noch einmal schreiben'', damit jedes Wort in der Echtzeit seines Niedergeschriebenwerdens wirken kann. ,,Dem Lesen und Buchstabieren ist das Abschreiben dadurch überlegen, dass mit der sensorischen Schrift- und der motorischen Sprachvorstellung unmittelbar die motorische Schriftvorstellung verknüpft ist.''[280] Und so geschieht es. Die *Aufzeichnungen* füllen wirklich zwei Seiten mit fremden Texten, die Brigge nach seiner Abschrift, der Herausgeber Rilke nach dieser Abschriftsabschrift und die Druckerpresse nochmals oder unzählige Male abschreibt (wobei Baudelaires Französisch selbstredend unübersetzt bleibt).

Wie steigern wir die Leistungen im Deutschen? fragt im Erscheinungsjahr der *Aufzeichnungen* ein Kunsterzieher. Seine Antwort: durch ,,Aufschreibübungen''[281], diese psychophysisch so streng isolierte Subroutine. Unterm Druck der Medienkonkurrenz wird Schreiben wieder, wie vor der allgemeinen Alphabetisierung, professionelle Spezialität. Ineins damit hört es auf, untrennbar und automatisch mit Lesen gekoppelt zu sein. Weil Schreiben und nur Schreiben manuelle Künste verlangt, ersetzt bei E-Literaten die Abschrift das Lesen. Damit wird Textumgang jene *Einbahnstraße*, an deren Abzweigung der kunstschulerzogene Walter Benjamin das despotische Verkehrszeichen des Signifikanten erkannt hat. Daß ,,der Leser der Bewegung seines Ich im freien Luftraum der Träumerei gehorcht'', während ,,der Abschreiber sie kommandieren'' läßt[282], ist aus Brigges *Aufzeichnungen* wie abgeschrieben.

---

[279] RILKE, 1910/1955–66: VI 756 f.
[280] LAY, 1897: 176.
[281] R. LANGE, 1910: 61–63, vgl. auch SCHARRELMANN, 1906: 89.
[282] BENJAMIN, 1928b/1972–89: IV 1, 90.

Das Aufschreibesystem von 1900 widerruft die Freiheit schreibender Einbildungskraft. Niemand, der fortan Federn führt, vom Schulkind bis zum Schriftsteller, ist besser gestellt als jene Maschinenschreiberinnen, die bei jedem „Handgriffe" „gegebene Instruktionen b u c h s t ä b l i c h b e f o l g e n, d. h. n i c h t s w e i t e r t h u n, als was sie anordnen"'[283]. Übungen im Aufschreiben und Abschreiben haben Methode. Das Zeitalter der Ingenieure verlangt technisch exakte Reproduktionen technischer Abläufe.

Der Vater Brigges hat testamentarisch verfügt, daß Ärzte an seinem Leichnam den Herzstich ausführen sollen. Der Sohn rechtfertigt, warum er den Anblick dieser Schreckensszene nicht flieht, sondern im Gegenteil als literarischer Augenzeuge reproduziert.

> Nein, nein, vorstellen kann man sich nichts auf der Welt, nicht das Geringste. Es ist alles aus so vielen einzigen Einzelheiten zusammengesetzt, die sich nicht absehen lassen. Im Einbilden geht man über sie weg und merkt nicht, daß sie fehlen, schnell wie man ist. Die Wirklichkeiten aber sind langsam und unbeschreiblich ausführlich.[284]

Sätze, die ihre Einsicht auch gleich praktizieren. Sie selber sind keiner Einbildungskraft verdankt, sondern aus kunstpädagogischer Praxis abgeschrieben. Jahre vor Brigge schon hat Scharrelmann eine grundsätzliche Unvorstellbarkeit statuiert.

> Es ist unglaublich, wie wenig wir Erwachsenen sehen, wie ungenau wir die Dinge um uns herum anschauen. (...)
> Wie viele Fahrräder sieht der Großstadtbewohner täglich an sich vorüber jagen. Wenn man nicht selbst Besitzer eines Fahrrades ist und infolge dessen die Teile genau kennt, versuche man einmal, ein Fahrrad zu zeichnen. Die unglaublichsten Skizzen werden entstehen, weil das Gedächtnis den Zeichner im Stiche läßt und er nicht weiß, an welchem Rade die Tretkurbel sitzt, ob die Kette nach dem Vorder- oder dem Hinterrade führt, wo sich der Sattel befindet usw. Man braucht nur irgend einen ganz alltäglichen Gegenstand in Gedanken zu zeichnen versuchen und man wird über die Dürftigkeit und Ungenauigkeit der Vorstellungen, die man von dem Gegenstande hatte, erschrocken sein.[285]

Man braucht Herzstich und Fahrrad, die zwei Beispiele literarischer und pädagogischer Praxis, nur parallel zu lesen, um festzustellen, daß sie keine Beispiele sind. Schreiben um 1900 geht mit Notwendigkeit auf Operationen und Apparate, die zwei einzigen Zugänge zum Realen. Und von Realem kann es tatsächlich keine Miniaturgemälde geben, wie Innerlichkeit sie geliebt und Einbildungs-

---

[283] BURGHAGEN, 1898: 211, vgl. dazu KEY, 1905: 38.
[284] RILKE, 1910/1955–66: VI 854, vgl. auch 802.
[285] SCHARRELMANN, 1906: 71.

kraft sie hervorgebracht hat. Sachverhalte, die „aus vielen einzigen Einzelheiten zusammengesetzt" sind, entgehen jeder Hermeneutik; sie müssen angeschrieben und abgezählt werden. Der Grund liegt auf der Hand: es gibt sie nur als konstruierte. Programme, Pläne, Zahlen sind dazu da, Reales zu verziffern. Weshalb der Philosoph Alain, in Fortschreibung Scharrelmanns und Brigges, alle Kritik an den Poetologien Kants und Hegels auf die trockene Formel bringt, die Säulen eines eingebildeten Pantheons könne man nicht zählen.[286]

Die grundsätzliche Unvorstellbarkeit von Realem erzwingt Autopsien, die seine diskreten Elemente eins nach dem anderen verzeichnen. Genau das tut Brigge, wenn er alle ärztlichen Eingriffe am Leichnam seines Vaters aufzählt. Genau das tut Brigge aber auch in Paris, wenn er (unter Umgehung des Pantheons) abgerissene Häuser, blinde Zeitungsverkäufer, Krankenhauswartezimmer und Moribunde zur Sache eines Schreibens macht, das exhaustiv wie die Medien vorgeht. Dichter, die das Ungefähre hassen, gehören allemal in eine Kultur von Ingenieuren und Ärzten. Noch abgerissene Häuser rechnen zur Technik, noch hoffnungslose Fälle zur Medizin. Der Schriftsteller – und darum tritt abgerissenes Gemäuer anstelle der Ruhmestempel – ist nur einer, dessen Lust Abfallverwertung heißt. Während die Ingenieure und Ärzte Einzelheiten machen, die funktionieren, „macht" Brigges Schreiben genau umgekehrt den zufälligen und singulären Zeitungsverkäufer, „wie man einen Toten macht"[287]. An der Logik des Konstruierens ändert das nichts.

Selbst dann nicht, wenn die Konstruktion scheinbar im Imaginären bleibt. Vor Scharrelmann und damit lange vor Brigge trainiert Daniel Paul Schreber „in der unendlichen Öde" seiner Tage schon ein „Zeichnen", das darin besteht, Vorstellungen von Landschaften und Frauenbrüsten auch ohne Bleistift und Papier „in so überraschender Naturtreue und Farbenpracht" zu präsentifizieren, daß Schreber „selbst und wohl auch die Strahlen nahezu denselben Eindruck haben": als ob nämlich „die betreffenden Landschaften, da wo ich sie gesehen wissen wollte, auch wirklich vorhanden wären"[288]. Der Einsame auf dem Sonnenstein imaginiert also, aber so präzise, daß Einbildungskraft es ausnahmsweise mit der Physiologie aufnehmen kann. „Gerade so wie durch Strahlen namentlich in Träumen gewisse Bilder, die man zu sehen wünscht, auf mein Nervensystem geworfen werden, bin ich umgekehrt in der Lage, den Strahlen meinerseits Bilder vorzuführen, deren Ein-

---

[286] Vgl. ALAIN, 1920/1958: XXX.
[287] RILKE, 1910/1955–66: VI 800.
[288] SCHREBER, 1903/1973: 254.

druck ich diesen zu verschaffen beabsichtige." Nichts, schlechthin nichts unterscheidet derart beeindruckte Nervenstrahlen und jenen Engel, dem Rilke seit den *Duineser Elegien* die Einfachheiten und Einzelheiten der Erde zeigt. Für unabzählbare Streuungen sind eben nur Medien und Grammophonmarkenengel zuständig. Nur wer nicht mit Nerven oder Engeln verkehrt, muß materiale Reproduktionstechniken entwickeln. Gegen die Ungenauigkeit, die Erwachsene beim Zeichnen von Fahrrädern verraten, übt Scharrelmanns Volksschulklasse die gestische Simulation.

Wenn ich dann fragte: „Wie macht es denn der Scherenschleifer?" dann war gleich eine größere Zahl der Kinder bereit, die Bewegungen des Scherenschleifers wiederzugeben. Aber es wurde nicht nur mit dem Fuße die Bewegung des Tretens nachgeahmt und mit den Händen das Halten des Messers, sondern auch der krumme Rücken, der vornübergebeugte Kopf, die hin und her die Schneide prüfenden Augen, das Abwischen des Staubes usw. usw., alles wurde so naturalistisch, gewissenhaft und drastisch vorgemacht, daß ich auf das Höchste erstaunt war über die Treffsicherheit der Beobachtungsgabe der Kinder. Und ich selbst habe manchmal durch diese von den Kindern nachgeahmte Tätigkeit der Erwachsenen diese erst richtig sehen und selber genau beobachten gelernt.[289]

Auch das ist eine Methode, die Leistungen im Deutschen zu steigern. An die Stelle von Werkinterpretationen und Besinnungsaufsätzen tritt ein körperliches Reproduzieren technischer Abläufe, das in einem Zug Beobachten und Beschreiben schult: Naturalismus als Volksschulfach. Man braucht also den Scherenschleifer nur – wie es literarischer Abfallverwertung gemäßer ist – mit einem Epileptiker zu vertauschen, um bei der *Schilderung eines sog. Spring-Tics durch Rainer Maria Rilke* zu sein. Wie nämlich ein Psychiater unter diesem Titel nachweist, geben die *Aufzeichnungen* ein klinisch exaktes und mit den Fragestellungen zeitgenössischer Medizin völlig konformes Bild jener Krankheit.[290] Nur geht es nicht um Schilderung eines sogenannten Spring-Tics durch Rainer Maria Rilke, sondern um seine Simulation durch Malte Laurids Brigge. Entscheidend an der seitenlangen Beschreibung ist, daß Brigge dem Irren nachgeht, seine Ängste und Gesten übernimmt und so, aber auch nur so auf ein Reales stößt, das jeder Einfühlung oder Hermeneutik verschlossen bliebe. Wenn aber ein Mann mit Spring-Tic und einer, der ihn so naturalistisch, gewissenhaft und drastisch wie Scharrelmanns Schulklasse ihren Scherenschleifer simuliert, hintereinander über den Boulevard Saint-

---

[289] SCHARRELMANN, 1906: 18.
[290] Vgl. D. MÜLLER, 1958: 272 f.

Michel gehen, läuft wahrlich eine Allegorie durch Paris: der Schriftsteller als Simulant des Wahnsinns. *Die Aufzeichnungen des Malte Laurids Brigge* hießen wohl besser *Denkwürdigkeiten eines Nervenkrankheitssimulanten.* Denn wie die Exhaustionsregel, die über alle Beschreibungen Brigges herrscht, im Schreiben selber wiederkehrt, so auch das Verfahren Simulation. Eine Schlüsselstelle macht unzweideutig klar, daß Brigges Schreibhände ganz wie seine Füße der Spur des Wahnsinns folgen. Nachdem er aufgezeichnet hat, wie im Sterbeaugenblick alle verabredeten Bedeutungen schwinden und Geschwüre im Hirn als Sonne einer neuen Welt aufgehen, beschreibt eine Aufzeichnung sein Aufzeichnen selber.

> Noch eine Weile kann ich das alles aufschreiben und sagen. Aber es wird ein Tag kommen, da meine Hand weit von mir sein wird, und wenn ich sie schreiben heißen werde, wird sie Worte schreiben, die ich nicht meine. Die Zeit der anderen Auslegung wird anbrechen, und es wird kein Wort auf dem anderen bleiben und jeder Sinn wird wie Wolken sich auflösen und wie Wasser niedergehen.[291]

Wer als okkultes Medium das Ende von Hermeneutik und den Sieg okkulter Medien vorhersagt, hat Anspruch darauf, der Hermeneutik nicht wieder zu verfallen. Kein Kommentar also, nur Belege zur „Zeit der anderen Auslegung".

Es gibt im Jahrhundert des Kindes eine Reformbewegung für freies Aufsatzschreiben. Und wenn die Regel von Deutschaufsätzen seit klassisch-romantischen Tagen die Relektüre war – ob nun als Interpretation, die Werke einmal mehr las, oder als Besinnungsaufsatz, der besonnene Schreibhände forderte –, so praktiziert der freie Aufsatz das genaue Gegenteil. Daß der Schüler nichts „wiederliest", wenn sein „Stift über die Tafel fliegt", ist „gerade recht"[292]. „Produzieren heißt die Schaffenskraft mühelos schalten und walten lassen in den Schatzkammern unseres Gehirns."[293] Die Schüler dürfen also schreiben, was ihren Hirnen eingeschrieben ist, nicht was sie meinen, der Lehrer meine, sie müßten es denken. Eine Freiheit, die gar „nicht leicht" beizubringen ist: „Sie meinen immer, ,so etwas' dürften sie nicht schreiben."[294] Der Grund: ein Jahrhundert lang war *Unser Schulaufsatz ein verkappter Schundliterat.* Schüler haben „acht Jahre lang Aufsatzunterricht genossen, Woche für Woche ,gute' Aufsätze geschrieben, jeder Satz ist unter die Lupe genommen, gedrechselt

Freier Aufsatz in der Kunsterziehungsbewegung

---

[291] Rilke, 1910/1955–66: VI 756.
[292] Scharrelmann, 1906: 85.
[293] Scharrelmann, 1904/1920: 44.
[294] R. Lange, 1910: 98.

und zurechtgestutzt worden". Sie haben „Charaktere aus *Tell* sezieren, Abhandlungen über die Tiefseefauna liefern müssen".
Und weil über dem Ganzen eine Logik der Signifikate stand, fiel Aufsätzen „die Aufgabe zu, alle voraufgegangenen Übungen (orthographische, grammatische usw.) zu einem Ganzen zu vereinigen"[295].
Der freie Aufsatz dagegen entkoppelt die einzelnen Subroutinen, deren imaginäre Ganzheit Deutsch geheißen hat. Er ist reines Schreiben: ein Schreiben minus Grammatik, Orthographie, Hochsprachnorm. Das aber kann er nur sein, wenn Relektüre nicht nur bei den Schülern, sondern auch beim Lehrer ausbleibt, wenn es also nicht mehr die Pragmatik von Aufsätzen ist, erst nach der Zensur roter Tintenfässer zurückgegeben zu werden. Denn alle Selbstkontrollen, die „so etwas" zu schreiben verbieten, sind nur das Feedforward eines Diskurses, den der Andere hat. Ungezählte Stimmen um 1900 fordern demgemäß die Abschaffung der roten Striche am Heftrand[296], bis ein Leipziger Volksschullehrer ihnen gar monographisch kommt. Münchs Kampfschrift *Rund ums rote Tintenfaß* korrigiert Aufsatzkorrekturen mit der wohl probatesten Waffe, die Psychophysik gegen die Anmaßungen des Sinns geschmiedet hat.

Diese wunderlichen Zerrgebilde zwischen den Zeilen! Diese häßlichen roten Haken, Nadeln, Krakeln, Krallen, Stacheln, Schlangen...! Und am Rande noch einmal alles gewissenhaft registriert! Sieht dieser Randstreifen wahrhaftig nicht aus wie eine beschmierte Fahne chinesischer Räuberbanden? (...) Stellt einmal ein Heft auf den Kopf, und laßt das Gebilde aus Feuermalen und schwarzer Tinte recht ruhig auf euch wirken: wie in Gesellschaft von Mumien tätowierter Südsee-Insulaner werdet ihr euch fühlen![297]

Zeichentypen zerfallen unter Ethnologenblicken, bis nackte nietzscheanische Einschreibungsgewalt übrig bleibt. Ein Auf-den-Kopf-Stellen, wie es laut Ebbinghaus und Morgenstern gegen Zeitungen und Bilderinhalte hilft[298], bringt auch MÜnchs erziehungsbeamteten Kollegen bei, ihren Ahnherrn Lindhorst schleunigst zu vergessen und statt der Schülerschreibhefte gerade umgekehrt die eigenen Korrekturen wie Krakel und Tintenkleckse zu lesen.

---

[295] MÜNCH, 1909: 3 und 26 f.
[296] Vgl. KEY, 1902: 280; E. STRAUSS, 1902/1925: 115; WOLGAST, 1904: 113; OSTERMAI, 1909: 68f.; R. LANGE, 1910: 103. Historisch dazu H. J. FRANK, 1973: 365–367.
[297] MÜNCH, 1909: 73. Die Möglichkeitsbedingung roter Tintenfässer – nicht anders als Bennscher Rattenhirnexperimente – waren und sind Anilinfarben.
[298] Vgl. EBBINGHAUS, 1905–13: II 13, und MORGENSTERN, 1910/1956: 160.

Lehrer ohne Rotstift aber werden notwendig Versuchsleiter und freie Aufsatzschüler Probanden. ,,Die Natur der pädagogischen Probleme" gleicht eben vollkommen der ,,Frage nach der Lokalisation der seelischen Leistungen im Gehirn. Hier wie dort bedarf es der Experimente"[299]. Wenn schon Ziehens Jenaer Schülerassoziationstests den Theorieeffekt gehabt haben, die Psychologie ,,von der unnatürlichen, aber bis jetzt kaum erschütterten Bevormundung der Logik" zu befreien, so hat der freie Aufsatz auch den für Ziehen noch rätselhaften Effekt, einen ,,solchen Assoziationsunterricht – sit venia verbo – praktisch gestalten" zu können.[300] Er liefert ,,ungeheuer wichtige Dokumente empirischer Pädagogik" und den ,,Wissenschaftlern" im Lehrerkollegium ,,Argumente experimenteller Psychologie"[301]. Das Attribut seiner Freiheit darf also nicht täuschen. Was am Werk ist, wenn Schüler über frei gewählte Themen frei assoziieren, hat mit den selbständigen Kindergeistern von 1800 nichts zu tun. Alles läuft vielmehr nach der psychoanalytischen Grundregel, daß unkontrollierte Redeflüsse nur die Fatalität des Unbewußten freisetzen. Experimentalpsychologie ist allemal Spurensicherung – weshalb gerade unkorrigierte Aufsätze Lehrern die Chance geben, ihren obsoleten Rotstift mit einer wissenschaftlichen Feder zu vertauschen, die *Das Zeugnis von Hörensagen bei Kindern* statistisch testet und aussagepsychologisch aufschlüsselt.[302] Literarische Bohémiens aber, der Disziplinierung gewiß unverdächtig, sind einverstanden. Für Peter Hille haben Erwachsene, die alle sträfliche ,,Erziehung im alten Sinne" fahrenlassen, darum noch nicht ,,gar kein Amt bei den Kindern". Ihr neues Vorrecht wird ,,die übersichtliche Beobachtung dieser schönen, taufrischen Welt"[303].

Dokumente, die bloß ihren Autor dokumentieren würden, gibt es nicht. Écriture automatique, psychoanalytisches Assoziieren, freier Aufsatz – alle belegen sie Mächte, vor denen der Schreibende zum Medium herabsinkt. Auch impressionistische Aufsatzübungen münden notwendig in einem Diktat.

Ich mache mit meinen Neun- und Zehnjährigen nahezu alltäglich impressionistische Übungen. Ich lasse sechs oder acht mit Stift und Papier ans Fenster des Klassenzimmers treten, lasse sie die Dinge ihrer Umwelt im freien Lichte, nicht in der Beleuchtung des Schulateliers schauen und über das Erschaute (...) im Fensterbrette schreiben. Die einfachsten Lebenserscheinungen auf der Straße

---

[299] DILTHEY, 1890/1914-58: VI 89.
[300] ZIEHEN, 1898-1900: I 65 f.
[301] MÜNCH, 1909: 42, vgl. auch SCHARRELMANN, 1904/1920: 160-165.
[302] Vgl. O. H. MICHEL, 1908: 421, dazu auch OSTERMAI, 1909: 55.
[303] HILLE, 1904 f.: II 104, dasselbe Argument bei BENJAMIN, 1912/1972-89: II 1, 15.

sollen sie benennen und sollen erkennen, wie der Augenblick die Dinge der Gasse zueinander in Beziehung setzt. Ohne Gängelung mögen sich da ihre Gedanken in die Sprache einkörpern, die Sinne mögen ohne Verzug ihre Erlebnisse der Feder diktieren, ganz unbekümmert darum, ob sich die Sätze für einen „guten" Aufsatz verwerten lassen.[304]

Im Experiment, das Münch anstellt, diktieren also Sinne, die ihrerseits dem Diktat von Straßenzufällen gehorchen. Nicht umsonst endet sein Buch unter emphatischer Berufung aufs neueste *Exerzier-Reglement für die Infanterie*, das 1906 auch nur noch Kurzschlüsse zwischen Reiz und Reaktion programmiert.[305] Am Schreibzeug oder Gewehr sind Hände, denen kein Ich (d. h. zuletzt kein Lehrer) mit seinem Meinen dazwischenfährt. Andere Folgen als Depersonalisation widersprächen auch einer Diskursregel, die „Rechtschreibung, Zeichensetzung, auch Wörter, Redewendungen, die nicht (im) Empfinden wurzeln, vermeiden" heißt[306] und um 1900 gleichermaßen Kinder und Wahnsinnige spezifiziert. Freie Deutschaufsätze üben die Kopplung der zwei unmöglichen Sätze *ich schreibe* und *ich deliriere* ein.

Im Experiment, das Münchs Dresdner Kollege Ostermai anstellt, wird das klar. Ein Jahr vor Brigge beschert selbst die *Zeitschrift für den deutschen Unterricht* ihren Lesern einmal unerhörte Begebenheiten.

Ich hatte eine 7. Klasse. Die Kinder waren gewöhnt, freie Aufsätze über ihre Erlebnisse zu fertigen, und sie taten es mit Eifer und Freude. Eines Tages kam ein Kind um 9 statt um 8 Uhr. Es brachte einen Brief des Vaters mit, darin stand, es sei über Nacht krank geworden, habe sich aber nicht halten lassen, wenigstens um 9 noch zur Schule zu gehen, um mit Aufsatz zu schreiben. Und was wollte es schreiben? „Wie ich heute nacht das Fieber bekam." Um 10 Uhr mußte es wieder nach Hause gehen und fehlte dann mehrere Tage.[307]

So ist das also. Ein Kind im Fieber schreibt, wie es das Fieber hat. Die Sinne, die ihre Daten ohne Verzug der Feder diktieren, sind delirante. Aber nur ein Vater nennt das Delirium noch Krankheit; Kind und Lehrer nehmen es als notwendige und hinreichende Bedingung von Aufsätzen, deren Schreibakt selber das Geschriebene schlechthin verbürgt. Für den Augenblick einer einzigen Schulstunde taucht das Kind aus dem Ununterscheidbarkeitsgrund aller Medien auf, nur um ihn, bevor er wieder allmächtig wird, zu

---

[304] MÜNCH, 1909: 97.
[305] Vgl. dazu dringend HIRTH, 1897: 364 f., über die Identität von Manöverdressur, Waffentechnik und Kunstphysiologie.
[306] HERZFELDE, 1914: 297. Vgl. SCHARRELMANN, 1906: 85.
[307] OSTERMAI, 1909: 54.

artikulieren. So experimentell läuft Halls kinderpsychologische *Untersuchung über die Furcht* weiter, so radikal löst der Wahnsinn um 1900 seine alte Verwandtschaft mit der Krankheit, um fern vom Pathologischen – im Diskurs selber – eine Stelle zu finden.

> Es wird ein Tag kommen, da meine Hand weit von mir sein wird, und wenn ich sie schreiben heißen werde, wird sie Worte schreiben, die ich nicht meine. Die Zeit der anderen Auslegung wird anbrechen, und es wird kein Wort auf dem anderen bleiben, und jeder Sinn wird wie Wolken sich auflösen und wie Wasser niedergehen.

An die Stelle des Kindes, das im Fieber sein Fieber aufschreibt, treten Schriftsteller. Mit achtundzwanzig faßt Brigge so wenig wie damals, daß er aus dem kindlich-sprachlosen ,,Fieber doch immer wieder ganz herauskam''[308]. Und weil er es nicht faßt, ist auch der Rückfall mitten in Charcots Salpétrière noch kein Grund, den Arzt nebenan abzuwarten. ,,Wie einer, der eine herrliche Sprache hört und fiebernd sich vornimmt, in ihr zu dichten''[309], läuft Brigge weg und zum Schreibtisch. Dort zeichnet er auf, was ein aus den Bevormundungen von Logik und Hochsprache befreites Fieber ist – gar nicht Fieber nämlich, diese nosologische Entität, sondern ,,das Große''. Nur Wörter aus Kindersprache können jenes Große (um ein einzigesmal Deutschlehrerjargon zu schreiben) ,nach Form und Inhalt' adäquat abbilden.

Brigge liefert mithin freie Aufsätze. Seine *Aufzeichnungen* sind keine geistesgeschichtliche Parallele zur Kunsterziehungsbewegung, sondern ihr durchgeführtes Programm. Für informierte Zeitgenossen wie den Experimentalpsychologen Meumann liegt es auf der Hand, daß der freie Aufsatz die ,,Auswüchse des Expressionismus und des Futurismus'' sowie ,,der modernen Lyrik'' nachgerade provoziert hat. Er bringt der ,,zukünftigen Generation'' ja ,,sprachliche Verwilderung und Zuchtlosigkeit des Denkens'' bei.[310] Die Germanistik aber bleibt auch gegenüber einem Sinn, der wie Wasser niedergeht, der ,,anderen Auslegung'' denkbar fern. Mit viel Akribie hat sie in der Serialität von Brigges *Aufzeichnungen*

---

[308] RILKE, 1910/1955–66: VI 801. Um zu beweisen, daß siebzig Jahre an den Aufschreiberegeln von 1910 nichts geändert haben, sei hier eine Strophe von Pink Floyd transkribiert: ,,When I was a child I had a fever. / My hands felt just like two balloons. / Now I've got that feeling once again. / I can't explain, you would not understand.'' (Der Angeredete ist selbstredend ein Arzt.)

[309] RILKE, 1910/1955–66: VI 943.

[310] MEUMANN, 1911–14: III 826. Unter Rilkeforschern teilt diese Einsicht nur Storck, der die Präsenz Ellen Keys und der Reformschulen bei Rilke nachdrücklich betont hat (vgl. STORCK, 1975: 257–266). Storcks Frage nach Emanzipation erfaßt freilich alles andere außer dem, was Meumann beschäftigt und wahrhaft Sache der Schule ist.

künstlerische Symmetrien, Ordnungen, Fügungsgesetze gesucht und mit alledem den Verdacht eines Angelloz entkräften wollen, daß es gar keine gibt. Im freien Aufsatz muß eben jede Disposition fehlen, soll er nicht ,,Notizbuchkram, Stichwortausstaffierung, Anputz des Dipositionsskeletts''[311] werden. Wie Münchs Kinder notiert Brigge einfachste Lebenserscheinungen nach einfachsten Zufallsregeln: ,,wie der Augenblick die Dinge der Gasse zueinander in Beziehung setzt''.

Deshalb schließlich übernimmt Rilke, wenn er im Anschluß an Brigge für sein Schreiben und gegen Psychoanalyse optiert, das Schlag- oder Stichwort Paul Georg Münchs.

> Frömmigkeit hält mich von diesem Eingriff ab, von diesem großen Aufgeräumtwerden, das nicht das Leben tut, – von dieser Korrektur der ganzen bisher beschriebenen Seite Leben, die ich mir dann so rot durchverbessert denke wie in einem Schulheft – eine alberne Vorstellung und sicher eine ganz falsche.[312]

Auch alberne Vorstellungen beweisen also etwas – daß nämlich die Literatur von 1900 die Schlacht *Rund ums rote Tintenfaß* mitkämpft. Falsch sind sie nur in Beurteilung einer Wissenschaft, die Sprachfehler ja ebensowenig auf Sinn hin korrigieren, sondern als solche und auf unbewußte Signifikanten hin untersuchen würde. Aber wie auch immer, Rilkes Verzicht auf Psychoanalyse macht klar, daß *Die Aufzeichnungen des Malte Laurids Brigge* jene ganze bisher beschriebene Seite Leben im unkorrigierten Rohzustand s i n d.

Georg Heym, Schriftsteller und Doktorand an der Universität Würzburg, erhält von ihr folgenden Bescheid:

> Die rechts- und staatswissenschaftliche Fakultät hat beschlossen, die von Ihnen eingereichte Abhandlung in der vorliegenden Form nicht anzunehmen, da dieselbe den Anforderungen nicht entspricht. Nach Angabe des Referenten enthält die Arbeit so viele Schreibfehler und Mängel im Satzbau, daß erkennbar ist, daß die Arbeit nach Abschrift einer Durchsicht nicht unterzogen wurde.[313]

Damit ist auch amtlich sichergestellt, was kein Werk und wer kein Autor ist. Im Aufschreibesystem von 1800, dem Fakultäten weiterhin zuzählen, hat erst Relektüre aus Papierstößen ein Corpus und aus Leuten imaginäre Körper namens Autor gemacht. Wer dagegen wie Einsteins Bebuquin um Krankheit und Dissoziation seiner Körperteile betet, um zur ,,Verwandlung'' oder ,,Auflösung'' in ein anderes Schreiben zu kommen[314], wer wie Brigge oder Heym

---

[311] MÜNCH, 1909: 28.
[312] RILKE, B 14. 1. 1912/1933–39: IV 169 f.
[313] B 7. 7. 1911, in HEYM, 1960–64: III 256.
[314] EINSTEIN, 1912b/1962: 234.

unkorrigierte Seiten abliefert, deren Schreibhände keinem Ich mehr unterstehen, hat ganz andere Funktionen. Für Abfallverwertung von psychophysischem Unsinn braucht es keine Autoren. Notwendig und hinreichend sind zufällige Einzelfälle, die selber zum verwerteten Abfall zählen. Was der Bleistift in Frauenhänden, die ihn gar nicht benutzen, dem Zuschauer Brigge signalisiert, ist ganz einfach: Er, der Schreiber, ist einer von denen, die seine *Aufzeichnungen* so exhaustiv speichern – ,,Abfälle'' oder ,,Schalen von Menschen, die das Schicksal ausgespieen hat''[315].

Intransitives Schreiben, bei Schriftstellern wie bei Kindern, die das Aufschreibesystem von 1900 eben darum ,,nebeneinanderstellt''[316], ist eine anonyme und beliebige Funktion. Seitdem Kinder nicht mehr durch einen frühreifen Alphabetismus brillieren, dem Buchstaben sogleich Halluzinationen wurden, findet auch keine Anwerbung namhafter Autoren mehr statt. Zufällige Einzelfälle, die aus diesem oder jenem Grund zu Papier gekommen sind (wenn Kunsterziehungsbeweger es ihnen nicht gar spendiert haben), sammeln einfach Zufallsdaten.

> Wenn ich drei Jungen im Alter von acht, neun Jahren ein paar Zehner als Taschengeld gebe und sie auf die Leipziger Messe schikke, so kaufen sich ganz bestimmt zwei von ihnen ein Notizbuch. Und wenn die Rutschbahn und der türkische Honigmann (...) noch so sehr locken: zwei von dreien kaufen sich eben ein Notizbuch![317]

So die Ausgangslage aus der Sicht eines pädagogischen Versuchsleiters. Und nun experimentelle Bestätigungen aus der Sicht literarischer Versuchspersonen.

> Hätte ich ein Notizbuch zur Hand, oder böte sich sonst eine Occasion, so würde ich aufschreiben, was mir mehr einfällt. Die ganze Zeit fällt mir ja ein. Es ist ein großer Einfall und Hinfall, den ich mit hinfälliger Einfalt festhalten möchte.[318]

> Es ist nicht allzu heiß; ein Blau flutet durch den Himmel, feucht und aufgeweht von Ufern; an Rosen ist jedes Haus gelehnt und manches ganz versunken. Ich will mir ein Buch kaufen und einen Stift; ich will mir jetzt möglichst vieles aufschreiben, damit nicht alles so herunterfließt. So viele Jahre lebte ich, und alles ist versunken. Als ich anfing, blieb es bei mir? Ich weiß es nicht mehr.[319]

---

[315] RILKE, 1910/1955–66: VI 743.
[316] RILKE, 1902/1955–66: V 591.
[317] MÜNCH, 1909: 98 f.
[318] BALL, M 1914–20/1967: 115.
[319] BENN, 1915/1959–61: II 13. Ganz entsprechend betitelt Benn ein ,,Rapides Drama'', das ,,das sogenannte geistige Dasein'' einzig ,,unter dem Gesichtspunkt seiner sprachlichen Komponente betrachtet'', schlichtweg *Karandasch* (BENN, 1917/1959–61: II 351). Karandasch, abgeleitet vom Firmennamen Caran d'Ache, ist das russische Wort für Bleistift. Besser und d. h. analphabetischer wäre der Wunsch nach Stiften kaum zu benennen.

Wenn aber dieses alles möglich ist, auch nur einen Schein von Möglichkeit hat, – dann muß ja, um alles in der Welt, etwas geschehen. Der Nächstbeste, der, welcher diesen beunruhigenden Gedanken gehabt hat, muß anfangen, etwas von dem Versäumten zu tun; wenn es auch nur irgend einer ist, durchaus nicht der Geeignetste: es ist eben kein anderer da. Dieser junge, belanglose Ausländer, Brigge, wird sich fünf Treppen hoch hinsetzen müssen und schreiben, Tag und Nacht: ja er wird schreiben müssen, das wird das Ende sein.[320]

Es ist schon eine prekäre und beliebige Praxis, das Schreiben dieser austauschbaren Einzelfälle. Aber es verwirklicht wenigstens sinnfällig und materiell den unmöglichen Satz *ich schreibe*. Der Gerichtsreferendar und nachmalige Schriftsteller Hartleben weist zunächst nach, daß „die Tätigkeit eines Referendars schon deshalb eine der vornehmsten unter allen menschlichen Tätigkeiten ist, weil sie niemals durch Maschinenarbeit ersetzt und überflüssig gemacht werden kann'': „Der Referendar trotzt mühelos allen Erfindern noch so guter und billiger Schreibmaschinen; denn wie billig eine solche auch sein mag: er ist noch billiger: er ist gratis.'' Aus diesen unanfechtbaren Prämissen folgt sodann für Hartlebens Referendarzeit, daß sie einen Traum seit Kindertagen erfüllt hat:

> Schreiben! Schreiben zu dürfen, womöglich ein richtiger Schriftsteller zu werden. Nun, das war mir im wesentlichen in Erfüllung gegangen. Schreiben durfte ich, schreiben konnte ich, schreiben mußte ich sogar. Und wenn es einstweilen weniger meine eigenen Gedanken und Gestalten waren, die ich auf das Papier brachte, sondern meistens diktierte Protokolle, so mußte ich mich mit dem Gedanken trösten, daß nicht alles auf einmal kommen könne. Jedenfalls: Das Sinnfältige, das Materielle meiner Wünsche hatte ich erreicht: ich schrieb.[321]

Schreiben ist der acte gratuit schlechthin. Es macht keinen Autor berühmt und keine Leser glücklich, weil der Schreibakt in seiner Materialität aufgeht. Die sonderbaren Leute, die ihn tun, ersetzen einfach Schreibmaschinen. Und weil Techniken und Pathologien um 1900 konvertibel sind, müssen die Junggesellenmaschinen namens Schriftsteller schon einigermaßen spinnen, um am acte gratuit auch noch Genuß zu haben. Ihnen winkt weder der Taler noch die Tochter eines Lindhorst, sondern nur die mystische Union von Schreiben und Delirieren.

Der Anfang des Schreibens wird also, frei nach Brigge, immer schon das Ende sein. Was Balls Laurentius Tenderenda „mit hinfälliger Einfalt festhalten möchte'', gleitet anderen sofort wieder

---

[320] RILKE, 1910/1955–66: VI 728.
[321] HARTLEBEN, 1895/1920: II 147 f.

aus der Hand. Karl Tubutsch, ein Novellenheld Ehrensteins, braucht nur mit anzusehen, wie zwei Fliegen in seinem Tintenfaß ertrinken, um die Feder (in Ermangelung einer Schreibmaschine) mit dem Bleistift zu vertauschen und schließlich gar nicht mehr zu schreiben.[322] Es muß also nicht erst wie bei Nietzky das eigene schwarze Herz im Tintenfaß ersaufen; schon zwei tote Fliegen stoppen einen Akt so prekär und delirant wie Schreiben.

Was hält mich ab, dem allen ein Ende zu machen, in irgendeinem See und Tintenfaß zur ewigen Ruhe einzugehen oder die Frage zu lösen, welchem irrsinnig gewordenen Gott oder Dämon das Tintenfaß gehört, in dem wir leben und sterben, und wem wieder dieser irrsinnige Gott gehört?[323]

•

Dichtungen von 1800 gehörten ins Reich Gottes. Ein absoluter Geist, an dem kein Glied nicht trunken war, konsumierte am Ende ihrer irdischen Kreisläufe Autoren und Werke. Im Kelch seines Geisterreiches legten die Schreiber ihre bürgerlichen Namen ab, aber nur, um Unendlichkeit der Deutung und Unsterblichkeit des Sinns zu erlangen.

<small>Zufallsschreiber anstelle von Geistesbeamten</small>

Über dem Aufschreibesystem von 1900 und seinen Tintenfässern steht ein ganz anderer Gott. Er ist irrsinnig. An ihm haben Simulanten des Wahnsinns ihren Herrn. Wenn der irrsinnige Gott trinkt, dann nicht, um Phantasien im dreifachen Sinn aufzuheben. Wo es um 1800 eine Funktion philosophischen Konsums gab, steht hundert Jahre später die nackte Vernichtung. Schreiber, die im Tintenfaß des irrsinnigen Gottes ertrinken, kommen nicht zur Unsterblichkeit eines Autornamens; sie ersetzen nur jene anonymen und paradoxen Analphabeten, die ein ganzes Aufschreibesystem von außen her aufschreiben könnten. Schon darum gibt es anstelle von Autoren und Werken bloß Schreiber und Schriften.

An Titeln wie *Die Aufzeichnungen des Malte Laurids Brigge* ist kein Wort von ungefähr. Sie bezeichnen eine gezählte Buchstabenmenge in ihrer Materialität und einen zufälligen Schreiber – „diesen jungen, belanglosen Ausländer, Brigge" – in seiner Einzelheit. Nicht anders geht es in Ehrensteins Erzählung zu. Der erste Satz:

Mein Name ist Tubutsch, Karl Tubutsch. Ich erwähne das nur deswegen, weil ich außer meinem Namen nur wenige Dinge besitze ...

Und der letzte:

---

[322] Vgl. EHRENSTEIN, 1911/1919: 17–19.
[323] EHRENSTEIN, 1911/1919: 48.

Ich aber besitze ja so gar nichts, nichts, was mich im Innersten froh machen könnte. Ich besitze nichts als wie gesagt – mein Name ist Tubutsch, Karl Tubutsch.[324]

Brigge, Tubutsch, Lauda, Rönne, Pameelen – die Namen verschwinden also nicht in einer *Phänomenologie des Geistes*, der Geist überhaupt und darum namenlos ist. Aber daß sie stehenbleiben, beweist nur ihre Nichtigkeit.[325] All die kahlen Nachnamen paraphrasieren Nietzsches Satz, daß an Wortemachern so wenig wie an Worten liegt. Über Wortemacher herrscht eben ein irrsinniger Gott, der seinerseits, ohne jede Allmacht, wieder anderen Mächten untersteht. Wie sie heißen, ist unschwer zu erraten. Daß man Tubutsch nach dem Fliegenunfall zum Schreibmaschinenkauf rät, reduziert alle Dämonie seines Tintenfasses auf das Nichts, das sie unter technisch-physiologischen Bedingungen ist. Diese anderen Mächte nämlich brauchen keine Literatur. Medientechnik und Physiologie kommen auch ohne jene Dichterinterpretation aus, die im Aufschreibesystem von 1800 lauter Philosophielehrstühle geschaffen hat. Was Wortemacher aufzeichnen, nachdem die Trinksprüche zwischen Goethe und Hegel obsolet geworden sind, hat einfach keine universitäre Adresse mehr. Literatur, auf den dritten und letzten Platz eines Aufschreibesystems geraten, bleibt der Abfall, den sie beschreibt.

Es gibt um 1900 keinen universalen Erziehungsbeamten, der Dichtungen legitimiert, weil sie und nur sie ihn legitimieren. Die faktischen Erziehungsbeamten sind unter die Experimentatoren gegangen und veranstalten mit literarischen Texten Medientranspositionen zuhauf, nur keine Interpretation.[326] Die Philosophieprofessoren überlassen die Texte Literaturwissenschaftlern, die ihrerseits Medienprofessionalisten unter anderen geworden sind.[327] An der Stelle, wo das Aufschreibesystem von 1800 Den Menschen oder Beamten als König allen Wissens inthronisierte, klafft ein Loch. Mithin bleibt Schriftstellern nur, die Kinder oder Irren der Psychophysik zu simulieren, in Tat und Wahrheit aber unter die Angestellten zu gehen.

---

[324] EHRENSTEIN, 1911/1919: 8 und 54.
[325] Vgl. RILKE,1910/1955–66: VI 726: „Es ist lächerlich. Ich sitze hier in meiner kleinen Stube, ich, Brigge, der achtundzwanzig Jahre alt geworden ist und von dem niemand weiß. Ich sitze hier und bin nichts."
[326] Otto Karstädts *Schaffende Poesiestunden* z. B. nehmen Texte zum Vorwand für Rollenspiele, Kinderzeichnungen und Konfabulationen. Vgl. dazu H. J. FRANK, 1973: 369 f.
[327] Vgl. LANGENBUCHER, 1971: 57. Ein Journalist und Bundespräsident erzählt aus seinem ersten Münchner Semester, dem Wintersemester 1902: „Visitenkarten ließ ich mir keine drucken, aber auf Kärtchen schrieb ich: ,stud. neophil.' Das Ph schien mir, nach einer freilich nur kurzen Verirrung, zu altmodisch zu sein." (HEUSS, 1953: 217).

Es wurde ihnen die Wahl gestellt, Könige oder der Könige Kuriere zu werden. Nach der Art der Kinder wollten alle Kuriere sein. Deshalb gibt es lauter Kuriere, sie jagen durch die Welt und rufen, da es keine Könige gibt, einander selbst die sinnlos gewordenen Meldungen zu. Gerne würden sie ihrem elenden Dasein ein Ende machen, aber sie wagen es nicht wegen ihres Diensteides.[328]

So, noch recht metaphorisch, der Beamte Kafka über die Sinnlosigkeit und den Berufsstand von Schreibern, nachdem der Platz des Königs geräumt ist. Als blutigen Ernst beschreibt dasselbe ein technischer Zeichner, der 1912 in der schlesischen Irrenanstalt Troppau landet. Die von Anton Wenzel Groß minutiös aufgeschriebene Verschwörung kommt ganz ohne Oberhaupt aus. Um ihn in Wahnsinn zu treiben, genügt eine Bande aus ,,falschen Briefträgern, Gerichtsdienern, Polizisten, Gensdarmen'', vor allem aber aus ,,Lithographen, Buchdruckern, Schriftsetzern, Typenschneidern, Stempelschneidern Chimikern Apothekern, Technikern''[329]. Es sind also lauter Diskursangestellte und technisch zureichend kompetent, um Nachrichtenkanäle oder Briefkontakte an neuralgischen Punkten zu unterbrechen, um Schriften und Dokumente, die Groß rehabilitieren würden, mit professioneller Güte zu fälschen. Darin aber gleichen sie den des Geistes völlig entbehrenden Wesen, die ebenso mechanisch wie exakt das Geschäft besorgen, einem Beamten namens Schreber das Denken auszutreiben. Auch das Aufschreibesystem auf dem Sonnenstein speichert ja nur gefälschten Blödsinn, den dann andere und ebenso subalterne Nervenkuriere in Schrebers Ohr brüllen.

Wenn es Den Menschen oder Beamten ausgemacht hat, universales Gedächtnis der Geistesprodukte zu sein, so bilden die Diskursangestellten eine disperse Menge mit partikularen, aber umschriebenen Zuständigkeiten. Keiner von ihnen speichert alles, alle zusammen aber sprengen sie das Monopol von Büchern und Sinn, wie es unterm Titel Geist firmiert hat. Kuriere bei Kafka, Briefträger bei Groß, Schreibkräfte bei Schreber – von ihnen und ihrer Streuung gilt buchstäblich ein Physiologenaxiom.

Während in der Physiologie der Unterscheidung von Teilgedächtnissen längst Anerkennung zu teil geworden war, hat man in der Psychologie unter dem überwiegenden Einfluss der Methode der ,,Vermögen'' so sehr das Gedächtnis als eine Einheit zu betrachten sich gewöhnt, dass die Existenz von Teilgedächtnissen vollständig vergessen oder für eine Anomalie gehalten wurde. Wir mussten den Leser wieder in die Wirklichkeit zurückbringen, ihn

---

[328] KAFKA, F 1917–18/1953: 44.
[329] GROSS, M 1913–14, in BOSE/BRINKMANN, 1980: 34. Aus diesen Aufzeichnungen wird Franz Jung, ein Simulant des Wahnsinns mehr, seine Novelle *Die Telepathen* machen.

daran erinnern, dass es in letzter Instanz nur Spezialgedächtnisse oder, wie manche Autoren sagen, L o k a l gedächtnisse gibt. Wir nehmen letztere Bezeichnung gern an, falls man nicht vergisst, dass es sich hier (...) um eine zerstreute Lokalisation handelt. Man hat das Gedächtnis wohl mit einem Magazin verglichen, in welchem alle unsre Kenntnisse in Schubladen aufgespeichert wären. Diesen Vergleich könnte man nach einigen Modifikationen gelten lassen, wenn man z. B. jedes besondere Gedächtnis mit einer Schar von Beamten verglicher, welche ausschliesslich mit einem besondern Dienste betraut wären. Eine dieser Scharen kann entlassen werden, ohne dass der Rest des Dienstes merklich darunter leidet.[330]

Zerstreute Lokalisation, besorgt von Beamten, die kündbar und darum eher Angestellte sind – jede Hirnphysiologie beschreibt zugleich die faktischen Diskursnetze von 1900. Wenn es Geist, dieses Vermögen aller Vermögen, nicht gibt, bleiben nur spezialisierte Funktionen spezifizierter Informationsträger. Deshalb behandeln so viele Kafkatexte die Materialität von Nachrichtenkanälen: Die Kanäle sprechen durch *(Der Nachbar)*, sie arbeiten mit Tot- oder Verzögerungszeiten *(Eine kaiserliche Botschaft)*, sie sind nicht durchgängig verschaltet *(Das Schloß)*, und was sie übermitteln, hat keinen Sinn außer dem Statement, daß es sie gibt *(Vor dem Gesetz)*.

Aber daß Meldungen, wenn es am Ursprung und Ziel von Diskursen keinen König gibt, sinnlos werden, ist nur eine, freilich ausgiebig beschriebene Seite am zeitgenössischen Aufschreibesystem. Zugleich hat Technisierung den Effekt, einzelne und zufällige Meldungen überhaupt erst speicherbar zu machen. Kein Philosoph geht mehr hin und reduziert Protokollsätze auf Kategorien, Mündlichkeiten auf Schriftwahrheit. Unwiderlegt und unwiderlegbar bleibt Geäußertes, wie es ist, weil Spezialgedächtnisse noch für die abwegigsten Reden aufkommen. In den *Diagnostischen Assoziationsstudien*, die der große Psychiater Bleuler seinen Assistenzärzten am Burghölzli überläßt, ist unter vierhundert verschiedenen Reizwörtern auch, in exakter Reprise von Hegels *Phänomenologie*, das Reizwort „Dunkel". Ja, eine der fünfundsechzig Versuchspersonen, ein „38jähriger Idiot", reproduziert tatsächlich den unvergeßlichen Protokollsatz der sinnlichen Gewißheit. „Dunkel: das ist jetzt."[331] Was aber die Assistenzärzte Jung, Riklin und Wehrlin keineswegs veranlaßt, ihren Versuch nach zwölf Stunden zu wiederholen und dem 38jährigen Idioten schön spekulativ die Idiotie seines Jetzt-Begriffs vorzurechnen. Übersetzungen ins einheimische Reich der Signifikate stünden ja auch

---

[330] Ribot, 1881/1882: 90 f. Vgl. Maupassant, 1887/1925-47: XVIII 29.
[331] Wehrlin, 1904: 119.

nicht Angestellten, sondern dem Herrendiskurs an. Bleuler indessen, statt aus den etwa 14400 aufgeschriebenen Assoziationen auch nur ein Philosophem herzuleiten, gibt ihnen ein Vorwort mit, das die Allmacht unbewußter Assoziationen ausgerechnet am Fall „wenn ich z. B. über Assoziationen schreibe" beschreibt. So kehrt das „Dunkel: das ist jetzt" einmal mehr wieder, aber im Schreibakt selber. Idiot und Chef des Experiments, zuletzt sind sie nur Marionetten ihrer „Körpergefühle"[332]. Aus der Widerlegung des Satzes „Das Itzt ist die Nacht" resultierte eine ganze *Phänomenologie*. Aus der Wiederkehr einer opaken Diesheit wird das gesamte Aufschreibesystem von 1900 gespeist. Die Aufsatzkonzeptblätter, die Ostermais Volksschüler um 10 Uhr abgibt, bevor ihn seine Körpergefühle wieder einholen, besagen vermutlich auch nur *Fieber: das ist jetzt*. Dafür spricht jedenfalls die Parallelstelle bei simulierten Irren Brigge: „Jetzt war es", nämlich das Große, „wieder da". Keine dieser Diesheiten hat eine Adresse, keine hat einen Sinn. Zerstreute Spezial- oder Lokalgedächtnisse rufen einander sinnlos gewordene Meldungen zu. Aber damit hört das schiere Jetzt, eben das also, was nicht aufhört aufzuhören, zum ersten gespeicherten Mal aufzuhören auf.

Speicher, die Diesheiten speichern, werden selber Diesheiten. Das macht jede Archivierung zum diskursiven Ereignis. Je weniger Verwendungszwecke ein Diskurs im Aufschreibesystem von 1900 hat, desto unmöglicher ist er zu neutralisieren. Woraus folgt, daß unverständlicher Abfall, also Literatur, nicht aufhört nicht aufzuhören. (Davon handelt Valérys gesamte Poetologie.) Eine Literatur, die ausschließlich Diesheiten aufschreibt oder gar selber in Wörtern und Typographie als Diesheit auftritt, besetzt die Speichereinrichtungen und verdrängt damit jene Dichtung, über die „der Name philosophische Lyrik ja bereits genug sagt". Daß nämlich Schiller, „ein im höchsten Grade gelehrter Dichter", Themen wie „d i e Natur, d e n Spaziergang" als „bereits gedachte Dinge" behandelt hat, „wie sie nur durch Abstraktionen und Synthesen, also logische, nicht mehr wirkliche und natürliche Prozesse gewonnen werden", disqualifiziert ihn und das gesamte Komplott von Dichtern und Denkern.[333] An den freigewordenen Regalplatz können und müssen viele einzelne Jetztpunkte treten: Speicher so singulär wie ihr Gespeichertes. Ganze Kapitelfolgen in *À rebours* wie im *Dorian Gray* listen bekanntlich die unbezahlbarsten Preziosen, Juwelen, Teppiche, Gewürze auf. Die einzige Frage dabei bleibt, wer sie liest und ob es überhaupt jemand tut.

Zufallsspeicher für Zufallsleser

---

[332] BLEULER, 1904: 52.
[333] WEHNERT, 1909: 473.

Auf diese Frage sind verschiedene Antworten möglich, eine esoterische und eine entgegengesetzte, beide aber nur als Optionen im selben Spielraum. Die esoterische Antwort besagt, daß gespeichert ist, was gespeichert ist, ob Leute es zur Kenntnis nehmen oder nicht.[334] Oscar Wilde, Verfasser eines der längsten Preziosenlnventare, führt die Entstehung einer ausgezeichneten modernen Dichtung in England ganz unverfroren darauf zurück, daß niemand sie liest und d. h. korrumpiert.[335] So wendet man Zarathustras Maxime, in Kenntnis des Lesers nichts mehr für ihn zu tun, praktisch an. Auch *Die Blätter für die Kunst* sorgen laut Impressum für einen „geschlossenen von den mitgliedern geladenen leserkreis". Selbstredend haben solche Verknappungstechniken, die diskursive Ereignisse nachgerade programmieren, das helle Entsetzen der Guten hervorgerufen. Aber ihre Angriffe prallen ab vor einer Logik, der gegenüber selbst Kritische Theorie, um überhaupt etwas einwenden zu können, für einmal an Das Volk glauben muß.[336] Der esoterische Hofmannsthal nämlich begründet sein Desinteresse an allem, „was man so gewöhnlich die sociale Frage nennt", mit unwiderleglichem Nominalismus.

> Es kommt einem gar nicht wie wirklich vor: Was es „wirklich" ist, weiß wohl auch niemand, weder die drin stecken, noch gar die „oberen Schichten". Das Volk kenn ich nicht. Es gibt, glaub ich, kein Volk, sondern, bei uns wenigstens, nur Leut.[337]

So unvermittelt schlägt das unmögliche Reale, dem um 1900 alle Speicher unterstehen, in Pragmalinguistik um. Eine Literatur, die nur Einzelheiten aufschreibt, kennt auch auf seiten ihrer Leser oder Nichtleser nur Einzelne. Das Mundartwort *Leut* hat weder philosophisch noch soziologisch einen denkbaren Status. Es bezeichnet die stochastische Streuung, das weiße Rauschen, denen gegenüber Medien erst sind, was sie sind.

Deshalb macht es kaum Unterschiede, ob die Literatur von Dekadenz oder (schon im Wort verwandten) Abfällen schreibt, Adel oder Psychose simuliert. Auf ihrer unerreichbaren Rückseite steht allemal die stochastische Streuung, auch und gerade bei Option gegen Esoterik. Rilkes Prager Anfänge übernehmen zwar einerseits die Pose Wildes, etwa wenn ein Vortrag über *Moderne Lyrik* dem deutschen Publikum für sein notorisches Desinteresse dankt. Moderne Lyrik kann sein, weil die Leut sie sein lassen.[338] Anderer-

---

[334] Vgl. MALLARMÉ, 1890/1945: 230.
[335] Vgl. WILDE, 1890/1966: 1091.
[336] Vgl. MATTENKLOTT, 1970: 12.
[337] HOFMANNSTHAL, B 18. 6. 1895/1966: 80.
[338] Vgl. RILKE, R 1898/1955–66: V 364.

seits gibt derselbe Rilke seine und anderer Gedichte in Sammelheften heraus, die er eigenhändig distribuiert.

> Ich habe eine gewisse Anzahl von Exemplaren an Volks- und Handwerksvereine, an Buchhändler, an Spitäler usw. gesandt und habe in verschiedenen Lokalen die *Wegwarten* aufliegen lassen. Ob sie wirklich unters „Volk" kommen, - wer weiß? (...) Ich rechne darauf, daß der Zufall hier und da doch ein Heftchen unter das eigentliche Volk und in eine einsame Stube trägt.[339]

Auch dieser Distributionsmodus löst die soziale Frage, indem er *Volk* in Anführungszeichen setzt und nur Einzelfälle statuiert. Rilkes seltsame Wege durch Prag suchen genau „die Leut", die der esoterische Hofmannsthal das einzig Reale nennt. Nur daß eben Leute gar nicht gesucht werden können, seitdem es keine Multiplikatoren und damit keine Methoden der Dichtungsdistribution mehr gibt. Rilkes Aktion umgeht die Schule, jene einzige Institution, die Leser als solche produziert. Und die Spitäler und Angestelltenorganisationen, mit denen sie rechnet, kommen nicht als Multiplikatoren ins Spiel, sondern wie tote Briefkästen in Geheimdienstkreisen. Der zum Angestellten depotenzierte Schriftsteller läßt seine *Wegwarten* (wie der Pflanzenname schon sagt) irgendwo am Wegrand auf die biblischen Steine fallen. Womit er „rechnet", ist einzig „der Zufall". Und den kann niemand berechnen, der nicht auch noch mathematische Statistik treibt. Ob Literatur seit 1900 überhaupt jemand erreicht, bleibt eine Frage empirischer Sozialforschung.

Philologisch ist nur der Nachweis möglich, wie die unmögliche Adresse *Leut* in die Textur eingeht. Welche Maßnahmen Schriften also treffen, um das gebildete Individuum n i c h t zu erreichen. Als Verteilungsmodus von Texten, die Abfall eines Aufschreibesystems sind, kommt nur der von Abfall in Frage. Damit aber opponiert die Literatur Punkt für Punkt dem klassisch-romantischen Programm proliferierender Dichtung.

Ein letztesmal Hoffmann, ein letztesmal Lindhorst. Es waren schon feingesponnene Netze, die Jünglinge und Leserinnen klassisch-romantisch einfingen. Der stadtbekannte Beamte und heimliche Dichter beauftragte einen Justizbeamten und Dichter damit, als poetischer Multiplikator zu wirken. Woraufhin jener Zweitdichter einen Jüngling ins Bild setzte, der hermeneutisches Lesen bis zur Perfektion eigenen Dichtenkönnens lernte. Woraufhin Leserinnen ewig rätseln durften, welche Frau eine solche Dichterliebe meint, und junge, aber poetische Beamte in treuer Anselmus-Nachfolge das entworfene Frauenbild zureichend halluzinatorisch

Schriftsteller-Anonymat

---

[339] RILKE, B 1. 2. 1896/1933-39: I 12 f., vgl. dazu ROSENHAUPT, 1939: 239.

lesen lernten, um es im sogenannten Leben wiederzufinden. — Nichts an diesem Programm überdauert die Zäsur von 1900. Dafür sorgt schon die Tilgung jener doppelzüngigen Namen, die zugleich Autorindividuen wie Anselmus oder Amadeus u n d Beamte wie Heerbrand oder Hoffmann bezeichnen konnten. Auch wenn Rilkeforscher ihren Malte weiterhin duzen, bleibt Malte Laurids Brigge der „junge, belanglose Ausländer, Brigge". Namen als pure Signifikanten schließen imaginäre Identifikation aus. „K." und „Josef K." bei Kafka machen die und nur die Spiele möglich, die auch Freud mit seinem anonymen Personal der Emmy v. N...s, Anna O...s usw. treibt. An diesen kahlen und zerstückelten Namen hängt keine kontinuierliche Bildungs- und d. h. Alphabetisierungsgeschichte. Nie können Helden, die an Agraphie oder Alexie laborieren, Den Autor präfigurieren.

„Biographie gilt nicht mehr. Name ist gleichgültig" heißt es einmal im Telegrammstil von 1912.[340] Der „Name", der im Aufschreibesystem von 1800 „Schall und Rauch" war oder wurde, lautete bekanntlich HErr. An der Stelle seiner Tilgung konnten lauter Autornamen aufkommen, deren poetische Biographie Leser zum Dichten und Leserinnen zur Liebe inspirierte. Der despotische Signifikant dagegen, der überm Aufschreibesystem von 1900 steht, befiehlt Seelenmord oder Menschheitsdämmerung. Deshalb verschwinden Autornamen, manche in der Nichtigkeit von Einzelfällen, andere im faktischen Anonymat. „Wer den Leser kennt, thut Nichts mehr für den Leser" — also macht er laut Nietzsche keinerlei Angaben über die eigene Bildungshistorie und den „muthmaasslichen weiteren Gang seiner Entwicklung". So Döblin, wenn er, der Arzt, sich, den Schriftsteller, psychoanalysiert.

> Von meiner seelischen Entwicklung kann ich nichts sagen; da ich selbst Psychoanalyse treibe, weiß ich, wie falsch jede Selbstäußerung ist. Bin mir außerdem psychisch ein Rühr-mich-nicht-an und nähere mich mir nur in der Entfernung der epischen Erzählung.[341]

So Rubiner, wenn er den Anthologietitel *Menschheitsdämmerung* beim Wort nimmt und herkömmliche Herausgeberwünsche abschlägt.

> Ludwig Rubiner wünscht keine Biographie von sich. Er glaubt, daß nicht nur die Aufzählung von Taten, sondern auch die von Werken und von Daten aus einem hochmütigen Vergangenheits-Irrtum des individualistischen Schlafrock-Künstlertums stammt. Er ist der Überzeugung, daß von Belang für die Gegenwart und die Zukunft nur die anonyme, schöpferische Zugehörigkeit zur Gemeinschaft ist.[342]

---

[340] RUBINER, 1912: 302.
[341] DÖBLIN, 1922/1980: 21.
[342] PINTHUS, 1920/1959: 357.

Bis zum faktischen Anonymat bringen es jene Schriftsteller, die
– wie Max Brod, Robert Musil, Ernst Stadler, Robert Walser, Franz
Werfel – ab 1912 an einer Zeitschrift des bezeichnenden Titels *Der
lose Vogel* mitarbeiten. Was loser Vogel besagt, erläutert wiederum Rubiner.

> In der Zeitschrift des Demeter-Verlags herrscht Anonymität. Ist es
> möglich, ein Wort auszudenken, das nur etwas von dem Umschüttelnden, von aller Seligkeit dieser realerfüllten Utopie mitteilen
> könnte? Es gilt zu überzeugen, daß ein Jahrhundert, dessen Aufgabe es war, uns Eßnäpfe, Einheitsstiefel, Wagnerpartituren herzustellen, nicht mehr als ein Hindernis für den Geist besteht. (...)
> In einer neuen Zeitschrift herrscht wieder Anonymität: das heißt,
> es herrscht nach einem Jahrhundert wieder die Verpflichtung und
> die Beziehung.
> Der Tag, an dem e i n e r den Mut wirklich hatte, den Gedanken
> der Anonymität bis zum Ende zu umfassen, dieser gehört zu den
> Schöpfungstagen unserer heutigen Geschichte.[343]

Das Anonymat loser Vögel ist also planvoller Bruch mit klassischromantischem Schreiben, diskursives Ereignis zu dem einzigen
Zweck, diskursive Ereignisse möglich zu machen. Im elitären
Buchstabenkultraum, den das Aufschreibesystem von 1900 seinen Wortemachern läßt, kehrt eine vor Zeiten weitverbreitete
Praxis „wieder"[344]. Mag man diese „Entäußerung des Autors" mit
Psychiaterbegriffen als „Depersonation" fassen[345] oder als Schöpfungstat des „Geistes" feiern – in jedem Fall sichert Anonymität
den Wörtern Effekte radikaler Fremdheit. „Der Geist springt hinein in den steinernen Raum der Sache. Es bleibt auf der Welt davon hallend ein Satz, ein Wort."[346]

Nur darf der „e i n e", der „den Mut wirklich hatte, den Gedanken der Anonymität bis zum Ende zu umfassen", nicht gerade George heißen. Wenn auch in den letzten Jahrgängen der *Blätter für die Kunst* „verfassernamen als nicht unbedingt zur sache
gehörig unterbleiben", ist Rubiner, der aufrechte Linke ohne Namen und Biographie, mit einemmal alarmiert. Dann ruft der eine
und despotische Signifikant, ohne Namen zu verraten, nämlich
zum Weltkrieg. Worte bleiben hallend auf der Welt, ohne von üblichen juristischen Prozeduren neutralisiert werden zu können.[347]
Und es wird erschreckend klar, was loser Vogel besagt.
   UN COUP DE DÉS JAMAIS N'ABOLIRA LE HASARD.

---

[343] RUBINER, 1912: 300.
[344] Über mittelalterliches Anonymat als Vorbild vgl. MAUTHNER, 1910–11/1980:
I XVIII.
[345] DÖBLIN, 1917/1963: 18.
[346] RUBINER, 1912: 302.
[347] Vgl. RUBINER, 1917/1976: 214 (über die Kriegsgedichte des Georgekreises).

Künstler, die ihre Erzeugnisse so wenig signieren, „wie die Erde das Gras signiert, das aus ihr wächst"[348], die ihre *Wegwarten* am Wegrand von Arbeiterkneipen liegen lassen, die ihre rechten oder linken Kampfrufe ohne bürgerliche Zurechenbarkeit ausgeben – sie alle setzen auf stochastische Streuung, sie alle operieren auf strategischem Feld. Das Aufschreibesystem von 1900 errichtet die Möglichkeitsbedingung einer Literatursoziologie, die diesen Namen verdient. Lansons Programm, *Histoire littéraire et sociologie* zu verbinden, folgt einfach den losen Vögeln und depersonalisierten Schreibhänden, die seit 1900 übers Papier fliegen. Daß Schriftsteller Wörter schreiben, die kein Ich meint noch verantwortet, macht das Buch zum fait social.

> Le livre, donc, est un phénomène social qui évolue. Dès qu'il est publié, l'auteur n'en dispose plus; il ne signifie plus la pensée de l'auteur, mais la pensée du public, la pensée tour à tour des publics qui se succèdent.[349]

Höchstens daß Lanson von Gedanken schreibt, wo es längst nur noch Signifikanten gibt, die nicht nur nicht Autorgedanken, sondern gar nichts besagen, trennt Literaturtheorie und Literaturpraxis. Denn was faktische Leser am Sozialfaktum Buch haben, kommt ganz ohne Denken aus. Wenn eine Schulbibliothek dem zehnjährigen Carossa 1888 ihren *Poetischen Hausschatz* zuspielt, „versteht" er „nicht ein Zehntel des Gelesenen", sondern wird „ergriffen und geformt vom Klang und Rhythmus der Gedichte". Befehle sind eben am effektivsten, wenn nichts und niemand sie neutralisiert. Wo Reiser, Klöden e tutti quanti an unverständlichen Buchstaben Anstoß nahmen, ist Carossa wie von Zaubersprüchen bestrickt. Seinen Anstoß erregt gerade das Umgekehrte.

> Ein wenig störte mich anfangs, daß unter jedem Gedicht ein Name stand, der gar nicht hingehörte; wenigstens konnte ich mir nicht vorstellen, was derlei spaßige Wörter wie Klopstock, Rückert, Mörike, Goethe oder Kopisch mit jener innigen Musik zu tun haben sollten.[350]

•

---

[348] ARP, zit. GOLL, 1976/1980: 45.
[349] LANSON, 1904: 631.
[350] CAROSSA, 1928/1962: 134. Als Theorie solcher Lesetechnik lese man STERN, 1914: 157 f. „Weiter ergibt die Analyse des frühkindlichen Lernprozesses, daß Sinn und Bedeutung des Lernstoffes hier lange nicht die Rolle spielen wie später. Beim Schüler wird – mit Recht – darauf Wert gelegt, daß er keine für ihn bedeutungslosen Stoffe lernen solle; ein Text, dessen Sinn er nicht begreift, hat für ihn keinen eigentlichen Bildungswert und verlangt zugleich von der Lernarbeit unvergleichlich höheren Zeit- und Kraftaufwand als ein gleichlanger, verständnisvoll aufgenommener Text. Die frühe Kindheit dagegen ist recht eigentlich die Zeit des mechanischen

Ein kleiner Leser und Mann wie Carossa kann freilich seinem Ärger nicht Taten folgen lassen und spaßige Namen wie Goethe einfach tilgen. Um das zu tun, braucht es schon Zorn und Größe einer Frau. Die Frau heißt Abelone und kann nicht mit anhören, wie ein Mann namens Brigge irgendwo und nichtsahnend in Goethes Briefwechsel mit einem Kinde herumliest.

Systemintegration historisch vergangener Schreiberinnen

„Wenn du doch wenigstens laut läsest, Leserich", sagte Abelone nach einer Weile. Das klang lange nicht mehr so streitsüchtig, und da es, meiner Meinung nach, ernstlich Zeit war, sich auszugleichen, las ich sofort laut, immerzu bis zu einem Abschnitt und weiter, die nächste Überschrift: An Bettine.
„Nein, nicht die Antworten", unterbrach mich Abelone (...) Gleich darauf lachte sie über das Gesicht, mit dem ich sie ansah.
„Mein Gott, was hast du schlecht gelesen, Malte."
Da mußte ich nun zugeben, daß ich keinen Augenblick bei der Sache gewesen sei. „Ich las nur, damit du mich unterbrichst", gestand ich und wurde heiß und blätterte zurück nach dem Titel des Buches. Nun wußte ich erst, was es war. „Warum denn nicht die Antworten?" fragte ich neugierig.
Es war, als hätte Abelone mich nicht gehört. Sie saß da in ihrem lichten Kleid, als ob sie überall innen ganz dunkel würde, wie ihre Augen wurden.
„Gieb her", sagte sie plötzlich wie im Zorn und nahm mir das Buch aus der Hand und schlug es richtig dort auf, wo sie es wollte. Und dann las sie einen von Bettines Briefen.
Ich weiß nicht, was ich davon verstand, aber es war, als würde mir feierlich versprochen, dies alles einmal einzusehen.[351]

So streng gilt Lansons Gesetz. Bücher um 1900 sind Sozialphänomene, über die niemand verfügt, auch der Urautor nicht. Historischer Wandel macht aus Goethes Briefwechsel mit einem Kinde den Briefwechsel einer Frau mit niemand – und das, einfach weil eine zweite Frau überall da unterbricht, wo Goethe im Namen seines Namens eine Liebende hingehalten hat. Ein Jahrhundert danach fällt sein Name weg; Brigge muß ihn nachträglich auf dem Buchtitel suchen, Abelone (wie die Aufzeichnungen insgesamt) nimmt ihn gar nicht erst in den Mund.
Diskursive Handgreiflichkeiten sind Einschnitte. Topologisch gesprochen: die Abbildung eines Briefwechsels, der in den Jah-

---

Gedächtnisses. Wenn, wie wir sahen, die bloße Freude am Klang das Kind zum Nachsprechen und schließlich zum unabsichtlichen Memorieren bringt, so wird dieser Effekt kaum dadurch beeinträchtigt, daß das Kind fast nie die gelernten Verschen wirklich in allen Teilen versteht – oft ist sogar das Verständnis ein nur ganz verworrenes und bruchstückweises. Aber es wäre nun auch hier eine ganz falsche Pedanterie, wollte man durch langatmige Erklärungen das Verständnis herbeizwingen oder aber alle Gedichte ausschalten, die nicht gänzlich verstanden werden."
[351] RILKE, 1910/1955–66: VI 795 f.

ren 1807 bis 1812 geführt wurde, aufs Aufschreibesystem von 1900 ist nicht einmal mehr äquivalent. Nachbarschaften in einem Buch – die zwischen Liebesbriefen und Antworten – werden zerstört, andere Nachbarschaften – die zwischen Liebe und Liebe und Liebe – allererst hergestellt. Medientransposition schafft ein neues Korpus, das Korpus Bettina Brentano.

> Eben w a r s t du noch, Bettine; ich seh dich ein. Ist nicht die Erde noch warm von dir, und die Vögel lassen noch Raum für deine Stimme. Der Tau ist ein anderer, aber die Sterne sind noch die Sterne deiner Nächte. Oder ist nicht die Welt überhaupt von dir?[352]

Das Korpus Bettina Brentano, auch Welt genannt, tritt an die genaue Stelle von Autorschaft und Werkherrschaft. Wo der Schöpfer namens Goethe ausfällt, wird offener Raum, von Vogel- und Frauenstimmen durchgangen. Eine Briefschreiberin, die ganz glücklich darüber war, unbedeutend zu sein, rückt nicht postum zur Autorin auf. Aber was sie in den Wind schrieb, hört auf, mangels Autorschaft aufzuhören. Gerade weil es nur ewig eine Liebe wiederholt, ist dieses Schreiben mit einemmal an der Zeit. An einer Zeit, wo ewige Wiederkehr opaker Diesheiten Schreiben überhaupt definiert.

Aufschreibesysteme wirken jeweils auf gewesene Korpora zurück. Die anonymen oder pseudonymen Frauen, wie sie um 1800 am Rand des Schreibens blieben, rücken ins Systemzentrum, einfach weil die Autoren oder Männer, in deren Werk sie zugrunde gingen, ihrerseits zugrunde gehen. Ob statistisch, ob singularisierend – um 1900 kommen *Die Frauen in der Geschichte des Deutschen Geisteslebens des 18. und 19. Jahrhunderts* zu Ehren und Monographien.[353] Zwei Generationen von Frauen, die vordem (um mit Lily Braun zu reden) *Im Schatten der Titanen* blieben, werden selber Thema. Goethes Mutter gibt gerade mit orthographisch katastrophalen Briefen das Vorbild freier Deutschaufsätze ab.[354] Die ,,Grossmacht'' Rahel Varnhagen wäre aus der klassischen Dichtung nicht wegzudenken.[355] George widmet dem Rheinufer, wo die Günderode ins Wasser ging, das Gedicht *WINKEL: GRAB DER GUENDERODE*.[356] Bettina Brentano schließlich bezeichnet Grenze und Versagen Goethes. Wenn intransitives Schreiben zum Signum von Literatur wird, präfigurieren die nie erhörten Briefschreiberinnen von 1800 und nur sie den neuen Schreibakt. Klassisch-romantische Texte dagegen, gerade weil sie auf ihren Au-

---

[352] RILKE, 1910/1955–66: VI 797.
[353] Vgl. v. HANSTEIN, 1899–1900.
[354] So argumentiert OSTERMAI, 1909: 69.
[355] KEY, 1904: 57, vgl. auch KEY, 1908: passim.
[356] GEORGE, 1927–34: VI/VII 202.

tor hin codiert und damit der allgemeinen Lesewelt vertraut waren, fallen unters Anathema. Brigge an Bettina Brentano:

> Du selber wußtest um deiner Liebe Wert, du sagtest sie laut deinem größesten Dichter vor, daß er sie menschlich mache; denn sie war noch Element. Er aber hat sie den Leuten ausgeredet, da er dir schrieb. Alle haben diese Antworten gelesen und glauben ihnen mehr, weil der Dichter ihnen deutlicher ist als die Natur. Aber vielleicht wird sich einmal zeigen, daß hier die Grenze seiner Größe war. Diese Liebende ward ihm auferlegt, und er hat sie nicht bestanden. Was heißt es, daß er nicht hat erwidern können? Solche Liebe bedarf keiner Erwiderung, sie hat Lockruf und Antwort in sich; sie erhört sich selbst.[357]

Aber bezeichnenderweise ist es nicht Brigge, der diese Umwertung aller Werte leistet. Er hätte im Lesen von Goethes Antworten die intransitive Liebe einmal mehr durchgestrichen, läse er nicht so schlecht und in der einzigen Absicht, unterbrochen zu werden. Damit es écriture féminine geben kann, muß alphabêtise gestoppt werden. Brigge, statt durch Goethelesen kontinuierlich zu eigener Autorschaft zu wachsen, setzt seine Lektüre einer Unterbrechung aus, die nicht anders fungiert als alle Malteserkreuze des Films oder Tachistoskope der Psychophysik. Denn Abelone, wenn sie weiterliest, ersetzt nicht einfach das schlechte Lesen durch ein gutes. Sie bringt (frei nach Larisch) das Zwischen von Goethes Antworten allererst zutage. Darum ist es nur konsequent, daß ihr Hörer kein hermeneutisches Verständnis, sondern nur das Versprechen empfängt, ,,dies alles einmal einzusehen''.

Eine Frau, die im doppelten Wortsinn unerhörte Liebesbriefe einer Frau vorliest, schließt um beider Geschlecht einen Kreis und männliche Hermeneuten, heißt das, aus. Weil es keinen Autor gibt, der Leserinnen seine Seele als Rätselwort ihrer Liebe einflüstert, ist Abelone von werkimmanenter Lektürepflicht entbunden. Die Funktionen produktiven Fortschreibens und reinen Konsums, wie sie im Aufschreibesystem von 1800 die zwei Geschlechter spezifiziert haben, fallen gemeinsam aus. Brigge ist kein Anselmus und Abelone keine Veronika. Er gibt das Buch aus der Hand, und sie macht damit, was sie will. So kommt es mit säkularer Verspätung doch noch zu einer Situation, die zwischen Bettina Brentano und Goethe das Unmögliche selber gewesen ist.

> Demütigen hätte er sich müssen vor ihr in seinem ganzen Staat und schreiben was sie diktiert, mit beiden Händen, wie Johannes auf Patmos, kniend. Es gab keine Wahl dieser Stimme gegenüber, die ,,das Amt der Engel verrichtete''[358].

---

[357] RILKE, 1910/1955–66: VI 789.
[358] RILKE, 1910/1955–66: VI 798.

Abelone mit einer Stimme, die im Vorlesen immer noch zunimmt, weil sie Rückkopplung mit einer anderen Frau ist, diktiert alle künftigen Einsichten Brigges. Sie diktiert, daß Bettina Brentano es unter klassischen Diskursbedingungen leider nicht tun konnte. Man weiß, was das Amt der Engel ist – Leuten einen Tod bereiten. Diktate sind immer Tod des Autors. Aber während Goethe den ,,dunklen Mythos'' ,,leer ließ'', den eine Frauenstimme ,,seinem Tod bereitet'' hatte[359], nimmt ihn der Schreiber der *Aufzeichnungen* an. Zeit der anderen Auslegung heißt ja, ohne den Ehrentitel Autor und dem Diktat anderer unterworfen sein. Ganz so knieend, wie Goethe es unterließ, schreibt Brigge ab. Damit aber ,,erfüllt sich noch immer das Versprechen''[360], das Abelones Unverständlichkeit ausgestrahlt hat.

Alles was die *Aufzeichungen* über Frauen schreiben, diktiert ihnen der Nachhall jener Stimme, die zugleich Abelone und Bettina heißt. Daß nämlich von ihr nichts zu erzählen ist – ,,weil mit dem Sagen nur unrecht geschieht''[361]. Daß es nicht angeht, ihr Briefe zu schreiben – nur Briefentwürfe, die Brigge dann nicht abschickt. Daß alle Versuche, im Schreiben für die Mädchen (frei nach Goethe) zum Autor aufzusteigen, scheitern am Willen von Frauen, ,,ihrer Liebe alles Transitive zu nehmen''[362]. Und daß eine Liebe, die intransitiv ist, selbstredend nur in einem Schreiben bestehen kann, wie es um 1900 als Literatur firmiert. Denn was heißt es, daß Frauen laut Rilke ,,Jahrhunderte lang die ganze Liebe geleistet'' haben und ,,immer den vollen Dialog gespielt, beide Teile''[363]? Es heißt, nicht anders als bei Hanstein oder Ellen Key, eine andere Literaturgeschichte entwerfen, die nur aus unerhörten und intransitiven Liebesrufen besteht – aus Bettina Brentano, Sappho, Heloïse, Gaspara Stampa, Elisa Mercœur, Clara d'Anduze, Louise Labbé, Marceline Desbordes-Valmore, Julie Lespinasse, Marie-Anne de Clermont u. v. a. m.[364]

An genau der Stelle, wo die Gottheit Autor verschwindet, erscheinen schreibende Frauen, so ungelesen wie irreduzibel. Daß es ihre Texte gibt, versperrt jede Möglichkeit, die vielen Schreiberinnen (wie Goethe es selbst Bettina Brentano antat) mit jener Einen Mutter zu konfundieren, die ihn zum Autor gemacht hatte. Das Aufschreibesystem von 1900 gehorcht der Regel unmöglicher Exhaustion nirgends strenger als auf dem Feld des Geschlech-

---

[359] RILKE, 1910/1955–66: VI 798.
[360] RILKE, 1910/1955–66: VI 797.
[361] RILKE, 1910/1955–66: VI 826.
[362] RILKE, 1910/1955–66: VI 937.
[363] RILKE, 1910/1955–66: VI 832, vgl. dazu KEY, 1911: 176 f.
[364] Vgl. RILKE, 1910/1955–66: VI 925, 798 f. und 938–931.

terunterschieds. Unmöglich werden nicht nur Schillersche „Abstraktionen" wie „d i e Natur" oder „d e r Spaziergang", sondern auch alle Diskurse, die Geschlechter unifizieren. Das ist die Einsicht, die Brigge vom Diktat seiner unmöglichen Geliebten empfängt.
Ist es möglich, daß man von den Mädchen nichts weiß, die doch leben? Ist es möglich, daß man ,die Frauen' sagt, ,die Kinder', ,die Knaben' und nicht ahnt (bei aller Bildung nicht ahnt), daß diese Worte längst keine Mehrzahl mehr haben, sondern nur unzählige Einzahlen? (...)
Ja, es ist möglich.
Wenn aber dieses alles möglich ist, auch nur einen Schein von Möglichkeit hat, - dann muß ja, um alles in der Welt, etwas geschehen. Der Nächstbeste, der, welcher diesen beunruhigenden Gedanken gehabt hat, muß anfangen, etwas von dem Versäumten zu tun; wenn es auch nur irgend einer ist, durchaus nicht der Geeignetste: es ist eben kein anderer da. Dieser junge, belanglose Ausländer, Brigge, wird sich fünf Treppen hoch hinsetzen müssen und schreiben, Tag und Nacht: ja er wird schreiben müssen, das wird das Ende sein.

Damenopfer

~~La~~ femme n'existe pas. Im Aufschreibesystem von 1900 sind Frauen unzählige Einzahlen und irreduzibel aufs Singularetantum Frau oder Natur. Alle Medien und Wissenschaften, die das System tragen, konkurrieren in einem Damenopfer. Den ersten Schlag führen Techniker. Der frühverstorbene und in Meyrinks *Golem* verewigte ungarische Schachmeister Charousek (1873-1900) verewigt sich selbst durch Damenopfer am problemartigen Partienschluß. Und Edison, wie Villiers de l'Isle-Adam ihn feiert, verrät das Berufsgeheimnis aller Ingenieure: „Unter uns gesagt, Die Natur ist eine große Dame, der ich gern einmal vorgestellt würde. Denn alle Welt spricht von ihr und niemand hat sie je gesehen."[1]

Ein Aphorismus, den der ganze Roman in Handlung umsetzt. *L'Ève future* Fatalerweise ist ein englischer Lord verliebt in eine Frau, deren Schönheit (wie um den Physiologen Möbius zu beweisen) nur vom Schwachsinn ihrer Reden überboten wird. Also beschließt Phonograph's Papa, seinem verzweifelten Freund ein Liebesobjekt zu unterschieben, das ohne lästige Empirien ist. Edison baut jene Geliebte in all ihrer Körperlichkeit elektromechanisch nach, aber nur, um all ihren Geist gegen den Der Frau auszutauschen. Bei der zukünftigen Eva – so heißt Edisons Automat mit vollem Recht – wird „e i n e Intelligenz durch Die Intelligenz ersetzt"[2]. Es entsteht eine „K o p i e der Natur", die in beiden Hinsichten vollkommener als das Original und d. h. Natur selber „begraben wird"[3]. Denn nicht nur das Fleisch der Androidin ist unvergänglich; auch die ihr eingebauten Kulturtechniken überbieten alle möglichen Wünsche Liebender. An der Stelle von Lungen sitzen zwei elektrische, also den damaligen Forschungsstand überrundende Phonographen, deren Walzen die schönsten von Dichtern und Denkern je über Liebe gesprochenen Wörter speichern. Lord Ewald muß also nur noch von einer Frau zu Der Frau überlaufen und die Androidin, heißt das, anreden, damit die zwei Phonographen das ihnen eingefütterte Vokabular nach Ebbinghausmethode auswerfen. Sechzig Stunden lang können sie unterschiedliche Liebesantwortreden führen, einfach indem eine Mechanik alle möglichen Kombinationen des Tresors durchspielt.

Lord Ewald freilich, dem Edison das alles im technischen Detail erklärt, ist anfangs bestürzt. Kein Mann kann an die Möglichkeit

---

[1] VILLIERS, 1886/1977: 105.
[2] VILLIERS, 1886/1977: 221.
[3] VILLIERS, 1886/1977: 105.

glauben, den limitierten Wortschatz und Gestenvorrat eines Automaten zu lieben, bis der Ingenieur beweist, daß Liebe immer schon und immer nur diese Litanei ist. Während Frauen im Plural (der Fall Abelone zeigt es) ganz andere Dinge sagen, als Männer hören möchten, beglückt Die Frau mit jedem ihrer Automatenwörter. Noch vor Erdmann macht Edison klar, daß erstens jede Berufssprache und zweitens jeder Alltag mit einem bescheidenen Signifikantenvorrat auskommen, daß also drittens auch in Liebesdingen „das große Kaleidoskop der Menschenwörter'' tunlichst automatisierten Medienprofessionalistinnen überlassen wird.[4]

Der programmierte Erfolg bleibt nicht aus. Der Lord entbrennt für die eine Frau oder Liebe, und Edison darf unter ein Jahrhundert der *Achs* und Olimpias den Schlußstrich ziehen. „Hiermit wird Wissenschaft zum ersten Male bewiesen haben, Den Menschen oder Mann heilen zu können – auch von der Liebe.''[5] Wie immer heilt nur der Speer die Wunde, der sie schlug. Alle Züge, die Dichter und Denker ihrem imaginären Frauenbild zuschrieben, vervollkommnet und liquidiert der technologische Ersatz. Spalanzanis mechanische Olimpia konnte gerade den einen Urseufzer; Edisons mechanische Eva spricht sechzig Stunden lang. Jene große Dame Natur, von der alle Welt redete und niemand etwas sah, stirbt an perfekter Simulation. *L'Ève future* oder der negative Beweis, daß es Mutter Natur nicht gibt. Mit der unvermeidlichen Folge, daß nach Edisons Experiment nur noch plurale Frauen übrigbleiben, zwar Experimentalabfall, aber real.

Den Technikern folgen Theoretiker. Wenn das Phantasma Frau aus einer verteilten Verteilung von Form und Stoff, Geist und Natur, Schreiben und Lesen, Produktion und Konsumtion auf die zwei Geschlechter entstanden ist, so etabliert der Widerruf dieser Polarität eine neue Ordnung der Geschlechter. Seitdem auch Frauen ein „angeborenes, unveräußerliches blind waltendes Formprinzip'' eignet, das seinerseits „geistigen Stoff ergreift''[6], ist die Komplementarität von Form und Stoff, Mann und Frau unrettbar verloren. Fortan gibt es Ariadnes, Bettinas, Abelones, also weibliche Diskurse. „Den Wesensunterschied der Geschlechter'' auf „Formeln wie ‚Produktivität' und ‚Rezeptivität''' zu bringen heißt „im Zeitalter der modernen Psychologie'' schlichte „Hinterwäldlichkeit''[7]. Moderne Psychologie nämlich, statt die zwei Geschlechter einem einen Unterschied zu unterstellen, bringt durch Beobachtung und Experiment lauter unterschiedliche Unterschiede zu-

---

[4] VILLIERS, 1886/1977: 220–233.
[5] VILLIERS, 1886/1977: 373.
[6] H. LANGE, 1911/1928: II 67.
[7] GAUDIG, 1910: 232.

tage, die ihrerseits nur abhängige Variabeln des jeweils angelegten Standards sind.[8] Und selbst Philosophen wie Weininger, die unter ausgiebiger Benutzung solch positiver Daten aus Psychophysik und Hirngewichtsmessung doch noch versuchen, über Männern und Frauen je ein Ideal zu entwerfen, räumen ein, daß es „in der Erfahrung nicht Mann noch Weib gibt", sondern nur Mischungsverhältnisse oder Unterschiedsunterschiede, denen einzig eine quantitative Anschreibung beikommt.[9] Weniger spekulative Kollegen Weiningers versuchen gar nicht erst mehr, Ideale zu definieren. Ein Aufsatz Simmels, lange vor Brigges *Aufzeichnungen* geschrieben, macht schon durch seinen Titel *Zur Psychologie der Frauen* klar, daß von Angehörigen eines Geschlechts unmöglich anders als „im Plural" gesprochen werden kann.[10]

Die vielen Frauen, die das Aufschreibesystem von 1900 statuiert, kommen für alles mögliche in Frage, nur für Liebe nicht. *L'Ève future* hat ja bewiesen, daß Die Frau schon als Simulakrum notwendige u n d hinreichende Bedingung von Liebe ist. Also übernehmen die vom Ideal entlasteten Vielen andere Rollen. Sie können „mit ihrem Namen jeden beliebigen Text unterzeichnen"[11], damit aber auch sprechen und schreiben, was immer von klassischer Geschlechterpolarität abweicht. Nirgendwo in ihren Tagebüchern oder Schriften nennt Franziska zu Reventlow den Namen-des-Vaters ihres Kindes. Ganz entsprechend tritt „uns" aus einer Anthologie, die *Liebeslieder moderner Frauen* versammelt, „nicht bloß das sich in den normalen Bahnen bewegende Liebesleben des Weibes" „entgegen, sondern auch seine Verirrungen ins Dämonische und seine Verirrungen ins Krankhafte werden uns enthüllt"[12].

Für diese Dämonien und Krankheiten gibt es seit 1896 Wort und Sache Psychoanalyse. Das andere Leiden, das Freud heilbar macht – die männermordende Zwangsneurose –, ist ja „gleichsam nur ein Dialekt der hysterischen Sprache"[13] oder Sprache des Weibes. Also fällt Freud die radikal neue Aufgabe zu, „dreißig Jahre" lang auf Frauen zu hören und alles, was sie sagen, der einen Rätselfrage „Was will das Weib?" zu unterstellen. Daß die Frage, wie er am Ende und nicht von ungefähr einer Frau und Schülerin bekennt, ohne Antwort bleibt[14], ist nur ein Beweis mehr fürs Nicht-

Psychoanalyse und Frauen

---

[8] Vgl. etwa STERN, 1914: 25–27.
[9] WEININGER, 1903/1920: 10 f.
[10] SIMMEL, 1890: 16.
[11] HAHN, 1991: 72.
[12] GRABEIN, 1902: IX.
[13] FREUD, 1909/1946–68: VII 382.
[14] FREUD, in JONES, 1961/1969: 491.

sein Der Frau. Ihr eines *Ach* und der eine Punkt, von dem aus es einem klassischen Therapeuten namens Mephisto heilbar schien, verschwinden miteinander. An die entstandene Leerstelle treten unabzählbare Reden, die Freud registriert, als stünde auch er unterm Imperativ des Romanhelden Edison. Grammophonie ordnet ja an, nicht mehr Heilige Schriften zu lesen, sondern auf heilige Schwingungen zu hören. Was um so nötiger ist, als Hysterie, wiewohl eine ganze Sprache, an dialektalen Wendungen dem Wetterwendischen wenig nachgibt. Nur unter der elementaren Bedingung, auf die Liebe seiner Patientinnen zu verzichten, kann Freud die fremden Schwingungen weiblicher Sexualität hervorlocken. Sein Verzicht stellt methodisch schon sicher, was Brigge erst bei Bettina und Abelone lernen muß: daß vom anderen Geschlecht erhörte Begierden keine mehr sind. Wenn Freud dagegen einmal der Versuchung erliegt, das Begehren einer hysterischen Patientin mit einem gewissen ,,Herrn K." und diesen ,,K." nach allen Regeln der Übertragungsliebe auch noch mit sich selbst zu identifizieren, scheitert seine Kur. Zur ,,völligen Verwirrung" des Anfängers Freud ist bei Dora ,,die homosexuelle (gynäkophile) Liebesregung für Frau K. die stärkste der unbewußten Strömungen ihres Liebeslebens"[15].

Ein Diskursmathem Lacans besagt, daß es den psychoanalytischen Diskurs nur als Transposition des hysterischen gibt. Das schließt ein, Frauen nicht mehr vom Wissen auszuschließen. Die inexistente Geliebte aller Männer macht Triebschicksalen Platz, unter denen genitale Liebe nur mehr Zufall und in der Berggasse gar tabu ist. Jenes rätselhafte Wissen, das Hysterikerinnen weitertragen, ohne davon zu wissen, speist keine Dichtung, die es zum höheren Ruhm eines Autors Freud in Liebe zu ihm übersetzen würde. Frauenwissen bleibt Wissen und wird – was wohl ,,jede Möglichkeit eines Erfolges an einer Universität zerstört"[16] – als Wissenschaft Psychoanalyse an Frauen weitergegeben. Jene Marie Bonaparte, der Freud seine Frage nach der Frage des Weibes verrät, ist nur eine von vielen Schülerinnen, Lou Andreas-Salomé eine andere. (Um von Freuds bräutlicher Tochter zu schweigen.)

,,Meine Damen und Herren!" beginnen die *Vorlesungen zur Einführung in die Psychoanalyse*, gehalten an der Universität Wien in den Wintersemestern von 1915 auf 1917. Ein Diskurs auf der Basis von Frauendiskursen kann und muß auch unter akademischen Bedingungen zu Frauen zurückkehren. Das ist sein ganzer Unterschied zum universitären Diskurs, der seit 1800 Frauen systematisch ausschloß, damit ungezählte Beamte ihren Tanz rund

---

[15] FREUD, 1905/1946–68: V 282–284.
[16] FREUD, 1916–17/1946: XI 8.

um die Alma Mater aufführen konnten. Denn nur eine Große Mutter ermöglichte jenen Helden, ohne dessen Unterstellung es Universitätssubjekten untersagt war, Wissen zu äußern: den Autor.[17] Ein Herrendiskurs von und aus Der Mutter speist den universitären wie umgekehrt den analytischen Diskurs der hysterische. Als Kirchhoff 1897, unmittelbar vor der einzigen Universitätsreform, die ihren Namen verdient hat, Hunderte von *Gutachten hervorragender Universitätsprofessoren, Frauenlehrer und Schriftsteller über die Befähigung der Frau zum wissenschaftlichen Studium* einholte, erteilte das universitäre Subjekt Prof. Dr. Hajim Steinthal einen Bescheid, der Klartext ist. Frauen sollten nicht studieren, denn ,,auf die unbestimmte Hoffnung hin, noch einen Goethe zu bekommen, würde ich die Gewißheit, eine Goethe-Mutter zu verlieren, nur beklagen''[18].

Vorlesungen an ,,Damen und Herren'' rotten mit Frau Rat also die Möglichkeitsbedingung selber von Autorschaft aus, mögen sie auch noch so viele Schriftstellerinnen oder Analytikerinnen hervorrufen. Entweder gibt es eine Alma Mater und auf der anderen Seite (unter Ausschluß so unmöglicher Frauen wie der Günderode) lauter Jünglinge, denen ein auktoriales Gottesreich aufgetan wird, oder das ganze Interpretenspiel zwischen Mensch und Welt läuft leer. Wenn Mann und Frau, Autor und Mutter nicht mehr addierbar sind – und die Synthese von Form und Stoff, Geist und Natur hieß ja psychologisch Mensch, philosophisch Welt –, dann nur, weil am 18. August 1908 ein vierzigjähriger Krieg um Frauenimmatrikulation auch in Preußen zum Sieg führt. Mit einem Schlag wird es unmöglich, Schüler und nur Schüler zehn Jahre lang faustisch an der Nase herumzuführen – in Vorlesungen selber stehen ihnen die Nasen Kleopatras ja vor Augen.

Die Universitätsreform ist radikale Zäsur im Verhältnis von Sexualität und Wahrheit. Was verschwindet, sind ,,das Eigentümliche im Wesen der deutschen Studenten'' und jener ,,freie studentische Ton'', den man aus Auerbachs Keller kennt. Was neu entsteht, sind Frauen, die von Sexualität reden und damit ,,das Ideal, welches der Deutsche glücklicherweise noch vom Weibe verlangt, abstreifen''[19] Mit anderen Worten: Professoren- und Studentenwünsche erfüllt nur Eva oder die Eine, während studierende und plurale Frauen einen Diskursraum betreten, der seit Edison Liebe nicht mehr kennt. ,,Gemeinsamer Unterricht der Geschlechter'' heißt notwendig die ,,geschlechtliche Differenzierung überhaupt

---

[17] Vgl. LACAN, 1970: 97. ,,Dans le discours universitaire, c'est la béance où s'engouffre le sujet qu'il produit de devoir supposer un auteur au savoir.''
[18] H. STEINTHAL, in KIRCHHOFF, 1897: 216.
[19] J. SCHEINER, in KIRCHHOFF, 1897: 264.

zu ignorieren" und anstelle von Liebesträumen „völlige Objektivität und Nüchternheit den Erscheinungen des geistig-geschichtlichen Lebens gegenüber festzuhalten"[20].
Gesagt, getan. Unmittelbar bevor Freud den Damen unter den im psychiatrischen Hörsaal versammelten Damen und Herren die frohe Botschaft bringt, daß sie erstens im Anatomischen auch einen Phallos und zweitens im Traum die Symbole Holz, Papier, Buch haben[21], ist er „Rechenschaft" über seine Behandlungsart primärer Geschlechtsmerkmale „schuldig". Freuds Antwort: nach obigen Grundsätzen der Koedukation. „So wie es keine Wissenschaft in usum delphini gibt, so auch keine für Backfischchen, und die Damen unter Ihnen haben durch ihr Erscheinen in diesem Hörsaal zu verstehen gegeben, daß sie den Männern gleichgestellt werden wollen."[22]

Frauen und Schreibmaschine

Das ist wirklich Gleichberechtigung. Frauen, die erstens einen Phallos oder Griffel h a b e n und zweitens Holz, Papier, Buch s i n d, hindert nichts mehr am Schreiben. Vor allem keine Bestimmung des menschlichen Geschlechts, die Autoren als Graveure und Frauen als Naturschreibtafeln unterschieden hat. Wenn beide Geschlechter auf beiden Seiten der Differenz stehen, sind sie endlich reif für ein Schreibzeug, das ohne Subjekt und Griffel auskommt. Früher einmal machten Nadeln in Frauenhänden Gewebe, Federn in Autorenhänden andere Gewebe namens Text. Aber diese Zeiten sind vorbei.

Maschinen überall, wohin das Auge blickt! Für zahllose Arbeiten, die sonst der Mensch mühsam mit seiner fleißigen Hand verrichtete, ein Ersatz und was für ein Ersatz an Kraft und Zeit, und welche Vorzüge in der Tadellosigkeit und Gleichmäßigkeit der Arbeit. Es war nur natürlich, daß, nachdem der Ingenieur der zarten Frauenhand das eigentliche Symbol weiblichen Fleißes aus der Hand genommen hatte, auch ein Kollege von ihm auf den Gedanken kommen würde, die Feder, das eigentliche Symbol männlichen geistigen Schaffens, durch eine Maschine zu ersetzen.[23]

Maschinen liquidieren den polaren Geschlechterunterschied mitsamt seinen Symbolen. Ein Apparat, der Den Menschen bzw. das Symbol männlichen Schaffens ersetzen kann, steht auch Frauen offen. Neben Freud war es Remington, der „dem weiblichen Ge-

---

[20] H. LANGE, 1911/1928: II 73.
[21] Vgl. FREUD, 1916–17/1946–68: XI 157 f.
[22] FREUD, 1916–17/1946–68: XI 155. In Österreich stand das Philosophiestudium Frauen seit 1897, das Medizinstudium seit 1900 offen. Demgemäß bekannte der frischgebackene Privatdozent Freud, im Sommersemester 1900 „nur drei Hörer" zu haben, unter ihnen aber ein kursiviertes „*Frl.*" (FREUD, B 16. 5. 1900/1986: 454).
[23] ANONYMUS, 1889: 863. Über Näh- und Schreibmaschine vgl. auch BURGHAGEN, 1898: 31.

schlecht den Einzug in die Schreibstuben geöffnet hat"[24]. Ein Schreibzeug, das in keiner Weise mehr Liebesvereinigungen zwischen Schrift und Stimme, Anselmus und Serpentina, Geist und Natur vorspielt, kommt für koedukatorische Praktiken wie gerufen. Die Schreibmaschine führt (und solche Kleinigkeiten übersieht Foucaults *Ordnung der Dinge*) „eine ganz neue Ordnung der Dinge herauf"[25].

Während die erste Studentinnengeneration, von Marianne Weber im *Typenwandel der studierenden Frau* so schön beschrieben, „in streitbarer Jungfräulichkeit bewußt auf den Blütenkranz weiblicher Anmut verzichtet", taucht bald ein anderer Typ auf. Ihm erwächst aus „nie gekannten geistigen Berührungsmöglichkeiten mit jungen Männern eine unendliche Fülle neuartiger menschlicher Beziehungen: Kameradschaft, Freundschaft, Liebe". Was Wunder, daß er auch „bei den meisten Dozenten bereitwillige Förderung findet"[26]. Aus Züricher Professorenmund hört Frau Förster-Nietzsche, daß Frauen, seitdem „die Emanzipierten der damaligen Zeit allmählich liebenswürdigere Formen annahmen", „an Universitäten und Bibliotheken als Sekretärinnen und Assistentinnen sehr geschätzt" sind.[27] Sie hätte dasselbe auch aus dem Mund eines Basler Exprofessors hören können, der in seiner Halbblindheit ja zwischen Schreibmaschine und Sekretärinnnen schwankte.

„Lieber Amanuensis werden bei dem Gelehrten, als für eigene Rechnung mit wissenschaftlichen Untersuchungen sich abgeben", lautet demgemäß Ellen Keys Rat an berufstätige Frauen.[28] In der genauen Mitte zwischen Schreibsklavin und wiss. Ass. finden sie einen universitären Platz. Und das ist, wie der Fall Felice Bauer zeigt, im Kontorwesen nicht anders. Ausgerechnet in einer Berliner Phonographenfabrik legt Kafkas Verlobte in wenigen Jahren die ganze Karriere von Sekretärin zu Prokuristin zurück, und zwar einfach darum, weil sie Schreibmaschine kann. Sicher „läßt Tätigkeit im Bureau, hinter dem Kontobuch oder an der Kasse, auch an der Schreibmaschine von dem, was gerade die Frau Besonderes und Einzigartiges zu geben hat, wenig in Erscheinung treten"[29]. Und trotzdem oder deshalb findet *Das Eindringen der Frau in männliche Berufe* auf dem Feld Textverarbeitung statt. Frauen haben bewundernswerte Gaben, „zur bloßen Schreibmaschine herabzusinken"[30]. Während Männer, von den rühmlichen Ausnahmen ei-

---

[24] Scholz, 1923: 15.
[25] Burghagen, 1898: 1.
[26] M. Weber, 1918: 3 und 5.
[27] Förster-Nietzsche, 1935: 136.
[28] Key, 1904: 56.
[29] Krukenberg, 1906: 38.
[30] Schwabe, 1902: 6 f.

ner Schriftstellerelite und der St-G-Schrift abgesehen, weiter auf ihre klassisch gebildete Handschriftlichkeit setzen und in dieser Verblendung eine Marktlücke kampflos unbesetzt lassen, treten Mädchen „mit schlechtester Handschrift" zur „Behandlung der Schreibmaschine" an – in Pädagogenaugen etwa so, „als baue man an einer Kirche den Turm in die Luft, da man die Grundmauern vergessen"[31].
Aber das ist es eben. Grundmauern zählen nicht mehr. Remingtons verkehren das systematisch produzierte Handicap der Frauen, ihre mangelnde Schulbildung, in eine historische Chance. Die Verkaufsabteilung jener Firma braucht im denkwürdigen Jahr 1881 nur die Heere arbeitsloser Frauen zu entdecken – und aus einer unrentablen Neuerung wird der Massenartikel Schreibmaschine.[32] Zwei Wochen Schnellkurs am Leihgerät erübrigen all die langwierigen „Schulstudia", wie der Sekretär Anselmus und seine grund-

---

[31] Schwabe, 1902: 6 f.
[32] Vgl. Bliven, 1954: 3–16, 69–79 für amüsante historische Einzelheiten und den lakonischen Satz „There are more women working at typing than at anything else".

sätzlich männlichen Kollegen im 19. Jahrhundert sie nötig hatten. „Die sogenannte ‚Emanzipation' der Frauen"[33] i s t ihr Griff nach einer Maschine, die mit pädagogischen Diskurskontrollen aufräumt. Das Kontorwesen, in Deutschland und anderswo, wird zur HKL im Geschlechterkrieg, weil es ein „durch keinerlei Zulassungs- und Ausleseexamen geschützter Beruf" ist.[34] Während 1870 von den 174 in den USA gemeldeten Maschinenschreibern und Stenographen noch 95,5% Männer waren, sind es 1990 von insgesamt 112 600, bei dreistelliger Zuwachsrate also, nur mehr 23,3%.[35]

•

Jonathan Harker, Anwaltsschreiber in einem englischen Notariat, der mit Akten seines Chefs den Grafen Dracula auf dessen transsilvanischem Schloß aufsucht, führt die ganze Reise über Tagebuch. Das Heft ist sein Rettungsanker vor den fremden Gelüsten, die den Grafen Nacht für Nacht überkommen. Harker, wie Brigge, Rönne, Lauda e tutti quanti, formuliert einmal: „Ich muß etwas tun, sonst werde ich wahnsinnig; deshalb schreibe ich dieses Tagebuch."[36] Auch daß er Stenographie gelernt hat und im Tagebuch, der Wut des Grafen zum Trotz, durchgängig benutzt, macht ihn noch nicht zum modernen Diskursangestellten. Tagebuchschreiber haben an ihrer Handschrift Kenntlichkeit und Kohärenz, also Individualität.

Daheim in Exeter sitzt derweil Harkers Verlobte sehnsüchtig an der Schreibmaschine. Denn während ihrem Bräutigam das Notariat bei Ableben des Chefs von selbst zufallen wird, hat Mina Murray neue Diskurstechnologien bitter nötig. Sie ist Schulassistentin, aber nicht zufrieden mit pädagogischer Halbemanzipation, träumt sie davon, „es so zu machen wie die Journalistinnen". Also übt sie eifrig Schreibmaschine und Stenographie, um später nach der Heirat Jonathans „Diktat aufnehmen" zu können.[37] Nur (wie Lily Braun so richtig erkannt hat) die „Zersetzung der alten Familienform" um 1900 greift Platz „gerade da, wo man sehr konservativ zu sein glaubt"[38]: Kontoristinnen, auch wenn sie andere Träume haben, ist „eine Rückkehr zu irgend einer Familienstelle versagt"[39]. Unmöglich können Schreibmaschine und Bürotechnik im

Stokers Dracula: ein Vampyrroman der Schreibmaschine

---

[33] RICHARDS, 1964: 1.
[34] KRUKENBERG, 1906: 38. Vgl. auch die internationalen Statistiken bei BRAUN, 1901: 178 f.
[35] Vgl. DAVIES, 1974: 10.
[36] STOKER, 1897/1967: 399, vgl. auch 52.
[37] STOKER, 1897/1967: 75 f. Über Journalistinnen vgl. MASCHKE, 1902: 26 f.
[38] BRAUN, 1901: 197.
[39] SCHWABE, 1902: 21.

Binnenraum Mütterlichkeit eingesperrt werden. Ihre Funktion ist immer schon das Interface verzweigter und spezifizierter Datenströme. Der Fortgang von Stokers Roman macht das klar.

Mina Harker, statt bloß das Diktat ihres mittlerweile angetrauten Jonathan aufzunehmen, muß zur Übermittlungszentrale eines immensen Nachrichtennetzes werden. Der Graf nämlich landet heimlich in England und hinterläßt ebenso verstreute wie furchtbare Spuren. Da ist ein Irrer, in dessen Hirn der Psychiater Dr. Seward neue und grauenhaften Bahnungen decodiert, um die verbalen Spuren dieser Bahnungen sofort auf seinen Phonographen zu übersprechen. Da ist Minas Freundin Lucy Westenra, an deren Hals zwei kleine Wunden wie von Zähnen auftauchen, weshalb sie immer somnambuler, anämischer und (um es kurz zu machen) hysterischer wird. Und schließlich ist da ein holländischer Arzt, der „die Therapie durch seine Entdeckung der fortgesetzten Evolution der Gehirnmasse revolutioniert hat"[40]. Was ihn selbstredend auch befähigt, das Reale hinter den verstreuten Spuren des Grauens zu erkennen. Aber seine Erkenntnis bliebe graue Theorie des Vampyrismus, übernähme Mina Harker nicht die Aufgabe exhaustiver Spurensicherung. Die davon träumt, es wie die Journalistinnen zu machen, transkribiert auf ihrer Schreibmaschine sämtliche Tagebuchhandschriften, sämtliche Phonographenwalzen, sämtliche einschlägigen Zeitungsausschnitte und Telegramme, Akten und Logbücher, fertigt von der Transkription Durchschläge an, stellt die Durchschläge sämtlichen Jägern Draculas täglich zur Verfügung usw. usw.[41]

---

[40] STOKER, 1897/1967: 337. So beginnt die „progressive Zerebralisation" v. Economos und damit auch Benns.
[41] Mina Harkers nebenstehendes Idealporträt ist entnommen aus CHEW, 1967: 27.

So daß der Graf, wäre er nicht so ahnungslos, in Schrebers bewegte Worte ausbrechen müßte:

Man unterhält B ü c h e r o d e r s o n s t i g e A u f z e i c h n u n - g e n, in denen nun schon seit Jahren alle meine Gedanken, alle meine Redewendungen, alle meine Gebrauchsgegenstände, alle sonst in meinem Besitze oder meiner Nähe befindlichen Sachen, alle Personen, mit denen ich verkehre usw. a u f g e s c h r i e b e n werden.[42]

Sicher fällt es einer Frau nicht immer leicht, alle Spuren eines perversen Begehrens zu vertexten. Sewards (um nicht zu sagen: Stranskys) Phonographenwalze dreht sich schneller, als Maschinenschreibhände es gern hätten. Auch ist „der wunderbare Apparat" von derart „erschreckender Naturtreue", daß die Transkribierende „deutlich wie kein anderer" die Schläge gequälter Herzen vernimmt.[43] Aber eine Diskursangestellte hält durch, eben weil sie Diskursangestellte geworden ist. Während ihre Freundin, wie so viele Hysterikerinnen seit Azam und Wagner, plötzlich nachts eine zweite Persönlichkeit hervorkehrt: Eben noch sterbenselend und gefügig, weist sie Medikamente ab, zieht ihr Zahnfleisch über die Eckzähne zurück und spricht mit einer nie gehörten leisen, wollüstigen Stimme. Als wäre die Kundry des ersten Aktes *Parsifal* zur Kundry im Zaubergarten geworden.

„Was will das Weib?" Im Aufschreibesystem von 1900 heißt die Alternative nicht mehr Mutterschaft oder Hysterie, sondern Maschine oder Zerstörung. Mina Harker tippt, Lucy Westenras zweite Persönlichkeit dagegen ist Wille vom Willen eines despotischen Signifikanten. Da eine Desexualisierung, die Textverarbeitung noch der intimsten Tagebücher und perversesten Sexualitäten erlaubt, dort die Wahrheit. Und zwar genau die Wahrheit, der Freuds ursprüngliche Einsicht gilt[44] und ein ganzes juristisch-journalistisches Kesseltreiben auch gleichzeitige Publizität verschafft: daß Hysterie Verführtwordensein durch einen Despoten ist. Lucys Nachtwandeln entspringt nicht ihrer Seele, sondern väterlichem Erbe.[45] Die Träume von Wölfen und die Bisse von Eckzähnen sind keine Phantasien, sondern gräfliche Engramme in Hirn und Hals. Während Mina tippt, gerät ihre Freundin auf die Nachtseite des Maschinenschreibens. Zwei winzige Bißwunden am Hals materialisieren Beyerlens Gesetz, daß Eckzähne oder Typenhebel durch

---

[42] SCHREBER, 1903/1973: 168.
[43] STOKER, 1897/1967: 306.
[44] Vgl. FREUD, B 21. 9. 1997/1986: 283: „Dann die Überraschung, daß in sämtlichen Fällen der V a t e r als pervers beschuldigt werden mußte, mein eigener nicht ausgeschlossen, (...) während doch solche Verbreitung der Perversion gegen Kinder wenig wahrscheinlich ist."
[45] Vgl. STOKER, 1897/1967: 100.

einen einzigen kurzen Druck gleich das ganze fertige Engramm an der richtigen Stelle von Papier oder Haut erzeugen. „Die Stelle, die gesehen werden müsste, ist immer sichtbar, nur nicht in dem Augenblick, wo man die Sichtbarkeit braucht oder brauchen zu können glaubt." Blinden Schreibakten gegenüber bleibt eben nur eine nachträgliche Decodierung. Aber wer wie Lucys holländischer Arzt tief genug von Charcots Hysterielehre durchdrungen ist, kann Wunden und Träume einer Hysterikerin beim Wort ihrer Sexualität nehmen und Traumwölfe (auf die Gefahr eigener Hysterieanfälle hin) bei Tageslicht jagen.

Kein Despot überlebt es, daß ein ganzer Medienverbund von Psychoanalyse und Textverarbeitungstechniken ihm nachstellt. Das Sonderkommando hat „wissenschaftliche Erfahrungen", Dracula hat bloß sein „Kindergehirn" mit Engrammen gerade bis zur Schlacht von Mohács (1526).[46] Er ahnt zwar, welche Macht ihn niederringt, sonst würde er nicht gefundene Phonographenwalzen und Typoskripte ins Feuer aller Feuer werfen. Aber die Jäger haben Mina und „Gott sei Dank noch eine Kopie im Geldschrank"[47]. Unter nachrichtentechnischen Bedingungen zergeht der Despot Alteuropas zum Grenzwert Brownscher Molekularbewegungen, die ja das Rauschen auf allen Kanälen sind.[48]

Ein Herzstich macht Untote zu Staub. Zuerst wird Draculas wollüstig flüsternde Braut, die auferstandene Blutsaugerin Lucy, ein zweitesmal getötet, am Ende und auf der Schwelle seiner Heimat auch Er. Mit Schreibmaschinendurchschlägen und Telegrammen, Zeitungsausschnitten und Wachswalzen (wie Stokers Roman sie alle säuberlich als Diskurssorten markiert) schlägt ein über zwanzigmal verfilmter Medienverbund zu. Der große Vogel über Transsilvanien fliegt nicht mehr.

*

Schreibmaschinistinnen in E- und U-Literatur

They pluck in their terror handfuls of plumes from the Imperial Eagle, and with no greater credit in consequence than that they face, keeping their equipoise, the awful bloody beak that turns upon them ... Everyone looks haggard, and our only wonder is that they succeed in looking at all.[49]

Es ist ein und dieselbe Geschichte im Aufschreibesystem von 1900. Die letzten Zeilen von Henry James, bevor die Agonie einsetzt, hält eine Schreibmaschine fest. Und das Rätsel ihrer Bedeutung ist die Vorgeschichte dieser Materialität.

---

[46] Vgl. STOKER, 1897/1967: 329, 470 f. und 42.
[47] STOKER, 1897/1967: 394 f.
[48] Vgl. STOKER, 1897/1967: 331.
[49] JAMES, M 11. 12. 1915, in HYDE, 1969: 277.

Der Schriftsteller James, berühmt geworden durch konzisen und unaussprechlichen Stil, geht vor 1900 schon zum Diktieren über, um aus Stil ein „freies, unbeantwortetes Sprechen", also „Diffusion" oder Gedankenflucht zu machen. Im Sommer 1907 wird Theodora Bosanquet, Angestellte eines Londoner Schreibmaschinenbüros, die eben am *Report of the Royal Commission on Coast Erosion* tippt, zu James beordert, der gleich beim Einstellungsgespräch als „gutwilliger Napoleon" auftritt. So beginnt ihr „ebenso alarmierender wie faszinierender Job, als Medium zwischen gesprochenem und maschinellem Wort zu dienen". Alarmierend, weil die Bosanquet ja nur Wille vom Willen eines Diktators ist, der in seinen Träumen wieder und wieder Napoleon heißt. Faszinierend, weil auch sie unentbehrlich wird: Wann immer das rosa Rauschen der Remington aussetzt, fällt James nichts mehr ein.[50]

Gertrude Steins düsteres Orakel hat alles, alles vorhergesagt, aber eben auch, daß Orakel niemand warnen können. Wer 1907 ein Medium engagiert und seinen Stil auf „Remingtonesisch" umstellt, wird 1915 von Schlaganfällen dahingestreckt. Schiere Literaturgeschichtsfakten lösen das wildeste Phantasma einer Epoche ein. Ein Blutgerinnsel im Hirn raubt James zwar nicht die klare Diktion, aber alle verabredeten Bedeutungen. Lähmung und Asymbolie kennen nur noch Reales. Und dies Reale ist eine Maschine. Die Remington samt ihrem Medium wird ans Sterbebett beordert, um drei Diktate eines delirierenden Hirns aufzunehmen. Zwei davon sind abgefaßt, als habe der Kaiser der Franzosen, dieser große Diktierkünstler, sie erlassen und unterzeichnet; das dritte zeichnet auf, daß und woran sein imperialer Adler verblutet.

Aber die „Schreibmaschine", die seit 1796 Napoleons Diktat aufnahm, hieß Berthier und Marschall von Frankreich.[51] Dem Generalstabschef der Grande Armée, nicht anders als Goethes ungezählten Sekretären, fiel die schlichte Aufgabe zu, Herrnworte in Handschriften oder Eilbriefe umzusetzen. Die Schreibmaschine dagegen, die 1915 die Napoleon-Simulationen eines sterbenden Schriftstellers verschriftet, gibt es als Frau und Apparat. Wobei ihr Name „Typewriter" schon seit Remington zwischen Frauen und Apparaten keinen Unterschied mehr macht.[52]

Nichts ist undenkbarer, aber auch nichts klarer: eine Maschine registriert sich selbst.

Als der König David alt war und hochbetagt, verlangte er nach einem schönen Mädchen, um ihn zu wärmen. Und sie legten Abi-

---

[50] BOSANQUET, 1924: 243–248, vgl. dazu MCLUHAN, 1964/1968: 282 f.
[51] Vgl. GIEHRL, 1911: 4 f.
[52] Vgl. BLIVEN, 1954: 72 f.

gal von Sunem in seine Arme. Den Schriftsteller verlangt nicht nach Theodora Bosanquet, sondern nach ihrer Schreibmaschine. Und das Damenopfer ist vollbracht.

Im Aufschreibesystem von 1900 – das ist sein offenbares Geheimnis – gibt es keine sexuelle Beziehung der Geschlechter. Daran ändern scheinbare Ausnahmen nichts. Wenn Maupassant, der wohl aus denselben venerologisch-ophthalmologischen Gründen wie Nietzsche zeitweilig einer Sekretärin diktieren mußte, es nicht unterlassen konnte, auch mit ihr zu schlafen, dann nur als Vorspiel zu einer groß inszenierten Trennungskomödie.[53] Die Komödien der Vereinigung dagegen bleiben den Medien und ihren literarischen Zulieferwerkstätten überlassen. Eine schöne Tautologie will es, daß Frauen und Männer, die über Medien verschaltet sind, in Medien zusammenkommen. So macht die Unterhaltungsindustrie aus dem offenbaren Geheimnis von 1900 täglich neue Phantasmen. Nachdem Draculas schwarzes Herz verblutet ist, darf der ohnmächtige Romanheld Harker seiner Schreibmaschinistin doch noch ein Kind machen. Und nachdem es Grammophone und Schreibmaschinistinnen gibt, winkt jedem Chef oder Verseschmied ein Glück.

Am Sonntag will mein Süßer mit mir segeln gehn heißt eine Platte von 1929, die gleich in der ersten Strophe das Fabrikationsgeheimnis ihrer Fiktion ausplaudert.

Träumend an der Schreibmaschin'
saß die kleine Josephin',
die Sehnsucht des Herzens, die führte die Hand.
Der Chef kam und las es und staunte, da stand:

„Am Sonntag will mein Süßer
mit mir segeln gehn,
sofern die Winde wehn,
das wär' doch wunderschön!
Am Sonntag will mein Süßer ..."'[54]

---

[53] Die Einzelheiten siehe bei LUMBROSO, 1905: 620 f.
[54] GILBERT/PROFES, 1929, in L. W. WOLFF, 1981: 59. Als Schreibmaschinenliteraturgeschichte in actu vgl. auch den *Kommerziellen Tango* der Münchner Vier Scharfrichter vom 15. 1. 1932 und seine Analyse bei HÖRISCH, 1994: 1043–1054:
„Wenn man sich schrieb: / ,Ich hab dich lieb' / Zu Werthers Zeiten / Bei Liebesleuten, / Schrieb man mit Tränen auf blauem Pergament. / Unsere Zeit / Hat keine Zeit / Für Liebesschmerzen / Und kranke Herzen. / Denn wir sind heute für Liebe insolvent. / Jede Frau weiß das, was uns treibt, / Wenn die Schreibmaschine schreibt: / ,Ich mache Ihnen unverbindlich / Ein Angebot in Liebe (Absatz). / Ich lade Sie ganz unverbindlich / Zu meinem Ausverkauf in Glück (einrücken). / Erwarte Ihre Antwort stündlich. / Kommen Sie auf die Offerte zurück (gesperrt weiter). / Ich mache Ihnen unverbindlich / Ein Angebot in Glück (eine Anlage, zwei Durchschläge).'"

Leier und Schreibmaschine heißt ein leider nie verfilmtes Drehbuch von 1913, das mit diesem Titelversprechen alle Atlantisträume von Serpentina und Anselmus aufgreift. Es steht in Pinthus' *Kinobuch* und verschaltet Kino, Schreibmaschine, Schriftstellerei zum perfekten Zeitbild, dem nur noch Grammophon und Tonspur fehlen. Richard A. Bermanns technologisches Atlantis beginnt damit, daß ein braunes Schreibmaschinenmädchen vom heißgeliebten Kino heimkommt und ihrem Freund nacherzählt, was der Stummfilm alles versprochen hat. Der Film-im-Film seinerseits beginnt mit dem ganzen Gegenteil: einem jungen Verseschmied, der vergebens am Federhalter kaut und angefangene Blätter schon nach einer Zeile zerfetzt. ,,Ce vide papier que sa blancheur défend'' gibt Schreibern seit Mallarmé[55] eben nur Fluchtimpulse ein. Der Verseschmied läuft davon und einer Frau nach, die aber keine von denen ist, die es für Geld machen, und ihm die Tür zuschlägt. Nur wird damit ihr Türschild oder Versprechen lesbar.[56]

```
MINNIE TIPP
Schreibmaschinenbureau
Abschrift literarischer Arbeiten
Diktat
```

Der Schriftsteller klingelt, findet Einlaß, geht in Diktierpose und spricht: ,,Mein Fräulein, ich liebe Sie!'' Was jene Minnie – ganz wie ihre Namensschwester bei Stoker, die ja auch keine Privatheiten mehr kennt – umstandslos in die Maschine schickt.[57] Am Tag darauf folgt per Post die Rechnung nach. Wenn Kuriere ohne König, Diskursangestellte ohne Beamten Meldungen von Medium zu Medium transportieren, kommen Meldungen mit Sinn oder Liebe gar nicht an. Geld, der annihilierendste Signifikant von allen, standardisiert sie einfach. (1898 haben 1000 Maschinenwörter 10 Pf gekostet.[58])

Zu allem Überfluß schreibt Bermanns Drehbuch auch noch vor, daß die getippte Zeile ,,Mein Fräulein, ich liebe Sie!'' ,,auf der weißen Leinwand gezeigt wird''. Selbst wenn das Fräulein also an

---

[55] Vgl. MALLARMÉ, 1945: 38.
[56] Alles nachzulesen bei BERMANN, in PINTHUS, 1913/1963: 30.
[57] Solche Szenen sind Massenware. ,,In the early fiction written with secretaries for heroines, the hero (a rising young executive in the firm) was usually so impressed by his secretary's decorum that he didn't dare even to propose; in one story after another he called her in and dictated a proposal, building to the climax in which she, her eyes brimming with tears, asked ,And to whom, Sir, is this missive to be adressed?''' (BLIVEN, 1954: 12)
[58] Vgl. BURGHAGEN, 1898: 28.

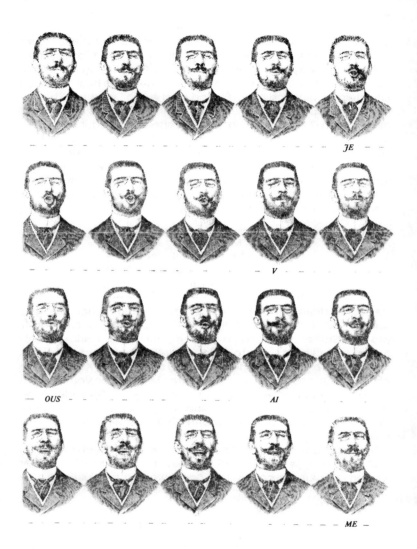

einer Maschine mit unsichtbarer Schrift gesessen hätte – spätestens der Film macht Liebesflüstern stumm, sichtbar und lächerlich. Ein Aufschreibesystem rigoroser Spurensicherung ignoriert die Seele gar nicht erst; es wirft sie Apparaten und Kinobesucherinnen vor. Bermanns Filmleinwand ist nur die spiegelbildlich exakte Entsprechung zu Demenys Phonoskop, das als Medienverbund von Experimentalphonetik und Reihenphotographie die zwei Sekunden, die ein Männermund für die Lautfolge „JE VOUS AIME'' braucht, in zwanzig Momentaufnahmen seiner sukzessiven Stellungen zerlegt.[59]

Aber selbstredend wachsen Männer vor Apparaten. Von jenem Tag an gelingen dem jungen Verseschmied Gedichte seiner Liebe, die Minnie Tipp lesbar findet und durch ihre Kopien, „einige Zentner tadellos abgeschriebener Manuskripte'', lesbar selbst für Literaturkritiker macht. Mit Maschinenschrift „befestigt und vergrößert man'' eben seine Kundschaft[60]. So kommt es zum Druck und doch noch zu jenem göttlich komödiantischen Tag, an dem die beiden, der Mann mit der Leier und die Frau mit der Schreibmaschine, „nicht weiter tippten''[61]. Ende der Binnenhandlung. Francesca und Paolo, Serpentina und Anselmus unter Leinwandbedingungen.

Die zwei Verliebten des Rahmens aber bleiben uneins. Der braunen Cinéastin und Schreibmaschinistin verheißt der Film einen Triumph weiblicher Umerziehungskünste auch über verjährteste Männerberufe. Ihrem Freund, der nur an Werke aus Federhaltern glaubt, bedeutet er, daß die Schreibmaschine Schriftsteller zu U-Literaten und Frauen frigide macht. Worauf die Braune lacht.

Vierundzwanzig Jahre später wird dieses Lachen sämtliche Revuegirls anstecken, die im Billy-Wilder-Film *Ready, Willing, and Able* über die Tastatur einer überdimensionalen Schreibmaschine tanzen.

•

Und doch ist *Leier und Schreibmaschine* schon ein Jahr zuvor verfilmt worden – im Realen. 1912 lernt der Schriftsteller Kafka an einem Abend bei Max Brod Felice Bauer kennen, unmittelbar nachdem die Schreibmaschinistin von ihrer Parlographen- und Diktiergerätefirma Prokura oder die Erlaubnis des ganzen Gegenteils erhalten hat: sie darf *Carl Lindström A. G.* unterzeichnen. Die

Kafkas Liebe: technische Medien

---

[59] Die umseitigen Photos von Georges Demeny, der selbstredend zugleich Versuchsleiter und Versuchsperson war, stammen aus MARÉCHAL, 1891: 406.
[60] BURGHAGEN, 1898: 28.
[61] BERMANN, in PINTHUS, 1913/1963: 31–33.

Wochen darauf verbringt Kafka an einer Schreibmaschine seines Büros, die er nicht gewohnt ist, aber eben darum zu ersten Liebesbriefen mißbraucht.[62] Und diese Briefe umkreisen ein mündliches Wort,

> über das ich so staunte, daß ich auf den Tisch schlug. Sie sagten nämlich, Abschreiben von Manuskripten mache Ihnen Vergnügen, Sie schrieben auch in Berlin Manuskripte ab für irgendeinen Herrn (verdammter Klang dieses Wortes, wenn kein Name und keine Erklärung dabei ist!) und Sie baten Max, Ihnen Manuskripte zu schikken.[63]

Coup de foudre oder der Schlag auf den Tisch. Eifersucht auf einen namenlosen Berliner Herrn (wie er zum Entsetzen des Filmhelden auch Minnie Tipp diktieren darf[64]), Eifersucht auf seinen Freund (dem übrigens im Postamt Prag das Telephonwesen untersteht) – Eifersucht also auf einen ganzen Medienverbund bringt dem Schriftsteller die Liebe bei. Womit schon klar ist, daß sie keine ist. Nie werden Herr K. und Felice B. (um mit Freud und Mallarmé zu reden) eine einzige Mumie unter glücklichen Palmen sein, und wären es auch nur die Palmen Lindhorstscher Schreibzimmer.

Ein Abend, der jeder Beschreibung spottet: Kafka geht eben mit Brod seine eigenen, sämtlich noch ungedruckten Manuskripte für eine eventuelle Erstveröffentlichung Rowohlts durch. Daneben sitzt eine Durchreisende, die beiläufig erklärt, das Maschinenschreiben von Manuskripten mache ihr Vergnügen. Daß es auch Geld bringt, übergeht sie – und das ist ihr ganzer Unterschied zu Minnie Tipp. Aber schon entbrennt Kafka in Liebe. Sicher, er kann selber Maschine schreiben; er hat sogar im Büro jemand, der es berufsmäßig für ihn tut, da Kafkas „Hauptarbeit" und zugleich „Glück" ja darin besteht, „einem lebendigen Menschen diktieren zu können"[65]. Aber dieser Angestellte ist ein Mann und hat nie behauptet, daß Kafkas Glück auch seines wäre. Der ganze Bürobetrieb bleibt das einseitige Vergnügen eines Perversen, der seinem Beamtenstand zum Trotz immer wieder auf George-Listen rekurriert. Kafka an Felice Bauer:

> So selbständig wie Du wohl arbeitest, könnte ich gar nicht arbeiten, Verantwortungen weiche ich aus wie eine Schlange, ich habe vielerlei zu unterschreiben, aber jede vermiedene Unterschrift

---

[62] Daß Maschinenliebesbriefe keine sind, hätte Kafka bei Sherlock Holmes nachlesen können. Vgl. DOYLE, 1892/1930: 194, und dazu BLIVEN, 1954: 71 und 148.
[63] KAFKA, B 27. 10. 1912/1976: 58.
[64] Vgl. BERMANN, in PINTHUS, 1913/1963: 33.
[65] KAFKA, B 2. 11. 1912/1976: 69.

scheint mir ein Gewinn, ich unterschreibe auch alles (trotzdem es eigentlich nicht sein darf) nur mit FK, als könne mich das entlasten, deshalb fühle ich mich auch in allen Bureausachen so zur Schreibmaschine hingezogen, weil ihre Arbeit, gar durch die Hand des Schreibmaschinisten ausgeführt, so anonym ist.[66]

Eine Frau, die abschreiben u n d unterschreiben kann, ist wie geschaffen für einen, der Unterschriften systematisch meidet und doch, wenn er allabendlich vom Büro an seinen Privatschreibtisch überwechselt, durch Handschrift immer schon verraten wird. FKs doppelte Buchführung, die ein und dieselben Aktenvorgänge tagsüber in bürokratische Anonymität und nachts in literarische Manuskripte einträgt, fände ein happy end. Dank einer Schreibmaschinistin von Frau könnte der schlechthin Unbekannte schon am Schreibtisch „über die Einsatzmittel der Druckerpresse verfügen"[67], also anonym und veröffentlicht zugleich sein. Daß die Maschine „als Erlöser zu allen kommt, die sich dem anstrengenden Dienst der Feder widmen"[68], würde buchstäblich wahr.

Aber Felice Bauers Selbstreklame (um nicht Türschild zu schreiben) geht an die Adresse Brods, und der Mann, dessen Texte sie abschreibt, ist ein Berliner Professor. Die berufliche Selbständigkeit der Bauer schließt nicht aus, sondern ein, daß ihr literarischer Geschmack, so es einen gibt, alle möglichen anderen Schriftsteller über Kafka stellt. Die Düsternisse intransitiven Schreibens verzücken Frauen kaum. Also unternimmt der Liebesbriefverfasser alles, um auch ohne Minnie Tipps Verschönerungen schon Texte zu fabrizieren, die für Schreibmaschinistinnen lesbar, ja mediengerecht sind. Als hätten die weiblichen Umerziehungskünste angeschlagen, zeigt Kafka brennendes Interesse an Firmenprospekten Lindströms – auch und gerade weil er selber, ein zweiter Wildenbruch, Grammophonie schlichtweg „als Drohung empfindet"[69]. Als seien subalterne Beamte selbständiger noch als die Firmenprokuristin, plant Kafka im Namen jener AG einen Massenmedienverbund. Lindström soll Parlographen entwickeln, die erstens an Schreibmaschinen, zweitens an Musikautomaten, drittens an Telephonzellen und viertens sogar an den furchtbaren Realienspeicher Grammophon ankoppelbar sind.[70] Ein gigantisches Pro-

---

[66] KAFKA, B 21.12.1912/1976: 196.
[67] MCLUHAN, 1964/1968: 283, vgl. auch BURGHAGEN, 1898: 22.
[68] BURGHAGEN, 1898: 25.
[69] KAFKA, B 27.11.1912/1976: 134, vgl. auch 241.
[70] Vgl. dringend KAFKA, B 22.–23.1.1913/1976: 265 f. Was die tautologische Kopplung von Phonograph und Grammophon soll, mögen Kafkaforscher klären. Sehr anders der Medienverbund zwischen Bauer und Bauer, Schreibmaschine und Grammophon: Er erlöst auch im *Waste Land* eine hymnisch besungene Typistin von jeder Liebe (ELIOT, 1922/1954: 59 f.).

jekt, das füglich Projekt Dracula hieße und in den achtzig Jahren seit seiner Niederschrift auch schlechthin real geworden ist. Nur Fräulein Bauer (soweit man ihre vernichteten Antwortbriefe erschließen kann) geht nicht darauf ein.
An genau der Stelle, wo die Hochzeit von Leier und Schreibmaschine ausbleibt, erscheint einmal mehr Dracula. „Schreiben in" Kafkas „Sinne ist ein tieferer Schlaf, also Tod, und so wie man einen Toten nicht aus seinem Grabe ziehen wird und kann, so auch mich nicht vom Schreibtisch in der Nacht"[71]. Von diesem Grab oder Schreibtisch aus phantasiert der Schriftsteller nicht nur gigantische Medienverbundschaltungen einer Firma, deren Strategie in der Tat auf Kopplung und Massenproduktion von Datenspeichern hinauslief.[72] Er praktiziert solche Verbundschaltungen selber, wenn auch nur im Gebrauch oder Mißbrauch vorhandener Technologien.

Vierundzwanzig Wochen lang schickt er bis zu drei Briefen pro Tag, nimmt aber nicht den Zug, der ihn in ein paar Stunden nach Berlin brächte, und hebt das Telephon nicht ab. (...) Die Korrespondenz zeigt, wie einer eine andere berühren, anketten, foltern, unterwerfen und zerstören kann, einfach durch systematische und totale Benutzung von Post und Telephon.
Erstens stellt Kafka einen genauen Zeitplan aller Briefkastenleerungen in Prag und aller Auslieferungen in Berlin auf. Zweitens notiert er den Stundenplan von Felices Bewegungen zwischen Wohnung und Büro, um zu wissen, zu welchem Tagesaugenblick ein Brief sie erreicht, je nachdem ob er an ihre Wohnung oder ihr Büro adressiert ist. Drittens stellt er fest, welchen genauen Weg die Briefe nehmen, durch welche Hände sie gehen, sowohl zu Hause bei Felice (Pförtner, Mutter und Schwester der Unglücklichen) wie im Büro (Postdienst, Ordonnanzen, Sekretäre). Viertens legt er ein Verzeichnis über Wegstrecken und Zeitpläne einerseits normaler Briefe und andererseits von Expreßschreiben an. Fünftens notiert er die Zeit, die Telegramme brauchen. (...) Wenn man noch bemerkt, daß Kafka in die Umschläge nicht nur Wörter tut, die er eben geschrieben hat, sondern auch dunkel auf geschriebene, aber nicht abgeschickte Briefe anspielt und ebenfalls im günstigen Augenblick

---

[71] KAFKA, B 26. 6. 1913/1976: 412.
[72] Hier, für eine informationstechnisch nicht gerade informierte Kafkaforschung, die Daten: „The Deutsche Grammophon Aktiengesellschaft (DGA), came to occupy in Germany much the same position as its British parent, the Gramophone Company. It dominated the quality market. (...) Its arch enemy in the market place and in the courts was the firm of Carl Lindström, which, by a series of amalgamations, built up an enormous local and foreign trade in instruments and motors and, by 1913, controlled the sale of Beka, Dacapo, Favorite, Fonotipia, Homophon, Lyrophon, Jumbo and Odeon records as well as its own Parlophones. In the period 1903–1914 German ingenuity was concentrated agressively on the techniques of mass production" (CHEW, 1967: 38).
1896 gegründet, ist die Firma Lindström wie so viele andere an der Elektrifizierung des Grammophons zugrunde gegangen.

Anschuldigungen beifügt, die er vor Wochen schon abgefaßt hat; wenn man noch bemerkt, daß er notfalls die zehn bis zwölf Seiten eines einzigen Briefs, zu verschiedenen Zeiten geschrieben, in ebensoviele verschiedene Umschläge und Briefkästen steckt, wird man zugeben müssen, daß Kafka das ganze Dispatching aller Modalitäten und Stundenpläne der Post maximiert, um mit dieser Feuerkraft Felice zur Kapitulation zu zwingen.[73]

Diese brillante Analyse Cournots beweist, daß Kafkas Erzählungen die Modalitäten technischer Nachrichtenkanäle – Durchsprechen und Verzögerung, Vernetzung und Rauschpegel – nicht umsonst zur Sache machen. Ausgerechnet ein Liebesbriefwechsel, den Erich Heller als „Werk eines unbekannten Minnesängers aus der ersten Hälfte des zwanzigsten Jahrhunderts" feiert[74], schlägt alle technischen Rekorde. Die Anonymität eines FK hat mit sängerischer Namenlosigkeit nichts zu schaffen. Sie stellt nur klar, daß es gegenüber diskursangestellten Frauen auch keine Liebe gibt. Die geballte Feuerkraft von Briefen, Expreßschreiben, Telegrammen steht an genau der Stelle, wo vor Zeiten einmal hohe Damen oder kleine Leserinnen wie von selbst Ohr oder Auge gewesen sind. Aber mit dem „Sinn", den weder der Schreiber Kafka noch die Leserin Bauer im *Urteil* finden[75], schwindet auch die Möglichkeit gewaltloser Leserinnenrekrutierung. Rilke verteilt seine *Wegwarten* ja nur darum so umständlich und eigenhändig, weil niemand nach ihnen fragt. Daß Kafka statt der Leute eine zufällige Einzelne mit leerem Gesicht umwirbt, ändert nichts am Nachfragemangel. Tote und nur Tote haben es nötig, ihre Liebesbriefe technisch zu kalkulieren.

Und wenn Schriftsteller im Aufschreibesystem von 1900 selber der Abfall sind, den sie aufschreiben, darf über das Schreiben hinaus auch gar nichts laufen. „Ich habe das bestimmte Gefühl, durch die Ehe, d u r c h d i e V e r b i n d u n g, d u r c h d i e A u f l ö s u n g d i e s e s N i c h t i g e n, das ich bin, zugrundezugehn."[76] Im Briefwechsel Kafka–Bauer gibt es von beiden Seiten her keine Möglichkeit, mit Wörtern Seelen zu erreichen. Auf der einen Seite verhält ein Schreiben, das die Stelle von Irrsinn einnimmt[77] und nicht aufhört, seine Nichtigkeit nicht aufzulösen. Auf der anderen beginnt eine Textverarbeitung, die nicht minder verschwindend und nur mehr Medium unter Medien ist.

●

---

[73] COURNOT, 1972: 60 f. Vgl. aber vor allem die posthistorisch materiale Analyse des Briefwechsels Kafka–Bauer bei SIEGERT, 1993: 227–248.
[74] HELLER, in KAFKA, 1976: 9.
[75] KAFKA, B 2. 6. 1913/1976: 394.
[76] KAFKA, B 10. 7. 1913/1976: 426.
[77] Vgl. KAFKA, B 13. 7. 1913/1976: 427.

Das technische Manifest der futuristischen Literatur gibt die Parole aus, Molekularschwärme und Elektronenwirbel seien aufregender als Lächeln oder Tränen einer Frau *(di una donna)*.[78] Rilke berichtet von einer Frau, die seine schädelsuturphonographisch erreichte Ausweitung der fünf Sinne mit „Geistesgegenwart und Gnade der Liebe" identifiziert. Der Schriftsteller aber widerspricht. Ihm ist mit Liebe „nicht gedient, ihm muß das vielfältig Einzelne gegenwärtig bleiben, er ist angehalten, die Sinnes-Ausschnitte der Breite nach zu gebrauchen"[79]. Und das heißt eben, ganz wie in Kafkas Briefstrategien und Lindströmprojekten, unerhörte Medienverbundschaltungen herzustellen, etwa zwischen Schädelnähten und Schriftstellerei.

Dabei formulieren die Medienverbund-Amateure Rilke und Kafka ihr Damenopfer noch höflich: mit sanften Abgrenzungen und Liebesbriefen, die als maschinenschriftliche keine sind. Expressionisten sind da gröber. „Man gehe mir mit der Liebe!" ruft Ehrensteins Tubutsch.[80] Döblin fordert in einem Atemzug die „Entselbstung, Entäußerung des Autors" und das Ende von literarischem „Erotismus". Klarer wäre es nicht zu sagen, daß die Auflösung der Funktion Autorschaft den Büchern alle Liebe austreibt: die beschriebene so gut wie jene konstitutive Liebe, die als Einfühlbarkeit Dichter und Leserinnen kurzschloß. Materialgerechtigkeit auch auf dem Papier garantiert dagegen ganz „natürlich", daß „der Roman mit Liebe so wenig zu tun hat wie die Malerei mit dem Weib oder dem Mann"[81]. Wenn nicht mehr Einbildungskraft und „Empfindung" regieren, verschwinden „die Liebe, das Weib und so weiter" aus „einer Literatur für differenzierte Junggesellen"[82].

Soweit die programmatischen Erklärungen aus Gründertagen. Und nun, zum Ende, nachträgliche Bestätigungen aus der Feder zweier überaus exakter Literaturhistoriker, die im Unterschied zu vielen anderen das Faktum und seine Gründe registriert haben. In Theorie und Praxis zeigen Benn und Valéry, daß die neue, von der Schreibmaschine gestiftete Ordnung der Dinge der Raum gegenwärtigen Schreibens ist. „Um und seit 1900" verschwinden Liebesvereinigungen vom Papier.

> Kunst, das ist eine Wahrheit, die es noch nicht gibt! Daher in den bedeutendsten Romanen um und seit 1900 werden Frauen nur noch arrangiert: innerhalb des Ethnisch-Geographischen (Conrad), des

---

[78] MARINETTI, 1912, in BAUMGARTH, 1966: 168.
[79] RILKE, 1919/1955–66: VI 1091 f.
[80] EHRENSTEIN, 1911/1919: 34.
[81] DÖBLIN, 1917/1963: 23.
[82] EINSTEIN, 1912a/1962: 54.

Artistischen (Die Göttinnen), des Ästhetischen (Dorian Gray); zum Teil werden sie nur noch herangezogen, deutlich aphoristisch, mehr Ovation und Reminiszenz als aufbaubestimmend, daher auch fremdsprachig: im Zauberberg. Liebe ist im ernstesten Fall eine Prüfung gegenüber einem neu sich prägenden typologischen Prinzip.[83]
Solche Bestandsaufnahmen haben Konsequenzen fürs Papier selber.

Eine Feier dem Dionysos, dem Wein gegen die Ähre, Bacchus gegen Demeter, der phallischen Kongestion gegen den Neunmonatszauber, dem Aphorismus gegen den historischen Roman! Man hat ein Stück erarbeitet, Papier mit Schreibmaschine, Gedanken, Sätze, es lagert auf dem Tisch. Man kommt zurück aus anderen Bereichen, Menschenkreisen, Berufssphären, Beladungen des Gehirns mit Sachverhalten, Überspülungen, Verdrängungen jedes Flugs und jedes Traums – nach Stunden zurück und sieht auf dem Tisch den weißen Streifen. Was ist das? Lebloses Etwas, vage Welten, qualvoll und unter Anstrengungen Zusammengebrachtes, Zusammengedachtes, Gruppiertes, Geprüftes, Verbessertes, erbärmlich Gebliebenes, Loses, Unbewiesenes, Schwaches – Zunder, dekadentes Nichts. Eine Abwegigkeit das Ganze, ein Leiden der Rasse, ein dunkles Mal, eine Verirrung der Zusammenhänge? Da nähert sich Pallas, nie beirrt, immer im Helm, nie befruchtet, schmale kinderlose Göttin, vom Vater geboren ohne das Geschlecht.[84]

Eine Literatur, die Frauen nur arrangiert und Die Frau oder Mutter gar verhöhnt, eine Literatur für differenzierte Junggesellen hat Pallas als Schutzgöttin bitter nötig. Was Junggesellenmaschinen an „Papier mit Schreibmaschine" auswerfen, ist und bleibt Abfall, solange niemand auf dem Schreibtisch Ordnung macht und Abfall, heißt das, in Kunst verzaubert.

So wenig ist seit den Tagen Nietzsches anders geworden. In einem Schreibmaschinenbrief an Overbeck klagte der Halbblinde, daß seine Malling Hansen, „delicat wie ein kleiner Hund", nur „einige Unterhaltung" und „viel Noth" mache. Also suche er junge Leute zur Schreiberleichterung und würde „zu diesem Zwekke selbst eine zweijährige Ehe eingehen"[85]. Aus Nietzsches Konjunktiv macht Benn das Faktum seiner „Kameradschaftsehe"[86]. 1937, sechs Jahre vor dem Lobpreis der jungfräulichen Athene, liest seine langjährige Freundin von Heiratsplänen, die der Klartext von Pallas sind.

> Es hat sich also hier (...) eine kleine Beziehung angesponnen, die mir etwas Wärme u. Beleuchtung in meine Existenz bringt u. die ich pflegen werde. Das sollst Du wissen. Es sind 1) ä u ß e r e

---

[83] BENN, 1949b/1959-61: II 198.
[84] BENN, 1949a/1959-61: I 366.
[85] NIETZSCHE, B 17.3.1882/1975 ff.: III 1, 180.

Gründe. Ich verkomme äußerlich ja total. Zerrissene Sachen, Unordnung, liegenbleibende Briefe. (...) Die Bettlaken sind zerrissen; Bett wird von Sonnabend bis Montag nicht gemacht, einholen muß ich selbst. Heizen z. T. auch. Auf Briefe antworte ich nicht mehr, da ich niemanden zum Schreiben habe. Arbeiten tue ich nichts, da ich keine Zeit, Ruhe, niemanden zum Diktieren habe. Nachmittags um 3½ mache ich mir Kaffee, das ist der eine Inhalt meines Lebens. Abends um 9 gehe ich schlafen, das der andere. Wie ein Vieh. (...)
Trotzdem muß ich den Versuch machen, noch einmal eine ernsthafte menschliche Beziehung aufzubaun u. mit ihrer Hilfe aus meinem Schlamm herauszukommen versuchen.
Morchen, Du kannst alles wissen, außer Dir niemand. Und wenn ich Dir jetzt schildere welcher Art dieses voraussichtlich unglücklich werdende Wesen ist, wirst Du wohl staunen.
Sehr viel jünger als ich, knapp 30 Jahre. Nicht die Spur hübsch im Sinne von Elida u. Elisabeth Arden. Sehr gute Figur, aber Gesicht negroid. Aus sehr guter Familie. Kein Geld. Beruf ähnlich wie Helga, gut bezahlt, schreibt 200 Silben, perfekte Maschinenschreiberin. In unserem Sinne, d. h. im Sinne unserer Generation, nicht gebildet.[87]

Das Ende von Liebe schließt Ehen nicht aus, sondern ein. Literarische Abfallverwerter sind gebildet, aber unfähig, den Abfallhaufen namens Schreibtisch in Ordnung zu halten. Also heiraten sie Frauen, die wie Felice Bauer weder schön noch gebildet sind, aber mit ihren 200 Schreibmaschinensilben pro Minute fast schon Rekorde aufstellen.[88] Jene Pallas, die da rettend und erlösend einem dekadenten Papierzunder naht, könnte statt Herta v. Wedemeyer auch Minnie Tipp heißen. Denn der Helm, den sie nie ablegt, ist einfach ihre Maschine, die Diktat aufnimmt. So und nur so wird erbärmlich Gebliebenes, Loses, Unbewiesenes, Schwaches, wie es als weißer Streifen auf dem Tisch lagert, zu einer Wahrheit, die es noch nicht gibt: zu Kunst.[89]
1910 stellt Paul Valéry, der Mathematiker unter Frankreichs Dichtern, auf Schreibmaschine um. Die Oliver arriviert zum „geliebten Spielzeug"[90], weil ihre Tastatur für Valérys Entwürfe und

---

[86] BENN, B 6. 2. 1937/1969: 192.
[87] BENN, B 10. 1. 1937/1969: 184–186.
[88] Vgl. dazu BURGHAGEN, 1898: 21 f.
[89] Als empirische Bestätigung vgl. BENN, B 17. 5. 1938/1977–80: I 192: „Ich werde mir daher erlauben, Ihnen in den nächsten Tagen meine nächste grössere Arbeit, nämlich *Das Weinhaus Wolf*, in dem einzig vorhandenen Schreibmaschinenexemplar zu übersenden. Eigentlich ist es nur eine Zusammenstellung unserer Briefe, an der Sie ebenso beteiligt sind wie ich. Meine Frau (Herta v. Wedemeyer) hatte die grosse Freundlichkeit, die Abschrift herzustellen und schenkt sie Ihnen als Eintrittsgeschenk in unsere, Ihre und meine, Freundschaft. Bitte danken Sie ihr."
[90] BOCKELKAMP, 1993: 100.

Reinschriften auch gleich noch die Buchstabenornamente mitliefert. Sechs Jahre später notieren die handschriftlichen *Cahiers:* „L'amour, sans doute, vaut qu'on le fasse ... Mais comme occupation de l'esprit, sujet de romans et d'études, il est traditionnel et fastidieux."[91] 1940 schließlich, also zwischen Benns Kameradschaftsehe und *Pallas,* macht auch Valéry die Probe auf sein literarhistorisches Statement. Er schreibt, wieder auf der Maschine und all ihren Farbbandregistern[92], „Mon Faust" *(Ébauches).* Während der zweite Teil des Dramenfragments einen namenlosen Nietzsche in Szene setzt, der Goethes Helden als „Abfall" begrüßt und als Abfall wegwirft, kreist der erste um eine Demoiselle Lust. Und diese Schöne mit dem schönen Namen vermag es genauso wie der Einsiedler von Sils, die unwiederbringliche Vergangenheit Deutscher Dichtung zu bezeichnen. Nur Mephisto nämlich, der immer noch in Haupt- und Staatsaktionen, in Geist- und Natur-Begriffen denkt, kann wähnen, daß Faust die Demoiselle liebt. Der Teufel ist eben ein armer Teufel und wie Dracula hirnlos. Entwicklungen moderner Wissenschaft und Technik übersteigen ihn.[93] Faust dagegen steht auf der Höhe eines Experimentierens, das als „Wiederentdeckung des alten Chaos im Körper" Diskurse zu Nebensachen macht. Deshalb kann auch sein Verhältnis zu Lust keine Liebe sein, sondern nur ein Experiment in Medienverschaltung.

Ich, Valéry, die Bücher, alle fassen wir zusammen.

Zunächst einmal liest Faust alles, was an Dichtungen und Deutungen über ihn selbst greifbar ist. Er beginnt also mit einer autobibliographischen Exhaustion, die ihrer Vollständigkeit allerdings nicht sicher sein kann. Der zweite Arbeitsschritt überführt alles Gespeicherte in ein Aufschreibesystem namens *Mémoires.* Hier der Titel und die ersten Sätze.

Les Mémoires de moi, par le professeur-docteur Faustus, membre de l'Academie des sciences mortes, etc. ... Héros de plusieurs œuvres littéraires estimées ...
On a tant écrit sur moi que je ne sais plus qui je suis. Certes, je n'ai pas tout lu de ces nombreux ouvrages, et il en est plus d'un, sans doute, dont l'existence même ne m'a pas été signalée. Mais ceux dont j'ai eu connaissance suffisent à me donner à moi-même, de ma propre destinée, une idée singulièrement riche et multiple. C'est ainsi que je puis choisir librement, pour lieu et date de ma naissance, entre plusieurs millésimes, également attestés par des documents et des témoignages irrécusables, produits et discutés par des critiques d'éminence équivalente.[94]

---

[91] VALÉRY, T 1916/1957-61: VI 44.
[92] Vgl. GRÉSILLON, 1993: 142 f. und 156 f.
[93] Vgl. BLÜHER, 1960: 48 f.
[94] VALÉRY, 1944/1957-60: II 283.

Die Memoiren ausgerechnet des klassischen Gründerhelden exzedieren also das von ihm gestiftete Aufschreibesystem. Im Medienverbund von Dichtungen und Deutungen ist zwar ganz nach der Regel ein Autor entstanden, dem alle Attribute literarischen Ruhms zukommen. Aber eben darum tritt anstelle einer organischen Autobiographie mathematische Kombinatorik. Unzählige Bücher über Bücher über Faust löschen einander aus. Übrig bleibt ein weißes Rauschen, in dem der Memoirenschreiber willkürliche Selektionen vornehmen könnte. Wer nicht mehr weiß, wer er war, und seine Memoiren in der erklärten Absicht schreibt, als Ich zu verschwinden, ist kein Autor mehr.

Faust, zur leeren Schnittstelle unzähliger Diskurse geworden, widerruft *Dichtung und Wahrheit*. Und das besagt ganz praktisch, daß er anders und anderen als der Urautor diktiert. John, Schuchardt, Kräuter, Eckermann, Riemer oder gar Geist – so lauteten die Männernamen, die Goethes Dichtungen und Wahrheiten hätten signieren dürfen, wenn es nach Regeln der Schriftmaterialität und nicht nach einem Herrendiskurs gegangen wäre. Lauter männliche Sekretäre auf der einen Seite, auf der anderen dagegen erstens eine Mutter, die kaum ein Wort rechtschreiben konnte, und zweitens eine Gattin, die Goethes „häusliches Behagen und eheliches Glück" einfach dadurch machte, daß sie nie „als Schriftstellerin glänzen wollte" und „Einmischung in Amts- und Autorgeschäfte" tunlichst unterließ.[95] So die Parameter einer Schreibpraxis, die denn auch notwendig zur Konzeption des Ideellen unter einer weiblichen Form oder unter der Form des Weibes führte. Anwesenden subalternen Männern diktieren, was die Eine und Abwesende soufflieren Männernamen, die Goethes Dichtungen und Wahrheiten hätte – nichts sonst hieß Dichten. Und noch wenn Prof. Abnossah Pschorr hundert Jahre danach im Studierzimmer des Goethehauses seinen Phonographen aufbaut, registriert die Walze nur Männerstimmen: den Autor, wie er Eckermann Weisheiten einsagt.[96]

Valérys „*Mon Faust*" ist systematische Verkehrung aller klassischen Schreibpraktiken. Auch er diktiert, aber nicht als Beamter, dem am Ende der staatstragende Pakt eigenhändiger Unterschriften bleibt. „Die bloße Fähigkeit, seinen Namen schreiben zu können, ist ihm vormals schon teuer genug gekommen" – also „schreibt er nie wieder"[97], sondern diktiert auf jener Fluchtlinie, die Kafkas Unterschriftenvermeidung vorgezeichnet hat. Und diese Diktate sind der zweifache Gegensatz goethescher. Erstens verschriften sie kein Leben und Frauenideal, sondern bloße Sätze, wie

---

[95] RIEMER, 1841/1921: 164 und 166.
[96] Vgl. FRIEDLAENDER, 1916/1980: 169–175.
[97] VALÉRY, 1944/1957-60: II 314.

Dichter und Deuter sie über ein unmögliches Reales gemacht haben. Zum anderen schreibt dieses Buch der Bücher, wie sie selbstredend aus Männerfedern stammen, eine Frauenfeder, die ihrerseits nur Valérys geliebtes Spielzeug inkarniert. Daß Demoiselle Lust seit acht Tagen bei Faust ist, hat den simplen Grund Diktataufnahme. Mephisto mag vermuten, was er will, am Ende der Faustidee steht der Ausverkauf aller poetisch-hermeneutischen Diskurse an ein Frauenohr. Es ist klein und zauberhaft, wie man beim Bewunderer Nietzsches und Mallarmés hätte vorhersagen können, und keineswegs zum Verstehen da.[98] Lusts Ohr hat in phonographischer Treue Diktat aufzunehmen, das Diktierte am nächsten Tag wiederabzuspulen und außerdem, außerdem für gedankenflüchtige Blicke nicht ohne Reiz zu sein.[99]

Lust, eine zweite Pallas, bringt Ordnung ins kombinatorische Chaos des letzten Faust. Der Memoirenschreiber kann und will keinen Überblick über ein Leben behalten, das viel zu viele Bücher beschrieben haben. Mit und ohne Mithilfe des Teufels, der ab und zu verfängliche Texte beisteuert, ist sein Schreibtisch ein Abfallhaufen. Aber es gibt Lust und d. h. die ,,ehrenvolle und bescheidene Rolle eines zum diskreten Verschönern der Denkmaschine Faust speziell qualifizierten Objekts''[100]. Eine Frau, die weder Denken noch Leben ihres Diktators kennt, geht das Memoirenchaos mit kristallener Logik und klugen Ohren an. Und genau dazu hat Faust sie eingestellt. Phonographische Treue heißt ja die konstitutiven Verdrängungen von Diskursen wegräumen. Wenn Faust ausnahmsweise einmal nicht diktieren, sondern Abendsonnenimpressionen und Flirtgelüste verlauten will, bringt Lust, professionell wie Minnie Tipp, auch das zum stummen Papier. Wenn er eine physiologische Definition des Lachens riskiert, die (als Abstraktion oder Fehlleistung) genausogut auf den Orgasmus paßt, antwortet Lust mit einem Lachen, das nicht aufhört. Wenn er im besten Philosophenstil seine ,,rapports avec les hommes et les choses'' zum Memoirenthema erhebt, fragt Lust dem zweideutigen Wort *hommes* nach, und Faust muß präzisieren, daß er Verkehr auch mit Frauen gehabt hat. So zersetzt die pure Gegenwart einer Sekretärin das eine Menschengeschlecht, um überall und nur zwei getrennte Geschlechter übrig zu lassen. Faust hört auf, Fichte-Schelling-Ludens Repräsentanten der Menschheit überhaupt spielen zu können, einfach weil seine Wörter an ein kluges Frauenohr dringen.

---

[98] Vgl. VALÉRY, 1944/1957-60: II 286.
[99] Vgl. VALÉRY, 1944/1957-60: II 280.
[100] VALÉRY, 1944/1957-60: II 281.

Sicher geschieht es im Krieg der Geschlechter wieder und wieder, daß eins das andere an der Nase herumführt. Der Memoirenschreiber versucht es seiner Sekretärin gegenüber mit delikaten Erinnerungsstücken. Aber die schönen willigen Witwen einer Autobiographie, ob sie nun (mit Faust) Dichtung oder (mit Mephisto) Wahrheit sind, bleiben Frauen im Plural. Anders der Mythos von Lebensquellen und Naturbrüsten. Seitdem europäische Universitäten über den Magister Faust und seinen Famulus Wagner hinaus auch Sekretärinnen einschließen, riskiert der Mythos nur noch Gelächter. Lust ist Wagner, Lust ist Gretchen, Lust ist mithin weder noch. Mit ihrem Lachen beginnt die Komödie *Lust*, mit ihrem Nein zur Liebe endet sie. Frauen im Plural, lachende und schreibende, machen Gretchenaffären (wie Faust den Teufel aufklärt) schlicht unmöglich. Und weil unter hochtechnischen Bedingungen Diskurse nebensächlich sind, muß nicht einmal mehr ausgesprochen werden, was an die Stelle von Liebe und Seufzern getreten ist. Signifikanten sind unzweideutig und dumm. Die lacht, heißt Lust.

Literatur

Ach, Narziß	1905	Über die Willenstätigkeit und das Denken. Eine experimentelle Untersuchung mit einem Anhange: Über das Hippsche Chronoskop. Göttingen
Alain (= Chartier, Emile Auguste)	1920	Système des beaux-arts. 2. Aufl., Paris
–	1958	Les arts et les dieux, Hrsg. Georges Bénézé. Paris
Alewyn, Richard	1974	Christian Morgenstern. In: R. A., Probleme und Gestalten. Essays. Frankfurt/M., S. 397-401
–	1978	Klopstocks Leser. In: Festschrift für Rainer Gruenter, Hrsg. Bernhard Fabian. Heidelberg, S. 100–121
Allgemeines Landrecht für die Preußischen Staaten	1794/1970	Textausgabe, Hrsg. Hans Hattenhauer. Frankfurt/M.-Berlin
Ament, Wilhelm	1904	Fortschritte der Kinderpsychologie 1895–1903. Archiv für die gesamte Psychologie, 2, S. 69-136
Anonymus	1778	ABC oder Namenbüchlein. Zum Gebrauche der Schulen nach dem Wiener Exemplar. Koblenz
–	1783	Die Hähnische Litteralmethode. In: Gnothi sauton oder Magazin zur Erfahrungsseelenkunde als ein Lesebuch für Gelehrte und Ungelehrte, Hrsg. Carl Philipp Moritz, 1, Bd. 2, S. 94–95
–	1811	Erstes Lesebüchlein für die lieben Kleinen in den deutschen katholischen Schulen des Großherzogthums Baden. 4. Aufl. Rastatt
–	1817	An den Verfasser der *Fantasiestücke in Callot's Manier*
–	1887	The New Phonograph. Scientific American, 57, S. 421–422
–	1889	Schreiben mit der Maschine. Vom Fels zum Meer. Spemann's Illustrirte Zeitschrift für das Deutsche Haus, Sp. 863-864
Anz, Thomas (Hrsg.)	1980	Phantasien über den Wahnsinn. Expressionistische Texte. München
Apel, Friedmar	1978	Die Zaubergärten der Phantasie. Zur Theorie und Geschichte des Kunstmärchens. Heidelberg
Apollinaire, Guillaume	1918	L'Esprit nouveau et les Poètes
–	1965–66	Œuvres Complètes, Hrsg. Michel Décaudin. Paris
Arnheim, Rudolf	M 1933/ 1977	Systematik der frühen kinematographischen Erfindungen. In: R. A., Kritiken und Aufsätze zum Film, Hrsg. Helmut H. Diederichs. München, S. 25–41
Arnold, Thomas	1782/ 1784–88	Observations on the nature, kinds, causes and prevention of insanity, lunacy or madness. Leicester Beobachtungen über die Natur, Arten, Ur-

Aschoff, Volker	1966	sachen und Verhütung des Wahnsinns oder der Tollheit. Leipzig Die elektrische Nachrichtentechnik im 19. Jahrhundert. Technikgeschichte, 33, S. 402–419
Auerbach, Erich	1939/1967	Figura. In: E. A., Gesammelte Aufsätze zur romanischen Philologie. Bern-München, S. 55–92
Babbage, Charles	1837	The Ninth Bridgewater Treatise. A Fragment
–	1989	The Works, Hrsg. Martin Campbell-Kelly, 11 Bde. London
Bäumer, Gertrud	1901	Die Geschichte der Frauenbewegung in Deutschland. In: Handbuch der Frauenbewegung, Hrsg. Helene Lange und G. B. Teil I: Die Geschichte der Frauenbewegung in den Kulturländern. Berlin, S. 1–166
Bahr, Hermann	1894	Studien zur Kritik der Moderne. Frankfurt/M.
Ball, Hugo	M1914–1920	Tenderenda der Phantast. Roman. Zürich
–	1946	Die Flucht aus der Zeit. Luzern
–	1963	Gesammelte Gedichte. Zürich
Ballet, Gilbert	1886/1890	Le langage intérieur et les diverses formes de l'aphasie. Paris Die innerliche Sprache und die verschiedenen Formen der Aphasie. Leipzig-Wien
Bariéty, Maurice	1969	Éloge d'Adrien Proust. Bulletin de l'Académie nationale de médecine, 153, S. 574–582
Barthes, Roland	1963/1969	Essais critiques. Paris Literatur oder Geschichte. Frankfurt/M.
Basedow, Johann Bernhard	1785/1909	Elementarwerk. Kritische Bearbeitung, Hrsg. Theodor Fritzsch. Leipzig
Baumann, Julius	1897	Über Willens- und Charakterbildung auf physiologisch-psychologischer Grundlage. (Sammlung von Abhandlungen aus dem Gebiete der pädagogischen Psychologie und Physiologie, Bd. 1, Heft 3) Berlin
Baumeyer, Franz	1955–56	Der Fall Schreber. Psyche, 9, S. 513–536
Baumgart, Wolfgang	1977	Faust, lesend. In: Leser und Lesen im 18. Jahrhundert, Hrsg. Rainer Gruenter. Heidelberg, S. 92–97
–	1978	Der Gelehrte als Herrscher. Fausts griechischer Traum. In: Festschrift für Rainer Gruenter, Hrsg. Bernhard Fabian. Heidelberg, S. 58–69
Baumgarth, Christa	1966	Geschichte des Futurismus. Reinbek
Benjamin, Walter	1912	Die Schulreform, eine Kulturbewegung
–	1924	Alte vergessene Kinderbücher
–	1928a	Bücher von Geisteskranken
–	1928b	Einbahnstraße
–	1929	Der Surrealismus. Die letzte Momentaufnahme der europäischen Intelligenz
–	1955	Das Kunstwerk im Zeitalter seiner technischen Reproduzierbarkeit (Zweite Fassung)
–	1972–89	Gesammelte Schriften, Hrsg. Rolf Tiedemann und Hermann Schweppenhäuser. Frankfurt/M.
Benn, Gottfried	1910	Gespräch
–	1914	Ithaka
–	1915	Gehirne
–	1916	Die Reise
–	1917	Karandasch. Rapides Drama

	1919	Der Vermessungsdirigent
	1922	Epilog (1928 als Epilog und lyrisches Ich)
	1930	Der Aufbau der Persönlichkeit
	1949a	Pallas
	1949b	Roman des Phänotyp. Landsberger Fragment
	R 1952	Vortrag in Knokke
	1959-61	Gesammelte Werke, Hrsg. Dieter Wellershoff. Wiesbaden
	1965	Medizinische Schriften, Hrsg. Werner Rübe. Wiesbaden
	1969	Den Traum alleine tragen. Neue Texte, Briefe, Dokumente, Hrsg. Paul Raabe und Max Niedermeyer. München
	1977-80	Briefe. Erster Band: Briefe an F. W. Oelze, Hrsg. Harald Steinhagen und Jürgen Schröder. Wiesbaden, 3 Bände
Berger, G. O.	1889	Ueber den Einfluss der Uebung auf geistige Vorgänge. Philosophische Studien, 5, S. 170-178
Bergk, Johann Adam	1799	Die Kunst, Bücher zu lesen, nebst Bemerkungen über Schriften und Schriftsteller. Jena
	1802	Die Kunst zu denken. Ein Seitenstück zur Kunst, Bücher zu lesen. Leipzig
Bergson, Henri	1907/1923	L'Évolution créatrice. 26. Aufl. Paris
Berlioz, Hector	1830	Symphonie fantastique. London-Mainz-Zürich-New York o. J.
Bermann, Richard A.	1913	Leier und Schreibmaschine. In: Kurt Pinthus (Hrsg.), Kinobuch. Neudruck Zürich 1963, S. 23-33
Bernfeld, Siegfried	1944/1981	Freud's Earliest Theories and the School of Helmholtz Freuds früheste Theorien und die Helmholtz-Schule. Psyche, 35, S. 435-455
Bernhardi, August Ferdinand	1801-03	Sprachlehre, 2 Theile. 2. Aufl. Berlin
Bertuch, Friedrich Johann Justin	1793/1971	Über den typographischen Luxus mit Hinsicht auf die neue Ausgabe von Wielands Sämmtlichen Werken. Nachdruck in: Richard von Sichowsky/Hermann Tiedemann (Hrsg.), Typographie und Bibliophilie. Aufsätze und Vorträge über die Kunst des Buchdrucks aus zwei Jahrhunderten. Hamburg, S. 30-33
Beyer, Johann Rudolph Gottlieb	1796	Ueber das Bücherlesen, in so fern es zum Luxus unsrer Zeiten gehört (Acta Academiae Electoralis Moguntinae Scientiarum Utilium quae Erfurti est) Erfurt
Bielschowsky, Albert	1907	Goethe. Sein Leben und seine Werke. 12. Aufl. München, 2 Bände
Blackall, Eric A.	1959	The Emergency of German as a Literary Language (1700-1775). Cambridge
Bleuler, Eugen	1904	Diagnostische Assoziationsstudien. Vorwort: Über die Bedeutung von Assoziationsstudien. Journal für Psychologie und Neurologie, 3, S. 49-54
Bliven, Bruce, jr.	1954	The Wonderful Writing Machine. New York
Blochmann, Elisabeth	1966	Das ,,Frauenzimmer'' und die ,,Gelehrsamkeit''. Eine Studie über die Anfänge des Mädchenschulwesens in Deutschland. Heidelberg
Blodgett, A. D.	1890	A New Use for the Phonograph. Science, 15, S. 43
Bloom, Harold	1971	Visionary Cinema of Romantic Poetry. In: H.

Blüher, Karl Alfred	1960	B., The Ringers in the Tower. Studies in Romantic Tradition. Chicago-London, S. 36–52 Strategien des Geistes. Paul Valérys Faust. Frankfurt/M.
Blumenberg, Hans	1979	Arbeit am Mythos. Frankfurt/M.
Bockelkamp, Marianne	1993	Objets matériels. In: Les manuscrits des écrivains, Hrsg. Anne Cadiot und Christel Haffner. Paris, S. 88–101
Boehm, Laetitia	1958	Von den Anfängen des akademischen Frauenstudiums in Deutschland. Zugleich ein Kapitel aus der Geschichte der Ludwig-Maximilians-Universität München. Historisches Jahrbuch, 77, S. 298–327
Boehringer, Robert	1911	Über hersagen von gedichten. Jahrbuch für die geistige Bewegung, 2, S. 77–88
–	1951	Mein Bild von Stefan George. München
Bölsche, Wilhelm	1887/1976	Die naturwissenschaftlichen Grundlagen der Poesie. Prolegomena einer realistischen Ästhetik. Neudruck, Hrsg. Johannes J. Braakenburg, München-Tübingen
Bolz, Norbert W.	1979	Der Geist und die Buchstaben. Friedrich Schlegels hermeneutische Postulate. In: Ulrich Nassen (Hrsg.), Texthermeneutik. Aktualität, Geschichte, Kritik. Paderborn-München-Wien-Zürich, S. 79–112
Bondi, Georg	1934	Erinnerungen an Stefan George. Berlin
Bonnet, Marguerite	1975	André Breton: Naissance de l'aventure surréaliste. Paris
Borges, Jorge Luis	1954	Historia universal de la infamia. 2. Aufl. Buenos Aires
–	1964–66	Obras completas. Buenos Aires
Bosanquet, Theodora	1924	Henry James at Work. (The Hogarth Essays). London
Bose, Günter/Brinkmann, Erich (Hrsg.)	1980	Grosz/Jung/Grosz. Berlin
Bosse, Heinrich	1979a	„Dichter kann man nicht bilden." Zur Veränderung der Schulrhetorik nach 1770. Jahrbuch für Internationale Germanistik, 10, S. 80–125
–	1979b	Herder. In: Klassiker der Literaturtheorie, Hrsg. Horst Turk. München, S. 78–91
–	1981a	Autorisieren. Ein Essay über Entwicklungen heute und seit dem 18. Jahrhundert. Zeitschrift für Literaturwissenschaft und Linguistik, 11, S. 120–134
–	1981b	Autorschaft ist Werkherrschaft. Über die Entstehung des Urheberrechts aus dem Geist der Goethezeit. Paderborn-München-Wien-Zürich
Bradish, Joseph A. von	1937	Goethes Beamtenlaufbahn. New York
Bradley, Brigitte L.	1980	Zu Rilkes *Malte Laurids Brigge*. Bern-München
Brandes, Ernst	1802	Betrachtungen über das weibliche Geschlecht und dessen Ausbildung in dem geselligen Leben, 3 Theile. Hannover
–	1809	Ueber das Du und Du zwischen Eltern und Kindern. Hannover
Brann, Henry Walter	1978	Nietzsche und die Frauen. 2. erw. Aufl. Bonn

Braun, Lily	1901	Die Frauenfrage, ihre geschichtliche Entwicklung und wirtschaftliche Seite. Leipzig
–	1908	Im Schatten der Titanen
–	1923	Gesammelte Werke, 5 Bände. Berlin
Brentano, Bettina	1835	Goethes Briefwechsel mit einem Kinde
–	1840	Die Günderode
–	1844	Clemens Brentanos Frühlingskranz. Aus Jugendbriefen ihm geflochten, wie er selbst schriftlich verlangte
–	1959–63	Bettina von Arnim, Werke und Briefe, Hrsg. Gustav Konrad. Frechen
Brentano, Clemens	1817	Die mehreren Wehmüller und ungarischen Nationalgesichter
–	1818	Aus der Chronika eines fahrenden Schülers
–	1963–68	Werke, Hrsg. Friedhelm Kemp. München
Breton, André	1924/1967	Manifeste du surréalisme. In: A. B., Manifestes du surréalisme. Paris, S. 7–64
Breton, André/ Eluard, Paul	1930/1974	Die unbefleckte Empfängnis. L'Immaculée Conception. Zweisprachige Ausgabe. München
Breucker, Fritz	1911	Die Eisenbahn in der Dichtung. Zeitschrift für den deutschen Unterricht, 25, S. 305–324
Bridgwater, Patrick	1974	Kafka and Nietzsche. Bonn
–	1979	The Sources of Stramm's Originality. In: Jeremy D. Adler/John H. White (Hrsg.), August Stramm. Kritische Essays und unveröffentlichtes Quellenmaterial aus dem Nachlaß des Dichters. Berlin, S. 31–46
Brinnin, John Malcolm	1960	The Third Rose. Gertrude Stein and her world. London
Bruch, Walter	1979	Von der Tonwalze zur Bildplatte. 100 Jahre Ton- und Bildspeicherung. Die Funkschau, Sonderheft
Budde, Gerhard August	1910	Die Pädagogik der preußischen höh. Knabenschulen unter dem Einflusse der pädagogischen Zeitströmungen vom Anfange des 19. Jahrhunderts bis auf die Gegenwart. Langensalza, 2 Bände
Bünger, Ferdinand	1898	Entwickelungsgeschichte des Volksschullesebuches. Leipzig
Bürger, Christa	1977	Der Ursprung der bürgerlichen Institution Kunst. Literatursoziologische Untersuchungen zum klassischen Goethe. Frankfurt/M.
Burgerstein, Leo	1889	Die Weltletter. Wien
Burghagen, Otto	1898	Die Schreibmaschine. Illustrierte Beschreibung aller gangbaren Schreibmaschinen nebst gründlicher Anleitung zum Arbeiten auf sämtlichen Systemen. Hamburg
Bußhoff, Heinrich	1968	Politikwissenschaft und Pädagogik. Studien über den Zusammenhang von Politik und Pädagogik. Berlin
Calasso, Roberto	1974/1980	L'impuro folle. Milano Die geheime Geschichte des Senatspräsidenten Dr. Daniel Paul Schreber. Frankfurt/M.
Campe, Johann Heinrich	1807/1975	Neues Bilder Abeze. Nachdruck, Hrsg. Dietrich Leube, Frankfurt/M.
Campe, Rüdiger	1980	Schreibstunden in Jean Pauls Idyllen. Fugen. Deutsch-französisches Jahrbuch für Text-Analytik, 1, S. 132–170
–	1987	Pronto! Telefonate und Telefonstimmen (57322). In: F. A. Kittler, Manfred Schneider,

Cardinal, Roger	1981	Samuel Weber (Hrsg.), Diskursanalysen, Bd. 1: Medien. Opladen, S. 68–93. André Breton. Wahnsinn und Poesie. In: Bernd Urban/Winfried Kudszus (Hrsg.), Psychoanalytische und psychopathologische Literaturinterpretation. Darmstadt, S. 300–320
Carossa, Hans	1928/1962	Verwandlungen einer Jugend. In: H. C., Sämtliche Werke, Bd. II. Frankfurt/M., S. 109–261
Carstensen, Jens	1971	Bilse und Thomas Mann. Der Junge Buchhandel, 24, S. 175–179
Chamberlain, Alexander Francis	1896	The Child and Childhood in Folkthought. London-New York
Chapuis, Alfred/ Gélis, Edouard	1928	Le monde des automates. Étude historique et technique. Paris, 2 Bände
Chartier, Roger	1987	Lectures et lecteurs dans la France d'Ancien Régime. Paris
Chew, Victor Kenneth	1967	Talking Machines 1877–1914. Some aspects of the early history of the gramophone. London
Clarétie, Jules	1881	Les amours d'un interne. Paris
Clément, Cathérine	1976	Hexe und Hysterikerin. Die Alternative, 19, S. 148–154
Code Napoléon	1807	Nouvelle édition, conforme à l'édition de l'Imprimerie Impériale. Paris
Cohn, Hermann	1881	Das Auge und die Handschrift. Vom Fels zum Meer. Spemann's Illustrirte Zeitschrift für das Deutsche Haus, Bd. 1, Sp. 356–372
Cournot, Michel	1972	„Toi qui as de si grandes dents ..." Franz Kafka, lettres à Félice. Le Nouvel Observateur, 17.4.1972, S. 59–61
Creuzer, Friedrich	1805	Das Studium der Alten, als Vorbereitung zur Philosophie. Studien, 1, S. 1–22
–	1912	Die Liebe der Günderode. Friedrich Creuzers Briefe an Caroline von Günderode, Hrsg. Karl Preisendanz. München
Cros, Charles	1908	Le Collier des griffes
–	1964	Œuvres complètes, Hrsg. Louis Forestier und Pascal Pia. Paris
Cumont, Franz	1924	Les religions orientales dans le paganisme romain. 4. Aufl. Paris
Curtius, Ernst Robert	1951	Goethes Aktenführung. Die Neue Rundschau, 62, S. 110–121
Daniels, Karlheinz (Hrsg.)	1966	Über die Sprache. Erfahrungen und Erkenntnisse deutscher Dichter und Schriftsteller des 20. Jahrhunderts. Eine Anthologie. Bremen
David, Claude	1952/1967	Stefan George. Son Œuvre poétique. Lyon-Paris Stefan George. Sein dichterisches Werk. München
Davies, Margery	1974	Woman's Place is at the Typewriter. The Feminization of the Clerical Labor Force. Somerville/Mass.
Degering, Hermann	1929	Die Schrift. Atlas der Schriftformen des Abendlandes vom Altertum bis zum Ausgang des 18. Jahrhunderts. Berlin
Deibel, Franz	1905	Dorothea Schlegel als Schriftstellerin im Zusammenhang mit der romantischen Schule. Berlin

Deleuze, Gilles/ Guattari, Félix	1972/1974	L'Anti-Œdipe. Capitalisme et schizophrénie I. Paris Anti-Ödipus. Kapitalismus und Schizophrenie I. Frankfurt/M.
–	1980	Mille plateaux. Capitalisme et schizophrénie. Paris
Derrida, Jacques	1967a/ 1972a	L'écriture et la différence. Paris Die Schrift und die Differenz. Frankfurt/M.
–	1967b/ 1972a	De la grammatologie. Paris Grammatologie. Frankfurt/M.
–	1972b/ 1972a	Marges – de la philosophie. Paris Randgänge der Philosophie. Frankfurt/M.- Berlin-Wien
–	1974a	Glas
–	1980a	Nietzsches Otobiographie oder Politik des Eigennamens. Fugen. Deutsch-französisches Jahrbuch für Text-Analytik, 1, S. 64–98
–	1980b	Titel (noch zu bestimmen). In: Friedrich A. Kittler (Hrsg.), Austreibung des Geistes aus den Geisteswissenschaften. Programme des Poststrukturalismus. Paderborn-München- Wien-Zürich 1980, S. 15–37
Diener, Gottfried	1971	Goethes *Lila*. Heilung eines „Wahnsinns" durch „psychische Kur". Vergleichende In- terpretation der drei Fassungen. Mit unge- druckten Texten und Noten und einem An- hang über psychische Kuren der Goethezeit und das Psychodrama. Frankfurt/M.
Dilthey, Wilhelm	1877	Charles Dickens und das Genie des erzählen- den Dichters
–	1887	Dichterische Einbildungskraft und Wahnsinn
–	1890	Schulreformen und Schulstuben
–	1900	Die Entstehung der Hermeneutik
–	1914–58	Gesammelte Schriften. Leipzig-Berlin
–	1954	Die große Phantasiedichtung und andere Stu- dien zur vergleichenden Literaturgeschichte. Göttingen
Dilthey, Wilhelm/ Heubaum, Alfred	1899	Ein Gutachten Wilhelm von Humboldts über die Staatsprüfung der höheren Verwal- tungsbeamten. Jahrbuch für Gesetzgebung, Verwaltung und Volkswirtschaft im Deut- schen Reich, 23, S. 1455–1471
Döblin, Alfred	1913a	An Romanautoren und ihre Kritiker
–	1913b	Futuristische Worttechnik
–	1917	Bemerkungen zum Roman
–	1922	Autobiographische Skizze
–	1963	Aufsätze zur Literatur. Ausgewählte Werke in Einzelbänden, Hrsg. Anthony W. Riley. Ol- ten-Freiburg/Br.
–	1980	Autobiographische Schriften und letzte Auf- zeichnungen. Ausgewählte Werke in Einzel- bänden, Hrsg. Anthony W. Riley. Olten-Frei- burg/Br.
Dolz, Johann Christian	1811	Praktische Anleitung zu schriftlichen Aufsät- zen über Gegenstände des gemeinen Lebens, besonders für Bürgerschulen. 2. verb. Aufl. Reutlingen
Donzelot, Jacques	1977/1980	La police des familles. Paris Die Ordnung der Familie. Frankfurt/M.
Dornseiff, Franz	1922	Das Alphabet in Mystik und Magie. Leipzig

Doyle, Sir Arthur Conan	1890	The Sign of Four. London
−	1892	The Adventures of Sherlock Holmes
−	1930	The Complete Sherlock Holmes, Hrsg. Christopher Morley. New York
Druskowitz, Helene	1886	Moderne Versuche eines Religionsersatzes. Ein philosophischer Essay. Heidelberg
−	1888	Zur neuen Lehre. Betrachtungen. Heidelberg
−	ca. 1900	Pessimistische Kardinalsätze. Ein Vademekum für die freiesten Geister. Von Erna (Dr. Helene von Druskowitz). Wittenberg o. J.
Durrani, Osman	1977	Faust and the Bible. A Study of Goethe's Use of Scriptural Allusions and Christian Religious Motifs in *Faust I* and *II*. Bern-Frankfurt/M.-Las Vegas
Ebbinghaus, Hermann	1885/1971	Ueber das Gedächtniss. Untersuchungen zur experimentellen Psychologie. Neudruck Darmstadt 1971
−	1905–13	Grundzüge der Psychologie. Bd. 1, 2. Aufl. Leipzig 1905, Bd. 2 (fortgeführt von Ernst Dürr), 1.–3. Aufl. Leipzig 1913
Ehrenreich, Barbara /English, Deidre	1976	Hexen, Hebammen und Krankenschwestern. München
Ehrenstein, Albert	1911/1919	Tubutsch. Mit Zeichnungen von Alfred Kubin. Leipzig
Eichendorff, Joseph, Freiherr von	1815	Ahnung und Gegenwart
−	1957–58	Neue Gesamtausgabe der Werke und Schriften, Hrsg. Gerhart Baumann. Stuttgart
Einstein, Carl	1912a	Anmerkungen zum Roman
−	1912b	Bebuquin oder Die Dilettanten des Wunders
−	1962	Gesammelte Werke, Hrsg. Ernst Nef. Wiesbaden
Eisner, Lotte H.	1975	Die dämonische Leinwand, Hrsg. Hilmar Hoffmann und Walter Schobert. Reinbek
Eliot, Thomas Stearns	1954	Selected Poems. London
Ellenberger, Henry F.	1973	Die Entdeckung des Unbewußten. Bern-Stuttgart-Wien, 2 Bände
Elling, Barbara	1973	Leserintegration im Werk E. T. A. Hoffmanns. Bern-Stuttgart
Engelsing, Rolf	1973	Analphabetentum und Lektüre. Zur Sozialgeschichte des Lesens in Deutschland zwischen feudaler und industrieller Gesellschaft. Stuttgart
−	1976	Der literarische Arbeiter, Bd. 1: Arbeit, Zeit und Werk im literarischen Beruf. Göttingen
Enzensberger, Hans Magnus	1970	Baukasten zu einer Theorie der Medien. Kursbuch, Nr. 20, S. 159–186
Erdmann, Benno/ Dodge, Raymond	1898	Psychologische Untersuchungen über das Lesen auf experimenteller Grundlage. Halle
Erning, Günter	1974	Das Lesen und die Lesewut. Beiträge zur Frage der Lesergeschichte: dargestellt am Beispiel der schwäbischen Provinz. Bad Heilbrunn
Exerzier-Reglement für die Infanterie	1909	Vom 29. Mai 1906. Neuabdruck mit Einfügung der bis August 1909 ergangenen Änderungen. Berlin
Farges, Joël	1975	L'image d'un corps. Communications, Nr. 23 (Psychanalyse et cinéma), S. 88–95
Fauth, Franz	1898	Das Gedächtnis. (Sammlung von Abhandlun-

Fechner, Gustav Theodor	1876	gen aus dem Gebiete der pädagogischen Psychologie und Physiologie, Heft 5) Berlin Vorschule der Ästhetik, 2 Theile, Leipzig
Fechner, Heinrich	1889	Geschichte des Volksschul-Lesebuches. In: Carl Kehr (Hrsg.), Geschichte der Methodik des deutschen Volksschulunterrichtes. Gotha 1877–82, Bd. 2, S. 439–519
Ferrier, Daniel	1876/1879	The functions of the brain. London Die Functionen des Gehirnes. Autorisirte deutsche Ausgabe. Braunschweig
Fichte, Immanuel Hermann	1862	Johann Gottlieb Fichte's Leben und literarischer Briefwechsel. 2. Aufl. Leipzig, 2 Bände
Fichte, Johann Gottlieb	1789	Plan anzustellender Rede-Uebungen
–	1790	Plan zu einer Zeitschrift über Literatur und Wahl der Lectüre
–	1794–95	Die Grundlage der gesammten Wissenschaftslehre
–	1806a	Die Grundzüge des gegenwärtigen Zeitalters
–	1806b	Ueber das Wesen des Gelehrten, und seine Erscheinungen im Gebiete der Freiheit. In öffentlichen Vorlesungen, gehalten zu Erlangen im Sommer-Halbjahre 1805
–	1817	Deducirter Plan einer zu Berlin zu errichtenden höheren Lehranstalt
–	1845	Sämmtliche Werke, Hrsg. Immanuel Hermann Fichte
–	1962 ff.	Gesamtausgabe, Hrsg. Reinhard Lauth und Hans Jacob. Stuttgart-Bad Cannstatt
Fichtner, Gerhard	1972	Psychiatrie zur Zeit Hölderlins. Ausstellung anläßlich der 12. Jahresversammlung der Hölderlin-Gesellschaft in Tübingen im Evangelischen Stift 9.–11. Juni 1972 (Typoskript)
Flake, Otto	1919	Die Stadt des Hirns. Roman. Berlin
Flechsig, Paul	1882	Die körperlichen Grundlagen der Geistesstörungen. Vortrag gehalten beim Antritt des Lehramtes an der Universität Leipzig am 4. März 1882. Leipzig
–	1896	Gehirn und Seele. Rede, gehalten am 31. Oktober 1894 in der Universitätskirche zu Leipzig. 2. Aufl. Leipzig
–	1897	Ueber die Associationscentren des menschlichen Gehirns. Mit anatomischen Demonstrationen. In: Dritter Internationaler Congress für Psychologie in München vom 4. bis 7. August 1896. München, S. 49–73
–	1927	Meine myelogenetische Hirnlehre mit biographischer Einleitung. Berlin
Förster-Nietzsche, Elisabeth	1935	Friedrich Nietzsche und die Frauen seiner Zeit. München
Forel, August	1901	Selbst-Biographie eines Falles von Mania acuta. Archiv für Psychiatrie und Nervenkrankheiten, 34, S. 960–997
Forrer, R.	1888	Handschriften Irrsinniger. Vom Fels zum Meer. Spemann's Illustrirte Zeitschrift für das Deutsche Haus, Bd. 2, Sp. 515–522
Forster, Leonhard	1974	Dichten in fremden Sprachen. Vielsprachigkeit in der Literatur. München

Foucault, Michel	1954a/ 1992	Einleitung zu: Ludwig Binswanger, *Le rêve et l'existence*, Brügge Einleitung zu: Ludwig Binswanger, *Traum und Existenz*, Berlin-Bern
–	1954b/1968	Maladie mentale et psychologie. Paris Psychologie und Geisteskrankheit. Frankfurt/M.
–	1961/1969a	Histoire de la folie à l'âge classique. Paris Wahnsinn und Gesellschaft. Eine Geschichte des Wahns im Zeitalter der Vernunft. Frankfurt/M.
–	1963	Le langage à l'infini
–	1964	La folie, l'absence d'Œuvre
–	1966/1971b	Les mots et les choses. Une archéologie des sciences humaines. Paris Die Ordnung der Dinge. Eine Archäologie der Humanwissenschaften. Frankfurt/M.
–	1967	Un ,,fantastique'' de bibliothèque
–	1969b	Qu'est-ce qu'un auteur?
–	1969c/1981	L'archéologie du savoir. Die Archäologie des Wissens. Frankfurt/M.
–	1971a	Nietzsche, la généalogie, l'histoire
–	1971c	Par delà le bien et le mal
–	1972/1974	L'ordre du discours. Paris Die Ordnung des Diskurses. Inauguralvorlesung am Collège de France – 2. Dezember 1970. München
–	1974a	Schriften zur Literatur. München
–	1974b	Von der Subversion des Wissens, Hrsg. Walter Seitter. München
–	1975/1976b	Surveiller et punir. Naissance de la prison. Paris Überwachen und Strafen. Die Geburt des Gefängnisses. Frankfurt/M.
–	1976a/1977	Histoire de la sexualité, Bd. 1: La volonté de savoir. Paris Sexualität und Wahrheit, Bd. 1: Der Wille zum Wissen. Frankfurt/M.
Frank, Horst Joachim	1973	Geschichte des Deutschunterrichts. Von den Anfängen bis 1945. München
Frank, Manfred	1977	Das individuelle Allgemeine. Textstrukturierung und -interpretation nach Schleiermacher. Frankfurt/M.
Frank, Manfred (Hrsg.)	1978	Das kalte Herz und andere Texte der Romantik. Frankfurt/M.
Freud, Sigmund	1891	Zur Auffasssung der Aphasien. Eine kritische Studie. Leipzig-Wien
–	1893	Charcot
–	1895	Studien über Hysterie (zusammen mit Josef Breuer)
–	1899	Die Traumdeutung (vordatiert 1900)
–	1901	Zur Psychopathologie des Alltagslebens
–	1905	Bruchstück einer Hysterie-Analyse
–	1907	Der Wahn und die Träume in W. Jensens *Gradiva*
–	1909	Bemerkungen über einen Fall von Zwangsneurose
–	1910	Über Psychoanalyse. Fünf Vorlesungen
–	1911	Psychoanalytische Bemerkungen über einen autobiographisch beschriebenen Fall von Paranoia (Dementia paranoides)

	1912	Ratschläge für den Arzt bei der psychoanalytischen Behandlung
	1913a	Zur Einleitung der Behandlung
	1913b	Das Unbewußte
	1916–17	Vorlesungen zur Einführung in die Psychoanalyse
	1918	Aus der Geschichte einer infantilen Neurose
	1920	Jenseits des Lustprinzips
	1921	Massenpsychologie und Ich-Analyse
	1925	„Selbstdarstellung"
	1933	Neue Folge der Vorlesungen zur Einführung in die Psychoanalyse
	1937	Konstruktionen in der Analyse
	M 1938	Abriss der Psychoanalyse
	1946–68	Gesammelte Werke. Chronologisch geordnet, Hrsg. Anna Freud u. a. London-Frankfurt/M.
	1986	Briefe an Wilhelm Fliess 1887–1904. Hrsg. Jeffrey Moussaieff Masson, Frankfurt/M.
Freud, Sigmund/ Andreas-Salomé, Lou	1966	Briefwechsel, Hrsg. Ernst Pfeiffer. Frankfurt/M.
Fricke, Harald	1981	Norm und Abweichung. Eine Philosophie der Literatur. München
Fricke, K.	1903	Die geschichtliche Entwicklung des Lehramts an den höheren Schulen. In: K. F./K. Eulenburg, Beiträge zur Oberlehrerfrage. Leipzig-Berlin
Friedell, Egon	1912	Prolog vor dem Film
Friedlaender, Salomo (= Mynona)	1916/1980	Goethe spricht in den Phonographen. In: Das Nachthemd am Wegweiser und andere höchst merkwürdige Geschichten des Dr. Salomo Friedlaender. Berlin, S. 159–178
Fritzsch, Theodor	1906	Zur Geschichte der Kinderforschung und Kinderbeobachtung. Zeitschrift für Philosophie und Pädagogik, 13, S. 497–506
Fühmann, Franz	1979	Fräulein Veronika Paulmann aus der Pirnaer Vorstadt oder Etwas über das Schauerliche bei E. T. A. Hoffmann. Rostock
Furet, Francois/ Ozouf, Jacques	1977	Lire et écrire. L'alphabétisation des Français de Calvin à Jules Ferry. Paris, 2 Bände
Gardiner, Muriel (Hrsg.)	1971	The Wolf-Man. New York Der Wolfsmann vom Wolfsmann. Frankfurt/M.
Garfinkel, Harold	1962/1973	Common Sense Knowledge of Social Structures: The Documentary Method of Interpretation in Lay and Professional Fact Finding Das Alltagswissen über soziale und innerhalb sozialer Strukturen. In: Arbeitsgruppe Bielefelder Soziologen, Alltagswissen, Interaktion und gesellschaftliche Wirklichkeit, 2 Bände. Reinbek, Bd. 1, S. 189–262
Gaube, Uwe	1978	Film und Traum. Zum präsentativen Symbolismus. München
Gaudig, Hugo	1910	Zum Bildungsideal der deutschen Frau. Zeitschrift für pädagogische Psychologie, 11, S. 225–237
Gedike, Friedrich	1787	Einige Gedanken über Schulbücher und Kinderschriften
	1791	Einige Gedanken über die Ordnung und Folge der Gegenstände des jugendlichen Unterrichts

–	1793	Einige Gedanken über deutsche Sprach- und Stilübungen auf Schulen
–	1789–95	Gesammelte Schulschriften, 2 Bände. Berlin
Gehrmann, Carl	1893	Körper, Gehirn, Seele, Gott. Vier Teile in drei Bänden. Berlin
Geißler, Horst Wolfram (Hrsg.)	1927	Gestaltungen des Faust. Die bedeutendsten Werke der Faustdichtung seit 1587. Bd. 1: Die vorgoethesche Zeit. München
Geistbeck, Michael	1887	Der Weltverkehr. Telegraphie und Post, Eisenbahnen und Schiffahrt in ihrer Entwicklung dargestellt. Freiburg/Br.
George, Stefan	1894	Zwei Träume
–	1895	Die Bücher der Hirten- und Preisgedichte · der Sagen und Sänge · und der Hängenden Gärten
–	1907	Der Siebente Ring
–	1928	Das neue Reich
–	1927–34	Gesamt-Ausgabe der Werke. Endgültige Fassung. Berlin
George, Stefan/ Hofmannsthal, Hugo von	1938	Der Briefwechsel zwischen George und Hofmannsthal. Berlin
Gerhardt, Dagobert von (= Amyntor)	1893–98	Skizzenbuch meines Lebens, 2 Bände. Breslau
Gessinger, Joachim	1979	Schriftspracherwerb im 18. Jahrhundert. Kulturelle Verelendung und politische Herrschaft. Osnabrücker Beiträge zur Sprachtheorie, 11, S. 26–47
–	1980	Sprache und Bürgertum. Sozialgeschichte sprachlicher Verkehrsformen im 18. Jahrhundert in Deutschland. Stuttgart
Giehrl, Hermann	1911	Der Feldherr Napoleon als Organisator. Betrachtungen über seine Verkehrs- und Nachrichtenmittel, seine Arbeits- und Befehlsweise. Berlin
Giesebrecht, Ludwig	1856	Der deutsche Aufsatz in Prima. Eine geschichtliche Untersuchung. Zeitschrift für das Gymnasialwesen. S. 113–135
Giesecke, Michael	1979	Schriftspracherwerb und Erstlesedidaktik in der Zeit des „gemein teutsch" – eine sprachhistorische Interpretation der Lehrbücher Valentin Ickelsamers. Osnabrücker Beiträge zur Sprachtheorie, 11, S. 48–72
Gilman, Sander L.	1981	Friedrich Nietzsche's Niederschriften aus der spätesten Zeit (1890–1897) and the conversation notebooks. In: Bernd Urban/Winfried Kudszus (Hrsg.), Psychoanalytische und Psychopathologische Literaturinterpretation. Darmstadt, S. 321–343
Ginzburg, Carlo	1980	Spurensicherung. Der Jäger entziffert die Fährte, Sherlock Holmes nimmt die Lupe, Freud liest Morelli – die Wissenschaften auf der Suche nach sich selbst. Freibeuter, Heft 3, S. 7–17 und Heft 4, S. 11–36
Gleim, Betty	1810	Erziehung und Unterricht des weiblichen Geschlechts. Ein Buch für Eltern und Erzieher, 2 Bände. Leipzig
Goethe, Johann Wolfgang von	1795–96	Wilhelm Meisters Lehrjahre
–	1809	Die Wahlverwandtschaften
–	1811–14	Aus meinem Leben. Dichtung und Wahrheit

–	1816–17	Aus meinem Leben. Zweiter Abteilung erster und zweiter Band. (Später: Italienische Reise)
–	1820	Über Philostrats Gemählde
–	1821–29	Wilhelm Meisters Wanderjahre oder Die Entsagenden
–	1828	German Romance
–	1887–1919	Werke. Weimarer Ausgabe, Hrsg. im Auftrag der Großherzogin Sophie von Sachsen. Weimar
–	1904–05	Sämtliche Werke. Jubiläums-Ausgabe, Hrsg. Eduard von der Hellen. Stuttgart-Berlin o. J.
–	1950–72	Amtliche Schriften, Hrsg. Willy Flach. Weimar
–	1965–72	Gespräche. Aufgrund der Ausgabe und des Nachlasses von Flodoard Freiherrn von Biedermann hrsg. von Wolfgang Herwig. Zürich-Stuttgart
Goldscheider, Alfred	1892	Zur Physiologie und Pathologie der Handschrift. Archiv für Psychiatrie und Nervenkrankheiten, 24, S. 503–525
Goll, Claire	1976/1980	La poursuite du vent / Ich verzeihe keinem. Eine literarische Chronique scandaleuse unserer Zeit. München-Zürich
Grabbe, Christian Dietrich	1831	Napoleon oder die hundert Tage
–	1960–73	Werke. Historisch-kritische Gesamtausgabe, Hrsg. Akademie der Wissenschaften in Göttingen, 6 Bände
Grabein, Paul (Hrsg.)	1902	Liebeslieder moderner Frauen. Berlin
Grävell, Max Friedrich Karl Wilhelm	1820	Der Staatsbeamte als Schriftsteller oder der Schriftsteller als Staatsbeamte im Preußischen. Aktenmäßig dargethan. Stuttgart
Grat, Alfred (Hrsg.)	1912	Schülerjahre. Erlebnisse und Urteile namhafter Zeitgenossen. Berlin
Graubner, Hans	1977	„Mitteilbarkeit" und „Lebensgefühl" in Kants *Kritik der Urteilskraft*. Zur kommunikativen Bedeutung des Ästhetischen. In: Friedrich A. Kittler/Horst Turk (Hrsg.), Urszenen. Literaturwissenschaft als Diskursanalyse und Diskurskritik. Frankfurt/M., S. 53–75
Grésillon, Almuth	1993	Méthodes de lecture. In: Les manuscrits des écrivains, Hrsg. Anna Cadiot und Christel Haffner. Paris, S. 138–161
Grob, Karl	1976	Ursprung und Utopie. Aporien des Textes. Bonn
Grüßbeutel, Jacob	1534	Eyn besonder fast nützlich stymen büchlein mit figuren. Neudruck in: Heinrich Fechner, Vier seltene Schriften des sechzehnten Jahrhunderts. Berlin 1882
Guattari, Félix	1975	Le divan du pauvre. Communications, Nr. 23 (Psychanalyse et cinéma), S. 96–103
Gutzmann, Hermann	1908	Über Hören und Verstehen. Zeitschrift für angewandte Psychologie und psychologische Sammelforschung, 1, S. 483–503
Haas, Norbert	1980	Exposé zu Lacans Diskursmathemen. Der Wunderblock, Nr. 5/6, S. 9–34
Habermas, Jürgen	1968	Erkenntnis und Interesse. Frankfurt/M.
Hackenberg, Albert	1904	Der mündliche Ausdruck. In: Kunsterziehung. Ergebnisse und Anregungen des zweiten

		Kunsterziehungstages in Weimar am 9., 10., 11. Oktober 1903. Deutsche Sprache und Dichtung. Leipzig, S. 64-75
Hahn, Barbara	1991	Unter falschem Namen. Von der schwierigen Autorschaft der Frauen. Frankfurt/M.
Hahnemann, Samuel	1796a	Handbuch für Mütter, oder Grundsätze der ersten Erziehung der Kinder (nach den Prinzipien des J. J. Rousseau). Leipzig
–	1796b/1829	Striche zur Schilderung Klockenbrings während seines Trübsinns. In: S. H., Kleine medizinische Schriften, Hrsg. Ernst Stapf, 2 Bände. Leipzig, Bd. 2, S. 239-246
Hall, G. Stanley	1882	Contents of Children's Mind on Entering School
–	1899	A Study of Fears
–	1902	Ausgewählte Beiträge zur Kinderpsychologie und Pädagogik. (Internationale paedagogische Bibliothek, Bd. 4) Altenburg
Hamacher, Werner	1978	pleroma – zu Genesis und Struktur einer dialektischen Hermeneutik bei Hegel. In: Georg Friedrich Wilhelm Hegel, *Der Geist des Christentums*. Schriften 1796-1800, Hrsg. Werner Hamacher. Frankfurt/M.-Berlin-Wien, S. 7-333.
–	1979	Hermeneutische Ellipsen. Schrift und Zirkel bei Schleiermacher. In: Ulrich Nassen (Hrsg.), Texthermeneutik. Aktualität, Geschichte, Kritik. Paderborn-München-Wien-Zürich, S. 113-148
Hammerstein, Ludwig von	1893	Das Preußische Schulmonopol mit besonderer Rücksicht auf die Gymnasien. Freiburg/Br.
Hanstein, Adalbert von	1899-1900	Die Frauen in der Geschichte des Deutschen Geisteslebens des 18. und 19. Jahrhunderts, 2 Bände. Leipzig
Hardach-Pinke, Irene/Hardach, Gerd	1978	Deutsche Kindheiten. Autobiographische Zeugnisse 1700-1900. Frankfurt/M.
Hardenberg, Friedrich von	1798a	Dialogen
–	1798b	Glauben und Liebe oder Der König und die Königin
–	1802a	Heinrich von Ofterdingen. Ein nachgelassener Roman von Novalis
–	1802b	Die Lehrlinge zu Sais
–	1846	Monolog
–	1960-88	Schriften, Hrsg. Paul Kluckhohn und Richard Samuel. Stuttgart-Berlin-Köln-Mainz
Hart, Heinrich	1904	Das dichterische Kunstwerk in der Schule (Seine Auswahl). In: Kunsterziehung. Ergebnisse und Anregungen des zweiten Kunsterziehungstages in Weimar am 9., 10., 11. Oktober 1903. Deutsche Sprache und Dichtung. Leipzig, S. 122-135
Hartleben, Otto Erich	1895	Der Einhornapotheker
–	1920	Ausgewählte Werke in drei Bänden, Hrsg. Franz Ferdinand Heitmueller. Berlin
Hattenhauer, Hans	1980	Geschichte des Beamtentums. (Handbuch des öffentlichen Dienstes, Bd 1) Köln-Berlin-Bonn-München
Hatvani, Paul	1912	Spracherotik. Der Sturm, 3, S. 210
Hausen, Karin	1976	Die Polarisierung der „Geschlechtscharak-

Haym, Rudolf	1870	Die romantische Schule. Ein Beitrag zur Geschichte des deutschen Geistes. Berlin
Hécaen, Henry/ Angelergues, René	1965	Pathologie du langage. L'aphasie. Paris
Heftrich, Eckhardt	1969	Novalis. Vom Logos der Poesie. Frankfurt/M.
Hegel, Georg Wilhelm Friedrich	1801	Wie der gemeine Menschenverstand die Philosophie nehme, – dargestellt an den Werken des Herrn Krug's
–	1807	Phänomenologie des Geistes
–	1812–13	Wissenschaft der Logik, 2 Bände
–	1830	System der Philosophie (Encyclopädie)
–	1835	Vorlesungen über die Ästhetik, Hrsg. Heinrich Gustav Hotho
–	1927–40	Sämtliche Werke. Jubiläumsausgabe, Hrsg. Hermann Glockner. Stuttgart
–	1961	Briefe von und an Hegel, Hrsg. Johannes Hoffmeister. 2. Aufl. Hamburg
–	1968 ff.	Gesammelte Werke, hrsg. im Auftrag der Deutschen Forschungsgemeinschaft. Hamburg
–	1978	Der Geist des Christentums. Schriften 1796–1800, Hrsg. Werner Hamacher. Frankfurt/M.-Berlin-Wien
Hegener, Johannes	1975	Die Poetisierung der Wissenschaften bei Novalis. Studie zum Problem enzyklopädischen Welterfahrens. Bonn
Heidegger, Martin	1927	Sein und Zeit. Erste Hälfte. Halle/S.
–	1959	Unterwegs zur Sprache. Pfullingen
–	1961	Nietzsche. 2 Bände, Pfullingen
–	1976	Antwort auf die Enquête Rimbaud. Archives des lettres modernes, 8, S. 12–17
Hein, Birgit/Herzogenrath, Wulf	1978	Film als Film. 1910 bis heute. Vom Animationsfilm der zwanziger zum Filmenvironment der siebziger Jahre. Stuttgart o. J.
Heinemann, Manfred	1974	Schule im Vorfeld der Verwaltung. Die Entwicklung der preußischen Unterrichtsverwaltung von 1771–1800. (Studien zum Wandel von Gesellschaft und Bildung im 19. Jahrhundert) Göttingen
Hellpach, Willy	1911	Psychopathologisches in moderner Kunst und Literatur. Vierter Internationaler Kongreß zur Fürsorge für Geisteskranke (Berlin 1910). Halle/S., S. 131–158
–	1954	Erzogene über Erziehung. Dokumente von Berufenen. Heidelberg
Helmers, Hermann	1970	Geschichte des deutschen Lesebuches in Grundzügen. Stuttgart
Hempel, Friedrich	1809	Nachtgedanken über das A-B-C-Buch von Spiritus Asper, für alle, welche buchstabiren können, 2 Bände. Leipzig
Henrich, Dieter	1967	Hegels Theorie über den Zufall. In: D. H., Hegel im Kontext, Frankfurt/M., S. 157–186
Hensch, Traute (Hrsg.)	1988	Der Mann als logische und sittliche Unmöglichkeit und als Fluch der Welt. Pessimistische Kardinalsätze von Helene von Druskowitz. Freiburg/Br.
Herbertz, Richard	1909	Zur Psychologie des Maschinenschreibens.

tere'' – Eine Spiegelung der Dissoziation von Erwerbs- und Familienleben. In: Werner Conze (Hrsg.), Sozialgeschichte der Familie in der Neuzeit Europas. Stuttgart, S. 363–393

Herder, Johann Gottfried von	1767	Zeitschrift für angewandte Psychologie, 2, S. 551–561 Ueber die neuere Deutsche Litteratur
–	1772	Abhandlung über den Ursprung der Sprache
–	M 1774	„Johannes"
–	1778	Ueber die Wirkung der Dichtkunst auf die Sitten der Völker in alten und neuen Zeiten
–	1787	Buchstaben- und Lesebuch
–	1796	Von der Ausbildung der Schüler in Rede und Sprache. Schulrede Weimar
–	1798	Rezension: Klopstocks Werke
–	1800	Vitae, non scholae discendum. Schulrede Weimar
–	1877–1913	Sämtliche Werke, Hrsg. Bernhard Suphan. Berlin
Herrlitz, Hans-Georg	1964	Der Lektüre-Kanon des Deutschunterrichts im Gymnasium. Ein Beitrag zur Geschichte der muttersprachlichen Schulliteratur. Heidelberg
Herrmann, Friedrich	1804	Neue Fibel für Kinder oder methodischer Elementarunterricht im Lesen und Abstrahiren nach Pestalozzi, Olivier und eignen Ideen. Leipzig o. J.
Herzfelde, Wieland	1914	Die Ethik der Geisteskranken. Die Aktion, 4, Sp. 298–302
Hesse, Hermann	1918/1970	Künstler und Psychoanalyse. In: H. H., Gesammelte Werke, Frankfurt/M., Bd. 10, S. 47–53
Heuß, Theodor	1953	Vorspiele des Lebens. Jugenderinnerungen. Tübingen
Hey, C.	1879	Die Methodik des Schreibunterrichtes. In: Carl Kehr (Hrsg.), Geschichte der Methodik des deutschen Volksschulunterrichtes. Gotha, Bd 2, S. 1–178
Heydenreich, Karl Heinrich	1798	Mann und Weib. Ein Beytrag zur Philosophie über die Geschlechter. Leipzig
Heym, Georg	1960–64	Dichtungen und Schriften. Gesamtausgabe, Hrsg. Karl Ludwig Schneider. Hamburg-München, 3 Bände
Hille, Peter	1904 f.	Das Recht der Kindheit. Ein Mahnwort. In: P. H., Gesammelte Werke, Berlin-Leipzig, Bd 2, S. 103 f.
Hinrichs, Hermann Friedrich Wilhelm	1825	Aesthetische Vorlesungen über Goethe's Faust als Beitrag zur Anerkennung wissenschaftlicher Kunstbeurtheilung. Halle/S.
Hintze, Otto	1911	Der Beamtenstand. (Vorträge der Gehe-Stiftung zu Dresden, Bd. 3) Leipzig
Hippel, Theodor Gottlieb von	1778–81	Lebensläufe nach aufsteigender Linie nebst Beilagen A, B, C
–	1793/1977	Über die bürgerliche Verbesserung der Weiber, Hrsg. Ralph-Rainer Wuthenow. Frankfurt/M.
–	1801	Nachlaß über weibliche Bildung
–	1828–35	Sämmtliche Werke. Berlin
Hirth, Georg	1897	Aufgaben der Kunstphysiologie. 2. Aufl. München
Hobrecker, Karl	1924	Alte vergessene Kinderbücher. Berlin
Hoche, Johann Georg	1794	Vertraute Briefe über die jetzige abentheuerliche Lesesucht und über den Einfluß der-

Hoffbauer, Johann Christoph	1802–07	selben auf die Verminderung des häuslichen und öffentlichen Glücks. Hannover Untersuchungen über die Krankheiten der Seele und die verwandten Zustände. Halle/S., 3 Bände
Hoffmann, Ernst Theodor Amadeus	1809	Ritter Gluck. Eine Erinnerung aus dem Jahre 1809
–	1814a	Der goldne Topf. Ein Märchen aus der neuen Zeit
–	1814b	Nachricht von den neuesten Schicksalen des Hundes Berganza
–	1815	Johannes Kreislers Lehrbrief
–	1816	Der Sandmann
–	1817a	Das fremde Kind
–	1817b	Der Kampf der Sänger
–	1819	Klein Zaches genannt Zinnober. Ein Märchen
–	1819–21/ 1963	Die Serapions-Brüder. Gesammelte Erzählungen und Märchen. Die Serapions-Brüder, Hrsg. Walter Müller-Seidel. München
–	1967–69	Briefwechsel, Hrsg. Friedrich Schnapp. Darmstadt, 3 Bände
–	1969	Späte Werke, Hrsg. Walter Müller-Seidel. München
–	1976	Fantasie- und Nachtstücke, Hrsg. Walter Müller-Seidel. München
Hofmannsthal, Hugo von	1896	Poesie und Leben
–	1902	Ein Brief
–	1922/1959	Buch der Freunde. Leipzig. In: Aufzeichnungen. Gesammelte Werke in Einzelausgaben, Hrsg. Herbert Steiner. Frankfurt/M.
–	1957	Ausgewählte Werke in zwei Bänden, Hrsg. Rudolf Hirsch. Frankfurt/M.
–	1985	Briefwechsel mit dem Insel-Verlag. 1901–1929, Hrsg. Gerhard Schuster. Frankfurt/M.
Hofmannsthal, Hugo von/Karg von Bebenburg, Edgar	1966	Briefwechsel, Hrsg. Mary E. Gilbert. Frankfurt/M.
Holborn, Hajo	1952	Der deutsche Idealismus in sozialgeschichtlicher Beleuchtung. Historische Zeitschrift, 174, S. 359–384
Holst, Amalie	1802	Ueber die Bestimmung des Weibes zur höhern Geistesbildung. Berlin
Holz, Arno	1924–25	Das Werk. Berlin
Hoock-Demarle, Marie-Claire	1990	Die Frauen der Goethezeit. München
Hörisch, Jochen	1994	Flimmernde Mattscheiben und feste Buchstaben. Literatur im Zeitalter der Medienkonkurrenz. Universitas, 581 11/94, S. 1043–1054
Hornbostel, Erich Moritz von/Abraham, Otto	1904	Über die Bedeutung des Phonographen für vergleichende Musikwissenschaft. Zeitschrift für Ethnologie, 36, S. 222–236
Huber, Johann Albert	1774	Ueber den Nutzen der Felbigerschen Lehrart in den kaiserlich königlichen Normalschulen für beyde Geschlechter. Eine Rede in einer Versammlung von verschiedenen Klosterfrauen aus den vorderösterreichischen Landen. Freiburg/Br.

Huber, Ludwig Ferdinand	1806-19	Sämmtliche Werke in 4 Theilen. Tübingen
Huelsenbeck, Richard	1920/1978	En avant Dada. Hannover En avant Dada. Die Geschichte des Dadaismus. Neudruck Berlin o. J.
Hufeland, Christoph Wilhelm	1799	Guter Rat an Mütter über die wichtigsten Punkte der physischen Erziehung der Kinder in den ersten Jahren. Berlin
–	1824	I. Kant, Von der Macht des Gemüths durch den bloßen Vorsatz seiner krankhaften Gefühle Meister zu seyn, hrsg. und mit Anmerkungen versehen. 2. Aufl. Leipzig
Humboldt, Wilhelm von	A 1809	Bericht der Sektion des Kultus und Unterrichts an den König
–	1903-36	Gesammelte Schriften, hrsg. Preußische Akademie der Wissenschaften. Berlin
Husserl, Edmund	1900-01/1968	Logische Untersuchungen. Nachdruck der 2. Aufl. Tübingen
Hyde, H. Montgomery	1969	Henry James at Home. London
Ickelsamer, Valentin	1533	Ein Teütsche Grammatica. In: Heinrich Fechner, Vier seltene Schriften des 16. Jahrhunderts, Berlin 1882
–	1534	die rechte weis auffs kürtzist lesen zu lernen. In: Heinrich Fechner, Vier seltene Schriften des 16. Jahrhunderts. Berlin 1882
Innis, Harold Adams	1950	Empire and Communications. Oxford
Irle, Gerhard	1965	Der psychiatrische Roman. Stuttgart
Jaffé, Aniela	1978	Bilder und Symbole aus E. T. A. Hoffmanns Märchen Der goldne Topf. 2. veränderte Aufl. Hildesheim
Jäger, Georg	1973	Der Deutschunterricht auf Gymnasien 1750-1850. Deutsche Vierteljahresschrift für Literaturwissenschaft und Geistesgeschichte, 47, S. 120-147
–	1981	Schule und literarische Kultur, Bd. 1: Sozialgeschichte des deutschen Unterrichts an höheren Schulen von der Spätaufklärung bis zum Vormärz. Stuttgart
Janet, Pierre	1889	L'automatisme psychologique: essai de psychologie expérimentale sur les formes inférieures de l'activité humaine. Paris
Janz, Kurt Paul	1978-79	Friedrich Nietzsche. Biographie. München, 2 Bände
Jeismann, Karl-Ernst	1974	Das preußische Gymnasium in Staat und Gesellschaft. Die Entstehung des Gymnasiums als Schule des Staates und der Gebildeten. (Industrielle Welt. Schriftenreihe des Arbeitskreises für moderne Sozialgeschichte, Bd. 15) Stuttgart
Jensen, Adolf/ Lamszus, Wilhelm	1910	Unser Schulaufsatz ein verkappter Schundliterat. Ein Versuch zur Neugründung des deutschen Schulaufsatzes für Volksschule und Gymnasium. Hamburg
Jones, Ernest	1961/1969	The Life and Work of Sigmund Freud. Sigmund Freud. Leben und Werk, Hrsg. Lionel Trilling und Steven Marcus. Frankfurt/M.
Jordan, Peter	1533	Leyenschul. In: Heinrich Fechner, Vier seltene Schriften des 16. Jahrhunderts. Berlin 1882

Jung, Carl Gustav	1903	Über Simulation von Geistesstörungen. Journal für Psychologie und Neurologie, 2, S. 181-201
–	1905	Diagnostische Assoziationsstudien. IV. Beitrag: Über das Verhalten der Reaktionszeit beim Assoziationsexperimente. Journal für Psychologie und Neurologie, 6, S. 1-36
–	1907/1972	Über die Psychologie der Dementia praecox. Ein Versuch. Frühe Schriften II. Olten
Jung, Carl Gustav/ Riklin, Franz	1904	Experimentelle Untersuchungen über Assoziationen Gesunder. Diagnostische Assoziationsstudien, II. Journal für Psychologie und Neurologie, 3, S. 55-83, 145-164, 193-215, 283-308, und 4, S. 24-67
Just, Klaus Günther	1963	Ästhetizismus und technische Welt. Zur Lyrik Karl Gustav Vollmoellers. Zeitschrift für deutsche Philologie, 82, S. 211-231
Kaes, Anton (Hrsg.)	1978	Kino-Debatte. Texte zum Verhältnis von Literatur und Film 1909-1929. München-Tübingen
Kafka, Franz	M 1904/05	Beschreibung eines Kampfes
–	1916	Deutscher Verein zur Errichtung und Erhaltung einer Krieger- und Volksnervenheilanstalt in Deutschböhmen in Prag
–	1919a	Ein Bericht für eine Akademie
–	1919b	In der Strafkolonie
–	1925/1946b	Der Prozeß. Roman. Gesammelte Werke, Hrsg. Max Brod, New York-Frankfurt/M.
–	1946a	Erzählungen. Gesammelte Werke, Hrsg. Max Brod, New York-Frankfurt/M.
–	1953	Hochzeitsvorbereitungen auf dem Lande. Gesammelte Werke, Hrsg. Max Brod. New York-Frankfurt/M.
–	1976	Briefe an Felice und andere Korrespondenz aus der Verlobungszeit, Hrsg. Erich Heller und Jürgen Born. Frankfurt/M.
Kaiser, Gerhard	1977	Wandrer und Idylle. Goethe und die Phänomenologie der Natur in der deutschen Dichtung von Geßner bis Gottfried Keller. Göttingen
–	1980	Mutter Nacht – Mutter Natur. Anläßlich einer Bildkomposition von Asmus Jacob Carstens. In: F. A. Kittler (Hrsg.), Austreibung des Geistes aus den Geisteswissenschaften. Programme des Poststrukturalismus. Paderborn-München-Wien-Zürich, S. 87-141
–	1981	Gottfried Keller. Das gedichtete Leben. Frankfurt/M.
Kant, Immanuel	1824	Von der Macht des Gemüths durch den bloßen Vorsatz seiner krankhaften Gefühle Meister zu seyn, Hrsg. Christoph Wilhelm Hufeland. 2. Aufl. Leipzig
Karstädt, Otto	1930	Dem Dichter nach. Schaffende Poesiestunden, 1. Teil, 7. Aufl. Berlin-Leipzig
Keiver Smith, Margaret	1900	Rhythmus und Arbeit. Philosophische Studien, 16, S. 197-305
Kehr, Carl	1879	Die Geschichte des Leseunterrichtes. In: C. K. (Hrsg.), Geschichte der Methodik des deutschen Volksschulunterrichtes. Gotha 1877-82, Bd. 2, S. 328-439

Kesting, Marianne	1974	Aspekte des absoluten Buches bei Novalis und Mallarmé. Euphorion, 68, S. 420–436
Key, Ellen	1902	Das Jahrhundert des Kindes. Studien. Berlin
–	1904	Missbrauchte Frauenkraft. Ein Essay. Berlin
–	1908	Rahel. Eine biographische Skizze. Leipzig
–	1911	Seelen und Werke. Essays. Berlin
Kieseritzky, Ingomar von	1981	Die ungeheuerliche Ohrfeige oder Szenen aus der Geschichte der Vernunft. Stuttgart
Kirchhoff, Arthur (Hrsg.)	1897	Die akademische Frau. Gutachten hervorragender Universitätsprofessoren, Frauenlehrer und Schriftsteller über die Befähigung der Frau zum wissenschaftlichen Studium und Berufe. Berlin
Kirchner, Carl	1843	Die Landesschule Pforta in ihrer geschichtlichen Entwickelung seit dem Anfange des XIX. Jahrhunderts bis auf die Gegenwart. (Einladungsschrift zur dritten Säcularfeier ihrer Stiftung den 21. Mai 1843) Naumburg
Kittler, Friedrich A.	1977a	„Das Phantom unseres Ichs" und die Literaturpsychologie: E. T. A. Hoffmann – Freud – Lacan. In: F. A. K./Horst Turk (Hrsg.), Urszenen. Literaturwissenschaft als Diskursanalyse und Diskurskritik, Frankfurt/M., S. 139–166
–	1977b	Der Traum und die Rede. Eine Analyse der Kommunikationssituation C. F. Meyers. Bern-München
–	1978	Über die Sozialisation Wilhelm Meisters. In: Gerhard Kaiser/F. A. K., Dichtung als Sozialisationsspiel. Studien zu Goethe und Gottfried Keller. Göttingen, S. 12–124
–	1979a	Nietzsche. In: Klassiker der Literaturtheorie, Hrsg. Horst Turk. München, S. 191–205
–	1979b	Vergessen. In: Ulrich Nassen (Hrsg.), Texthermeneutik. Aktualität, Geschichte, Kritik. Paderborn-München-Wien-Zürich, S. 195–221
–	1980a	Autorschaft und Liebe. In: F. A. K. (Hrsg.), Austreibung des Geistes aus den Geisteswissenschaften. Programme des Poststrukturalismus, Paderborn-München-Wien-Zürich, S. 142–173
–	1980b	Wie man abschafft, wovon man spricht: Der Autor von Ecce homo. Literaturmagazin 12: Nietzsche. Reinbek, S. 153–178
–	1982	Pink Floyd, Brain Damage. In: Klaus Lindemann (Hrsg.), europaLyrik 1775 bis heute. Gedichte und Interpretationen. Paderborn-München-Wien-Zürich, S. 467–477
–	1991	Dichter Mutter Kind. München
–	1993	Draculas Vermächtnis. Technische Schriften. Leipzig
–	1994	Die Camera obscura der Literatur. Athenäum. Jahrbuch für Romantik, 4, S. 219–237
Kittler, Gustav-Adolf	1928	Der Oberamtskanzler Karl Gottfried Herrmann und seine Mitwirkung bei der Organisation des Volksschul- und Seminarwesens der Oberlausitz. Neues Lausitzisches Magazin der Zeitschrift der Oberlausitzischen Gesellschaft der Wissenschaften, 104, S. 305–378

Kittler, Wolf	1987	Die Geburt des Partisanen aus dem Geist der Poesie. Heinrich von Kleist und die Strategie der Befreiungskriege. Freiburg/Br.
Klages, Ludwig	1917	Handschrift und Charakter. Gemeinverständlicher Abriss der graphologischen Technik. 1. Aufl. Leipzig
–	1944	Rhythmen und Runen, Hrsg. von ihm selbst. Leipzig
Klein, Carl August (Hrsg.)	1892–1919	Die Blätter für die Kunst
Kleist, Heinrich von	1821	Prinz Friedrich von Homburg. Ein Schauspiel
–	1962	Sämtliche Werke und Briefe, Hrsg. Helmut Sembdner. Darmstadt
Klinke, Otto	1902	E. T. A. Hoffmanns Leben und Werk. Vom Standpunkte eines Irrenarztes. Braunschweig-Leipzig
Klöden, Karl Friedrich von	1874	Jugenderinnerungen, Hrsg. und durch einen Umriß seines Weiterlebens vervollständigt von Max Jähne. Leipzig
Klossowski, Pierre	1969	Nietzsche et le cercle vicieux. Paris
Kluckhohn, Paul	1922	Die Auffassung der Liebe in der Literatur des 18. Jahrhunderts und in der deutschen Romantik. 1. Aufl. Halle/S.
Koebner, Thomas	1977	Der Film als neue Kunst. Frühe Filmtheorien der Schriftsteller (1911–1924). In: Literaturwissenschaft – Medienwissenschaft, Hrsg. Helmut Kreuzer. Heidelberg, S. 1–31
Köpke, Rudolf	1855	Ludwig Tieck. Erinnerungen aus dem Leben des Dichters nach dessen mündlichen und schriftlichen Mittheilungen. Leipzig, 2 Bände
Kohlschmidt, Werner	1970	Zu den soziologischen Voraussetzungen des literarischen Expressionismus in Deutschland. In: Literatur – Sprache – Gesellschaft, Hrsg. Karl Rüdinger. München, S. 31–49
Kraepelin, Emil	1896	Psychiatrie. Ein Lehrbuch für Studirende und Ärzte. 5. umgearbeitete Aufl. Leipzig
Krug, Johann Friedrich Adolph	1808	Ausführliche Anweisung die hochdeutsche Sprache recht aussprechen, lesen und recht schreiben zu lehren. Nach seiner in der Bürgerschule zu Leipzig betriebenen Lehrart. Leipzig
Krug, Wilhelm Traugott	1810	Der Staat und die Schule. Oder Politik und Pädagogik in ihrem gegenseitigen Verhältnisse zur Begründung einer Staatspädagogik dargestellt. Leipzig
–	1825	Meine Lebensreise. In sechs Stazionen zur Belehrung der Jugend und zur Unterhaltung des Alters beschrieben von Urceus. Leipzig
Krukenberg, Elisabeth	1906	Über das Eindringen der Frauen in männliche Berufe. Essen
Kunne-Ibsch, Elrud	1972	Die Stellung Nietzsches in der Entwicklung der modernen Literaturwissenschaft. Tübingen
Kußmaul, Adolf	1881	Die Störungen der Sprache. Versuch einer Pathologie der Sprache. (Handbuch der speciellen Pathologie und Therapie, Hrsg. H. von Ziemssen, Bd. 12, Anhang) 2. Aufl. Leipzig
Kvale, Steinar	1978	Gedächtnis und Dialektik: Einige Überlegungen zu Ebbinghaus und Mao Tse-Tung. In:

		Klaus F. Riegel (Hrsg.), Zur Ontogenese dialektischer Operationen. Frankfurt/M. S. 239-265
Lacan, Jacques	1966	Écrits. Paris
–	1970	Radiophonie. Scilicet, Nr. 2/3, S. 55-99
–	1971	Lituraterre. Littérature, Nr. 3, S. 3-10
–	1973	L'Etourdit. Scilicet, Nr. 4, S. 5-52
–	1973 ff.	Schriften, Hrsg. Norbert Haas. Olten
–	1975/1986	Le séminaire, livre XX: Encore. Paris Das Seminar, Buch XX: Encore. Weinheim - Berlin
Lang, Karl Heinrich, Ritter von	1842/1957	Die Memoiren. 1764-1835, Hrsg. Hans Haussherr. Stuttgart
Langbehn, Julius	1890	Rembrandt als Erzieher. Von einem Deutschen. Leipzig
Lange, Günter Richard	1958-60	Über die psychologischen Hintergründe der heutigen Grotesk-Mode. Imprimatur. Ein Jahrbuch für Bücherfreunde, Neue Folge, Bd. 2, 1958/59/60, S. 230-234
Lange, Helene	1900	Weltanschauung und Frauenbewegung
–	1911	Organisches oder mechanisches Prinzip in der Mädchenbildung?
–	1912	Wie lernen Frauen die Politik verstehen?
–	1928	Kampfzeiten. Aufsätze und Reden aus vier Jahrzehnten. Berlin, 2 Bände
Lange, Richard	1910	Wie steigern wir die Leistungen im Deutschen? Leipzig
Langenbucher, Wolfgang R.	1971	Das Publikum im literarischen Leben des 19. Jahrhunderts. In: Der Leser als Teil des literarischen Lebens. Forschungsstelle für Buchwissenschaft an der Universitätsbibliothek Bonn. Kleine Schriften 8. Bonn, S. 52-84
Lanson, Gustave	1904	L'Histoire littéraire et la sociologie. Revue de métaphysique et de morale, 12, S. 621-642
Larisch, Rudolf von	1905/1922	Unterricht in ornamentaler Schrift. 8. Aufl. Wien
Lay, Wilhelm August	1897	Führer durch den Rechtschreib-Unterricht. Neues, naturgemässes Lehrverfahren gegründet auf psychologische Versuche und angeschlossen an die Entwickelungsgeschichte des Rechtschreibunterrichts. Karlsruhe
Leibbrand, Werner/ Wettley, Annemarie	1961	Der Wahnsinn. Geschichte der abendländischen Psychopathologie. Freiburg/Br.-München
Le Masle, Robert Charles Achille	1935	Le Professeur Adrien Proust (1834-1903). Diss. med. Paris. Paris
Lempicki, Sigmund von	1968	Geschichte der deutschen Literaturwissenschaft bis zum Ende des 18. Jahrhunderts. 2. Aufl. Göttingen
Léon, Xavier	1954-58	Fichte et son temps. Paris
Leporin, Dorothea Christina	1742/1975	Gründliche Untersuchung der Ursachen, die das Weibliche Geschlecht vom Studiren abhalten, Darin die Unerheblichkeit gezeiget, und wie möglich, nöthig und nützlich es sey, Daß dieses Geschlecht der Gelahrsamkeit sich befleisse. Berlin, Nachdruck Hildesheim-New York
Lessing, Gotthold Ephraim	1766	Laokoon oder Über die Grenzen der Malerei und Poesie

–	1968–74	Gesammelte Werke, Hrsg. Paul Rilla. 2. Aufl. Berlin
Lichtenberg, Georg Christoph	1968–74	Schriften und Briefe, Hrsg. Wolfgang Promies. München
Liede, Alfred	1963	Dichtung als Spiel. Studien zur Unsinnspoesie an den Grenzen der Sprache. Berlin, 2 Bände
Liepmann, Hugo Karl	1904	Über Ideenflucht. Begriffsbestimmung und psychologische Analyse (Sammlung zwangloser Abhandlungen aus dem Gebiete der Nerven- und Geisteskrankheiten, Bd. 4, Heft 2) Halle/S.
Lindau, Paul	1906	Der Andere. Ein Schauspiel. Leipzig o. J.
Lindemann, Klaus	1971	Geistlicher Stand und religiöses Mittlertum. Ein Beitrag zur Religionsauffassung der Frühromantik in Dichtung und Philosophie. Frankfurt/M.
Lindner, Rudolf	1910	Die Einführung in die Schriftsprache. Zeitschrift für pädagogische Psychologie, 11, S. 177–203
Liscov, Christian Ludwig	1736/1806	Die Vortrefflichkeit und Nohtwendigkeit der elenden Scribenten. In: Schriften, Hrsg. Carl Müchler, Bd. 3, S. 3–138. Berlin
Loeben, Ferdinand August Otto Heinrich, Graf von	1808	Guido. Mannheim
Löwith, Karl	1950	Von Hegel zu Nietzsche. Der revolutionäre Bruch im Denken des 19. Jahrhunderts. 2. Aufl. Stuttgart
Lohmann, Johannes	1965	Philosophie und Sprachwissenschaft. Berlin
Lotmann, Jurij M.	1977	Probleme der Kinoästhetik. Einführung in die Semiotik des Films. Frankfurt/M.
Ludwig, Albert	1910	Schiller und die Schule. Mitteilungen der Gesellschaft für deutsche Erziehungs- und Schulgeschichte, 20, S. 55–95
Luhmann, Niklas	1985	Das Problem der Epochenbildung und die Evolutionstheorie. In: Hans Ulrich Gumbrecht/ Ursula Link-Heer (Hrsg.), Epochenschwellen und Epochenstrukturen im Diskurs der Literatur- und Sprachhistorie, Frankfurt/M.
Lukács, Georg	M 1940/ 1965	Faust-Studien. Gesamtausgabe, Bd. 6: Probleme des Realismus III. Neuwied-Berlin
Lumbroso, Albert	1905	Souvenirs sur Maupassant, sa dernière maladie, sa mort. Paris
Luther, Martin	1529/ 1912–13	Der große Katechismus. In: Werke in Auswahl, Hrsg. Otto Clemen. Bonn, Bd. 4
Lyotard, Jean-François	1973/1980	Des dispositifs pulsionnels. Paris Intensitäten. Berlin o. J.
Maaß, Johann Gebhard Ehrenreich	1797	Versuch über die Einbildungskraft. 2. verb. Aufl. Halle-Leipzig
Maier-Smits, Lory	1967	Die Anfänge der Eurhythmie. In: Wir erlebten Rudolf Steiner. Erinnerungen seiner Schüler. 3. Aufl. Stuttgart, S. 147–168
Mallarmé, Stéphane	1888	Les poèmes d'Edgar Poe
–	1893	La Littérature. Doctrine
–	1894	Sur la graphologie
–	1895a	L'Action restreinte
–	1895b	Crise de vers

–	1897	Un coup de dés jamais n'abolira le hasard. Poème
–	1898	Sur le livre illustré
–	1945	Œuvres complètes, Hrsg. Henri Mondor und G. Jean-Aubry. Paris
Manis, Melvin	1971	An Introduction to Cognitive Psychology. Belmont, Ca.
Mann, Thomas	1906/1910	Bilse und ich. 4. Aufl. München
Mannoni, Octave	1969	Schreber als Schreiber. In: O. M., Clefs pour l'Imaginaire. Paris, S. 75–99
Maréchal, G.	1891	Photographie de la parole. L'Illustration, Nr. 2543, 21.11.1891, S. 406 f.
Marinetti, Filippo Tommaso	1912	Manifesto tecnico della letteratura futurista 11.5.1912
Marx, Karl	M 1843/ 1967–73	Zur Kritik des Hegelschen Staatsrechts. In: K. M./Friedrich Engels, Werke, Berlin. Bd. 1, S. 201–333
Marx, Werner	1967	Absolute Reflexion und Sprache. Frankfurt/M.
Maschke, Marie	1902	Die Schriftstellerin. Forderungen, Leistungen, Aussichten in diesem Berufe. 2. Aufl. o. J. (1. Aufl. 1899)
Matt, Peter von	1971	Die Augen der Automaten. E. T. A. Hoffmanns Imaginationslehre als Prinzip seiner Erzählkunst. (Studien zur deutschen Literatur, Bd. 24) Tübingen
Mattenklott, Gert	1970	Bilderdienst. Ästhetische Opposition bei Beardsley und George. München
Matthias, Adolf	1907	Geschichte des deutschen Unterrichts. (Handbuch des deutschen Unterrichts an höheren Schulen, Hrsg. A. M., Bd. 1, 1) München
Maupassant, Guy de	1887	Le Horla
–	1925–47	Œuvres complètes. Paris
Mauthner, Fritz	1901–02	Beiträge zu einer Kritik der Sprache. Stuttgart
–	1910–11/ 1980	Wörterbuch der Philosophie. Neue Beiträge zu einer Kritik der Sprache. Nachdruck Zürich, 2 Bände
McClelland, Charles E.	1980	State, society, and university in Germany 1700–1914. Cambridge
McConnell, Frank	1971	The Spoken Seen. Film and the Romantic Imagination. Baltimore-London
McLuhan, Marshall	1964/1968	Understanding Media. New York Die magischen Kanäle. Düsseldorf-Wien
Meier-Graefe, Julius	1904	Entwicklungsgeschichte der modernen Kunst. Vergleichende Betrachtung der bildenden Künste als Beitrag zu einer neuen Ästhetik. Stuttgart, 2 Bände
Melchers, Wilhelm	1929	Die bürgerliche Familie des 19. Jahrhunderts als Erziehungs- und Bildungsfaktor. Auf Grund autobiographischer Literatur. Diss. phil. Köln. Düren
Mensch, Ella	1898	Die Frau in der modernen Litteratur. Ein Beitrag zur Geschichte der Gefühle. Berlin
Menzel, Wolfgang	1828	Die deutsche Literatur. Stuttgart
Meringer, Rudolf/ Mayer, Karl	1895	Versprechen und Verlesen. Eine psychologisch-linguistische Studie. Wien
Meßmer, Oskar	1904	Zur Psychologie des Lesens bei Kindern und

Meumann, Ernst	1903	Erwachsenen. Archiv für die gesamte Psychologie, 2, S. 190-298 Über Ökonomie und Technik des Lernens. Leipzig
–	1911-14	Vorlesungen zur Einführung in die experimentelle Pädagogik und ihre psychologischen Grundlagen. 2. Aufl. Leipzig, 3 Bände
Meyer, Gustav	1893	Weltsprache und Weltsprachen. In: G. M., Essays und Studien zur Sprachgeschichte und Volkskunde. Straßburg, Bd. 2, S. 23-46
Meyer, Richard M.	1901	Künstliche Sprachen. Indogermanische Forschungen, 12, S. 33-92 und 242-318
Meyer, Theo	1971	Kunstproblematik und Wortkombinatorik bei Gottfried Benn. Köln-Wien
Meyrink, Gustav	1915	Der Golem. Ein Roman. Leipzig
Michel, Karl Markus	1977	Schön sinnlich. Über den Teufel und seinesgleichen, das Fummeln, Schnüffeln und anderen Kitzel. Kursbuch, Nr. 49, S. 1-35
Michel, O. H.	1908	Über das Zeugnis von Hörensagen bei Kindern. Zeitschrift für angewandte Psychologie, 1, S. 421-425
Milch, Werner	1957	Das zweifache „Ach'' der Alkmene. In: W. M., Kleine Schriften zur Literatur- und Geistesgeschichte, Hrsg. Gerhard Burkhardt, Heidelberg-Darmstadt, S. 156-159
Möbius, Paul Julius	1900	Über den physiologischen Schwachsinn des Weibes. (Sammlung zwangloser Abhandlungen aus dem Gebiete der Nerven- und Geisteskrankheiten, Bd. 3, Heft 3) Halle/S.
Monakow, Constantin von	1907	Über den gegenwärtigen Stand der Frage nach der Lokalisation im Grosshirn. Ergebnisse der Physiologie, 6, S. 334-605
Montandon, Alain	1979	Écriture et folie chez E. T. A. Hoffmann. Romantisme, Heft 24, S. 7-28
Morgenstern, Christian	1905	Galgenlieder
–	1910	Palmström
–	1918	Stufen
–	1919	Der Gingganz
–	1920	Epigramme und Sprüche
–	1921	Über die Galgenlieder (Neuauflage 1941 als: Das aufgeklärte Mondschaf)
–	1927/1976	Mensch Wanderer. Gedichte aus den Jahren 1887-1914. Sämtliche Gedichte, Abt. II, Bd. 12, Basel
–	1956	Alle Galgenlieder. Wiesbaden
–	1965	Gesammelte Werke in einem Band, Hrsg. Margareta Morgenstern
Morin, Edgar	1956	Le cinéma ou l'homme imaginaire. Essai d'anthropologie sociologique. Paris
Moritz, Carl Philipp	1783/1805	Erinnerungen aus den frühesten Jahren der Kindheit. In: Gnothi sauton, oder Magazin zur Erfahrungsseelenkunde als ein Lesebuch für Gelehrte und Ungelehrte, 1, 2. Aufl. Berlin, S. 65-70
–	1785-90/1959	Anton Reiser. Ein psychologischer Roman. Neudruck der Ausgabe 1785-90, 2. Aufl. Leipzig
Müller, Dagobert	1958	Über die Schilderung eines sog. Spring-Tics durch Rainer Maria Rilke. Psychiatrie, Neuro-

		logie und medizinische Psychologie, 10, S. 270-277
Münch, Paul Georg	1909	Rund ums rote Tintenfaß. Leipzig
Münsterberg, Hugo	1897	Verse (unter dem Pseudonym Hugo Terberg). Großenhain
–	1914	Grundzüge der Psychotechnik. Leipzig
–	1916/1970	The Photoplay: A Psychological Study. Neudruck, Hrsg. Richard Griffith, als: The Film: A Psychological Study. The Silent Photoplay in 1916, New York
Münsterberg, Margaret	1922	Hugo Münsterberg. His Life and Work. New York-London
Muschg, Walter	1930/1956	Freud als Schriftsteller. In: W. M., Die Zerstörung der deutschen Literatur. Bern, S. 303-347
Neumann, Gerhard	1980	Schreibschrein und Strafapparat. Erwägungen zur Topographie des Schreibens. In: Bild und Gedanke, Festschrift für Gerhart Baumann zum 60. Geburtstag, Hrsg. Günter Schnitzler. München, S. 385-401
Niemeyer, August Hermann	1796/1970	Grundsätze der Erziehung und des Unterrichts für Eltern, Hauslehrer und Erzieher. Nachdruck, Hrsg. Hans-Hermann Groothoff und Ulrich Herrmann. Paderborn
Niethammer, Friedrich Immanuel	A 22. 6. 1808	Das Bedürfniss eines Nationalbuches, als Grundlage der allgemeinen Bildung der Nation betr. Vortrag ex officio
–	1808/1968	Der Streit des Philanthropinismus und Humanismus in der Theorie des Erziehungs-Unterrichts unserer Zeit. Jena. Nachdruck in: F. I. N., Philanthropinismus – Humanismus. Texte zur Schulreform, Hrsg. Werner Hillebrecht. Weinheim-Berlin-Basel, S. 81-445
Nietzsche, Friedrich	1872	Die Geburt der Tragödie aus dem Geiste der Musik
–	R 1872	Über die Zukunft unserer Bildungs-Anstalten. Sechs, im Auftrag der Academischen Gesellschaft in Basel gehaltene, öffentliche Reden
–	M 1873	Über Wahrheit und Lüge im aussermoralischen Sinne
–	1873-76	Unzeitgemässe Betrachtungen
–	1878-80	Menschliches, Allzumenschliches. Ein Buch für freie Geister
–	1882-87	Die fröhliche Wissenschaft („la gaya scienza")
–	1883-85	Also sprach Zarathustra. Ein Buch für Alle und Keinen
–	1886	Jenseits von Gut und Böse. Vorspiel einer Philosophie der Zukunft
–	1887	Zur Genealogie der Moral. Eine Streitschrift
–	1889a	Götzendämmerung, oder: Wie man mit dem Hammer philosophirt
–	1889b	Nietzsche contra Wagner. Aktenstücke eines Psychologen
–	1891	Dionysos-Dithyramben
–	1908	Ecce homo. Wie man wird, was man ist
–	1933-42	Werke und Briefe. Historisch-kritische Ausgabe, Hrsg. Karl Schlechta und Hans Joachim Mette. München

	1967 ff.	Werke. Kritische Gesamtausgabe, Hrsg. Giorgio Colli und Mazzino Montinari. Berlin
–	1975 ff.	Briefwechsel. Kritische Gesamtausgabe, Hrsg. Giorgio Colli und Mazzino Montinari. Berlin
O'Brien, Robert Lincoln	1904	Machinery and English Style. The Atlantic Monthly, 94, S. 464–472
Odgen, Robert Morris	1903	Untersuchungen über den Einfluß der Geschwindigkeit des lauten Lesens auf das Erlernen und Behalten von sinnlosen und sinnvollen Stoffen. Archiv für die gesamte Psychologie, 2, S. 93–189
Olivier, Ferdinand	1803	Die Kunst lesen und rechtschreiben zu lernen auf ihr einzig wahres, höchst einfaches und untrügliches Grundprincip zurückgeführt. Eine glückliche, in jeder Sprache anwendbare Entdeckung und Erfindung. 2. verb. Aufl. Leipzig
Oppermann, Thomas	1969	Kulturverwaltungsrecht. Bildung – Wissenschaft – Kunst. Tübingen
Oesterle, Günter	1991	Arabeske, Schrift und Poesie in E.T.A. Hoffmanns Kunstmärchen *Der goldene Topf*. Athenäum. Jahrbuch für Romantik, 1, 69–107
Ostermai, Oskar	1909	Vom Aufsatzunterrichte in der Volksschule. Zeitschrift für den deutschen Unterricht, 23, S. 50–70
Ott, Karl August	1968	Die wissenschaftlichen Ursprünge des Futurismus und Surrealismus. Poetica, 2, S. 371–398
Parain, Brice	1942/1969	Recherches sur la nature et les fonctions du langage. Paris Untersuchungen über Natur und Funktion der Sprache. Stuttgart
Parzer-Mühlbacher, Alfred	1902	Die modernen Sprechmaschinen (Phonograph, Graphophon und Grammophon), deren Behandlung und Anwendung. Praktische Ratschläge für Interessenten. Wien-Pest-Leipzig o. J.
Paulsen, Friedrich	1902	Die deutschen Universitäten und das Universitätsstudium. Berlin
–	1919–21	Geschichte des gelehrten Unterrichts auf den deutschen Schulen und Universitäten vom Ausgange des Mittelalters bis zur Gegenwart. Mit besonderer Rücksicht auf den klassischen Unterricht. 3., erw. Aufl. hrsg. und mit einem Anhang fortgesetzt von Rudolf Lehmann. Berlin-Leipzig
Penzenkuffer, Christian Wilhelm Friedrich	1805	Vertheidigung der in dem obersten Staatszwecke begründeten Rechte und Ansprüche der gelehrten Schullehrer meines Vaterlandes. Nürnberg
Pestalozzi, Johann Heinrich	1801	Wie Gertrud ihre Kinder lehrt; ein Versuch, den Müttern Anleitung zu geben, ihre Kinder selbst zu unterrichten
–	1803	Das Buch der Mütter, oder Anleitung für Mütter, ihre Kinder bemerken und reden zu lehren
–	M 1804	Weltweib und Mutter
–	1807	Pestalozzi's Brief an einen Freund über seinen Aufenthalt in Stanz

–	1808	Über den Sinn des Gehörs, in Hinsicht auf Menschenbildung durch Ton und Sprache
–	1927–76	Sämtliche Werke, Hrsg. Artur Buchenau, Eduard Spranger und Hans Stettbacher. Berlin-Leipzig
Petrat, Gerhardt	1979	Schulunterricht. Seine Sozialgeschichte in Deutschland 1750–1850. München
Pfeiffer, R.	1904	Rezension: Denkwürdigkeiten eines Nervenkranken. Deutsche Zeitschrift für Nervenheilkunde, 27, S. 352–353
Philipp, Eckhard	1980	Dadaismus. Einführung in den literarischen Dadaismus und die Wortkunst des *Sturm*-Kreises. München
Pinthus, Kurt (Hrsg.)	1913/1963	Kinobuch. Leipzig (vordatiert 1914). Neudruck, Hrsg. Kurt Pinthus, Zürich
–	1920/1959	Menschheitsdämmerung. Neudruck: Menschheitsdämmerung. Ein Dokument des Expressionismus, Hrsg. Kurt Pinthus, Reinbek
Podach, Erich F.	1930	Nietzsches Krankengeschichte. Die medizinische Welt, 4, S. 1452–1454
Pöhlmann, Johann Paulus	1803	Meine Schreibelectionen, oder praktische Anweisung für Schullehrer, welche den ersten Unterricht im Schönschreiben zugleich als Verstandesübung benützen wollen. Fürth
Pörtner, Paul (Hrsg.)	1960	Literatur-Revolution 1910–1925. Dokumente. Manifeste. Programme, Bd. 1: Zur Aesthetik und Poetik. Neuwied/Berlin-Spandau
Prahl, Hans-Werner	1978	Sozialgeschichte des Hochschulwesens. München
Prel, Carl, Freiherr Du	1880	Psychologie der Lyrik. Beiträge zur Analyse der dichterischen Phantasie. Leipzig
Preyer, Wilhelm	1895	Zur Psychologie des Schreibens. Hamburg-Leipzig
Proust, Adrien	1872	De l'aphasie. Archives générales de médecine, 129, S. 147–166, 303–318, 653–685
Proust, Marcel	1913–27/	À la recherche du temps perdu
–	1954	À la recherche du temps perdu, Hrsg. Pierre Clarac. Paris
Rank, Otto	1912	Das Inzest-Motiv in Dichtung und Sage. Grundzüge einer Psychologie des dichterischen Schaffens. Leipzig-Wien
–	1914/1925	Der Doppelgänger. Eine psychoanalytische Studie. Leipzig-Wien-Zürich
Read, Oliver/ Welch, Walter L.	1959	From Tin Foil to Stereo. Evolution of the Phonograph. Indianapolis-New York
Reil, Johann Christian	1803	Rhapsodieen über die Anwendung der psychischen Curmethode auf Geisteszerrüttungen. Halle/S.
Reinhardt, Karl	1935	Nietzsches Klage der Ariadne
–	1945	Die klassische Walpurgisnacht. Entstehung und Bedeutung
–	1948	Von Werken und Formen. Vorträge und Aufsätze. Godesberg
Ribot, Théodule	1881/1882	Les maladies de la mémoire. Paris Das Gedächtnis und seine Störungen. Hamburg-Leipzig
Richards, George Tilghman	1964	The History and Development of Typewriters. 2. Aufl. London
Richter, Dieter	1980	Die Leser und die Lehrer. Bilder aus der Geschichte der literarischen Sozialisation. In: Lesebilder. Geschichten und Gedanken zur

Richter, Jean Paul	1795	Leben des Quintus Fixlein, aus funfzehn Zettelkästen gezogen
–	1797	Das Kampaner Tal oder über die Unsterblichkeit der Seele
–	1811	Leben Fibels, des Verfassers der Bienrodischen Fibel (vordatiert 1812)
–	1825	Kleine Nachschule zur ästhetischen Vorschule
–	1959–67	Werke, Hrsg. Norbert Miller. München
Rickert, Heinrich	1932	Goethes Faust. Die dramatische Einheit der Dichtung. Tübingen
Riegger-Baurmann, Roswitha	1971	Schrift im Jugendstil in Deutschland. In: Jost Hermand (Hrsg.), Jugendstil. Darmstadt, S. 209–257
Riemer, Friedrich Wilhelm	1841/1921	Mitteilungen über Goethe. Aufgrund der Ausgabe von 1841 und des handschriftlichen Nachlasses hrsg. von Arthur Pollmer. Leipzig
Rilke, Rainer Maria	R 1898	Moderne Lyrik. Vortrag in Prag, 5. 3. 1898
–	1902	Rezension: Ellen Key, *Das Jahrhundert des Kindes*
–	1902–06	Das Buch der Bilder
–	1910	Die Aufzeichnungen des Malte Laurids Brigge
–	1919	Ur-Geräusch
–	1931	Über den jungen Dichter
–	1933–39	Briefe, Hrsg. Ruth Sieber-Rilke und Carl Sieber. Leipzig, 5 Bände
–	1955–66	Sämtliche Werke, Hrsg. Ernst Zinn
Roessler, Wilhelm	1961	Die Entstehung des modernen Erziehungswesens in Deutschland. Stuttgart
Rohde, Erwin	1896	Friedrich Creuzer und Karoline von Günderode. Briefe und Dichtungen. Heidelberg
Ronell, Avital	1986/1994	Dictations. On Haunted Writing. Bloomington Der Goethe-Effekt. Goethe – Eckermann – Freud. München
Rosenhaupt, Hans Wilhelm	1939	Der deutsche Dichter um die Jahrhundertwende und seine Abgelöstheit von der Gesellschaft. Bern-Leipzig
Rosenkranz, Karl	1844	Georg Friedrich Wilhelm Hegel's Leben. Supplement zu Hegel's Werken. Berlin
Rouge, Carl	1930	Schulerinnerungen an den Dichter Stefan George. Volk und Scholle. Heimatblätter für beide Hessen, 8, S. 20–25
Rousseau, Jean-Jacques	1782–89	Les confessions
–	1959 ff.	Œuvres complètes, hrsg. Bernard Gagnebin und Marcel Raymond. Paris
Rubiner, Ludwig	1912	Die Anonymen. Die Aktion, 2, Sp. 299–302
–	1917	Rezension: Die Blätter für die Kunst
–	1976	Der Dichter greift in die Politik. Ausgewählte Werke 1908–1919, Hrsg. Klaus Schuhmann. Frankfurt/M.
Rühm, Gerhard	1970	Gesammelte Gedichte und visuelle Texte. Reinbek
Rupp, Gerhard	1976	Rhetorische Strukturen und kommunikative Determinanz – Studien zur Textkonstitution

literarischen Sozialisation. Lektürebiographien und Leseerfahrungen, Hrsg. Dietmar Larcher und Christine Spieß. Reinbek, S. 201–222

		des philosophischen Diskurses im Werk Friedrich Nietzsches. Diss. phil. Frankfurt/M. 1974
–	1980	Der „ungeheure Consensus der Menschen über die Dinge" oder Das gesellschaftlich wirksame Rhetorische. Zum Nietzsche des Philosophenbuches. In: Literaturmagazin 12, Nietzsche. Reinbek, S. 179–203
Rutschky, Katharina	1977	Schwarze Pädagogik. Quellen zur Naturgeschichte der bürgerlichen Erziehung. Frankfurt/M.-Berlin-Wien
Ryan, Lawrence	1970	„Zum letztenmal Psychologie!" Zur psychologischen Deutbarkeit der Werke Franz Kafkas. In: Psychologie in der Literaturwissenschaft, Hrsg. Wolfgang Paulsen. Heidelberg, S. 157–173
Sachs, Heinrich	1905	Gehirn und Sprache (Grenzfragen des Nerven- und Seelenlebens, Heft 36). Wiesbaden
Sarkowski, Heinz	1965	Wenn Sie ein Herz für mich und mein Geisteskind haben. Dichterbriefe zur Buchgestaltung. Frankfurt/M.
Sartre, Jean-Paul	1964/1965	Les mots. Paris Die Wörter. Reinbek
Sasse, Günther	1977	Sprache und Kritik. Untersuchungen zur Sprachkritik der Moderne. Göttingen
Saussure, Ferdinand de	1915/1969	Cours de linguistique générale, Hrsg. Charles Bally und Albert Sechehaye. Paris
Schanze, Helmut	1974	Medienkunde für Literaturwissenschaftler. Einführung und Bibliographie. München
–	1977	Literaturgeschichte als „Mediengeschichte"? In: Literaturwissenschaft – Medienwissenschaft, Hrsg. Helmut Kreuzer. Heidelberg, S. 131–144
Scharffenberg, Renate	1953	Der Beitrag des Dichters zum Formwandel in der äußeren Gestalt des Buches um die Wende vom 19. zum 20. Jahrhundert. Diss. phil. Marburg (Typoskript)
Scharrelmann, Heinrich	1904/1920	Weg zur Kraft. Des Herzhaften Unterrichts zweiter Teil. 10.–12. Tausend. Braunschweig-Hamburg
–	1906	Fröhliche Kinder. Ratschläge für die geistige Gesundheit unserer Kinder. 1. Aufl. Hamburg
Schatzman, Morton	1973/1974	Soul Murder. Persecution in the Family. London Die Angst vor dem Vater. Langzeitwirkungen einer Erziehungsmethode. Eine Analyse am Fall Schreber. Reinbek
Scheerer, Thomas M.	1974	Textanalytische Studien zur „écriture automatique". Bonn
Schenda, Rudolf	1970	Volk ohne Buch. Studien zur Sozialgeschichte der populären Lesestoffe 1770–1910. Frankfurt/M.
Schiller, Friedrich von	1788	Briefe über Don Carlos
–	1904–05	Sämtliche Werke. Säkular-Ausgabe, Hrsg. Eduard von der Hellen. Stuttgart-Berlin o. J.
Schivelbusch, Wolfgang	1980	Das Paradies, der Geschmack und die Vernunft. Eine Geschichte der Genußmittel. München
Schlaffer, Hanne-	1977	Frauen als Einlösung der frühromantischen

lore		Kunsttheorie. Jahrbuch der deutschen Schillergesellschaft, 21, S. 274-296
–	1980	Wilhelm Meister. Das Ende der Kunst und die Wiederkehr des Mythos. Stuttgart
Schlaffer, Heinz	1981	Faust zweiter Teil. Die Allegorie des 19. Jahrhunderts. Stuttgart
Schlegel, August Wilhelm	1795	Briefe über Poesie, Silbenmaß und Sprache
–	V 1801-04	Vorlesungen über schöne Literatur und Kunst
–	1962-67	Kritische Schriften und Briefe, Hrsg. Edgar Lohner. Stuttgart-Berlin-Köln-Mainz
Schlegel, Dorothea	1881	Dorothea v. Schlegel geb. Mendelssohn und deren Söhne Johannes und Philipp Veit. Briefwechsel, Hrsg. Johann Michael Raich. Mainz, 2 Bände
Schlegel, Friedrich	1796-1806	Philosophische Lehrjahre
–	1797	Georg Forster. Fragment einer Charakteristik der deutschen Klassiker
–	1798	Athenäums-Fragmente
–	1799	Über die Philosophie. An Dorothea
–	1800a	Gespräch über die Poesie
–	1800b	Ideen
–	1801	Eisenfeile
–	1882	Friedrich Schlegel 1794-1802. Seine prosaischen Jugendschriften, Hrsg. Jakob Minor. Wien, 2 Bände
–	1890	Briefe an seinen Bruder Wilhelm August, Hrsg. Oskar F. Walzel. Berlin
–	1958 ff.	Kritische Friedrich-Schlegel-Ausgabe, Hrsg. Ernst Behler. München-Paderborn-Wien
Schleiermacher, Friedrich	1798	Katechismus der Vernunft für edle Frauen
–	A 14. 12. 1810	Gutachten der wissenschaftlichen Deputation zu Berlin über die Abiturientenprüfungen
–	1876	Pädagogische Schriften. Mit einer Darstellung seines Lebens, Hrsg. C. Platz. 2. Aufl. Langensalza
Schlüpmann, Heide	1977	Friedrich Nietzsches ästhetische Opposition. Der Zusammenhang von Sprache, Natur und Kultur in seinen Schriften 1869-1876. Stuttgart
Schmack, Ernst	1960	Der Gestaltwandel der Fibel in vier Jahrhunderten. Diss. phil. Köln 1958. Ratingen
Schmidt, Jochen	1981	*Der goldne Topf* als Entwicklungsgeschichte. In: J. S. (Hrsg.), E. T. A. Hoffmann, Der goldne Topf. Frankfurt/M. S. 145-176
Schneider, Manfred	1980	Lichtenbergsungeschriebene Autobiographie. Eine Interpretation. Fugen. Deutsch-französisches Jahrbuch für Text-Analytik, 1, S. 114-124
–	1992	Liebe und Betrug. Die Sprachen des Verlangens. München
Scholz, Hermann	1923	Die Schreibmaschine und das Maschinenschreiben. Leipzig-Berlin
Schopenhauer, Artur	1818	Die Welt als Wille und Vorstellung. 1. Aufl.
–	1968	Sämtliche Werke, Hrsg. Wolfgang Freiherr von Löhneysen. Frankfurt/M.-Stuttgart, 2. Aufl.
Schreber, Daniel Paul	1903/1973	Denkwürdigkeiten eines Nervenkranken nebst Nachträgen und einem Anhang über die Fra-

Schreiber, Jens	1980	ge: „Unter welchen Voraussetzungen darf eine für geisteskrank erachtete Person gegen ihren erklärten Willen in einer Heilanstalt festgehalten werden?" Neudruck, Hrsg. Samuel M. Weber. Frankfurt/M.-Berlin-Wien Die Ordnung des Genießens. Nietzsche mit Lacan. In: Literaturmagazin 12: Nietzsche. Reinbek, S. 204–234
–	1981	Die Zeichen der Liebe. In: Goethes *Wahlverwandtschaften*. Kritische Modelle und Diskursanalysen zum Mythos Literatur, Hrsg. Norbert W. Bolz. Hildesheim, S. 276–307
Schulz, Gerhard	1974	Arno Holz. Dilemma eines bürgerlichen Dichters. München
Schur, Ernst	1898–99	Ziele für die innere Ausstattung des Buches. Zeitschrift für Bücherfreunde, 2, S. 32–34, 137–141 und 227–232
Schwabe, Jenny	1902	Kontoristin. Forderungen, Leistungen, Aussichten in diesem Berufe. 2. Aufl. Leipzig o. J.
Schwartz, Erwin	1964	Der Leseunterricht, Bd. 1: Wie Kinder lesen lernen. Beiträge zur Geschichte und Theorie des Erstleseunterrichts. Braunschweig
Schwartz, Paul	1910	Die Gründung der Universität Berlin und der Anfang der Reform der höheren Schulen im Jahre 1810 Mitteilungen der Gesellschaft für deutsche Erziehungs- und Schulgeschichte, 20, S. 153–208
Schwarz, Friedrich Henrich Christian	1792	Grundriß einer Theorie der Mädchenerziehung in Hinsicht auf die mittleren Stände. Jena
Seebohm, Thomas M.	1972	Zur Kritik der hermeneutischen Vernunft. Bonn
Shannon, Claude E. / Weaver, Warren	1959/1976	The Mathematical Theory of Communication. Urbana/Ill. Mathematische Grundlagen der Informationstheorie. München-Wien
Seidler, Ingo	1970	Das Urteil: „Freud natürlich"? Zum Problem der Multivalenz bei Kafka. In: Psychologie in der Literaturwissenschaft, Hrsg. Wolfgang Paulsen. Heidelberg, S. 174–190
Sellmann, Adolf	1912	Kinematograph, Literatur und deutsche Sprache. Zeitschrift für den deutschen Unterricht, 26, S. 54–56
Sichowsky, Richard von/Tiedemann, Hermann (Hrsg.)	1971	Typographie und Bibliophilie. Aufsätze und Vorträge über die Kunst des Buchdrucks aus zwei Jahrhunderten. Hamburg
Siegert, Bernhard	1993	Relais. Geschicke der Literatur als Epoche der Post. 1751–1913. Berlin
Simmel, Georg	1890	Zur Psychologie der Frauen. Zeitschrift für Völkerpsychologie und Sprachwissenschaft, 20, S. 6–46
–	1918	Vom Wesen des historischen Verstehens. In: Geschichtliche Abende. Zehn Vorträge im Zentralinstitut für Erziehung und Unterricht. Berlin
Skinner, Burrhus Frederic	1934	Has Gertrude Stein A Secret? The Atlantic Monthly, Januar 1934, S. 50–57
Soennecken, Friedrich	1913	Fraktur oder Antiqua im ersten Unterricht? (Ist für Schulneulinge im allgemeinen und Hilfsschüler im besonderen Fraktur oder An-

Solomons, Leon	1896	
M./Stein, Gertrude		
Spengler, Oswald	1923	
Spieß, Christian Heinrich	1795–96/1966	
Spinoza, Baruch de	1670/1976	
Spitzer, Leo	1918	
Splittegarb, Carl Friedrich	1787	
Starobinski, Jean	1967	
Steig, Reinhold	1892	
Stein, Gertrude	1898	
Steiner, Rudolf	1910/1955	
–	R 1923/1979	
Stenzel, Jürgen	1966	
Stephan, Gustav	1891	
Stephan, Rudolf	1958	
Stephani, Heinrich	1797	
–	1807a	
–	1807b	
–	1815	
Stern, William	1908	
–	1914	
Stoker, Bram	1897/1967	

tiqua zunächst geeignet?) Bonn-Berlin-Leipzig
Normal Motor Automatism. Psychological Review, 3, S. 492–512
Der Untergang des Abendlandes. Umrisse einer Morphologie der Weltgeschichte. 2. Aufl. München
Biographien der Wahnsinnigen. Ausgewählt und hrsg. von Wolfgang Promies. Neuwied-Berlin
Tractatus Theologico-Politicus. Theologisch-politischer Traktat, Hrsg. Günter Gawlik. Hamburg
Die groteske Gestaltungs- und Sprachkunst Christian Morgensterns. (Motiv und Wort. Studien zur Literatur- und Sprachpsychologie) Leipzig
Neues Bilder ABC. Eine Anleitung zum Lesen, dergleichen es bisher noch nicht gab. Berlin-Stralsund
Rousseau et l'origine des langues. In: Europäische Aufklärung, Herbert Dieckmann zum 60. Geburtstag. München, S. 281–300
Bettina. Deutsche Rundschau, 72, S. 262–274
Cultivated Motor Automatism: A Study of Character and Its Relation to Attention. Psychological Review, 5, S. 295–306
Theosophie. Einführung in übersinnliche Welterkenntnis und Menschenbestimmung. 28. Aufl. Stuttgart
Initiationserkenntnis. In: Mit Kindern leben. Zur Praxis der körperlichen und seelischen Gesundheitspflege, Hrsg. vom Verein für erweitertes Heilwesen. Stuttgart
Zeichensetzung. Stiluntersuchungen an deutschen Prosadichtungen. Göttingen
Die häusliche Erziehung in Deutschland während des 18. Jahrhunderts. Wiesbaden
Neue Musik. Versuch einer kritischen Einführung. Göttingen
Grundriß der Staats-Erziehungs-Wissenschaft. Weißenfels
Fibel für Kinder von edler Erziehung, nebst einer genauen Beschreibung meiner Methode für Mütter, welche sich die Freude verschaffen wollen, ihre Kinder selbst in kurzer Zeit lesen zu lehren. Erlangen
Beschreibung meiner einfachen Lesemethode für Mütter. Erlangen
Ausführliche Beschreibung der genetischen Schreibmethode für Volksschulen. Erlangen
Sammelbericht über Psychologie der Aussage. Zeitschrift für angewandte Psychologie, 1, S. 429–450
Psychologie der Kindheit bis zum sechsten Lebensjahre. Mit Benutzung ungedruckter Tagebücher von Clara Stern. Leipzig
Dracula. Westminster
Dracula. Ein Vampirroman. München

Storck, Joachim W.	1975	Emanzipatorische Aspekte im Werk und Leben Rilkes. In: Rilke heute. Beziehungen und Wirkungen, Hrsg. Ingeborg H. Solbrig und J. W. S. Frankfurt/M., S. 247-285
Stramm, August	1909	Historische, kritische und finanzpolitische Untersuchungen über die Briefpostgebühren des Weltpostvereins und ihre Grundlagen. Diss. phil. Halle/S.
Stransky, Erwin	1904-05	Zur Lehre von der Amentia. Journal für Psychologie und Neurologie, Nr. 4, S. 158-171, Nr. 5, S. 18-36, Nr. 6, S. 37-83 und 155-191
-	1905	Über Sprachverwirrtheit. Beiträge zur Kenntnis derselben bei Geisteskranken und Geistesgesunden. (Sammlung zwangloser Abhandlungen aus dem Gebiete der Nerven- und Geisteskrankheiten, Heft 6) Halle/S.
Strauß, Emil	1902/1925	Freund Hein. Eine Lebensgeschichte. 32.-36. Aufl. Berlin
Strauß, Leo	1952	Persecution and the Art of Writing. Glencoe, Ill.
Strecker, Gabriele	1969	Frauenträume Frauentränen. Über den deutschen Frauenroman. Weilheim/Obb.
Streicher, Hubert	1919	Die kriminologische Verwertung der Maschinschrift. Graz
Surkamp, Ernst	1913	Die Sprechmaschine als Hilfsmittel für Unterricht und Studium der neuern Sprachen. Stuttgart
Swift, Edgar J.	1904	The Acquisition of Skill in Type-writing. The Psychological Bulletin, 1, S. 295-305
Tarde, Gabriel de	1897	La graphologie. Revue philosophique, 44, S. 337-363
Tesch, Peter	1891	Geschichte der Methoden des ersten Leseunterrichts nebst einem Anhange: Lesemaschinen. Für den Gebrauch in Seminarien. Neuwied-Leipzig
Thaulow, Gustav	1853	Hegel's Ansichten über Erziehung und Unterricht. In drei Theilen. Als Fermente für wissenschaftliche Pädagogik. Kiel
Theweleit, Klaus/ Langbein, Martin	1977	Wenn der Kopf sich abmüht und das Herz bleibt kalt. In: Heimlichkeiten der Männer, Hrsg. Rochus Herz. München, S. 139-214
Thiersch, Friedrich	1826-37	Ueber gelehrte Schulen, mit besonderer Rücksicht auf Bayern. 3 Bände, Stuttgart
Tieck, Ludwig	1797	Der blonde Eckbert
-	1804	Der Runenberg
-	1812-16	Phantasus. Eine Sammlung von Mährchen, Erzählungen, Schauspielen und Novellen
-	1828	Die Gemälde
-	1828-54	Schriften. Berlin
Tiedemann, Dieterich	1777-78	Untersuchungen über den Menschen, 3 Bände. Leipzig
-	1787/1897	Beobachtungen über die Entwicklung der Seelenfähigkeiten bei Kindern. Neudruck, Hrsg. Christian Ufer, Altenburg
Tietze, Ulrich/ Schenk, Christian	1980	Halbleiter-Schaltungstechnik. 5. Aufl. Berlin-Heidelberg-New York
Tillich, Ernst	1809	Erstes Lesebuch für Kinder. 2., durchaus umgearbeitete und verb. Aufl. des Ersten Unterrichts. Leipzig

Tobler, Johann Christoph	1782	Fragment über die Natur
Todorov, Tzvetan	1970/1972	Introduction à la littérature fantastique. Paris Einführung in die fantastische Literatur. München
Trapp, Ernst Christian	1780	Versuch einer Pädagogik. Berlin
Türk, Karl Wilhelm Christian, Ritter von	1806	Beiträge zur Kenntniß einiger deutscher Elementar-Schulanstalten, namentlich der zu Dessau, Leipzig, Heidelberg, Frankfurt am Mayn und Berlin. Leipzig
Turk, Horst	1979a	Hegel. In: H. T. (Hrsg.), Klassiker der Literaturtheorie. München, S. 122–132
–	1979b	Das „Klassische Zeitalter". Zur geschichtsphilosophischen Begründung der Weimarer Klassik. In: Probleme der Literaturgeschichtsschreibung, Hrsg. Wolfgang Haubrichs. Göttingen, S. 155–174
Turk, Horst/Kittler, Friedrich A.	1977	Einleitung. In: Urszenen. Literaturwissenschaft als Diskursanalyse und Diskurskritik, Hrsg. F. A. K./H. T. Frankfurt/M., S. 9–43
Ufer, Christian	1890	Nervosität und Mädchenerziehung in Haus und Schule. Wiesbaden
–	1893	Das Wesen des Schwachsinns (Beiträge zur pädagogischen Psychopathologie, Hrsg. C. U., Bd. 1). Langensalza
Unger, Johann Friedrich	1793/1971	Probe einer neuen Art Deutscher Lettern. Nachdruck in: Richard von Sichowsky und Hermann Tiedemann, Hrsg., Typographie und Bibliophilie. Aufsätze und Vorträge über die Kunst des Buchdrucks aus zwei Jahrhunderten. Hamburg, S. 24–29
Valéry, Paul	1939	Poésie et pensée abstraite
–	1944	„Mon Faust". Ébauches
–	1957–60	Œuvres, Hrsg. Jean Hytier. Paris
–	1957–61	Cahiers. Paris
Varnhagen, Rahel	1874–75	Briefwechsel zwischen Varnhagen und Rahel, 6 Bände. Leipzig
Vietta, Sylvio	1970	Sprache und Sprachreflexion in der modernen Lyrik. Bad Homburg-Berlin-Zürich
–	1975	Expressionistische Literatur und Film. Einige Thesen zum wechselseitigen Einfluß ihrer Darstellung und Wirkung. Mannheimer Berichte, 10, S. 294–299
Villaume, Peter	1786	Methode jungen Leuten zu der Fertigkeit zu verhelfen, ihre Gedanken schriftlich auszudrücken. o. O.
Villiers de l'Isle-Adam, Philippe Auguste Mathias, Comte de	1886/1977	L'Ève future. Paris L'Ève future. Paris
–	1920	Gesammelte Werke, 7 Bände. München
Voss, Christian Daniel	1799–1800	Versuch über die Erziehung für den Staat als Bedürfnis unserer Zeit, zur Beförderung des Bürgerwohls und der Regenten-Sicherheit, 2 Theile. Halle
Waetzoldt, Stephan	1904	Der Deutsche und seine Muttersprache. Kunsterziehung. Ergebnisse und Anregungen des zweiten Kunsterziehungstages in Weimar am 9., 10., 11. Oktober 1903: Deutsche Sprache und Dichtung. Leipzig, S. 250–265

Wagenbach, Klaus (Hrsg.)	1975	Franz Kafka, In der Strafkolonie. Eine Geschichte aus dem Jahr 1914. Berlin
Wagner, Richard	1850	Das Kunstwerk der Zukunft
–	1872	An Friedrich Nietzsche, ordentl. Professor der klassischen Philologie an der Universität Basel
–	1907	Gesammelte Schriften und Dichtungen. 4. Aufl. Leipzig
–	M 1870–80/ 1976	Mein Leben, Hrsg. Martin Gregor-Dellin. München
Waldeck, Marie-Louise	1970	The Princess in *Torquato Tasso*: Further Reflections on an Enigma. Oxford German Studies, 5, S. 14–27
Weber, Marianne	1918	Vom Typenwandel der studierenden Frau. Berlin
Weber, Samuel M.	1973	Die Parabel. In: S. M. W. (Hrsg.), Daniel Paul Schreber, Denkwürdigkeiten eines Nervenkranken. Frankfurt/M.-Berlin-Wien, S. 5–58
Wedag, Friedrich Wilhelm	1795	Handbuch über die frühere sittliche Erziehung zunächst zum Gebrauche für Mütter in Briefen abgefaßt. Leipzig
Wehnert, Bruno	1909	Der Spaziergang. Ein Beitrag zu Schillers Verhältnis zur Natur. Zeitschrift für den deutschen Unterricht, 23, S. 473–491
Wehrlin, K.	1904	Diagnostische Assoziationsstudien, II. Beitrag. Über die Assoziationen von Imbezillen und Idioten. Journal für Psychologie und Neurologie, 4, S. 109–123 und 129–143
Weimar, Klaus	1976	Zur Geschichte der Literaturwissenschaft. Forschungsbericht. Deutsche Vierteljahresschrift für Literaturwissenschaft und Geistesgeschichte, 50, S. 298–364
–	1989	Geschichte der deutschen Literaturwissenschaft bis zum Ende des 19. Jahrhunderts. München
Weininger, Otto	1903/1920	Geschlecht und Charakter. Eine prinzipielle Untersuchung. 19. Aufl. Leipzig-Wien
Wellek, René/ Warren, Austin	1963	Theory of Literature. 3. Aufl. Harmondsworth
Wernicke, Carl	1906	Der aphasische Symptomencomplex. In: Die deutsche Klinik am Eingange des zwanzigsten Jahrhunderts in akademischen Vorlesungen, Hrsg. Ernst von Leyden und Felix Klemperer. Bd. 6, 1. Abtheilung: Nervenkrankheiten. Berlin-Wien, S. 487–556
Westphalen, Raban, Graf von	1979	Akademisches Privileg und demokratischer Staat. Ein Beitrag zur Geschichte und bildungsgeschichtlichen Problematik des Laufbahnwesens in Deutschland. Stuttgart
Wiese, Benno von	1963	Friedrich Schiller. 3. durchges. Aufl. Stuttgart
Wiese, Ludwig von	1867–68	Verordnungen und Gesetze für die höheren Schulen in Preußen. Erste Abtheilung: Die Schule, zweite Abtheilung: Das Lehramt und die Lehrer. Berlin
Wilde, Oscar	1890	The Soul of Man under Socialism
–	1966	Complete Works, Hrsg. J. B. Foreman, London-Glasgow
Wilkinson, Elizabeth M.	1971	Faust in der Logosszene – willkürlicher Übersetzer oder geschulter Exeget? Wie, zu welchem Ende – und für wen – schreibt man

Wittgenstein, Ludwig	1921/1963	heutzutage einen Kommentar? In: Dichtung, Sprache, Gesellschaft. Akten des IV. Internationalen Germanisten-Kongresses 1970 in Princeton, Hrsg. Victor Lange und Hans-Gert Roloff. Frankfurt/M., S. 115–124 Tractatus logico-philosophicus. Logisch-philosophische Abhandlung. Frankfurt/M.
Wolff, Gustav	1903	Zur Pathologie des Lesens und Schreibens. Allgemeine Zeitschrift für Psychiatrie und psychisch-gerichtliche Medicin, 60, S. 509–533
Wolff, Lutz-W. (Hrsg.)	1981	Püppchen, du bist mein Augenstern. Deutsche Schlager aus vier Jahrzehnten. München
Wolgast, Heinrich	1904	Jugendschrift, Schülerbibliothek, das billige Buch. In: Kunsterziehung. Ergebnisse und Anregungen des zweiten Kunsterziehungstages in Weimar am 9., 10., 11. Oktober 1903: Deutsche Sprache und Dichtung. Leipzig, S. 182–193
–	1910	Ganze Menschen! Ein sozialpädagogischer Versuch. Berlin-Schöneberg
Wolke, Christian Friedrich	1805	Kurze Erziehungslehre oder Anweisung zur körperlichen, verständlichen und sittlichen Erziehung anwendbar für Mütter und Lehrer in den ersten Jahren der Kinder. In Verbindung mit dessen Anweisung für Mütter und Kinderlehrer zur Mittheilung der allerersten Sprachkenntnisse und Begriffe von der Geburt des Kindes an bis zur Zeit des Lesenlernens. Leipzig
Wolters, Friedrich	1930	Stefan George und die Blätter für die Kunst. Deutsche Geistesgeschichte seit 1890. Berlin
Wunberg, Gotthard	1965	Der frühe Hofmannsthal. Schizophrenie als dichterische Struktur. Stuttgart-Berlin-Köln-Mainz
Wundt, Wilhelm	1904	Völkerpsychologie. Eine Untersuchung der Entwicklungsgesetze von Sprache, Mythos und Sitte. Bd. 1 (2 Teile): Die Sprache. 2. Aufl. Leipzig
Wuthenow, Ralph-Rainer	1980	Im Buch die Bücher oder Der Held als Leser. Frankfurt/M.
Wychgram, Jakob	1901	Geschichte des höheren Mädchenschulwesens in Deutschland und Frankreich. In: Geschichte der Erziehung vom Anfang an bis auf unsere Zeit, Hrsg. Karl Adolf Schmid, Bd. 5. Stuttgart-Berlin, S. 222–297
Wyss, Ulrich	1979	Die wilde Philologie. Jacob Grimm und der Historismus. München
Zeitler, Julius	1900	Tachistoskopische Untersuchungen über das Lesen. Philosophische Studien, 16, S. 380–463
Zglinicki, Friedrich von	1956	Der Weg des Films. Die Geschichte der Kinematographie und ihrer Vorläufer. Berlin
Ziehen, Theodor	1893	Leitfaden der Physiologischen Psychologie in 15 Vorlesungen. 2. Aufl. Jena
–	1898–1900	Die Ideenassoziation des Kindes. (Sammlung von Abhandlungen aus dem Gebiete der pädagogischen Psychologie und Physiologie) 2 Abhandlungen, Berlin

–	1902–06	Die Geisteskrankheiten des Kindesalters mit besonderer Berücksichtigung des schulpflichtigen Alters. (Sammlung von Abhandlungen aus dem Gebiete der pädagogischen Psychologie und Physiologie, Bd. 5, 7 und 9) Berlin
–	1907	Artikel Aphasie. In: Real-Encyclopädie der gesamten Heilkunde, Hrsg. Albert Eulenburg, Bd. 1., 4. Aufl. Berlin-Wien, S. 664–688
Zimmermann, Josefine	1926	Betty Gleim (1781–1827) und ihre Bedeutung für die Geschichte des Mädchenbildungswesens. Diss. phil. Köln
Zischler, Hanns	1983	Maßlose Unterhaltung. Franz Kafka geht ins Kino. Freibeuter, 16, S. 33–47
Zons, Raimar St.	1980	Ein Familienzentrum: Goethes *Erlkönig*. Fugen. Deutsch-französisches Jahrbuch für Text-Analytik, 1, S. 125–131
Zwirner, Eberhard	1941	Bemerkungen über die Dehnbarkeit der deutschen Silben bei Karl Philipp Moritz und in Goethes *Italienischer Reise*. Archiv für Vergleichende Phonetik, 5, S. 33–36

Personenregister

Das Personenregister verzeichnet die Toten, in den zwei behandelten Zeiträumen, soweit möglich, auch ihre Lebensdaten und Diskursrollen.

Ach, Narziß, 1871-1949, Prof. der Philosophie und Psychologie, Göttingen, 277
Adler, Paul, 1878-1946, Richter und Schriftsteller, 390
Alain (Pseudonym für Émile Auguste Chartier), 1868-1951, Prof. der Philosophie, Paris, 415
Alewyn, Richard, 1902-1979, Prof. der deutschen Literaturwissenschaft, Bonn, 179
d'Anduze, Clara, Trobadorin, 438
Apollinaire, Guillaume, 1880-1918, Schriftsteller, 317 f., 396
Aristoteles, 44, 67, 71
Arnim, Ludwig Achim von, 1781-1831, Gutsbesitzer und Schriftsteller, 180
Arp, Hans, 1887-1966, Maler, Bildhauer, Schriftsteller, 434
Arvers, Alexis-Félix, 1806-1850, Schriftsteller, 357
Azam, Eugène, 1822-1899, Dr. med., Bordeaux, 451

Babbage, Charles, 1791-1871, Mathematiker der Londoner Royal Society, Entwickler erster programmgesteuerter Rechenmaschinen, 291
Baggesen, Jens, 1764-1826, Schriftsteller, 206
Bahr, Hermann, 1863-1934, Regisseur und Schriftsteller, 282, 340, 346, 409
Ball, Hugo, 1886-1927, Schriftsteller, 290, 338, 382, 387, 390, 402, 423 f.
Basedow, Johann Bernhard, 1723-1790, Direktor des Philanthropinums Dessau, 40 f., 44, 60, 94, 105, 110 f., 125, 159, 407
Baudelaire, Charles, 1821-1867, Schriftsteller, 412 f.
Bauer, Felice, 1887-1960, Prokuristin der Carl Lindström AG, 447, 457-461, 464
Becher, Johannes R., 1891-1958, Schriftsteller, Kulturminister der DDR, 390
Bechterew, Wladimir Michajlowitsch, 1857-1927, Prof der Psychiatrie und Neurologie, St. Petersburg, 399
Beethoven, Ludwig van, 1770-1827, Komponist, 59
Behrens, Peter, 1868-1940, Architekt, Direktor der Kunstgewerbeschule Düsseldorf, Kunstbeirat der AEG, 323
Benedict, Moritz, 1835-1920, Neurologe, 350
Benjamin, Walter, 1892-1940 (Selbstmord), Dr. phil., Schriftsteller, 67, 301, 330, 358, 385, 391, 413, 419
Benn, Gottfried, 1886-1956, Dr. med., Facharzt für Haut- und Geschlechtskrankheiten, Schriftsteller, 223, 303-308, 313, 371, 392-394, 396 f., 418, 423, 450, 462-464
Berg, Alban, 1885-1935, Rechnungsbeamter und Komponist, 341
Bergk, Johann Adam, 1769-1834, Privatgelehrter in Leipzig, 89, 165, 182-184, 193, 284, 411
Bergson, Henri, 1859-1941, Prof. der Philosophie, Paris, 350
Berliner, Emile, 1851-1929, Grammophon-Erfinder und -Fabrikant, 293, 359, 397
Berlioz, Hector, 1803-1869, Komponist, 141 f.
Bermann, Richard A., 1883-1939, Dr. phil., Journalist in Berlin, 143, 455, 457 f.
Bernhardi, August Ferdinand, 1769-1820, Direktor des Friedrichswerderschen Gymnasiums Berlin, 56 f., 91, 99, 191, 268, 302
Berthier, Alexandre, Fürst von Neuchâtel und Wagram, 1753-1815 (Selbstmord), Marschall von Frankreich, Generalstabschef, 453
Bertuch, Friedrich Johann Justin, 1747-1822, Schriftsteller, Kunst- und Buchhändler, ab 1785 als Legationsrat Finanzchef des Herzogtums Sachsen-Weimar-Eisenach, 116
Bethke, Hans, 1876-1946, Schriftsteller, 409
Beyer, Johann Rudolph Gottlieb,

1756-1813, Pfarrer bei Erfurt, 181
Beyerlen, Angelo, 1852-1912, Ingenieur, königlich württembergischer Kammerstenograph, Gründer des ersten deutschen Schreibmaschinengeschäfts, 18, 246, 451
Bismarck, Otto Eduard Leopold, Fürst von, 1815-1898, Reichskanzler, 299
Bizet, Georges, 1838-1875, Komponist, 257
Bleuler, Eugen, 1857-1939, Prof. der Psychiatrie, Direktor der Heilanstalt Burghölzli/Zürich, 353 f., 386, 428 f.
Boccaccio, Giovanni, 1313-1375, 173
Bodmer, Johann Jakob, 1698-1783, Prof. für helvetische Geschichte, Zürich, 47, 157
Bölsche, Wilhelm, 1861-1939, Naturwissenschaftlicher Schriftsteller, 261, 268, 351, 388 f.
Boileau-Despréaux, Nicolas, 1636-1711, Schriftsteller, 396
Bonaparte, Marie, Prinzessin von Griechenland, 1869-1960, Psychoanalytikerin, 444
Bonhoeffer, Karl, 1868-1943, Prof. der Psychiatrie, Breslau und Berlin, 392
Bondi, Georg, 1865-1935, Verleger, 327
Bopp, Franz, 1891-1967, Prof. der allgemeinen Sprachkunde und der orientalischen Literatur, Berlin, 43
Bosanquet, Theodora, 1880-1961, Schreibmaschinistin, Angestellte im Kriegshandelsspionageamt, Generalsekretärin des Internationalen Akademikerinnenverbandes, Schriftstellerin, 453 f.
Brandes, Ernst, 1758-1810, Geheimer Kabinettsrat in Hannover, 36 f., 86, 111, 135, 142, 160, 165, 178, 193
Braun, Lily, 1865-1962, Schriftstellerin, Frauenrechtlerin, 252, 436, 449
Brehm, Alfred Edmund, 1829-1884, Naturforscher, 386
Breitinger, Johann Jakob, 1701-1776, Prof. für alte Sprachen am Gymnasium Zürich, 47
Brentano, Bettina, 1788-1859, Schriftstellerin, 30, 162-165, 167, 171 f., 180, 186, 286, 303, 340, 435-438, 442, 444
Brentano, Clemens, 1778-1842, Schriftsteller, 45, 163-165, 186, 267

Breton, André, 1896-1966, Krankenpfleger, Schriftsteller, 286 f., 301, 388, 390
Breuer, Josef, 1842-1925, Dr. med., Internist in Wien, 352
Broca, Paul, 1824-1880, Prof. der Chirurgie, Gründer des anthropologischen Laboratoriums in Paris, 270-272
Brod, Max, 1884-1968, Jurist, Schriftsteller, zeitweilig Mitglied des tschechischen Ministerpräsidiums, 433, 457-459
Brown, Robert, 1773-1858, Botaniker, 291, 400, 452
Bruch, Walter, Dr. h. c., 1908-1990, Ingenieur der AEG, Entwickler des Farbfernsehstandards PAL, 297, 299
Brücke, Ernst Wilhelm, Ritter von, 1819-1892, Prof. der Physiologie, Wien, 351, 359
Büchner, Georg, 1813-1837, Dr. phil., Privatdozent (für Anatomie) an der Universität Zürich, 67
Burgerstein, Leo, 1853-1928, Dr. phil., Geologe, Mittelschulprof. in Wien, 322, 329 f.
Burghagen, Otto, Handelsschullehrer in Hamburg, 243 f., 249, 251, 326, 328, 414, 446 f., 455, 457, 459, 464
Byron, George Noel Gordon, Lord, 1788-1824, Schriftsteller, 255, 262, 268

Campan, Jeanne Louise Henriette, 1752-1822, Sekretärin Marie-Antoinettes, Leiterin der Erziehungsanstalt für Waisen der Ehrenlegion in Écouen, 71
Campe, Joachim Heinrich, 1746-1818, Lehrer am Philanthropinum Dessau, Schulbuchhändler, 40, 44, 122, 147
Carnot, Lazare Nicolas Marguerite, 1753-1823, Ingenieur, Direktor des Kriegsmaterials und ab 1800 Kriegsminister Bonapartes, 139
Carossa, Hans, 1878-1956, Dr. med., Schriftsteller, 434 f.
Cattell, James McKeen, 1860-1944, Assistent von Wundt in Leipzig, Prof. der Psychologie an der University of Pennsylvania, 279
Champollion, Jean François, 1790-1832, Ägyptologe, 338
Charcot, Jean Martin, 1825-1893, Prof. der Psychiatrie, Direktor der Salpêtrière, Paris, 166, 272, 279, 349, 421, 452

Charousek, Rezsö, 1873-1900, ungarischer Schachmeister, 441
Chesterton, Gilbert Keith, 1874-1936, Schriftsteller, 282
Chodowiecki, Daniel Nikolaus, 1726-1801, Kupferstecher, 41, 66, 120, 177
Cicero, 174, 180
Clarétie, Jules, 1840-1913, Schriftsteller, 402
Clermont, Marie-Anne de, 1697-1741, Superintendentin des Hauses der Königin, 438
Comenius, Amos, 1592-1670, Senior der Böhmisch-Mährischen Brüdergemeinden, 51
Conrad, Joseph, 1857-1924, Kapitän, Schriftsteller, 462
Creuzer, Friedrich, 1771-1858, Prof. der klassischen Philologie, Heidelberg, 218-220
Cros, Charles, 1842-1888, Schriftsteller und Erfinder (Farbphotographie, Phonograph), 292, 298
Czerny, Karl, 1791-1857, Pianist, 45

Dante, 278, 457
Degas, Edgar, 1834-1917, Maler, 232
Demeny, Georges Émile Joseph, 1850-1917, Photograph, Assistent von Marey, 289, 457
Desbordes-Valmore, Marceline, 1785-1859, Schriftstellerin, 438
Diderot, Denis, 1713-1784, Schriftsteller, 206
Dilthey, Wilhelm, 1833-1911, Prof. der Philosophie, Berlin, 76, 315, 338, 340, 394, 419
Döblin, Alfred, 1878-1957, Dr. med., Psychiater und Schriftsteller, 298, 432 f., 462
Dolz, Johann Christian, 1769-1843, Direktor der Ratsfreischule Leipzig, 94 f., 211
Donders, Frans Cornelius, 1818-1889, Prof. der Physiologie, Utrecht, 280
Doyle, Sir Arthur Conan, 1859-1930, Arzt und Schriftsteller, 243, 354, 363, 458
Druskowitz, Helene, 1856-1918 (im Irrenhaus), Dr. phil. (Zürich), Schriftstellerin, 253-257

Ebbinghaus, Hermann, 1850-1909, Prof. der Psychologie, Breslau, 233, 259-265, 267-270, 275 f., 284, 301, 318, 355, 380, 405, 418, 441
Eckermann, Johann Peter, 1792-1854, Sekretär Goethes, 25, 138, 466
Eckmann, Otto, 1865-1902, Prof. am Kunstgewerbemuseum Berlin, 323
Economo, Konstantin Alexander, Freiherr von, 1876-1931, Prof. der Neurologie, Wien, 450
Edison, Thomas Alva, 1847-1931, Erfinder und Fabrikant, 237, 289 f., 292-294, 299, 310, 343, 409, 441 f., 444 f.
Ehrenstein, Albert, 1886-1950, Dr. phil., Schriftsteller, 344, 425 f., 462
Eichendorff, Joseph, Freiherr von, 1788-1857, Regierungsrat im preußischen Kultusministerium, Schriftsteller, 151
Einstein, Carl, 1885-1940 (Selbstmord), Bankkaufmann und Schriftsteller, 422, 462
Eliot, George (Pseudonym von Mary-Ann Evans), 1819-1880, Schriftstellerin, 459
Eluard, Paul, 1895-1952, Schriftsteller, 388
Erdmann, Benno, 1851-1921, Prof. der Philosophie, Halle und Bonn, 279 f., 319, 321, 377, 442
Ernemann, Johann Heinrich, 1850-1928, Erfinder und Kamerafabrikant, 289
Ewers, Hanns-Heinz, 1871-1943, Dr. jur., Schriftsteller, 290, 310 f., 313
Exner, Sigmund, Ritter von, 1846-1926, Prof. der Physiologie, Wien, 351

Fechner, Gustav Theodor, 1801-1887, Prof. der Physik, Leipzig, 260, 338, 352
Felbiger, Johann Ignaz von, 1724-1788, Oberdirektor des Normalschulwesens für die österreichischen Staaten, 38
Fichte, Johann Gottlieb, 1762-1814, Prof. der Philosophie, Jena und Berlin, 22, 70, 181 f., 194-202, 204 f., 207, 225, 467
Flaischlen, Cäsar, 1864-1920, Dr. phil., Schriftsteller, 408
Flake, Otto, 1880-1963, Dr. med. h. c., Schriftsteller, 342, 397, 399, 401
Flaubert, Gustave, 1821-1880, Schriftsteller, 127, 299
Flechsig, Paul Emil, 1847-1927, Prof. der Psychiatrie, Leipzig, 351, 368 f., 371-376, 378, 381, 383, 385, 392, 396, 399, 407

Fleischer, Gerhard, 1769-1849, Verleger und Buchhändler in Leipzig, 162
Förster-Nietzsche, Elisabeth, 1846-1931, Gründerin des Nietzschearchivs Weimar, 252 f., 447
Forster, Johann Georg Adam, 1754-1794, Forschungsreisender und Schriftsteller, 89
Foucauld, Schreibmaschinenkonstrukteur, 243
Foucault, Michel, 1926-1984, Prof. für Geschichte von Denksystemen, Paris, 13, 17, 24, 33, 43, 50 f., 57, 62, 72, 77, 91, 115, 122, 126-128, 131, 142, 156 f., 230, 232, 261, 285, 297, 332, 348, 350, 370, 385 f., 390, 447
Fourier, Jean-Baptiste-Joseph, Baron de, 1768-1830, Mathematiker und Departementspräfekt, 289
Freud, Anna, 1895-1982, Psychoanalytikerin, 444
Freud, Sigmund, 1856-1939, Titularprofessor für Nervenpathologie, Wien, Psychoanalytiker, 35, 39, 153, 166, 262, 271 f., 278 f., 285, 287, 338, 344-352, 354-369, 371-373, 378 f., 385-387, 390 f., 394-396, 398, 404, 406 f., 412, 432, 443 f., 446, 451, 458
Friedell, Egon (Pseudonym für Egon Friedmann), 1878-1945 (Selbstmord), Dr. phil., Schauspieler, Kritiker, Schriftsteller, 310, 314
Friedlaender, Salomo (Pseudonym Mynona), 1871-1946, Dr. phil., Schriftsteller, 291, 298, 466
Friedrich II., König von Preußen, 1712-1786, 51

Galton, Francis, 1822-1911, Forschungsreisender, Erfinder des Fingerabdrucks, 299
Gebsattel, Viktor Emil, Freiherr von, 1883-1976, Prof. der Psychologie und Psychotherapie, Würzburg, 398, 403
Gedike, Friedrich, 1754-1803, Oberkonsistorial- und Oberschulrat, Direktor des vereinigten Friedrichswerderschen und Friedrichstädtschen Gymnasiums Berlin, 28, 79, 108, 117, 128
Gehrmann, Karl, Dr. med., Arzt in Berlin, 391 f., 396 f., 400
Geist, Johann Jakob Ludwig, 1776-1854, Sekretär Goethes, 466
Gellert, Christian Fürchtegott, 1715-1769, Außerordentlicher Professor der Poesie und Beredsamkeit, Leipzig, 163
George, Stefan, 1868-1933, Schriftsteller, 144, 254, 278, 316 f., 324, 327-332, 336-339, 345, 348, 433, 436, 458
Gerhardt, Dagobert von (Pseudonym Amyntor), 1831-1910, Major und Schriftsteller, 242
Gleim, Betty, 1781-1827, Mädchenschullehrerin in Bremen, 72, 74, 79 f., 106, 179, 187-189
Gluck, Christoph Willibald, 1714-1787, Komponist, 158
Goethe, Christiane, geb. Vulpius, 1764-1816, 161, 466
Goethe, Johann Wolfgang von, 1749-1832, 12, 20 f., 24 f., 29, 32, 35-37, 39, 48, 54, 61, 74, 80, 87, 90 f., 97, 101, 105, 107, 128, 131, 133, 138, 141 f., 145, 153 f., 161, 163-168, 171-173, 175 f., 178, 179, 180 f., 186 f., 189 f., 192, 198, 201-209, 218, 223, 237, 247, 269, 290 f., 313, 324, 330, 332, 337 f., 340, 343, 361, 391, 394, 411, 426, 434-438, 445, 453, 466
Goethe, Katharina Elisabeth, 1731-1808, 436, 445, 466
Goll, Ivan, 1891-1950, Dr. phil., Schriftsteller, 56
Goltz, Friedrich Leopold, 1834-1902, Prof. der Physiologie, Straßburg, 347
Gottsched, Johann Christoph, 1700-1766, Prof. der Philosophie, Leipzig, 81, 157
Gouges, Marie Olympe de, 1748(?)-1793 (unter der Guillotine), Frauenrechtlerin, 85
Grävell, Maximilian Karl Friedrich, 1781-1860, Dr. jur., 132 f.
Graser, Johann Baptist, 1766-1841, Prof. der Philosophie, Schulrat in Bayreuth, 125
Grashey, Hubert, 1839-1914, Prof. der Psychiatrie, München, 278
Grimm, Jakob, 1785-1863, Prof. in Göttingen, 43, 57, 67, 329
Grimm, Wilhelm, 1786-1859, Prof. in Göttingen, 67
Groß, Anton Wenzel, geb. 1886 (gest. im Irrenhaus), technischer Zeichner, 427
Grüßbeutel, Jacob, Fibelverfasser, 16. Jh., 51, 60
Günderode, Karoline von, 1780-1806 (Selbstmord), Stiftsdame und Schriftstellerin, 162, 219, 220, 436, 445

Gundolf, Friedrich (Pseudonym für Gundelfinger), 1880-1931, Prof. der deutschen Literaturgeschichte, Heidelberg, 332
Gutenberg, Johann Gensfleisch zum, 1395-1468, Buchdrucker, 11, 117, 148, 159, 207, 244, 327, 413
Gutzmann, Hermann, 1865-1922, Privatdozent für innere Medizin, Facharzt für Sprachstörungen, Berlin, 275, 277, 294, 355

Haeckel, Ernst, 1834-1919, Prof. der Zoologie, Jena, 370
Hähn, Johann Friedrich, 1710-1789, Generalsuperintendent in Magdeburg, Direktor des Gymnasiums Aurich, 29
Hahnemann, Samuel Christian Friedrich, 1755-1843, Homöopath, Leibarzt in Köthen, 37, 127
Hall, Granville Stanley, 1846-1924, Prof. der Psychologie, Baltimore, 296, 377, 405 f., 421
Hanstein, Adelbert von, 1861-1904, Literaturhistoriker, 81, 436, 438
Hardenberg, Friedrich von (Pseudonym Novalis), 1772-1801, Salinen-Assessor, Schriftsteller, 47, 61, 68, 73-75, 89, 91 f., 103, 108, 112, 133, 138 f., 141, 144 f., 150-156, 187, 189, 197, 204, 310, 411 f.
Hardekopf, Ferdinand, 1876-1954 (im Irrenhaus), Parlamentsstenograph, Schriftsteller, 239
Hart, Heinrich, 1855-1906, Schriftsteller, 408 f.
Hartleben, Otto Erich, 1864-1905, Jurist, Schriftsteller, 424
Hasenclever, Walter, 1890-1940 (Selbstmord), Schriftsteller, 344
Hegel, Georg Wilhelm Friedrich, 1770-1831, Prof. der Philosophie, Heidelberg und Berlin, 22, 56 f., 61, 79, 83 f., 90 f., 97, 106, 144 f., 150, 159, 185 f., 188, 192, 201-218, 241, 287, 298, 344, 388, 415, 425 f., 428
Heidegger, Martin, 1889-1976, Prof. der Philosophie, Marburg und Freiburg, 93, 276, 336 f.
Heinroth, Johann Christian August, 1773-1843, Prof. der Psychiatrie, Leipzig, 371
Helmholtz, Hermann Ludwig Ferdinand von, 1821-1894, Prof. der Physik, Berlin, Direktor des Physikalisch-Technischen Reichsanstalt, 260, 279, 289, 351
Hempel, Friedrich Ferdinand, 1778-1836, Rechtsanwalt in Altenburg, 67
Herder, Johann Gottfried von, 1744-1803, Generalsuperintendent, Oberkonsistorialrat und Prediger an der Hofkirche Weimar, 19, 49-53, 55-57, 60, 62 f., 90, 92 f., 123, 128, 136, 294, 298, 314
Herzlieb, Minna, 1789-1856 (im Irrenhaus), 172 f.
Hesse, Hermann, 1877-1962, Schriftsteller, 394
Heuß, Theodor, 1884-1963, Dr. rer. pol., Schriftsteller, Bundespräsident, 409, 426
Heydenreich, Karl Heinrich, 1764-1801, Prof. der Philosophie, 75 f.
Heym, Georg, 1887-1912, Schriftsteller, 390, 422
Heyne, Christian Gottlob, 1729-1812, Prof. der Rhetorik, Göttingen, 202
Hille, Peter, 1854-1904, Bohémien, Schriftsteller, 419
Hinrichs, Hermann Friedrich Wilhelm, 1794-1861, Prof. der Philosophie, Heidelberg und Halle, 25, 36, 196, 201, 203 f., 208 f.
Hippel, Theodor Gottlieb von, 1741-1796, Geheimer Kriegsrat und Stadtpräsident von Königsberg, 54, 56 f., 72-74, 107, 211, 232
Hirth, Georg, 1841-1916, Verleger und Schriftsteller, 261, 356, 400
Hobrecker, Karl, 1876-1949, Bibliothekar, 67
Hoche, Johann Gottfried, 1762-1836, Konsistorialrat in Halberstadt, 181
Hoddis, Jacob van, 1887-1942(?), Schriftsteller, 390
Hölderlin, Johann Christian Friedrich, 1770-1843, Hauslehrer und Schriftsteller, 133, 227, 372
Hoffbauer, Johann Christoph, 1766-1827, Prof. der Philosophie, Halle, 84, 126, 128 f., 140, 174, 281 f., 371, 391
Hoffmann, Ernst Theodor Amadeus (Wilhelm), 1776-1822, Kammergerichtsrat in Berlin, 54 f., 97-103, 107-117, 119 f., 123-127, 129-138, 140-142, 146, 149, 157 f., 173-175, 178, 188, 242, 312, 347, 431 f.
Hofmannsthal, Hugo von, 1874-1929, Dr. phil., Schriftsteller, Leiter des Kriegsfürsorgeamtes im k. u. k. Kriegsministerium, 56, 223, 273 f., 314-316, 430 f.

511

Holst, Amalie, geb. Justi, 1758–1829, Erzieherin in Hamburg und Großtimkenberg, 71–74, 78
Holtei, Karl, 1798–1880, Theaterdirektor und Schriftsteller, 54
Holz, Arno, 1863–1929, Schriftsteller, 232, 277, 282 f., 293, 314
Horaz, 238–240, 244, 408 f.
Huber, Ludwig Ferdinand, 1764–1804, Landesdirektionsrat bei der Sektion des schwäbischen Schulwesens, Schriftsteller, 160–162, 165, 202
Huber, Therese, 1764–1829, Schriftstellerin, 160–162
Huelsenbeck, Richard, 1892–1974, Dr. med. et phil., Arzt, Psychoanalytiker, Journalist, 381 f., 390, 402
Hufeland, Christoph Wilhelm, 1762–1836, Prof. der Pathologie, Staatsrat und Leibarzt in Berlin, 37, 111
Humboldt, Karl Wilhelm, Freiherr von, 1767–1835, preußischer Kultusminister, 70, 76, 201, 314, 316
Husserl, Edmund, 1859–1938, Prof. der Philosophie, Jena und Freiburg, 283, 386
Huysmans, Joris Karl, 1848–1907, Schriftsteller, 429

Ickelsamer, Valentin, ca. 1500–1541(?), Prediger, Schulmeister in Erfurt und Augsburg, 51, 60

Jahn, Friedrich Ludwig, 1778–1852, Turner, 67
James, Henry, 1843–1916, Schriftsteller, 452 f.
James, William, 1842–1910, Prof. der Psychologie, Harvard, 284
Janet, Pierre, 1859–1947, Prof. der Philosophie, Paris, 284, 393
Janko, Emil von, 1888–1967, Schriftsteller, 381 f.
Jensen, Wilhelm, 1837–1911, Dr. phil., Redakteur und Schriftsteller, 227, 233, 364 f., 367 f., 386
John, Ernst Karl Friedrich, 1788–1856, Sekretär Goethes, 466
Joyce, James, 1882–1941, Sprachlehrer und Schriftsteller, 204, 311, 412
Jordan, Peter, gest. um 1536, Buchdrucker in Mainz, 51
Jung, Carl Gustav, 1875–1961, Prof. der Psychotherapie, Basel, 277, 349, 353 f., 428
Jung, Franz, 1888–1963, Schriftsteller, 427
Justi, Johann Heinrich Gottlob (von), 1720–1771, Professor der Kameralwissenschaften sowie der deutschen Beredsamkeit in Wien, Bergrat und Oberpolizeicommissär in Göttingen, königlich Preußischer Berghauptmann und Oberaufseher der Glas- und Stahlfabriken, 72

Kafka, Franz, 1883–1924, Dr. jur., Angestellter der Arbeiter-Unfall-Versicherung Prag, Schriftsteller, 270, 302–304, 316, 374, 387, 394, 396, 399, 409, 427 f., 432, 447, 457–462, 466
Kant, Immanuel, 1724–1804, Prof. der Philosophie, Königsberg, 22, 46, 111, 116, 182 f., 197 f., 415
Karl VI., König von Frankreich, 1368–1422, 412
Karl August, Großherzog von Sachsen-Weimar-Eisenach, 1757–1828, 32
Kandinsky, Wassily, 1866–1944, Jurist, Maler, 273
Kempelen, Wolfgang von, 1734–1804, Mechaniker, Beamter an der Wiener Hofkammer, 64, 148, 292
Keller, Gottfried, 1819–1890, Stadtschreiber von Zürich, Schriftsteller, 97, 400
Key, Ellen, 1849–1926, Lehrerin am Arbeiterinstitut Stockholm, 293, 302, 370 f., 409, 414, 418, 421, 436, 438, 447
Kirchner, Karl, 1787–1855, Rektor der Fürstenschule Pforta, 226
Klages, Ludwig, 1872–1956, Graphologe und Schriftsteller, 320, 331, 338
Kleist, Heinrich von, 1777–1811 (Selbstmord), Sekondeleutnant, Schriftsteller, 54, 77 f., 133, 197
Klockenbring, Friedrich Arnold, 1742–1795 (im Irrenhaus), Kanzleisekretär beim Regierungskollegium Hannover, 127 f.
Klöden, Karl Friedrich von, 1786–1856, Direktor der Friedrichswerderschen Gewerbeschule Berlin, 118, 146 f., 434
Klopstock, Friedrich Gottlieb, 1724–1803, Schriftsteller, 96, 178 f., 434
Koberstein, Karl August, 1797–1870, Prof. für deutsche Literatur in Schulpforta, 226
Körner, Karl Theodor, 1791–1813 (im Gefecht), Hoftheaterdichter zu Wien, Leutnant und Adjutant im Lützowschen Freicorps, 67
Köselitz, Heinrich (Pseudonym Peter

Gast), 1854-1918, Komponist, 247, 254, 257
Kopisch, August, 1799-1853, Schriftsteller, 434
Kraepelin, Emil, 1856-1929, Prof. der Psychiatrie, Dorpat, Heidelberg und München, 353, 370, 386, 390 f., 394
Kräuter, Friedrich Theodor, 1790-1856, Sekretär Goethes, 466
Kronberger, Maximilian, 1888-1904, Gymnasiast in München, 317
Krug, Johann Friedrich Adolph, 1771-1843, Oberlehrer an der Bürgerschule Leipzig, 45
Krug, Wilhelm Traugott, 1770-1842, Prof. der Philosophie, Frankfurt/Oder, Königsberg und Leipzig, 70, 77, 81, 215-217
Kußmaul, Adolf, 1822-1902, Prof. der Psychiatrie, Erlangen, Freiburg und Straßburg, 270, 274, 318 f., 342, 351, 381

Labbé, Louise, 1526-1566, Dichterin, 438
Lacan, Jacques, 1901-1982, Dr. med., Psychiater und Psychoanalytiker, 12, 17, 35, 46, 63, 69, 80, 83, 101, 110, 119, 131, 166, 170, 190, 209, 243, 247, 259, 263, 310, 314, 356, 368, 370, 378, 444 f.
Lang, Karl Heinrich, Ritter von, 1764-1835, Kreisdirektor in Ansbach, 67
Langbehn, Julius, 1851-1907, Dr. phil., Privatgelehrter, 348
Lange, Helene, 1864-1948, Vorsitzende des Allgemeinen Deutschen Lehrerinnenvereins, 250, 442, 446
Lange-Eichbaum, Wilhelm, 1875-1950, Dr. med. et phil., Psychiater in Berlin und Hamburg, 141
Lanson, Gustave, 1857-1934, Prof. der Literaturgeschichte, Paris, 434 f.
Larisch, Rudolf, Edler von, 1856-1936, Dozent für ornamentale Schrift und Heraldik an der kaiserlich-königlichen Kunstgewerbeschule Wien, 323-325, 327 f., 437
Lasker-Schüler, Else, 1869-1945, Dichterin, 344
Lautensack, Heinrich, 1881-1919 (im Irrenhaus), Schriftsteller, 313
Lechter, Melchior, 1865-1937, Maler und Buchkünstier, 317, 327 f.
Leporin, Dorothea Christina, 1715-1762, Dr. phil., 81

Lespinasse, Julie de, 1732-1776, Salondame, 438
Lessing, Gotthold Ephraim, 1729-1781, Schriftsteller, 37, 46, 81, 146, 289
Lichtenberg, Georg Christoph, 1742-1799, Prof. der Physik, Göttingen, 121, 130, 206, 298
Liliencron, Detlev von, 1844-1909, Hauptmann und Schriftsteller, 277
Lindau, Paul, 1839-1919, Redakteur, Theaterintendant, Schriftsteller, 243, 313 f., 328
Lindström, Carl, 1869-1933, schwedischer Phonographenkonstrukteur, 457, 459 f., 462
Liscov, Christian Ludwig, 1701-1760, sächsischer Kriegsrat, Satiriker, 59, 264, 267
Locke, John, 1632-1704, Philosoph, 30
Loeben, Ferdinand August Otto Heinrich, Graf von, 1786-1825, Schriftsteller, 57, 108, 115, 154 f.
Loeben, Otto Ferdinand, Graf von, 1741-1804, kurfürstlich sächsischer Kabinettsminister, 154
Londe, Albert, 1858-1917, Laboratoriumschef der Salpêtrière, Erfinder der Rolleiflex, 349
Luden, Heinrich, 1780-1847, Prof. der Geschichte, Jena, 202, 467
Luise, 1776-1810, Königin von Preußen, 73, 79
Lukács, Georg (von), 1885-1971, Philosoph, Kulturminister, 202
Lumière, Auguste, 1862-1948, Filmfabrikant, 237, 289
Lumière, Louis, 1864-1954, Filmfabrikant, 237, 289
Luther, Martin, 1483-1546, Dr. theol., Reformator, 16, 29, 90, 93, 183
Mach, Ernst, 1838-1919, Prof. der Physik in Graz, der Philosophie in Wien, 393
Maelzel, Johann Nepomuk, 1772-1838, Mechaniker, Erfinder des Metronoms, 64, 292
Mallarmé, Stéphane, 1842-1898, Gymnasiallehrer für Englisch, Paris, 232 f., 235, 239, 241, 246, 251, 263, 267, 316, 318 f., 327, 331 f., 430, 455, 458, 467
Malling Hansen, Hans Rasmus Johan, 1835-1890, Pfarrer, Leiter der Taubstummenanstalt Kopenhagen, Schreibmaschinenkonstrukteur, 242 f., 244, 246, 252, 328, 463
Mann, Heinrich, 1871-1950, Schriftsteller, 463

513

Mann, Thomas, 1875–1955, Dr. h. c., Schriftsteller, 313, 361, 463
Marey, Étienne-Jules, 1830–1904, Prof. der Naturgeschichte am Collège de France, Paris, Präsident der französischen photographischen Gesellschaft, 289
Marinetti, Emilio Filippo Tommaso, 1876–1944, Schriftsteller, 282, 462
Marx, Karl, 1818–1883, Dr. phil., Nationalökonom, 79, 136
Matthisson, Friedrich von, 1761–1831, Student der schönen Literatur in Halle, Lehrer am Philanthropinum, schließlich Theaterintendant und Oberbibliothekar in Dessau. Also Dichter, 67
Maupassant, Guy de, 1850–1893, Ministerialbeamter, Schriftsteller, 319, 428, 454
Mauthner, Fritz, 1849–1923, Redakteur und Schriftsteller, 232, 302, 386, 393, 433
May, Karl, 1842–1912, Schriftsteller, 227
Mayer, Karl, 1862–1936, Prof. der Psychiatrie, Innsbruck, 351–353, 356, 361
McLuhan, Herbert Marshall, 1911–1980, Direktor des Instituts für Kultur und Technik, Toronto, 91, 147, 198, 246, 252, 311, 328, 335, 453, 459
Meierotto, Johann Heinrich Ludwig, 1742–1800, Rektor des Joachimsthalschen Gymnasiums Berlin, 191
Menzel, Wolfgang, 1798–1873, Lehrer in Aarau, Redakteur in Heidelberg und Stuttgart, 115, 180, 225
Mercœur, Elisa, 1809–1835, Schriftstellerin, 438
Mereau, Sophie, 1761–1806, Schriftstellerin, 219
Meringer, Rudolf, 1859–1931, Prof. für Sanskrit und vergleichende Sprachwissenschaft, Wien, 351–353, 356, 361
Mesmer, Franz Anton, 1733–1815, Magnetiseur, 218
Meßmer, Oskar, geb. 1878, Prof. am Lehrerseminar Rorschach, 282, 321, 329
Meumann, Ernst, 1862–1915, Prof. der Pädagogik und Philosophie, Zürich, 42, 296, 322, 328, 421
Meyer, Joseph, 1796–1856, Verlagsbuchhändler, Gründer des Bibliographischen Instituts, 386
Meyrink, Gustav, 1868–1932, Bankier, Schriftsteller, 409, 441

Möbius, Paul, 1853–1907, Dr. med., Psychiater in Leipzig, 441
Mörike, Eduard, 1804–1975, Pfarrer in Cleversulzbach, Mädchenschulliteraturlehrer in Stuttgart, 434
Monet, Claude, 1840–1926, Maler, 223
Morgenstern, Christian 1871–1914, Schriftsteller, 265–267, 295 f., 316, 324–327, 337–339, 342 f., 346, 386 f., 418
Moritz, Karl Philipp, 1756–1793, Lehrer am Philanthropinum Dessau, am Militärwaisenhaus Potsdam, Konrektor des Gymnasiums zum Grauen Kloster Berlin, 39, 61, 63, 94–97, 137, 147
Morris, William, 1834–1896, Designer und Schriftsteller, 324, 328
Morse, Samuel Finley Breese, 1791–1872, Maler, Mitbegründer der elektrischen Telegraphie, 322
Mozart, Wolfgang Amadeus, 1756–1791, Komponist, 379
Münch, Paul Georg, geb. 1877, Volksschullehrer in Leipzig, 356, 418 f., 420, 422 f.
Münsterberg, Hugo (Pseudonym Hugo Terberg), 1883–1916, Prof. der Psychologie, Freiburg und Harvard, 247, 272, 284 f., 290, 311, 315, 329, 344, 355 f., 389, 391, 411
Muschg, Walter, 1862–1965, Prof. der deutschen Literaturgeschichte, Basel, 346, 359, 362, 364
Musil, Robert, 1880–1942, Dr. phil., Ingenieur und Schriftsteller, 433
Muybridge, Eadweard J., 1830–1904, Landschaftsphotograph, 289, 349
Myers, Frederic William Henry, 1843–1901, Mitbegründer der Londoner Society for Psychical Research, 284

Napoleon, 1769–1821, Kaiser der Franzosen, 71, 150, 453
Niemeyer, August Hermann, 1754–1828, Prof. der Theologie und Waisenhausdirektor in Halle, 41, 60, 124, 125
Niethammer, Friedrich Immanuel, 1766–1848, Zentral-Schul- und Studien-Rat im bayerischen Innenministerium, 40, 56, 77, 80, 185–191, 194
Nietzsche, Friedrich Wilhelm, 1844–1900, Prof. der klassischen Philologie, Basel, 21, 26, 36, 70, 86, 112, 121, 181, 223–243, 247–262, 265, 268, 271, 274–276, 278, 282 f., 294, 301 f., 306 f.,

318, 328 f., 339 f., 358, 370, 374, 383, 399, 408, 418, 425 f., 432, 454, 463, 465, 467

Oest, Johann Friedrich, 1755-1815, Hauslehrer, 122
Olivier, Ludwig Heinrich Ferdinand, 1759-1815, Lehrer am Philanthropinum Dessau, 40, 44, 48 f., 58, 85, 110, 124, 326
Ollendorff, Heinrich, 1803-1865, Sprachlabor-Gründer, 295
Ostermai, Oskar, Volksschullehrer in Dresden, 269, 418-420, 429, 436
Overbeck, Franz, 1837-1905, Prof. der Theologie, Basel, 463

Pappenheim, Bertha von, 1859-1936, Schriftstellerin, 360, 363
Pappenheim, Jenny, Gräfin von, 1811-1890, natürliche Tochter Jérôme Bonapartes, Königs von Westfalen, 54
Paulhan, Frédéric, 1856-1931, Philosoph, 342
Paulsen, Friedrich, 1846-1908, Prof. der Philosophie und Pädagogik, Berlin, 27, 63, 70, 118, 233
Pawlow, Iwan Petrowitsch, 1849-1936, Prof. der Physiologie an der Militärärztlichen Akademie Petersburg/Leningrad, 308
Penzenkuffer, Christian Wilhelm Friedrich, 1768-1828, Gymnasiallehrer, 33, 77, 195
Pestalozzi, Johann Heinrich, 1746-1827, Leiter von Erziehungs- und Lehrerbildungsanstalten, 37, 42, 62, 68-70, 73, 139, 147
Pierre, Schreibmaschinenkonstrukteur, 243
Pink Floyd, 1965-1986, Rockgruppe, 71, 421
Pinthus, Kurt, 1886-1975, Lektor, Dramaturg, 143, 311-314, 344, 350, 432, 457 f.
Platon, 167
Pöhlmann, Johann Paul, 1760-1848, Lehrer in Erlangen, 103-106, 135, 211, 322
Prel, Karl Freiherr Du, 1839-1899, Privatgelehrter, 251, 370
Preyer, Wilhelm, 1841-1897, Prof. der Physiologie, Jena, 270, 287, 298, 322, 331 f.
Proust, Adrien, 1834-1903, Dr. med., 272, 342, 398
Proust, Marcel, 1871-1922, Schriftsteller, 272, 398, 401, 405 f., 412

Rank, Otto, 1884-1939, Dr. phil., Psychoanalytiker, 349, 406
Rask, Rasmus Kristian, 1787-1832, Prof. der orientalischen Sprachen, Kopenhagen, 43
Raumer, Friedrich Ludwig Georg von, 1781-1873, Prof. der Staatswissenschaft, Berlin, 67
Rée, Paul, 1849-1901, Philosoph, 242
Reil, Johann Christian, 1759-1813, Prof. der Psychiatrie, Halle und Berlin, 84, 126, 149, 231, 357, 371, 391, 411 f.
Remington, Philo, 1816-1889, Fabrikant (Waffen, Nähmaschinen, Schreibmaschinen), 242-244, 446, 453
Reventlow, Franziska Gräfin zu, 1871-1918, Schriftstellerin, 443
Ribot, Theodule, 1839-1926, Prof. der Psychologie am Collège de France, Paris, 384, 393, 428
Richter, Jean Paul, 1763-1825, Elementarschullehrer, Schriftsteller, 28, 38, 60, 123, 141-144, 146, 183-185, 239
Riemer, Friedrich Wilhelm, 1774-1845, Gymnasialprofessor in Weimar, 153, 161, 167, 172, 178, 180, 466
Rilke, Rainer Maria, 1875-1926, Schriftsteller, 239, 279, 294, 328, 335, 342, 353 f., 357, 387, 390, 395, 398-404, 407, 409-417, 421-424, 426, 430-432, 435-438, 461 f.
Rivarol, Antoine de, 1753-1801, Journalist, 48
Robespierre, Maximilien, 1758-1794 (unter der Guillotine), Politiker, 208
Rochow, Friedrich Eberhard von, 1734-1805, Offizier, Gutsbesitzer und Gründer von Volksschulen, 30, 70, 211
Röder-Wiederhold, Louise, Sekretärin, 252, 286
Rohde, Erwin, 1845-1898, Prof. der klassischen Philologie, Leipzig und Heidelberg, 218, 220
Rousseau, Jean-Jacques, 1712-1778, Schriftsteller, 37, 53, 66 f., 94, 97, 377
Rowohlt, Ernst, 1887-1960, Verleger, 458
Rubiner, Ludwig, 1881-1920, Redakteur und Schriftsteller, 432 f.
Rudolphi, Caroline, 1754-1811, Mädchenschulleiterin in Heidelberg, 73, 187 f.

515

Rückert, Friedrich, 1788–1866, Prof. für orientalische Philologie, Erlangen, 434

Sachs, Heinrich, geb. 1863, Dr. med., Privatdozent in Breslau, 272, 275, 342, 356, 398, 401

Salis, Meta von, 1855–1929, Dr. phil. (Zürich), Schriftstellerin, 253

Salomé, Lou von, 1861–1937, Schriftstellerin und Psychoanalytikerin, 252 f., 395, 444

Sartre, Jean-Paul, 1905–1980, Gymnasiallehrer für Philosophie, Schriftsteller, 309 f.

Saussure, Ferdinand de, 1857–1913, Prof. für vergleichende und historische indogermanische Sprachwissenschaft, Genf, 19 f., 238, 271, 320–323, 349 f.

Scharrelmann, Heinrich, 1871–1940, Rektor der Gemeinschaftsschule Bremen, 295, 408, 413–417, 419 f.

Schelling, Friedrich Wilhelm Joseph, 1775–1854, Prof. der Philosophie, München und Berlin, 201–205, 215 f., 467

Schiller, Friedrich von, 1759–1805, Prof. der Geschichte, Jena, 11 f., 22, 53, 55, 61, 67, 133, 187, 194, 199–202, 206–208, 213 f., 217, 226, 381, 418, 429, 439

Schirnhofer, Resa von, 1855–1945, Dr. phil. (Zürich), Schriftstellerin, 253, 286

Schlegel, August Wilhelm, 1767–1845, Prof. der Literatur, Bonn, 56, 62, 144, 155 f., 203

Schlegel, Dorothea, geb. Mendelssohn, gesch. Veit, 84–87, 159 f., 166 f., 360

Schlegel, Friedrich, 1772–1829, Privatdozent der Philosophie, Jena, österreichischer Legationsrat, 30, 82–89, 91 f., 100, 106, 129, 145, 150, 157, 159–161, 163, 179, 189, 193 f., 197, 204, 206, 249 f., 360

Schleiermacher, Friedrich Ernst Daniel, 1768–1834, Prof. der Theologie, Berlin, 36, 41 f., 67, 77, 79, 177, 191–193, 195, 315, 317, 321, 326

Schlözer, Dorothea, 1770–1825, Dr. phil., 81

Schönberg, Arnold, 1874–1951, Komponist, 264, 308, 348

Schopenhauer, Artur, 1788–1860, Privatdozent der Philosophie, Berlin, 213, 388

Schreber, Daniel Gottlieb Moritz, 1808–1861, Leiter der orthopädischen Heilanstalt Leipzig, 369, 374

Schreber, Daniel Paul, 1842–1911 (im Irrenhaus), Dr. jur., Senatspräsident am Oberlandesgericht Dresden, 276 f., 367–384, 386 f., 391, 392, 394–396, 415, 427, 451

Schröder, Rudolf Alexander, 1878–1962, Schriftsteller und Architekt, 316

Schuchardt, Johann Christian, 1799–1870, Registrator in Weimar, Sekretär Goethes, 466

Schwarz, Friedrich Henrich Christian, 1766–1837, Mädchenschullehrer, 73, 77, 160, 162, 186, 188

Schwitters, Kurt, 1887–1948, Maschinenzeichner, Schriftsteller, 314

Shakespeare, William, 1564–1616, 400

Shelley, Percy Bysshe, 1792–1822, Schriftsteller, 253

Silberer, Herbert, 1882–1922, Redakteur, 347

Simmel, Ernst, 1858–1918, Prof. der Philosophie, Straßburg und Berlin, 340 f., 363, 400, 443

Soennecken, Friedrich, 1848–1919, Kommerzienrat, Fabrikant von Schreib- und Bürobedarf, 322 f., 326

Solomons, Leon M., 268, 284–289

Sophokles, 210, 236 f.

Spallanzani, Lazzaro, 1729–1799, Prof. in Reggio und Pavia, Entdecker der künstlichen Befruchtung, 55, 148, 442

Spengler, Oswald, 1880–1936, Dr. phil., Privatgelehrter, 283

Spieß, Christian Heinrich, 1755–1799, Schauspieler und Schriftsteller, 140 f., 148

Spinoza, Baruch de, 1632–1677, Philosoph, 23–25

Splittegarb, Karl Friedrich, 1753–1802, Theologe, Knabenschulleiter in Berlin, 39 f., 60, 66, 110

Stadler, Ernst, 1883–1914, Prof. der deutschen Literatur, Brüssel und Straßburg, Schriftsteller, 433

Stampa, Gaspara, 1523–1554, Dichterin, 452

Steig, Reinhold, 1857–1918, Prof. der deutschen Literaturgeschichte, 164

Stein, Gertrude, 1874–1946, Schriftstellerin, 268, 284–289, 297, 342, 382, 385, 453

Stein, Heinrich Friedrich Karl, Freiherr vom und zum, 1757–1831, preußischer Minister, 70, 76
Steiner, Rudolf, 1861–1925, Begründer der Anthroposophie, 295, 343, 350
Steinthal, Hajim, 1823–1899, Prof. der allgemeinen Sprachwissenschaft, Berlin, 445
Stephani, Heinrich, 1761–1850, Dr. phil., bayerischer Kirchen- und Schulrat, 38, 42, 44–47, 50 f., 53, 64–68, 76, 81, 89, 99, 103–106, 108, 111, 117, 120 f., 124, 126, 147, 153, 211 f., 265, 269, 293, 322 f., 331, 355
Stern, William, 1871–1983, Prof. der Psychologie, Breslau, Hamburg und USA, 64, 234, 270, 299 f., 404 f., 434, 443
Stoker, Bram, 1847–1912, Journalist, Theatermanager, Schriftsteller, 300, 449–452, 455
Stramm, August, 1874–1915, Dr. phil., Postrat, Hauptmann, Schriftsteller, 239 f.
Stransky, Erwin, 1877–1962, Prof., Psychiater in Wien, 300–304, 353, 380, 391, 451
Strauß, Emil, 1866–1960, Schriftsteller, 341 f., 418
Surkamp, Ernst, Phonographenfabrikant, 294–296
Süvern, Johann Wilhelm, 1775–1829, Prof. der Philologie, Königsberg, Geheimer Staatsrat im preußischen Kultusministerium, 76, 194 f.
Swift, Jonathan, 1667–1745, Dekan in Dublin, Schriftsteller, 59, 284

Thiersch, Friedrich, 1784–1860, Prof. der klassischen Philologie, München, Gründer der Philologenversammlungen, 191
Tieck, Johann Ludwig, 1773–1853, Schriftsteller, 67 f., 125, 140 f., 148, 172 f.
Tiedemann, Dieterich, 1748–1803, Prof. der Philosophie, Marburg, 16, 63 f., 142, 265
Tillich, Ernst, 1780–1807, Knabenschullehrer in Leipzig und Dresden, 60–62, 99
Tissot, Simon André, 1728–1797, Arzt in Lausanne, 122
Tobler, Johann Christoph, 1757–1812, Theologe, 35, 46, 87
Trapp, Ernst Christian, 1745–1818, Prof. in Halle, Mitglied des Schuldirektoriums Braunschweig, 125

Türk, Karl Wilhelm Christian, Ritter von, 1774–1846, preußischer Regierungs- und Schulrat, 28, 47, 58, 71, 73, 84, 102
Twain, Mark (Pseudonym für Samuel Langhorne Clemens), 1835–1910, Journalist und Schriftsteller, 243, 328
Tzara, Tristan (Pseudonym für S. Rosenstein), 1896–1963, Schriftsteller, 381 f.

Underwood, John T., 1857–1937, Schreibmaschinenkonstrukteur, 246 f., 374
Unger, Johann Friedrich, 1753–1804, Verleger in Berlin, Drucker der Preußischen Akademie der Künste, 116 f., 138, 155 f., 322, 324
Urzidil, Johannes, 1896–1970, Presseattaché, Schriftsteller, 390

Valéry, Paul, 1871–1945, Schriftsteller, 232 f., 338, 429, 462, 464–467
Varnhagen, Rahel Antonie Friederike, 1771–1833, 166 f., 172, 436
Vetterlein, Christian Friedrich Rudolph, 1759–1842, Rektor der Lateinschule Köthen, 189
Villaume, Peter, 1746–1825, Dr. theol., Prof. der Philosophie am Joachimsthaler Gymnasium Berlin, 137, 224
Villiers de l'Isle-Adam, Philippe Auguste Mathias, Comte de, 1840–1889, Schriftsteller, 289 f., 293, 343, 354, 356, 398, 441 f.
Voß, Christian Daniel, 1761–1821, Prof. der Philosophie, Halle, 73 f., 195
Voß, Johann Heinrich, 1751–1826, Schriftsteller, 189
Vulpius, Christian August, 1762–1827, Bibliothekar in Weimar, Schriftsteller, 205, 313

Waetzoldt, Stephan, 1849–1904, Ministerialdirektor im preußischen Kultusministerium, 337 f.
Wagenseil, Johann Christoph, 1633–1705, Prof. in Altdorf, 149, 157
Wagner, Cosima, 1837–1930, Dr. phil. h. c., 254
Wagner, Richard, 1813–1883, Komponist und Schriftsteller, 99, 148, 237, 257, 369, 433, 451
Walden, Herwarth (Pseudonym für Georg Levin), 1878–1941, Redakteur und Schriftsteller, 232

Walser, Robert, 1878–1956, Schriftsteller, 433
Weber, Guido, Dr. med., Direktor der Irrenanstalt Sonnenstein, 374, 383
Weber, Marianne, 1870–1954, Vorsitzende des Bundes Deutscher Frauenvereine, 447
Wedag, Friedrich Wilhelm, 1758–1799, reformierter Prediger in Dortmund und Leipzig, 37
Wedemeyer, Herta von, verh. Benn, 1907–1945 (Selbstmord), 464
Weininger, Otto, 1880–1903 (Selbstmord), Dr. phil., 404, 443
Welcker, Friedrich Gottlieb, 1784–1868, Prof. der Philologie, Gießen, Göttingen, Bonn, 189
Werfel, Franz, 1890–1945, Schriftsteller, 344, 433
Werner, Zacharias, 1768–1823, Kriegs- und Domänensekretär, Schriftsteller, 97
Wernicke, Karl, 1848–1905, Prof. der Psychiatrie, Breslau, 271, 282, 371
Wertheimer, Max, 1880–1943, Prof. der Psychologie, Berlin, Frankfurt/M., New York, 242
Wieland, Christoph Martin, 1733–1813, Prof. in Erfurt, Prinzenerzieher, Schriftsteller, 67, 202

Wilde, Oscar, 1856–1900, Schriftsteller, 429 f., 463
Wildenbruch, Ernst von, 1845–1909, Legationsrat, Schriftsteller, 296–299, 310, 312, 332, 360, 459
Wilhelm II., 1859–1941, deutscher Kaiser, 233, 313
Willis, Thomas, 1622–1675, Prof. der Naturgeschichte, Oxford, 126
Wolf, Friedrich August, 1759–1824, Prof. der Philosophie, Pädagogik und Rhetorik, Halle und Berlin, 76, 118, 121, 146
Wolke, Christian Hinrich, 1741–1825, Lehrer am Philanthropinum Dessau, kaiserlich russischer Hofrat, 37, 55, 65
Wundt, Wilhelm, 1832–1920, Prof. der Philosophie in Leipzig, Direktor des Instituts für experimentelle Psychologie, 279 f., 284

Zech, Paul, 1881–1946, Schriftsteller, 344, 390
Ziehen, Theodor, 1862–1950, Prof. der Psychiatrie, Berlin, Direktor der Charité, 231, 258, 271, 274, 276, 277, 278, 286, 303, 305, 306, 352, 353, 383, 392, 393, 419

Nachwort

> Quod est inferius, est sicut quod est superius.
> Tabula Smaragdina

Das Wort Aufschreibesystem, wie Gott es der paranoischen Erkenntnis seines Senatspräsidenten Schreber offenbarte, kann auch das Netzwerk von Techniken und Institutionen bezeichnen, die einer gegebenen Kultur die Adressierung, Speicherung und Verarbeitung relevanter Daten erlauben. So bildeten Techniken wie der Buchdruck und an ihn gekoppelte Institutionen wie Literatur und Universität eine historisch sehr mächtige Formation, die im Europa der Goethezeit zur Möglichkeitsbedingung von Literaturwissenschaft selber wurde.

Um solche Systeme als Systeme, also von außen und nicht bloß in interpretatorischer Immanenz zu beschreiben, entwickelte Foucault die Diskursanalyse als Rekonstruktion der Regeln, nach denen die faktisch ergangenen Diskurse einer Epoche organisiert sein mußten, um nicht Ausschlüssen wie dem Wahnsinn zu verfallen. Sein Begriff vom Archiv – in Foucaults Forschungspraxis, wenn auch nicht in seiner Theorie deckungsgleich mit einer Bibliothek[1] – bezeichnete jeweils ein historisches Apriori von Schriftsätzen. Weshalb diskursanalytische Arbeiten Nöte immer erst mit Zeiten hatten, deren Datenverarbeitung das alphabetische Speicher- und Übertragungsmonopol, diese Machtbasis Alteuropas[2], sprengte. Um 1850 endeten die historischen Untersuchungen Foucaults.

Nun sind zwar alle Bibliotheken Aufschreibesysteme, aber nicht alle Aufschreibesysteme Bücher. Spätestens seit der zweiten industriellen Revolution mit ihrer Automatisierung von Informationsflüssen erschöpft eine Analyse nur von Diskursen die Macht- und Wissensformen noch nicht. Archäologien der Gegenwart müssen auch Datenspeicherung, -übertragung und -berechnung in technischen Medien zur Kenntnis nehmen. Gerade die Literaturwissenschaft kann nur lernen von einer Informationstheorie, die den erreichten technischen Stand formalisiert anschreibt, also Leistungen oder Grenzen von Nachrichtennetzen überhaupt meßbar macht. Nach Sprengung des Schriftmonopols wird es ebenso möglich wie dringlich, sein Funktionieren nachzurechnen.

Denn die hergebrachte Literaturwissenschaft, wohl weil sie selber einer bestimmten Schrifttechnik entsprang, hat an Büchern

---

[1] Vgl. FOUCAULT, 1969c/1981: 183–190.
[2] Vgl. INNIS, 1950.

alles andere als ihre Datenverarbeitung untersucht. Sinn als Grundbegriff der Hermeneutik und Arbeit als Grundbegriff der Literatursoziologie überspringen beide den Informationskanal Schrift und jene Institutionen, die wie Schule oder Universität die Bücher mit Leuten verschalten. Die Hermeneutik behandelte keine Buchstäblichkeiten, sondern Werke und Überlieferungen, weil erst sie geschichtlich und geschichtsmächtig hießen. Die gängige Literatursoziologie, gerade umgekehrt, las Texte als Widerspiegelungen von Produktionsverhältnissen, deren Paradigma Arbeit oder Energie und nicht Information ist. Dampfmaschinen und Webstühle (auch bei Goethe) wurden Thema, aber keine Schreibmaschinen.

Diskursanalysen dagegen haben auch nach Standards der zweiten industriellen Revolution materialistisch zu sein. Elementares Datum ist, daß Literatur (was immer sie sonst noch in Leserkreisen bedeuten mag) Daten verarbeitet, speichert, überträgt. Weil es Sprachen ohne Spur und d. h. ohne Spur von Schrift nicht gibt, fällt die ‚kommunikative Vernunft' mit der ‚instrumentellen', ihrem vorgeblichen Gegenteil also, immer schon zusammen. Jede Bibliothek und jeder Briefwechsel bezeugen, daß Speicherung und Übertragung im uralten Medium Alphabet dieselbe technische Positivität wie bei Computern auch haben. Gedruckte Klagen über den Tod von Mensch oder Subjekt kommen allemal zu spät.

Zu unterscheiden bleiben folglich nicht Gefühlslagen, sondern Systeme. Erst im Kontrast zueinander werden Nachrichtennetze beschreibbar. Quelle, Sender, Kanal, Empfänger und Senke von Datenströmen, also Shannons fünf Funktionen[3], können von unterschiedlichen Instanzen besetzt oder auch offengelassen sein: von Männern oder Frauen, Rhetoren oder Dichtern, Philosophen oder Psychoanalytikern, Universitäten oder Technischen Hochschulen. Wo die Interpretation mit Konstanten arbeitet, führt der Systemvergleich Variabeln ein. Und wenn er historische Absichten verfolgt, werden „mindestens zwei Abgrenzungsereignisse unerläßlich", für die als Kandidaten entweder Systemdifferenzierung oder Kommunikationstechnik in Betracht kommen.[4]

Genau solche Zäsuren bilden die allgemeine Alphabetisierung um 1800 und die technische Datenspeicherung um 1900, schon weil beide in Zeiträumen von ±15 Jahren hinreichend zu belegen sind. Ob Daten, Adressen und Befehle zwischen Pädagogik, Dichtung und Philosophie laufen oder zwischen Medientechnik, Psychophysik und Literatur, verändert den Stellenwert jedes Wortes. Um solche Regelkreise von Sendern, Kanälen und Empfängern zu beschreiben, helfen Momentaufnahmen weiter als Geistesgeschich-

---

[3] Vgl. SHANNON/WEAVER, 1959/1976: 43–45.
[4] Vgl. LUHMANN, 1985: 11 und 19–21.

ten. Zumal das neunzehnte und „zweideutigste Jahrhundert" ist nach Heideggers Wort „nie auf dem Wege einer Beschreibung des Nacheinanders seiner Abschnitte zu verstehen. Es muß von zwei Seiten her gegenläufig eingegrenzt werden"[5]. Den Prüfungsordnungen der Neuphilologien allerdings sind Grenzziehungen fremd. Die Literaturgeschichte kleinster Schritte oder Unterschiede läuft kaum anders als „Geräte, die eine Pseudozufallsfolge nicht von einer wahren Zufallsfolge unterscheiden können, wenn die Periodenlänge" (nach einer „leicht zu erfüllenden Bedingung") „größer ist als ihre Speicherkapazität"[6]. Systemvergleiche wie der zwischen Goethezeit und Jahrhundertwende müssen dagegen die Minima einer Autokorrelationsfunktion suchen, deren Perioden in Jahrhunderten zählen. Was die Geistesgeschichte als Ungleichzeitigkeit des Gleichzeitigen und die Hermeneutik als Unabschließbarkeit von Kontexten beschwört, schrumpft dann zu Optionen oder Streuwerten. Der Glaube an unerschöpfliche Werke ist einfach die Unlust, neben heiligen Schriften auch ihre verstaubten Geschwister zur Hand zu nehmen. Diskursanalysen dagegen, auch wenn sie kein ἅπαξ λεγόμενον statuieren können, haben wenigstens den Vorzug von Occams Messer: Daten, die nicht über die Notwendigkeit hinaus multipliziert sind, bleiben auch unter hochtechnischen Bedingungen übertragbar – in andere Medien als Bücher und andere Länder als Heimaten.

Nachträglich sind die *Aufschreibesysteme 1800/1900* also Teil eines Informationsnetzes geworden, das Literatur selber als Informationsnetz anschreibt. Avital Ronell entziffert Goethes Autorschaft als Diktat an seine Eckermänner und Psychoanalytiker. Klaus Theweleit erzählt die Frauen und Medien, denen bei Freud, Benn oder Céline dann Bücher entsprungen sind. Wolfgang Scherer überträgt die historischen Schnittstellen Alphabetisierung und Medientechnik auf die Geschichte der Musik und ihrer Wissenschaft, Bernhard Siegert und Frank Haase statuieren die Post als allgemeines Übertragungsmedium. Vom uneinholbaren Effekt des Films auf Autobiographien und Theoriegebäude der Moderne handeln Manfred Schneider und Thorsten Lorenz. Hans Ulrich Gumbrecht und Karl Ludwig Pfeiffer schließlich rekonstruieren einen Raum kommunikativer Materialitäten, die der Literatur Ursprung und Ende eingeräumt haben.

Seitdem sind literarische Texte als methodische, aber auch nur methodische Mitte der *Aufschreibesysteme* in Kontexten lesbar, die das Zwei-Kulturen-Schema unserer Fakultäten sprengen. In-

---

[5] HEIDEGGER, 1961: I 102.
[6] TIETZSCHE/SCHENK, 1980: 510.

formationstechnik ist immer schon Strategie oder Krieg. „Und das bedeutet: Pessimismus auf der ganzen Linie. Mißtrauen in das Geschick der Literatur, Mißtrauen in das Geschick der Freiheit, Mißtrauen in das Geschick der europäischen Menschheit, vor allem aber Mißtrauen, Mißtrauen und Mißtrauen in alle Verständigung: zwischen den Klassen, zwischen den Völkern, zwischen den Einzelnen. Und unbegrenztes Vertrauen allein in I. G. Farben und die friedliche Vervollkommnung der Luftwaffe."[7]

Unter hochtechnischen Bedingungen werden Aufräumarbeiten (diese strukturale Tätigkeit) so altertümlich wie unumgänglich. Das Aufräumen, obwohl es kein Aufheben ist, gibt ihm an Mehrdeutigkeit kaum nach. Hegels Unternehmen, das goethezeitliche Aufschreibesystem auf seinen Begriff zu bringen, mündete bekanntlich ins Urteil, daß „die Kunst nach der Seite ihrer höchsten Bestimmung für uns ein Vergangenes ist und bleibt"[8]. Aufräumarbeiten geben zwar keine Urteile oder gar Orakel ab, aber sie „entledigen" Leute „jenes Diskurses, in dem sie unmittelbar, ohne Abstand das sagen können wollen, was sie denken, glauben oder sich vorstellen"[9].

Am Anfang der *Aufschreibesysteme 1800/1900* standen die Fugs mit ihrem Song *Exorcizing the Evil Spirits out of the Pentagon*. Am Ende stehen wieder Wörter, die andere Wörter in ein Raster gebracht haben.

Des vielen Büchermachens sei kein Ende, schrieb der Prediger. Auch Bücher, die in oder mit Büchern aufräumen wollen, fallen unter sein Wort.

Freiburg 1987

---

[7] BENJAMIN, 1929/1972-89 II 1, 308.
[8] HEGEL, 1835/1927-40: XII 32.
[9] FOUCAULT, 1969c/1981: 300 f.

Nachwort zur dritten Auflage

Die dritte Auflage kommt zu einer Zeit, wo Nietzsches Schreibmaschinensatz über das Schreibzeug, das an unseren Gedanken mitarbeitet, regelmäßig Prachtbände und Literaturausstellungen eröffnet. Habent sua fata libelli. Diskursanalysen und Mediengeschichten, die noch vor zehn Jahren nicht ohne apologetisches Nachwort erscheinen konnten, beliefern mittlerweile – wohl weil sie soviel leichter als Werkinterpretationen ins Bild zu setzen sind – das Museum moderner Literatur. Aber Mediengeschichte wäre nur verkappte Nostalgie, wenn sie auf dem Umweg über Schreibzeuge oder Nachrichtentechniken wieder bei Dichterreliquien oder Gedanken ankäme. Sie steht und fällt vielmehr mit der Heideggerschen Prämisse, daß Techniken keine bloßen Werkzeuge sind. Deshalb obliegt ihr auch nicht die beliebte Verlustrechnung, was alles an Schriftsätzen unter heutigen Computerbedingungen (durch Dateilöschung oder Programmabsturz) verlorengehen mag, sondern gerade umgekehrt eine Abschätzung der Effekte, die auftreten, wenn aus der Tiefe von Schaltkreisen und Rechenregeln Schrift selber wiederkehrt.

Die Änderungen, die die dritte Auflage erfahren hat, sind schon deshalb technische und institutionelle Präzisierungen. Was jeder Hermeneutik entgeht – der Staat und die Technologien –, bleibt schwer genug anzuschreiben. Das Aufschreibesystem von 1800 wäre ohne seinen nichtspeicherbaren Fluchtpunkt, die optische Telegraphie Napoleons, zu immanent und d. h. zu literarisch beschrieben. Unterbestimmt blieb es aber auch ohne seine Typographie, in deren grau-weißer Entäußerung Stimmen und Handschriften erst zur Macht kamen.

Das Aufschreibesystem von 1900 als immer noch verfrühter Anlauf, den Raum gegenwärtigen Schreibens auszugraben, hat weniger Eingriffe erfahren. Einer Neurowissenschaft gegenüber, deren Selbstheroisierung höchstens vierzig Jahren Forschungsgeschichte konzediert, bleibt der Rückgang auf Flechsig, Lacans verschwiegenen Gewährsmann, weiterhin notwendig. Daß die Liste der Schreibmaschinisten und -maschinistinnen noch einmal angewachsen ist, zeigt nur, wie unschwer Mediengeschichten zu automatisieren sind. Auch die (von Proust bis Eliot) vermehrten Belege, daß technische Speichermedien das Geschick der europäischen Literatur und kein deutscher Sonderweg waren, sind bestenfalls für Germanisten neu, die Phonographen und Grammophone noch immer verwechseln.

Dennoch bleiben zwei Vorbehalte. Erstens gibt es, trotz aller Versuche, Physiologie und Medientechnik der Jahrhundertwende enger zu korrelieren, die angemessene Wissenschaftsgeschichte erst in Ansätzen. Um zu wissen, was Augen heute sehen und Ohren heute hören, müßte schon geklärt sein, was Helmholtz in Chicago dazu gebracht hat, vor allen anderen Kollegen Edisons Hand zu schütteln.

Zweitens kann keine Anekdote über Muybridge oder Edison herleiten, was Ingenieure bewogen hat, analoge Eingangsdaten, wie brutal auch immer, zu digitalisieren. Das Aufschreibesystem von 1900, wenn es denn zur Schließung kommt, wird ohne Peano, Hilbert, Turing nicht beschreibbar gewesen sein.

Aufschreibeysteme 2000 sind daher eine andere Geschichte.

Aller Dank für die Aufräumarbeiten, die die dritte Auflage ausmachen, geht an Susanne Holl und David Hauptmann.

Berlin 1995

Friedrich A. Kittler im Wilhelm Fink Verlag

Kittler, Friedrich A.
Dichter – Mutter – Kind
Deutsche Literatur im Familiensystem 1760–1820
1991. 271 S., ISBN 3-7705-2594-9

Gumbrecht, H. U., Kittler, F., Siegert, Bernhard (Hrsg.)
Der Dichter als Kommandant
D'Annunzio erobert Fiume
1995. ca. 250 S., mit zahlr. Abb., ISBN 3-7705-3019-5

Kittler, Friedrich A., Tholen, Georg Christoph (Hrsg.)
Arsenale der Seele
Literatur- und Medienanalyse seit 1870
(Literatur- und Medienanalysen 1)
1989. 234 S., ISBN 3-7705-2575-2

Ronell, Avital
Der Goethe-Effekt
Goethe – Eckermann – Freud
Aus dem Amerikanischen von Ulrike Dünkelsbühler
Herausgegeben von Friedrich A. Kittler
1994. 210 S., ISBN 3-7705-2652-X

Starobinski, Jean
1789 – Die Embleme der Vernunft
Aus dem Französischen von Gundula Göbel
Hrsg. und mit einem Vorwort versehen von Friedrich A. Kittler
Mit einem Nachwort von Jauß, Hans Robert
1988. 192 S., 40 überwiegend farb. Abb., ISBN 3-7705-2523-X

Bolz, Norbert, Kittler, Friedrich A., Tholen, Christoph (Hrsg.)
Computer als Medium
(Literatur- und Medienanalysen 4)
1993. 312 S., ISBN 3-7705-2870-5

In Vorbereitung

Kittler, Friedrich A.
Geschichte der optischen Medien
1995. ca. 200 S.